新版
経営分析事典

日本経営分析学会 編

ENCYCLOPEDIA
OF
BUSINESS ANALYSIS

税務経理協会

Microsoft は米国 Microsoft Corporation 社の登録商標，（MS-）Windows，Excel などアプリケーション・ソフトの商品名は同社の商標である。Lotus（123）などアプリケーション・ソフトの商品名は，IBM社の商標である。
　SPSS は SPSS Inc の登録商標，（AMOSなど）オプション・パッケージの商品名は同社の商標である。SAS および SAS Institute Inc.の（STATなど）製品名またはサービス名は，同社の登録商標である。
　EVAは，Stern Stewart & Co.の登録商標である。
　Brand Valuation は，インターブランド社の商標である。
　ブランドバリューキューブは株式会社電通の商標である。

　なお，本文中には™，®の表示は明記していません。

序　　文

　年報『経営分析研究』の創刊号（1985年5月15日）には，1984（昭和59）年4月1日の日本学士会館における設立総会，同年11月10日の第1回年次大会の写真が掲載されている。統一論題は「経営分析の現代的課題」であり，約150名が出席されたとのことである。創立者達の経営分析にたいする熱い思いが伝わってくる。

　創立10周年を記念する事業が企画され，吉村光威先生を委員長とする創立10周年記念出版編集委員会が設置された。そして『経営分析・日本のトップカンパニー』（中央経済社）が，1993（平成5）年5月25日付けで上梓された。高松和男先生の序文によれば，「理論と実践の二面から，日本の代表的な企業の現状を分析し，さらに将来を予測することを目指して」いる10編の論文が掲載されている。またこの10編は，会報を通じて会員から募集した論文のなかから選ばれたものとのことである。

　学会創立20周年記念事業として，2005（平成17）年5月25日付けで刊行されたのが，『経営分析事典　経営分析—その伝統と革新』（税務経理協会）である。青木茂男先生の序文によると，範囲の広さと進歩の速さから，経営分析の本格的な解説書を個人で著すことは困難であるがゆえに，日本経営分析学会の仕事とされたという。また，その第一の特徴は経営分析の領域を広くカバーしたことであり，第二の特徴は経営分析の伝統的な領域よりも新しい領域に重点を置いたとのことである。なお，編集委員長は宮本順二朗先生であった。

　本書は，日本経営分析学会創立30周年を記念する事業として出版するものである。30周年記念出版編集委員会の委員長は黒川行治先生，他の委員は井上達男先生，薄井彰先生，高橋正子先生，青淵正幸先生，浅野敬志先生で，森　久も末席を汚した。なお記念出版事業としては，英文書籍をすでに刊行している。責任者は坂本恒夫先生で，書名は An Analysis of Japanese Management Styles, Business and Accounting for Business Researchers，出版社は MARUZEN PLANET 社である。

　この事典は，20周年記念の『経営分析事典　経営分析—その伝統と革新』を大幅に改訂したものである。全体の分量は約470ページで20周年記念の事典の1.4倍にも達し，著者は37名から62名に増えている。現在の最高レベルの経営分析研究者が執筆したものであり，領域の広さと内容の深さの点では類書が存在しない。まさに日本経営分析学会が総力をあげてつくりあげた成果であって，経営分析の今日の到達点を示しているといえる。

序　文

　本事典の刊行は，宮本順二朗先生が会長のときに企画されたものである。刊行にあたっては，どなたよりもまずは宮本先生に感謝申し上げなければならない。また，実際の編集作業にあたっての黒川行治先生のご見識には，まさに感服の至りである。本事典の学界にたいする貢献は，黒川先生のご尽力に依るところが大きい。さらに，黒川先生を初めとする編集委員の先生方，各章のコーディネーターの先生方，そして何よりも執筆された先生方のご協力にも深甚なる感謝と敬意を表する次第である。

　最後に，厳しい出版事情のなか本事典の刊行をお引き受けいただいた税務経理協会代表取締役社長大坪嘉春氏，企画段階からここに至るまで大変お世話になったシニアエディターの峯村英治氏，実際に原稿の受け取りや整理，校正など面倒な作業を担当してくださった第二編集部の宮田英晶氏に心より御礼を申し上げる。

2014（平成26）年12月吉日

　　　　　　　　　　　　　　　　　　　　　　　　　　日本経営分析学会会長
　　　　　　　　　　　　　　　　　　　　　　　　　　　　森　　久

編 集 委 員

委員長　黒 川 行 治（慶應義塾大学）
委　員　森　　　　久（明 治 大 学）
委　員　井 上 達 男（関西学院大学）
委　員　薄 井 　 彰（早 稲 田 大 学）
委　員　高 橋 正 子（慶應義塾大学）
幹　事　青 淵 正 幸（立 教 大 学）
幹　事　浅 野 敬 志（首都大学東京）

各 章 責 任 者

第 1 章　青 木 茂 男（茨城キリスト教大学）
第 2 章　宮 本 順二朗（帝 塚 山 大 学）
第 3 章　黒 川 行 治（慶應義塾大学）
第 4 章　井 端 和 男（公 認 会 計 士）
第 5 章　佐 藤 倫 正（愛知学院大学）
第 6 章　高 橋 正 子（慶應義塾大学）
第 7 章　坂 上 　 学（法 政 大 学）
第 8 章　井 上 達 男（関西学院大学）
第 9 章　青 淵 正 幸（立 教 大 学）
第10章　薄 井 　 彰（早 稲 田 大 学）
第11章　黒 川 保 美（専 修 大 学）
第12章　森　　　　久（明 治 大 学）
第13章　薄 井 　 彰（早 稲 田 大 学）

執筆者一覧 (50音順)

青木　茂　男（茨城キリスト教大学）「第1章第Ⅰ節，第1章第Ⅳ節」
青淵　正　幸（立　教　大　学）「第9章第Ⅱ節」
浅野　敬　志（首都大学東京）「第3章第Ⅳ節，第5章第Ⅲ節第3項」
石﨑　忠　司（松　蔭　大　学）「第1章第Ⅲ節」
一ノ宮　士　郎（専　修　大　学）「第3章第Ⅱ節」
井上　達　男（関西学院大学）「第8章第Ⅴ節」
井端　和　男（公認会計士）「第4章第Ⅱ節，第4章第Ⅲ節」
上野　雄　史（静岡県立大学）「第12章第Ⅵ節」
薄井　　　彰（早稲田大学）「第10章第Ⅰ節，第13章第Ⅰ節」
太田　三　郎（千葉商科大学）「第9章第Ⅴ節」
大柳　康　司（専　修　大　学）「第9章第Ⅵ節」
岡東　　　務（城西国際大学）「第9章第Ⅰ節」
奥田　真　也（名古屋市立大学）「第13章第Ⅲ節」
奥村　雅　史（早稲田大学）「第8章第Ⅲ節」
梶浦　昭　友（関西学院大学）「第2章第Ⅱ節」
加藤　千　雄（大阪経済大学）「第8章第Ⅱ節」
亀川　雅　人（立　教　大　学）「第12章第Ⅰ節」
記虎　優　子（同志社女子大学）「第13章第Ⅲ節」
國村　道　雄（名古屋市立大学）「第8章第Ⅰ節」
黒川　保　美（専　修　大　学）「第11章第Ⅰ節第1項」
黒川　行　治（慶應義塾大学）「第3章第Ⅰ節，第8章第Ⅶ節」
黒木　　　淳（大阪市立大学）「第11章第Ⅱ節第1項，第11章第Ⅱ節第2項」
郡司　　　健（大阪学院大学）「第1章第Ⅱ節」
國部　克　彦（神　戸　大　学）「第6章第Ⅱ節」
小西　範　幸（青山学院大学）「第5章第Ⅲ節第1項」
小本　恵　照（駒　澤　大　学）「第10章第Ⅱ節」
坂上　　　学（法　政　大　学）「第7章第Ⅱ節」
坂本　恒　夫（明　治　大　学）「第10章第Ⅵ節」

佐藤　倫正	（愛知学院大学）	「第5章第Ⅰ節，第5章第Ⅱ節，第5章第Ⅲ節第2項」
白田　佳子	（文教大学）	「第9章第Ⅳ節」
末松　義章	（千葉商科大学）	「第9章第Ⅲ節」
杉浦　慶一	（株式会社日本バイアウト研究所）	「第10章第Ⅳ節」
鈴木　新	（就実大学）	「第6章第Ⅱ節」
須田　一幸	（早稲田大学）	「第8章第Ⅳ節」
鷹野　宏行	（武蔵野大学）	「第11章第Ⅱ節第3項，第11章第Ⅱ節第4項」
高橋　正子	（慶應義塾大学）	「第6章第Ⅳ節」
多賀谷　充	（青山学院大学）	「第4章第Ⅳ節」
譚　鵬	（関西学院大学）	「第12章第Ⅱ節」
中條　良美	（阪南大学）	「第12章第Ⅴ節」
壷井　彬	（慶應義塾大学）	「第12章第Ⅲ節」
寺内　理恵	（森永製菓株式会社）	「第12章第Ⅰ節」
中島　真澄	（千葉商科大学）	「第3章第Ⅲ節，第8章第Ⅵ節」
中野　貴之	（法政大学）	「第5章第Ⅲ節第3項」
成岡　浩一	（専修大学）	「第11章第Ⅰ節第2項」
倍　和博	（麗澤大学）	「第6章第Ⅲ節」
朴　恩芝	（香川大学）	「第12章第Ⅴ節」
花村　信也	（みずほ証券）	「第10章第Ⅲ節」
浜田　和樹	（関西学院大学）	「第2章第Ⅲ節」
平岡　秀福	（創価大学）	「第2章第Ⅳ節」
平屋　伸洋	（敬愛大学）	「第12章第Ⅶ節」
古山　徹	（日経メディアマーケティング㈱）	「第13章第Ⅱ節」
文堂　弘之	（常磐大学）	「第10章第Ⅴ節」
本間　基照	（株式会社インターリスク総研）	「第12章第Ⅳ節」
松本　徹	（専修大学）	「第11章第Ⅰ節第3項」
眞鍋　和弘	（名古屋外国語大学）	「第5章第Ⅲ節第2項」
宮本　順二朗	（帝塚山大学）	「第2章第Ⅴ節」
向　伊知郎	（愛知学院大学）	「第5章第Ⅳ節」
向山　敦夫	（大阪市立大学）	「第6章第Ⅰ節，第11章第Ⅱ節第2項」
森　久	（明治大学）	「第8章第Ⅵ節」

山田　文　道（元・東京理科大学）「第7章第Ⅰ節」
山本　達　司（大　阪　大　学）「第2章第Ⅰ節」
和井内　　清（公 認 会 計 士）「第4章第Ⅰ節」

目　次

序　　　文（森　　久）
編集委員・各章責任者・執筆者一覧

第1章　伝統的経営分析体系の展開傾向（青木茂男）

Ⅰ　経営分析概説（青木茂男） ……………………………………… 1
　1　経営分析とはなにか ………………… 1
　2　財務資料の分析（財務諸表分析）
　　と非財務資料の分析 ………………… 1
　3　経営分析の方法 ……………………… 2
　　(1)　財務資料の分析 ……………………… 2
　　(2)　非財務資料（定性的要因の分析）
　　　の分析 ………………………………… 2

Ⅱ　伝統的経営分析体系の現状と発展（郡司　健） …………………… 3
　1　経営分析の伝統と変革 ……………… 3
　2　伝統的経営分析の体系と
　　基本財務諸表の分析 ………………… 4
　3　収益性の分析 ………………………… 4
　　(1)　資本収益性（資本利益率）の
　　　分析 …………………………………… 4
　　(2)　売上収益性（営業収益性） ……… 5
　4　回転性（効率性）の分析 …………… 6
　5　安全性の分析 ………………………… 6
　　(1)　流動性（短期支払能力）の分析 … 6
　　(2)　財務安定性（長期支払能力）の
　　　分析 …………………………………… 7
　　(3)　資金分析 …………………………… 7
　6　生産性の分析 ………………………… 8
　7　成長性の分析 ………………………… 9
　8　損益分岐点分析・資本回収点分析 … 9
　　(1)　損益分岐点分析とMS比率 ……… 9
　　(2)　資本回収点分析 …………………… 10
　9　企業の総合指標による判定 ………… 10
　10　伝統的分析体系からの脱却 ………… 11

Ⅲ　新しい分析指標（石﨑忠司） …………………………………… 12
　1　新しい分析指標の出現背景 ………… 12
　　(1)　伝統的分析指標の限界 …………… 12
　　(2)　評価視点の変化 …………………… 13
　　(3)　成長戦略・危機管理の重要化 …… 14
　2　分析指標の「新しさ」の意味 ……… 15
　3　定性的要因評価のための分析指標 … 16
　4　収益性の精緻化を図った分析指標 … 18
　5　新しい分析指標の方向 ……………… 20

Ⅳ　経営分析の歴史（青木茂男） …………………………………… 21
　1　概　観 ………………………………… 21
　　(1)　萌　芽 ……………………………… 21
　　(2)　体系化 ……………………………… 22
　　(3)　停滞と飛躍 ………………………… 22
　2　重要なできごと ……………………… 23

第2章 財務分析から経営分析へ(宮本順二朗)

I 経営分析対象・方法の拡張(山本達司)..................28
  1 財務諸表分析の発展過程
    －ファイナンスとの接近－..........28
  2 財務諸表分析・財務分析から
    経営分析へ..................29
    (1) 経営分析の視点..................29
    (2) 企業外部の利害関係者とその関
       心..................30
    (3) 企業内部の利害関係者とその関
       心..................31
    (4) 新しい経営分析の誕生..................32
  3 経営分析の課題..................32

II 企業環境分析の状況と今後(梶浦昭友)..................34
  1 企業環境の変化と認識の対象
    ～会計実践の視点～..................34
  2 企業と社会の相互関係..................35
    (1) 企業の社会責任と企業環境..................35
    (2) 利害の核としての企業..................35
  3 ステークホルダーに関する分析..................36
    (1) 伝統的会計構造と企業環境分析..................36
    (2) ステークホルダーと付加価値..................36
  4 技術進歩と勢力関係..................37
    (1) 生産性と技術進歩..................37
    (2) 総生産性余剰の分析..................37
    (3) ステークホルダーとの勢力関係
       分析..................38
    (4) 影響力モデルの展開..................38
  5 企業環境と企業存続..................39

III バランスト・スコアカードによる管理
   －財務・非財務指標による分析・管理－(浜田和樹)..................39
  1 財務指標のみによる管理と
    その問題点..................39
    (1) 財務指標による管理として
       の予算管理..................39
    (2) 予算管理の問題点..................40
  2 財務・非財務指標による管理
    －BSCによる管理..................41
    (1) BSCによる管理の特徴..................41
    (2) 指標間の因果関係と戦略マップ..................42
    (3) BSCによる管理のステップ..................43
  3 BSCによる戦略管理と予算管理に
    よる業務管理の連動..................43
  4 BSCによる管理とABC, EVAの
    関連..................44
    (1) BSCによる管理とABC..................44
    (2) BSCによる管理とEVAの関連..................44

IV EVAの活用(平岡秀福)..................45
  1 経済的利益の一種であるEVA..................45
    (1) 経済的利益..................45
    (2) EVA..................46
  2 EVAの構成要素..................46
    (1) NOPAT..................46
    (2) 経済的資本..................46
    (3) 資本コスト率..................46
  3 EVAの計算例..................46
    (1) NOPATの計算..................46
    (2) 経済的資本の計算..................47
    (3) WACCの計算..................47
    (4) EVAの計算..................48

- V 経営分析と多様な情報（宮本順二朗）……………………………………49
  - 1 会計情報のレリバンス・ロスト（有用性喪失）……………………49
  - 2 経営分析と会計情報……………50
  - 3 経営分析と多様な情報…………52
  - 4 非会計的情報の開示と経営分析への影響……………………………54
    - (1) 非会計的情報開示への要求………54
    - (2) 知的資産情報の開示への要求……55

第3章 利益の質と経営分析（黒川行治）

- I 利益の質の概念と分類（黒川行治）……………………………………60
  - 1 利益の質の多義性………………60
  - 2 会計情報の供給プロセスと影響要素の仮説……………………60
    - (1) 社会的選択……………………60
    - (2) 私的選択………………………61
    - (3) 私的選択の前提としての会計基準の設定……………………61
  - 3 「利益の質」の概念（constructs）の再整理………………………62
    - (1) 社会的選択と利益の質…………63
    - (2) 私的選択と利益の質…………64
    - (3) 事業活動の評価と利益の質……67

- II 利益の質と会計分析（一ノ宮士郎）……………………………………68
  - 1 利質分析（あるいは会計分析）とは…68
    - (1) 利質分析の必要性………………68
    - (2) 利質分析の考え方………………68
    - (3) 利質分析の内容…………………69
  - 2 利質分析の体系…………………70
    - (1) 利質分析の先行研究……………70
    - (2) 先行研究における問題点と課題…71
  - 3 利質分析の実務における利用実態…72
    - (1) 利質分析の利用実態……………72
    - (2) 実務での利用実態からの示唆……73

- III アーニングス・マネジメント（中島真澄）……………………………75
  - 1 利益の質とアーニングス・マネジメント……………………………75
  - 2 会計的裁量行動と実体的裁量行動…75
  - 3 アーニングス・マネジメントの測定尺度…………………………77
    - (1) 会計的裁量行動の尺度…………77
    - (2) 実体的裁量行動の尺度…………77
  - 4 アーニングス・マネジメント研究のフレームワーク…………………78
    - (1) アーニングス・マネジメントの実態研究……………………………79
    - (2) アーニングス・マネジメントの動機研究……………………………79
    - (3) アーニングス・マネジメントとガバナンスとの関連性研究…………81
    - (4) 内部統制報告制度導入によるアーニングス・マネジメントの量的変化研究…………………………81
    - (5) 裁量行動の意図に関する研究……82
    - (6) 裁量行動のトレード・オフ研究……82
    - (7) 実体的裁量行動の影響研究………85
  - 5 今後の研究課題…………………85

Ⅳ　アクルーアル・アノマリー（浅野敬志）……………………………………………88
 1　先駆的研究であるSloan（1996）の紹介……………………………………88
 2　会計発生高の構成要素別分析………89
 3　アクルーアル・アノマリーの国際比較……………………………………89
 4　他のアノマリーとの区別……………90
 5　アクルーアル・アノマリーの発生原因……………………………………90

第4章　粉飾と監査（井端和男）

Ⅰ　財務諸表監査と経営分析（和井内　清）……………………………………………93
 1　監査基準委員会（JICPA）報告「分析的手続」と経営分析 ………93
  (1)　監査実務の中の経営分析…………93
  (2)　委員会報告「分析的手続」の意義…………………………………94
 2　監査計画と経営分析…………………95
  (1)　監査リスクの評価と分析的手続…95
  (2)　財務情報・非財務情報の比較・分析……………………………96
 3　監査の実施と経営分析………………97
  (1)　分析的手続適用上の留意点………97
  (2)　設例による差異の調査と分析……98
 4　財務諸表の総括的吟味と経営分析 100
  (1)　総括的吟味のねらい……………… 100
  (2)　総括的吟味の分析手法…………… 100

Ⅱ　異常取引発見法と経営分析（井端和男）………………………………………… 102
 1　経営分析による異常発見法……… 102
  (1)　経営分析の効用………………… 102
  (2)　粉飾の構造……………………… 102
  (3)　回転期間による粉飾発見法…… 103
  (4)　財務比率による粉飾発見法…… 106
  (5)　キャッシュフローによる粉飾発見法…………………………… 107
 2　グループを利用した粉飾と経営分析…………………………… 107
  (1)　連結財務諸表による分析……… 107
  (2)　親会社個別財務諸表による分析…………………………………… 108
 3　定性要因などからの異常発見法… 109
 4　最近の粉飾の動向………………… 110
  (1)　最近の粉飾事例の分析………… 110
  (2)　最近の粉飾の特徴……………… 114

Ⅲ　粉飾と逆粉飾事例分析（井端和男）……………………………………………… 115
 1　はじめに…………………………… 115
 2　粉飾事例…………………………… 116
  (1)　オリンパス株式会社…………… 116
  (2)　沖電気工業株式会社…………… 119
  (3)　株式会社インデックス………… 123
 3　逆粉飾事例………………………… 126
  (1)　はじめに………………………… 126
  (2)　オリンパス株式会社…………… 127
  (3)　トスコ株式会社………………… 129
  (4)　株式会社サクラダ……………… 130

Ⅳ ガバナンスと内部統制（多賀谷　充）··· 132
  1　内部統制に関わる規制の系譜······ 132
    (1)　企業の不正会計の発覚と
    　　法的規制の始まり················· 132
    (2)　金融機関の内部統制への
    　　規制強化······························ 132
    (3)　COSOの内部統制フレームワーク
    　　·· 132
  2　諸外国の新たな規制の展開········· 133
    (1)　エンロン事件とSOX法 ········· 133
    (2)　諸外国の対応状況·················· 133
  3　我が国における内部統制に
   　関する法規制····························· 133
    (1)　内部統制に関わる企業不祥事··· 133
    (2)　会社法における規制·············· 134
    (3)　金融商品取引法における規制··· 134
  4　内部統制に関する基準··············· 135
    (1)　企業会計審議会の公表した基準 135
    (2)　内部統制のフレームワーク······ 135
    (3)　経営者による内部統制報告と
    　　監査人による監査··················· 136
    (4)　我が国の内部統制制度の特徴··· 136
  5　内部統制をめぐる最近の動き······ 137

第5章　IFRSと経営分析（佐藤倫正）

Ⅰ　IFRSの新概念フレームワーク（佐藤倫正）··· 138
  1　概念フレームワークと経営分析··· 138
  2　新概念フレームワークの背景······ 139
  3　新概念フレームワークにおける
   　財務報告の目的························· 139
    (1)　一体的財務報告の目的に関して 139
    (2)　一体的財務報告の内容と
    　　役割に関して························· 140
  4　新概念フレームワークの特徴······ 140

Ⅱ　企業主体説と経営分析（佐藤倫正）·· 141
  1　近年の傾向······························· 141
  2　アンソニーの新企業主体説········· 142
  3　EVAとの違い ·························· 143
  4　実証·· 144

Ⅲ　新概念フレームワークの論点と経営分析 ·· 144
  1　キャッシュフロー情報（小西範幸）
   　·· 144
    (1)　財務報告の目的と将来キャッシュ
    　　フロー··································· 144
    (2)　キャッシュフロー計算書の
    　　位置づけと役割······················ 145
    (3)　キャッシュフロー・サイクル··· 146
    (4)　キャッシュフローの類型分析··· 146
    (5)　キャッシュフローの比率分析··· 147
    (6)　財務弾力性とキャッシュフロー 148
  2　資金法と利質分析
   　（佐藤倫正・眞鍋和弘）················ 149
    (1)　利質分析（佐藤倫正）············ 150
    (2)　資金法の損益計算（佐藤倫正）··· 150
    (3)　資金法で読み解く包括利益
    　　（佐藤倫正）··························· 150
    (4)　資金法をベースとした利益操作
    　　の研究（佐藤倫正）··············· 151
    (5)　資金法による利益分解の有効性
    　　（眞鍋和弘）··························· 152

   3　その他の包括利益（OCI）
　　　（中野貴之・浅野敬志）⋯⋯⋯⋯⋯ *153*
　　（1）　その他の包括利益（OCI）の
　　　　意義（中野貴之）⋯⋯⋯⋯⋯⋯ *153*
　　（2）　組替調整および計算書の様式
　　　　（中野貴之）⋯⋯⋯⋯⋯⋯⋯⋯ *154*
　　（3）　経営分析への影響（中野貴之）⋯ *155*
　　（4）　OCIの有用性に関する実証研究
　　　　（浅野敬志）⋯⋯⋯⋯⋯⋯⋯⋯ *156*

Ⅳ　IFRS採用企業の事例分析（向　伊知郎）⋯⋯⋯⋯⋯⋯⋯⋯⋯⋯⋯⋯⋯⋯⋯⋯⋯ *158*

　1　IFRSの任意適用 ⋯⋯⋯⋯⋯⋯⋯ *158*
　2　IFRSの初度適用 ⋯⋯⋯⋯⋯⋯⋯ *158*
　3　IFRSの適用企業の概要 ⋯⋯⋯⋯ *158*
　4　IFRSの適用と財務諸表の形式 ⋯ *159*
　　（1）　連結財政状態計算書関係⋯⋯⋯ *159*
　　（2）　連結包括利益計算書関係⋯⋯⋯ *160*
　　（3）　連結キャッシュ・フロー計算書
　　　　関係⋯⋯⋯⋯⋯⋯⋯⋯⋯⋯⋯⋯ *160*
　5　IFRSの適用における会計方針 ⋯ *161*
　　（1）　原価モデルと公正価値モデル⋯ *161*
　　（2）　のれん⋯⋯⋯⋯⋯⋯⋯⋯⋯⋯ *161*
　　（3）　繰延税金資産および
　　　　繰延税金負債⋯⋯⋯⋯⋯⋯⋯⋯ *161*
　　（4）　収益の認識基準⋯⋯⋯⋯⋯⋯⋯ *162*
　　（5）　減価償却費の計算方法⋯⋯⋯⋯ *162*
　　（6）　減損損失の戻入れ⋯⋯⋯⋯⋯⋯ *162*
　6　IFRSを適用した財務諸表 ⋯⋯⋯ *162*
　　（1）　連結財政状態計算書関係⋯⋯⋯ *162*
　　（2）　連結包括利益計算書関係⋯⋯⋯ *163*
　　（3）　連結キャッシュ・フロー計算書
　　　　関係⋯⋯⋯⋯⋯⋯⋯⋯⋯⋯⋯⋯ *164*
　　（4）　財務分析指標⋯⋯⋯⋯⋯⋯⋯⋯ *164*

第6章　社会と経営分析（高橋正子）

Ⅰ　社会関連分析（向山敦夫）⋯⋯⋯⋯⋯⋯⋯⋯⋯⋯⋯⋯⋯⋯⋯⋯⋯⋯⋯⋯⋯⋯⋯ *165*

　1　企業観の変化⋯⋯⋯⋯⋯⋯⋯⋯⋯ *165*
　2　社会関連分析の背景⋯⋯⋯⋯⋯⋯ *166*
　3　企業の社会性分析⋯⋯⋯⋯⋯⋯⋯ *166*
　4　GRIガイドラインとKPI ⋯⋯⋯⋯ *168*
　5　事例紹介⋯⋯⋯⋯⋯⋯⋯⋯⋯⋯⋯ *169*

Ⅱ　環境会計と経営分析（國部克彦・鈴木　新）⋯⋯⋯⋯⋯⋯⋯⋯⋯⋯⋯⋯⋯⋯⋯ *169*

　1　環境会計の体系⋯⋯⋯⋯⋯⋯⋯⋯ *169*
　2　環境会計における環境コストの
　　範囲⋯⋯⋯⋯⋯⋯⋯⋯⋯⋯⋯⋯⋯ *170*
　3　環境管理会計と経営分析⋯⋯⋯⋯ *172*
　　（1）　環境管理会計の体系⋯⋯⋯⋯⋯ *172*
　　（2）　マテリアルフローコスト会計⋯ *173*
　　（3）　環境管理会計情報の経営分析へ
　　　　の活用⋯⋯⋯⋯⋯⋯⋯⋯⋯⋯⋯ *174*
　4　外部環境会計と経営分析⋯⋯⋯⋯ *175*
　　（1）　環境コスト情報の開示⋯⋯⋯⋯ *175*
　　（2）　環境報告の展開と環境会計⋯⋯ *176*
　　（3）　外部環境会計情報の経営分析へ
　　　　の活用⋯⋯⋯⋯⋯⋯⋯⋯⋯⋯⋯ *176*
　5　むすび⋯⋯⋯⋯⋯⋯⋯⋯⋯⋯⋯⋯ *177*

Ⅲ　CSRと経営分析（倍　和博）……………………………………………………… *177*
　　1　CSR会計情報分析の目的と技法… *177*
　　2　CSR会計情報に関する分析……… *178*
　　　⑴　「経済的」側面に関する分析 … *178*
　　　⑵　「環境・社会的」側面に関する
　　　　　分析……………………………… *179*
　　3　統合報告を巡るCSR情報の開示… *180*
　　　⑴　KPIと開示項目の活用 ………… *180*
　　　⑵　統合報告との関係……………… *181*
　　4　今後の展望と課題………………… *182*

Ⅳ　CSRの経済効果：実証分析の視点から（高橋正子）……………………………… *182*
　　1　CSR活動の情報開示と経済効果… *182*
　　2　CSRと経済的価値の分析………… *183*
　　3　CSRの社会的価値の分析………… *184*
　　4　おわりに…………………………… *184*

第7章　情報技術の進展と経営分析（坂上　学）

Ⅰ　ITによる革新がもたらした経営分析環境の変化（山田文道）………………… *186*
　　1　ITによる革新がもたらした
　　　　経営分析環境の変化……………… *186*
　　2　情報コストの低廉化とIR情報，
　　　　各種統計データの充実…………… *187*
　　　⑴　大量データから濾過による有用
　　　　　情報の創出……………………… *187*
　　　⑵　非財務情報の収集と分析の
　　　　　重要性…………………………… *188*
　　　⑶　Webによるデータ収集と
　　　　　調査デザインの重要性………… *189*
　　3　情報機器の普及と分析ツールの
　　　　充実………………………………… *190*
　　　⑴　分析の効率化と高度化のための
　　　　　学際的な理論・手法の援用…… *190*
　　　⑵　分析目的に即した最適データ・
　　　　　最適ツールの選択……………… *191*
　　　⑶　IT活用の利便性を駆使できる
　　　　　情報リテラシーの向上………… *192*
　　4　分析目的の重要性………………… *193*
　　　⑴　データ収集の容易性と
　　　　　解析ツールの利便性が陥る罠… *193*
　　　⑵　データ・情報の背後にある
　　　　　経営実態の摘出………………… *195*
　　　⑶　分析目的の明確化……………… *195*

Ⅱ　XBRL（坂上　学）…………………………………………………………………… *197*
　　1　XBRLとは何か …………………… *197*
　　　⑴　XBRLの定義 …………………… *197*
　　　⑵　XBRLの基本概念 ……………… *197*
　　2　XBRL仕様 ………………………… *198*
　　3　タクソノミ………………………… *198*
　　　⑴　XBRL GLタクソノミ ………… *198*
　　　⑵　XBRL FRタクソノミ ………… *199*
　　4　インスタンス文書………………… *201*
　　　⑴　GLとFRのインスタンス文書 … *201*
　　　⑵　FRインスタンス文書の基本構造 *202*
　　5　XBRLデータの利用 ……………… *203*
　　　⑴　EDINETからの入手と閲覧 … *203*
　　　⑵　XBRLデータを使った分析 …… *204*
　　　⑶　XBRLの最新情報の入手 ……… *207*

第8章　ファイナンス理論と経営分析（企業評価）－市場との関係－
(井上達男)

Ⅰ　財務分析への展開：（その1）
　　割引配当モデル（DDM）と財務分析（國村道雄）……………… 208
　1　正味現在価値法……………… 208　　2　割引配当モデル……………… 209

Ⅱ　財務分析への展開：（その2）
　　モジリアーニ・ミラー（MM）理論と財務分析（加藤千雄）……… 210
　1　配当命題……………………… 210　　4　第3命題……………………… 213
　2　第1命題……………………… 211　　5　資本コスト…………………… 213
　3　第2命題……………………… 212　　6　MM命題と財務分析………… 214

Ⅲ　財務分析への展開：（その3）
　　現代ポートフォリオ理論（MPT）と財務分析（奥村雅史）……… 215
　1　リスクとリターン…………… 216　　(1)　消費CAPM ……………… 220
　2　分散投資によるリスク低減効果… 216　(2)　裁定評価理論……………… 221
　3　ポートフォリオ選択の理論… 217　　(3)　3ファクターモデル……… 221
　4　資本資産評価モデル………… 218　　6　資本コストとMPT ………… 222
　5　代替的な理論………………… 220

Ⅳ　会計数値の報告と資本市場（須田一幸）……………………………… 223
　1　資本市場における会計情報の　　　(1)　効率的市場仮説の
　　　役割………………………… 223　　　　パラドックス……………… 228
　2　効率的市場仮説と会計情報… 224　　(2)　ファマの第2次革命……… 229
　3　会計情報に関する有用性の検証… 225　6　会計情報の実際的有用性…… 230
　(1)　ボール・ブラウン型調査……… 226　(1)　株価収益率効果の活用…… 230
　(2)　ビーバー型調査……………… 226　(2)　利益予測モデルと企業評価モデ
　(3)　調査結果の解釈……………… 227　　　ルの活用…………………… 231
　4　証券投資戦略と会計情報…… 227　　(3)　会計発生高の活用………… 232
　5　効率的市場仮説の再検討…… 228

Ⅴ　オールソンモデルによる企業評価（井上達男）……………………… 235
　1　はじめに……………………… 235　　(3)　日本における純資産簿価の
　2　純資産簿価の重要性………… 236　　　　重要性の相違……………… 237
　(1)　国による純資産簿価の重要性の　　3　予測利益を用いた企業価値評価… 238
　　　相違………………………… 236　　(1)　米国における実証結果…… 238
　(2)　企業状況による純資産簿価の　　　(2)　日本における実証結果…… 238
　　　重要性の相違……………… 237　　4　線形情報ダイナミックス…… 239

(1) 線形情報ダイナミックスの仮定（LID）……… 239	(3) 残された問題点…………… 241
(2) 米国における実証結果……… 240	5 企業価値推定値と株価との関係… 242

VI 会計データの時系列分析とその活用（森　久・中島真澄）………… 244

1 はじめに……………………… 244	4 会計利益の時系列分析研究……… 246
2 時系列プロセスと定常性……… 244	5 キャッシュ・フローの時系列分析
3 ARIMA モデルとボックス＝ジェンキンス法…………… 245	研究……………………………… 247
	6 今後の研究課題………………… 248

VII 行動ファイナンス理論と資本市場（黒川行治）………………………… 250

1 行動ファイナンスとは………… 250	3 経験則（ヒューリスティックス）に起因するバイアス…………… 252
2 行動ファイナンスの嚆矢－プロスペクト・セオリー…… 250	4 フレーム依存性………………… 253
(1) Editing phase ……………… 251	5 非効率的市場仮説の例示……… 254
(2) Evaluation phase ………… 251	

第9章　与信管理と倒産予測（青淵正幸）

I 債券格付の現状と課題（岡東　務）…………………………………………… 257

1 法的規制の導入………………… 257	(2) スタンダード＆プアーズ・レーティング・ジャパンに対する検査結果に基づく勧告…………… 270
(1) 規制導入の背景と法案成立…… 257	
(2) 格付会社の登録……………… 259	
(3) 格付会社の業務……………… 260	(3) スタンダード＆プアーズ・レーティング・ジャパンに対する行政処分…………………………… 270
(4) 禁止行為……………………… 260	
(5) 格付方針等…………………… 260	
(6) 経　理………………………… 261	(4) スタンダード＆プアーズ・レーティング・ジャパンの再発防止策 ………………………………… 270
(7) 監　督………………………… 261	
2 格付の方法……………………… 261	
(1) 格付のビジネスモデル……… 261	5 証券取引等監視委員会による建議と内閣府令の改正……………… 271
(2) 企業金融型金融商品に対する格付の方法…………………… 263	
	(1) 建議の内容…………………… 271
(3) 証券化商品型金融商品に対する格付の方法…………………… 264	(2) 内閣府令の改正……………… 271
	(3) 格付会社等に対する今後の監督方針………………………………… 271
(4) 格付の意味と役割…………… 266	
3 格付会社の説明書類の検討……… 267	6 格付会社規制の評価……………… 272
(1) 7社5グループの業務の状況… 267	(1) 規制導入の背景……………… 272
4 格付会社に対する検査………… 268	(2) 格付会社の経営状態………… 272
(1) 検査結果の公表……………… 268	(3) 公的規制の評価……………… 273

II 倒産予測実務データ入手上の隘路（青淵正幸）……………… 276

1 倒産予測の必要性……………… 276
2 倒産企業の定義……………… 276
  (1) 破　産……………… 277
  (2) 特別清算……………… 277
  (3) 会社再生……………… 277
  (4) 民事再生……………… 277
3 企業倒産の主な原因……………… 278
4 近年の企業倒産の傾向……………… 279
5 財務諸表分析による倒産予測…… 280
  (1) 単一変量モデル……………… 280
  (2) 多変量モデル……………… 281
6 会社観察による倒産兆候の検討… 282
  (1) 企業概要分析……………… 282
  (2) 直接機能分析……………… 283
  (3) 間接機能分析……………… 283
7 民間調査機関による倒産予測…… 284
8 金融機関による倒産予測……………… 285

III 与信管理と経営分析（末松義章）……………… 285

1 与信管理における経営分析の
  必要性……………… 285
  (1) 与信管理の意義……………… 285
  (2) 定性分析……………… 285
  (3) 定量分析……………… 286
2 与信管理における経営分析の意義
  と手法……………… 286
  (1) 経営分析の意義
    －修正貸借対照表の作成……… 286
  (2) 収益性分析……………… 287
  (3) 安全性分析……………… 287
  (4) 回転期間分析……………… 288
  (5) 運転資金負担に見る粉飾の
    見分け方……………… 289
  (6) 借入金に見る粉飾の見分け方… 290
  (7) 経常収支分析に見る粉飾の
    見分け方……………… 290
3 狭義の粉飾と広義の粉飾……………… 291
  (1) 粉飾の定義……………… 291
  (2) 積極的粉飾の原則……………… 292
4 債務超過の意味と
  修正貸借対照表の作成……………… 292
  (1) 債務超過の意味－債務超過は
    何故倒産状態なのか……………… 292
  (2) 修正貸借対照表の作成……………… 292

IV テキストマイニングによる倒産分析（白田佳子）……………… 293

1 非財務データを用いた経営分析… 293
2 テキストマイニングによる経営
  分析……………… 293
  (1) 対象データの選別と解析手法… 293
  (2) テキストマイニングを用いた
    倒産分析アプローチ……………… 294
  (3) テキストマイニングによる
    文脈語分析……………… 295
3 テキストマイニングによる倒産
  分析……………… 295
4 テキストマイニングの経営分析へ
  の応用……………… 296

V 企業倒産と再生モデルの検討（太田三郎）……………………………… 297
 1 倒産と倒産処理形態……………… 297
 2 再生モデルの形成過程…………… 298
 3 再生予測モデルの検討…………… 299
  (1) 民事再生法手続きの終結と廃止の意味…………………………… 299
  (2) 財務的視座からの再生企業の特性と再生予測モデル………… 299

VI ターンアラウンド（大柳康司）……………………………………………… 307
 1 健全度概念の整理………………… 307
  (1) 絶対的健全度と相対的健全度… 307
  (2) 健全度の測定方法……………… 307
 2 ターンアラウンド戦略の類型化… 308
 3 ターンアラウンド戦略の効果
  －リーマンショック後を例に…… 309
  (1) 健全度の測定…………………… 309
  (2) ターンアラウンド戦略の測定方法………………………………… 309
  (3) サンプルと分析手法…………… 310
  (4) 分析結果………………………… 311

第10章　M&Aの経営分析（薄井　彰）

I M&A戦略と企業価値（薄井　彰）………………………………………… 312
 1 M&A戦略と株式市場 …………… 312
 2 M&Aの動機 ……………………… 313
 3 敵対的買収……………………… 314
 4 むすび…………………………… 314

II 合併の経営分析（小本恵照）……………………………………………… 315
 1 合併事案の評価………………… 315
  (1) 合併の定義……………………… 315
  (2) 合併の形態別の特徴…………… 315
  (3) 合併形態の選択………………… 316
  (4) 事案の評価方法………………… 317
 2 合併効果の分析………………… 317
  (1) イベント・スタディ…………… 318
  (2) 会計データによる業績分析…… 318
  (3) 両手法の比較…………………… 319
  (4) 合併効果分析の課題…………… 319
 3 ケース分析：新日鉄住金……… 319
  (1) 合併に至る背景………………… 319
  (2) 合併が選択された理由と合併の方法………………………………… 320
  (3) 合併の評価……………………… 320

III 買収の経営分析（花村信也）……………………………………………… 321
 1 経営分析の目的………………… 321
  (1) 本源的価値……………………… 321
  (2) シナジー価値…………………… 321
 2 経営分析の手法………………… 321
  (1) 類似取引比較…………………… 321
  (2) 類似会社比較…………………… 322
  (3) DCF ……………………………… 322
  (4) 投資リターン…………………… 326

Ⅳ　バイアウトの経営分析（杉浦慶一）……………………………………… 327

1　M&Aとバイアウトの相違 ……… 327
2　バイアウト・ファンドの投資
　　プロセス……………………… 328
3　ケース分析～キトーの事例……… 328
　(1)　案件の背景…………………… 328
　(2)　The Carlyle Group による経営
　　　支援……………………………… 329
　(3)　主要連結経営指標の推移……… 329
　(4)　エグジット戦略………………… 331

Ⅴ　TOBの経営分析（文堂弘之）…………………………………………… 332

1　TOBの意義と種類 ……… 332
　(1)　TOBの本来的意義 …………… 332
　(2)　TOBの種類 …………………… 332
2　TOBの制度 ………………… 333
　(1)　日本の制度…………………… 333
　(2)　諸外国の制度との比較………… 334
3　TOBの成立モデル ……………… 334
　(1)　初期の買収成立モデル………… 334
　(2)　GH説とただ乗り問題 ……… 334
　(3)　GH説以後の諸モデル ……… 335
4　プレミアム設定の問題…………… 335
　(1)　買付価格およびプレミアム設定
　　　の重要性……………………… 335
　(2)　買付価格の設定方法と算定根拠
　　　の開示………………………… 336
　(3)　TOBにおける買収プレミアムの
　　　実際…………………………… 336
　(4)　ディスカウントTOB ………… 337
5　反対表明があっても成立したTOB
　　の事例…………………………… 337

Ⅵ　企業集団の評価と財務分析（坂本恒夫）………………………………… 339

1　企業集団評価の方法……………… 339
　(1)　分析の主体…………………… 339
　(2)　分析対象としての企業集団…… 340
　(3)　企業集団を対象とすることの
　　　意義…………………………… 340
　(4)　変化した企業集団の役割……… 340
2　企業集団評価の基本的方法……… 341
　(1)　収益性と企業集団……………… 341
　(2)　安全性と企業集団……………… 341
3　株主価値経営時代の企業集団評価
　　の方法…………………………… 342
　(1)　EVA, 資本コストと企業集団 … 342
　(2)　キャッシュ・フローと
　　　企業集団……………………… 342
4　共通価値経営時代の企業集団評価
　　の課題…………………………… 343
　(1)　企業集団評価の環境変化……… 343
　(2)　国際的企業連携と企業集団評価
　　　の見直し……………………… 344
　(3)　BIS規制の桎梏と企業集団評価
　　　の課題………………………… 345

第11章　政府と非営利組織の経営分析（黒川保美）

Ⅰ　政府・自治体会計と経営分析 ································· 347
 1　公会計の財務報告（黒川保美）… 347
  (1) 政府会計と企業会計················ 347
  (2) 予算制度··························· 347
  (3) 決算制度··························· 348
  (4) 公会計改革······················· 349
  (5) 公会計改革の提案················ 349
 2　政府の管理会計（成岡浩一）…… 351
  (1) 政府への管理会計導入の意義… 351
  (2) 政府の予算制度とマネジメント・サイクル······························· 351
  (3) 民間企業の管理会計手法の導入… 353
  (4) 政府への管理会計導入の課題… 354
 3　政府・自治体監査（松本　徹）… 355
  (1) 国の会計検査院による検査制度… 355
  (2) 地方自治体の監査制度············ 356
  (3) 政府・自治体監査の課題········ 357

Ⅱ　非営利組織体と経営分析 ·· 357
 1　非営利組織体の基本目的と分類（黒木　淳）··························· 357
  (1) 非営利組織とは何か················ 358
  (2) 法人形態にもとづく非営利組織の分類······························· 358
  (3) わが国非営利組織の制度改革の動向······························· 360
  (4) 非営利組織に適用される会計基準······························· 361
 2　社会福祉法人の経営分析（向山敦夫・黒木　淳）··········· 362
  (1) 社会福祉法人の特徴··············· 362
  (2) 社会福祉法人会計基準の概要… 362
  (3) 社会福祉法人の経営分析指標… 362
 3　公益法人（鷹野宏行）··············· 364
  (1) 公益法人とは······················· 364
  (2) 公益認定とは······················· 364
  (3) 公益法人の現状····················· 365
  (4) 公益法人会計基準··················· 365
 4　医療法人（鷹野宏行）··············· 368
  (1) 医療法人とは······················· 368
  (2) 医療法人の分類····················· 368
  (3) 医療法人の現状····················· 368
  (4) 医療法人の経営指標··············· 369

第12章　経営分析の新領域（森　久）

Ⅰ　製品戦略と経営分析（亀川雅人・寺内理恵） ··· 372
 1　消費者の価値観の変化と製品概念の拡張······························· 372
  (1) 価値に関する研究··················· 372
  (2) 消費者の価値観の変化············ 372
  (3) 製品概念とは······················· 372
  (4) 製品差別化戦略····················· 373
  (5) 財務データから見られる変化… 374
  (6) 内外環境の分析····················· 375

Ⅱ　研究開発と経営分析（譚　鵬） ······························· 377
 1　研究開発費に関する会計基準…… 377
 2　研究開発と将来業績の分析········ 378
 3　研究開発と企業価値の分析········ 379
 4　研究開発と技術知識ストック…… 380
 5　会計基準有用性の分析··············· 381
 6　今後の展望··························· 382

Ⅲ 環境活動と経営分析（壷井　彬）……………………………………… 383

1 環境保全活動の経営分析………… 384
　(1) 環境保全活動を対象にする問題
　　　特性…………………………… 384
　(2) 環境保全コストとその効果…… 384
2 環境経営ステージを考慮した
　　環境保全コストと効果の表現……… 385
　(1) 基本概念……………………… 385
　(2) モデル化……………………… 385
3 分析モデルの適用と検証方法…… 386
　(1) 対象企業とモデルの適用範囲… 386
　(2) 地球環境保全コストにおける
　　　適用結果……………………… 386
　(3) 公害防止コストにおける検証結
　　　果……………………………… 387
4 統合化方法の変更による分析
　　モデル適用への影響………………… 387
　(1) 対象企業とモデルの適用範囲… 387
　(2) 業種や企業規模によるモデル
　　　適合性………………………… 387
5 まとめと今後の経営分析への
　　可能性………………………………… 388

Ⅳ リスクと経営分析（本間基照）…………………………………………… 389

1 リスクの定量評価………………… 389
　(1) 発生確率……………………… 389
　(2) 影響度………………………… 389
　(3) 対策度………………………… 390
2 リスク管理を機能させる能力の
　　評価…………………………………… 390
3 管理対象外リスクと管理対象
　　リスク………………………………… 391
4 変化するリスクへの対応………… 391

Ⅴ ブランドと経営分析（朴　恩芝・中條良美）…………………………… 391

1 企業戦略としてのブランド価値
　　評価…………………………………… 391
2 ブランド価値評価モデルの分類… 393
3 日本で実践されるブランド価値
　　評価の展望…………………………… 394
　(1) Brand Valuation ……………… 395
　(2) 経済産業省モデル…………… 395
　(3) CBバリュエーター ………… 396
4 経営分析とブランド価値の尺度… 396

Ⅵ のれんと経営分析（上野雄史）…………………………………………… 397

1 M&Aとのれん …………………… 397
2 買収プレミアムとのれんの関係… 398
　(1) 買収プレミアムとシナジー効果… 398
　(2) のれんの算定方法…………… 398
3 買収プレミアムとのれんの関係… 399
4 会計処理方法の考え方の違い
　　～非償却資産か，償却資産か～…… 400
5 のれんの評価……………………… 400

Ⅶ レピュテーションと経営分析（平屋伸洋）……………………………… 401

1 はじめに…………………………… 401
2 レピュテーションの理論的基礎… 402
3 従来の研究………………………… 403
4 平屋（2011）の研究……………… 404
5 むすび……………………………… 405

第13章 企業の総合評価とその実務（薄井　彰）

Ⅰ　企業評価モデルの理論と実際（薄井　彰）……………………………… 407
 1　はじめに………………………… 407
 2　企業評価モデル………………… 408
 3　実務での企業評価モデル……… 409
 4　会計ベースの評価指標の有効性… 410
 5　おわりに………………………… 411

Ⅱ　企業の定量的総合評価の実務（古山　徹）……………………………… 412
 1　代表的なランキング，
 　　スコアリング情報……………… 412
 2　公表されている企業の定量的総合
 　　評価関連情報の概要…………… 412
 　(1)　NICES（日本経済新聞）……… 413
 　(2)　CSRランキング（東洋経済新報
 　　　社）……………………………… 413
 　(3)　新・企業力ランキング
 　　　（東洋経済新報社）…………… 414
 　(4)　評点システム
 　　　（帝国データバンク）………… 415
 　(5)　評点システム
 　　　（東京商工リサーチ）………… 415
 　(6)　CASMA………………………… 416
 　(7)　PRISM………………………… 416
 3　定量的総合評価システムの分類… 417
 　(1)　定量的総合評価の目的……… 417
 　(2)　ランキングの対象…………… 417
 　(3)　評価に用いているデータ…… 417
 4　定量評価の今後………………… 417

Ⅲ　企業の定性的総合評価の実務（奥田真也・記虎優子）………………… 418
 1　企業の定性的総合評価と
 　　ステークホルダー……………… 418
 2　コーポレート・ガバナンス……… 419
 　(1)　日経コーポレート・ガバナンス
 　　　評価システム（NEEDS‒Cges）　419
 　(2)　東証　企業行動表彰………… 419
 3　CSR……………………………… 419
 　(1)　東洋経済新報社『CSR調査』… 419
 　(2)　日経　環境経営度調査……… 419
 　(3)　経済産業省・東京証券取引所
 　　　なでしこ銘柄…………………… 419
 4　ディスクロージャー…………… 420
 　(1)　日本証券アナリスト協会
 　　　証券アナリストによるディス
 　　　クロージャー優良企業選定… 420
 　(2)　日本IR協議会　IR優良企業賞　420
 　(3)　日経アニュアルリポート
 　　　アウォード…………………… 420
 5　実務への応用…………………… 420

編集者あとがき－経営分析の定義・意義と本事典の目標・意図－（黒川行治）……… 423

索　引…………………………………………………………………………… 429

第1章　伝統的経営分析体系の展開傾向

　経営分析は，銀行が与信の際に行う信用分析を嚆矢とし，やがて株式や債券など投資家の意思決定のための投資分析へと発展した。手法的には当初は財務諸表分析（金額と財務比率による分析）が主であったが，次第に本書第2章以下の内容が示すように，経営学，ファイナンス，会計学，情報技術，統計学など隣接諸学問の研究成果を取り入れながら発展を遂げてきた。「伝統的経営分析」という用語は，対象，範囲，時期，方法など学問的には必ずしも明確ではないが，隣接諸学問の成果を取り入れて発展する前の，財務諸表分析を中心とした経営分析を意味するものと捉えることができる。時期的にはおよそ1960年代後半までに構築された経営分析の理論を意味しており，統計的手法，ファイナンス理論等を用いずに，主に個別企業の財務諸表に依拠して企業を評価する分析体系である。伝統的経営分析体系の内容は次節Ⅱのとおりであるが，Ⅲ新しい分析指標で述べるように，財務比率にも新しい分析指標が開発され，評価視点も一元的企業価値評価から多元的企業価値評価へと変化している。

［青木茂男］

Ⅰ　経営分析概説

1　経営分析とはなにか

　「経営分析」の定義については諸説があるが，ある企業に対して投資，貸付，営業取引，管理・コントロールなど将来の意思決定を行うために，その企業の実態を把握すること，すなわち企業の評価を行うことである。「経営分析」に類似した用語として「財務分析」「財務諸表分析」「企業分析」「企業評価」「信用分析」「企業調査」「企業審査」「会社分析」など用語が使われることがあるが，厳密な区別はない。

2　財務資料の分析（財務諸表分析）と非財務資料の分析

　企業は「ヒト・モノ・カネ・情報」からなっているといわれる。経営分析は企業の実態を明らかにすることであるから，カネを表す財務表を中心とした財務資料だけでなく，ヒト，モノ，情報などの非財務資料（**定性的要因**ともいう）についても分析する必要がある。非財務資料は企業の個別性が強いため定式的な分析手法はなく，基本的にはビジネスの常識を活用して判断する領域であり，専門知識を必要とする分析技法は少ない。これに対して財務資料の分析は，制度会計の知識や，比率を中心とした分析技法に依存する側面が強い。多くの経営分析の書物も財務資料の分析を中心とした内容になっている。財務資料と非財務資料の分析結果を総合的に判断して企業を評価することが必要である。

3 経営分析の方法

(1) 財務資料の分析

財務資料による分析は金額および比率を比較して行う。

① 比較分析

分析方法でもっとも重要なのが「比較」である。比較によって分析対象企業の位置を明らかにできる。ドイツや日本では経営分析のことを「経営比較」(Betriebsvergleich)，「企業比較」と呼ぶことも多かった。

比較の方法には時系列で比較する「期間比較」と他社や標準などと比較する「相互比較」とがある。

  {期間比較（時系列比較，time series analysis）
   相互比較（他社比較，他グループ比較，産業内
     比較，標準比較，cross section analysis）

その企業がどのような傾向にあるかを見るのが期間比較である。趨勢分析ともいう。ライバル，業界あるいはあるべき姿（標準，基準）と比べたらどうかを見るのが「相互比較」である。

② 実数分析と比率分析

経営分析では比率を使うことが多いが，比率ではなく実際の金額「実数」を使うことも多い。貸借対照表や損益計算書の期間比較，資金，損益分岐点，決算操作の分析では実数で検討することが多い。

「比率」は２つの数値の関係を示したものであるが関係の種類には，損益計算書の２つの項目の関係，貸借対照表の２つの項目の関係，損益計算書と貸借対照表の項目の関係，損益計算書・貸借対照表以外の数値と損益計算書あるいは貸借対照表の数値との関係などがある。これらを「関係比率」ともいう。関係比率の一種として趨勢比率，構成比率がある。

一定時点の数値を100として他の期の数値はいくらかを見るのが趨勢比率，貸借対照表の資産または負債・純資産の合計を100として貸借対照表の各科目がいくらか，あるいは損益計算書の売上高を100としてその他の費用，収益，利益がいくらかを見るのが構成比率である。

③ 比較と実数・比率の組み合わせ

比較と実数・比率の組み合わせは下図の通りである。分析に当たってはこの組み合わせを念頭において分析視点にモレのないようにしなければならない。

  期間比較 ＞＜ 比率
  相互比較 　　 実数

経営分析は，実数分析や比率分析といった「分析方法」を用いて相互・期間比較しながら，さらに非財務資料を組み合わせて「企業の実態を把握」することである。比率分析の体系は「Ⅱ　伝統的経営分析体系の現状と発展」で述べるように，収益性の分析，回転性（効率性）の分析，安全性の分析（資金の分析を含む），生産性の分析などからなっている。

(2) 非財務資料（定性的要因の分析）の分析

企業を正しく知るためには，株主，経営者，製品など非財務資料（定性的要因）を多角的に検討することが必要である。これら非財務資料の分析に固有の技術的な分析方法，統一的な見方はないが，社会，経済，ビジネスを見る眼を養って，対象企業に特有の状況を明らかにする必要がある。企業はコアコンピタンスを武器に競争に打ち勝って存続しているのであるから，その強みを見抜くことが重要である。厳しい競争のなかにあってその企業が存立し得るのはなぜなのか。何を競争の武器として存続しえているのか，なぜ継続して利益を上げることができるのか，を明らかにすることが肝要である。その事業が国民経済的に意義があり，社会的見地からも認められ

ることはそれらの前提条件である。以下は検討すべき非財務資料の例である。

① 沿革（設立時期・事情，事業目的，経営・事業体制の変遷，資本系統の変遷）
② 株主（主要株主，同族・非同族企業）
③ 経営者（経営能力・資質，経営方針，経営実権者，経歴，年齢，在職期間，後継者，技術系・事務系のバランス，派閥，一族の役員状況）
④ 従業員（質，人数，平均年齢，男女比率，労使関係，教育訓練，賃金水準，定着率，非正規社員の状況）
⑤ 企業集団（企業集団の状況，集団における位置，結合力の強弱）
⑥ 製品（受注生産品・見込生産品，主力製品の品質・性能，ライフサイクルの段階，新製品の割合，部門別・製品別・地域別・顧客別採算状況，自社ブランドかOEMか，輸出／輸入割合と為替相場の影響，生産財・消費財）
⑦ 仕入関連（仕入先，仕入先との関係，分散状況）
⑧ 製造・技術関連（新製品開発力，特許，ビジネスモデル，製造技術，立地，設備）
⑨ 情報化（情報システム構築状況，eビジネスとの関係）
⑩ 多角化度合い
⑪ 販売力（顧客層，物流システム，販売先の信用力，販売条件，販売方法，販売先・販売地域の広がり，ブランド力）
⑫ 競争関連（シェア，参入障壁，独占・寡占，情報ネットワーク，規模の優位性）
⑬ 金融取引状況（主力銀行，取引金融機関の種類）
⑭ 企業倫理，コンプライアンス，社会的責任

［青木茂男］

Ⅱ　伝統的経営分析体系の現状と発展

1　経営分析の伝統と変革

　会計ビッグバンとも称される会計基準・会計制度変革は，伝統的な経営分析にも大きな変革をもたらした。すなわち，従前は，個別企業の収益力の分析を中心に，動態論ないし**収益費用中心観（収益費用アプローチ）**に基礎を置く貸借対照表および損益計算書の分析が**伝統的経営分析（財務諸表分析）**の中核をなしてきた。これに対し，近年における金融経済・情報経済の発展とともに，分析対象となる企業の経済活動もまた，従来の生産経済・実体経済から金融経済・情報経済への重点移行を含む新たな局面へと変容した。これにつれて，企業の財務諸表が貸借対照表・損益計算書だけでなくキャッシュ・フロー計算書等にまで拡張された。かつまた，連結企業集団経営の重視とあいまって，個別企業の財務諸表から連結財務諸表までその財務諸表の体系が拡大されるに到った。しかもそこでは，従来から基本財務諸表として位置づけられた，貸借対照表および損益計算書に関しても，情報論ないし**資産負債中心観（資産負債アプローチ）**のもとにその報告内容に拡張と変化が見いだされる（FASB (1976)）。このような動向は，会計基準の国際的統一化をめぐる各種の会計基準の新設・改訂，さらには，国際財務報告基準（IFRS）にもうかがうことができる。また，他方で経営分析技法もファイナンス理論や情報通信技術の影響を強く受けるようになる。

　このようないわば変革期における経営分析の発展の内容を解明するに先立って，従来の伝統的経営分析の体系と内容について整理・

検討しておこう。

2 伝統的経営分析の体系と基本財務諸表の分析

伝統的分析の体系に関しては，基本財務諸表たる貸借対照表および損益計算書に着目すれば，①貸借対照表を中心とする財務構造の分析，②損益計算書を中心とする期間成果（経営成績）の分析，③貸借対照表および損益計算書の両者に関する総合的な資本収益性の分析，④2期間の貸借対照表および損益計算書を用いた発展性の分析等，に大きく区分することができるであろう。そして，これらの分析指標を用いて，⑤企業の総合指標による判定がなされる。

他方，伝統的分析が，企業の収益力の分析を重視とするという観点からは，たとえば，①収益性，②回転性（効率性），③安全性，④成長性，⑤生産性という重要指標を中心とする分析体系も考えられるであろう。また，収益性分析とともに経営安全性の分析にも関連する分析として，⑥損益分岐点分析をあげることができる。財務諸表中心の体系も重点指標別の体系も，その取りあげる順序に違いはあるものの結果的にはほぼ同様の内容を取り扱うこととなる。ただし前者は，どちらかといえば財務諸表を中心とする体系であるのに対し，後者は経営分析指標そのものを中心とする体系である。それゆえ，本書における「経営分析」の体系としては，後者の方がより適切であるといえるであろう。

3 収益性の分析

営利企業は，なによりも営利性ないし収益性を追求する事業体として位置づけられる。その場合の**営利性**ないし**収益性**は，たんなる利益額ではなく，次のような**資本利益率**として示される。

資本利益率＝売上高利益率×資本回転率

$$\frac{利益}{資本} = \frac{利益}{売上高} \times \frac{売上高}{資本}$$

資本利益率を中心とする分析は貸借対照表と損益計算書との双方にかかわる分析であり，企業の総合的な収益性の分析としてとらえられる。そして，売上高利益率に関しては，損益計算書を中心とする期間成果の分析において展開される。これに対し，資本利益率と資本回転率とに関しては，貸借対照表と損益計算書との双方にわたって分析がなされる。

(1) 資本収益性（資本利益率）の分析

資本利益率（Return On Investment：ROI）については資本と利益とに関して何を用いるかによって多様な組み合わせが可能であり，さまざまな分析がなされ得る。利益に関しては，売上高利益率の場合と同様，売上総利益，営業利益，経常利益，純利益等の利用が考えられる。

資本（期中平均在高）に関しては，一般的には，総資本，**経営資本**，自己資本に相当する純資産，資本金が代表的である。ここに経営資本は，企業の目的とする経営活動とくに生産・販売活動（営業活動）に投下拘束されている資産（資本）である。それは，企業の総資本（総資産）から投資資産，繰延資産，遊休資産，未稼働資産（建設仮勘定等）を控除したものとしてとらえられる。すなわち，次の関係で示される。

経営資本＝総資産－投資資産－繰延資産
　　　　　－遊休・未稼働資産

このように資本利益率の分母に関しては，貸方側資本（負債および自己資本）だけでなく，借方側資産も用いられる。とくに後者を中心とする場合は，**資産利益率（Return On Asset：ROA）** とも称される。ROAは採用する分子と分母によっていろいろな算式が考案されている。

総資本経常利益率は企業へ投下した総資本

による当期の全体的な経営活動の成果ないし収益性を示す。総資本純利益率は期間外損益を含む包括的な企業活動の収益性を示すと考えられる。

$$総資本経常利益率 = \frac{経常利益}{総資本}$$

$$総資本純利益率 = \frac{純利益}{総資本}$$

経営資本利益率に関しては，経営資本営業利益率が，経営者の立場から経営活動とくに生産・販売活動（営業活動）の成果ないし収益性を判断するのに役立つ。

$$経営資本営業利益率 = \frac{営業利益}{経営資本}$$

なお，純利益に関しては税引前の当期純利益と税引後の当期純利益とが考えられるが，企業の立場からは税引前の当期純利益を採用すべきであろう。株主・投資家の立場からは，税引後の当期純利益が考慮されるであろう。売上高純利益率における純利益に関しても，同様の配慮がなされる。

また，総資本には，自己資本だけでなく他人資本たる負債も含まれる。そこで総資本利益率に関して，分子に，自己資本の成果たる利益とともに他人資本の成果たる利子（支払利息）をも含めることがある。この場合の利益は，利子控除前純利益とも称される。このような総資本利子控除前純利益率は，債権者の立場から利子支払能力をみるのに役立つし，借入資本の財務効果（**レバレッジ効果**）の判定等に用いられる。

$$\frac{総資本利子控除前}{純\;利\;益\;率} = \frac{当期純利益 + 支払利息}{総資本}$$

なお，この場合分母に関して「総資本－買掛債務等」が用いられることがある（阪本（1983）59頁）。

さらに**自己資本**の収益性は自己資本（純資産）当期純利益率によって示される。

$$自己資本(純資産)当期純利益率 = \frac{当期純利益}{自己資本}$$

この場合の当期純利益に関しては，株主ないし投資家の立場からは税引後の当期純利益が適切である。なお，自己資本としての純資産には通常，新株予約権（および少数株主持分）は含まれない。さらには，次のようなROEやPERも最近よく用いられる。

ROE（Return on Equity）は株主資本利益率と訳されることもあるが，先の自己資本（純資産）当期純利益率に相当する比率である。これはまた次のように展開される。

$$ROE = \frac{1株当たり純利益}{1株当たり純資産}$$

ここで，この**1株当たり利益**（Earnings Per Share：EPS）に基づいて**株価収益率**（Price Earnings Ratio：PER）が算定される。すなわち，

$$PER = \frac{株価}{1株当たり純利益}$$

(2) 売上収益性（営業収益性）

売上高利益率は，資本収益性に対して売上収益性あるいは営業収益性と称することができる。この売上高利益率の分析にあたっては，とくに売上高に対する各種利益（売上総利益，営業利益，経常利益，純利益）との関係が問題となる。これよりたとえば次のような各種の売上高利益率が展開される。
売上高総利益率（＝売上総利益／売上高），
売上高営業利益率（＝営業利益／売上高），
売上高経常利益率（＝経常利益／売上高），
売上高純利益率（＝純利益／売上高）

このような売上高利益率は，損益計算書における売上高と各種利益とを用いて分析される。損益計算書の各項目からはさらに**売上原価率**や**各種営業費率**の分析も可能となる。

$$売上原価率 = \frac{売上原価}{売上高}$$

$$各種営業費率 = \frac{各種営業費用}{売上高}$$

これより次の関係が成り立つ。

$$\text{売上高営業利益率} = 1 - \text{売上原価率} - \text{各種営業費率}$$

このように損益計算書からは，売上高利益率からさらには各種の期間成果の分析が展開されることとなる。

4　回転性（効率性）の分析

資本回転率は，一定期間中に投下された資本の利用度ないし利用上の効率を売上高による回収回数によって示す指標である。これに関しては総資本回転率と経営資本回転率とが重要である。

$$\text{総資本回転率} = \frac{\text{売上高}}{\text{総資本}}$$

$$\text{経営資本回転率} = \frac{\text{売上高}}{\text{経営資本}}$$

また，この資本の内訳を各種資産にまでさかのぼることによって，各種資産に投下されている資本の利用度ないし利用上の効率を知ることができる。

$$\text{各種資産回転率} = \frac{\text{売上高}}{\text{各種資産}}$$

とくに経営資本を構成する各種資産（期中平均有高）について，現金預金回転率，受取勘定回転率，棚卸資産回転率，流動資産回転率，有形固定資産回転率等が用いられる。これらの各種資産回転率は，各種資産の利用効率を判断するのに役立つ。回転率が高いほどその資産への投下資本の効率は高いこととなる。

なお，物的回転率ないし数量的回転率を求める場合には分子分母を同一価格水準（売価または原価）で算定する必要がある。したがって，分母が取得原価の場合に数量的回転率を求めるのであれば分子に関しても売上原価を用いる。

以上のような各種資産回転率の逆数を求めれば，**各種資産回転期間**が算定される。資産回転率が大きい場合，回転期間はそれだけ短くなる。

$$\text{各種資産回転期間} = \frac{\text{各種資産}}{\text{売上高}}$$

このように資本回転率と各種資産回転期間とは，回転性ないし効率性を示すものということができるであろう。

5　安全性の分析

安全性の分析は，財務構造の分析に多くかかわりをもつ。財務構造の分析は，貸借対照表の各項目を中心に，必要に応じて損益計算書の各項目を含めて分析することによって可能となる。これはおもに流動性（短期支払能力）の分析と財務安定性（長期支払能力）の分析とに区分される。さらには，各種資金計算書を用いての資金分析もこれに関連する。

(1) 流動性（短期支払能力）の分析

流動資産と流動負債との関係（比率）は，**流動比率**（current ratio）と称される。これは銀行家比率（banker's ratio）ともよばれ，企業の短期的な支払能力の判定に役立つ。

$$\text{流動比率} = \frac{\text{流動資産}}{\text{流動負債}}$$

流動資産の中には商品，原材料等の棚卸資産が含まれる。これら棚卸資産の過剰手持ちは短期支払能力に結びつかないことがある。そこで，流動資産からこの棚卸資産等を除去して当座資産の額を算定し，この当座資産と流動負債との比率すなわち**当座比率**（quick ratio）を求める。この比率は，短期支払能力に関して流動比率に対する酸性試験（リトマス試験）の役割を果たすところから，**酸性試験比率**（acid test ratio）ともよばれる。この比率は100％以上であることが望まれる。さらに最も安全確実な短期支払能力は，現金比率によって知ることができる。

$$\text{当座比率} = \frac{\text{当座資産}}{\text{流動負債}}$$

現金比率 = 現金・預金 / 流動負債

さらには，いざというときに支払に回せる資金（手元流動性）をどれほど持っているかを分析する**手元流動比率**（＝（現金・預金＋有価証券）／売上高）や，売上代金回収，受取利息・受取配当金収入等の経常的な収入と営業費支出・営業外費用支出等の経常的な支出との関係から収支いずれが超過しているかを把握する**経常収支比率**（＝経常収入／経常支出）もここに含まれる。このほかにも，棚卸資産対売上債権（受取勘定）比率，受取勘定対支払勘定比率等も流動性の判断にあたって補完的な役割を果たすとみられる。

(2) **財務安定性（長期支払能力）の分析**

財務安定性ないし長期支払能力の分析は，貸借対照表貸方側に関する（広義）資本構成の分析と，貸方側長期資本あるいは自己資本と借方固定資産との間の関係に関する分析とからなる。

① **資本構成の分析**

貸借対照表貸方側に関する（広義）資本構成の分析には，自己資本（純資産）と負債との関係（負債比率），純資産負債合計額（総資本）と自己資本（純資産）との関係（自己資本比率）等の分析が含まれる。

負債比率 = 負債 / 自己資本（純資産）

自己資本（純資産）比率 = 自己資本（純資産） / 総資本

また，**流動負債比率**（＝流動負債／自己資本），**固定負債比率**（＝固定負債／自己資本）や**負債構成比率**（＝流動負債／総負債，固定負債／総負債）等の分析もここに含まれる。

② **固定資産と長期資本・自己資本（純資産）との関係の分析**

企業に長期間拘束される固定資産は，長期資本たる固定負債および自己資本によって調達されなければならない。この関係は固定長期適合比率によって判断されうる。この比率が低いほど企業は安定しているとみられる。

固定長期適合比率 = 固定資産 / 長期資本

固定資産は，さらに固定負債によることなく自己資本によって調達運用されることが望ましい。この関係は次の固定比率によって判断される。この比率も低いほど企業は安定しているとみられる。

固定比率 = 固定資産 / 自己資本

さらに，**有利子負債比率**（＝支払利息／有利子負債），**有利子負債依存度**（＝有利子負債／総資本）や**キャッシュフロー比率**（＝（税引後利益－配当金支出－役員賞与＋減価償却費）／長期負債または総資本）の分析も財務安定性の分析を補完するものとみられる。

(3) **資 金 分 析**

期首および期末貸借対照表の各項目を比較し，あるいは貸借対照表および損益計算書の各勘定科目の期中の変動によって，各種資金概念に基づく資金計算書（資金運用表，財政状態変動表）が作成されることがある（Coenenberg（1991）S.609ff, 訳書30－69頁，郡司（1998）第6章参照）。これを用いて，各種資金フローの分析がなされうる。これには，たとえば，企業総資金，正味運転資金（流動資産増減額－流動負債増減額），支払資金（現金預金および有価証券），現金資金等の分析があげられる。

わが国ではかつて有価証券報告書において資金収支表が公表されていた。これは現金および一時所有有価証券を中心に事業活動収支と資金調達活動収支とに区分表示するものであった。また，貸借対照表および損益計算書を用いて経常収支，決算・設備関係収支，財務収支等を算定表示する資金移動表や月次等に内部資料に基づいて作成される資金繰表に

基づけば，現金資金等について分析し，経常収支比率やキャッシュフロー比率等をより精密に計算することが可能となる。現在では，キャッシュ・フロー計算書の公表が義務づけられており，これに基づくキャッシュフロー分析が新たな資金分析技法として展開されている。

6　生産性の分析

生産性は，生産的なプロセスの効率性を測定するための指標の1つであり，一般的には投入と産出との比（産出／投入）によって示される。投入量と産出量との比として示される物的生産性では，さまざまの物量単位が用いられるため，加法性に欠ける。そこで経営分析では通常，価値的生産性が用いられる（Nebl（2002）S.4ff，青木（2001）216頁）。

価値的生産性の場合，基本的には次のような**付加価値生産性**によって示される。

$$付加価値生産性 = \frac{付加価値}{平均従業員数}$$

これは，従業員1人当たり付加価値とも，（労働）付加価値生産性とも称される。

付加価値は，企業が前段階企業から受け入れた経済価値（外部購入費用ないし前給付費用）以上に創造し付加した価値であり，この付加価値の生成に参加した各種利害関係者に分配されうる価値である。

損益計算書資料からは，次のような2つの方法で**付加価値**が算定されうる。

① 控除法（減算方式）：付加価値＝売上高または生産高－外部購入費用（前給付費用）
② 加算法（加算方式）：付加価値＝人件費＋地代＋利息＋租税公課＋利益

控除法は，付加価値を生成面から把握し，集計法ともよばれる加算法は，企業所得としての付加価値を分配面から把握するものとみられる。控除法において，外部購入費用（前給付費用）には材料費，購入品費，消耗品費，外注加工費，購入役務費等が含まれる。また，外部から調達した固定資産の当期の利用に伴う費用として減価償却費をこれに含めるときは純付加価値が，またこれに含めないときは粗付加価値がそれぞれ算定される。それとともに，粗付加価値を算定する場合には加算法にも減価償却費が含まれることとなる（郡司（1999）221−222頁）。

先の（労働）付加価値生産性は，次のような付加価値率と従業員1人当たり売上高との積としてとらえられる。

$$（労働）付加価値生産性 = \left(\frac{付加価値}{売上高}\right) \times \left(\frac{売上高}{平均従業員数}\right)$$

付加価値率は，売上高に占める付加価値の大きさを示す。この売上高に期首期末在庫増減高を加減すれば，生産高に占める付加価値の大きさを知ることができる。また，**従業員1人当たり売上高**は，企業の人的販売能力ないし人的市場能力を表す。

（労働）付加価値生産性は**労働生産性**とも称される。その場合に，労働生産性に対して**資本生産性**があげられる（Lehmann（1954）S.26ff，訳書23頁）。

$$資本生産性 = \frac{付加価値}{資本}$$

資本生産性における資本に関しては，経営資本がもっとも適切と考えられる。経営資本に対する付加価値の大きさは経営資本生産性あるいは経営資本付加価値率と称される。

$$経営資本生産性 = \frac{付加価値}{経営資本}$$

労働生産性と（経営）資本生産性との間には，次のような関係が成り立つ。

$$\frac{労働生産性}{（経営）資本生産性} = \frac{\frac{付加価値}{平均従業員数}}{\frac{付加価値}{（経営）資本}} = \frac{（経営）資本}{平均従業員数}$$

＝（経営）資本集約度

このように，従業員1人当たりの（経営）資本は，（経営）資本集約度と称される。従業員1人当たりの有形固定資産有高（建設仮勘定を除く）は，**労働装備率**とよばれ，従業員に対する固定設備の装備度ないし固定資本の集約度を示す。

また，各種利害関係者に対する付加価値の**分配率**は経営成果ないし企業所得の分配に関する重要な指標となる。これには，**労働分配率**（＝人件費／付加価値），**公共分配率**（＝法人税その他の税金／付加価値），株主分配率（＝配当金／付加価値），**債権者分配率**（＝支払利息・割引料／付加価値），**企業分配率**（＝留保利益／付加価値）等があげられる。なお，**粗付加価値**（減価償却控除前付加価値）が用いられる場合には，企業分配率の分子は，（留保利益＋減価償却費）となる。

7 成長性の分析

成長性ないし発展性は2期間の売上高，資本，利益，付加価値等を比較することによって示される。これより，売上成長率，資本成長率（投資成長率），利益成長率，付加価値成長率等が用いられる。

売上成長率 ＝ 当期売上高 / 前期売上高

資本成長率 ＝ 当期資本 / 前期資本

利益成長率 ＝ 当期利益 / 前期利益

付加価値成長率 ＝ 当期付加価値 / 前期付加価値

なお，資本成長率の資本（期中平均有高または便宜的には期末有高）に関しては，その分析の目的あるいは立場によって，総資本，経営資本，自己資本等が用いられる。同様に，利益成長率の利益に関しても，売上総利益，営業利益，経常利益，純利益等が用いられる。

8 損益分岐点分析・資本回収点分析

2期間以上の実績数値を利用することにより利益構造および資本構造の分析を行うことができる。損益分岐点分析と資本回収点分析とがこれである。

(1) 損益分岐点分析とMS比率

損益分岐点は，費用と収益とが等しくなる点（売上高）であり，損益がゼロとなる点あるいは損失と利益とが分岐する点（売上高）である。これは，次式のように示される。

損益分岐点売上高 ＝ 固定費 / (1 − (変動費÷売上高))
＝ 固定費 / (1 − 変動費率)

この関係は，次のような損益分岐点図表（利益図表）によって示される。

図表1−2−1 損益分岐点図表（利益図表）

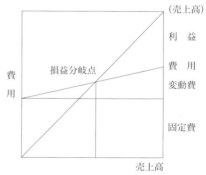

損益分岐点分析にあたって費用を固定費と変動費に分解する必要がある。2期間の実績数値を用いる場合，次のように示される。

変動費率 ＝ (当期費用 − 前期費用) / (当期売上高 − 前期売上高)

固定費 ＝ 当期費用 − 当期売上高 × 変動費率
＝ 当期費用 − 当期変動費用

これ以外の方法（固変分解法）としては，3期間以上の実績数値を用いる場合の最小自

乗法や，**スキャターグラフ法（散布図表法）**，**勘定精査法**，製造・流通現場において経営工学（Industrial Engineering）技法を適用するＩＥ法等があげられる。また，費用の範囲としては，総費用，営業費用，製造費用等がその分析目的に応じて用いられる（阪本（1983）第8章参照）。

この損益分岐点売上高を用いることにより，次のようなMS（Margin of Safety）比率を求めることができる。このＭＳ比率は経営安全性の判断に役立つ。

$$MS比率 = \frac{(当期売上高 - 損益分岐点売上高)}{当期売上高}$$

さらに，損益分岐点分析を用いて，目標利益額を達成するのに必要な売上収益（＝（固定費＋目標利益額）／（1－変動比率）），一定の売上収益から得られる利益または損失の額，価格変動が損益分岐点に及ぼす影響，設備投資が損益に及ぼす影響等も検討できる。また，製品別の限界利益率を用いて製品別の限界利益分析を行い，プロダクトミックスの決定に応用することもできる（阪本（1983）第9章参照）。

(2) 資本回収点分析

資本回収点は，資本と売上高とが等しくなる点であり，売上高によって資本が1回回収される点（売上高）である。これは次式で示される。

$$資本回収点売上高 = \frac{固定的資本}{1-(変動的資本 \div 売上高)}$$

$$= \frac{固定的資本}{1-変動的資本率}$$

いいかえれば，資本回収点は，資本回転率が1となる点（売上高）である。この関係は図表1－2－2のような資本回収点図表（資本図表）で示される。

なお，ここでの資本としては，総資本（総資産）かまたは経営資本が用いられる。したがって，固定的資本と変動的資本との分解に

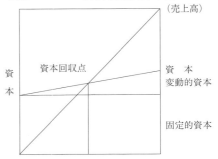

図表1－2－2　資本回収点図表（資本図表）

あたっては貸方側の負債・資本数値よりも借方側の資産数値が用いられる。2期間の実績数値を用いる場合，次のように示される。

$$変動的資本率 = \frac{(当期資本 - 前期資本)}{(当期売上高 - 前期売上高)}$$

$$固定的資本 = 当期資本 - 当期売上高 \\ \times 変動的資本率 \\ = 当期資本 - 当期変動的資本$$

3期間以上の実績数値を用いる場合は，通常，損益分岐点の場合と同様，最小自乗法を適用して，変動的資本率と固定的資本を求める。この他にも，スキャターグラフ法（散布図表法），勘定精査法等がある（阪本（1983）第11章参照）。

このような資本回収点分析により，資本回収点（売上高），固定的資本額と変動的資本率を用いて，特定の売上高のもとでの必要資本量を算定することができる。さらには，損益分岐点分析と資金回収点分析とを併用して，一定の目標利益率のもとでの利益計画および資金計画（資本構造計画）の策定（あるいはそのシミュレーション）に利用することができる。

9　企業の総合指標による判定

以上のような各種指標を組み合わせることにより，企業経営に関する総合的判断を行う

ことができる。これはたとえば収益性，回転性，流動性，財務安定性，生産性，成長性といった重要なメルクマールに従って，それぞれに関する適切な比率を選択し，それを用いて企業の経営活動に関する総合的な判定を行うものである。このような総合的判定にあたっては，企業が目標とする標準比率と実際比率とを比較する標準比率法，各比率の重要性に従ってウェート付けを行う**インデックス法（指数法）**や各種の比率相互間の相関関係を示すためにレーダチャート形式で表示する**レーダチャート法**などが利用されてきた（阪本（1983）第10章参照）。また，各種分析比率の良し悪しを人の顔になぞらえて表示するフェイスメソッドなども用いられている（野村（2003）233－234頁）。

10　伝統的分析体系からの脱却

金融ビッグバンさらに会計ビッグバンは，ある意味において実体経済・生産経済から金融経済・情報経済への重点移行と無関係ではない。それとともに，会計だけでなく経営分析に関してもファイナンス重視の傾向が強く見いだされる。それは，経営分析における財務諸表分析からファイナンス理論をより多く取り入れることによる財務分析の展開にみることができる。さらには，ネット－ビジネスあるいは情報通信技術の発達も経営分析に大きな影響を与えている。

他方において，会計におけるファイナンスの影響は，グローバルな証券資本市場における会計情報の国際的統一化をめぐる各種会計基準，さらにはIFRSの新設・改訂に反映されている。たとえば，リース会計基準，退職給付会計基準，金融商品会計基準，税効果会計基準，企業結合会計基準，キャッシュフロー会計基準等は各国会計基準・会計制度にすでに導入されているが，その随所にファイナンス理論の影響が見いだされる（郡司

（2012）第３章）。その基底には，従来の伝統的企業会計の基底にあった，**収益費用中心観**から将来の経済的便益概念を中心とする**資産負債中心観**への重点移行が見いだされる。それとともに，従来の損益計算書および貸借対照表に基づく財務諸表分析（収益力分析）から，個別財務諸表だけでなく連結財務諸表（連結貸借対照表，連結包括利益計算書，連結キャッシュ・フロー計算書等）およびセグメント報告さらには環境報告等を含むより包括的な会計情報分析へと変革を遂げてきている。これにともなって，たとえば資金分析は，キャッシュ・フロー計算書の導入に伴い，（連結）キャッシュ・フロー計算書を中心とするキャッシュフロー分析が中心となってきている。

とはいえ，このような経営分析の革新が，直ちに，伝統的な分析体系の消滅を意味するものではない。分析の対象となる貸借対照表と損益計算書とは，従来のような取得原価主義と実現主義に基礎をおくだけでなく，公正価値と実現可能性（発生）に基礎をおく資産・負債評価と損益計算にまで拡張され，その結果数値（内包）も変化してきている。このような対象における内容の変化に対しても伝統的分析は，新たな分析技法と併行して，あるいはこれらの技法に先立って適用されるものであり，今日でも依然として重要であることはいうまでもない。

〔参考文献〕

青木茂男（2001）『要説経営分析』森山書店。

Coenenberg,A.G.(1991) *"Jahresabschluß und Jahresabschlußanalyse － Betriebswirtschaftliche, handels-und steuerrechtliche Grundlagen －,"* München, 12Aufl.（宮本順二朗・岡部政昭・秋月信二共訳（1984）『西ドイツ財務分析論』（第６版（1982）訳）白桃書房。）

FASB（1976）*"An Analysis of Issues Related to Conceptual Framework for Financial Accounting and Reporting:Elements of Financial Statements and Their Measurement,"* FASB

Discussion Memorandum, FASB.（津守常弘監訳（1997）『FASB財務会計の概念フレームワーク』中央経済社。）

郡司健（1998）『現代会計報告の理論』中央経済社。

郡司健（1999）『現代基本会計学』税務経理協会。

郡司健（2012）『財務諸表会計の基礎』中央経済社。

Lehmann, M. R.（1954）*"Leistungsmessung durch Wertschöpfungsrechnung,"* Essen.（山上達人訳著（1966）『レーマン生産性測定論』税務経理協会。）

Nebl, T.（2002）"Produktivitätsmanagement," München.

野村健太郎（2003）『連結企業集団の経営分析［全訂版］』税務経理協会。

阪本安一（1983）『経営分析入門［全訂版］』中央経済社。

[郡司　健]

Ⅲ　新しい分析指標

1　新しい分析指標の出現背景

(1)　伝統的分析指標の限界

分析・評価に用いられる経営指標は多数あり，日本経済新聞社の『日経経営指標』などの統計資料を見れば，一般的にどのような指標が用いられているかを知ることができる。これらの統計資料に掲載されている指標は，経営分析の歴史とともに増えている。また時代と環境によって重視される指標は異なっている。市民権を得て流布していても重要性を低下させている指標もあるし，各種の統計資料には掲載されていないが新しく提起され重要性を増している指標もある。どのような指標にも必ず限界があり，その有効性は絶対的ではない。その理由として以下のようなことが考えられる。

まず，指標に固有の限界が認識されるようになった場合である。たとえば流動比率は，経営分析の嚆矢でありもっともよく知られた分析指標である。しかし，一定時点でとらえた静態的な指標であり，理解しやすい反面において精緻さを欠く。このため財務安全性の分析指標としては，キャッシュフロー関係の比率が重視されるようになった。

次に，指標が時代のニーズの変化によって重要性が低下した場合である。たとえば売上高成長率は，わが国企業が成長至上主義であった時代にもっとも重視された指標の1つである。しかし，バブル経済崩壊後，規模の拡大よりも経営効率が重視され，株主価値志向の経営と相俟って自己資本当期純利益率（ROE）の重要性が高まってきた。

第3に，ある種の理論や考え方が注目を集めていたときの指標が，その衰退とともに重要性を失った場合である。たとえば，付加価値労働生産性（付加価値／従業員数）は，わが国企業が生産性向上運動に取り組んでいた時代には労使協調，付加価値リンクの賃金分配理論をバックアップにして，大きな関心を集めた。その重要性は今も失ってはいないが，当時のような輝きはない。

第4に，ある国において有効であっても経済発展段階の違いにより，重視されない場合である。たとえば，地球環境の維持に関してさまざまな新しい指標が考案されてきている。しかし，先進国と発展途上国との間には，これらの指標に対する関心には温度差がある。

第5に，経営分析は，財務要因に止まらずCSR（企業社会的責任）のような定性的要因を含む分析へと拡大している。定性的な指標は，多変量解析によって数値化できるにしても，貨幣数値でとらえた指標と異なり比較に限界がある。

新しい分析指標は，時代や環境の変化によって従来の分析指標に限界が生じ，その限界を克服するために提起されたものといえる。したがってそれを用いる場合には，その指標の意義や提起されている背景を十分に知るこ

とが必要である。アメリカで開発され注目を集めている新しい指標であっても，それが直ちにわが国でも有効であると単純に考えてはならない。

(2) 評価視点の変化

評価視点は，どのような見方で分析するかという評価軸あるいはスタンスをいう。近年提起されている分析指標は，大きく2つの流れに整理できる視点からそれぞれ生み出されている。一つは一元的企業価値評価としてまとめられる流れ，もう一つは多元的企業価値評価としてまとめられる流れである。

一元的企業価値評価の視点は，企業を株主価値で一元的に評価しようとする考え方であり，コーポレート・ガバナンスの変化が背景となっている。パラダイム転換は1990年代後半の金融ビックバンといわれる以下のような変革によってもたらされた。

①グローバル化の進展（経済のグローバル化→海外投資家の増大→株主の投資効率による企業評価→株主重視の経営）

②間接金融から直接金融への比重の移行（株式市場の成熟→バブル経済崩壊後の銀行の選別融資→企業の直接金融への傾斜→株主重視の経営）

③銀行の信用失墜（バブル経済崩壊後の金融機関の破綻と低金利政策→一般大衆の銀行に対する不信→個人投資家の株式・社債の購入動機の醸成→株主重視の経営）

④不況下における財務安全性の重要化（不況・デフレによる財務安全性の低下→負債格付けの低下→株価上昇による株式時価総額の重要化→株価志向の経営）

⑤経済の成就化（日本経済の成長期から成熟期への移行→収益性の低迷→株主の選別投資→株主志向の経営）

⑥コーポレート・ガバナンスの変化（株式の相互持合いの解消傾向・会社法改正によるアメリカ型取締役会の導入→株主重視への制度的転換）

⑦配当重視政策の必要性（収益性の低下・株価の低迷→年金基金・海外投資家からの配当金・自己株式の買い上げなど株主還元の要求→株主重視の経営の必要性）

⑧株価志向のインセンティブ（ストック・オプション制度の導入→株主と経営者の利害の一致→株主志向の経営）

⑨情報の非対称性に対する批判（情報隠蔽による不祥事の多発→情報弱者である株主・投資家の企業および金融・証券市場に対する不信→IR活動への要求→株主重視の姿勢の重要化）

以上のような株主志向は，バブル経済崩壊後の業績低迷に追い詰められた結果としてのわが国の特殊事情もあるが，それ以上にグローバル化の流れが背景にある。グローバル化の進展にともなって，従来の従業員重視といった日本的経営の特徴は薄弱化し，株主重視の特徴が明確になってきた。株主価値志向の経営は，EVA（Economic Value Added：経済的付加価値）などの新しい分析指標を生み出すとともに，従来の自己資本当期純利益率，1株当たり当期純利益，配当性向などの分析指標を再認識させている。

一方，**多元的企業価値評価**の視点は，企業には多元的な価値側面があり，それらを総合的に評価しようという立場に立つ。企業のステークホルダーは多岐にわたっており，非資本提供者である従業員，地域住民，消費者などは，環境経営，CSR経営などの価値に関心を寄せるとともに，株主・投資家もこれらの価値が充足されていないと，結果的に株主価値を高めることができないので関心を有している。たとえば，企業および製品ブランドの評価が高くても，いったん環境破壊を起こしてしまうと，レピュテーションは低落しブランドは瓦解してしまう。ブランドは，製品に関わる機能，サービスなどの価値に加えて，

企業の社会性，環境経営などの価値の総合的なものであり競争力の要因として重視される。このような背景の下で，環境経営，CSR経営に関しては，各種の指標が考えられるもののコンセンサスを得た指標はない。ブランド価値やレピュテーション価値を直截に示す指標はさらに曖昧で，新しい指標の開発が待たれる。

一元的企業価値と多元的企業価値の2つの流れにおいて，株主価値を第一義的な目標とする企業行動をとれば，株主だけでなく他のステークホルダーの利害も充足できるという考え方が主流となってきている。換言すれば，株主は各ステークホルダーの最後に位置づけられる最大のリスクテーカーであるから，企業の存続・発展は株主を重視することによって実現できるとみなす。具体的には，多元的な評価視点は，株主価値を頂点としたバランス・スコアカードのなかで，すなわち均衡関係において調整されるものといえる。

(3) 成長戦略・危機管理の重要化

右肩上がりのバブル経済期までと異なり，企業が存続・成長していくことは簡単ではない。横並びの経営や株式持合いによるもたれあいの経営が通用しなくなり，経営戦略の重要性が増している。そのため，経営戦略のための分析が重視される。従来の経営分析は，経営活動の結果の良否とその原因を明らかにすることに比重があった。それに対し経営戦略のための分析は，戦略樹立のために必要な情報を提供することに比重がある。戦略は成功への道筋であり，そのためには未来志向的な情報が求められる。新しい分析指標は，多かれ少なかれ経営戦略との絡みで，未来予測の形でとりあげられている。その代表的な例がM＆Aにおける買収価格算定のためのMVA（Market Value Added：市場付加価値）である。

四半期報告書は，株主・投資家のできるだけ早く業績情報を入手したいという要望に応えるものである。しかし株主・投資家は，四半期報告書を重視しすぎると，経営者が短期的な業績の向上に囚われやすく，持続的な成長が阻害されることに気づき，中・長期的な戦略へ関心をもち始めた。このような要求に応えるものとして，ESG（経済，社会，ガバナンス）情報の開示が重視され始めた。財務情報と非財務情報を統合した統合報告書は，ESG情報の開示に応えようとするものである。

企業は成長の機会をみつけることが簡単でないのみならず，多種多様なリスクにさらされている。**リスクマネジメント**，**危機管理**が徹底していないと，成長を持続させることは困難であり，経営活動に付随する自然リスクと投機リスクに対する管理の徹底が必要である。

自然リスクは，自然災害に起因する危険であり，2011年の東日本大震災を機に危機管理の重要性が認識されBCP（Business Continuity Programing：事業継続計画）の導入が進んだ。**投機リスク**は経営活動に伴うリスクであり，戦略リスクと倒産リスクに分けられる。組織を維持・発展させるためには，経営環境の変化に適応するための適応性と定常状態を維持する恒常性が必要である。適応性維持には戦略リスクが，恒常性維持にはオペレーショナル・リスクが伴う。たとえば，新しく事業展開を行う場合，環境リスクやカントリー・リスクなどの戦略リスクの評価・分析が必要であり，またコンプライアンスが以前にも増して厳しく問われるようになり，経常的にPL（製造物責任）法，独禁法，個人情報保護法，労働基準法などの法令からの逸脱がないかなど，オペレーショナル・リスクの評価・分析が必要である。

危機管理のISO化と東日本大震災が背景となって，危機管理能力の向上が急がれている。危機管理における危機は組織の存続に関わる事件，事故，災害を意味し，組織の存続が問

2　分析指標の「新しさ」の意味

　新しい経営指標は，①指標そのものは新しいがそのバックボーンである考え方は従来から存在しているもの，②指標そのものは古いがそのバックボーンである考え方が見直されているもの，③指標もそのバックボーンである考え方も新しいもの，④バックボーンの考え方は新しいが指標はまだ研究途上にあるもの，に分類することができる。指標，考え方とも新しいものは少ないといってよく，多くは，指標そのものは新しいがその考え方は存在したという場合が多い。

　まず，指標は新しいがそのバックボーンの考え方は以前からあった比率の例として，**ROA**（Return on Asset：利子支払前総資本経常利益率）を改良した比率をあげることができる。たとえば，事業に投じた資金・資産でどれだけ利益を稼いでいるかを示す**ROIC**（Return on Invested Capital：投下資本利益率）をあげることができる。ROAは売上高至上主義の経営のもとでは，低下しやすいことが知られており，ROICはこの欠点を除去するために，有効な指標といえる。ROICの分子，分母は以下のように示されるが，固定的ではない。

$$\text{ROIC} = \frac{\text{営業利益}}{\text{固定資産} + \text{運転資金} + \text{現金・預金}}$$

　次に，指標そのものは古いが考え方が再評価されている場合である。たとえば，収益性の代表的な比率として次式で示されるROAとROE（Return on Equity：自己資本当期純利益率）の2つの比率がよく知られている。

$$\text{ROA} = \frac{\text{当期純利益} + \text{支払利息}}{\text{総資本}}$$

$$\text{ROE} = \frac{\text{当期純利益}}{\text{自己資本}}$$

　従来は，ROAが経営目的とされる場合が多かった。この理由は，周知の下記の式から明らかなように，a）負債の利用が有利で，b）ROAを高めることが容易な経済成長期にあったため，ROAの向上によってROEを高めようとしたためである。

$$\text{ROE} = \text{ROA} \times \text{財務レバレッジ} = \frac{\text{当期純利益}}{\text{総資産}} \times \frac{\text{総資本}}{\text{自己資本}}$$

　しかしバブル経済崩壊後，「会社を統治するのは株主」というガバナンスの変化から，ROAよりROEが希求されるようになりウエートが逆転した。この意味でROEは考え方が再評価されている分析指標といえる。

　M&Aの増大を受けてEBITDAマージン（％）が従来とは別の視点から注目されるようになった。**EBITDA**（Earnings Before Interest, Taxes, Depreciation and Amortization）は，支払利息控除前・税金控除前・減価償却費控除前利益の略称であり，簡単にいえば営業利益に減価償却費を加えたキャッシュフローベースの営業利益である。EBITDAマージン（％）は，従来固定資産が多い製造企業が本業の収益力を評価するために用いていた。この比率が注目されるようになったのは，M&Aを積極的に進める企業が多くなり，のれんの償却費負担が大きくなったことによる。のれんや特許権，商標権などの無形固定資産が大きい企業には，有形資産の減価償却費とともに無形資産の償却費を足し戻した営業利益を売上高と比較する**EBITDAマージン**（％）が，本業の事業収益力を示す比率として意味がある。

$$\text{EBITDAマージン}(\%) = \text{EBITDA} / \text{売上高}$$

　従来，キャッシュフロー関係の指標は安全性分析で取り上げられることが多かった。しかし現在は，EBITDAにみられるように，株主価値の視点から重視されるようになってきた。この意味で次式にあげるオペレーティング・キャッシュフローやフリー・キャッ

シュフローも，重要性が再認識された指標である。

オペレーティング・キャッシュフロー
（Operating Cash Flow：OCF）
＝EBITDA－税金－運転資本増加額
フリー・キャッシュフロー
（Free Cash Flow：FCF）
＝税引後営業利益（又は金利前税引後利益）
＋減価償却費－運転資本増加額－設備投資額

　第3に，指標もそのバックボーンとなる考え方も新しい分析指標である。たとえば，株主価値に関する分析指標として重視される**EVA（Economic Value Added：経済的付加価値）**および**MVA（Market Value Added：市場付加価値）**をあげることができる。株主価値に関する基本的な考え方は，投資分析や経営財務の領域で確立されているという点で必ずしも新しい考え方というわけではないが，経営分析においても注目されるようになり，理論と実践の両側面から検討されている。

　第4に，考え方は新しいが確立された指標がない場合である。経営分析は財務面の分析を中心に発展してきたため，非財務的側面については定性的な分析に止まるか，コンセンサスを得た指標は少ない。非財務的側面は多面に亘るとともに，定量的な測定，特に貨幣数値による測定が困難である。そのため，分析の必要性は理解されながらも発展の歩みは遅かった。しかし，各種の総合評価の試みとキャプランとノートンが提起したバランスト・スコアカードは，定性的要因の評価を飛躍的に進展させた。

　新しい分析指標は，経営環境の変化によって生まれてくるニーズに応じて創造されている。現在求められている新しい分析指標は，以下の節であげる定性的要因を評価するための指標と収益性を精緻化した指標である。前者の例として日本経済新聞社の総合評価やバランスト・スコアカード，後者の例として株主価値評価において重視される諸指標があげられる。

3　定性的要因評価のための分析指標

　定性的要因の定量的評価に拍車を掛けているのが，ポジティブ・アプローチといわれる研究方法である。規範論としてのノーマティブ・アプローチに対してポジティブ・アプローチは実証研究が中心で，その方法として多変量解析が用いられる。多変量解析の発展は，人的資源・組織価値の評価，環境経営およびCSR（Corporate Social Responsibility：企業社会責任）経営の評価，ブランドやレピュテーションの評価，リスクマネジメント・危機管理能力の評価など，従来から関心をもたれながら精緻化できなかった定性的要因の評価に関する研究を加速的に進展させた。

　実践的にも，年々増加しているM＆Aにおける買収価値の算定のため，また投資家の関心が四半期報告書の短期的業績から中長期の業績予測へ関心が広がったため，定性的要因を織り込んだ評価の重要性が増大している。

　まず，日本経済新聞社の「NICES」は日経新聞の総合評価の手法であり，定性的要因を含む多角的・多面的評価の有用性を社会に認識させた。NICESは企業のステークホルダーに注目し，基本的な4指標の英語の頭文字の先頭に，日本経済新聞社の「N」を付けて名称とした評価モデルである。指標は「投資家（Investor）」「消費者・取引先（Consumer）」「従業員（Employee）」「社会（Society）」の4指標と企業の革新性や将来性をみる「潜在力」である。

　NICESはステークホルダーの視点ごとに企業を評価，これらを合算して総合ランキングを作成する。総合評価の方法は，固定されておらず時代背景を反映するように柔軟に運用されている。その方法と特徴を2013年11月に発表されたNICESでみると，次のとおりである。

① 全国上場企業のうち，企業規模などの条件により主要企業を抽出（2013年は117社）
② 「投資家」「消費者・取引先」「従業員」「社会」「潜在力」の5つの側面で評価
③ 財務データはNEEDS（日本経済新聞デジタルメジアの総合経済データバンク）から，非財務データは企業向けアンケート調査によって作成
④ 各視点のスコアを測定する指標は以下のとおりである。
　投資家：時価総額，配当，内部留保，使用総資本利益率，資本構成，財務情報公開，増資
　消費者・取引先：売上高，認知度，広告宣伝・広報，粗利，特定層への認知
　従業員：ワークライフバランス，育児・介護・休業，女性活用，定着率，多様な人材活用
　社　会：雇用，納税，社会貢献，公的団体への人材供給，環境への配慮
　潜在力：設備投資，人材育成，研究開発など将来に向けた企業活動のデータに，日本経済新聞社の記者による評価を加えて総合的に評価する。
⑤ 編集委員らの評価によるウエート付け：5側面のうち「投資家」「従業員」「社会」については，日本経済新聞社の編集委員ら（53人）が各指標の重要度について評価した結果をもとにウエートを決定する。
⑥ 消費者評価によるウエート付け：5側面のうち「消費者・取引先」については，日経リサーチのモニターを対象としたインターネット調査を基にウエートを決定する。具体的には，対象企業のうち各業界から抽出した代表的な200社についての好き嫌いや評価を尋ねる形で実施する。
⑦ 企業ランキングの作成：指標ごとにウエート付けした5側面の得点をそれぞれ最高200点，最低20点になるように変換し，最終的な総合ランキングとする。
⑧ 評価結果の公表：ランキングは，側面ごとの得点とそれらを合計した総合得点とともに，日本経済新聞，日本経済産業新聞，日経リサーチ発行のNICES報告書で公表されている。

NICESの特徴は，個別のステークホルダーの視点を重視するとともに，すべてのステークホルダーに共通する視点あるいは企業そのものの視点として「潜在力」を取り上げている点である。

「潜在力」は，ステークホルダーの視点ごとに企業を評価するというNICESの趣旨からは一見分かりにくいが，どのステークホルダーにとっても，企業の持続的発展がなければ自己の利害も充足できない点で，利害を共通している視点を考慮に入れたと考えられる。

次に，**バランスト・スコアカード**は，定性的要因を組込んだ評価システムとして画期的である。バランスト・スコアカードが提起された当初は，定量的要因に定性的要因の因果関係を体系的に関連づけた総合評価として脚光を浴び，その後戦略の実践への落とし込みのツールとして重視されるようになってきた。前者はスコアカードの機能に，後者は戦略マップの機能に注目するものといえる。

バランスト・スコアカードは，「財務」，「顧客」，「社内ビジネス・プロセス」，「学習と成長」の各視点の関係を考慮に入れた評価モデルである。財務の視点は経営業績を評価する結果変数，顧客の視点は顧客満足を評価する中間変数，社内ビジネス・プロセスの視点は業務改善を評価する中間変数，学習と成長の視点は業務遂行能力を評価する原因変数に相当する。各変数間には，原因変数→中間変数→結果変数という因果関係がある。したがって，先行的指標と遅行的指標を関係づけ

るならば，効率性および有効性（効果性）を分析することができる。

バランスト・スコアカードでは視点ごとに各種の指標が考えられている。ただし，先行的指標と遅行的指標を関連づけた指標までは示されていない。このような関係比率として以下ような例をあげることができる。

①学習・成長の視点と社内ビジネス・プロセス視点の関係比率
  ・教育訓練費対仕損じ比率＝仕損じ／教育訓練費
  ・新製品開発効率＝新製品開発数／研究開発費
  ・研究開発費効率＝特許件取得件数／研究開発費

②学習・成長の視点と顧客の視点の関係比率
  ・教育訓練受講者数当たり顧客クレーム数＝顧客クレーム数／教育訓練受講者数

③社内ビジネス・プロセスの視点と顧客の視点の関係比率
  ・受注処理サイクル時間当たり受注件数＝受注件数／受注処理サイクル時間
  ・新製品導入効率＝マーケットシェア／新製品導入数

以上のような比率は，戦略マップが想定したとおりに効果をあげているかどうかを検証するために有用である。たとえば，新製品導入効率は，市場に投入した新製品がマーケットシェア獲得に寄与しているかどうかを示す。この比率が低いことは顧客のニーズに応えていないことを意味する。

「学習・成長」，「内部ビジネス・プロセス」，「顧客」の関連を分析するための指標は，作成した戦略マップに応じてつくることができ，そのなかには新しい分析指標として注目できるものもあると考えられる。

バランスト・スコアカードは脚光を浴びた割には導入する予定のない企業，導入したものの廃止した企業が少なくない。その原因として，「戦略マップが複雑すぎて理解しにくい」，「視点間の関連性を評価しにくい」といったことが推察される。この意味で非財務的側面を対象にした分析指標の開発と指標間の関連性の研究が待たれる。

4　収益性の精緻化を図った分析指標

収益性の新しい分析指標として，キャッシュフローに関係づけた指標をあげることができる。まずあげられるのが，**キャッシュフローROI**（Cash Flow Return on Investment：**キャッシュフロー投下資本利益率**）である。キャッシュフローROIは，企業の既存資産の平均的な残存期間に期待される投下資本利益率であり，次の算定式で示される。

$$\text{キャッシュフローROI} = \frac{\text{フリー・キャッシュフロー}}{\text{自己資本} + \text{有利子負債}}$$

上記の算定式において，投下資本（自己資本＋有利子負債）に代えて総資本を用いる場合もある。またフリー・キャッシュフローに代えて単純にキャッシュフローを用いる場合もある。

キャッシュフローROIには，内部利益率（IRR）の考え方を適用する方法もある。内部利益率は，個々の投資案件について，投資のキャッシュ・アウト・フローと投資から将来生み出されてくると期待されるキャッシュ・イン・フローの現在価値がゼロに等しくなる割引率を求める。この考え方を応用したキャッシュフローROIは，企業全体について，企業の既存の資産とその残存期間中に得られるキャッシュフローを予測し，双方の現在価値の和をゼロとするような割引率を求めるものである。この割引率が加重平均コストより高ければ企業価値を創造しており，逆に低ければ企業価値を破壊しているとみなすことができる。

次にあげられるのが**TSR**（Total Shareholders Return：**株主投資利益率**）である。TSRは，ボストン・コンサルティング・グ

ループが開発した指標で，株主に対するリターンを示す資本利益率であり，次の算定式で示される。

$$P_0 = \frac{D_1}{1+TSR} + \frac{D_2}{(1+TSR)^2} + \frac{D_3}{(1+TSR)^3}$$
$$+ \cdots\cdots + \frac{D_n}{(1+TSR)^n} + \frac{P_n}{(1+TSR)^n}$$

ただし：P_t：t期の株価
　　　　D_t：t期の配当
　　　　n：株主の株式保有期間

TSRは，「株主にとって一定期間内の株式保有に伴う投資利益率は同期間内の株価の上昇率に配当率を加えたものに等しい」という考えに立っている。したがって，その最大化に努力することは株主の投資に報いることになる。ただし，株価に左右される外部指標であるため，企業内部の意思決定基準や達成目標の基準として直接使用することはできない。

この欠点を補うため，ボストン・コンサルティング・グループは，次のような算定式で示される**TBR**（**Total Business Return：企業投資利益率**）という指標を開発した。式で表せば，次のようになる。

$$MV_0 = \frac{FCF_1}{1+TBR} + \frac{FCF_2}{(1+TBR)^2} + \frac{FCF_3}{(1+TBR)^3}$$
$$+ \cdots\cdots + \frac{FCF_n}{(1+TBR)^n} + \frac{MV_n}{(1+TBR)^n}$$

ただし，MV_t：t期の企業価値
　　　　FCF_t：事業が生み出すt期のフリー・キャッシュフロー
　　　　n：事業の継続期間

TBRは，一定期間の（企業価値＋フリー・キャッシュフロー）の増減率がTSRと高い相関を有していると仮定した上で，株価などの外部要因を排除してつくられた指標である。

その考え方は，キャッシュフローROIの考え方を拡大し，現在のキャッシュフロー投入額からの価値増加率（キャッシュフローROI）と将来の新規キャッシュフロー投資から得られる価値増加率の合計であるとみなすものといえる。

TBRは企業内で使用する内部指標として有効な指標であるが，TSRとともに複雑な計算が必要である。

概念と計算式が理解しやすい指標として**CCR**（**Cash Flow Capital Cost Ratio：キャッシュフロー資本コストレシオ**）があげられる。CCRは大和総研の研究グループが開発した指標であり，「CCRによる企業分析と投資手法」（大和総研企業調査第1部企業財務グループ）に解説されている。その要点を以下に紹介する。

CCRは，キャッシュフロー（その企業の実際の収益）を株主資本コスト額（株主の企業に対して期待する最低限の収益水準）で除して算出した比率であり，株主が企業に要求する収益水準と比して企業が実際にどの程度の収益をあげたかを示す。

CCRの具体的な算定式は以下のとおりである。

$$CCR = \frac{キャッシュフロー}{株主資本コスト額}$$
$$= \frac{営業利益＋減価償却費＋受取利息＋支払利息割引料}{株主資本×株主資本コスト}$$
$$\cdots\cdots ×（1－実効税率）$$

さらに，このCCRを経営指標および投資指標の2通りの目的に用いる。経営CCRは資産価値と事業価値の比較，投資CCRは事業価値と株式価値の比較を行うものである。両CCRの具体的な算定式は以下のとおりである。

$$経営CCR = \frac{キャッシュフロー}{資産価値×株主資本コスト}$$
$$= \frac{\frac{キャッシュフロー}{株主資本コスト}}{資産価値}$$

$$投資CCR = \frac{キャッシュフロー}{株式投資総額×株主資本コスト}$$
$$= \frac{\frac{キャッシュフロー}{株主資本コスト}}{株式投資総額}$$
$$= \frac{事業価値}{株式投資総額}$$

ただし：株主資本コスト，CAPMの「無リスク利子率＋リスクプレミアム」とする。

CCRは，ROEやPER

$$\frac{株価}{1株当たり税引後利益}$$

にみられる欠点を克服するとともに，CCRに固有の利点を有するとされる。会計上の利益は，会計処理方法の相違，有価証券や固定資産の売却による一時的な利益の増減による影響を受ける。株主の視点からは，リスク，株主コストなどが指標に反映されていないと，的確な投資決定ができない。CCRはこれらの欠点を克服し経営指標としての信頼性と比較可能性を確保している。

5　新しい分析指標の方向

経営分析の指標は，ニーズの変化に対応して開発されている。ニーズの変化は，分析主体（誰が），分析目的（何のために），分析対象（何を），分析方法（どのように分析するか），という分析体系の各側面において生じている。

分析主体では，コーポレート・ガバナンスが株主へ移行したことによって株価と関連付けた新しい分析指標の開発が予想される。顧客（消費者）やNPOなどは従来にも増してCSRに関心を深めており，社会貢献（文化支援活動，寄附など）と経営業績を関連付けた指標の開発が必要になっている。また，営利企業のみならず非営利組織（自治体，病院，公益法人，社会福祉法人，NPOなど）においても経営分析が重視されるようになり，非営利組織の経営実態を明らかにする新しい指標が求められている。

分析目的では，社会的存在としての企業が担っている公共性，公益性への寄与の評価が求められる。換言すれば，経営理念に示されるミッションの評価であり，財務数値では測定が困難な成果の評価である。この面の研究は未開拓な状況にあるが，進展が予想される。

分析対象では，統合報告書の導入が急増している。統合報告書は従来の財務情報に非財務情報を加えた報告書であり，短期的な財務情報だけでは把握しにくい長期的な戦略をワンレポートによって知ることができる。まだ統一基準に基づいて作成された情報ではないため企業間比較には限界があるとはいえ，財務と非財務を関連付けた新しい指標の開発が容易になると考えられる。

分析方法では，バランスト・スコアカードの弱点を補うため，非財務面についての新しい指標や視点と視点を関連付ける指標の開発が期待される。

経営分析の発展方向を見ると，a）過去志向的な業績評価から未来志向的な業績予測へ，b）経営管理から経営戦略の分析へ，c）資本提供者から非資本提供者の視点へ，d）私益から公益へと，その関心が移行あるいは拡大している。たとえば，グローバル化とともに増大しているM＆Aにおいては，買収価格の高騰から本来の超過収益力以上にのれん価値が計上される場合が多く，減損の可能性，合併効果の表れる予想時期などについての評価が必須であり，のれんに関する新しい分析指標が期待される。

非資本提供者の影響力の増大にともなって，社会関連会計情報の分析の重要性が増している。従業員については生活の質や精神的な充足感に関する指標，消費者や地域住民については，前述したCSRとしての製品の安全性，環境リスクとともに，社会貢献（寄附，ボランティア，メセナ，コーズ・リレーテッド・マーケティング〔製品代金の一部を寄付〕，就業の機会，地域活性化など）に関する有効性，効率性の新しい指標の開発が求められる。

株主価値がグローバル・スタンダードとされる一方で，ステークホルダーを配慮した多元的価値が重視されている。このような傾向は，多元的・多角的に経営活動を分析・評価

する必要性を高め，新しい分析指標のニーズを生み出している。要言すれば，新しい分析指標は時代のニーズとともに生み出されているといえる。

〔参考文献〕
アーサーアンダーセン（2000）『業績評価マネジメント』生産性出版。
須澤淳（2002）『企業の経営指標に関する調査研究』（郵政研究所調査研究報告書）。
宇野健司（1995）「CCRによる企業分析と投資手法」『大和総研研究結果』。
ベィリングポイント（2002）『株主価値』生産性出版。

[石﨑忠司]

Ⅳ 経営分析の歴史

経営分析が生成して100年を超えるが，日米独の経営分析の歴史を概観し，次いで経営分析にとっての重要な出来事を一覧する。

1 概 観

米国での経営分析の生成は1900年前後であり，信用分析と投資分析，内部分析と外部分析はほぼ同時期に始まった。日本では，1915年（大正4年）に**石山賢吉**「決算報告書の見方」が出版され，**日本興業銀行**では1916年には融資の際の事業審査に力を注ぎ始めた（『日本興業銀行75年史』，1982年）。経営分析のスタートは米国にさほどの遅れをとっていない。これは，下野直太郎「簿記精義」（1895年）の20年後，日本会計学会が創設された1917年，シュマーレンバッハの「動的貸借対照表論」1919年とほぼ同時期であり，米国に対して10年〜20年の遅れにすぎない。ドイツでもこの頃には信用分析，投資分析が行われており，1911年にはライトナー（F.Leitner）による体系的財務諸表分析についての初の文献「貸借対照表の作成と分析」*"Bilanztechnik und Bilanzkritik"* が発行された。日米独ともに1900年〜1915年頃に経営分析が始まったといえる。

(1) 萌 芽

財務比率の始まりは1827年，米国ニュー・イングランドの綿業会社Nashua Manufacturing Co.による配当金の計算目的に資本金利益率を計算したことにある。

米国ではその後，1900年前後には銀行による信用供与目的のために対象企業の財政状態や経営成績を分析する貸借対照表を中心とした信用分析が盛んになった。経営分析で最もよく知られている財務比率「流動比率」も1890年代には使用され始めた。経営分析の歴史は既に100年を超える。

19世紀の中頃から発達を始めた鉄道業は膨大な資金を必要とするために株式や社債によって証券市場から資金を調達した。この頃から会計の公開も進みはじめ，これが投資家に意思決定のための投資分析としての鉄道報告書分析を促進した。信用分析だけでなく投資分析もほぼ同時期に始まった。

一方，経営分析の諸手法については，1900年には貸借対照表による分析に加えて損益計算書を使った鉄道経営の能率を示す尺度も考案され，1908年にはW.A.コール（Cole）が提唱した資金運用表を用いての分析も行われるようになった。1910年後半になると信用分析には貸借対照表が重要であるというそれまでの認識から，「収益力が企業の債務返済の潜在的能力」といわれ始めて損益計算書の重要性が認識されはじめた。1903年にはH.ヘス（Hess）により損益分岐点が考案され，デュポン社は1910年代に資本利益率を経営管理に本格的に使用して成功をおさめた。経営分析の内部管理への利用である。

やや大局的にみると，外部的立場からの信

用分析と投資分析，内部的立場からの管理目的としての資本利益率，損益分岐点分析などが，何年かの前後はあるものの1900年前後にほぼ時を同じくして出現した。会計報告がなされれば時を置かずしてその利用方法が考案されるのは当然の成り行きである。会計報告と経営分析はほぼ同じ頃に生成したといえる。

(2) 体系化

経営分析の中心的なツールである「財務比率」も米国では1900年前後から使用されており，1910年代末には財務比率を体系的に利用して企業を多元的に評価するようにまでなった。B.Lev (1974) によれば，Dun & Bradstreetは1920年代には企業の事業業績の期間的評価や業績の平均統計を公開し始めた。1920年代には標準比率，総合指数，趨勢比率，資金運用表分析（増減法）などいろいろな分析手法が考案され，比率分析は体系化され理論構築が行われた。一方では，証券投資分析も発展し，インタレスト・カバレッジ，1株当たり利益，株価収益率などもこの時期に使用され始めた。「財務諸表分析」の講座を開講する大学も増加し，伝統的経営分析の手法はほぼこの時代に確立されたといっていい。1920年代は米国における経営分析研究の隆盛期であった。

ただ，財務比率についていえば，石山「決算報告書の見方」では1925年の改訂版においても資本金利益率を除いて財務比率には触れていない。米国で使用されていた財務比率はこの時点では日本には導入されていなかった。日本会計学会の学会誌「會計」には1926年に経営分析で初の論文「財務表解剖の一例」（雨津彌太郎）が掲載されたが，ここでも財務比率はまだ使用されていない。

1919年に米国連邦準備局は比率の統計集「財務比率統計」を公表したが，日本でいろいろな財務比率が使用されるようになったのは昭和に入ってからである。財務比率の使用は米国よりかなり遅いが，1920年代後半に入ると財務比率を解説した多くの経営分析の書物が出版され，1928年（昭和3年）には日本でも三菱合資会社資料課が「本邦事業成績分析調査」を公表するなど，この時期には統計資料の整備が始まった。この調査は J.H.ブリス（Bliss：*Financial and Operating Ratios in Management,* 1923）の影響を受けて作成され，多くの財務比率を計算している（「本邦事業成績分析調査」は「企業経営の分析」（2008年廃刊）と改称されて三菱総合研究所に引き継がれた）。米国では，1920年代末には株式市場が活発になり，多くの証券が発行されるとともに企業の資金調達は短期の銀行貸付から長期の証券発行へと変わっていった。これにつれて企業の収益力がより重視され，貸借対照表よりも損益計算書がより重視されるようになった。

(3) 停滞と飛躍

その後しばらくは経営分析の大きな進展はなく，日米とも比率分析に終始した。この状況をB.Lev（1974，5頁）は次のように述べている「学者はなにゆえに伝統的な財務諸表分析を回避するのであろうか。その主な理由は，財務分析が経済学や財務論の発展と歩調を合わせていくことができないためであるように思われる。…歴史的概観は明らかに財務諸表分析がいぜんとして学問（science）としての発展の初期の段階に止まっていることを示している」。経営分析がファイナンス，統計学などを取り入れて再び急速な発達をみたのは1960年代である。1960年代に入るとコンピュータと統計学の発達，財務データベースの整備によりコンピュータを使用した統計的手法による経営分析が進んできた。J.O.ホリガン（Horrigan）による財務比率の統計的特性の研究（1965），W.H.ビーバー（Beaver, 1966），E.L.アルトマン（Altman, 1968）らの倒産予測の研究が新しい経営分析の嚆矢で

あり，1968年にはH.ビーバーやボール＝ブラウンが会計情報と投資家の意思決定の関係の実証分析を行った。その後，多変量解析法（重回帰，主成分分析，判別分析など）を用いた企業の総合的評価，社債格付予測，倒産予測，株式投資収益率予測などの実証研究が盛んになってきた。B.レブ（Lev, 1974）の統計的手法を使った方法はこの流れを加速した。また，財務データ以外の定性要因を計数化する手法が開発され始めた。

1960年代は日本で生産性分析の一環として付加価値分析が盛んになった。ドイツでも付加価値分析の研究は盛んに行われた。

1980年代に入ると三井情報開発の「あらかん」「CASTER」など信用分析のコンピュータ・ソフトも市販されるようになった。これにより経営分析の知識がなくても信用に問題のある企業をピックアップできるようになり，信用分析の効率化が進んだ。経営分析の飛躍期である。

ここで「経営分析」という用語のルーツをみておこう。

日本では，経営分析の生成期には「経営分析」という用語ではなく，「企業比較」「経営比較」など様々な用語が用いられていた。「経営分析」という用語が用いられるようになったのは，亀井辰雄「工業経営分析」（非凡閣，1937），**高瀬荘太郎**「経営分析」（森山書店，1938），三辺金蔵「経営分析」（東洋出版社，1938）においてである。**西野嘉一郎**は「事業財政分析観察法」（高陽書院，1934）出版に当たって，当初は「経営分析とその理論と実務」の題名を考えていた。当時読んでいた，K.Schmaltz, *"Bilanz und Betriebs-Analyse in America"* (1927)のBetriebs-Analyseに影響されたのかもしれないが，私淑していた黒沢清（横浜国立大学）から「一般にはまだなじんでいない」との助言で「経営分析」の用語を使わなかった（西野嘉一郎「新版経営分析入門」森山書店，1967年，282頁）。なお，古川栄一（一橋大学）は，財務諸表を用いての分析を財務分析，原価資料などを含めた経営管理の視点から行う内部分析を経営分析であると区別している（古川栄一「総説」『現代経営分析』春秋社，1953年，6－8頁）。ドイツでは第一次大戦後は「経営比較」という用語が広く用いられた。

2　重要なできごと

1827年　Nashua Manufacturing Co.（綿業）で配当金計算目的に資本金利益率の計算をした。

1891　経営分析で最も知られている「流動比率」が使用される。

1892　J.G.Cannon（Fourth National Bank副社長）は「銀行信用」と題する講演を行い，従来の第三者保証による貸付けからの脱皮のため，信用分析の推進を図った。

1895　NY州銀行協会管理委員会は信用目的による財務諸表の利用を促進するため，資産負債について統一様式に署名した報告書を借り手に求めることを決定した。

1898　米国の全国信用調査人協会は統一財産書込表を採択した。

1900　投資の分野では鉄道に関連した分析，すなわち投資分析が生成した。

T.F.Woodlock, *The Anatomy of a Railroad Report*は売上総利益対営業費用，純利益対固定費用，固定資産／（固定負債＋自己資本）を提唱した。安全性分析ではなくて収益性の分析が中心であった。

J.Moodyは *"Moody's Mannual of Industrials and Miscellaneous"*（年間誌）を出版した。

1903　Henry Hess, *"Time saving and it's relation to profits"* は損益分岐

年	事項
1906	点を提唱した。 J.Moody, *The Art of Wall Street Investing* は「鉄道会社の特性を知ってから資産の収益力を確かめて分析することである」と主張した。 William Post, *"Analysis of Borrowers' Statement"* で信用分析の必要性を論じた。
1908	W.M.Cole, *"Accounts, Their Construction and Interpretation"* にて資金運用表を作成。 H.Lomnitz, *Die systematische Bearbeitung der veröffentlichten Bilanzen von Aktiengesellschaften* で初めて流動性分析を行った（ドイツ）。
1909	Moody's は鉄道債に対する社債格付けを開始した。鉄道債の格付年間誌 *"Moody's Analysis of Railroad Investment"* を出版。
1910	W.M.Coleは"増減法"を考案した。
1911	L.Chamberlain, *"The Principles of Bond Investment"* は債券投資に関する研究を開始した。 F.Leitner, *Bilanztechnik und Bilanzkritik ; Grundriss der Buchhaltung und Bilanzkunde*「貸借対照表の作成法と分析」（ドイツ）。
1915	Henry C.Magee *"Department Store Accounts-Financing and Controlling a Division or Department"* は資本利益率、売上高利益率、資本回転率を展開した。 石山賢吉「決算報告書の見方」出版。
1916	**日本興業銀行**で事業審査に力を注ぎ始める。 「日本興業銀行50年史」（1957年9月） 「『大正2年（1913年）から5年にかけて宝来市松氏を欧米に派し、その研究したギャランティ・トラストの事業審査方式を基として、調査部内で融資に関する審査事務を行うと共に、さらにその方式の研究に努めた。蓋し短期金融を主とする一般普通銀行と異なり、長期金融機関として自主的に活動するためには、科学的な審査が必要であり、これなくしては国策を楯とする政府の慫慂等に対し、金融機関としての立場を明らかにすることは出来ないと思われたからである』（189頁）。
1917	**住友銀行**で信用調査に力を入れる。「住友銀行30年史」（大正15年7月） 「『大正6年8月（1917年）－取引先の信用及商況その他一般の調査に従事する調査係を増置する－（119頁）』。組織については大正8年6月、『本店調査課員駐在制度を制定して駐在地方面に於ける取引先の信用調査及び－』（108頁）
1919	Alexander Wall, *"Study of Cedit Ratio Analysis"*（「企業財務比率統計」）を発表した。この種の統計類では最初のもの。 信用分析業務に従事していたA.Wallは画一的な標準比率の利用からの脱却を目指して、比率体系の提示、標準比率を算出し、比率分析を行うことを主張した。さらに、比率の総合化を試みた。
1920	E.Knoeppel, *"Graphic Production Control"*（損益分岐点図表）を発表。 1920年代は経営比率に関する関心が増大し、比率分析に関する刊行物が増大した。
1921	デュポン社がデュポンシステムを発表（1919年開発）。財務比率を事業部制組織の経営管理へ応用した。
1923	R.E.Badgerは証券投資分析を研究、

Ⅳ　経営分析の歴史

証券分析における資産状態と収益力の重要性を主張した。
　　　Standard & Poor's社が社債格付けを開始した。
　　　J.H.Bliss, *"Financial and Operating Ratios in Management"* は能率尺度など経営者の立場から行う内部分析を提唱した。

1924　J.H.Blissはアナリストの要請により標準比率（平均比率）を作成した。
　　　James. O.Mckinseyは内部分析のための全体的な経営成績の尺度としての標準比率を導入した。

1925　S.Gilman, *"Analyzing Financial Statements"* は趨勢分析を提唱した。

1926　日本会計学会の学会誌「會計」に「財務表解剖の一例」（雨津彌太郎）が掲載された。

1927　S.Schmaltz, *"Bilanz und Betriebsanalyse in Amerika"* はアメリカの財務分析を紹介した。

1928　H.E.Glegory,*"Accounting Reports in Business Management"* は増減分析を提唱し，比率分析を中心とした経営分析の手法を管理会計の側面から体系化した。
　　　A.Wall and R.W.Daning, *"Ratio Analysis of Financial Concept of Profit"* は銀行における信用分析の実務経験に基づく標準比率によって「指数法」（index method）を考案した。
　　　R.E.Badger, *"Valuation of Industrial Securities"* は証券投資分析を論述した。
　　　J.H.Blissの標準比率の影響を受けて日本初の財務比率統計（三菱合資会社資料課編「**本邦事業成績分析調査**」）が公表された。
　　　三菱経済研究所「本邦事業成績分析調査」

> 後に「企業経営の分析」と改題（2008年廃刊）。昭和3年上期版では，固定資産償却率，資本構成比率，資産構成比率，流動比率，固定比率，諸回転率，配当率（配当金／払込資本金），収益率（純利益／払込資本），収支比率（支出／収入。筆者注：費用／売上高）を収録。

1929　Coleman, L.Maze and John G. Glover, *"How to Analyze cost"* は原価分析を展開し予算管理を重視した。
　　　富士銀行で信用調査に力を入れる。「富士銀行100年史」（1982年3月）

> 『昭和4年10月（1929年）に審査課が設置され，昭和22年4月に2課体制として審査体制を強化したが，23年6月には3課体制にした』（716頁）。

1932　東洋経済新報社「事業会社経営効率の研究」が発表された。日本企業の財務比率の統計で，わが国企業に対する最初の経営比率の実際的適用。
　　　東洋経済新報社「事業会社経営効率の研究」

> 個別企業ごとの，各種資本の利益率，流動比率，固定資産回転率，手持商品回転率，使用資本の構成状態，株主資本の構成状態，収入・支出の状態，利益処分の状態を記載。

1934　B.Graham and D.L.Dodd, *"Security Analysis"* 初めての本格的な証券分析研究。
　　　野本悌之助・野瀬新蔵訳著「企業財政の比率分析－決算報告書のウォール式見方－」は本邦初の経営分析分野の訳本（A.Wall, R.Dunning *"Ratio Analysis of Financial Statements"*, 1928）である。

1939　J.N.Meyer, *"Financial Statement*

1948	大蔵省「法人企業統計調査」による経営比率を公表。現在も継続。資本金規模別が特徴。
1950	通産省「わが国主要産業の経営比較」が公表された（1998年廃刊）。

> 『産業の合理化を急速に促進するためには、先ず各産業の拠るべき経営上の諸基準に基づいて、現在の企業経営の態様並びに効率等の実態が把握され、批判されねばならない。そのためには周知のように経営比較が最も有力な方法とされるのであり、その意味で経営経済性の批判のための分析比較が企業合理化の重要な手がかりとなるわけである』（昭和25年下期版）

1951	日本銀行「**主要企業経営分析**」（当初名称「本邦主要企業経営分析調査」）が発行された（1996年廃刊）。
1958	帝国データバンク「全国企業財務諸表分析統計」が発行された。

「情報の世紀 – 帝国データバンク創業百年史」（2000年6月）

> 『1954年に株式会社の信用調査報告書に「決算書分析（業態分析）」欄を新たに設け、各種比率を算出するとともに、業界平均との比較を行った」（301頁）。1958年4月「全国企業財務諸表分析統計」を創刊した。当初の分析項目は流動比率と当座比率の2項目であった』（308頁）

1960	日本ではコンピュータを活用した統計的手法が展開され始めた。
	日本生産性本部生産性研究所「付加価値分析 – 生産性の測定と分配に関する統計 – 」が公表され、付加価値の研究が盛んになった（1996年廃刊）。
1965	James O.Horrigan, "Some Empirical Bases of Financial Ratio Analysis" は財務比率の統計的特性を明らかにした。
1966	W.H.Beaverは平均比率を用いて倒産予測をした。
	清水龍瑩は定性要因による企業経営力評価を開始した。
1968	E.I.Altmanが多変量判別分析による企業倒産予測モデルを開発。以降、企業倒産予測モデルの開発が盛んになり、統計処理による財務比率の総合化が進展する。
	W.H.Beaverは *"The Information Contents of Annual Earnings Announcements"* で会計利益情報と投資家の意思決定の関係の実証研究を行った。
	Ball and Brownは *"An Empirical Evaluation of Accounting Income Numbers"* で会計利益と株価変化についての実証研究を行った。
1974	B.Lev, *"Financial Statement Analysis : -A new Approach"* はそれまでの財務比率による叙述的な解釈から統計的手法を使った方法を解説した。
1975	日本経済新聞社「日経経営指標（昭和49年版）」が出版された（2011年廃刊）。
1978	奥野忠一・山田文道「情報化時代の経営分析」はコンピュータ、データベース、統計学（多変量解析法）を使った新しい経営分析のあり方を示した。統計学的手法による経営分析が拡がり始めた。
	George Foster *"Financial Statement Analysis"* は比率分析を中心とした伝統的な経営分析に企業財務論、会計理論、統計学を結びつけた。
1979	日本経済新聞社「総合企業データバンクの多変量解析法による企業評

価システム」(Corporate Appraisal System by Multivariate Analysis, NEEDS・**CASMA**)開発。

格付け機関「日本公社債研究所」（後に，「格付投資情報センター」と改称）が設立される。

1980年代 多変量解析法を用いた企業分析システムが10社以上のコンサルティング会社等から開発・販売される。

1984 「**日本経営分析学会**」設立される。

1990 T.Copeland, S.Stewartらによる「企業価値」の研究が始まった。

1994 日本経済新聞社「多角的企業評価システム」(PRIvate Sector Multievaluation, **PRISM**)開発。財務データと定性要因を総合的に評価。

1996 Palepu et al. *"Business Analysis & Valuation"* は「企業価値」の概念を広めた。

2001 **帝国データバンク**はロジスティック回帰分析による倒産確率予測モデルを開発した。

2010 日本経済新聞社 PRISMの後継モデルとして「NICES」を開発。4つの視点（投資家，消費者・取引先，従業員，社会）から企業を総合評価した。

〔参考文献〕

青木茂男（2012）『要説経営分析』四訂版，森山書店．

松本雅男（1975）「財務分析の発展」『国際商科大学論叢』第11号．

Lev, Baruch (1974) *Financial Statement Analysis*, Prentice-Hall.（柴川林也，寺田徳訳（1978）『現代財務諸表分析』東洋経済新報社．）

Myer, John N. (1969) *Financial Statement Analysis*, 4th Ed, Prentice-Hall.

［青木茂男］

第2章 財務分析から経営分析へ

わが国で「経営分析（論）」とタイトルを付けて刊行されている書籍，大学で「経営分析（論）」という科目名で開講されている授業，それぞれの内容は「財務諸表分析」に留まっているものが多い。しかし，経営分析というとき，それをだれが（主体），何を（客体）行うのかの違いによって，分析対象・分析方法は，外延的に拡大かつ内包的に充実して来る。

前章でみられたように，経営分析（論）の発展は，まず財務諸表を通じて得られる会計的数値をもとに進められてきた。今日では，経営環境の変化に対応して，非会計的指標をも取り込んだ"経営分析"へとさらに展開が図られてきている。

本章ではまず「Ⅰ　経営分析対象・方法の拡張」において，財務諸表分析の発展過程，次いで財務諸表分析・財務分析から経営分析への展開につき，さらに経営分析の課題について述べられる。「Ⅱ　企業環境分析の状況と今後」では，企業環境の変化と認識対象を会計実践の点からみた後，企業と社会の相互関係を考察したうえで，ステークホルダーに関する分析，さらに技術進歩と勢力関係へと分析対象を拡張，企業の環境と存続に言及される。経営分析方法の充実化への方向を示唆するのが，つづく「Ⅲ　BSCによる管理—財務・非財務指標による分析・管理」であり，「Ⅳ　EVAの活用」である。それぞれは企業ないし事業の業績評価にあたり，伝統的・制度的な会計データのみに頼らず，新たな計算方法・報告データを基にした経営分析を提唱したものといえよう。本章末の「Ⅴ　経営分析と多様な情報」においては，会計的数値データにとどまらず，定量的および定性的な情報開示への要求が高まり，制度的にも変革が実現するに伴って，経営分析にはどんな影響が出るのだろうかといった問題にまで立ち入ってみることにする。

[宮本順二朗]

Ⅰ　経営分析対象・方法の拡張

1　財務諸表分析の発展過程
　　—ファイナンスとの接近—

財務諸表の数値を用いた比率分析はアメリカで誕生し，その起源は20世紀初頭，銀行が融資先を決定する際の信用調査であったと言われている[1]。当時の銀行の関心は，専ら融資先の債務返済能力であり，**銀行家比率**（banker's ratio）とも呼ばれた流動比率，**酸性試験比率**（acid test ratio）とも呼ばれた当座比率が，重要な財務比率であった。

その後，企業をめぐるさまざまな利害関係者が，それぞれ関心のある企業業績の特徴を評価するために，さまざまな財務比率を考案した。そして，財務諸表上の会計数値を用いて，企業の収益性，安全性，成長性，生産性等を表すさまざまな指標を算定し，それを用いて業績評価を行ったのである。これが，財務諸表分析のはじまりである。しかし，財務

諸表上の数値だけを用いて業績評価を行うことには限界がある。そこで，財務諸表分析は自ら変革・発展を遂げることになったのである。

最初の財務諸表分析の変革・発展は，ファイナンスとの接近であった。財務諸表分析の1つの重要な目的は，投資家に有用な情報を提供することであり，その情報とは明らかに株価の予測情報である。しかし，財務諸表分析のフレームワークの中には，株価形成のメカニズムを説明する理論的基盤は存在しない。したがって，財務諸表分析が隣接領域であるファイナンスに接近したのは，当然のことであった。

ファイナンスの理論によれば，最も単純化された状況においては[2]，企業の時価総額は，企業の将来キャッシュフローの割引現在価値の合計であり，次式で表される。

$$株価総額 = \sum_{t=1}^{\infty} \frac{CF_t}{(1+r)^t}$$
r：資本コスト
CF_t：t年後における企業のネット・キャッシュフロー

そして，上式の根底にある考え方，ならびに上式を構成する要素は，財務諸表分析にさまざまなかたちで影響を与えることとなった。以下では，その一例を示しておくことにする。

上式には，それまでの財務諸表分析ではあまり注目されなかった概念がある。それは，資本コストである。資本コストについては誤解されることが多いが，資本コストとは，企業が調達した資金をある資産で運用することによって喪失されたリターンであり，それは**機会費用（opportunity cost）**である。したがって，これは財務諸表上の数値から算定することはできない。

そして，資本コストと伝統的な会計利益が融合し，財務諸表分析においては，経済的付加価値（Economic Value Added：以下，「EVA」と記す[3]）という新しい財務指標が生まれた。EVAの定義式は次のとおりである。

$EVA = NOPAT -$ 使用資本×資本コスト
　　　 $+$ 修正項目
NOPAT：税引後営業利益（Net Operating Profit After Tax）
修正項目：スタン・スチュワート社が独自に開発した修正項目

EVAの誕生は，財務諸表分析がファイナンスの領域に接近し，会計利益とファイナンス概念との融合により新しい財務指標が誕生したという，財務諸表分析にとって画期的な出来事であった。

以上のように，20世紀のはじめに銀行の信用調査からスタートした比率分析は，さまざまな財務比率を用いて企業業績を評価する財務諸表分析へと発展し，そしてさらにファイナンスの要素を取り入れながら，財務分析へと発展したのである。この発展・変革期における有名なテキストに，Lev（1974），Foster（1986）がある。

2　財務諸表分析・財務分析から経営分析へ

(1) 経営分析の視点

前節で述べたように，銀行による信用調査からスタートした比率分析は，財務諸表分析，財務分析へと発展した。しかし，企業の業績評価手法がどのように発展しようとも，業績評価において忘れてはならない基本的な問題が存在する。それは，「誰の目から企業を見ているか」ということである。

企業には，従来からさまざまな利害関係者が存在するが，近年における経済環境の激変，企業活動の多様化に伴って，新たな利害関係者も出現している。そして，それぞれの利害関係者は，それぞれの関心から企業を観察し，彼らの関心は必ずしも一致してはいない。このような状況において，すべての利害関係者

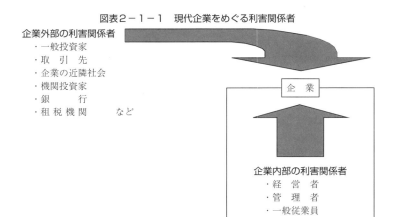

図表2-1-1 現代企業をめぐる利害関係者

に有用な情報を提供すべく，財務諸表分析には新たな変革の必要が生じたのである。そこで以下では，①現代における利害関係者，②それぞれの利害関係者の関心，③企業業績の評価における新しい課題，以上3つの関連を整理することにする。

図表2-1-1は，現代企業の主要な利害関係者を示したものである。図表に示すように，企業の利害関係者は大きく分けて，企業外部の利害関係者と企業内部の利害関係者に分けられる。そして現代では，投資家，取引先，銀行，租税機関等に加えて，企業の近隣社会も，企業外部の主要な利害関係者として想定されている。

(2) 企業外部の利害関係者とその関心
① 一般投資家

一般投資家とは，財務諸表をはじめとする公開情報のみを有する投資家であり，彼らの最大の関心は株価の予測であることは言うまでもない。そして株価は，企業のキャッシュフローや企業利益と高い相関があると考えられるので，一般投資家の関心は従来から，企業のキャッシュフロー予測，利益予測にあった。

しかし，「市場が株価関連情報にどの程度敏感に反応するのか」，つまり「市場はどの程度効率的なのか」という基本的な問題を解決しなければ，キャッシュフロー予測，利益予測を行っても，それが一般投資家に有用な情報を提供しているとは言えない。そこで，近年における1つの研究方向は，「あるイベントに対して，市場がどの程度敏感に反応するか」を観察する研究である。このイベントには，利益の公表，株式分割の公表，合併・買収の発表等がある。

② 取引先

企業業績に重要な関心をもつ取引先には，仕入先と得意先があり，彼らは企業の資金繰り状況に大きな関心をもっている。一般に仕入先は，企業に対して多くの売上債権（受取手形・売掛金）を有しているので，もし企業の資金繰り状況が悪化すれば，それらは不良債権化し，最悪の場合，仕入先は連鎖倒産の可能性すらある。一方，得意先は企業から毎期継続して商品・製品を調達しているので，もし企業が倒産すれば，得意先は正常な営業活動の継続が困難となる。したがって，従来から取引先にとっての重要な関心は，企業の資金繰り状況にあり，流動比率，当座比率といった短期的な安全性指標が重視されていた。

これらの比率は，現代においてもなお重要

であるが，取引先が当該企業と継続的な取引関係を結ぶためには，それだけでは十分でなく，長期的な視点から企業を評価する必要がある。たとえば，企業の長期的な超過収益力の源泉であるのれんやブランドを評価すること，企業が所有するソフトウェア等の知的資産を評価することが，企業の業績評価において不可欠な要素となってきている。

③ 企業の近隣社会

近年，企業のアカウンタビリティの拡大や環境会計への関心の高まりに伴って，企業の近隣社会も，企業の重要な利害関係者として認識されるようになってきた。近隣社会にとって重要なことは，企業の環境保護対策，企業の社会的貢献等である。したがって，彼らの関心は，企業の財務諸表本体だけでなく，有価証券報告書に記載された文書情報や環境報告書にあり，企業の環境保護ならびに社会貢献の程度を測定・評価するために，近年では企業環境分析が盛んに行われている。

④ 機関投資家

日本のように株式の相互持合比率が高い状況では，機関投資家は短期売買目的ではなく，長期にわたって企業の意思決定に影響を与えるために，株式を保有している。このような状況においても，機関投資家はもちろん企業の短期的な収益性・安全性に関心がある。しかしより重要な関心は，企業が属する業種，企業が過去に行った設備投資・研究開発投資等を所与として，企業戦略が企業の将来業績にどのような影響を及ぼすのかを予測することにあり，機関投資家にとっては企業戦略分析が不可欠となる。

⑤ 銀　行

融資機関としての銀行の関心は，企業の債務返済能力にある。しかし銀行が，企業に対して長期の融資を行うためには，企業の短期的な債務返済能力を評価するだけでは不十分であり，それに加えて，企業の収益性，成長性，将来キャッシュフローを予測することが重要となる。

そして，その予測をより確かにするために重要なのが，知的財産等のソフトの評価である。企業の所有するソフトの価値が正確に評価できれば，企業技術に対する市場の評価が明らかとなるだけでなく，そのソフトによって生み出される企業の将来キャッシュフローについて精度の高い予測が可能となる。そしてさらに，将来における新製品開発とその成果についても，適切な予測が可能となる。このように，近年では，知的財産等のソフトの評価が，企業の業績評価において重要となってきている。

⑥ 租 税 機 関

租税機関は，主として税の適切な徴収に関心がある。そのため，企業業績の将来予測よりも過去の利益・所得の正確な計算に関心がある。このように租税機関の関心は，他の利害関係者とは大きく異なる。そして租税機関は，他の利害関係者とは異なり，独自の調査権限，調査方法をもっている。したがって，租税機関も企業業績に重大な関心をもつ利害関係者ではあるが，経営分析では，一般に租税機関に対する情報提供を想定してはいない。

(3) 企業内部の利害関係者とその関心

図表2-1-1に示すように，企業内部の利害関係者は，企業の経営者，管理者，一般従業員である。彼らは，企業が開示する財務諸表だけでなく，その権限に応じてさまざまな機密情報が入手可能である。そして，企業内部の利害関係者の関心は，主として①企業の現在の活動状況を評価すること，②企業の戦略的意思決定が，将来の企業業績にどのような影響を与えるかを予測することにある。

したがって企業内部者にとっては，短期的には収益性分析，生産性分析，損益分岐点分析が重要な分析ツールとなる。そして長期的な観点からは，回収期間法（payback period），正味現在価値法（net present value），

内部収益率法（internal rate of return）を用いた設備投資の意思決定分析が重要となる。しかし，その前提として，企業に超過収益力をもたらすのれん，ブランド，知的資産等のソフトの評価が重要な問題となる。

(4) 新しい経営分析の誕生

このように，企業外部の利害関係者にとっても企業内部の利害関係者にとっても，現代においては，企業業績を評価・予測するにあたって，伝統的な財務諸表分析や財務分析のフレームワークではもはや十分ではなく，業績評価に関する新しい問題について，新たなチャレンジの必要が生じたのである。そして銀行の信用調査からスタートした比率分析は，財務諸表分析・財務分析の段階を経て，さらに新しい経営分析へと変革・発展を遂げたと考えられる。そして1990年代半ばに初めて，"business analysis"をタイトルに掲げたテキストが出現した。それが Palepu et al. (1996) である。

3 経営分析の課題

伝統的な財務諸表分析であれ，新しい経営分析であれ，「分析結果がアド・ホック（ad hoc）である」という批判がある。つまり，分析結果はサンプルに依存し，サンプルが異なれば分析結果も異なるということである。この点について，Lev (1974) は次のように述べている。

現代の研究における重大な欠陥は，用いられているモデルの不十分さにある。たいていの場合，研究者は，研究目的を決めた後，多くの変数と数学的モデルを見境なく用いた『魚釣り』に出かけているように見える。その結果，研究結果は，たいていアド・ホックな性格をもち，一般化することが困難となる。(Lev (1974), p.252)

アナリストの努力が，利益成長，社債の格付け，倒産，合併等の経済現象を説明し予測するフォーマル・モデルの開発に向けられることが必要である。(Lev (1974), p.246)

大量のデータと多数の財務比率が，利用可能である。しかし，伝統的な分析ツール・分析テクニックの有用性は，まだ確立されていない。この有用性を確立するためには，財務分析の研究は[4]，モデルの構築と検証を含んだ科学のより発展した段階に進まなければならない。(Lev (1974), p. 4)

コンピュータ技術が発展するにつれて，日本においても財務諸表分析，経営分析の実証研究が盛んに行われるようになった。これを可能にしたのは，①安価な大容量高速パーソナル・コンピュータの出現，②操作性の優れたスプレッド・シート型ソフトウェアの出現，③スプレッド・シート型ソフトウェアで容易に読める企業情報データベースの出現，④スプレッド・シート型ソフトウェア上で動く統計処理ソフトウェアの出現であろう。このように現代では，誰でも，大量のデータを用いた実証研究が，比較的簡単にできるようになった。

確かにコンピュータ技術の発展により，以前と比べれば非常に容易に実証研究を行うことが可能となった。しかし，Lev (1974) が1970年代に提起した財務諸表分析の課題は，いまだに完全に解消されたとは言えない。つまり，いくら実証研究を積み重ねても，その多くはアド・ホックな fact-finding であり，分析結果を一般化することはできないのである。そして，アド・ホックな分析結果に基づく意思決定は，非常にミスリーディングである。

図表2-1-2は，経営分析における1つの研究テーマの発展過程を示したものである。ここで注意しなければならないのは，「アド・ホックな fact-finding が経営分析研究の発展にとって重要ではない」と言っているのではない。新しい研究領域で実証研究の蓄

I 経営分析対象・方法の拡張

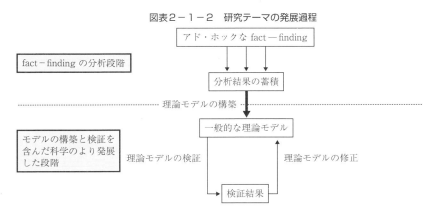

図表2－1－2 研究テーマの発展過程

積が少ない分野においては，たとえアド・ホックでも fact-finding の蓄積は不可欠である。

しかし，fact-finding の分析結果がある程度蓄積されたのであれば，経営分析は一般的な理論モデルを構築すべきである。つまり，一定の経済現象が企業業績にどのような影響を及ぼすかを説明・予測する一般的な理論モデルを構築すべきである。

ただし構築された理論モデルは，必ずしも現実に妥当するわけではない。さまざまな観点から理論モデルを検証しかつ頑健性（robustness）チェックを行うべきである。そして理論モデルが必ずしも一般に妥当しないと判明した場合は，検証結果に基づいて，理論モデルを修正すべきである。このように，理論の構築・修正と理論の検証とを繰り返すプロセスを，Lev（1974）は「モデルの構築と検証を含んだ科学のより発展した段階[5]」と呼んだのであろう。

企業環境が激変し，企業をめぐる多くの利害関係者が存在する現代において，経営分析の重要性は明らかである。しかし，財務諸表分析が経営分析へと変革・発展した現代においても，Lev（1974）が提起した問題は十分に解決されてはいない。したがって，この問題を完全に克服することこそが，現代の経営

分析における至急の課題である。

(注)
1) 定方（1975），p.11.
2) ①キャッシュフローは確実に予測可能であり，②キャッシュフローは期末にのみ生じ，③資本コストは一定であり，かつ④市場は効率的であるという状況である。
3) EVAはスターン・スチュワート社（Stern Stewart Co.）の登録商標である。
4) Lev（1974）の言う「財務分析」は，ここでの「財務諸表分析」と「財務分析」とを合わせた概念である。
5) Lev（1974），p.4.

〔参考文献〕

Brealey, R. and S.Myers（2000）*Principles of Corporate Finance*, McGraw-Hill.

Foster, G.（1986）*Financial Statement Analysis*, Prentice-Hall, 1986.

小林啓孝（2001）『事業再編のための企業評価』中央経済社。

Kusu, Y. and T. Yamamoto（2003）The Relationship between Restructuring and EVA® in Japanese Companies, *Collected Papers of Asian Academic Accounting Association*.

Lev,B.（1974）*Financial Statement Analysis : A New Approach*, Prentice-Hall.
（柴川林也，寺田徳訳（1978）『現代財務諸表分析』東洋経済新報社。）

Palepu, K. G., V. L. Bernard and P. M. Healy

(1996) Business Analysis & Valuation : *Using Financial Statements*, South-Western College Publishing,.

（斎藤静樹監訳（1999）『企業分析入門』東京大学出版会。）

定方鷲男（1975）『経営分析概論（改訂版）』同文舘。

Samuels, J. M., R. E. Brayshaw and J. M. Craner (1995) *Financial Statement Analysis in Europe*, Chapmen & Hall.

渋谷武夫（2001）『経営分析の考え方・すすめ方』中央経済社。

Stewart, B. G. Ⅲ (1991) *The Quest for Value : The EVA^{TM} Management Guide*, Harper Collins.（河田剛・長掛良介・須藤亜里訳（1998）『ＥＶＡ創造の経営』東洋経済新報社。）

Stickney, C. P. (1990) Financial Statement Analysis : A Strategic Perspective, Harcourt Brace Jovanovich.

須田一幸（2000）『財務会計の機能―理論と実証―』白桃書房。

柘植敏治（1991）『企業財務論の基礎』中央経済社。

山本達司（2002）『企業戦略評価の理論と会計情報』中央経済社。

［山本達司］

Ⅱ 企業環境分析の状況と今後

経営分析の領域において**企業環境分析**という名称で統括される領域が従来から存在しているかどうか、また、それ自体が何を意味するかについて必ずしも定見があるわけではない。ここでは、それを「企業を取り巻く環境の状況および変化に関する分析」と位置づけることにする。企業環境（environments of business）は多様に変化し、それが企業の将来を左右する。以下、とくに会計情報の分析の視点を中心としながら、関連領域に及んで述べることにしたい。

1 企業環境の変化と認識の対象 ～会計実践の視点～

まず、会計の実際界でどのような課題があげられているかが企業環境分析を行う際の1つの手がかりとなろう。

たとえば、ヨーロッパの会計専門職団体を集約する代表組織としての**ヨーロッパ会計士連盟**（Fédération des Experts-comptables Européens）は、業務分野として、「企業報告（会計、統合報告、資本市場、銀行、保険、財務報告）」、「監査と保証」、「公共部門（欧州公会計基準）」、「租税政策」、「中小企業」、「職業倫理と専門能力」、「会社法と企業統治」、「持続可能性」、「資金洗浄防止」、「資格認定と市場参入」を設定している（FEE, 2014）。FEEは基本的に公認会計士の団体であり、会計関連業務が主体となるが、ヨーロッパ域内、とくにEUにおける上場会社規制に関しては2005年のIAS/IFRSの導入で連結財務諸表についての制度整備が進んだ。ただ、EUであっても独立国の集合であるから、企業環境には相違があり、それらを調整する観点から、これらが検討対象とされている。

このうち、持続可能性の分野は、2000年までは、環境とされていた。会計の領域では環境会計と総称される領域が定着しているが、環境会計は主に企業活動が自然環境に与えるインパクトに関する問題を取り扱う領域である。持続可能性の問題は、企業それ自体の存続問題とも密接に関連し、自然環境問題に限らず、社会的・経済的な要因すべての影響を受ける。その意味で持続可能性は外的な経済社会の持続可能性であると同時に、企業それ自体の内的な持続可能性にも結びつく。したがって、企業環境は企業の内的・外的持続可能性を左右する要因である。

また、企業報告の分野に統合報告が加わってきていることも近年の動向である。統合報

告も投資判断の観点が中心であるが，会計が扱う財務情報のみならず，非財務情報も含めた企業情報の拡充が志向されている。企業をめぐる環境要因は多様化してきており，企業が置かれた状況の変化に対応して，企業と経済社会との関連についての分析，あるいは企業内での組織環境などに関する分析についての洞察と分析手法の開発は，経営分析の重要な対象である。

2 企業と社会の相互関係

(1) 企業の社会責任と企業環境

次に，視点を会計領域に限定せずに考察しておこう。

近年，**企業の社会責任（Corporate Social Responsibility：CSR）**あるいは企業倫理が問われるようになってきている。自然環境保護，製造物責任，雇用，衛生と安全，ジェンダー問題，社会貢献活動や企業統治ほか，企業を取り巻く責任は多層化・複合化してきている。そこから**社会責任投資（Social Responsibility Investment：SRI）**と呼ばれる投資行動も出現している。これらの問題は，社会による企業の監視と制約条件に結びつく。

それと対照的に，企業は社会に対して影響力を有する。G. A. Steiner と J. F. Steiner はこれに関して，経済，社会と文化，個人，技術，自然環境および政治に対する影響力の6つをあげ，次のように述べている［Steiner,G. A.,and J.F.Steiner, 1994,p. 48］。

経済に対する影響力とは，影響力の保持者が資源，とくに財産をコントロールすることによって，事象，活動および人々に影響を及ぼす能力であり，財，サービスおよび資源の価格，品質，生産および流通に影響を与えたり決定したりする能力をいう。また，社会と文化に対する影響力とは，家族観，文化的価値観，風習，習慣や生活様式のような社会的営みや社会的慣行に影響を及ぼす能力をいう。

個人に対する影響力は，従業員，株主，消費者および地域社会構成員に対して直接行使され，企業に関する価値観が社会における個人主義の概念に影響する。技術に対する影響力とは，技術の進歩に合わせて，テクノロジーの方向性，進展速度，特質および成り行きに影響を及ぼす能力である。自然環境に対する影響力は，汚染，資源使用，物質的地域開発などのように，企業活動が生物圏に与えるインパクトをいう。政治に対する影響力は，選挙，公共政策および法に影響を及ぼす能力である。

(2) 利害の核としての企業

ここでの影響力は支配力にも結びつくが，社会責任に関しての社会の監視は強まっており，企業が一方的に影響力を行使するわけではない。また，社会の監視は徐々に各種の法規制にも結びつく。ところが社会は個人の集合体であり，個人またはその集合としての組織が，各種のステークホルダーとして参画し，企業はそれらの利害の核として機能する。

企業環境の複雑性は，ステークホルダーが複合的であることにも関係する。たとえば，株主であるステークホルダーが，同時に顧客であったり，従業員であったりする。したがって，個人または組織が複合的なもくろみを企業に対して抱いている。これが企業とステークホルダーとの複合的な力の構造，いわゆる勢力関係を生む。

企業は高まりつつあるCSRの要請やステークホルダーの複合的な関心事項を充足する必要がある。それでもなお，企業は「営利」と，「存続」を自己目的とする活動組織体である。最終的にキャッシュ・フロー余剰に帰結する成果ないしは利益をあげなければ存続が危うくなる。その観点から，企業環境分析に関しても会計的な視点での分析が意味を有するのである。

3　ステークホルダーに関する分析

(1)　伝統的会計構造と企業環境分析

　さて，会計的な視点で企業環境分析を行おうとする場合，かつて山下勝治教授が，「種々異なる利害関係者的要請を調整するものとして，もって企業を社会的制度とみる見解は，それ自体の立場は一応承認されるとしても，企業会計の面にもそうした社会的機能を及ぼして，企業会計自体もまた，異なる利害関係者的要請を調整するものとしてみる考え方には，必ずしも一般の承認を得ることはできない」[山下勝治，1964, pp. 14-15]と述べられた状況は変化しているであろうか。

　このことに関しては次のようにいうことができよう。企業環境に関係する要因の多くは会計数値に反映されてきている。ところが，基本的な利益計算構造は株主帰属利益に帰結し，会計構造の中ではCSRやステークホルダーとの勢力関係を明確には示していない。したがって，伝統的会計情報の加工や修正，あるいは追加的な情報が企業環境分析のためには不可欠である。

　ところが，現状の損益計算構造では，社会資本形成に関する義務的賦課である税金を除いて，利益は株主に対する分配である配当金，経営者報酬の一部である役員賞与および株主の投資価値の向上に寄与する分配後利益（留保利益）で構成される。近年のコーポレート・ガバナンスの方向は，ステークホルダーへの対応を対象に加えつつも，このような株主志向の経営観の確認と強調への回帰でもあった。

　この段階では，本質的に資本主・株主帰属成果と経営者対価の一部についての表現であり，資本関連の企業環境分析が大部分を占めることになる。

(2)　ステークホルダーと付加価値
①　付加価値とステークホルダーの関係

　そこで，以下のように利益の計算構造を付加価値の計算構造に変換すると，ステークホルダーの多くを明定する分析が視野に入る。

＜付加価値指標の構造＞

$T + Div + R = S - B - W - I - Dep$　　①
　　　　　　　　……利益の計算要素

$NVA = S - B - Dep$　　②
　　　　　　　　……純付加価値の創造

$NVA = W + I + T + Div + R$　　③
　　　　　　　　……純付加価値の分配

$GVA = S - B$　　④
　　　　　　　　……粗付加価値の創造

$GVA = W + I + T + Div + R + Dep$　　⑤
　　　　　　　　……粗付加価値の分配

ここで，各項目は以下のとおりである。
T：税　　金　　Div：配当金・役員賞与
R：留保利益　　S：売上高（生産高）
B：前給付費用　W：人　件　費
I：支払利息　　Dep：減価償却費
NVA：純付加価値　GVA：粗付加価値

　①式は左辺が利益要素（税金＋配当金・役員賞与＋留保利益）であり，右辺が損益計算構造である。②式および④式は，付加価値の定義に結びつく控除法による付加価値の計算構造であり，前給付費用は前段階生産者への対価であるが，もっとも川上まで遡れば，いわば天然資源を支配するための対価となる。また，③式および⑤式は，付加価値の創造に寄与し，対価として付加価値の分配を受けるステークホルダーを明示する計算構造である。

　すなわち，Tは社会資本整備者である政府・自治体，Divは最終的には利害を共有する資本主・株主と経営者，Rは企業価値の向上を通じて恩恵を受ける関係者，すなわちこれも基本的には資本主・株主と経営者，Wは従業員，Iは債権者である。これらはステークホルダー・グループであるが，さらに細分して分析することも可能であろう。

② 付加価値表現の問題点

ここでは付加価値分析それ自体には言及しない。付加価値は，ステークホルダーと企業との関連を明確化できる利点があるが，いくつかの問題は残存する。

付加価値には，前給付費用（B）を含まない。換言すれば前給付費用が控除項目となるから，前給付のステークホルダーが分析からもれる可能性がある。また，売上高（生産高）（S）についても付加価値の源泉ではあるが，付加価値の構成分析の際には対象とならない。したがって，ステークホルダーとしての得意先・顧客が対象から外れる。

そして，従来から減価償却費（Dep）の解釈や取扱いには諸説があり，そこから純付加価値（NVA）と粗付加価値（GVA）の2つの付加価値概念が生来することになる。マクロ的には自国内における製造は付加価値を構成する。ところがミクロ的には，個別企業または企業グループの外から減価償却資産を受け入れた場合には減価償却費は前給付としての性格を帯びる。ところが自製減価償却資産の場合には減価償却費は付加価値構成要素としての性格が強い。減価償却費を付加価値要素とする場合でも，それに関するステークホルダーは再生産の視点から資本主・株主をあげることができるとしても，曖昧である。

さらに，付加価値によるステークホルダーの表示には，基本的な問題がある。まず，付加価値構成の各ステークホルダー要素は企業への寄与の対価であって寄与そのものの評価額ではないことである。たとえば付加価値の分配をめぐって，構成要素のうち，W，I，Dep は一般に硬直的であり，T，Div，R，すなわち利益の大小に左右されるステークホルダーには，リスクテーカーとしての資本主・株主および経営者以外に政府・自治体が含まれることになる。これらはステークホルダーの寄与それ自体を表現するものではない。

4 技術進歩と勢力関係

(1) 生産性と技術進歩

そこで，ステークホルダーの寄与を明示する分析方法の一例をあげよう。ここで取り上げる分析のフレームワークは**全要素生産性**（total factor productivity：TFP）ないしは**総要素生産性**の概念を企業レベルで操作可能にする思考である。この概念は，経済学上で**技術進歩率**とも呼ばれ，産出量に占める技術進歩の貢献分を意味する。

企業レベルでは，生産要素は一定の共通分母を持たない多要素から構成されるから，投入と産出の比である生産性を，単年度について総生産性として測定することには困難を伴う。たとえば，ステークホルダーとしての従業員が提供する労働力と，資本主・株主が提供する資本とは異質のものである。前述の人件費（W）と配当金・役員賞与（Div）は加算可能ではあるが，加算した値は対価であり，投入の指標ではない。

そこで，企業が多様な企業環境の中で，期間間の総生産性の向上または下落を通じて得たかまたは失った生産性の変動による成果を金額に変換する分析方法に「総生産性余剰分析」がある［梶浦昭友，1996］。

(2) 総生産性余剰の分析

総生産性余剰を算定する基本モデルは，次のとおりである。

＜総生産性余剰（σ_{pr}）の計算＞

$$\sigma_{pr} = \sum_{j=1}^{m} p_j \Delta P_j - \sum_{k=1}^{n} f_k \Delta F_k$$

ここで，p_jは生産物 j の比較第1年度の単価，ΔP_jは数量の変化値（第2年度産出数量−第1年度産出数量），f_kは生産要素 k の比較第1年度の単価，ΔF_kは数量の変化値（第2年度投入数量−第1年度投入数量）である。

産出される生産物はm種類，投入される生産要素はn種類あるものとする。ここから，企業レベルでの年度間の総生産性の変動を総生産性余剰（σ_{pr}）として金額で表現することができる。総生産性余剰とは，期間間の生産高収益と生産要素費用の数量的増減からもたらされる余剰の指標である。これらは各種企業環境に対する技術進歩の結果である。

(3) ステークホルダーとの勢力関係分析

企業はみずからの生産性向上努力や技術進歩によって総生産性余剰を生み，それをステークホルダーに分配することが可能である。総生産性余剰が大きくなるほど，企業環境に対する財務的対応力が高まる。

一方で企業は，ステークホルダーとの間の固有の勢力関係の下で活動している。このような勢力関係の影響で，企業は強いステークホルダーに恩典を与え，弱いステークホルダーから恩典を受けることになる。ここではこれらの恩典を金額的に表現したものを特恵とよぶ。

特恵（a）は期間間の**生産高収益**と**生産要素費用**の価格（単価）の変化が当該ステークホルダーにもたらした影響額である。これは次のようなステークホルダー別モデルとして表記できる。
＜特恵（価格影響額）の計算＞
① 生産高収益 j 関係者への特恵モデル
$$a_j = -\Delta p_j P_{2j}$$
② 生産要素費用 k 関係者への特恵モデル
$$a_k = \Delta f_k F_{2k}$$
③ 特恵合計（Σa）
（以下では，解釈に影響しない添字は省略する）
$$\Sigma a = -\Sigma \Delta p P_2 + \Sigma \Delta f F_2$$

ここで，P_{2j}, F_{2k} はそれぞれ比較第2年度の生産高収益 j，生産要素費用 k の数量を意味している。Δp，Δf はそれぞれの年度間価格（単価）差異を意味している。

ここから明らかなとおり，生産高収益に関するステークホルダーにとっては価格の負の変化，つまり値下げが特恵となり，生産要素費用に関するステークホルダーにとっては価格の正の変化，つまり値上げが特恵となる。特恵は企業とステークホルダーとの勢力関係だけで生じるわけではないが，企業環境における企業とステークホルダーとの価格をめぐる相互関係を明らかにする分析指標としての意味を有する。

(4) 影響力モデルの展開

そこで，これらを展開すると，企業の数量的な努力（インプットの低減，アウトプットの増加）による生産性の期間変化額を総生産性余剰で表し，同時に価格の変化の影響額も表現するモデルを導くことができる。

① 年度間の損益計算書の差異モデル

ここで比較第2年度と第1年度の損益計算書は次のモデルで表記できる。
＜比較第2年度の損益計算書モデル＞
$$\Sigma [(p_1 + \Delta p)(P_1 + \Delta P)]$$
$$= \Sigma [(f_1 + \Delta f)(F_1 + \Delta F)]$$
＜第1年度の損益計算書モデル＞
$$\Sigma p_1 P_1 = \Sigma f_1 F_1$$

ここでは利益は生産要素費用の1つと位置付ける。

ここから，年度間の差異をモデル展開すると次のようになる。
＜年度間差異分析の展開＞
$$\Sigma [(p_1 P_1 + p_1 \Delta P + \Delta p P_1 + \Delta p \Delta P) - \Sigma p_1 P_1]$$
$$= \Sigma [(f_1 F_1 + f_1 \Delta F + \Delta f F_1 + \Delta f \Delta F) - \Sigma f_1 F_1]$$
$$\Sigma \Delta p (P_1 + \Delta P) + \Sigma p_1 \Delta P$$
$$= \Sigma \Delta f (F_1 + \Delta F) + \Sigma f_1 \Delta F$$
$$\therefore \ \Sigma \Delta p P_2 + \Sigma p_1 \Delta P$$
$$= \Sigma \Delta f F_2 + \Sigma f_1 \Delta F$$

② 総生産性余剰と特恵合計の均衡モデル

この結果，次のように総生産性余剰は特恵の合計と等しくなる。

$$\Sigma p_1 \Delta P - \Sigma f_1 \Delta F$$
$$= -\Sigma \Delta p P_2 + \Sigma \Delta f F_2$$
$$\therefore \quad \sigma = \Sigma a$$

つまり，企業の数量的な生産性向上努力があれば，その結果として生じる総生産性余剰はステークホルダーに分配することができる。また，ステークホルダーは企業との勢力関係の中に位置しており，力の強弱が年度間価格変動に結びつき，正または負の特恵の直接的な影響を受けることになるのである。

5　企業環境と企業存続

さて，最初に述べたように，たとえば会計実践に関する専門職団体であるFEEは，企業統治，自然環境あるいは持続可能性の問題にまで対象を拡大してきている。CSRやSRIの動向も一方では企業に対する制約要因として機能するが，他方では比較優位をもたらす要因の1つになる可能性もある。たとえばCRTガラスのリサイクルのように，新たな原材料を投入するよりも再資源化のほうが安く上がる事例が増えている。

総生産性余剰と特恵の分析は，TFPをミクロ領域に応用したものである。技術進歩は，テクノロジーの進歩だけではない。従業員の熟練，経営者の経営能力の向上，社会構成員の知識水準の進展もここでいう技術進歩である。企業だけでなく，ステークホルダーも比較優位を志向している。

企業環境とは，企業と社会あるいは他企業を含むステークホルダーとの相互関係（inter-relationship）とその変化であり，ここで扱った手法はその一例である。この領域は必ずしも定まった分析手法についての研究の蓄積がない領域と考えられるが，企業の置かれた環境を認識するための分析領域としての展開が図られる必要があろう。

〔参考文献〕

FEE（2014）http://www.fee.be/index.php?option=com_content&view=article&id=3&Itemid=105 からの各分野へのリンク（cited at 2014/10/25）。

Steiner, G. A. and J. F. Steiner (1994) *Business, Government, and Society : A Managerial Perspective*, 7th edition, McGraw-Hill.

梶浦昭友（1996）『企業社会分析会計（増補第2版）』中央経済社。

山下勝治（1964）『新版企業会計原則の理論』森山書店。

［梶浦昭友］

Ⅲ　バランスト・スコアカードによる管理—財務・非財務指標による分析・管理—

1　財務指標のみによる管理とその問題点

(1)　財務指標による管理としての予算管理

企業が全体的視点から適切な計画を立て，それをいかに具体的に実施するかを決定することは，企業経営上，最も重要なことである。企業経営において，総合的管理の手法として予算による管理（予算管理）があり，ほとんどの企業で実施されている。予算は，企業の各業務分野の具体的な計画を主として貨幣額で表示し，これを総合編成したものをいい，目指すべき企業の利益目標を指示し，各業務分野の諸活動を調整し，企業全般にわたる総合的管理の要具となるものである。

予算管理は，企業の分権化の進展とともに，全体目標の部分目標への調和的な展開の手段として，また部門や事業部，管理者や従業員の行動を全体的目標へと統合させる手段として，発展してきた。予算は責任単位ごとに編成され，計画の実施時や実施後に，必要に応

じてそれと実績値との差異が求められ，原因分析される。この分析法を予算差異分析という。予算は利益計画の具体化としての計画面と，予算目標に合致させるための諸活動の統制という面をもつが，当初は全体を調整し，目標に向けて統制することが重視されていた。その後，予算における計画面の重要性が認識されるようになり，利益計画と関連させて展開されるようになっている。現在，**予算の機能**として，計画機能，調整機能，統制機能の3つが考えられている。調整機能における調整とは，部門間の調整，上位目標と下位目標との間の調整と並んで，各種の意思決定間の調整が含まれている。予算は短期利益計画に基づいて編成され，短期利益計画の期間は1年の場合，半年の場合が多い。基本予算の期間も短期利益計画の期間に合わせて，1年の場合，半年の場合が多い。

予算編成のうちの損益予算編成の手順では，まず売上高予算が作成され，これに基づいて製造高予算，在庫予算，購買予算が作成される。また売上高予算から，販売費予算，一般管理費予算が作成される。製造高予算から製造原価予算が組まれることになる。これらの損益予算と，現金等の需給や長期的観点からの来期の状態等を加味して，キャッシュフロー予算や短期資本予算が作成されることになる。

短期利益計画は中期計画に基づき作成される。中期計画は3年の場合が多い。その作成方法として，固定方式とローリング方式がある。固定方式は計画を計画期間内で固定するのに対して，ローリング方式は環境の変化が激しいときによく採用される方式で，計画期間が1期間経過するごとに，新たに次の1期間を加えた期間を対象として，計画を修正する方式である。予算に対しても固定方式とローリング方式の2つがある。予算のローリング方式は，コントロール機能を高めるために採用される方式である。これは日本企業が，基本予算と実行予算というように，予算を複数もっていることから実行可能となる。かなりの企業が予算にこの方式を採用している。

(2) 予算管理の問題点

しかし，近年，予算は戦略や課業統制の間の関係性が薄いという指摘がなされている。これは，全社的目標や行動目標の全ては，貨幣金額で表し得ないということと，また編成された予算を統制する局面に入ると，財務情報のみが流れ，背後の活動を明確にできないということからである。すなわち，予算は全企業活動の一断面しか表すことができないということである。予算にあまり依存しすぎると，かえって多くのものを見えなくさせ，極端な場合には，見せかけだけの改善がなされることもある。また予算は自部門についてだけ関心をもたせ，自部門だけの責任を果たせばよいという考え方を促進する。

それゆえ，企業活動を有効に実行させるためには，非財務指標をも組み込んだ管理システムを作り上げることが必要である。とくに企業環境の変化が激しいときには，技術力，人的資源，研究開発力等の見えざる資産に対する計画を立て，いかに統制していくかが重要となる。

このような観点から，キャプラン（Kaplan, R.S.）とノートン（Norton, D.P.）は予算管理の問題点として，

① 実行不能なビジョンと戦略
② 部門のチームおよび個人の目標とリンクしない戦略
③ 長期および短期の資源配分にリンクしない戦略
④ 戦略ではなく，戦術へのフィードバック

の4点をあげている。要約して示すことにする。

①は，ビジョンをお互いに理解し，それを実行できる戦略テーマに落とし込むことが重

要であるにもかかわらず、それができていないということである。すなわち戦略について、経営者、管理者の間での真の意味での合意がなされていないで、各自一人よがりの解釈をし、バラバラな行動をしているということである。②は、部門、個人は短期的な財務予算を達成することに集中し、長期的戦略のゴールを達成しようとしていないということである。報酬制度も長期戦略とリンクしていないということである。③は、長期戦略の立案と予算の編成を、別々のプロセスで行っているということである。資金管理や資本配分も戦略の優先順位にリンクせず無関係なことが多く、月次、四半期ごとの見直しも、戦略的目標との関係での見直しではないということである。④は、予算システムにおいてフィードバックされる情報は、短期的でオペレーショナルな業績のフィードバックで、その大部分は財務的業績評価指標であり、しかも月次ないし四半期ごとの予算と実績の比較である。それゆえ、戦略についてのフィードバック情報を入手できないということである。そして、これらの問題点を解決するために、キャプランとノートンは財務・非財務指標の両者による管理であるバランスト・スコアカード（Balanced Scorecard：BSC）による管理の有効性を主張した。

このように述べると、予算管理はまるで無用のものというような印象をもたれるかもしれないが、決してそうではなく、予算管理を単独で行うことの問題点を指摘しているのである。その問題点の克服法については、後で述べることにする。

2　財務・非財務指標による管理 ——BSCによる管理

(1) BSCによる管理の特徴

BSCは、今までの業績評価指標が財務指標のみに依存していたことの反省として考えだされたもので、非財務指標をも含んだ評価を可能ならしめるよう工夫されたものである。BSCには図表2−3−1のように、経営ビジョンと戦略に基づき、財務の視点、顧客の視点、社内ビジネス・プロセスの視点、学習と成長の視点の4つの視点から、具体的な評価指標と目標値が示される。

図表2−3−1　バランスト・スコアカードの4つの視点

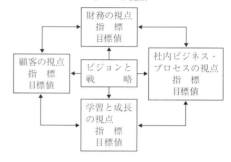

それらの4つの視点に対し、考慮すべき各種の指標の例は、次のとおりである。

　財務の視点：収益性、成長性、生産性、資源の有効利用に関する財務指標等

　顧客の視点：顧客満足度、定着率、市場占有率、新規顧客獲得率等

　社内ビジネス・プロセスの視点：品質、対応時間、コスト、新製品導入率等

　学習と成長の視点：従業員満足度、革新、従業員の教育と訓練等

ただ上述の4つの視点は例示しただけであり、変更したり、それ以外の視点、たとえば環境保全の視点やサプライヤーの視点等を加えてもよい。日本の企業では、環境保全の視点を加えて5つの視点に戦略を落とし込んでいる企業も多い。ただ説明の便宜上、以下、4つの視点を前提として論を進めることにする。

BSCでは、これらの指標は全て何らかの尺

度で数量化されることが前提となっている。これらの指標の中には，財務指標と非財務指標，外部指標と内部指標，今年度の業績指標と将来の業績に影響を与える指標，客観的指標と主観的指標等が，バランスよく含まれている。またステークホルダーズ間のバランス，短期的視点から実施すべき施策と長期的視点から実施すべき施策のバランス，組織間でのバランスが保たれるような工夫がなされている。

BSCは最初のうちは，単にそれによる業績の評価だけが重視されてきたが，最近ではそれを越えて，戦略目標を達成するためのマネジメント・システムとして理解されるようになっている。その理由は，BSCが次に示すような特質を備えているからである。

① ビジョンと戦略を明確にし，わかりやすい言葉（指標）に置き換える。
② 戦略目標と業績評価指標をリンクし，周知徹底させる。これは，目標のトップから現場までの目標の首尾一貫性が保たれるということである。BSCに示される企業全体の業績評価指標が下位レベルに階層分解する出発点として利用でき，適切な分解を通して，全体の整合性を保つことができるということである。
③ 計画，目標設定，戦略プログラムの整合性を保つのに役立ち，しかもビジネス単位に，意欲的なターゲットを受け入れるように促すことができるという点である。これは，BSCが業績指標を独立したものとみないで，関連する指標全体の改善を強調しているので，それらのプラスの相互作用によって，意欲的なターゲットを達成する可能性が認められるからである。
④ 戦略的フィードバックと学習を促進する。今日のような経済環境下では，事前に設定された戦略の実施を監視するだけでは不十分であり，戦略的不確実性に絶

えず注意を払い，市場の変化に応じて戦略を調整しながら，環境変化に適応していくことが必要になる。そして戦略的不確実性に対処するためには，経営者は部下の行動に積極的に介入し，インタラクションを活発に行い，探索活動を活発化することが必要である。その焦点を明らかにする箇所を明確に示す手段として，BSCは有用であると思われる。インタラクションの過程，適応の過程において，組織内で学習が行われ，新しい戦略が創発してくることもある。

(2) 指標間の因果関係と戦略マップ

4つの視点のそれぞれの指標は，一般的に，（学習と成長の指標）→（社内ビジネス・プロセスの指標）→（顧客の指標）→（財務の指標）というように，原因と結果の連鎖関係（縦の因果連鎖）をもっている。もちろん必ずこの4ステップの全てを踏んでいくというのではなく，間を飛ばすこともある。いずれにせよ最終的な結果を示す財務指標を改善するためには，非財務指標を改善する必要がある。この他に，(**先行指標：パフォーマンス・ドライバー**)→(成果尺度)→(戦略目標)という，指標間の横の因果連鎖もある。

このBSCが想定している因果連鎖により，**戦略マップ**が作成される。戦略マップは，各指標がどのように戦略目標へと繋がっているかの論理的な筋道を明確にする。またそれは従業員に対し，戦略の全体像を明らかにし，戦略への方向性を共有することに役立つ。

戦略マップは，目標とすべき指標を体系化し，目に見えるものにするという点に特徴があるが，そこに示されたものだけが，目標達成に必要な筋道であると思い込んでしまう危険がある。そして新しい筋道を探索することを忘れてしまったり，軽視することにもなる。これを防ぐためには，期中や期末の段階において，指標間の因果関係の仮説の検証を繰り

返すことである。もしずれていたら仮説を修正し検定を繰り返すことにより，新しい指標を設定し，これをもとに戦略マップを書き換えることである。そうすることによって，体系化された指標は新しくなり，目標達成に役立つものとして有効に機能することになる。

(3) BSCによる管理のステップ

BSCによる管理のステップは，次のようになる。

① ビジョンと戦略の明確化
② 戦略目標の設定
③ 重要成功要因の決定と，4つの視点からの業績指標への落とし込み
④ 各指標の目標値の決定
⑤ 戦略の実施
⑥ BSCを用いた期中と期末の評価と見直し

3 BSCによる戦略管理と予算管理による業務管理の連動

財務指標と非財務指標による総合的マネジメントの必要性を述べてきたが，前述したように，このことによって予算管理の意義を否定しているのではない。長期的に見れば，財務成果の獲得が最も重要であるので，その獲得目標の財務的表現である予算編成と，予算目標と実績額との比較による予算統制は，財務的達成目標とその獲得状況を知る意味で重要である。また予算目標を示すことで，従業員に対して，最終目標が財務成果の達成にあるということを知らせることができる。以上より，予算管理をBSCと連動させる必要性があると思われる。それにより，予算管理の問題点が克服されると思われる。

BSCに基づき予算編成を行えば，長期の戦略目標と短期目標，さらには個人レベルまで目標を展開することによって，部門目標や個人目標との間での一貫性と，予算との間での整合性が確保されることになる。すなわち，予算の中に戦略的要因を導入できるし，課業統制との間の関連も明確になる。また予算とBSCを関連づけると，予算と非財務的な目標との間の関係がよく分かることになるので，非財務目標の達成状況が変化すると，それが予算にどのような影響を与えるかも明らかとなり，予算編成がやりやすくなる。両者を連動することによって，予算が編成された背後の状況もよく分かるようになるので，従業員が予算目標を受け入れやすくなる。

職場目標や個人目標の設定に目標管理のやり方が導入され，これに基づき予算が編成されると，予算目標の受け入れはさらに容易になる。むしろそれ以上に，意欲的な予算目標を受け入れるように促すようにもなる。というのは，両者の連動により，個々の業績指標を独立したものとみないで，関連する指標全体をみることができるからである。個人の活動が予算目標の達成にいかに貢献しているかもよく分かるので，その面でのプラスの動機づけ効果も生じる。

両者の連動により，予算目標と活動相互間の関係もよく分かるので，チームによる問題解決が可能になる。これにより，従業員全員を共通目標に向かわせることができ，共通目標へ向かうための学習をも可能ならしめる。また予算差異による評価のみでは，背後の状況がよく分からないので，評価や報酬決定が不公平になりがちであるが，連動させることにより，それらを公平に実施できることになる。従業員を納得させることも容易になる。しかもその評価や報酬決定は，短期的な成果に基づいたものではなく，戦略とリンクしたものとなる。

4 BSCによる管理とABC, EVAの関連

(1) BSCによる管理とＡＢＣ

ABC（Activity-Based Costing：活動基準原価計算）は，製品に直接跡づけることができない間接費が増加したために，今までの原価計算法では，不正確な原価しか得られなくなったという反省により，考案された方法である。この方法はアクティビティ（活動）に焦点を置くことにより，正確な原価の計算を目指したものである。とくにABCでは，生産量に比例しないアクティビティのコストを正確に算定することにより，正確な製品原価の算定を目指している。このABC情報を利用し，企業利益の改善のために，アクティビティに焦点を当てた管理法は，**ABM（Activity-Based Management：活動基準管理）**といわれている。ABC／ABMとは，ABCとABMの両者という意味であり，一般には両者の区別は前述のとおりであるが，両者の境界が論者によって異なっているので，厳密な区別を要しない場合には，このような表記がよく用いられる。

ABC／ABMでは，資源の原価を活動に割り当て，つぎに活動に集められた原価を消費量に基づき，製品，サービスや顧客等の原価計算対象に割り当てるという２段階の配賦が行われる。第１段階の割り当て過程において，資源原価と活動の関係を明らかにするので，ＢＳＣの財務的視点と社内ビジネス・プロセスの視点の関係がより明確になる。ABC／ABMは正確な原価の計算を目指すので，財務情報の精度を高めるとともに，社内ビジネス・プロセスにおける原価低減活動の成果を可視化する。また，不必要な活動や重要な活動の識別と分析や活動間の結びつきを検討する活動分析，原価に影響を与えている要因の識別や分析である**コスト・ドライバー（Cost Driver：原価作用因）分析**，日々の活動の測定と分析を目的とした業績分析を実施することによって，有効に実施されている所と改善すべき所が明確になる。第２段階の原価計算対象への割り当て過程において，それらのものの相対的収益性が明らかになる。それによって，重視すべき製品，サービス，顧客が明らかになり，改善対象や改善施策が明らかになる。これは，BSCにおける顧客の視点に立った業績評価指標と目標値の設定に役立つ。

(2) BSCによる管理とEVAの関連

EVA（Economic Value Added：経済付加価値）は，税引後営業利益から資本の利用による費用（資本コスト）を差し引いて求められる。この場合の税引後営業利益は，会計上の営業利益を経済的実態に合うよう修正して求められる。また資本コストは，他人資本コストと自己資本コスト（株主の期待収益）からなる。EVAは自己資本コストをも考慮している点で，株主が期待する残余利益を表していることになり，株主重視の指標といわれている。また，各年のEVAを資本コストで割り引いた割引現在価値の合計に，投下資本を加えたものが企業価値になるという点で，EVA重視経営は企業価値重視経営であるともいわれている。

しかし，単年度のEVAのみを重視した経営は，短期的な視点にとらわれ，将来のEVAを増やすであろう資源，技術，事業を犠牲にして，一時的にEVAを増大しようとする行動をとらせることにもなる。それゆえ，長期的な視点が重要となり，顧客，従業員，取引業者との関係や，内部経営システムの長期的な効率を重視した経営を行うことが必要になる。そのために必要となる情報は，財務情報で表せるものもあるが，非財務指標も多くなる。企業目標を達成するためには，それらの指標とEVAの関係を考慮することも重

要である。このような多種多様な指標をバランスよく達成するには、BSCが有効である。EVAの指標を売上高、利益や利益率の増大等と並んで、BSCの財務の視点に加えることによって、株主重視、企業価値重視の新しい視点を加えることができる。

〔参考文献〕
伊藤嘉博、清水 孝、長谷川惠一(2001)『バランスト・スコアカード：理論と導入』ダイヤモンド社。
Kaplan, R. S., and D. P. Norton(1996) *The Balanced Scorecard*, Harvard Business School Press.（吉川武男訳（1997）『バランス・スコアカード：新しい経営指標による企業変革』生産性出版。）
Kaplan, R. S., and D. P. Norton (2001) *The Strategy-Focused Organization*, Harvard Business School Press.（櫻井通晴監訳（2001）『キャプランとノートンの戦略バランスト・スコアカード』東洋経済新報社。）
門田安弘編（2003）『管理会計学テキスト（第3版）』税務経理協会。
門田安弘、浜田和樹、李 健泳編（2001）『組織構造のデザインと業績管理』中央経済社。
櫻井通晴編（2002）『企業価値創造のためのABCとバランスト・スコアカード』同文舘。
櫻井通晴（2003）『バランスト・スコアカード：理論とケーススタディ』同文舘。
柴山慎一、正岡幸伸、森沢 徹、藤中英雄（2001）『バランススコアカード：ケースでわかる日本企業の戦略推進ツール』日本経済新聞社。

〔浜田和樹〕

Ⅳ　EVAの活用

1　経済的利益の一種であるEVA

EVA（Economic Value Added）は経済的利益の一種である。よって、経済的利益とは何か、その中でもEVAはとくにどういった特徴をもっているのか、その具体的な計算例も含めて解説する。

(1)　経済的利益

経済的利益とは、企業や事業の財務的評価指標として、財務会計上の利益やキャッシュフローの欠点を補うべく登場した利益概念である。Peterson・Peterson (1995) は「基本的には収益とコストの差額であるが、そのコストには費用だけでなく、資本コストも含む」と定義している。資本コストとは、有利子負債の利子と自己資本の出資者が期待するリターンと考えてよいが、Marshall (1920) は、これを一般的に利子と表現しており「利子とは、あらゆる市場において、資本の利用に対して支払われる価格」としている。Copeland et.al. (1994) は「Marshallが、あらゆる期間に創造された価値（経済的利益）は会計帳簿に記録された費用だけでなく、その事業に投下された資本の機会コストも考慮されなければならないと伝えている」としてMarshall (1890) を引用し、経済的利益の起源を明らかにしている。

以上のことから、経済的利益は、①企業や事業がある期間に創造した価値であり、②会計帳簿に記録された費用と、（会計帳簿の記録だけでは把握できない）資本の機会コスト（つまり、自己資本のコスト）の両方を収益から控除した後の価値であると解釈できる。このような経済的利益の特徴を有する指標としては、主に管理会計の実務で事業部などの社内分社組織の業績評価に用いられてきた**残余利益**や、企業評価のために用いられてきた**オールソンモデル**（第8章のⅤ参照）に含まれる超過利益などがあるが、企業や事業の評価と内部管理システムにも用いられてきたという点で、残余利益とオールソンモデルの両方に関連が深いEVAは1990年代頃から広く世界の企業でその活用が試みられた。

(2) EVA

EVAは，米国のスターン・スチュワート社の登録商標である。経済的利益としてのEVAは，次の式で示される（Stewart (1991)）。

EVA = NOPAT − 資本チャージ
　　 = NOPAT − 資本コスト率 × 資本

NOPATとは，Net Operating Profits After Taxesの略で，日本語ではよく税引後営業利益と訳されるが，それはたんに財務会計上の営業利益に（1 − 法人税等の率）が乗じられたものではない。また，資本も財務会計上の資本とは異なる。ここでは，財務会計上の資本と区別するために，EVAで用いる資本を経済的資本と呼ぶことにする。よってEVAを正確に，

EVA = NOPAT − 資本コスト率
　　　　× 経済的資本

と定義する。

2　EVAの構成要素

(1) NOPAT

NOPATは，財務会計上の営業利益に対し（1 − 法人税等の率）を乗じた後，いくつかの調整計算が施されて算出される。Stewart (1994) によれば，164もの調整項目がコンサルティングのために用意されていると報告している。たとえば，わが国の会計基準のようにのれんが償却されている場合，それを償却しない処理に戻される。つまり，当期ののれん償却はNOPATの計算過程で足し戻されるのである。また，研究開発費もすべて当期に費用化されるのではなく，わが国の企業会計基準委員会で認められている繰延資産のように支出期間に一部資本化する処理を行う。よって，資本化された部分はNOPATに足し戻す処理をする。ほかに，貸倒引当金のキャッシュ調整や，オペレーティングリースの資本化調整などの項目がある。

(2) 経済的資本

経済的資本もNOPATの調整に対応した調整計算が財務会計上の資本に施される。ただし，ここでいう財務会計上の資本は，**投下資本**のことを指し，貸借対照表の借方をベースに計算する事業アプローチと貸借対照表の貸方をベースに計算する財務アプローチがある。それぞれの投下資本は次の式で計算されるが，結果的に同じ値になる。

事業アプローチによる投下資本
　＝総資産 − 無利子流動負債
財務アプローチによる投下資本
　＝有利子流動負債 + 固定負債 + 純資産

この財務会計上の資本（投下資本）に調整計算額合計を足し戻した後の資本がEVAの計算で用いる経済的資本となる。

(3) 資本コスト率

EVAの計算のために用いられる資本コスト率は，経済的資本の計算のベースが投下資本にあるため，**加重平均資本コスト率**（Weighted Average Cost of Capital：以下，WACCと略す）となる。つまり，有利子負債の利子率と**自己資本コスト率**がそれぞれの資本額でウエイト付けされ加重平均された率を用いる。ただし，有利子負債の利子率は税引後に修正されなければならない。また，自己資本コスト率には**CAPM（Capital Assets Pricing Model：資本資産評価モデル）**を用いることも，EVAの重要な特徴の1つとなっている。

3　EVAの計算例

(1) NOPATの計算

ここでは，NOPATの計算のための調整項目は，のれん償却と研究開発費，貸倒引当金のキャッシュ調整の3つと仮定し，計算に必要な金額や率は次のとおりとする（単位：百

万円)。

営業利益	120,900
法人税等の率	40%
のれん償却	12,100
研究開発費	44,400
期首貸倒引当金残高	2,480
期末貸倒引当金残高	2,520

研究開発費は，繰延資産と同じように5年均等償却とし，5分の4は資産計上（資本化）する。以上のデータにより，NOPATを計算すると，

NOPAT
= 120,900×(1－0.4)+12,100
　+44,400×4÷5+(2,520－2,480)
= 120,200

となる。EVAでは有形固定資産の減価償却費は現在の活動規模の維持費としての機能を果たすと考えるため，NOPATの計算過程で足し戻さない。

(2) 経済的資本の計算

次に，経済的資本の計算に入る。ここでも調整項目はのれんと研究開発費，貸倒引当金とする（単位：百万円）。

総資産	1,247,800
無利子流動負債	43,940
のれん償却累計額	242,000

とすると，

経済的資本
= 1,247,800－43,940
　+242,000+44,400×4÷5+2,520
= 1,483,900

となる。

(3) WACCの計算

EVAでは，WACCは有利子負債と株式時価総額でウエイト付けして求める。ここでは，

株式時価総額	1,800,000
有利子負債	400,000
支払利息	12,000

とする（単位：百万円）。自己資本コスト率は，CAPMを用いて算定する。つまり，自己資本コスト率をK_e，リスクフリーレートをR_f，市場全体の期待投資収益率を$E(R_M)$とすると，

$$K_e = R_f + \beta(E(R_M) － R_f)$$

で表現される。ここでβとは，市場全体の投資収益率R_Mを説明変数とし，自己資本コスト率の測定対象となっている企業の投資収益率R_eを被説明変数とした場合の回帰線の傾きを意味し，R_Mの変動に対するR_eの反応度の大きさを示す。$\beta > 1$ならば，R_MよりもR_eのほうが大きく変動し，リスクは高く，$1 > \beta > 0$ならば，R_MほどR_eは大きく変動せず，リスクは低い。よって，リスクが高いほど自己資本コスト率は高くなる。R_fとしては，わが国では，10年物国債の利回りや，格付がAAAの企業の社債の利回りなどを用いる。今，R_fが2％，R_MとR_eの過去5期間のデータが次表のとおりであったとすると，

期間	R_M	R_e
1	17.4%	12.9%
2	13.2%	11.3%
3	17.3%	13.0%
4	14.5%	11.5%
5	12.6%	11.1%

βは次の式で計算される。

$$\beta = \frac{\sum \{R_M － E(R_M)\}\{R_e － E(R_e)\}}{\sum \{R_M － E(R_M)\}^2}$$

ここで，

$E(R_M)$
= (17.4+13.2+17.3+14.5+12.6)÷5
= 15%

$E(R_e)$
= (12.9+11.3+13.0+11.5+11.1)÷5
= 11.96%

となり，平均値（期待値）を意味することはいうまでもない。$R_M － E(R_M)$と$R_e － E(R_e)$は，次表のようになる（単位は％）。

期間	$R_M - E(R_M)$	$Re - E(Re)$
1	2.4	0.94
2	-1.8	-0.66
3	2.3	1.04
4	-0.5	-0.46
5	-2.4	-0.86

次に，$\{R_M - E(R_M)\}\{Re - E(Re)\}$ は，次表のようになる（単位は％）。

期間	$\{R_M - E(R_M)\}\{Re - E(Re)\}$
1	2.256
2	1.188
3	2.392
4	0.230
5	2.064

さらに，$\{R_M - E(R_M)\}^2$ は，次表のようになる（単位は％）。

期間	$\{R_M - E(R_M)\}^2$
1	5.76
2	3.24
3	5.29
4	0.25
5	5.76

よって，
 β式の分子
  $= 2.256 + 1.188 + 2.392 + 0.230 + 2.064$
  $= 8.13$
 β式の分母
  $= 5.76 + 3.24 + 5.29 + 0.25 + 5.76$
  $= 20.3$
 $\beta = \dfrac{8.13}{20.3} \fallingdotseq 0.4$

となる。よって，自己資本コスト率Keは，
 $Ke = 2\% + 0.4(15\% - 2\%) = 7.2\%$
となり，法人税等の率が40％とすると，加重平均資本コスト率WACCは，
 WACC
  $= \dfrac{12,000 \times (1 - 0.4) + 1,800,000 \times 7.2\%}{400,000 + 1,800,000}$
  $\fallingdotseq 6.2\%$
となる。

(4) EVAの計算

上記の結果を次の式に代入すると，
 EVA
  $= NOPAT - 資本コスト率 \times 経済的資本$
  $= 120,200 - 6.2\% \times 1,483,900$
  $= 28,198.2$
となる（単位：百万円）。

〔参考文献〕

Copeland, T., Koller, T. and Murrin,j. (1994) *Valuation 2nd ed.*, Willey.（伊藤邦雄訳 (1999)『企業評価と戦略経営・新版』日本経済新聞社。）

平岡秀福 (2010)『企業と事業の財務的評価に関する研究』創成社。

Marshall, A. (1890) *Principle of Economics*, Vol. 1 New York: Macmillan & Co.

Marshall, A. (1920) *Principle of Economics 8th ed.*, Vol. 1 New York: Macmillan & Co.

Peterson, P. P. and Peterson,D.R.(1995) *Company Performance and Measures of Value Added*, The Research Foundation of The ICFA.

Stewart, Ⅲ,G.B.(1991) *The Quest for Value*, Harper Business.（日興リサーチセンター／河田剛・長掛良介・須藤有里訳 (1998)『EVA®創造の経営』東洋経済新報社。）

Stewart,Ⅲ,G.B., EVA™: FACT AND FANTASY, (Summer 1994) *Journal of Applied Corporate Finance*, Vol. 7, No. 2.

［平岡秀福］

V 経営分析と多様な情報

1 会計情報のレリバンス・ロスト（有用性喪失）

　管理会計ないし意思決定会計システムについて、JohnsonとKaplanが、その**レリバンス・ロスト（relevance lost）すなわち有用性の喪失**を唱えてから、すでに四半世紀も経過した。他方、財務会計ないし外部報告会計システムについても、とりわけ企業評価にあたっての有用性に、かなりの不満が生じてきている。ところで、情報化あるいは国際化の機運にものって、さまざまな会計システムの制度変革（会計ビッグバン）が、先進諸国で活発に進んできた。それらの変革の嵐は、わが国にも及び、すでにキャッシュ・フロー会計・時価会計・退職給付会計・金融商品会計・税効果会計さらには減損会計に至るような一連の会計ビッグバンの動きを呼んだ。それらの新たな動きによって、財務会計情報が提供する、**企業評価のための有用性**（Value Relevance；その訳語として「**価値関連性**」と呼ばれることも多いが、以下ではこのように言うこととする）は、果たして高まったのであろうか。

　会計ビッグバンといったキャッチ・フレーズがよく用いられるようになったのは、20世紀末からであったが、21世紀に入ってからも、依然として大掛かりな経理不正事件が続き、社会問題化したことも周知の事実である。たとえば、アメリカにおけるエンロンやワールド・コム、わが国における日本債券信用銀行・カネボウ・オリンパスなどによる粉飾が、最近の事列として我々の記憶にも未だ生々しいものとしてあげられる。

　財務会計・外部報告会計システムにおける有用性の喪失については、すでにCollins, Maydew and Weiss（1997）あるいは、Francis & Schipper（1999）などによって指摘された。さらに、Brown, Lo, and Lys（1999）ほかによっても、それに関連するテーマの下での議論が、これまでに頻繁に行われてきているのである。

　たとえばCollins, Maydew and Weissの場合、利益と（純資産の）簿価の企業評価のための有用性は40年間に低下していなかったのに対し、利益が"どん底（bottom line）"の場合は、企業評価のための（増分的）有用性は逆に低下していたとの実証結果報告があった。他方、Francis & Schipperの場合、企業評価のための有用性は、以下の2つの測度でもって計られていた。

(1) 財務諸表情報からの予備知識によって得られるであろうと考えられるリターン
(2) （株式）市場価値の測度に対する会計情報の説明力

　それらの測度を用いて1952年～1994年のデータについて行われた彼らの実証分析では、市場収益率を説明する利益数値および（純資産）の簿価の説明力は低下していたのに対し、キャッシュフロー・ベースの収益率や利益の符号に関しては、同期間においてその有用性は低下していなかったという結果が出された。

　このように企業評価のための会計情報とりわけ財務会計情報の有用性については、たしかにその低下が叫ばれてきているが、全ての実証結果が、全面的にその有用性について否定的な報告を行っているわけではない。ただ、現行の財務会計情報の提供にあたって、一部の項目について、情報提供力が低下ないし欠乏していることに対して、改善を加え補完を図ることの必要性を説く論者達も現れてきているのである。それらのうちでも、Lev（1996, 1999）らによる、企業評価のための**非会計情報の有用性**についての一連の調査研究は、とくにこれまでの会計情報から得られなかった

内容の開示を強く求める顕著なものとしてあげられる。彼らによれば，（たとえば携帯電話会社といった）ハイテク産業界においてとくに，投資家にとって，会計情報が評価のための有用性にもはや限界があるとされる。そして，その他"**新たな経済社会(new economy)**"の中で栄えてきたビジネスモデルの変化を代表するような，バイオ技術・ソフトウェア業界の会社ともども，R＆D（研究開発）・顧客価値の創造・フランチャイズやブランド開発といった無形資産への投資の会計的取り扱いに対して，クレイムをつけているのである。すなわち，（アメリカの）現行の会計制度下では，それらの資産をことごとく費用計上することになっているのに対し，不平を唱えたのである。その彼らに続いて，さらに，非会計情報を用いるのが，企業評価に際して有用であることを実証的に分析して，その結果をもとに，部分的または補完的にそれら非会計情報を開示すべきことが，異口同音に主張されている。たとえば，M. Hirschey (1998) は**特許（パテント）に関する指標**，Ittner& Larcker (1998) は**顧客満足に関する指標**，HughesⅡ (2000) は（電力業会社における）**大気汚染についての測度**，といった非会計情報を用いることが，企業評価のための有用性を高めることを，それぞれ主張している。また最近，Alex Edmans (2011) は，（Fortune誌上で"米国内で働くのにベストな100社 (The 100 Best Companies to Work For in America)"に選ばれた会社から得た）**従業員満足に関する指標（ダミー変数）**と（株式市場における）企業価値との間に，統計的に有意な正の関係を見出している。

2　経営分析と会計情報

経営分析のためのデータとしての，会計情報とりわけ財務（制度）会計情報の有用性については，これまで古今東西を問わず認められてきている。あらゆるステークホルダーが経営分析を行うにあたって，容易にアクセス可能な共通のデータ源は，会計情報以外に果たしてあるだろうか？否，会計情報のほかに，いつでも，どこでも，誰でも入手・利用可能で比較的容易な企業評価のデータ源はおそらくないことは，依然として大方に認められていよう。ただ，意思決定にあたっての情報提供に対して，（とくに株主や消費者といった）一部のステークホルダーの間で欲求不満が生じてきたということも事実である。以下では，Soffer & Soffer (2003) の用いる経営分析フレームワークに沿って，企業評価と（とりわけ会計）情報分析との関係とその周辺について整理しておく。

企業を評価するためには，前述のように，制度で定められた会計的測定の集約的な産物である，財務諸表から得られる情報のみでは，広義の経営分析は終わらない。財務諸表のみから得られる情報のみで，即座に意思決定・行動を起こすことができるようなステークホルダーは存在したとしても，おそらくごく稀であろう。とくに，投資家あるいは株主が投資決定を行うためには，財務諸表からのみでは，企業とその環境のあらゆる情報のあらゆる側面について，必要な情報は十分には得られない。過去的な情報のみならず，企業とその環境の将来の動向についての情報も得て，予測を行ったうえで企業評価を行わなければならないのである。それらの関係を，Soffer & Sofferは，図表2－5－1に掲げたような概念図で示している。その図表2－5－1で示された"**経営分析 (Business Analysis)**"は，あくまで広義で解釈されるべきである。そこでいう"財務諸表分析"のことを，わが国では，狭義においてではあるが"経営分析"とよく呼ぶのである。こうしてみてみると，狭義の経営分析，すなわち（会計情報とりわけ財務会計情報をデータとする）

図表2−5−1 経営分析と企業評価のフレームワーク

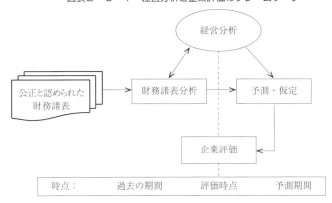

Soffer L. & Soffer R., 2003, *Financial Statement Analysis*
: A Valuation Approach, Prentice Hall, P. 42参照。

財務諸表分析のみで，企業評価を行うために有用な情報が十分に得られると期待することにおいて，すでに，限界がありと考えられるのである。さらに，K.R.Subramanyam(2014)の描いた"経営分析（Business Analysis）の構成プロセス"を図表2−5−2に示しておく。

この図表2−5−2には，業界分析要因なども，企業外部要因ながら，ひいては企業の評価にインパクトをもたらし得るものとして，分析対象に加わっている。これからも，全一体としての企業の場合にはもちろんのこと，企業への出資持分の評価にあたっても，会計的に貨幣価値で換算された数値データのみが

図表2−5−2 経営分析の構成プロセス

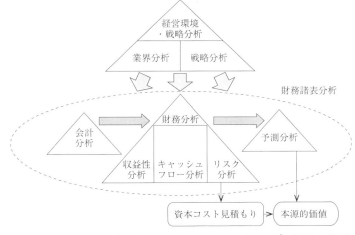

Cf. : K.R.Subramanyam（2014），*Financial Statement Analysis*, 11th, Edition, P. 11

情報源であれば，各ステークホルダーには，意思決定・行動にあたって，情報要求への欲求不満もますます高まるであろう。たしかに，会計数値は，これまで（さらに将来にわたって）も，通貨単位という共通の測定尺度を用いて，客観的で比較可能，かつ（監査という手続きを経た場合にはなおさら）信頼しうる評価データを提供してくれてきた。しかしながら，企業を評価し得るための情報は，決して，会計的数値のみしか存在しないわけでもない。否むしろ，ステークホルダーは，会計数値以外のデータも加味して，あるいは，まるで（会計情報には頼らずに）会計数値以外の情報のみで意思決定・行動を起こすこともあり得るのである。したがって，"経営分析"とくに広義で"経営分析"という場合には，会計情報は，経営分析にあたって収集すべきデータ集合の部分集合と認識するのが妥当と考えられる。ところで，上掲のK.R. Subramanyamの"経営分析の構成プロセス"に示された，**"経営環境・戦略分析"**・**"業界分析"**のいずれにせよ，分析主体が当該企業の経営者・管理者であれば，その情報源は，"管理会計情報"などの範疇で求められる。それらの情報提供への欲求不満を解消するために，ABC（Activity Based Costing）やBSC（バランスト・スコアカード・システム：本章のⅢ参照）の開発・利用が目覚しく進められてきたことも周知のとおりである。

3 経営分析と多様な情報

評価というとき，一般的に大別すれば主観的・客観的価値に基づくのか，あるいは一元的・多元的な価値測定を行うのかによって，その方法・測定単位（測度），したがって結果は大いに違ってくる。

会計的な評価の場合には，前述のように，（その時々の各々において）客観的で公正な測定ルールに則って（かつ，とくに必要とされる場合には「監査」手続きを経て），主に貨幣価値データが情報源とされる。

さらに，同じく企業評価といっても，評価主体が企業内部者か外部者か，あるいは経営者・管理者か，与信者ないし債権者なのか，株主ないし所有者なのかによって，意思決定の状況はまるで異なる。また，評価対象である企業自体が継続的に取引の可能性があるのかそうでないのか，すなわち市場価格が付けられているのか否か（言い換えれば公開（または上場）企業であるのか否か）などによって，評価のための情報源・情報量・情報内容など尽く異なってこよう。以下ここでは，会計情報ないし非会計情報を含めた，**多様な情報**についての"企業評価のための有用性（value-relevance）"を考察するものとする。ただしその際，とくに，会計数値データと，証券（とくに株式）市場においての投資家（株主）の立場から"企業評価のための有用性"に焦点を絞っていくこととする。

この投資家に対する会計情報（とりわけ"利益"を中心とする決算数値）の有用性というテーマに関して，いち早く実証的に調査研究した代表者として，Beaver (1968)や，Ball & Brown (1968)の名前が，われわれには，まず想起される（第8章のⅣを参照されたい）。後者の場合には，株価の変化率と利益の変化率との間の関係をみることによって，株式でみた企業（持分）評価のための（利益で代表される）会計的情報の有用性を統計的に調査したのである。それによって，両者の間に有意な関係（association）がありという調査結果が得られたが，その後アメリカ以外の（日本を含め）他国においても，会計的情報の伝播に関する資本市場の"効率性"検証は試みられた。しかし，それらの結果はまちまちで，今日まで最終的に結論が固まったわけでもない。むしろ，ここ最近，とくに1990年代後半になって，こうした短絡的な，企業評価への情報の有用性について検証

すべき対象は，単に会計的（決算）数値とりわけ利益に限定されず，その他の会計的（財務的）指標から，さらに非会計的（非財務的）指標といった多元的情報[1]）への企業評価のための有用性へと移ってきている[2]）。そしてその調査のための統計的手法は，これまでの単回帰モデルから，今や，（多）重回帰モデルの適用へと進んできているのである。

すなわち，ある特定の会計数値情報と株価の間，あるいは，複数ある情報のうちどれか1つ（ないしより少数の情報の組み合わせ）と株価との間に，統計的に有意な関係があると判明した場合，その情報（またはその組み合わせ）は企業評価のために有用なりと結論されるわけである。このように，非会計的情報の企業評価のための有用性を調べるアプローチは，通常，過去の（株価および会計数値以外のその他）データを用いて，両者の関係を調べたうえで，その関係の程度を明らかにして，有用か否かという説明を行うことが特徴で，"記述的"なアプローチといえよう。このアプローチは**"評価有用性（または単に"評価"）テスト**"(value relevance (valuation) tests）と呼ばれる。それに対して，非会計的情報の評価に対する有用性を調べる，もう1つのアプローチは，現在（手元にある）非会計的情報と将来の会計的情報との間の関連性を調べるもので，**"予測力テスト（predictive ability tests)"**と呼ばれている[3]）。

たとえば，"評価有用性テスト"の代表例として，前掲のAmir & Lev（1996）やIttner & Larcker（1998），Hughes Ⅱ（2000）をあげることができる。前者は，携帯電話業界の会社について，あるサービスエリアにおける総人口（人数：潜在的成長力の一測度）や総人口に占める携帯電話申込者の割合（％；営業上・競走上の成否を示す測度）といった非会計的情報と，株価との関係を調べた。その結果は，両者の間には正の相関が見られ，非（財務）会計的情報と財務（会計）情報とには，補完的な関係があることも見出された。また後者は，通信業界の会社をサンプルとし，（雑誌Fortuneで発表された）顧客満足の指標や顧客の"残留率（retention rate：％）"といった（手元にある）非会計的情報と収入（＄：金額）という会計的数値との間の関係を（その他の会計的変数データはコントロールした上で）調べたところ，両者間には，統計的に有意な関係があることが判明した。そのIttner Larckerが調査したモデル（Amir & LevやHughes Ⅱの場合は「顧客満足指標」として，たとえば代理に「総人口に占める携帯電話申込者の割合」などの非会計的指標を説明（あるいは独立）変数として用い，またAlex Edmans（2011）の場合も「従業員満足に関する指標」としてほぼ類似のダミー変数を用いたモデルなので例示は省略）は，以下のような**クロスセクショナル回帰式**で示される。

$$MVE_i = \beta_0 + \beta_1 ASSETS_i + \beta_2 LIAB_i + \beta_3 ACSI_i + \varepsilon_i \cdots$$
……（2－5－1）

この回帰式の中で，MVE_iは企業iの（自己）資本の市場価格（すなわち株価），$ASSETS_i$は企業iの（自己）資本の簿価，$LIAB_i$は企業iの負債の簿価，$ACSI_i$は顧客満足の（たとえば雑誌$Forbes$上で付けられた点数といった）程度をあらわす変数，εは誤差項をそれぞれ表し，βがそれぞれの変数との関係の程度を示す係数である。したがって，この（2－5－1）式の中の符号とその値の大きさが，企業の株価と非会計情報の一種である"顧客満足"を表す指標との関係を見るためのものである。その結果によれば，（詳細については省略するが）富豪はプラスでかつその値も統計的に（5％水準で）有意なことが判明したのである。

他方，"予測力テスト"の例として，（これも前掲の）Ittner & Larcker（1998）があ

げられる。彼らの場合，先の"評価有用性テスト"と同じく通信業界の各社がサンプルで，（雑誌Fortuneで発表された）顧客満足の指標や顧客の残留率（％）といった（手元にある）非会計的情報と（とくにこの場合，翌年の）収入（＄：金額）という将来の会計的数値との間の関係を調べたところ，両社の間には（統計的に有意ではなかったけれども）係数の符号がプラスであったことから，相関があることが発見されたのである[4]。

4 非会計的情報の開示と経営分析への影響

(1) 非会計的情報開示への要求

ここではまず，具体的にどのようなタイプ・種類の情報について，非会計的情報として具体的に開示への要求がなされ，かつこれまで議論されてきているのか，いくつか例示をしておこう。それらは，すなわち，

① **プロフォーマ利益**（proforma income）：会計的利益にいろいろな修正を加えた企業全体の業績評価指標。例として，EVA（経済的付加価値），EBITDA［（利払い前・税引き前・減価償却費控除前）利益］など，

② **MD&A**（Management's Discussion & Analysis of financial condition and results of operations）：経営者による財務状態・業績の見通し説明，

③ **予想利益**（Profit forecast）等；たとえば，我が国で，証券取引所の要請に基づき「決算短信」の中で公表される，売上高や経常利益・当期純利益ならびに1株当たり配当金などの（経営者による）予想値，

④ **リスクに関する情報**；市場リスク・信用リスク・オペレーショナルリスク・アカウンティングリスクに関する情報，

⑤ **無形資産に関する情報**；知的財産・顧客資産・ブランド・研究開発・(R&D)などに関する情報といったものである[5]。

これらの例示を眺めた限りでも，それら情報がステークホルダーからの多元的な評価のための要請から生じてきていることが明白である。これらが，現行の会計報告制度によって提供されている情報にことごとく取って代わるというほどのものになろうとは決して考えられない。しかしながら，企業評価ないし意思決定への有用性を考えるとき，これらのうち，いくらかの情報は，その情報内容への信頼性が高まり，またより早くタイムリー（適時的）に受信されるならば，さらに開示への要求もそれに応じてある程度は，高まっていくだろう。けれども，たとえば，④のリスクに関する情報について考えても，（投資家といった特定のステークホルダーを想定するなら）すぐに明らかなように，ステークホルダーそれぞれによって，同一の情報に対して，異なる反応を示すことも予想される。なぜなら，リスクに対する行動タイプにはリスク愛好型・リスク中立型・リスク嫌悪型の人間が，現実には存在するからである。

したがって，これら非会計情報のうちのどれかあるいは複数のどれどれが，今まで以上に多く開示されるならば，果たして，従来よりも企業評価に対する役立ちの程度はより高まるのであろうか？その問いに対する答えは，俄かには出てこない。ただし，前掲の（とくにアメリカにおける）先行的な諸調査研究（Amir & Lev (1996), Hirschey, Richardson, and Scholz (1998), Ittner & Larcker (1998), Hughes (2000)）らによれば，これまでのところ，会計的情報に加えて，株価への反応の程度で見て，補完的な役立ちをしているという結論が得られている。しかし，これら非会計的情報の企業評価への有用性を実証調査した諸報告に対して，批判があ

ることも看過できない。

その批判とは，非会計的情報の有用性を主張する調査研究は，ほとんどが株価と非会計的情報との**相互関係（association）**を測定しているが，**因果関係（causation）**を測定しているわけではないというものである[6]。すなわち，回帰の結果によって，非会計的測度が株価に関係しているかどうかを我々に告げているが，投資家たちがその非会計的測度を利用しているか否かは伝えていない。しかも，投資家は，非会計的測度と関係のある，その他の情報を利用しているかもしれない。それらの諸調査研究は，投資家たちが利用し（株式売買などの）意思決定の基礎となる情報を識別できないことが，会計諸基準の設定にあたって非会計的情報の有用性の意味を検討する際に，懸念を生み出しているのである[7]。

ここで，かねてより挙げられてきた会計情報が満たすべき規準として，単に**企業評価への有用性（relevancy）**のみならず，**信頼可能性（reliability）・比較可能性（comparability）・判読可能性（readability）**といった情報規準の充足も，非会計的情報にも同様に求められるだろう。これまで，我が国においてはもちろん，アメリカはじめ諸外国においても，上記のような非会計的情報の開示は，現在までのところ，あくまで任意で（voluntarily）行われているに過ぎない。しかしながら，会計的情報の有用性は，非会計的情報の提供によって補完されることにより，企業評価のための"**増分的**"情報提供効果が期待できる[8]。もとより，会計的情報に監査証明が付けられているか否かによって，意思決定への情報提供にあたって"信頼可能性"は大きく違ってくる。それと同様に，非会計的情報の測定・伝達に際しても，投資家はじめ情報利用者にとっての有用性・信頼可能性をより高めるような，測定・伝達方法の改善が今後ともますます求められていくことになろう。非会計的情報の開示については，会計的情報その他重要な企業内容の開示とともに，経営者の裁量に委ねられている部分が，依然として多く残っていると考えなくてはならない。したがって，自発的に行われる非会計的情報の開示に対しては，各ステークホルダー側で注意深く，利用方法を検討しなければならないだろう。

(2) 知的資産情報の開示への要求

上の(1)でみた，多様な種類の非会計的情報のうちでも，とくに企業価値を生み出す源泉として，知的財産権・ブランド・技術・ノウハウ・顧客関係などの知的資産に注目が集まるようになってから久しい。我が国でも，企業の経営者はじめステークホルダーからの情報開示への欲求を満たすべく，経済産業省から，そのための指針が打ち出された。『知的資産経営の開示ガイドライン』(2005)がそれである。また，とくに中小企業向けに知的資産経営の指針を示したのが中小企業整備機構(2007)「中小企業のための知的資産経営マニュアル」である。ちなみに，後者において，**無形資産・知的資産・知的財産・知的財産権**の関係が明確に分類されているので，参考のため，その例示を図表2－5－3に掲げておく[9]。

我が国においても，既に「**知的資産経営報告書（知的財産報告書）**」といった名称を用いて，「環境報告書」や「CSR（社会責任報告書）」と同様に，あくまで任意で，一部により開示が行われている[10]。これら報告書に対しては，企業にとって，一方で，対外的に(1)顧客の開拓に向け，(2)（金融機関等からの）資金調達面で，(3)従業員など人材獲得のため，(4)地域活性化の模索にあたって，それぞれの情報開示による効果が期待される。他方で対内的にも，経営理念の浸透・経営戦略方針の周知徹底化などマネジメント・ツールとしての役割に期待が寄せられる[11]。

図表２－５－３　知的資産経営の分析

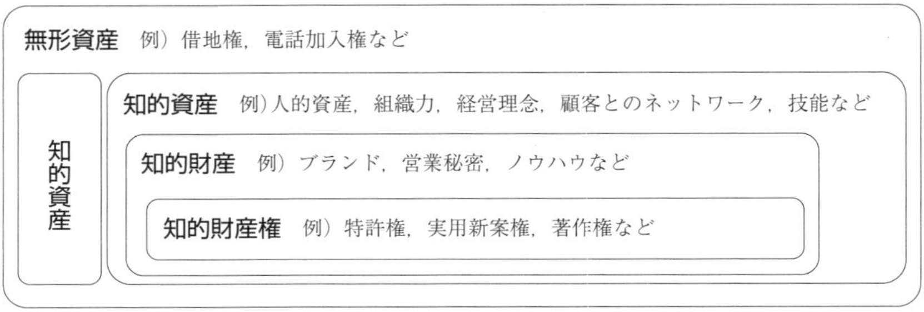

無形資産　例）借地権，電話加入権など
　知的資産　例）人的資産，組織力，経営理念，顧客とのネットワーク，技能など
　　知的財産　例）ブランド，営業秘密，ノウハウなど
　　　知的財産権　例）特許権，実用新案権，著作権など

出所；「中小企業のための知的資産経営マニュアル」2007年，(独)中小企業基盤整備機構，3頁

　そうした情報を報告開示する企業を分析する各々のステークホルダーも，新たに開示されるデータの意味内容を十分に識別かつ判読しつつ，自らの意思決定に役立てるように求められる[12]。いずれにせよ今後，経営分析対象のデータ源となる企業の事業環境・企業情報開示制度変革の動向などに，引き続き注目する必要があろう。

(注)
1)　「財務」と「会計」とは，両者とも資金の管理にかかわる職能であるが，前者は直接的資金管理つまり実体（principal）の管理であるのに対し，後者は間接的資金管理つまり写体（surrogate）の管理である。以下では「財務（制度）会計ないし公表財務諸表で提供されかつ入手できるデータ」を「**会計的情報**」と，その「会計的情報以外の直接的資金管理に関する情報」を「**財務的情報**」と呼ぶ（長谷川（2002），古市（2003），宮田（2003）参照）。
2)　会計的情報はもとより，非会計的情報も含めて，企業評価の対象に加えられ，価値を高める変数・要因は，"**バリュー・ドライバー**（value driver）"，逆に価値を低める要因は"**バリュー・デトラクター**（value detracter）"と呼ばれる（Lev B.（2001）参照）。
3)　AAA Financial Accounting Standards Committee（2002）p.354参照。
4)　顧客満足度は，これら指標の変動幅の５％しか説明できなかったことが判明した。つまり，非会計的情報が収入といった会計的数値を十分に説明できたわけではない（Ittner & Larcker（1998）p.17参照）。
5)　アメリカのSEC（レギュレーションＳ－Ｋ）やGAAP（一般に認められた会計原則）などで，それら開示への要求がなされてきた（古市（2003）長谷川（2002）参照）。その後も，AICPA（アメリカ公認会計士協会）に設けられた企業情報開示の拡張：EBR（Enhanced Business Reporting）に関する特別委員会から端を発し，環境報告書・CSR・サステナビリティ報告書など，多様な進展がみられる；広瀬・藤井（2012）第３～４章参照。
6)　AAA Financial Accounting Standards Committee（2002）p.355参照。株価などと会計的情報・非会計的情報との間の関係を調べるためのモデルについては，Antle, Demski, and Ryan（1994）とくにpp. 691－692，ならびに，Christensen, Demski（2003）を参照。
7)　AAA Financial Standards Committee（2002）や，鈴木（2002）など参照。
8)　株式市場における企業評価に際しての，非会計的情報の有用性に関する我が国における調査研究として，宮本（2005）を，その他については広瀬・藤井（2012）124～125頁で紹介された，いくつかの研究成果も参照のこと。
9)　経済産業省経済産業政策局企業会計室（2012）「任意開示情報としての知的資産情報…の基本的開示内容については一定の合意が得られているが，その具体的な詳細は各業種・企業によって違って」いるのが現状。
10)　経済産業省知的財産政策室（2007）参考資料81頁参照。

11) 古賀（2012）第16章知的資産経営と知的資産経営報告書-日本型知的資産経営レポーティングの特徴と課題（286頁）ほか参照。
12) A.Damodaran（2006）によれば，**無形資産（インタンジブルズ）**は3つのタイプに分けられるという。①単一の製品・サービスに結びついて，キャッシュ・フローをもたらすもの（例：商標・著作権），②単一製品・サービスに結びついてではなく，一企業全体に対してキャッシュ・フローをもたらすもの（例：ブランド），③即座にではなく将来にキャッシュ・フローをもたらすもので，③を評価するには，オプションプライシング・モデルの適用が最良であると述べている。

〔参考文献〕

AAA Financial Accounting Standards Committee (2002) "Recommendation on Disclosure of Nonfinancial Performance Measures", *Accounting Horizons*, Vol. 16, No. 4, pp. 353-362.

Alex Edmans (2011) "Does the Stock Market Fully Value Intangibles? Employee Satisfaction and Equity Prices", *Journal of Financial Economics*, Vol. 101, No. 3, pp. 621-640.

Amir Eli & Lev Baruch (1996) "Value-Relevance of Nonfinancial Information: The Wireless communication industry", *Journal of Accounting & Economics*, Vol. 22, pp. 3-30.

Antle Rick, Demski Joel D., and Ryan Stephen G. (1994) "Multiple Sources of Information, Valuation, and Accounting Earnings", *Journal of Accounting, Auditing & Finance*, Fall, pp. 675-696.

Aswath Damodaran (2006) Dealing with Intangibles: Valuing Brand Names, Flexibity and Patents ; http://ssrn.com/abstract=1374562

Ball R. and Brown P. (1968) "An Empirical Evaluation of Accounting Income Numbers", *Journal of Accounting Research*, pp. 159-178.

Beaver W. (1968) "The Information Content of Annual Earnings Announcement", *Journal of Accounting Research*, pp. 67-92.

Brown S., Lo K, and Lys T. (1999) "Use of R^2 in Accounting Research: measuring changes in value relevance over the last 4 decades", *Journal of Accounting and Economics*, Vol. 28, No. 5, December, pp. 83-115.

Christensen J. A., Demski J. S. (2003) *Accounting Theory:* An Information Content Perspective, McGraw-Hill.

中小企業基盤整備機構（2007）「中小企業のための知的資産経営マニュアル」

Collins D. W., Maydew E.L. and Weiss I. S. (1997) "Changes in the Value-relevance of Earnings and Book Values over the Past Forty Years", *Journal of Accounting and Economics*, Vol. 24, No. 1, pp. 39-67.

Francis J. and Schipper K. (1999) "Have Financial Statements Lost Their Relevance?", *Journal of Accounting Research*, Vol. 37, No. 2, pp. 319-352.

古市峰子（2003）「非会計情報の開示の意義と開示規制のあり方」『金融研究』日本銀行金融研究所，41-75頁。

長谷川茂（2002）「非財務諸表情報と会計」『會計』第161巻第5号，森山書店，830-841頁。

広瀬義州・藤井秀樹責任編集（2012）『財務報告のフロンティア』中央経済社。

Hirschey P., Richardson V., and Scholz S (1998) "Value Relevance of Nonfinancial Information: The Case of Patent Data", *Workingpaper of University of Kansas, School of Business*, p. 35.

Hughes Ⅱ K.E (2000) "The Value Relevance of Non-financial Measures of Air Pollution in the Electric Utility Industry", *The Accounting Review*, Vol. 75, No. 2, pp. 209-228.

Ittner, C.D. & Larcker D. F (1998) "Are Nonfinancial Measures Leading Indicators of Financial Performance? An Analysis of Customer Satisfaction", *Journal of Accounting Research*, Vol. 36, Supplement, pp. 1-35.

Johnson H. Thomas & Kaplan Robert S. (1988) *Relevance Lost: The Rise and Fall of Management Accounting*, Harvard Business School Press, （鳥居宏史訳（1992）『レレバンス・ロスト―管理会計の盛衰―』白桃書房。）

経済産業省（2005）『知的資産経営の開示ガイドライン』

経済産業省知的財産政策室（2007）「知的資産経営報告の視点と開示の実証分析調査」

経済産業省経済産業政策局企業会計室（2012）『持

続的な企業価値創造に資する非財務情報のあり方に関する調査報告書』
古賀智敏（2012）『知的資産の会計　改訂増補版』千倉書房。
Lev Baruch & Zarowin Paul (1999) "The Boundaries of Financial Reporting:And How to Extend Them", *Journal of Accounting Research* (Supplement) Vol. 37, pp. 353-385.
Lev Baruch（2001）*INTANGIBLES:* Management, Measurement, and Reporting, The Brookings Institution Press，（バルーク・レブ著，広瀬義洲＋桜井久勝監訳（2002）『ブランドの経営と会計』東洋経済新報社。）
宮田慶一（2003）「非会計情報にかかる開示規制のあり方－経営者の情報提供に関するインセンティブとの関係を中心として－」（未定稿）日本銀行金融研究所開催ワークショップ「企業経営の規律づけの観点から見たディスクロージャー制度のあり方」における報告論文をベースにしたもの。1 – 14頁。
宮本順二朗（2005）「研究開発情報が株式市場に与える影響について」『会計情報の現代的役割』第12章所収。142 – 156頁。
Soffer L. & Soffer R.（2003）*Financial Statement Analysis: A Valuation Approach*, Prentice Hall.
Subramanyam, K.R., *Financial Statement Analysis*, 11th. Edition（2014）McGraw Hill Education.
鈴木直行（2002年）「会計情報の提供プロセスにおける経営者の裁量の意義と問題点」
IMES Discussion Paper Series, DP No. 2002-J-37, 日本銀行金融研究所　pp. 1 – 25.

　　　　　　　　　　　　　　　［宮本順二朗］

第3章　利益の質と経営分析

　ファンダメンタル分析による企業評価では，第1に企業の置かれている事業環境や企業が採用する経営戦略を分析すること，第2に会計情報がどのように作成されているのかを分析すること，第3に具体的な財務分析指標値を計算・分析し，そして企業の将来性を検討するという手順をとるのが一般的である。本章は，この一連のプロセスにおける第2の会計情報自体の質（会計情報の代表数値である利益の質）をめぐる代表的議論や知見を紹介・検討するものである。

　「利益の質」は，quality of earnings あるいは earnings quality が原語である。しかし，その意味する内容は多様であって確立した定義はないことから，第1節「利益の質の概念と分類」で，会計情報の供給プロセスと影響要素に関する体系仮説をもとに，利益の質の諸概念の分類を試みている。会計情報は，社会的選択としての会計基準の設定のフェーズと私的選択としての企業の会計手続きや見積り方法の選択のフェーズを経て供給される。社会的選択のフェーズでは，社会システムのサブシステムの一つとしての会計制度という理解を前提に，会計基準の目標やそれを手段とする政策が問題となる。国際会計基準（国際財務報告基準）の公正価値指向をめぐる議論は代表例である。一方，私的選択のフェーズでは，企業の会計戦略としての利益のマネジメント（earnings management アーニングス・マネジメント）や，情報の信頼性と会計環境（内部統制制度など）に関する問題が提示される。また，研究開発や広告宣伝などの裁量的費用の削減の正当性の有無といった事業活動そのものと関係する利益の質（実体的裁量行動）の概念が示される。

　第2節「利益の質と会計分析」では，利益の質を利用した企業評価方法について詳述している。財務分析の結果が，情報の利用者に提供される会計情報の質（利益の質）そのものに依存することから，企業評価をするためには利益の質を分析する必要がある。利益の質の分析を略して「利質分析」と呼ぶことが多い。利質分析で用いられる代表的な指標，利質分析の基本的枠組み（プロセス），そして，利質分析をビジネスにしている米国コンサルティング会社の手法が検討される。

　第3節「アーニングス・マネジメント」では，アーニングス・マネジメントを，キャッシュフローに（事業実態そのものに）影響する「実体的裁量行動」と，会計報告数値のみに影響する「会計的裁量行動」とに分類し，実証会計学の諸研究で用いられてきた測定尺度を紹介している。そして，これまで蓄積されてきた多くの実証研究事例を，経営者報酬制度や財務制限条項などの会計的裁量行動を取らせる動機，ガバナンス制度との関連性，内部統制報告制度の導入との関連性，会計的裁量行動と実体的裁量行動とのトレード・オフ問題などに分類・整理して検討している。

　第4節「アクルーアル・アノマリー」では，まず，アクルーアル・アノマリーに関するSloan,R.G.の先駆的研究が紹介される。アクルーアル・アノマリーとは，会計発生高（会計利益とキャッシュ・フローとの差額）が大きい（小さい）企業ほど，その後の株式リターンが低く（高く），会計発生高に将来リターンの予測能力があることである。次に，この現象の発見後に行われてきた典型的実証研究事例を，会計発生高の構成要素別分類，国際比較，発生原因の究明などに分類・整理して検討している。

[黒川行治]

I 利益の質の概念と分類

1 利益の質の多義性

これまで，多くの文献で「利益の質」について言及されてきた。「**利益の質**」は，quality of earnings あるいは earnings quality が原語であるが，それぞれの文脈に応じてその意味する内容が異なっている。「利益の質」に関する概念（constructs）は多義であり，具体的に定量評価することはきわめて困難な特質の集合体である。そこで，本節では，「会計情報の供給プロセスと影響要因」の観点から「利益の質」の概念を整理することを試みる。なお，「利益の質」について議論する場合，利益指標のみならず，会計情報全体についての特質を議論する場合があることに留意する必要がある。

2 会計情報の供給プロセスと影響要素の仮説

会計情報が作成される過程では，2つの選択フェーズを通過するという体系仮説を構想する。図表3－1－1の「**会計情報の供給プロセスと影響要素**」がそれである。

(1) 社会的選択

「社会的選択」のフェーズとは，「**一般に認められた会計基準（GAAP）**」の設定である。決定当事者は各国の会計基準あるいは「**国際会計基準（国際財務報告基準）**」の設定主体（組織）である。社会的選択に影響する要因

図表3－1－1 会計情報の供給プロセスと影響要素

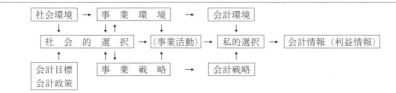

社会的選択：会計基準（GAAP）設定
私的選択：企業個々の会計方針・会計手続きの選択，見積り方法の選択
社会環境：社会的・文化的価値観や慣習，経済制度，法律制度，政治制度
事業環境：労働市場，資本市場，製品・サービス市場，規制の程度
会計環境：金融市場の構造，契約と支配，会計コンベンション・規制，税務会計と財務会計のつながり，会計上の論点に関する法的環境，ガバナンス制度やインセンティブ契約，経営者の出自や会社の沿革（創業地，同族関係，企業系列等），経営者の社会的制裁制度，監査人の出自・監査法人の文化，監査人に対する社会的制裁制度
会計目標・会計政策：社会のなかでどのような役割・使命をもっているのか（会計情報に何を期待するのか），一般の合意・政治的プロセス，会計固有の論理（概念フレームワーク），政策技術（資源配分政策，恣意的行為の禁止等）
事業戦略：事業の範囲・多角化の程度等，競争上のポジショニング（コストリーダーシップ戦略と差別化戦略），営業や製造拠点の配置，最適財務構成，コア・コンピタンスの認識と企業バウンダリー，雇用に対する姿勢
会計戦略：保守主義，利益平準化，費用と収益の対応等の会計ポリシー，財務政策・財務上の要請（節税を含む）

として，まず会計目標が考えられる。**会計目標**とは，会計システムが社会システムのなかでどのような役割・使命をもっているのか，会計情報に何を期待するのか等である。また，会計は，企業の事業活動の規制手段として，あるいは，企業と消費者，企業と従業員，企業と株主，企業と政府との資源配分を誘導する手段としての「政策技術」の側面もある。政策技術には，企業の会計行動の悪弊（例えば赤字子会社の連結外し）の防止という観点もある。

社会的選択には，設定主体の所在する国の社会的・文化的価値観や慣習，経済・法律制度，旧宗主国関係等の社会環境が影響してきた。国際会計基準の影響が大きくなる前（1979年）の会計測定の保守度（利益を控えめに測定する会計基準および実務の実態）を国ごとに（55カ国）比較をしているTakahashi,Takahashi and Kurokawa（1991）によれば，オーストリアが最も保守的であり，ついでオランダ，ドイツ，米国，スイス，スウェーデンなどが続く。一方，ギリシャを筆頭に，スペイン，ポルトガル，イタリア，フランスなどは非保守的であった。また，イギリス，カナダ，オーストラリア，ニュージーランド，インド，日本はその中間にあった。この観点からすれば，近年の各国会計基準のコンバージェンスによる国際会計基準への統一化は，各国の社会的諸環境を乗り越える試みでもある。

事業環境は，**社会環境**のうち，とくに企業が認識する環境で，労働市場，資本市場，製品・サービス市場，政府による規制等が挙げられる。**事業戦略**は，上記の事業環境と密接不可分で，企業は事業環境に対応し事業戦略を立てている。成功している事業戦略やビジネス・モデルは，個々の企業の持続的成長のみならず，国全体の持続的発展のためにも無視できない。

(2) 私的選択

「**私的選択**」のフェーズは，「一般に認められた会計基準」の中からの企業個々の会計代替案（会計手続きおよび見積り方法）の選択である。GAAPが複数の代替的会計手続きを許容し，その中から個々の企業が選択できる自由を予定していることが前提である。私的選択の決定当事者は経営者（経営者の意を受けた会計担当者）および会計監査人（公認会計士）である。私的選択に影響する会計戦略として，保守主義，利益平準化，収益と費用の対応等の会計ポリシーが考えられる。また，当該企業の置かれている業績・財務内容等に対処するための財務政策・財務上の要請（節税を含む）に関する対応がある。

一方，私的選択に影響するであろう会計環境としては，コーポレート・ガバナンス制度やインセンティブ契約，経営者の出自，会社の沿革（創業地，同族関係，企業系列等）や文化，経営者に対する社会的制裁制度，監査人の出自・監査法人の文化，監査人に対する社会的制裁制度等が挙げられる。

ところで，上記の私的選択に影響するものとして列挙する**会計戦略**や**会計環境**の諸要因の中で，会計ポリシー，経営者の出自，創業地，企業系列など，米国を中心として発展してきた実証研究モデルではあまり見かけない変数があることに気がつく。これらの要因は日本独特のものかもしれない。高橋・江島・渡瀬・高橋・黒川（1994）は，通常の実証研究モデルとは異なり，社会学や企業文化論などの変数を組み込んだ実証研究例である。

(3) 私的選択の前提としての会計基準の設定

利益情報は，直接的には情報作成者の私的選択の所産であるが，私的選択の前提としてどのような会計基準が社会的に選択されているのかが問題となる。ここで留意しておきたいのは，私的選択に影響するであろう会計戦

略を有効ならしめるためには，前提である会計基準の設計段階で，その後の会計戦略の実現可能性を意識しておかなければならないことである。つまり，会計戦略の例として挙げた「**利益平準化**」や「**保守主義**」，「**収益・費用の対応**」等のアカウンティング・ポリシーは，私的選択への影響要素であると同時に，会計基準の設定における会計目標や会計政策の影響要素として，あるいは，会計指向の特徴を形成する要素として理解する必要があることである。

3 「利益の質」の概念（constructs）の再整理

「会計情報の供給プロセスと影響要因」の観点から，多くの文献で言及されてきた多義的な「利益の質」の諸概念を整理する。「図表3－1－2 会計情報の供給プロセスと利益の質の諸概念」がそのまとめである。以下，それぞれの意味する内容をみていこう。

図表3－1－2 会計情報の供給プロセスと利益の質の諸概念

---

1 社会的選択
（会計目標・会計政策）
　（1－1）　会計規準（criteria）に関連する利益の質
　　　　　　①保守主義，②忠実な測定
　（1－2）　利益（財務）情報の有用性（とくに予測能力）に関する利益の質
　　　　　　①企業価値・株式価格との相関，②将来利益との相関（予測能力）
　（1－3）　利益概念に関する利益の質
　　　　　　①ヒックス流の利益（純資産の変動をすべて利益とする）を測定，②検証可能利益を測定
　（1－4）　キャッシュ・フローとの関連
　　　　　　①営業キャッシュ・フローと利益との近似度
2 私的選択
（会計戦略）
　（2－1）　会計方針に関する利益の質
　　　　　　①保守主義，②忠実な測定
　（2－2）　利益のマネジメント（earnings management アーニングス・マネジメント）の有無
　　　　　　①会計方法選択の動機－恒常的利益の測定か否か，②見積りの裁量性，③会計方法変更の程度，④収益認識のタイミング，⑤繰延計上の程度，⑥発生項目（accruals）の内容（異常か正常か），⑦異常発生項目の程度
（会計環境）
　（2－3）　財務データそのものの信頼性に関する利益の質
　　　　　　①コーポレート・ガバナンス制度の有効度，②内部統制制度の整備状況，③会計監査人および監査の質，④法令遵守と訴訟リスクの程度
3 事業活動－事業評価
（事業環境，事業戦略）
　（3－1）　企業の持続可能性に関する利益の質（業績評価との連動性が高い）
　　　　　　①恒常的利益（persistence earnings，収益力の持続可能性），②営業キャッシュ・フローと利益との近似度
　（3－2）　事業そのものに関わる実質的費用の裁量に関する利益の質
　　　　　　①裁量的費用（managerial cost）の削減の正当性欠如の有無

(1) 社会的選択と利益の質

　国ごとに存在する会計基準設定機関の判断（国ごとの社会的選択）の結果，当該国のGAAPが形成されることになる。国際会計基準をすべての国に適用しようとするコンバージェンス運動を棚上げにして，国ごとに異なるGAAPの存在を仮定すると，社会的選択のフェーズにおける「利益の質」という概念は，A国のGAAPはB国のそれに比べて「利益の質（会計情報の質）」が高いのか低いのか，それを決定する特質は何かということになる。具体的には，（1-1）会計規準に関連する利益の質，（1-2）利益情報の有用性（とくに予測能力），（1-3）利益概念に関する利益の質，（1-4）キャッシュ・フローとの関連，が社会的選択に関連する利益の質の概念である。

(1-1) 会計規準に関連する利益の質

　GAAPとして保守的（慎重な）会計処理方法（手続き）を推奨する基準を設定するのか否か，経済的実質の忠実な測定と法的形式に則した会計処理のいずれを重視する会計基準を設定するのかは，会計目標に関連する利益の質の決定要素である。例えば，実際報告利益を情報とする将来利益の期待値の推定が楽観的になされるような市場の場合，保守的な会計処理を要求し利益を控え目に計上させると，適切な企業評価の理論値を形成する可能性が高くなるので，保守的傾向をもつGAAPの体系は利益の質を高くする。他方，将来利益を予測する上で会計情報が中立的に使用される市場であれば，忠実な測定がGAAP作成上，重視する規準となろう。

(1-2) 利益情報の有用性

　利益情報の有用性（とくに予測能力）は，概念フレームワークで強調されているが，これも会計目標に関する利益の質である。その内容は予測する対象により，①企業価値・株式価格との相関と②将来利益の予測という異なる予測モデルを含んでいる。②将来利益の予測は，①企業価値・株式価格の評価モデルと連動する。

　「GAAPとして利益の変動性を放任するのか，あるいは，GAAPの中に利益平準化機能を組み込んでおくのか」という問題を提起しよう。将来利益の期待値の背景である将来利益の確率分布を想定した場合に，情報の利用者が分散に対してリスク回避型の効用関数をもつ社会であれば，分散が大きいことは**リスクプレミアム**を大きくし，**分散リスク**を考慮する前の平均値からリスクプレミアム分だけ期待値を下方に修正することになる。リスクプレミアムの推定を適切に行うことができる市場であれば，実際利益の変動を放任するGAAPでもかまわない。しかし，情報の利用者側でのリスクプレミアムの修正が困難あるいは偏向がある場合，なるべく，リスクプレミムの修正を発生させないように恒常的な利益を報告すること，さらにいえば，GAAPの体系に利益平準化機能を埋め込んでおくことが利益の質を高めることになる。例えば，**「収益と費用の対応原則」**を強調し，社会に提供するベネフィットとその創出努力（犠牲）との対応を論拠とする生産高比例法による減価償却やのれんの有効期間にわたる償却等は，サービス・ポテンシャルズの発現とコスト・アロケーションを連動させるものと理解されてきたが，そもそも会計基準に利益平準化機能を埋め込んでいるとも解釈できる。

(1-3) 利益概念（concepts）に関する利益の質

　利益概念に関して，①ヒックス流の利益（Hicksian income）を測定すべきなのか，あるいは，②検証可能利益（verifiable earnings）を測定すべきなのかは多いに議論されてきた。**包括利益（comprehensive income）**の強調，すなわち時価評価項目や主観的な見積り項目が多くなった資産・負債（純資産）の期間変動差額としての包括利益の測定重視は，「①**ヒックス流の利益**を測定

することが利益の質を高めることになる」ことを想定していることになる。時価の変動差額を実績利益の測定値に混入し，それを用いて時価の変動を含めた将来利益を予測しようとすることは，時価の変動を含めた将来利益の予測が可能な程の高い市場の質を前提にしているのではないかと思われる。一方，検証可能利益を強調する利益概念は，実際報告利益の予測能力（**目的適合性**）の限界に注目し，そのため，情報としての利益の特質としては，目的適合性ではなく，信頼性を高める要件である検証可能性を重視する。何故ならば，同一企業の株主持分の理論値は，情報利用者ごとに異なる予測モデルが使用されることを仮定すると情報利用者ごとに異なるからである。市場価格は多様な思惑をもつ市場参加者の取引の結果形成される。

ヒックス流の利益測定を目的とするGAAPに警鐘を鳴らすPenman（2003）の説をみてみよう。資本市場では，日本のみならず米国でもバブル現象が発現した。バブルの原因は，価格上昇は更なる価格上昇予想を呼び，投機的（瞬間的）な投資が蔓延するからである。会計はこの連鎖を断つ役割があるのではないか。P/E ratioが50倍以上というバブルは，市場価格が適切なのか，報告利益が適切なのかという問題を提起する。人々は不可能な将来リターンを予想する。バブルは市場が非効率であった証拠である。会計の役割は，市場の非効率・バブルを防ぐこと，警告を発すること，ファンダメンタル要因を基礎にした株式投資に回帰させることにある。バブル（株価の上昇）によって会計は影響されるべきでない。株価とは独立に測定されるべきである。非効率的市場における価格付けに会計が利用されるとanchorを失う恐れがある。

しかるに，現在のGAAPでは，株価の動向によって会計数値は影響されている。例えば，①持分証券への投資が時価評価されている（mark-to-market accounting for equity investments）ために，市場価格の上昇が利益計上される。②自社株式を年金資産に組み込んでいると，バブルでは，自社株式を評価することによる利益が計上されることとなる。③自社株式の売買（trading in the firm's shares）は，効率的市場であると超過利潤は得られないが，非効率的市場かつ内部情報（インサイダー）があると超過利潤が得られる。④企業買収・合併における会計（accounting for value from mergers and acquisitions）で双方の株価が効率的市場で決定され，その株価で交換される場合，のれんはシナジーである。しかし，被買収企業の株価が非効率的市場価格，とくに過度に低いとバーゲン・パーチェスとなり，同様に，買収企業の株価が過度に高い場合にもバーゲン・パーチェスとなる。

こうして，ペンマンは，現在の「国際会計基準（国際財務報告基準）」が目指していると思われるヒックス流の利益を重視する**時価主義会計**への傾倒は，非効率的な市場が原因となって，利益の質を低くする社会的選択をしていると批判する。

（1－4） 利益と営業キャッシュ・フローとの近似度

利益と**営業キャッシュ・フロー**との近似度は，営業キャッシュ・フローがもつ倒産予測能力の優位性と粉飾の有無を顕在化させる能力によって，利益がそれと近似していると倒産の可能性を示すことや，粉飾のリスクが小さいことをもって利益の質が高いとされるのであろう。会計目標として会計情報が倒産の予測に役立つこと，会計政策として粉飾の防止に役立つ会計情報を産出することが前提とされている。

(2) 私的選択と利益の質

GAAPの中から会社の経営者および経営者に指示された会計人による会計代替案の選択が，私的選択のフェーズである。私的選択の

フェーズにおける「利益の質」という概念は，A会社の報告利益は，B会社のそれに比べて「利益の質（会計情報の質）」が高いのか低いのか，それを決定する特質は何かということになる。

（2-1）会計方針に関するものと（2-2）利益のマネジメントの有無は会計戦略との関連で，また，（2-3）財務データそのものの信頼性に関する利益の質は会計環境との関連で，私的選択のフェーズに関する利益の質を述べたものである。

（2-1） 会計方針に関する利益の質
　　　　　－会計戦略と関連

会計方針に関するものは，社会的選択における「（1-1）会計規準に関連する利益の質の構成要素」と連動するものである。私的選択のフェーズでは代替的方法が複数ある場合に，より保守的な（慎重な）会計方法を選択すること，控えめに見積りを行うことは報告利益の質を高める要素とされる。また，経済的実質を忠実に表現することは利益の質を高めることとされる。私的選択でも保守主義と忠実な測定は矛盾する場合がある。もし，矛盾を回避しようと試みるならば，前者の保守主義は，専門職としての会計人の美徳，会計人個々の行動規範としてのディシプリン（慎重な予測等）と理解すべきと思われる。一方，後者の経済的実質の忠実な測定は，（2-2）の利益のマネジメント（アーニングス・マネジメント）の有無と関連づけて解釈すべきであろう。利益のマネジメントの疑いのある会計処理は忠実な測定とは言えないからである。

（2-2） 利益のマネジメントの有無
　　　　　－会計戦略と関連

利益の質に関する事例研究や財務諸表分析では，利益のマネジメントの有無が利益の質の決定要素として強調されることが多い。なお，（1-4）のキャッシュ・フローとの関連における異常発生項目（abnormal accruals）の測定は，大量のデータを用いた統計的実証研究における利益マネジメントの程度の代理指標（異常発生項目とされた部分を決算操作（粉飾を含む）と推定）として用いられることが多い。いずれにせよ，利益のマネジメントの有無は，情報の目的適合性よりも信頼性の程度を示す利益の質と理解するのが自然である。にもかかわらず，本章第4節で検討する「アクルーアル・アノマリー」の問題が出現しているのである。

会計方法の選択と企業評価に与える影響について，「企業の寿命を有限として，それが存続する期間全体の利益の総和は如何なる会計方法を採用しても変わらない」という「全体利益一致の原則」を取り上げて検討してみよう。「**全体利益一致の原則**」は，利益のマネジメントを抑止する会計システムに内在する優れた特質とされている。すなわち，経営者が楽観的（保守的）な会計方法を選択し，実績としての利益と株主資本価値を相対的に高く（低く）報告したとしても，その後の期間において報告利益が反転し相対的に低く（高く）なるので，企業評価値には影響しないとするものである。

しかし，この論理は，実績利益が楽観的（保守的）に測定されたという「利益の質」を投資家等の情報利用者が知っており，将来利益の予測値を下方（上方）にシフトさせ，市場も適切に反応するという効率的な市場を前提にしたものである。もし，報告利益の質について市場が適切に判断できないと仮定すると，実績利益が相対的に高く（低く）報告されれば，将来利益の予測値も相対的に高く（低く）なり，将来予測利益の割引現在価値を加工して求める理論的企業評価値も高い（低い）ままである。利益の反転は，将来が現在になった時点で初めて実現するのであり，その時点で初めて，それからさらなる将来の利益の予測値が下方（上方）にシフトし理論的企業評価値が低く（高く）なる。将来

が現在になるまでの間市場が非効率であるならば，企業評価値は偏向したままの状態が続くのである。したがって，経営者の行動としては，将来が現在になった時点での市場の反応を経営者は予期しているので「会計操作を控えめにしようか」という経営者に対する抑止効果が「全体利益一致の原則」からいえる最大限の帰結である。

次に，「会計方法選択の動機－恒常的利益の測定か否か」に関連する問題を検討しよう。一般的に，「実績としての報告利益が毎期大きく変動すると利益の質は低い」とされる。この「利益の質」における「変動性（variability）」という特質の背景には，(3)の事業活動との密接不可分な仮定，すなわち，企業モデルの理想は，スムーズな発展を目指すものであるという仮定がある。したがって，変動が少ないスムーズな利益流列の上昇傾向は，企業がスムーズな発展を実践している証左と看做される。

そこで，利益平準化された報告利益が平準化されていなかった報告利益よりも企業の理論的評価値を高くするために，経営者は，利益の平準化（恒常的な利益の報告）という利益マネジメントを行うインセンティブをもつのである。この恒常的利益を報告するための利益のマネジメントにはメリットがあることを強調する Arya, Glover, and Sunder (2003) の興味深い説があるので，誤解をおそれずに要約してみよう。

① 経営者は企業の株主に対して，当該企業の永続的利益（permanent earnings）の最適な予測をする義務があり，それにより株主は企業価値を推定できる。
② 「利益のマネジメントが透明性を低くする」というのは単純過ぎる。分権化した企業では情報も分散している。異なる人は異なることを知っていて，すべてを知る人はいない。そのような状況では，操作された利益流列（managed earnings stream）は，操作されていない利益流列（unmanaged earnings stream）よりも，より情報内容に富むかもしれない。
③ 「経営者はよく仕事をし，将来利益の予測にも優れている」と前提できる。
④ 経営者は，良く働き良く予測できることを示したい。利益平準化を許容することで経営者に労働のインセンティブを与えることができるのであれば，むしろインセンティブ・コストの低減になる。
⑤ 短期的な業績不振の場合に，それが所有者（代理としての取締役会）にいちいち報告されると，経営者との契約の見直し等，所有者による過度の介入となるおそれがある。そこで，経営者は利益のマネジメントをすることで，平均的な利益と経営者の専門性を表示することができ，経営者への過度の介入を防ぐという経営者にとってのインセンティブになる。
⑥ 利益のマネジメントを許容することは，経営者に本当の操作・実体的裁量行動（real manipulation, 例えば過少な研究開発支出）をさせないための装置かもしれない。

なお，ここでいう利益マネジメントは恒常的利益の測定を目的とする操作に限定されている。そのような利益のマネジメントであれば利益の質は向上するのであり，GAAPも利益マネジメントの余地（代替的方法からの選択）を許容することが利益の質を高める社会的選択となる。

(2-3) 財務データそのものの信頼性－会計環境と関連

財務データそのものの信頼性に分類される利益の質は，その内容が，①コーポレート・ガバナンス制度の有効性，②内部統制制度の整備状況，③会計監査人および監査の質，④法令遵守と訴訟リスクの程度等から構成されるものである。これらの要素からなる財務データの信頼性に関する会計環境の整備と，

利益のマネジメントの有無（程度）が，現在，利益の質の向上に関して制度上検討されている論点であろう。

(3) 事業活動の評価と利益の質

（3－1）の企業の持続可能性に関するものと（3－2）の実質的費用の裁量に関するものは，事業環境と事業戦略（およびその組み合わせで決まる事業活動）に関連する利益の質であり，事業（企業）の業績評価そのものとの連動性が高い。

(3－1) 企業の持続可能性に関する利益の質

「利益の恒常性が高いと利益の質が高い」とされるが，これは収益力の持続可能性が高いと企業評価値も高いということと同意義である。具体的には，**営業レバレッジ**に優れ（営業リスクが小さく），景気サイクルに対する感応度は大きくなく，利益を生む取引の反復可能性が高いと，利益の質および企業の評価値は高いのである。

また，「営業キャッシュ・フローと利益との近似度が高いと利益の質が高い」とされる。営業キャッシュ・フローと利益との関係は，当該企業の事業環境（業種特性等）や事業戦略（ビジネス・モデル等）に依存するもので，「近似度が高いから利益の質は高い」と断定するのは論理的には妥当ではない。しかし，営業キャッシュ・フローと利益との近似度が高いと，利益指標を用いた資金の分配決定が無理なく行えることから，経営決定が単純明快で，複雑性に潜む矛盾や誤判断を回避できる可能性が高いことをもって，利益の質が高いと判定されてきたと解釈できる。

(3－2) 実質的費用の裁量に関する利益の質

裁量的費用，すなわち，固定資産の維持に必要な保守・点検・修繕支出，従業員のレイオフ，企業の持続可能な存続に必要な研究開発や広告宣伝支出，従業員の福利厚生支出の削減に正当な理由があるか否か等が問題とされる。これらの裁量的費用を不当に削減して報告利益を大きくしても，その報告利益の質が低いと判定されると，企業を評価する際にその報告利益は割り引かれるであろう。こうして，利益の質は，企業の評価そのものと連動するのである。

問題は，これらの裁量的費用の削減が正当か不当かという実質判断であり，そのためには，対象企業が置かれている事業環境と経営者の事業戦略を評価することになる。会社を取りまく事業環境の変容として，製品市場での競争激化，土地を中心とする従来の信用構造の崩壊，市場機能を重視する社会構造への転換などが挙げられる。また，会社の内部環境の変化として，意思決定の迅速性や能力主義による労務管理と報酬契約，人的資源の流動化等が挙げられている。これらは，企業経営の質的変容を述べているのであり，事業環境に適切に対処できる事業戦略を持ちうるか否かが企業経営の質を決定する。

このように，利益の質の実質判断は，事業環境と事業戦略やビジネス・モデルを評価することでもあるのである。「利益の質」の概念が，事業評価（企業評価）そのものを意味する場合があり，これが利益の質の概念を判りにくくしている一因でもある。

〔参考文献〕

Anil Arya, Jonathan C. Glover, and Shyam Sunder (2003) "Are Unmanaged Earnings Always Better for Shareholders?", *Accounting Horizons*, No. 17, Supplement, pp. 111-116.

Stephan H. Penman (2003) "The Quality of Financial Statements : Perspectives From the Recent Stock Market Bubble", *Accounting Horizons*, Supplement pp. 77-96.

Katherine Schipper and Linda Vincent (2003) "Earnings Quality", *Accounting Horizons*, Supplement, pp. 97-110.

Joel G.Siegel (1991) *How to Analyze Businesses, Financial Statements and the Quality of Earn-*

ings 2nd edition, Prentice Hall.
Kichinosuke Takahashi, Masako Takahashi and Yukiharu Kurokawa (1991) "International Comparison of Conservative Accounting Practices in Income Measurment", *Keio Business Review*, No. 28.
黒川行治 (2009)「利益の質と非効率な市場」黒川行治編著『日本の会計社会－市場の質と利益の質－』中央経済社, 第2章.
高橋吉之助, 江島夏美, 渡瀬一紀, 高橋正子, 黒川行治 (1994)『企業の決算行動の科学』中央経済社.

[黒川行治]

Ⅱ 利益の質と会計分析

前節では, **利益の質**に関する様々な概念や属性等を検討してきた。通説的な見解が依然として確立してはいないものの, 多くの先行研究を検討する限り, 利益の質という概念はマルチディメンショナルな側面を持ち, 理論・実証両面の研究が今後も続けられていくと予想される。一方, 米国の企業評価実務から誕生してきた歴史的経緯を勘案すれば, 利益の質は, 極めて実践的な概念でもあり, 利益の質を利用した企業分析を考察することは意義があろう。そこで本節では, 利益の質を利用した企業分析, すなわち**利質分析**(あるいは**会計分析**)を述べてみたい。

1 利質分析(あるいは会計分析)とは

利質分析に関しては, 利益の質の定義と同様に, 通説的な定義があるわけではない。一般的に, 利益の質を利用した企業評価手法のことを利質分析ということが多い。また, より広い意味で, 会計分析といわれることもある (Wild *et al.* (2007))。以下では, より一般的な利質分析という用語で統一する。

(1) 利質分析の必要性

伝統的な財務分析に従えば, 利益数値等の会計情報を様々な視点から分析することが一般的であるが, 利益には質の差があるため, 報告利益算定のプロセスについての考察を加える必要性が強調されるようになった。つまり利害関係者に提供される会計情報の質(利益の質)の水準に分析が依存している以上, 企業業績の評価には, 利質分析を行わなければならないというわけである (Goncharov (2005))。さらに**企業価値評価**や**信用力評価**を含む広義の**企業評価**を行う場合, 単に過去の実績ベースの経営成績を分析評価するのみならず, 将来の利益獲得能力を評価することも重要な点である。利益の質の違いは将来の利益獲得能力にも反映するため, 利益の算出過程の検証をする利質分析の意義が認められている。但し, 利益に質があるとはいえ, 利質分析は, 必ずしも従来からの財務分析と対立するものではなく, 異なる観点からの示唆を与える点で, 両者は併存し得るものと理解すべきであろう。

(2) 利質分析の考え方

企業評価における利質分析の意義は明らかではあるものの, 利益の質を論じた先行研究は, 総じて定義や属性等個々の論点の解明に意を注いでいる反面, 利益の質を適用する利質分析までを含めて総合的に検討している例は意外に多くはない。

一方定義や属性と同様, 利質分析という概念あるいは考え方自体に通説がないことに加え, 利質分析で使用されるような比率や指標や分析手法がある程度標準化されているわけでもない。このため利質分析と**財務分析**を同一視するような立場もあれば, 独立した分析手法と位置付ける立場もある。

例えば, 利益の質を企業評価に適用するな

らば，利益についての現在と将来見通しに関する確実性を判断することができ，企業評価の精度が増すと思われる。財務分析と利質分析は，相互に対立する概念ではないが，分析の視点や重点の置き方や分析手法等に違いはあると理解されるため，両者を同一視する立場を採用すべきではなかろう。

本節では，「利質分析とは，利益の質に基づく企業評価の分析手法を総称するものである」と定義し，財務分析とは独立した分析手法と位置付けておく。ただし，様々な分析手法の中の一種であり，利質分析だけを実施しているだけで十分というものではないことは言うまでもない。

(3) 利質分析の内容

利益の質はかなり一般化してきた概念であるが，多様性がある点は否定できない。利質分析には独自の意義が認められるものの，利益の質を測定するための唯一絶対の属性も存在していない（Dechow et al. (2010))。従って，利質分析において，具体的に利益の質を評価するため考慮すべき属性や尺度が多種多様となるのは当然であるかもしれない。利益の質を評価するための判断要素や手法も確立していないため，従来の財務分析や経営分析で利用されてきた概念・指標と重複する面が多少ある点はやむを得ないところであろう。

例えば，Wild et al. (2007)は，①他社の利益数値との比較の必要性（例：業界分析），②企業評価のため質の差を認識する必要性（例：価値関連性分析），③企業の直面しているリスクの解明（例：**粉飾分析**）という3点を，利質分析の特徴として挙げるが，従来の分析手法との相違点は必ずしも明確ではない（本書第5章の「資金法と利質分析」も参照されたい）。

しかし，利益の質の属性として，持続可能性や会計処理の保守性や価値関連性などいずれを重視しようが，利益の質を具体的に測定できなければ，利質分析を実践的に適用できない。従って，分析手法としての独自性を強調するならば，定義・属性如何にかかわらず，利質分析を行うに際して考慮すべき測定可能性がある汎用的な属性や指標を少なくとも明確化すべきであると考えられる。

図表3－2－1は，あくまで例示であるが，利質分析を行う場合考慮すべき指標の一例として示したものである。このような例示も，抽象的であり具体的な尺度は，分析者が工夫しなければならないことは当然である。さらに，データの入手可能性や検証の複雑性などを勘案すれば，例示ではあるが表に示されたような全ての項目を反映させた利質分析を想定することは，混乱を生じさせる恐れもある。企業評価に際して利質分析を実践していくためには，実行可能性やわかりやすさ等も斟酌する必要があるであろう。

図表3－2－1　利質分析のための指標例

会計方針の期間的整合性の程度
リスク資産の有無と程度
非反復的，非経常的取引の程度・複雑性
関連当事者取引に関する情報開示の程度
偶発事象や不確実事象の有無と開示の程度
利益決定における見積りや主観性の程度
注記，会計方針等のディスクロージャーの透明性
プロフォーマ情報の利用の有無と程度
利益と営業キャッシュ・フローとの比率
コーポレート・ガバナンスの整備状況と有効性

参考までに，レポート調査やアンケート等で，セルサイド・アナリストの利益の質に対する認識を調査したBarker and Imam (2008)を紹介したい。彼らは，アナリストレポートでも最近は特に利益の質に関する情報が注目されているとした上で，アナリストが行う予測や企業評価では，利益情報と利益の質が重要な判断材料となっており，利益の質が高ければ，将来の利益をより予測可能であるとする。また財務諸表利用者には利益の質が低い企業に比べ高い企業の方がより好

まれる傾向があるとも述べている。そして分析面においては，利益の質が多面的概念（multifaceted concept）であることを反映し，アナリストは会計情報と非会計情報を共に利用するものの，利益の質を評価する際には，どちらかといえば，定性的要因をより重視していると指摘している点には注目すべきだろう。

2 利質分析の体系

前述したように，利益の質を測定するための唯一絶対の属性が存在しないこと（Dechow et al.（2010））もあり，利益の質を具体的に適用した利質分析の体系も様々なものが提唱されている。

以下では，先行研究を参考に，代表的な利質分析の体系をいくつか紹介してみたい。

(1) 利質分析の先行研究

利質分析の先行研究として，Stickney and Brown（1999），White et al.（2002），Wild et al.（2007），Palepu and Healy（2008），一ノ宮（2008），Penman（2010）の見解を整理要約する。

① **Stickney and Brown（1999）**

正常な状況ならば，財務諸表の報告利益は，経済的付加価値を反映したものでなければならない。しかし，現実には利益の持続可能性の阻害や利益操作等により，報告利益と経済的付加価値とのリンクが分断されていると指摘している。彼らの利質分析は，報告利益と経済的付加価値のリンクを分析することであり，リンクの強弱の程度を利益の持続可能性から分析する。利益の持続可能性については，特に事業の継続性や会計方針の変更などに留意することを提唱している。

② **White et al.（2002）**

彼らは，利益の質を「財務諸表で報告される利益情報の保守性の程度を表すもの」と定義する。非会計情報も含む利益情報は，保守性の程度でテストされ，高い利益の質と低い利益の質に区分される。従って，かかる保守性のテストが利質分析の中核を成すものであり，収益・費用の認識や在庫評価等の15種類の分析ポイントが挙げられている。問題は，ベンチマークをいかに設定するのか，そしてどのような指標を具体的に選択するのかということであろう。さらに，White et al.（2002）は，外部分析の視点から利益の質を評価する場合，問題企業は不明瞭な開示をする傾向があるため，ディスクロージャーに対する企業姿勢について考慮すべきと指摘している。

③ **Wild et al.（2007）**

利質分析は，会計情報が企業の経済実態を反映している程度の評価プロセスであると定義し，利益の持続性（持続的な利益創出力）の評価も含まれるとする。また，利質分析と財務分析の階層構造を前提に，利質分析は当該企業の競争優位や現在及び将来の業績評価と有機的に結びつけられ，利質分析結果を財務分析や将来予測に反映させるべきとする。

なお，事業環境及び戦略の理解，会計政策の吟味，ディスクロージャーの量と質の検討，経営陣の実績と評判の分析，利益操作の機会・動機・促進要因の検証等も評価項目に挙げている。彼らの利質分析の特色は，利益の質の評価を，事業環境及び戦略分析として広く行われるべきと考えている点であろう。

④ **Palepu and Healy（2008）**

彼らは，①経営戦略分析，②会計分析（利質分析），③財務分析，④将来性分析から構成される財務諸表を利用した企業分析体系を提唱する。財務情報に内在する歪みやノイズを完全に除去できない以上，企業業績を正確に評価するため，会計分析（利質分析）を行う必要性があるとする。

具体的には，重要な会計方針の吟味，会計上の柔軟性の評価，会計戦略の評価，情報開

示の質の評価，潜在的危険信号の探求を行い，会計情報の歪みを修正しつつ，利益の質を評価する。会計情報の歪みの修正という項目を利質分析に含めている点は特徴的であり，利質分析の実践的適用として注目すべきであろう。さらに，利益の質に関する分析結果を踏まえた上で，財務数値の評価・検討を追加的に行い，将来予測に結び付けるという手順を明らかにしている。

⑤ 一ノ宮（2008）

一ノ宮（2008）は，「利益の質とは，利益の持続可能性と会計処理の保守性を主な属性とした，将来の利益の予見可能性を評価するための視点」と定義し，利益の質の属性やSiegel（1991）等の先行研究などを参考に，下表の4つのステップからなる利質分析の基本的枠組みを提案している。

図表3-2-2 利質分析の基本的枠組み

1	事業上の質の検討：事業と利益の持続可能性の分析
2	会計上の質の検討：会計処理の保守性の分析
3	利益の質に関するその他の属性の検討
4	利益操作の検討

利益の質は，会計と事業両面から影響される複合的性格を持つため，利益の質の評価は，会計情報の質のみならず，事業戦略等の事業（実態）上の質にも配慮する構成となっている。また利益の質と**利益操作**は裏腹の関係にあり，利益操作の検討も加味する。さらに恣意的判断という批判を回避すべく，利質分析モデルで算出したスコアなども勘案するハイブリッド型の分析が望ましいとしている（この点，Penman（2010）とも共通する）。

⑥ Penman（2010）

利益の質は，「現在の利益が将来の利益の優れた指標」であるか否かを判断するものという立場から，利質分析は将来予測を行う場合の重要なステップと考えている。

Penman（2010）の利質分析は，①情報の質の観察（基準・監査・開示等の吟味），②情報の質の分析（事業内容・会計方針・問題領域・利益操作の検証），③情報の質の診断（財務諸表項目の危険信号の追求，特に収益，費用，異常項目に注目）から構成され，スコアリングモデルの必要性も指摘する。

Penman（2010）は，会計は本来企業のあるべき姿を誠実に表現すべきものであるが，経営者はより良く外部に見せるためのパッケージとして会計を用いることがあると批判を加え，アナリストはこの会計に被されたパッケージをはがす作業を行い，もし企業の実態を隠すために利用されているならば，危険信号を発しなければならないとも述べている。

(2) 先行研究における問題点と課題

紹介した利質分析の先行研究は，学術的観点から利益の質に基づく企業分析の考え方を整理したものである。しかし図表3-2-4に整理したように，多くの学術研究は利益の質の定義・属性・測定等を論じているものの，利益の質を適用した利質分析には言及していない。また，利質分析自体の実証研究も少ない（例えば，一ノ宮（2008）は，実用的モデルを提示した上で，利質分析による実証も試みている）。

利益の質自体が，企業評価実務から誕生した概念であることもあり，後述するように米国の企業評価実務においては，多様な利質分析が実践されている。しかし，利益の質に関する学術研究成果が，必ずしも反映されている訳ではなく，実務との乖離はかなり大きいものがある。実践的意義を持つ利質分析である以上，今後の課題としては，学界と実務の交流等による利質分析の体系化や実証による検証等を一層図ることであろう。

3 利質分析の実務における利用実態

　利益の質という概念の発祥地であるとともに，利益の質という概念が恐らく世界で最も多く利用されている国が米国であろう。例えば，現在の米国には，利益の質それ自体をビジネスとするコンサルティング会社あるいはリサーチ会社が多数存在しており，他国ではあまり例を見ないことも重要な点である。従って，利益の質あるいは利質分析の実務を観察するには，米国の実態を考察することが最も適しているのではないかと推測される。

　そこで以下，一ノ宮（2010）を参考に，いくつかの会社が提供しているリサーチレポートを検討することによって，利質分析がどのように米国の企業評価実務の世界において利用されているのかを概観してみたい。

(1) 利質分析の利用実態
① Behind The Numbers社のケース

　同社は，利益の質に基づいた分析結果を機関投資家にQuality of Earnings Warnings & Sell Recommendationsというレポートで提供する。同社の特色は，できるだけ早期に財務上の危険信号を見出すことにあり，ツールとして利益の質に着目している。利益の質を分析するに際しては，特に財務諸表の注記事項，営業損益の趨勢（Momentum），貸借対照表とキャッシュ・フローとの関連性等に留意することを明らかにしている。

② Center for Financial Research & Analysis社のケース

　QuickScoreという分析モデルを利用して，成長性等に基づいた企業評価のレポートを提供している。企業評価は全体評価・事業運営・キャッシュ・フローの質・利益の質・コーポレート・ガバナンスという5つの視点から算出されるランキングスコアで決定している。例えば利益の質は，収益計上時期・資産評価の妥当性・会計の保守性等で判断されている。

③ Rate Financials社のケース

　財務報告の簡潔性・透明性・完全性などの評価，利益の質の評価，コーポレート・ガバナンスの評価という3つの視点から評価を行いCorporate Reporting Ratingとして企業の格付けレポートを提供している。同社もスコアリングモデルを利用しており，利益の質はスコアの核心を構成し，分析項目としては例えば会計上の問題の有無，収益・費用・利益等に影響を及ぼす攻撃的な会計手法の採用等に留意しているとされる。

④ Gradient Analytics社のケース

　利質分析サービスは，同社設立以来のメインビジネスであり，財務データを使用した定量的な利益の質の分析モデルと定性要因も加味したファンダメンタル分析を併用して分析レポートを提供する。定性分析は，例えば下表の9つのカテゴリーから実施されている。

図表3－2－3　Gradient Analytics社の例

① キャッシュ・フロー分析：会計発生高の分析が中心
② 売上債権の質の分析（収益認識分析も含む）
③ 棚卸資産の質の分析：費用分析も含む
④ 固定資産の質の分析
⑤ 負債の質とディスクロージャーの分析
⑥ 利益操作の影響と重要性の分析：操作の規模を重視
⑦ コーポレート・ガバナンスと内部統制の分析
⑧ 競争環境の分析：競争の利益の質への影響の分析
⑨ 企業固有の要素の分析：事業内容・成長速度等の分析

⑤ Audit Integrity社のケース

　格付けシステム（AGR格付け）に基づいて，企業の公表数値の信頼性を分析して企業行動に潜むリスクを識別評価して，不正な財務報告のリスクを捕捉するレポートを提供する。リスク評価に際して利益の質も重要な要

因として取り上げられ，以下のような5分野に注目するとされている。
- 収益認識（早期認識や架空売上等）
- 費用認識（繰延あるいは前倒し等）
- 資産・負債評価（債権の過大評価等）
- 高リスク事象の有無（M＆A，リストラ，自社株買い等）
- コーポレート・ガバナンス（経営陣の変更，役員報酬等）

⑥ Accountability Research 社のケース

同社は，利益の質に関する格付けモデルに基づき，利益の質でランク付けした企業価値評価と利益の質に焦点を当てた調査レポートを提供している。利益の質の評価は，4分野（事業と会計の適合性・情報開示の完全性・報告の適切性と透明性・経営）についての定量的評価によって行われ，各スコアを合計した総合点に従い利益の質の格付けを実施している。

⑦ Star Mine 社のケース

Earnings Quality Modelによる利益の質に基づく企業の格付けを行っている。利益の質を「利益が信頼しうる，また持続しうる程度を示す尺度である」と定義した上で，①会計発生高，②キャッシュ・フロー，③事業の効率性，④プロフォーマ利益に基づく持続可能性分析を行い，スコアリングにより利質分析を実施している。

(2) 実務での利用実態からの示唆

以上の事例から，米国の企業評価実務における利質分析の利用実態として判明したことを整理するならば，以下のような点を指摘することができる。
- 学術研究同様に，企業評価実務における利益の質の捉え方や評価尺度も多様である。
- 多くの会社が，一ノ宮（2008）の提唱する利質分析モデルと同様に，スコアリングモデルを採用して利質分析を行っている。
- 利益の質の評価には，モデルを利用した定量的分析のみならず，定性情報も使用されており，実務では併用スタイルを採用している。

紹介した米国の事例を検討した限り，企業評価実務においては，ファンダメンタル分析的なアプローチが採用されている印象が強い。利質分析と言いながらも，決して従来の企業分析で採用されているアプローチと大差があるわけではない。利質分析も企業分析の一環と考えれば，当然な結果といえそうである。また利質分析の中心として，多くの事例でスコアリングモデルが採用されて，企業評価を行っている点にも注目したい。利質分析でのスコアリングに関する研究は少ないものの，利益の質の評価では，債券格付けのように，利益の質の高低を点数（あるいは符号）という単純な形で明示した方が望ましいのであろう。恐らく会計学や財務分析の基礎知識が乏しいクライアントがいる場合，抽象的な利益の質の評価を容易に理解してもらえるからという実務の知恵なのかもしれない。

総じて，学術的な先行研究では，利益の質について**会計発生高**を中心として実証的に検証する場合が多い。これに対し実務では必ずしも会計発生高を利用して利益の質の評価を行っている訳ではなく，むしろ実用的な様々な尺度を開発して評価する傾向があり，利益の質に対するスタンスには乖離が認められる。利質分析に関しては，学問的な厳密さよりも，タイムリーな情報や危険信号を提供しなければならないというクライアンニーズへの対応などを勘案すれば，このような状況もやむを得ないことかもしれない。しかし，利益の質という問題を今後さらに検討していくに際しては，今まで以上に実務と学界が連携することで新たな展望が開けてくる可能性もある点を指摘しておきたい。

図表3-2-4 先行研究と利質分析

先行研究	利益の質の定義	利益の質の属性	利益の質の測定（計算構造）	利質分析
Sloan（1996）	利益に占めるキャッシュ・フローの割合が高い利益の質は高い。	キャッシュ・フローとの近似性	営業キャッシュ・フロー 会計発生高	×
Dechow et al.（2002）	会計発生高の見積誤差の大きさに応じて，将来のキャッシュ・フローの予見可能性が高まり，利益の質は高くなる。	会計発生高の見積誤差	営業キャッシュ・フロー 会計発生高	×
Wild（2008）	キャッシュ・フローの実現可能性の高い利益の質は高い。	キャッシュ・フローとの近似性	キャッシュ・フロー比率	×
Penman（2010）	利益の質とは，現在の利益を持つ将来の利益の指標性である。	将来の利益の保守性	コア営業利益	○
Gibson（2011）	保守的な会計処理による利益は，利益の質が高い利益である。	会計処理の保守性	在庫・固定資産・無形資産等の処理を総合的に	×
Wahlen et al.（2011）	利益の質とは，企業価値を示す会計の質であり，利益の持続可能性である。	利益の持続可能性	定量・定性情報の総合的検討	×
一ノ宮（2008）	将来利益の予見可能性の評価の視点 予見可能性が高い利益の場合，利益の質は高い。	利益の持続可能性 会計処理の保守性	①事業上の質 ②会計上の質 ③その他の利質属性 ④利益操作の可能性 →以上の総合的評価	○

（注）利質分析については，記述の有無により，○・×を付した。

〔参考文献〕

一ノ宮士郎（2008）『QOE（利益の質）分析』中央経済社。

一ノ宮士郎（2010）「利質分析の実務における利用実態」『専修経営研究年報』第34号，49-73頁。

Barker,R. and Imam,S.（2008）"Analysts' perceptions of 'earnings quality'," *Accounting and Business Research*, Vol.38, No.4, pp.313-329.

Dechow, P. M., Ge, W. and Schrand, C.（2010）"Understanding earnings quality: A review of the proxies, their determinants and their consequences," *Journal of Accounting and Economics*, Vol. 50, pp.344-401.

Goncharov, I.（2005）*Earnings Management and Its Determinants:Closing Gaps in Empirical Accounting Research*, Peter Lang GmbH.

Palepu,K.G. and Healy,P.M.（2008）*Business Analysis & Valuation*, 4th ed. Thomson, South-Western.

Penman,S.H.（2010）*Financial Statements Analysis and Security Valuation*, 4th ed., McGraw-Hill.

Siegel J.G.（1991）*How to Analyze Businesses, Financial Statements and the Quality of Earnings*, Prentice Hall.

Stickney,C.P. and Brown,P.R.（1999）*Financial Reporting and Statement Analysis*, 4th ed., The Dryden Press.

White,G.I.,Sondhi, A.C. and Fried, D.（2002）*The Analysis and Use of Financial Statements*, 3th ed.,John,Wiley & Sons.

Wild,J.J., Subramanyam,K.R. and Halsey,R.F.（2007）*Financial Statement Analysis*, 9thed. McGraw-Hill.

［一ノ宮士郎］

III アーニングス・マネジメント

1 利益の質とアーニングス・マネジメント

「利益の質」概念は、「会計社会の構成要素である会計情報の供給プロセスと影響要因」の観点から国ごとに存在する会計基準設定機関の判断である社会的選択と、経営者による会計方針やアーニングス・マネジメントの有無という私的選択によって影響を受ける（黒川 2009, pp.105-110）。特に、会計方針を実施する経営者によって行われる判断および見積もりが利益の質に影響を及ぼすのである。会計発生高にたいする会計手続き選択や見積もりが、非目的適合的なキャッシュ・フローの**ボラティリティ（volatility）**や**負の自己回帰性（negative serial correlation）**を削減して**シグナリング目的**を果たすのであれば、すぐれた予測指標となり利益の質は高まる。一方、目的適合的なキャッシュ・フローの変動を隠蔽することによって会計発生高にたいして経営者が機会主義的な裁量行動を実施すれば、ノイズとなって利益の質は減じてしまうのである（Dechow and Schrand 2004, p.7）。

この論拠から経営者の意図に焦点を合わせて利益の質を測定すれば、一般に認められた会計原則（GAAP）を逸脱する裁量行動である利益操作や経営者による機会主義的な裁量行動はシグナリング目的を果たすものではないため利益の質が減少することになる。こうして、利益の質に関する経営分析研究では、「利益マネジメントの有無が利益の質の決定要素として強調されることが多く」（黒川 2009, 110頁）、利益の質研究には、裁量行動を代理変数とする研究が多く蓄積されている（Lobo and Zhou 2006; Cohen et al. 2008; Epps and Guthrie 2010；中島 2011）。それゆえ、本章では、利益の質の決定要因の1つとしての**アーニングス・マネジメント（earnings management）**に焦点を合わせる。

Earnings managementの定義には、「ある私的な利益を得る意図で、外部財務報告過程における介入」（Schipper 1989, p.92）や、「経営者による予想アナリストによる予想に一致させる目的で利益を積極的に操作すること」（Mulford and Comiskey 2002）、「一般に認められた会計原則の枠内の、経営者による会計手続き選択によって報告利益を裁量的に測定するプロセス」（須田 2007, p.22）がある。本章では、経営者のearnings managementを**「利益の裁量行動」**とし「経営者がある意図をもってGAAP範囲内で利益額を変更すること」と定義することにする。

2 会計的裁量行動と実体的裁量行動

利益は会計発生高とキャッシュ・フローに分けられることから、経営者の裁量行動も、主に会計発生高にたいする会計手続きを行うことによって利益額に影響を及ぼす裁量行動と、キャッシュ・フローを調整する実際の経済活動を通して利益額に影響を及ぼす裁量行動の2つに分けることができる（Dechow and Skinner 2000; Dechow and Schrand 2004）。岡部（1997, p.6）および須田（2000, p.17）は、「利益数値制御の方法の1つとして会計手続き選択による活動を**会計的裁量行動**、実際の活動を中止、延期、繰上げすることによってキャッシュ・フローに影響を及ぼす活動を**実体的裁量行動**」としている。実体的裁量行動については、Roychowdhury（2006）も同様に「キャッシュ・フローや会計発生高に影響を及ぼす、経営者が期待利益値を得る目的で実施する通常の経済活動から逸脱した実際の経済活動」（Roychowdhury 2006, p.336）と定義して

いるが，さらに，「裁量的費用（managerial cost）の削減について正当性が欠如したもの」（黒川 2009，p.107）や「利害関係者がある財務報告目標が通常の営業活動において達成されるミスリードする経営者の希望によって動機づけられる通常の営業上の実務からの逸脱」（Roychowdhury 2006, p.337）のように，経営者の意図が含まれる定義もある。本節では，経営者がある意図をもってGAAP範囲内で会計手続きを施して利益額を変更する活動を**会計的裁量行動**（accruals management），経営者が実際の経済活動によって利益額を操作し，結果的にキャッシュ・フローに影響を与える活動を**実体的裁量行動**（real management）とそれぞれ定義する。

さらに，裁量行動は，保守的裁量行動，中立的裁量行動，攻撃的裁量行動の3つの指標で裁量行動内容をみることができる（Dechow and Skinner 2000；須田 2007）。

図表は，GAAP範囲内の**保守的会計**（conservative accounting），**中立的会計**（neutral accounting），**攻撃的会計**（aggressive accounting），GAAP範囲外の不正会計に焦点を合わせて会計的裁量行動および実体的裁量行動それぞれに該当する例を比較したものである。本節では，保守的会計，中立的会計，攻撃的会計は，須田（2007，p.20）に依拠して，それぞれ当期の利益を過小に報告する，当期の利益を適度に報告する，当期の利益を過大に報告する会計と定義する。

保守的裁量行動は，当期の利益を過少に報告する裁量行動であり，引当金や準備金の過大計上，研究開発費の過大計上，再構築費用や減損損失の過大表示などが会計的裁量行動になり，販売のための出荷を遅らせたり研究開発費や広告宣伝費の支払いを早めたりすることが実体的裁量行動となる。**中立的裁量行動**は，合理的な期間利益計算に基づいて算出される利益であり，具体的には利益平準化を

図表3-3-1 裁量行動（会計的裁量行動と実体的裁量行動）と不正会計との分類

会計の名称	会計的裁量行動 会計手続き選択	実体的裁量行動 キャッシュ・フローに影響を及ぼす実際の経済的行動
	GAAP範囲内	
保守的会計	引当金や準備金の過大計上 研究開発費の過大計上 再構築費用及び資産の除却や減損損失の過大表示	販売による出荷を遅らせる 研究開発費や広告宣伝費の支払いを早める
中立的会計	合理的期間利益計算に基づき算出される利益	
攻撃的会計	不良債権引当金の過小評価 過度な方法での引当金や準備金の引き下げ	研究開発費や広告宣伝費の支払いを遅らせる 販売による出荷を早める
	GAAP違反	
不正会計	「実現可能」前の売上高計上 架空売上計上 売上請求の前倒し 架空在庫を記録することによる在庫の過大計上	

出典：Dechow and Skinner（2000, p.239, 図1）および須田（2007, p.22）に依拠して筆者が作成した。

示すことができる（須田 2007, p.21）。すなわち，発生主義会計に基づいた自然の結果として，会計発生高の変動と営業活動によるキャッシュ・フロー間の負の相関となって現れてくる（Leuz et al. 2003）ものといえる。**攻撃的裁量行動**は「特定の状況下にある企業の経営者が，一般に認められた会計基準の枠内でおこなったきわめて意図的な利益増加型の利益調整」（須田 2007, p.21）である。たとえば，不良債権の引当金の過小評価，過度な方法での引当金や準備金の引き下げが会計的裁量行動であり，販売のための出荷を早めたり研究開発費や広告宣伝費の支払いを遅らせたりすることが実体的裁量行動となる。このような攻撃的裁量行動によって財務諸表利用者は大きな経済的損失を被る場合を想定できるため，攻撃的利益調整は粉飾決算に近い裁量行動として位置づけられるものといえる（須田 2007, p.21）。

こうして，裁量行動は，保守的裁量行動，中立的裁量行動，攻撃的裁量行動に分けてみることができるが，実体的裁量行動は，企業による実際の取引に依拠して適切になされた会計処理の結果であり，実際に，一般公表データから実体的裁量行動を把握することは難しく（Dechow and Schrand 2004），保守的裁量行動，中立的裁量行動，攻撃的裁量行動に分けることも難しいといえる。

3 アーニングス・マネジメントの測定尺度

(1) 会計的裁量行動の尺度

会計発生高は，**裁量的発生高**（discretionary accruals）と**非裁量的発生高**（nondiscretionary accruals）とに分けられる。会計発生高から経営者の非裁量部分である非裁量的発生高を控除すれば経営者の裁量部分である裁量的発生高が算出できる。そして，1990年代以降，会計的裁量行動は，この裁量的発生高に反映されているという考え方がとられ，裁量的発生高が，アーニングス・マネジメント研究における会計的裁量行動の代理変数として用いられている。裁量的発生高は，回帰式を用いて非裁量的発生高の予測値を推定し，その非裁量的発生高の予測値を実際の会計発生高の値から控除することによって算定する（浅野・首藤 2007, pp.92-93）。非裁量的発生高を推定する方法には，時系列推定とクロスセクショナル型推定がある（浅野・首藤 2007, pp.93-94）。また，従属変数に運転資本の変動を用いる変数および全会計発生高がある。

今日まで非裁量的発生高を推定するのにさまざまなモデルが用いられてきたが，近年の実証研究はJones（1991）に基づいたJonesモデル，Dechow et al.（1995）に基づいた修正Jonesモデル，Kasznik（1999）に基づいたCFO修正Jonesモデルを用いて裁量的発生高を推定している。**Jones（1991）モデル**の推定式は次のとおりである。

$$TA_t = \beta_0 + \beta_1 \Delta SALES_t + \beta_2 PPE_t + \varepsilon_t \quad \cdots (1)$$

$\beta_0 + \beta_1 \Delta SALES_t + \beta_2 PPE_t$ が非裁量的発生高であり，ε_t すなわち，等式(1)の回帰式から推定される残差が裁量的発生高である。

修正JonesモデルおよびCFO修正Jonesモデルの推定式は，それぞれ次のとおりである。

$$TA_t = \beta_0 + \beta_1 (\Delta SALES - \Delta REC)_t + \beta_2 PPE_t + \varepsilon_t$$

$$TA_t = \beta_0 + \beta_1 (\Delta SALES - \Delta REC)_t + \beta_2 PPE_t + \beta_3 OCF_t + \varepsilon_t$$

ただし，TA_t＝会計発生高，$\Delta SALES_t$＝Δ売上高，ΔREC_t＝Δ売上債権，PPE_t＝有形固定資産，OCF_t＝営業活動によるキャッシュ・フロー。

(2) 実体的裁量行動の尺度

実体的裁量行動には，売上の出荷時期調整による利益増加，製造費用の意図的な増加に

よって棚卸資産を増加させ，売上原価を低減させることによる利益増加がある。そして，こうした実体的裁量行動によって営業活動によるキャッシュ・フロー（OCF）および全体的な製造費用に影響が出てしまう（Roychowdhury 2006; Cohen et al. 2008）ことになる。そこで，売上の出荷時期操作によるOCFにたいする影響を異常OCF，製造費用の操作による製造費用水準にたいする影響を異常製造費用でとらえる。また，企業は，広告宣伝費，研究開発費，一般管理費を削減して当期における利益を増加させることもある。そのため，広告宣伝費，研究開発費，一般管理費の合計を裁量的支出として売上高水準にたいする影響を異常裁量的支出でとらえる。こうした論拠から，実体的裁量行動は，近年におけるほとんどのアーニングス・マネジメント研究では，Roychowdhury（2006）に依拠し，**異常OCF（abnormal operating cash flows）**，**異常製造費用（abnormal production costs）**および**異常裁量的支出（abnormal discretionary expenses）**を代理変数として用いているのである。

異常OCFは，実績OCFと以下の回帰モデルから推定されたOCFとの差，すなわち，残差である。異常OCFの推定式は次のとおりである。

$$OCF_t = a_0 + a_1 SALES_t + a_2 \Delta SALES_t + \varepsilon_t$$

異常製造費用は，売上原価COG_tと棚卸資産の変動ΔINV_tの合計であり，異常製造費用は，実績製造費用と以下の2つのモデルから推定された残差である。異常製造費用の推定式は次のとおりである。

$$PROD_t = a_0 + a_1 SALES_t + a_2 \Delta SALES_t + a_3 \Delta SALES_{t-1} + \varepsilon_t$$

裁量的支出は，広告宣伝費，研究開発費，一般管理費の合計であり，異常裁量的支出は，実績裁量的支出と次のモデルから推定された残差である。Cohen et al.（2008）は，経営者が当期において報告利益を増加目的で売上を調整する場合に，裁量的支出のモデルに当期の売上高を独立変数とすると問題が生じる可能性があるとし，前期売上高を独立変数としている。裁量的支出の推定式は次のとおりである。

$$Discretionary\ Expenses(DE)_t = a_0 + a_1 \Delta SALES_{t-1} + \varepsilon_t$$

4 アーニングス・マネジメント研究のフレームワーク

内部統制報告制度導入以前のアーニングス・マネジメント研究では，経営者の会計的裁量行動の実施状況を明らかにする研究や会計的裁量行動の動機を解明する研究が主流であった。また，アーニングス・マネジメントの抑制要因としてのガバナンスと会計的裁量行動との関連性を分析する研究も多く実施されていた。内部統制報告制度導入以降は，当該制度導入前後における裁量行動の量的な変化を検証する研究や，会計的裁量行動だけではなく実体的裁量行動をも分析対象とする研究が多くなった。特に着目すべきなのは，内部統制報告制度導入以降，会計的裁量行動と実体的裁量行動のトレード・オフが内部統制報告制度によって発生していることを明らかにする研究や，当該**トレード・オフ**がどのような状況で起こるのかや当該トレード・オフのインセンティブを検証する研究が蓄積されるようになったことであろう。こうして，内部統制報告制度は財務情報の信頼性を高めることが主要目的であったが，結果として実際の企業活動を変化させ，その変化に伴いアーニングス・マネジメント研究自体の展開をも変化させたといえよう。

以下では，アーニングス・マネジメント研究が現在どこまで明らかになっているかについて，アーニングス・マネジメントの実態，アーニングス・マネジメントの動機，アーニ

ングス・マネジメントとガバナンスとの関連性，内部統制報告制度導入によるアーニングス・マネジメントの量的変化，裁量行動の意図，裁量行動のトレード・オフ，実体的裁量行動の影響，という研究領域に分けて概観する。

(1) アーニングス・マネジメントの実態研究

経営者は，**赤字回避**，**減益回避**，利益予想値の達成という目的によって裁量行動を行っていることが明らかになっている（須田 2007）。Burgstahler and Dichev（1997）Suda and Shuto（2007）および首藤（2010）は，当期純利益の変化額と当期純利益をクロスセクションでプールしたものをヒストグラフで示し，ヒストグラムのゼロ付近の標準化差異を算出した。日米ともに，ゼロ付近の分布がきわめて不規則でゼロの左区間の観測値がきわめて少ないことが明らかとなり，日米ともに減益回避，赤字回避の裁量行動を行っている結果が示された。米国企業は，8－12％が減益回避，30－44％が赤字回避（Burgstahler and Dichev 1997, p.124），日本企業は，33－42％が減益回避，89－91％が赤字回避，日本の経営者が赤字回避による裁量行動に積極的であることが示されている（Suda and Shuto 2007；首藤 2010, pp.76-77）。裁量行動の目的には，利益予想値への達成があり，米国ではアナリスト予想値，日本では経営者予想値を目標にして裁量行動が行われているかを検証する研究もある。須田・首藤（2004）は，経営者が当期純利益と経常利益に関する経営者予想値を目標とした裁量行動を行っていることを示している。

具体的な裁量行動手法としては，米国では80％の回答企業が，研究開発費，広告宣伝費などの裁量的支出を削減し，半数以上（55.3％）の企業は，新規プロジェクトの開始を遅らせると回答した（Graham et al. 2005）。日本でも，広告費などの支出削減（67.0％），設備投資等を減額（36.5％）することによって裁量行動を行っている（須田・花枝 2008）。米国では，四半期利益が利益予想値を下回るような場合は，研究開発費，広告宣伝費，修繕費などの裁量的支出を減額する（79.9％），新規プロジェクトの開始を遅延させる（55.3％），会計的裁量行動に該当する，費用計上を繰り延べる（21.3％），会計上の見積もり（引当金や年金など）を変更する（7.9％）となっており，利益予想値を満たすためには実体的裁量行動を実施していることが明らかとなった（Graham et al. 2005）。日本企業も，広告費等の支出削減（66.87％），設備投資等を減額（53.78％），会計上の見積もり変更（8.23％），費用計上の繰り延べ（11.46％）と回答しており，米国企業と同様実体的裁量行動を選好していることが分かった（須田・花枝 2008）。

(2) アーニングス・マネジメントの動機研究

裁量行動の動機は，財務会計の契約支援機能から派生した動機，財務会計の意思決定支援機能に誘発された動機に分けて検討されてきた（須田 2000）。これまで，裁量行動の動機分析研究は，「株式市場が経営者の裁量行動を見抜くために，経営者は利益調整を通じて株価に影響を与えることができない」（須田 2007, p.34）と考えられ，債務契約，報酬契約，政府契約など契約支援機能の観点から検討されてきた（須田 2000）。たとえば動機としての債務契約を考察してみよう。須田（2000, pp.224-225）は，試験研究費を資産計上する決定要因の1つに負債比率も有意な説明力があり，負債比率の大きい企業ほど研究開発費を資産計上し，後入れ先出法を採用しない傾向があることを示して，債務契約が経営者の会計手続き選択に大きな影響を与えていることを示している。すなわち，須田

(2000) は，債務契約における財務制限条項に抵触する企業の経営者ほど，利益増加型の裁量行動をとることを示唆している。Lobo and Zhou (2006) も，経営者は，裁量的発生高を用いて裁量行動を行うことによって財務制限条項を満たすので，負債レバレッジの高い企業ほど裁量行動を行うインセンティブが高いと述べている。すなわち，Lobo and Zhou (2006) は，財務制限条項を満たすために経営者が裁量的発生高を用いて利益調整を行うと予想し，代理変数に負債比率を用いて検証した。その結果，負債比率には正の係数が観察され，債務契約と利益調整との間には正の関連性があることが示された。首藤 (2007) も，財務制限条項に抵触する可能性がある企業の経営者が，裁量行動をとることを示している。

しかしながら，前でも示したように，近年，経営者が，赤字回避，減益回避，利益予想値を達成するために裁量行動を行っていることを明らかにする研究が蓄積されてきた (Burgstahler and Dichev 1997；Suda and Shuto 2007)。こうした赤字回避，減益回避，利益予想値を満たすための裁量行動は，市場の期待に応えようとしたものであり（須田 2007，p.34），契約の視点だけで裁量行動の動機を説明できないことから株式市場に関連した動機を考察するようになったという（須田2007，p.34）。そして，経営者が利益の目標値を達成する理由として，具体的に，資本市場の信頼性を確保する，株価を維持上昇させる，外部による経営者の評判を確保する，自社の将来における成長性を投資者に伝える，株価のボラティリティを小さくするというような資本市場に関連する動機があることが明らかにされた (Graham et al. 2005)。

実際，裁量行動の理由は，「資本市場の信頼性を構築，株価の安定あるいは向上，経営者にたいする外部からの評判，投資者にたいして将来の成長予想を伝達する，株価ボラティリティの削減，利害関係者との取引保障の安定，従業員のボーナス報酬達成，望ましい格付け達成，財務制限条項違反の回避」の順で回答が多かった。すなわち，上位の回答は株式市場にたいするものであり，下位の回答は契約に関するものであった (Graham et al. 2005；須田・花枝 2008)。日米の経営者は，契約だけではなく資本市場を意識して裁量行動を実施しているのである（須田・花枝 2008）。

首藤 (2010) は，とくに，損失回避，減益回避，利益予想値達成に焦点を合わせた，裁量行動のインセンティブについて契約関係と証券市場に着目して検証し，損失回避の利益の裁量行動が，経営者報酬，経営者交代，財務制限条項などの契約に関するインセンティブがあること，減益回避と経営者予想値達成の裁量行動は，証券市場に関する要因，エクイティ・インセンティブ，利益の株式価値関連性，成長性，直接金融にあることを解明した。

一方，実体的裁量行動の動機研究はそれほど蓄積されていない。Roychowdhury (2006) は，実体的裁量行動を検出する実証モデルを展開し，営業活動によるキャッシュ・フロー，製造費用，裁量的支出変数を用いて，経営者が一時的に売上を増加させるための値下げ，売上原価を低めるための過剰生産，裁量的支出の削減によって損失回避を実施していることを発見した。Pan (2009) は，少額利益を報告している企業は，損失回避のために実体的裁量行動を行っていることを発見している。山口 (2011) は，売上操作，裁量的費用の削減，過剰生産という利益増加型の実体的裁量行動は，負債比率が高いほど，経営者交代前，規模が大きいほど減少すること，売上操作や過剰生産は損失回避インセンティブによって促進されることなどを明らかにした。

(3) アーニングス・マネジメントとガバナンスとの関連性研究

裁量行動に対する抑制要因となる**ガバナンス**との関係を構築する研究も構築されてきている。Bushee (1998) は，機関投資家の資本構成が，経営者が短期利益目標達成のために行う研究開発費を削減するインセンティブに影響を与えているかを検証し，機関投資家の資本構成が高い場合に減益回避目的で研究開発費を抑制する傾向は少なくなることを示し，機関投資家が経営者の裁量行動にたいしてモニタリング的役割を果たしていることを示唆している。

Leuz et al. (2003) は，投資者保護が強い場合に経営者の会計的裁量行動が抑制されるかどうかについて，**平準化 (smoothness) 尺度**と会計的裁量行動尺度を変数として用いて，強い法の強制力を有して投資者保護が強い国群，法的強制力が強いが投資者保護はそれほど強くない国群，弱い法的強制力かつ弱い投資者保護の国群に分類して検証した。その結果，投資者保護が強い場合，内部者はほとんど私的便益を享受できないため会計的裁量行動が減少することが示された。Enomoto et al. (2013) は，Leuz et al. (2003) の会計的裁量行動変数に加えて実体的裁量行動変数を用いて投資者保護が強い場合には，会計的裁量行動から実体的裁量行動にシフトすることを示している。

Becker et al. (1998) は，BIG 6以外を監査法人とする企業の裁量的発生高が，BIG 6を監査法人とする企業の裁量的発生高よりも高いことを明らかにしている。BIG 6が企業の利益増加型の会計的裁量行動を抑制する働きがあることから，監査の質が会計的裁量行動抑制に影響を及ぼすことを明らかにした。

(4) 内部統制報告制度導入によるアーニングス・マネジメントの量的変化研究

米国サーベンス・オクスリー法 (Sarbanes-Oxley Act of 2002, SOX法) 導入以降，裁量行動 (代理変数は裁量発生高) がSOX法導入前後でどう変化したかに関する研究が蓄積されている (Lobo and Zhou 2006; Cohen et al. 2008; Epps and Guthrie 2010; Li et al. 2008; 中島 2013)。Lobo and Zhou (2006) は，SOX法導入以降，企業が低い裁量的発生高を報告していることを示している。

Epps and Guthrie (2010) は，重大な欠陥を開示した企業とコントロール企業を対象にSOX法導入以降の裁量的発生高を検証した。その結果，重大な欠陥を開示した企業の裁量的発生高は増加していることを明らかにしている。

SOX法は，第302条で上場企業の最高経営責任者 (CEO) および最高財務責任者 (CFO) にたいして財務諸表の適正性と完全網羅性について宣誓させるとともに，第906条でSOX法の規定を満たしていない財務諸表であることを知りながら宣誓することにたいする罰則を課した。こうした罰則の強化によって，CEOおよびCFOが会計的裁量行動を抑制することが予想できる。Cohen et al. (2008) は，未行使オプションにたいして正の裁量的発生高が会計不正の時期に増加したが，SOX法導入以降有意に減少したことを示し，SOX法導入以降の会計的裁量行動の減少が株式オプションに課せられた罰則によるものであることを示している。

Li et al. (2008) は，SOX法の規定に関する不確実性を減少させるようなイベントや，SOX法の施行が有効となるようなイベントにたいする株式市場の反応を分析し，株価リターンが，裁量行動とは正の関連性，監査委員会メンバーの非独立性や外部監査人による非監査サービスにたいしては負の関連性を示すことを明らかにした。すなわち，SOX法によって，裁量行動が抑制されガバナンスが向上し，SOX法には財務情報の精度や信頼

性が改良するという前向きなプラスの効果があると投資者が期待したという結果を Li et al.（2008）は示したのである。

会計発生高の質が会計発生高と有意な関連性があることから，重要な欠陥開示企業は裁量行動を会計発生高に施し会計発生高の質を低下させたことを示唆している。SOX法は，財務諸表に関する会計基準自体を改革した規制ではないが，SOX法導入が会計情報の質を変化させた証拠を提示している。これらの会計情報の質の変化の背後には経営者の裁量行動の変化が影響を及ぼしたと考えられる。

(5) 裁量行動の意図に関する研究

経営者の会計手続き選択には，企業価値の最大化に結びつくような効率的手続きの視点の他に，経営者自らの経済状態をよくするための**機会主義的会計手続き**（須田 2000, p.358），投資者の財務諸表の予測能力を高めるために行うような**情報伝達的会計手続き**の視点がある（須田 2000, pp.361-362）。経営者が会計手続きを弾力的に選択することによって，非裁量的要素には反映された企業価値に関連した有用な情報を提供することが可能になり，経営者と投資家のコミュニケーションが改善されるという（須田 2000, p.417）。

裁量行動の**情報伝達的意図**か**機会主義的意図**に関する研究は，あまり蓄積されていない。中島（2012）では，投資者にとって財務諸表数値が予測の適切な指標となりかつ会計発生高の質を高める裁量行動を情報伝達的裁量行動，予測の適切な指標とならずかつ会計発生高の質を低める裁量行動を機会主義的裁量行動とひとまず定義して裁量行動の意図を判明することを目的とした分析を行っている。

中島（2012）では，重要な欠陥開示企業の裁量行動の意図が機会主義的か情報伝達的であるかを検証し，重要な欠陥開示企業の裁量行動は，裁量的発生高を用いた会計的裁量行動でかつ機会主義的意図を有する可能性が高いことが示された。

裁量行動の意図が（日本における内部統制規制 **J-SOX法**）施行前後でどのように変化してきたかを内部統制報告書で**重要な欠陥を開示した企業（MW企業）**とペアサンプルを用いて分析したのが中島（2013）である。中島（2013）は，J-SOX法施行以降，MW企業は，J-SOX法施行以降も会計的裁量行動が観察されたが，統制企業は実体的裁量行動が観察されなくなったこと，MW企業の会計的裁量行動は，会計発生高の質が会計発生高と有意な関連性を有しているため，機会主義的意図を有する可能性が高く，一方，統制企業の会計的裁量行動は，会計発生高の質が会計発生高と有意な関連性を有していないため，情報伝達的意図を有するものに変更した可能性が高いことを示唆した。また，統制企業はJ-SOX法以降，実体的裁量行動も回避し，会計的裁量行動については情報伝達意図に変更したと解釈できることを示している。

(6) 裁量行動のトレード・オフ研究

内部統制報告規制施行以降，会計的裁量行動と実体的裁量行動の**トレード・オフ**関係を検討する研究が増加している。会計的裁量行動は，価格や生産に関する実際の意思決定よりも監査人や規制当局の精査を受けやすい（Roychowdhury 2006；Gunny 2010）。精査によって会計的裁量行動が抑制されることを示唆するものといえる。一方，実体的裁量行動はコストがかかるが検出されにくい（Cohen et al. 2008, P.759；Graham et al. 2005）。特に，SOX法導入以降，経営者は会計的裁量行動がないことを利害関係者に保証しなければならないこともあるし，たとえ適切な会計手続き選択でも，その会計処理は利益の裁量行動から引き出された結果であると規制当局によって，結論付けられるリスクを恐れ（Graham et al. 2005），おのずと会計的

裁量行動が抑制されることが予想できる。

SOX法第404条は，CEOおよびCFOにたいして内部統制の有効性を評価する内部統制報告書を提出することを義務付けた規定である。**公開会社会計監視委員会（PCAOB）**が「内部統制（システム）は，財務諸表の虚偽記載となる誤謬や不正を防止および（あるいは）検出することを目指している」（PCAOB 2004, para 7, p.155）と明示しているように，内部統制報告制度は，企業にGAAP違反である虚偽記載や粉飾決算につながる誤謬や不正を防止できる内部統制を整備させ，経営者に内部統制が有効に働くことに責任をもたせる制度である。

効果的な内部統制システムのもとでは，不十分な認識基準，権限分離の不備が解決され，経営者の裁量行動を防止できることが予想できる。内部統制上に弱点があると，見積もりミスや経営者による意図的な裁量行動が発生するリスクが増大する。たとえば，意図的な裁量行動を見逃して不正表示になったりするからである（Ge and McVay 2005）。したがって，整備された内部統制報告システムによって会計的裁量行動が抑制されることが予想できる。

Graham et al.（2005）によると，会計的裁量行動は，監査人に精査されるようになったが，実体的裁量行動は通常の一連の経済活動とみなされ容易には裁量行動だと見抜かれないという。

経営者は**赤字回避**や**減益回避目的**で裁量行動を実施する（Burgstahler and Dichev 1997; Suda and Shuto 2007）。証券市場に上場している企業は，赤字回避や減益回避という証券市場にたいするモチベーションは，たとえSOX法が導入されても，上場を続ける限り維持されると予想できる。こうしたことから，赤字回避や減益回避という証券市場にたいするモチベーション維持のために，経営者は，SOX法導入以降，会計的裁量行動から実体的裁量行動に手法を変更すると予想できる。

Graham et al.（2005）および須田・花枝（2008）は，調査結果に依拠して日米それぞれの会計不正事件および内部統制報告制度導入以降，経営者が裁量行動をシフトさせた可能性を示唆している。こうした調査のインプリケーションをふまえて経営者が裁量行動手法を内部統制報告制度導入以降変化させたのかどうかを検証したのがCohen et al.（2008）と中島（2011）である。

Cohen et al.（2008）は，会計的裁量行動および実体的裁量行動が会計不正事件発生前後およびSOX法導入前後に変化があったかどうかを分析し，会計的裁量行動がSOX法適用前に増加しSOX法導入以降に有意に減少し，実体的裁量行動がSOX法導入以前減少し，SOX法導入以降有意に増加したことを示している。Cohen et al.（2008）は，SOX法導入以降における会計的裁量行動の減少は主に利益増加型裁量行動の減少によること，すなわち，投資者，監査人，規制当局による精査の増大やインセンティブ報酬にたいする罰則によってSOX法導入以降における裁量の発生高が減少したことを示している。

中島（2011）は，裁量行動の**トレード・オフ**の分析に加えて，内部統制報告制度の適用が経営者による裁量行動を変化させたとすれば，それは証券市場インセンティブからかあるいは負債レバレッジによる規律からか，裁量行動の変化とその背後にあるインセンティブと制約との関係を検証した。その結果，会計的裁量行動が減少傾向となる一方で，実体的裁量行動が微増傾向となること，会計的裁量行動と実体的裁量行動のトレード・オフの関係が観察できた。多変量回帰分析結果からは，証券市場モチベーションはSOX法適用以降，会計的裁量行動だけではなく実体的裁量行動の抑制要因になったこと，負債レバレッジは，SOX法適用以前は実体的裁量行動のインセンティブになっていたが，SOX

法適用以降は，会計的裁量行動にたいする抑制要因となったことが分かった。SEC基準適用日本企業は，SOX法適用以降若干裁量行動を実体的裁量行動へシフトさせた傾向がみられるが，SOX法適用以降は，特に株式市場モチベーションや負債レバレッジが裁量行動の抑制する方向へ影響を及ぼしたといえる。

Badertscher（2011）は，株価の過大評価が経営者の裁量行動にどのように影響を及ぼしているかを検討し，過大評価されている企業の経営者は，企業業績と関連するストック・オプションやボーナスを有する場合，その過大評価された持分を維持する強いインセンティブを有すること，また，過大評価が長くなるほど，裁量行動の量が増加すること，経営者は持分の過大評価を継続するために過大評価の早期段階に会計的裁量行動を実施することを明らかとした。すなわち，株価の過大評価とその時期が経営者の裁量行動選択の決定要因になっていることが示された。

監査の質と実体的裁量行動との関連性を検証したのがChi et al.（2011）およびBurnett et al.（2012）である。Chi et al.（2011）は，特に利益予想値達成インセンティブを有する企業に焦点を合わせ，高い監査の質と実体的裁量行動との間に有意な関連性を明らかにしている。Burnett et al.（2012）も，監査の質が高く会計的裁量行動が抑制されると，アナリスト予測を満たすために企業は自己株式取得という実体的裁量行動を行う傾向があることを示している。

Cohen and Zarowin（2010）は，経営者の裁量行動の選好は，会計的裁量行動を用いる企業の能力（正味営業資産）とコスト（資本市場による精査や潜在的なペナルティの検出，目標利益達成の困難性）によって変化するかどうかを検証し，監査の質，訴訟が多い産業，正味営業資産のレベル，SOX法が公募増資の際における実体的裁量行動の増加と有意な関連性があることを示した。経営者は，公募増資の際には実体的裁量行動を用いていること，SOX法によって会計的裁量行動がよりコストがかかるようになり，企業はSOX法導入以降，会計的裁量行動から実体的裁量行動へとシフトさせるようになったことを示している。

Zang（2012）は，経営者がどのように実体的裁量行動と会計的裁量行動の**トレード・オフ**を戦略として用いているかを検証し，経営者の裁量行動のトレード・オフが，裁量行動のコストおよびタイミングに影響を受けることを明らかにした。彼女は，会計的裁量行動が，SOX法施行以降会計実務に関する高度な精査がある場合や前年度の会計発生高の操作によって会計手続きの弾力性が限定されコストがかかる場合に実体的裁量行動が多く実施されること，また，期中に実体的裁量行動が実施され，実体的裁量行動の結果に基づいて会計期末に会計的裁量行動で調整する—すなわち，実体的裁量行動が予期せず高く（低く）なった場合は，会計的裁量行動を減少（増加）させることを示し，会計的裁量行動と実体的裁量行動が実施される時期を明らかにした。

Chen et al.（2014）は，**同族企業**および非同族企業のデータを用いて，同族企業は名声を減少させるような裁量行動をとらない，コストを削減可能な裁量行動をとるという2つの仮説を設定して，会計的裁量行動と実体的裁量行動の度合いを分析した。その結果，同族企業の会計的裁量行動は，非同族企業の会計的裁量行動よりも高いが，実体的裁量行動に関しては同族企業のほうが低いことが明らかとなった。また，同族企業では創業者の株式所有比率が高まるほど会計的裁量行動が増加した。同族企業はコストの差異を比較することによって非同族企業よりも実体的裁量行動よりも会計的裁量行動を用いることが示された。

(7) 実体的裁量行動の影響研究

実体的裁量行動は，その取引を正しく会計処理する限りGAAP違反ではないので，監査報告書も限定付適正意見やSECによる強制法執行となるわけではないが，利益の質や，将来の企業業績に著しい影響を与える（Dechow and Schrand 2004, p.39)。

Roychowdhury（2006）は，**売上操作**，**裁量的支出**の削減，**過剰生産**という3つの実体的裁量行動とその営業活動によるキャッシュ・フロー（OCF）水準への影響に焦点を合わせている。売上操作とは，経営者が値下げや代金決済猶予を提示することによって追加的に売上を生み出し，当期における売上を一時的に増加させることである。値下げによる追加的な売上から生じた現金収入は，値下げ分と相殺されて，粗利が下落するにつれて減少する。プラスの粗利が想定されて追加的な売上が記帳されるにつれて当期の合計利益は高くなるが，値下げによる低い粗利によって生産コストは異常に高くなる。また，代金決済の猶予も，仕入れ業者が割引を企業に提示しない限り，低い現金収入を導く。このような売上操作は，通常の売上水準よりも，当期のOCFを減少させ，高い生産コストを導くのである。

研究開発費，広告宣伝費などの削減により企業は，費用を低くして利益を増加させることができる。このような裁量的支出の削減によって実際の現金支出が減り，当期のOCFが増加するが，一方で，将来のOCFが減少するというリスクが生じることになる（Roychowdhury 2006, p.340)。

経営者は，利益を増やすために予想需要に必要な水準以上の製品を生産することが可能である。高い生産水準によって単位ごとの固定費が低くなる。これにより，売上原価が低くなり，企業は，高い営業粗利を報告できる。しかしながら，過剰生産に伴い生産および保有コストがかかり，結果として，営業活動からの現金収入は，通常の売上水準から生じる水準よりも低くなる。こうして，過剰な値下げや過剰生産は，生産コストを異常に高くするとともに，OCFを減少させるという影響がある（Roychowdhury 2006, pp.340-341)。こうして，経営者が実体的裁量行動を施すことによって，OCFなどの企業業績に偏向が生じることになるのである。

実体的裁量行動が及ぼす負の影響について実証結果を示したのがGunny（2010）および山口（2009）である。Gunny（2010）は，費用を減少するための研究開発費の削減，販売費および一般管理費の削減，利益を報告するための固定資産の売却，値引きや信用条件変更による売上操作，売上原価を低減させるための過剰生産という4つの実体的裁量行動が2つの利益ベンチマーク（ゼロと前年度利益）を満たすことに関連しているか，利益のベンチマークを満たす実体的裁量行動が将来業績と関連しているかを検証した。その結果，実体的裁量行動は利益のベンチマークを満たすことに有意に関連していること，利益ベンチマークを満たす実体的裁量行動が，実体的裁量行動を実施していない企業やベンチマークを満たしていない企業と比べて将来業績と有意な関連性を有していることを示している。

山口（2009）は，利益増加型の実体的裁量行動が純資産利益率の将来業績に負の影響を与えるかどうかを分析している。その結果，実体的裁量行動によって機会主義的に利益を増加させた企業は，実体的裁量行動を実施していない企業や機会主義的意図をもたずに実体的裁量行動を実施した企業よりも将来業績が有意に低くなることを示している。この結果は，Roychowdhury（2006）の論拠と整合する結果である。

5 今後の研究課題

アーニングス・マネジメント研究では，**内**

部統制報告制度導入がエポックとなっている。それは，経営者は，内部統制報告制度施行に伴い内部統制システムを整備させたが，一方で経営者の裁量行動を会計的裁量行動から実体的裁量行動へとシフトさせた可能性があり，その経営者による裁量行動の変更に伴って，アーニングス・マネジメント研究の展開も変化したからである。

まず，今後の課題としては，こうした会計規制の厳格化による実体的裁量行動へのシフトという企業活動の実態に鑑みて，実体的裁量行動が企業価値や利益の質，コストに与える影響など，実体的裁量行動による経済的影響を長期にわたって分析することが急務といえる。財務データの信頼性に関する会計環境とアーニングス・マネジメントの有無（程度）がまさに利益の質に関して制度上検討されている論点であり（黒川 2009, p.111），今後も会計環境とアーニングス・マネジメントの利益の質との相互関係に常に着目していく必要があるであろう。

裁量行動の実態研究や裁量行動のトレード・オフ研究については，米国企業およびSEC基準日本企業ではおおむね整合する結果が得られている。しかしながら，日本企業をサンプルとした実証研究では裁量行動のトレード・オフは発見できず，整合した結果とはいいがたい。こうした結果の差異は，日本の内部統制報告規制によるものなのか，日本独自のガバナンス構造によるものなのか，日本独自の会計環境を織り込んだ仮説を設定して，日本から実証結果を提示していく必要がある。中島（2011）は，裁量的発生高における内部統制報告制度の影響分析において，負債比率を代理変数としたが，メインバンク株式保有比率など株式所有構造もガバナンスとして合わせて検討する必要性がある。とくに，実体的裁量行動による経済的帰結に関する実証研究結果をふまえて，実体的裁量行動に関するガバナンスの問題についてグローバル時代にふさわしい普遍的なガバナンスがあるのか，あるいは各ビジネス環境に適応するガバナンスが妥当なのかも考察していかなければならないであろう。

米国には，SOX法によるガバナンスの向上にたいする株式市場の反応の研究がある（Li et al. 2008）。内部統制規制により企業が裁量行動を抑制したことを投資家が期待しているかどうか，日本企業のサンプルを用いて裁量行動の変化と株式市場の反応を検証する必要がある。

さらに，会計的裁量行動の測定には，Jones（1991）モデル，修正Jonesモデル，OCF修正Jonesモデルが用いられてきた。裁量行動は利益の質に影響を及ぼすので，裁量的発生高推定モデルについては会計発生高の質推定モデルと関連させたモデルの精緻化を追究してもよいであろう。

〔参考文献〕

浅野信博，首藤昭信（2007）「会計操作の検出方法」須田一幸，山本達司，乙政正太編著『会計操作』ダイヤモンド社，86-108頁。

Badertscher, B.A. (2011) "Overvaluation and the choice of alternative earnings management mechanisms", *The Accounting Review*, 86(5): 1491-1518.

Becker, C., M. DeFond, J. Jiambalvo, and K.R. Subramanyam. (1998) "The effect of audit quality on earnings management", *Contemporary Accounting Research*, 15(1): 1-24.

Burgstahler, D and L. Dichev. (1997) "Earnings management to avoid earnings decreases and losses", *Journal of accounting and Economics*, 24(1): 99-126.

Burgstahler, D. and M. M. Eames. (2006) "Management of earnings and analysts' forecasts to achieve zero and small positive earnings surprises", *Journal of Business Finance & Accounting*, 33 (5-6) 633-652.

Bushee, B. (1998) "The influence of institutional investors on myopic R&D investment behavior", *The Accounting Review*, 73(3):

305-333.

Burnett. B.M., B. M. Cripe, G.W. Martin, and B.P. McAllister. (2012) "Audit quality and the trade-off between accretive stock repurchases and accruals-based earnings management", *The Accounting Review*, 87(6): 1861-1884.

Chi, W., L. L. Lisic, M. Pevzner. (2011) "Is enhanced audit quality associated with greater real earnings management?", *Accounting Horizons*, 25(2): 315-335.

Chen, T., Z. Gu., K. Kubota, and H. Takehara. (2014) "Accruals based and real activities based earnings management behavior of family firms in Japan", *2014 Annual meeting of American Accounting Association in Atlanta*.

Cohen, D., A. Dey, and T. Lys. (2008) "Real and accrual-based earnings management in the pre- and post-Sarbanes-Oxley periods", *The Accounting Review*, 83(3): 757-787.

Cohen, D.A. and P. Zarowin (2010) "Accrual-based and real earnings management activities around seasoned equity offerings", *Journal of Accounting and Economics*, 50(1): 2-19.

Comiskey, E. E. and C. W. Mulford. (2000) *Guide to Financial Reporting and Analysis*. Wiley.

Dechow, P. M. and C. M. Schrand.(2004) *Earnings Quality*. The Research Foundation of CFA Institute.

Dechow, P. M. and D. J. Skinner. (2000) "Earnings management: reconciling the views of accounting academics, practitioners, and regulators", *Accounting Horizons*, 14(2): 235-250.

Dechow, P. M., R.G. Sloan, and A.P. Sweeney. (1995) "Detecting earnings management", *The Accounting Review*, 72(2): 193-226.

Enomoto, M., F Kimura, and T.Yamaguchi. (2013) "Accruals-based and real earnings management: An international comparison for investor protection", *Discussion Paper Series Research Institute of Economics and Business Administration*.

Epps, R.W. and C.P. Guthrie. (2010) "Sarbanes-Oxley 404 material weaknesses and discretionary accruals", *Accounting Forum* 34: 67-75.

Ge, W. and S. McVay. (2005) "The disclosure of material weaknesses in internal control after the Sarbanes-Oxley Act", *Accounting Horizons*, 19(3): 137-158.

Graham, J.R. C.R.Harvey, and S .Rajgoapal. (2005) "The economic implications of corporate financial reporting", *Journal of Accounting and Economics*, 40 (1-3): 3-73.

Gunny, K.A. (2010) "The relation between earnings management using real activities manipulation and future performance: Evidence from meeting earnings benchmarks", *Contemporary Accounting Research*, 27(3): 855-888.

Jones, J. (1991) "Earnings management during import relief investigations", *Journal of Accounting Research*, 29(2): 193-228.

Kasznik. R. (1999) "On the association between voluntary disclosure and earnings management", *Journal of Accounting Research*, 37(1): 57-82.

黒川行治 (2007)「利益の質と会計社会の変容」『三田商学研究』第50巻第1号，4月。

黒川行治 (2009)「利益の質と非効率的な市場」黒川行治編著，『実態分析　日本の会計社会　市場の質と利益の質』中央経済社，99-120頁。

Li, H., M.Pincus, and S.O.Rego. (2008) "Market reaction to events surrounding the Sarbanes-Oxley Act of 2002 and earnings management", *Journal of Law and Economics*, 51(1): 111-134.

Lobo, G. J. and J. Zhou. (2006) "Did conservatism in financial reporting increase after the Sarbanes-Oxley Act? Initial evidence", *Accounting Horizons*, 20: 57-73.

Leuz, C. D., Nanda, and P. D. Wysocki. (2003) "Earnings management and investor protection: an international comparison", *Journal of Financial Economics*, 69: 505-527.

Mulford, C.W. and E. E. Comiskey. (2002) *The Financial Number*, Wiley.

中島真澄 (2011)「会計的裁量行動，実体的裁量行動と内部統制報告制度の分析」中島真澄著『利益の質とコーポレート・ガバナンス－理論と実証－』白桃書房，145-179頁。

中島真澄（2012）「重要な欠陥開示企業の裁量行動分析」『経営分析研究』第28号，21-36頁。

中島真澄（2013）「内部統制報告規制が利益の質と裁量行動に与えた影響」『経営分析研究』第29号，37-46頁。

岡部孝好（1997）「利害調整会計における意思決定コントロールの役割」『企業会計』第49巻第5号，4-10頁。

Pan, C.K.（2009）"Japanese firms' real activities earnings management to avoid losses",『管理会計学』第17巻第1号，3-23頁。

Public Company Accounting Oversight Board (PCAOB)（2004）Auditing Standard No.2-*An audit of internal control over financial reporting performed in conjunction with an audit of financial statements.*

Roychowdhury, S.（2006）"Earnings management through real activities manipulation", *Journal of Accounting and Economics*, 42(3): 335-370.

Schipper, K.（1989）"Commentary on earnings management", *Accounting Horizons* 3: 91-102.

首藤昭信（2010）『日本企業の利益調整』中央経済社。

須田一幸（2000）『財務会計の機能―理論と実証』白桃書房。

須田一幸（2007）「粉飾決算と会計操作の諸相」須田一幸，山本達司，乙政正太編『会計操作』ダイヤモンド社，2-58頁。

須田一幸，花枝英樹（2008）「日本企業の財務報告―サーベイ調査による分析―」『証券アナリストジャーナル』ダイヤモンド社。

須田一幸，首藤昭信（2004）「経営者の利益予想と裁量的会計行動」須田一幸編著『ディスクロージャーの戦略と効果』森山書店。

Suda, K. and A.Shuto.（2007）"Earnings management to meet earnings benchmarks: Empirical evidence from Japan, in M. H. Neelan ed.," *Focus on Finance and Accounting Research*, Nova Science Publisher, Inc., New York. 67-85.

Watt, R. L. and J. L. Zimmerman.（1986）*Positive Accounting Theory*. New York, NY: Prentice-Hall.（須田一幸訳（1991）『実証理論としての会計学』白桃書房。）

山口朋泰（2009）「機会主義的な実体的裁量行動が将来業績に与える影響」『会計プログレス』第10号，117-137頁。

山口朋泰（2011）「実体的裁量行動の要因に関する実証分析」『管理会計学』第19巻第1号，57-76頁。

Zang, A. Y.（2012）"Evidence on the trade-off beween real activities manipulation and accrual-based earnings management", *The Accounting Review*, 87(2): 675-703.

［中島真澄］

Ⅳ　アクルーアル・アノマリー

1　先駆的研究であるSloan（1996）の紹介

アクルーアル・アノマリーとは，**会計発生高**（会計利益とキャッシュ・フローの差額）が大きい（小さい）企業ほど，その後の株式リターンが低く（高く），会計発生高に将来リターンの予測能力があることをいう。

アクルーアル・アノマリーの先駆的研究は，カリフォルニア大学バークレー校教授であるRichard Sloan氏による研究（Sloan（1996））である。Sloan（1996）は，発生主義会計のもと費用・収益の見越し・繰延べなどの会計処理を通じて計上される会計発生高が反転（reverse）しやすく，次年度以降に持続する程度（持続性）がキャッシュ・フローよりも低いことに着目する。そして，投資家がキャッシュ・フローと会計発生高の異なる持続性を別々に評価し，株価に織り込むのかどうかを，1962年から1991年までの30年間を対象に分析した。会計発生高の大きさに基づき十分位の株式ポートフォリオを作成し，決算日後4ヶ月目から1年にわたり，規模調整済みの株式リターンを観察したところ，①会計発生高が最もマイナスの企業群（第1ポート

フォリオ）では年平均で4.9％，最もプラスの企業群（第10ポートフォリオ）では年平均で−5.5％の株式リターンが得られ，②前者を購入し後者を空売りするロング・ショート・ポートフォリオにより，10.4％の株式リターンが獲得でき，③このプラスの株式リターンが30年のうち28年で観察されることが判明した。Sloan（1996）は，投資家が会計発生高の低い持続性（反転効果）を意識せず，表面的な会計利益の額だけで企業を評価するため（**機能固定化**），会計発生高が多い（少ない）企業を過大評価（過小評価）する傾向にあると解釈している。会計発生高に関する情報は公表された財務諸表から入手可能であるにもかかわらず，将来リターンの予測能力があることから，この現象は**効率的市場仮説**の考え方とは整合しない**アノマリー**現象とみなされている。

2 会計発生高の構成要素別分析

アクルーアル・アノマリーは，Sloan（1996）による発見以降，多方面から分析が進められている。その1つが，会計発生高の構成要素別分析である。Thomas and Zhang（2002）は，Sloan（1996）の会計発生高を構成要素別に分解して，アクルーアル・アノマリーを発生させる主因を分析し，棚卸資産の変化額が将来リターンと最も強い関連があることを示した。彼らはその理由として，製品・商品に対する需要の悪化（改善）が棚卸資産の増加（減少）やその後の収益性の低下（上昇）を招くものの，収益性の変化を隠すための利益調整などにより，市場が即座に需要の変化を見抜けないことを挙げている。

会計発生高を，経営者の裁量による部分（裁量的発生高）とそうでない部分（非裁量的発生高）に分解した上で，将来リターンとの関係を分析する研究もある。Xie（2001）はSloan（1996）と同様の手法で分析し，①市場が裁量的発生高の低い持続性を過大評価すること，②裁量的発生高に基づくロング・ショート・ポートフォリオの方が，非裁量的発生高よりも将来リターンが大きいことを示した。Richardson et al.（2005）は，Sloan（1996）よりも会計発生高を幅広く定義したうえで，会計上の見積りを多分に含み，測定の信頼度が低い発生高（貸倒引当金，棚卸資産・事業用固定資産の期末評価など）ほど持続性が低く，将来リターンとの負の関連性が強いこと明らかにした。

このように，会計発生高の構成要素のうち，棚卸資産，裁量的発生高，そして測定の信頼度の低い発生高がアクルーアル・アノマリーを生じさせることが，先行研究で示されている。

3 アクルーアル・アノマリーの国際比較

アクルーアル・アノマリーは世界各国で観察されている。Pincus et al.（2007）は1994年から2002年までを対象に，会計発生高に基づくロング・ショート・ポートフォリオを世界各国で調査し，20カ国中17カ国（85.0％）で正の将来リターンが得られ，そのうち7カ国（35.0％）が5％水準で有意であることを示した。Leippold and Lohre（2012）は，分析期間を1994年から2008年までに拡張し，26カ国中22カ国（84.6％）で正の将来リターンが得られ，9カ国（34.6％）が5％水準で有意であることを明らかにした。両研究でともに5％水準で有意な結果が見られた国は，オーストラリア，アメリカ，タイ，日本の4カ国であり，日本以外は英米法（common law）諸国であった。

アメリカのように資本市場がより効率的とされる国でアクルーアル・アノマリーが観察されるのは，驚くべき結果である。Pincus et al.（2007）は，大陸法（civil law）諸国よ

りも英米法諸国の方が利益情報の有用性（価値関連性）が高いこともあり，投資家が会計利益の額だけで企業を評価すると推測した。しかし，これは推測の域を出ず，今後の課題として残されている。最後に，アクルーアル・アノマリーの国際比較研究は，国によって観測数が大きく異なり，特に資本市場の発展していない国の観測数が少ないため，低い検定力が結果に影響している点には注意が必要である。

4　他のアノマリーとの区別

アクルーアル・アノマリーが他のアノマリーと区別できるかどうかを調査した研究も多い。他のアノマリーとして取り上げられるものには，**利益公表後ドリフト**（Post Earnings Annnouncement Drift；PEAD），**アナリスト予想改訂アノマリー**，**割安株・成長株アノマリー**がある。

PEADとは，株価が利益公表後の反応と同一方向に変動し続ける現象である。当期利益が持つ将来利益の予測能力を市場が過小評価していることを示唆するものであるため，利益サプライズ（当期利益と期待利益の差）が正（負）の場合，将来リターンも正（負）になると予想される。また，アナリスト予想改訂アノマリーは，株価がアナリストの利益予想改訂後の反応と同一方向に変動し続ける現象をいう。市場がアナリストの利益予想改訂を過小評価していることを示唆するため，アナリストの利益予想改訂が正（負）の場合は，将来リターンは正（負）になると予想される。アクルーアル・アノマリーの場合，会計発生高が正（負）の場合，将来リターンは負（正）になると予想されるため，PEADとアナリスト予想改訂アノマリーは，将来リターンに対してアクルーアル・アノマリーとは正反対の含意を持つ。利益サプライズと会計発生高の両方またはアナリストの利益予想改訂と会計発生高の両方を利用すると，単独利用の場合に比べて，ロング・ショート・ポートフォリオにより高い将来リターンが得られ，両アノマリーがアクルーアル・アノマリーとは別の現象であることが実証的に示されている。

対照的に，将来リターンに対してアクルーアル・アノマリーと同じ含意を持つものに，割安株・成長株アノマリーがある。これは，成長株よりも割安株の方が将来リターンが大きい現象をいい，市場が企業の過去の（売上，利益）成長率を過大評価していることを示唆する。アクルーアル・アノマリーは，市場が会計発生高の持続性を過大評価することから生じるため，両アノマリーは過去の会計数値の持続性または成長率を過大評価するという点で共通する。とはいえ，Desai et al. (2004)は割安株・成長株を表す4つの変数（売上成長率，純資産簿価時価比率，利益株価比率，現金株価比率）でコントロールしてもなお，会計発生高と将来リターンの間に負の関連性が観察されたことから，両アノマリーは別の現象であると論じている。

5　アクルーアル・アノマリーの発生原因

アクルーアル・アノマリーは世界で広く観察され，他のアノマリーとも異なる独立した現象であることが明らかにされてきたが，その発生原因の解釈については，論者間で意見が分かれている。会計アノマリー研究（PEAD，アクルーアル・アノマリー，財務諸表分析，残余利益モデル）を詳細にレビューしている音川（2013）によれば，会計アノマリーの発生原因は，①**リスク調整の不備**，②**市場参加者の心理的バイアス**，③合理的な投資家による**裁定取引**が十分に機能しない市場構造（**マーケット・ストラクチャー**）の3つに大別可能である。

1つ目のリスク調整の不備は，効率的市場仮説に基づく解釈であり，リターンの計測にあたり，リスクが十分にコントロールされないために，本来であれば生じるはずのないアノマリー現象が観察されると解釈する。例えばKhan（2008）は，4つのリスク要因（企業規模，純資産簿価時価比率，将来の期待キャッシュ・フローに関するニュース，将来の期待リターンに関するニュース）を用いた4ファクターモデルによって，アクルーアル・アノマリーの大部分が説明できることを示し，会計発生高の将来リターン説明力は，リスク調整の不備によるものと解釈している。

2つ目の原因である市場参加者の心理的バイアスは，市場の非効率性を前提にした解釈であり，心理的なバイアスを持つ市場参加者が存在し，その非合理的な期待や行動の結果として，市場の非効率性が生まれるとする。情報収集や情報処理に洗練された市場参加者（機関投資家，アナリスト，監査人が代表例）ほど，心理的なバイアスをもたないと仮定すれば，洗練された投資家（機関投資家）に株式所有される割合が高い企業ほど，株価形成が効率的になり，アクルーアル・アノマリーが小さくなると考えられる。この仮説と整合するように，短期売買を繰り返すアクティブな機関投資家（transient institutional investor）の株式所有が高い企業ほど，アクルーアル・アノマリーが小さくなることが観察されている。その一方で，セルサイドのアナリスト，監査人，格付会社といった洗練された市場参加者でさえ，会計発生高をミスプライスしていることを示す結果も報告されている。

3つ目の原因も市場の非効率性を前提にした解釈であり，裁定取引が十分に機能しない市場構造の結果として，市場の非効率性が解消されないとする。裁定取引とは，価格差を利用して利益を稼ぐ取引であり，市場の歪みを是正し，適正な市場価格の形成に寄与するものであるが，取引費用または裁定取引のリスクが高い企業では，裁定取引が十分に働かず，アノマリーが観察される場合がある。Mashruwala et al.（2006）は，固有リスク（idiosyncratic risk）を含むリターンのボラティリティが高い企業では裁定取引が十分に機能せず，ミスプライスの解消に時間を要することを前提に分析を行い，固有リスクの高い企業ほどアクルーアル・アノマリーが観察されたことから，アクルーアル・アノマリーの発生原因として，裁定取引が十分に機能しないことを挙げた。

ただし，いずれの発生原因も実証分析による反証結果が報告されており，現時点では統一的な見解は示されていない。適切なリサーチ・デザインを設計したうえで，繰り返し検証を続ける必要がある。

〔参考文献〕

音川和久（2013）「市場の効率性とマイクロストラクチャー」伊藤邦雄，桜井久勝編著『会計情報の有用性』中央経済社，123-162頁。

Desai, H.M., S. Rajgopal, and M. Venkatachalam, (2004) "Value-Glamour and Accruals Mispricing: One Anomaly or Two?", The Accounting Review, Vol.79, No.2, pp.355-385.

Khan, M., (2008) "Are Accruals Mispriced: Evidence from Tests of an Intertemporal Capital Asset Pricing Model", Journal of Accounting and Economics, Vol.45, No.1, pp.55-77.

Leippold,M. and H. Richardson, S.A., R.G. Sloan, M.T. Soliman, and I. Tuna, (2005) "Accrual Reliability, Earnings Persistence and Stock Prices", Journal of Accounting and Economics, Vol.39, No.3, pp.437-485.

Leippold,M. and H.Lohre, (2012) "Data Snooping and the Global Accrual Anomaly", Applied Financial Economics, Vol.22, pp.509-535.

Mashruwala,C., S.Rajgopal and T.Shevlin, (2006) "Why Is the Accrual Anomaly Not Arbitrayed Away ? The Role of Idiosyncratic Risk and

Transaction Cost", *Journal of Accounting and Economics*, Vol. 42, No. 1-2, pp. 3-33.

Pincus, M., Rajgopal, S. and M. Venkatachalam, M., (2007) "The Accrual Anomaly: International Evidence", *The Accounting Review*, Vol. 82, No. 1, pp. 169-203.

Sloan, R.G. (1996) "Do Stock Prices Fully Reflect Information in Accruals and Cash Flows about Future Earnings?", *The Accounting Review*, Vol. 71, No. 3, pp. 289-315.

Thomas, J.K., and H. Zhang (2002) "Inventory Changes and Future Returns", *Review of Accounting Studies*, Vol. 7, No. 1, pp. 63-187.

Xie, H., (2001) "The Mispricing of Abnormal Accruals", *The Accounting Review*, Vol. 76, No. 3, pp. 357-373.

［浅野敬志］

第4章 粉飾と監査

Ⅰでは，監査における経営分析を取り上げる。財務諸表監査では，監査の各段階での財務諸表の総括的吟味に経営分析を行う。「リスク・アプローチ」に基づく監査では，経営分析により重点的に監査人員や時期を充てることで監査を有効かつ効率的なものにする。

Ⅱでは，経営分析による粉飾発見法を紹介する。粉飾により，財務諸表の数値や数値間の関係などに異常が現れる。財務諸表の分析により異常を探知して粉飾を推定するのだが，財務諸表の分析だけでは不十分なことが多く，質的情報も含め，常識をも働かせた総合的分析が効果的である。Ⅲでは，粉飾などの実例について，経営分析により発見を試みる。

Ⅳでは，ガバナンスと，ガバナンスを支える重要な機能の一つである内部統制を取り上げる。内部統制は，まず，会計監査に関わる問題として取り上げられたが，証券市場への不信対応策として，企業が適正な財務諸表を作るための前提となる内部統制を経営者が自ら評価し，会計監査人が評価する仕組みとして，内部統制報告制度が導入された。

〔井端和男〕

Ⅰ 財務諸表監査と経営分析

1 監査基準委員会（JICPA）報告「分析的手続」と経営分析

(1) 監査実務の中の経営分析
① 経営分析の役割

経営分析はいろいろの人が行うが，どういう立場の人が分析するかによって，その内容も若干異なってくる。その主なものを大別すると次のようになる。

内部分析 経営者やスタッフ部門である管理部，経理部などが行う分析

外部分析
a **信用分析** 銀行など金融機関が融資先企業の信用（支払能力）をみるための分析
b **投資分析** 投資家や証券アナリストが投資判断を行うための分析
c **監査分析** 公認会計士が被監査会社の監査計画策定・実証手続・財務諸表の総括的吟味を行うための分析
d **その他** 以上のほかに，税務官庁の税務分析，企業の取引先の信用分析，労働組合による生産性・人件費分析など分析主体によってさまざまな分析がある。

② 監査分析の意義・目的

監査分析とは，上述のように公認会計士が被監査会社の監査にあたり，監査計画策定・実証手続・財務諸表の総括的吟味に各段階に行う経営分析であるが，このようないわゆる「監査分析」は，平成4年4月，日本公認会計士協会（JICPA）の監査基準委員会報告第1号**「分析的手続」**以前においても公認会計士や監査法人が，それぞれ任意の方法で広く行われていた。具体的にはおよそ次のようである。

a **監査計画と経営分析**
はじめて財務諸表監査を行う企業につ

いては，会社の概況把握のために，会社の沿革，業務内容，資本系統，金融関係，取引先関係ならびに内部統制組織の信頼性などを調査する。また同時に会社の過去における経営成績，財政状態，利益処分および資金状況の概要を把握するため，過年度の財務諸表の分析を行うことも必要である。このことは旧監査基準の監査実施準則において，「通常の監査手続」に記載されていた（監査実施準則は平成14年1月監査基準改正により廃止された）。これらの調査・分析から重要性や相対的危険性を考慮し監査要点を絞り込む。

b 監査実施と経営分析

監査の実施段階においては取引記録，残高記録ともに**異常点把握**がポイントとなる。分析された数値に異常があると，不正や粉飾も考えられるからである。分析手法としては各項目ごとの比率分析，趨勢分析のほか，とくに当該期間における実数分析としての「資金繰り分析」が重視される。「勘定合って銭足らず」は，無理な営業の結果を示し，しばしば粉飾の出発点となる。

c 監査最終段階の総括的吟味と経営分析

監査は，最終的には投資家や債権者など企業の利害関係人に対し，監査済みの財務諸表により正しい経営判断を可能ならしめる点にある。監査人は，企業の事業内容や業績等について理解したことと，公表財務諸表に矛盾がないかどうかを経営分析によって最終的に確認することが必要とされる。

(2) 委員会報告「分析的手続」の意義
① 定　義

同報告書によると，**分析的手続**とは，「財務データ相互間又は財務データ以外のデータと財務データとの間に存在する関係を利用して推定値を算出し，推定値と財務情報を比較することによって財務情報を検討する監査手続である。推定値には，金額のほか，比率，傾向等が含まれる。」とされる。

② 分析的手続重視の背景

分析的手続は，名称は新しいが実務では「監査分析」として定着していた過去があり，その重要性が認識されたのは近々20年ぐらいのことである。その理由としては，分析的手続は他の監査手続，たとえば証憑突合や帳簿突合あるいは計算突合のような手続に比べると，極めて鳥瞰図的な，言い換えればマクロ的な監査手続であることによる。監査人は，被監査会社の事業の性質や構造とともに経営のリスクを理解していなければ，有効な監査はできないからである。とくに最近における企業活動の国際化，複雑化，情報化等に対応するためには，監査コストの問題ともからんで，より有効かつ効率的な監査が要請されるようになったといえよう。

③ 目的および手法

同報告書によると，分析的手続は次の目的のために用いるとしている。すなわち，

　イ　監査計画の策定に際し，適用すべき監査手続，実施の時期および範囲の決定に役立たせること

　ロ　実証手続の実施に当たり，勘定や取引に係る監査要点に適合する監査証拠を入手すること

　ハ　監査の最終段階で財務諸表を総括的に吟味すること

監査人は，監査計画の策定および財務諸表の総括的吟味において，必ず分析的手続を実施しなければならない。また，実証手続としての分析的手続は，発見リスクの程度に基づいて，それ以外の実証手続よりも効果的または効率的な場合に実施する。

としている。

次に，分析手法としては，①趨勢分析，②比率分析，③合理性テスト，④回帰分析，な

どが例示されている。このうち合理性テストとは，監査人が算出した金額または比率による推定値と財務情報を比較する手法で，たとえば平均借入残高と平均借入利率を用いた支払利息の妥当性検討などがある。また，回帰分析は，統計的手法による合理性テストの一種である。

利用するデータの情報源としては，①企業の財務情報，②企業の財務情報と密接な関係にある財務情報以外の情報（たとえば，従業員数，労働時間，販売数量等），③業界または同業他社の情報，④企業が作成する予算または予測数値，⑤為替相場，平均株価，経済統計等の情報，などが掲げられている。

以上の分析手法，データはいずれも例示であり，具体的適用は監査人の判断に委ねられる。すなわち監査人は，分析的手続を実施する目的に適合するよう，自らの判断に基づいて，その手法，実施対象，利用するデータおよび実施時期を決定するのである。

④　問　題　点

分析手法の問題点としては，上述の例示がいわゆる「比率」を指向している点である。経営分析の実務では，「比率分析」とともに「実数分析」つまり利益増減分析，資金増減分析，損益分岐点分析などが重視されている。監査における分析的手続として，これらの「実数」は「比率」と同等あるいは比率以上に重視されなければならないであろう。

また分析的手続は，発見リスクの程度に基づいて実施する。発見リスクとは，監査リスクの１つで改訂監査基準では，重要な虚偽の表示を看過するリスクを合理的な水準に抑えるという「リスク・アプローチ」が明確にされており，これとの関連が問題となる。リスク・アプローチに基づく監査は，重点的に監査人員や時間を充てることで監査を有効かつ効率的なものとすることが可能で，国際的な監査基準にも採用されている。

2　監査計画と経営分析

(1)　監査リスクの評価と分析的手続

平成14年１月の改訂監査基準では，実施基準の基本原則で，「監査人は，監査リスクを合理的に低い水準に抑えるために，固有リスクと統制リスクを暫定的に評価して発見リスクの水準を決定するとともに，監査上の重要性を勘案して監査計画を策定し，これに基づき監査を実施しなければならない。」としている。

監査リスクとは，監査人が，財務諸表の重要な虚偽の表示を看過して誤った意見を形成する可能性をいい，それは①固有リスク，②統制リスク，③発見リスクの３つからなる。

①　固有リスク

固有リスクとは，関連する内部統制が存在していないとの仮定の上で，財務諸表に重要な虚偽の表示がなされる可能性をいい，経営環境により影響を受ける種々のリスク（企業が属する産業の状況，景気の動向など），特定の取引記録および財務諸表項目が本来有するリスク（年度末近くの多額または複雑な取引や例外的な取引など）からなる。

②　統制リスク

統制リスクとは，財務諸表の重要な虚偽の表示が，企業の内部統制によって防止または適時に発見されない可能性をいう。具体的には，経営組織の不備，内部けん制の欠如，内部監査制度の不備などである。

③　発見リスク

発見リスクとは，企業の内部統制によって防止または発見されなかった財務諸表の重要な虚偽の表示が，監査手続を実施してもなお発見されない可能性をいう。

上述の各リスクの相互関係は，図表４－１－１のようである。

たとえば，企業経営環境が比較的に安定しており，内部統制システムも整備されている

ときは，固有リスク，統制リスクも共に低いと評価される。このような場合は発見リスクの程度を高くすることができるので，分析的手続の適用によって他の実証的監査手続（実査，立会，確認，証憑突合，計算突合等）を省略するか，縮小することで，監査の効率化が可能となる。

図表4－1－1　監査リスクの相互関係

固有リスクの程度

		高い	中位	低い
統制リスクの程度	高い	低	低	中
	中位	低	中	高
	低い	中	高	高

（注）　表中の高，中，低は，発見リスクの程度を表す。

監査リスク＝固有リスク×統制リスク
　　　　　　×発見リスク
この論理式は算式でないことに留意

(2) 財務情報・非財務情報の比較・分析
① 事業活動の特徴をつかむ

まず非財務情報の比較・分析から検討しよう。

監査リスクを評価するためには，当該企業の長所，短所などを把握することが必要になる。その1つの方法として**SWOT分析**があ る。これは経営コンサルティングに使用される方法で，SWOTとは，Strength（長所），Weakness（短所），Opportunities（機会），Threats（脅威），の頭文字である。通常この分析は，経営者によって行われるが，監査リスクを評価するのにも役立つ方法である。

a　長所と短所（内部的要因）

長所と短所は主に内部的要因である。これを日本公認会計士協会「監査基準委員会報告第5号監査リスクと監査上の重要性」に例示されたリスクでみると，次のような事項が含まれよう。

・経営組織や人的構成
・競争の状況
・内部統制システム
・企業の社会的信用
・会計・開示制度に対する知識の程度
・採用している情報技術（ＩＴ）など

b　機会と脅威（外部的要因）

上述の委員会報告に示されたリスクでみると，次のような事項が含まれよう。

・景気の動向など一般的経済環境
・技術革新の影響
・需要動向の変化
・事業の特殊性など

SWOT分析の一例を示すと図表4－1－2のようである。

図表4－1－2　SWOT分析

（某物流企業の例）

長　所	短　所
・市場の約47％を占める ・全国的に販売店との間に継続的な契約を有する ・商品発送に高度の情報技術を活用している ・内部統制は一応のレベルにある ・………………	・成長過程にあるため経営組織をよく変える ・会計・開示制度の知識は不十分，とくに税務に弱い ・返品率が高くその処理に手間がかかる ・………………
機　会	脅　威
・物流の情報技術が注目され新規契約は増加傾向にある ・………………	・業績は景気の動向に左右されやすい ・輸送コストの低減が限界に達し利益率は低下傾向にある

事業活動の特徴のつかみ方としては，このSWOT分析のほかに，5つの競争力分析（新規参入者の脅威，代替品の脅威，供給者との交渉力，顧客との交渉力，ライバルの強さ），企業全体の概観をみるための供給網分析，成長性とシェアのプロダクト・ポートフォリオ・マネジメント（PPM）モデルなどがある。

② 損益と収支の関係をつかむ

次に財務情報の比較・分析を検討する。

以前から「勘定合って銭足らず」は企業破綻の遠因であり，時として粉飾決算の起因となる。

一口に「勘定合って銭足らず」といっても，これには2つのパターンがある。

第1のパターンは，経常損益は黒字であるが経常収支が赤字となるケースで，最も典型的なパターンである。第2のパターンは，経常損益は黒字であり，かつ経常収支も黒字である。あるいは時として経常損益は赤字であっても経常収支は黒字であるが，経常外の支払い，とくに借入金の返済まで資金が回らず苦しいといったケースである。

粉飾決算で問題となるのは大部分が第1のパターンである。したがって，監査計画時には，趨勢分析・比率分析等とともに，実数分析として損益と収支，とくに経常損益と経常収支の関係を分析することは，分析的手続として不可欠の手法である。**経常損益と経常収支**の関係ならびに経常収支関連の分析指標は，図表4-1-3のようである。

図表4-1-3-1 経常損益と経常収支

経常収支＝経常収入－経常支出
　　　　＝経常利益＋支払の生じない費用－（期末運転資金－期首運転資金）
　　　　－負債性引当金目的支出（退職給付引当金の取崩など）
ただし，運転資金＝売掛債権＋棚卸資産＋前払費用－買掛債務－未払費用
（注）　売掛債権＝受取手形（含割手譲手）＋売掛金－前受金
　　　　買掛債務＝支払手形（除設備）＋譲渡手形（除設備）＋買掛金－前渡金

図表4-1-3-2 経常収支関連の分析指標

経常収支比率（％）＝経常収入÷経常支出
売掛債権回転期間（月）＝期末売掛債権÷売上高（月平均）
製品商品回転期間（月）＝平均製品商品÷売上原価（月平均）
材料貯蔵品回転期間（月）＝平均材料貯蔵品÷材料費（月平均）
仕掛品回転期間（月）＝平均仕掛品÷〔（材料費＋製造原価）÷2〕（月平均）
買掛債務回転期間（月）＝期末買掛債務÷材料・商品仕入高（月平均）

分析指標の中で，とくに重要なのは経常収支比率である。経常収支比率が2期続けて100％を切る場合には倒産の可能性は高く，関連指標である売掛債権・棚卸資産・買掛債務などの回転期間に異常な数値が見られるのである。

3　監査の実施と経営分析

(1) 分析的手続適用上の留意点

分析的手続の有効性は，データ間に存在する関係に影響を与える異常な状況がなければ，当該関係が存続するであろうということを前提として成り立つ。異常な状況の例としては，事業内容の変化，異常な取引または事象の発生，会計方針の変更，虚偽の表示等が挙げられる。よって，監査人は監査の効果と効率を勘案して，分析的手続のみを実施するか，または分析的手続をそれ以外の実証手続との組合せによって実施するかを選択する。その場合の留意点は次のようである。

① 監査要点との適合性

監査要点とは，財務諸表の基礎となる取引や会計事象等の構成要素について立証すべき目標で，実在性，網羅性，権利と義務の帰属，評価の妥当性，期間配分の適切性，表示の妥当性などである。分析的手続は，実査や証憑突合などの実証手続によっては監査要点に適合する監査証拠が入手しにくい場合であっても，効果的かつ効率的な監査手続であることがある。たとえば，給与の支払総額と在籍従業員数との比較によって，個々の給与支払に対する試査では発見しにくい架空の従業員への支払や給与の計上漏れが明らかになることがある。

② データ間の推測可能性・合理性

一般的には，経営環境が安定している場合はデータ間の関係は適切に推測できることが多い。たとえば借入金残高や借入利率の変動が小さい場合には，変動が大きい場合よりも借入残高と支払利息の関係は推測が容易である。しかし，経営環境が不安定な場合や会社の事業が複雑であり多角化されている場合には，虚偽の表示が相殺される可能性が高いことに留意しなければならない。

③ データ入手の容易性・信頼性

分析的手続は，推定値に利用するデータの入手が容易な場合は効率的であるが，そうでない場合は効率的でない場合が多い。また監査済み情報以外のデータを利用する場合には，データ入手に係る内部統制の有効性やデータ情報源の客観性・独立性など，その信頼性を評価しなければならない。

④ 推定値の精度

推定値の精度とは，監査人により算出された推定値が正確な金額または比率にどの程度近似しているかということで，ある推定値の精度が高い場合には，推定値は正確な金額または比率に近似する。このため，推定値と財務諸表項目の金額または比率に差異がある場合には，その差異は虚偽の表示である可能性

が高いことになる。分析的手続では，できるだけ詳細なデータを利用し，精度の高い推定値を算出する必要がある。

(2) 設例による差異の調査と分析
① 売上原価率の推定と実績の差異分析
［設　例］

光学機器販売業E社では，前期と今期の売上高，売上原価，売上総利益などは，図表4－1－4－1のようであった。

この表によると売上原価率は，前期84.0％から今期80.0％と低下した。その理由について会社は経営の合理化による原価率の低減としている。監査において，品種別の売上構成を調査したところ次の事実が判明した。すなわちE社の取扱品種は，A，B，C，Dの4種で，今期における各品種の売上割合は，概ねA40％，B30％，C20％，D10％であった。この調査から売上原価率を分析すると，基準値としての売上原価率は図表4－1－4－2のように85.0％となる。

図表4－1－4－1　E社売上総利益

（千円）

科　　目	前　　期	今　　期
売　上　高	94,000	100,000
売　上　原　価	79,000	80,000
売　上　総　利　益	15,000	20,000

図表4－1－4－2　売上原価率分析表

（％）

品　　種	売上原価率	売上割合	加重平均
A	90.0	40.0	36.0
B	85.0	30.0	25.5
C	80.0	20.0	16.0
D	75.0	10.0	7.5
合　　計		100.0	85.0

（注）　全体の売上原価率
　　　＝A原価率×A売上割合＋B原価率
　　　　×B売上割合＋C原価率×C売上割合
　　　　＋D原価率×D売上割合

この結果，売上原価率85.0%では，今期売上原価の推定値は85,000千円となり，E社の売上原価は5,000千円少なく表示されていることになる。よって，監査手続としては，それが虚偽の表示によるものかどうかを関係書類の閲覧，証憑突合等により検証することが必要となる。

② 原材料と仕掛品の有高推定と実績の差異分析

[設　例]

建築用金属製品製造F社では，監査人に示された貸借対照表では，原材料と仕掛品の有高とこれに関連する製造原価の明細は図表4－1－5－1のようであった。

右記のデータに基づいて原材料と仕掛品それぞれの回転期間を分析すると，図表4－1－5－2のように，原材料回転期間3.31月，仕掛品回転期間4.12月となる。

この回転期間は一般的に言って非常に長く不自然である。そこで生産現場の実態を調査したところ，概ね次のような事実が明らかになった。すなわち，使用する材料はA，B，C，の3種で，平均在庫期間は，A1.5月，

図表4－1－5－1　F社原材料・仕掛品の有高

（B／Sより抜粋）（百万円）

科　目	前　期	今　期
原　材　料	4,268	5,575
仕　掛　品	9,648	12,374

F社製造原価明細（今期）　　　　（百万円）

材　料　費	17,831
労　務　費	8,237
経　費	20,310
当期製品製造原価	
	46,378

B1.8月，C2.4月，また，仕入割合は，A材料50%，B材料20%，C材料30%である。また，同社の製品は大別して規格品と特注品からなり，規格品生産割合は70%，規格品の製造期間は材料投入から約1.2月，特注品の生産割合は30%で建設現場との関係から材料投入から工事完了までの期間は約4.5月であった。

これらの推定値から，原材料有高および仕掛品有高の基準値を割出し，実績値と比較すると図表4－1－5－3のようになり，架

図表4－1－5－2　F社回転期間分析　　　　（金額単位：百万円）

原材料回転期間(月)＝平均原材料÷材料費（月平均）
　　　　　　　　　＝4,922÷1,486＝3.31月
　　　ただし，平均原材料＝（4,268＋5,575）÷2＝4,922
　　　　　　　材料費（月平均）＝17,831÷12＝1,486
仕掛品回転期間(月)＝平均仕掛品÷〔（材料費＋製造原価）÷2〕（月平均）
　　　　　　　　　＝11,011÷2,675＝4.12月
　　　ただし，平均仕掛品＝（9,648＋12,374）÷2＝11,011
　　　　　　　〔材料費＋製造原価〕÷2〕÷12＝〔（17,831＋46,378）÷2〕÷12＝2,675

図表4－1－5－3　有高の基準値と実績値の比較分析　　（金額単位：百万円）

原材料　① 有高の基準値＝A在庫1.5月×A仕入割合50%＋B在庫1.8月×B仕入割合20%
　　　　　　　　　　　＋C在庫2.4月×C仕入割合30%＝0.75月＋0.36月＋0.72月＝1.83月
　　　② 異常残高の推定値＝材料費（月）1,486×（実際回転期間3.31月－基準の回転期間1.83月）
　　　　　　　　　　　　＝1,486×1.48月＝2,199（百万円）
仕掛品　① 有高の基準値＝規格品製造期間1.2月×生産割合70%＋特注品完成期間4.5月
　　　　　　　　　　　×生産割合30%＝0.84月＋1.35月＝2.19月
　　　② 異常残高の推定値＝〔（材料費＋製造原価）÷2〕（月平均）2,675
　　　　　　　　　　　　×（実際回転期間4.12月－基準の回転期間2.19月）
　　　　　　　　　　　　＝2,675×1.93月＝5,163（百万円）

空有高と推定される異常残高は原材料2,199百万円，仕掛品5,163百万円となる。よって，有高の再調査，関連証憑との突合，評価の適正性などについて厳格な検証手続が必要となるであろう。

4　財務諸表の総括的吟味と経営分析

(1)　総括的吟味のねらい
総括的吟味のねらいは，
① 財務諸表全体が，事業内容，経営成績，キャッシュフローおよび財政状態等を適切に把握し表現しているか，開示は適切か。
② 財務諸表は，各財務諸表項目の関連が保たれているか，また，監査の過程で入手した監査証拠と矛盾はないか。

などを判断することである。総括的吟味の結果，監査手続の追加が必要であれば，さらに監査手続を追加して実施しなければならない。

(2)　総括的吟味の分析手法
① 財務内容のバランスをみる
監査の過程で，財務諸表項目に修正が出た場合には，監査の計画段階で割出した各財務指標を修正して検討しなおすことは当然であるが，最終段階で次のようにして財務内容のバランスをみることも，経営に対する概観を得るために有効である。ここでは，1つの方法として5項目によるレーダーチャートを掲げる。企業にとっては項目を増やすことも必要となろう。

図表4-1-6　財務内容のバランス（例示）

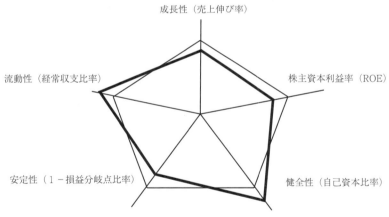

(注)① 正五角形は，業界平均値など
　　② 太線は当該企業の実績値

② 継続企業のリスクをみる
今日，財務諸表監査でとくに問題となっているのは継続企業の前提に関する検討である。
財務諸表は，原則として継続企業の前提に立って作成される。しかし，企業はさまざまなリスクにさらされながら事業活動を行っているため，企業が将来にわたって，継続できるかどうかはもともと不確実である。時として継続企業の前提に疑義を抱かせるような状態も起こり得るのであり，しかもその発端はほとんどが資金繰りの悪化である。

ここでは，キャッシュフロー分析を活用して継続企業のリスクをみる方法を考える。
図表4-1-7-1は，日本公認会計士協

会の旧MS相談所（MS＝マネジメントサービス，現在は経営研究調査会）が発表した27通りの資金収支構造を，今日のキャッシュフロー情報に応用したものである。また図表4－1－7－2は，これをボストン・コンサルティング・グループが事業ポートフォリオ戦略のフレームとして考案したプロダクト・ポートフォリオ・マネジメント（PPM）モデルで示したものである。

図表4－1－7－1　27通りのキャッシュフロー構造

	1	2	3	4	5	6	7	8	9	10	11	12	13
営業キャッシュフロー	＋	＋	＋	＋	＋	＋	＋	＋	＋	0	0	0	0
フリーキャッシュフロー	＋	＋	＋	0	0	0	－	－	－	＋	＋	＋	0
現金・同等物純増額	＋	0	－	＋	0	－	＋	0	－	＋	0	－	＋

	14	15	16	17	18	19	20	21	22	23	24	25	26	27
	0	0	0	0	0	－	－	－	－	－	－	－	－	－
	0	0	－	－	－	＋	＋	＋	0	0	0	－	－	－
	0	－	＋	0	－	＋	0	－	＋	0	－	＋	0	－

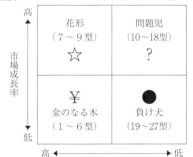

図表4－1－7－2　キャッシュフローとPPM

まず27通りのキャッシュフロー構造は，評価の順位付けを表し，1型に近いほど経営の安定性，健全性は高く，したがって支払能力も高いと判断される。ただし，この中で7～9型はいわゆる先行投資型として評価されよう。

つぎにPPMは，事業のポートフォリオ戦略において，①事業の魅力度，②競争上の優位性という2つの評価を単純化したものである。このフレームは縦軸に市場成長率（事業の魅力度），横軸に相対的市場占有率（競争上の優位性，最大の競争相手に対するシェア）をとったマトリックスである。ただし，横軸は左側の方が相対的シェアが高いことに注意する。

このPPMは基本的に，縦軸は成長率の高い時期にはシェアを拡大することが可能であり，またそのためにも投資が必要になるという考え方である。また，横軸はシェアの高いほど累積経験量の蓄積や規模の効果を生かすのが可能で，収益面で有利という考え方である。

継続企業のリスクが問われるのは，図表の右側の問題児と負け犬である。問題児は，早いうちに資源を集中投資してシェアを拡大するか逆に思い切って撤退ないし転換を図る。負け犬は，いうまでもなく撤退ないし転換戦略である。継続企業の前提に関する経営者の評価の是非が問われるとともに，財務諸表開示との整合性が問題となろう。

（注） 日本公認会計士協会より公表された次の資料より一部引用させて頂いた。
　1）　平成14年9月改正　監査基準委員会報告書第1号「分析手続」
　2）　平成14年5月改正　監査基準委員会報告書第5号「監査リスクと監査上の重要性」
　3）　昭和56年7月改正　MS（マネジメントサービス）相談所「新しい資金収支計算書」

［和井内　清］

Ⅱ 異常取引発見法と経営分析

1 経営分析による異常発見法

(1) 経営分析の効用
経営分析の意味について森脇（2009）は「経営分析とは，経営の状態をとらえ，その良し悪しを判断することである。また，経営分析を行うと経営の状態が良きにつけ悪きにつけ，なぜそのようになったか，そのよって来るところもわかる…それゆえに，経営分析を行わなければ，適切な経営ができないといってもよい」[1]とし，青木（2012）は「経営分析は，具体的には企業活動を貨幣金額で表現した財務諸表と，貨幣金額では表現できない非財務資料を用いて収益性と流動性（支払能力）を判断することであり，それをもって分析者の意思決定に役立てることを目的とする」[2]として，まず，財務諸表が分析の手段になることとしている。

財務諸表が経営者及び分析者の判断の手段になるためには，財務諸表が粉飾などにより歪められたものであってはその効果が減殺されるので，経営分析には，粉飾などの不正発見が重要なテーマになる。そこで，本節では，経営分析による粉飾発見法を取り上げる。

(2) 粉飾の構造
① 一般原則
粉飾には，利益を水増しする**通常の粉飾**と，利益を隠す**逆粉飾**があるが，ここでは通常の粉飾を取り上げる。

また，粉飾には，架空の利益を作り出したり，費用を隠したりして利益を水増しする**積極的粉飾**と，資産が不良化して評価損などを計上しなければならないのに，健全資産を装って評価損などを隠す**消極的粉飾**がある。

② 収益の水増し，費用の隠蔽
積極的粉飾においては，利益の水増しは，収益の水増し，または費用隠しのいずれかにより行われる。収益の水増しの場合には，水増しされた収益の金額が前年度実績などに比べ膨らむのが原則である。費用を隠した場合には，当該費用の金額が少なくなるので，前年度の金額などからの増減をチェックすることによって異常を察知できる可能性がある。

たとえば売上高が低下したのを補うために，売上高の水増しが行われた場合には，売上高の異常な増加にはならないので，先に述べたチェック法は効果的ではない。この場合には，景気動向や同業他社の業績の動きなどと著しくかけ離れている場合などに，粉飾を疑って更に調査を進めるのである。

③ 資産の水増し，負債の隠蔽
利益の水増しは，同時に**資産の水増し**か，**負債の隠蔽**を伴うので，資産の水増しや負債の隠蔽が行われていないかを調査することによっても，粉飾を発見できる可能性がある。

資産の水増しは，連続して行われると，水増しが累積されるので，粉飾年度だけの水増しに終って累積されることのない収益・費用のチェックよりも，資産・負債のチェックの方が粉飾発見に効果的であることが多い。

たとえば，01年度において，売上高が00年度に比べ5％低下し，95になったので，売上高を5だけ水増しし，売上債権残高も同額だけ水増ししたとする。02年度においても売上高が95だったので，売上高および売上債権を再び5だけ水増しした場合を考える。

01，02年度の水増し後の売上高はともに00年度と同じ100だから水増しは目立たないが，売上債権は，水増し額を他勘定に移すか，取り消しをしない限り，いつまでも減少することはないので，年々累積されることになる。

01年度の水増し前の売上債権残高が30であったとすると，水増し後では01年度末には35になる。02年度末においても，水増し前の

売上債権残高が30であったとすると、水増し後では2年分の水増し額が加算されて40となる。一度粉飾をすると、その後も同様の粉飾を続けることが多い。その結果、年度ごとに売上債権残高は増加を続けるので、最初のうちは見逃すことがあっても、年度が経つにつれて発見が容易になる。

④ 粉飾に利用されやすい資産・負債

利益の粉飾には、資産の水増し、または負債の隠蔽を伴うのだが、粉飾に利用されやすい資産・負債が存在する。このような科目としては、残高が常に多くて変動の激しい科目が選ばれやすい。残高が少ない科目を水増しなどすると、直ぐに異常となって表れるし、変動の少ない科目でも、水増しなどが目立って、発見されやすいからである。

このような観点から、粉飾に利用されやすい科目としては、運転資本を構成する諸要素を上げることができる。なかでも売上債権、たな卸資産、仕入債務は、残高が多いのが普通だし、営業に直接関係した科目でもあるので、営業の展開に合わせて残高も激しく変動するので、粉飾には特に利用されやすい。

上記のような傾向は、主に**積極的粉飾**の場合に見られる。**消極的粉飾**の場合には、売上債権やたな卸資産などは、不良化しやすく、不良化した場合の金額も大きいことが多いので、消極的粉飾にも利用されやすい科目である。積極的粉飾と消極的粉飾の対象には共通点が多い。

(3) 回転期間による粉飾発見法
① 粉飾と回転期間

粉飾発見には、収益・費用分析と共に、資産・負債の残高分析が基本的な手法になるが、資産・負債残高は、粉飾による場合のみならず、さまざまな原因で変動する。

売上高が増えれば、売上債権や仕入債務などが増える。売上高の増減に伴う売上債権などの増減は、粉飾には関係のない正常な増減なので、粉飾発見には、資産や負債残高の増減高から正常性のものを除外する必要がある。

この目的には**回転期間**が利用できる。先行研究をみても、回転期間が粉飾発見に効果のあることを示している。

国弘(1957)は「第一に、貸借対照表の諸項目の有高を粉飾したり、または損益計算書などで示される諸項目の費消額を粉飾したりすると、貸借対照表で示される諸項目の有高と、損益計算書などで示される諸項目の費消額との割合で算出される諸貸借対照表項目の回転期間が、異常に、実際上ありえない数値になってくることが多い」と述べている[3]。

回転期間は、資産・負債残高を売上高で割って計算され、当該資産・負債が売上高を基準に一回転するのに要する期間を示す。

回転期間の計算において、分母の売上高に年間売上高を用いることにより、回転期間は年単位で計算される。年単位では不便なので、年単位の回転期間を12倍して月単位に、365倍して日単位にすることが多い。

回転期間計算式では、分子に期首残高と期末残高の平均値が用いられるのが普通だが、粉飾発見の目的には、期末残高を用いるべきである。期中の粉飾は、期末残高に影響を与えるが、期首残高には無関係であり、関係のない期首残高で平均するのは合理的ではない。

② 回転期間分析が効果的な科目

回転期間などが効果的なのは、売上高に比例して増減する傾向のある科目である。このような科目では、売上高の増減に伴う残高の正常な増減は、原則として回転期間には影響を与えない。売掛金の水増しや、不良売掛金の増加では、売上高に関係なく残高が増えて、回転期間が上昇するので、回転期間が粉飾発見に役立つことが多い。

③ 主な科目の回転期間について

以下において、主な科目について回転期間による粉飾発見法を解説する。

(i) 売上債権

収益の水増しには、架空売上の計上が多いし、架空売上の相手勘定として売上債権が水増しされるケースが多い。売上債権は貸倒れなどの事故の発生しやすい資産でもあるので、消極的粉飾にも利用される。

売上債権回転期間の計算においては、売上債権残高に割引手形、裏書譲渡手形残高を加えなければならない。

売上債権は一般的には売上高に比例して増減する傾向がある。通常の企業では、同じ得意先に同じ条件で反復して販売することが多いし、得意先が固定していない場合でも、業種や業態別に回収条件などが一定の基準を中心に決められるのが普通なので、得意先が常時変わっていても、売上債権残高は全体として売上高に比例して変動する性質がみられる。

ただ、売上債権回転期間は、売上高の期中の変動パターンにより変動する可能性がある点に注意が必要である。たとえば期末近くに売上高が集中すると、期末の売上債権残高が膨張するが、分母の年間売上高への影響は限定的なので、計算上回転期間は伸長する。

また、期末日が金融機関の休日の場合には、一部の回収が翌期にずれ込むので、回転期間が長く計算される。年度の後半に、たまたま回収期間の長い得意先への売上高が増えると、期末の回転期間が伸びる可能性がある。このように売上債権回転期間はさまざまな原因により、正常状態においてもかなりの振幅で変動するものなので、回転期間が伸長したからといって、直ちに異常が発生したと判断することはできない。異常な伸長の場合は別だが、多少伸長した程度のものなら、次の期、または更にその次の期にも同様の伸長が見られるか、もとに戻らない場合に始めて異常と判断するのである。たまたまの事情などによる正常な伸長の場合には、翌期、または翌々期には正常に戻るのが普通だからである。

どの程度の伸長が異常なのかは、業界での基準値や業態などの違いを考慮し、当該企業の過去の変動の実績値などから判断するのだが、ごく大まかな目安としては、通常の企業では20日程度を超える伸長を異常と見做すべきことが多い。

(ii) たな卸資産

たな卸資産は、売上債権ほど売上高との相関関係が高くないのが普通である。売上高が急増して、期中の在庫補充が間に合わない場合には、期末残高はむしろ減少する。在庫高は市況予想などによっても変動する可能性がある。将来値上がりすると予想されるなら、在庫を増やすだろうし、値下がりが予想される場合には買い控えるからである。さらに、在庫高は会社のその時々の営業政策や資金事情などによっても違ってくる。

たな卸資産回転期間は、必ずしも売上高に比例して変動するとは限らないが、長期的には、売上高の変動に密接に関係しているので、この回転期間も異常を知るための有力な手段になる。また、粉飾のため残高が水増しされることの多い資産でもあるので、回転期間分析が粉飾発見に効果的であることが多い。

回転期間計算式の分母には売上高が用いられるが、仕入高や製造原価などを利用するのが合理的である。たな卸資産回転期間により、例えば、商品の仕入れから販売までの期間を見るためには、計算式の分母は売上高ではなくて、厳密には商品の仕入高でなければならない。製品については、製造原価でなければならないし、原材料については、仕入れから製造への投入までの期間を推定する場合には、原材料の仕入高でなければならない。ただ、異常の探索が主な目的の場合には売上高でよい場合が多い。仕入高や製造原価などは売上高に比例して増減するのが普通だからである。売上高で回転期間を計算しておいて、売上高と仕入高の比率などで換算する方法もある。

回転期間計算式の分母を売上高に統一すると、各資産や負債回転期間を足し合わせたり、

資産と負債の間で引き算をすることなどもできるので，分析上便利なことが多い。

(iii) **仕入債務**

仕入債務の支払期間を推定するのが目的の場合には，仕入債務回転期間計算式の分母は，厳密には仕入高でなければならない。一方で，粉飾などの異常察知が主な目的の場合は，売上高によって計算したものでも，目的を達成できることが多い。

仕入債務の粉飾は，隠蔽の形をとるので，回転期間が短縮する。

仕入債務回転期間の短縮は，仕入先が警戒を強めて，これまでの支払条件では納入してくれないため，早期に支払うことを強いられる場合にも起こる。仕入先が納入を渋るのは，信用低下が著しい場合に起こるのが普通である。粉飾による短縮か，仕入先の警戒によるのかの区別が付けられないことが多いのだが，どちらも危険信号なので，あえて区別をする必要のないことが多いだろう。

資金繰りに余裕ができた場合にも，仕入債務回転期間が短縮することがあるのだが，資金繰りが多忙の企業については，短縮は等しく危険信号と見るようにすればよい。

仕入債務回転期間は，会社の資金繰りが悪化した場合には，支払期間の引き伸ばしにより長期化する可能性がある。支払期間の延長には相手先の同意が必要であり，同意が得られる間はまだ信用が残っているとの見方もある。支払期間の引き伸ばしは，資金繰りの最後の手段であることが多いので，回転期間の伸長は，短縮とともに重大な危険信号として，注意が必要である。

(iv) **その他の流動資産など**

費用に計上すべき支出高を前払費用などの資産に計上すると，前払費用などが増加する。未収入金や貸付金などが不良化しているのにそのまま健全資産に計上している場合にも同様である。このようなケースでも回転期間が上昇するので，回転期間分析は重要な粉飾発見の武器になる。

ただし，売上高とは厳密に比例関係などない科目も多いので，残高の増減にも注意する必要がある。たとえば仮払金，立替金などや，金融業でない一般の企業の貸付金などである。

(v) **固定資産**

固定資産は必ずしも売上高の変動に合わせて増減するものではない。大規模な設備投資をした場合など，直ぐには売上増などに結びつかないため，設備投資の直後では**固定資産回転期間**が大幅に上昇することが多い。しかし，新設設備の稼働率が上がるに従って売上高が増えて，回転期間は低下しなければならない。回転期間が上昇したまま，いつまでも低下しなかったり，低下速度が遅すぎる場合には，設備が順調に稼働していないことを示すことが多い。将来においても，設備投資に見合った売上増加が見込めない場合には，設備投資について減損損失などの計上を強いられる恐れがある。

のれんなどの無形固定資産についても同じことがいえる。また，投資その他の資産の回転期間が上昇して，そのまま上昇しっぱなしの場合には，取得した投資資産が目的通りに働いていないことを意味することが多い。固定資産回転期間の上昇も減損損失や評価損などの発生を示している可能性がある。

(vi) **総　資　産**

売上債権残高などが粉飾により水増しされると，結果として総資産が水増しされる。多くの資産に分散して水増しが行われた場合，個々の資産では水増しが目立たなくても，総資産ではすべての水増しが合計されて回転期間が著しく伸長することになるので，**総資産回転期間**は粉飾発見の重要な手段になる。

資産の中には，売上高との因果関係などほとんどなく，回転期間による分析の効果が期待できないものもあるが，資産の保有額は企業の規模や体力などに見合ったものであることが望まれる。総資産回転期間が著しく伸長

して上昇を続けている場合は、粉飾などによるものでなくても、企業が規模や体力を超えて資産を保有していることを示している可能性がある[4]。

現在のような低成長期においては、企業は合理化によりできるだけ保有資産残高を減らして効率のよい経営を行うことに努める。その結果、総資産回転期間は短縮の方向に向かうのである。粉飾により、資産残高が増え回転期間が膨らんでも、合理化による総資産の削減効果と相殺されて、総資産回転期間は上昇しないことがある。中には、資産削減効果の方が大きく、短縮になることもある。総資産回転期間により粉飾の推定を行う場合には、**合理化による資産削減効果を考慮して判断を行う必要がある。**

(4) 財務比率による粉飾発見法

粉飾をすると、他の科目の金額や残高との関係が異常になったり、資産と負債の間のバランスが崩れたりする。科目相互間のバランスの崩れを見るのも粉飾発見の基本的な手法になる。バランスの崩れなどの発見には各種の財務比率が利用される。

以下に、その主なものを紹介する。

① 各種利益率、経費率

売上高などの収益の水増しにより粉飾を行った場合には、売上総利益などが異常に膨れ上がり、**売上総利益率**などが異常に上昇することがある。費用を過少表示した場合には、**経費率**などが異常に低くなる可能性がある。

このような利益率や経費率などの異常な変化により、利益水増しの粉飾を察知できる可能性がある。ただ、収益の水増しは、収益が減少したときに行われることが多いので、過年度の実績などとの比較では異常な増加にはならないことが多い。同業他社との比較などにより水増しの存在を推定する必要がある。

売上高を水増しし、一部の費用を隠蔽すると、過年度の売上高や費用との間に不自然な差異が生じる可能性があり、これら科目の期間比較により、異常を発見できる可能性がある。ただし、売上高が減少したのを穴埋めするために、売上高を水増ししたような場合には、上記のような比較は効果が少ないこと、前述のとおりである。

② 預貸率、借入金支払利子率

現金預金残高を水増しした場合には、現金預金の総資産中の構成比率が上昇したり、預金と借入金残高の割合である預貸率が上昇したりする。

借入金を過少表示した場合には、借入金支払利子率が上昇する。

借入金支払利子率は企業の信用度を示す指標にもなる。金融機関は、企業の信用度などに応じて金利レートを決めるからであり、同業他社などに比べて高率の場合には、金融機関の信用が低く、今後の資金調達が順調にはできない恐れがある。

③ 借入金依存度（または借入金回転期間）

借入金依存度や**借入金回転期間**が粉飾発見の有力な道具になることがある。

借入金依存度は、有利子負債（短期・長期借入金、各種社債、割引手形、CPなど、利息の支払いを伴う負債）残高を総資産で割って計算される。分母の総資産には割引手形、裏書譲渡手形を加える。有利子負債残高は売上増のような正常な原因によっても増える傾向にある。この場合には売上債権などの資産が増えるので、分母の総資産が有利子負債が増加する以上に増えるために、借入金依存度はむしろ低下する。つまり、売上増のような正常な原因により有利子負債が増える場合には、借入金依存度は上昇しないことが多いのである。

これに対して、不良資産や不良在庫の発生により資産が膨らんだ場合、その資金調達は有利子負債に依存することが多く、この場合には借入金依存度が上昇する。

損失が発生した場合も同様で，損失により流出した資金を有利子負債で調達することが多いので，借入金依存度が上昇する。それゆえ，粉飾により損失の発生を隠しても，有利子負債は隠蔽でもしない限り増えたままなので，借入金依存度は上昇する。

このように，借入金依存度の上昇は，資産に異常が起きているか，損失が発生していることを示す可能性があるので，粉飾などの異常発見の手段に利用できる。ただし，設備投資資金などを借入金により調達した場合にも借入金依存度は上昇するのが普通なので，借入金依存度による粉飾チェックには，借入金増加額から，固定資産の増加額を除外するなどの手続きが必要である。

借入金依存度は，借入金による資金調達余力を推定するのにも役立つ。借入金依存度の上昇につれて，調達余力が低下すると見ることができるからである。

④ 基礎資金依存度

損失が発生した場合など，損失により生じる資金不足を増資により調達することがある。借入金に純資産を加えたものを仮に基礎資金と呼ぶことにする。基礎資金の総資産に占める割合**基礎資金依存度**や**基礎資金回転期間**も粉飾発見に利用できる。

損失が発生して基礎資金による資金調達額が増えた場合でも，損失を正しく処理している場合には，損失計上分だけ純資産（利益剰余金）が減少するので，両者間で相殺されて，損失発生が原因の資金調達額は，基礎資金には影響を与えないことになる。つまり，損失を正しく処理していれば，基礎資金依存度などに異常が表れず，粉飾で損失を隠した場合にのみ，基礎資金依存度が上昇することになるので，粉飾発見に利用できる。

⑤ 基準比率の設定

粉飾などの異常発見のため，各種利益率，資産・負債残高・回転期間やその他の経営比率などについて異常を調べる。経営比率などにより異常を調べるには，各々の経営比率に**基準値**を設定し，各社の比率と比較して異常値を抽出するのが基本的な手続きであり，基準値の設定が必要になる。基準値には，各社の過年度の実績や同業他社の実績値などを分析して各比率についてのあるべき姿を推定し，あるべき姿から基準値を導き出す。

(5) キャッシュフローによる粉飾発見法

キャッシュフローは粉飾発見に有用であることは早くから指摘されている[5]。

利益粉飾には，資産の水増しか，負債の隠蔽を伴う。これらの操作はキャッシュフローにマイナスの影響を及ぼすので，損益計算書の損益に比べて粉飾額だけキャッシュフローのマイナスが増える。売掛金，たな卸資産，仕入債務などの運転資本要素の操作による粉飾では，営業活動によるキャッシュフローが悪化する。したがって，損益と比べて，キャッシュフロー（特に営業活動によるキャッシュフロー）悪化の原因を調べることが粉飾発見の糸口になる。

ただし，売上債権などは売上高の増減によっても変動するので，キャッシュフローの悪化を即粉飾と断定することができない。キャッシュフローで異常を探知しても，更に，異常の原因となった売上債権の増加などが正常なものか，粉飾性のものなのかを回転期間分析などで検証する必要がある[6]。

末松（2010）はキャッシュフロー計算書の作成を義務付けられていない非公開企業の場合，これに代わるべき手法である経営収支に重要な意味があるとしている[7]。

2 グループを利用した粉飾と経営分析

(1) 連結財務諸表による分析

傘下に子会社などを抱えるグループ企業の親会社については，親会社のみならず，子会

社などの業績や財政状態にも留意する必要がある。グループ企業ではグループ内の企業の結びつきが密接であり，運命共同体を形成している。子会社などは法的には別の組織だが，実質的には親会社の一部門と同じであり，子会社などの経営が行き詰ったり，倒産したりすると，親会社ではその影響をもろに受ける。そのため，親会社の評価に当たってはグループ全体の評価が必要になる。

親会社の評価のためには，連結財務諸表を公開しているグループについては，連結財務諸表を利用するのが一般的である。しかし，連結財務諸表も粉飾により歪められていることがある。

連結財務諸表の粉飾の主なものは
① 都合の悪い子会社を連結の対象から除外して簿外にする
② のれん計上や償却における利益操作
③ 親会社や子会社での粉飾をそのままにして連結する
④ 連結における修正を正しく行わない

である。

連結すると都合の悪い子会社を連結から除外するいわゆる**連結外し**は，子会社の株式を親会社だけで所有せずに，グループ内の他の企業や，役員などの個人に持たせるなどの株式の分散によることが多い。連結対象子会社を決める基準として，1999年3月期以前は，子会社の議決権を過半数所有しているかどうかの**形式基準（持株基準）**が採用されていたので，この基準を悪用して，子会社の株式を分散させ，親会社の持ち株比率を50％以下に低めることによって連結対象から外す方法がとられてきたのである。

2000年3月期以降は，上記の基準が**形式基準**から**実質基準（支配力基準）**に改正され，過半数の議決権を保有していなくても，実質的に相手を支配していると認められる場合には，連結対象子会社にすることとされた。

この規則改正により，持ち株の分散による連結外しは姿を消したようだが，実質的支配を隠して連結外しをする粉飾が行われる可能性がある。その一例として，オリンパスの粉飾では，特殊目的会社（SPC）を利用した実質的連結外しによる粉飾が明らかになった。

連結外しの粉飾を見抜くためには，子会社のみならず，関連会社や一般の取引先についても，取引状況や債権残高の推移を調べ，取引量に比べ債権残高が異常に多い先や，貸付金などの非営業債権残高が多い先などは，実質的には子会社ではないかと疑って，さらに詳しく調べる必要がある。

のれんは無形固定資産であり，実際の計上額だけの価値があるかどうかは外部の分析者には不明である。のれんを計上したが実際には効果が出なかったということで，早々に減損処理などをする企業もある。いずれにしても評価が微妙な資産であるので，多額ののれんが計上された場合には，その後の業績に反映されているかなどに注意して観察する必要がある。のれんは20年以内の合理的な期間で償却することになっているが，償却期間が長すぎないか，などに注意する必要がある。

(2) 親会社個別財務諸表による分析

グループ企業については連結財務諸表による分析が望まれるが，連結財務諸表を公開しているのは上場会社などの一部の企業に限られる。大部分のグループ企業については，親会社の個別財務諸表の分析によりグループ全体のことを調べるしかないのが普通である。連結財務諸表が是非必要なのは，業績不振で信用不安が心配されるグループについてであるが，このようなグループでも，親会社の個別財務諸表だけからでも，グループ全体の財政状態や，業績の推移などの概要を知ることができることが多い。

信用不安のあるようなグループでは，子会社の信用は親会社以上に低下しているので，子会社の必要資金は子会社独自で調達するの

は困難であり，子会社の必要資金は，親会社から融資を受けるか，親会社の保証により外部から調達するしかない。したがって，親会社の資金調達額と保証残高を見れば，グループ全体の大よその使用資金量が分かる。その増減推移から子会社の業績推移の輪郭が分かる可能性がある。親会社の業績が低迷しているときには，子会社でも業績が悪化していることが多いので，子会社への融資が増え続けている場合には，子会社では赤字資金などの後ろ向きの需要が増えていることが推測されるなどである。

親会社の子会社に対する債務保証は，親会社が銀行から資金を借り入れて，同額を子会社に貸し付けたのと同じと考える必要がある。したがって，親会社の有利子負債残高に子会社に対する**保証残高**を加えた合計額をグループ全体の資金調達額とし，親会社の子会社に対する債権残高の合計額に子会社に対する保証残高を加えたものを子会社に対する資金支援額として分析すればよい。

連結財務諸表を公開している場合でも，連結外しにより，業績の悪い子会社を簿外にしている恐れのあること前述のとおりである。連結逃れが行われている疑いがある場合には，会社側で子会社として公開している会社だけでなく，債権残高や人事の交流状況などから子会社であることが疑われる会社に対する保証残高も親会社の資産・負債に加算した数値で検討することが望ましい。通常の取引先に対して多額の保証などすることはあまりないと考えられるので，多額の融資や保証残高のある取引先はすべて実質子会社と見做して，親会社の評価に加えても，それ程大きな間違いにならないことが多い。

3 定性要因などからの異常発見法

青木（2012）は，「財務諸表に表されるのはカネである会計情報だけである。……企業を正しく評価するためには，カネ以外の情報である**定性要因の分析**が欠かせない」[8]とし，企業を把握する上で最も重要なことは，その企業の**存立基盤**であることを指摘している。

企業倒産は，業績不振の状態が続いて純資産を食い尽くし，債務超過に陥るか，金融機関から融資を断られるなどして，**存立基盤が崩壊**して倒産するのが典型的な倒産のケースである。したがって，倒産に至るまでに，売上低下や損失が続くとか，自己資本比率が低下を続けるなどの，倒産の兆候が表れるのが普通である。粉飾で隠しても，資産の回転期間が異常に上昇したり，借入金が大きく膨らむなどの異常が発生することが多い。これら異常現象から粉飾を推定し，企業が破綻状態にあることを事前に察知することはある程度まで可能である。

しかし，最近，自己資本比率が十分に高い状態のまま，突然，倒産するケースが増えている。このようなケースでは，資産の回転期間は正常だし，特に粉飾の兆候も見当たらないため，これまでの粉飾発見法が役に立たないケースもある。

たとえば，粉飾の大部分を負債隠蔽により実行しているケースでは，1(2)で説明したとおり，負債の隠蔽は合理化による負債削減効果との見分けが付かないため，粉飾を見逃すことが多い。

また，最近の循環取引による粉飾の横行も粉飾発見を困難にしている。**循環取引**では，売上だけでなく，売上に見合う仕入も創設する。実在のA社から仕入れて，実在のB社に販売した形にした上で，売買ともに正規の契約書を締結し，形式的に売買を行ったうえで，通常の条件で買掛金を支払い，売掛金を回収する例が多い。このようなケースでは，売上債権，仕入債務ともに残高が膨れ上がることがないので回転期間には異常が表れない。ただ，水増し利益と循環取引の参加者に支払う手数料などが累増するので，これを隠すため

に資産の水増しなどの操作が必要になるのだが，循環取引により売上高も大幅に膨らんでいるので，資産回転期間は上昇しないか，逆に短縮することが多い。

上手に仕組まれた循環取引については，売上高の増加が大きすぎるとか，同業他社と比べて業績が順調すぎるなどといった，常識的な判断や，**定性要因**により推察するしかないことが多い。

これら粉飾発見に効果的と思われるチェックポイントの主なものを紹介する。

粉飾兆候チェックリスト

① 売上高・利益などが業界での傾向とは違った動きをしていないか
② 長期間僅かな利益しか計上していないのに赤字にならない状態が続いていないか
③ 第4四半期の売上高が異常に多いが，次年度の第1四半期に激減し，売掛金回転期間が大幅に上昇するパターンを繰返していないか
④ 売上高伸率が異常に高くないか（例えば年率30％以上が3年以上継続）
⑤ 売上債権や棚卸資産回転期間が上昇を続けていないか，高止まりしていないか
⑥ 前払費用，仮払金，ソフトウエアなどが多くないか，増加を続けてないか
⑦ 借入金が多いのに，現金・預金が常に多すぎないか
⑧ 営業支援金，営業貸付金など，金融支援を窺わせる科目が多くないか
⑨ ソフトウエア，のれんや投資有価証券が急増していないか
　　これら資産の増加が後の年度の売上増などに繋がっているか
⑩ 有形固定資産回転期間が高すぎないか，上昇を続けていないか
　　減損の兆候などが見られないか
⑪ 棚卸資産など特定の項目に資産が集中していないか（例えばたな卸資産が総資産の60％以上）
⑫ 売上債権，棚卸資産，有形固定資産などの事業用資産が規模などに比べて少なすぎないか
　　－本業の放棄が疑われる
⑬ 株主，役員が大幅に変わってないか
　　－取引金融機関や取引先などの株主が減って，見慣れない株主が増えていないか
⑭ 監査人が交替していないか
　　－小規模監査法人または個人会計士への変更には特に要注意

4　最近の粉飾の動向

(1) 最近の粉飾事例の分析

図表4－2－1は，11年1月から14年1月までに会社側から発表のあった上場会社の主な粉飾事例の中から筆者が拾い上げたものであり，系統的に調べたものでないので，重要な事例が漏れている可能性もある。最近公表されたものでも，粉飾は早くから行われているものが多いので，必ずしも最近の粉飾動向を示しているとは限らない。

粉飾には，会社の経営者などが関与した**「会社ぐるみ」**の粉飾と，従業員や一部門，或いは子会社などが，経営者や親会社などに行う**「局地型」**の粉飾とがある。

会計ビッグバンなどによる会計基準の改正，監査の厳格化や情報開示制度の充実化などが行われたり，経営者のコンプライアンス重視の姿勢が浸透してきた。これによって，会社ぐるみの粉飾は，業歴の古い大会社ではこのところ姿を消した模様だが，新興会社や小規模会社では，依然として，会社ぐるみの粉飾が行われていて，倒産などの企業破綻に繋がったケースが多い。

局地型粉飾は，**内部統制制度**の監査が始まった後も，会社規模の大小を問わず，各社で**不適切会計処理**の発覚が報じられている。

図表4－2－1　不適切会計処理公開企業一覧表（11年1月以降）⑴

1．株式会社ポプラ 　①　発表：11/ 1/14 　③　粉飾：08/ 2期に不適切な在庫処理 　⑤　規模：総資産228/純資産88/売上高572億円(10/2期)	コンビニエンスストア業 　②　監査人：トーマツ 　④　粉飾利益：1.3億円(0.6％) 　⑥　取引所：東証1部
2．大和ハウス工業株式会社 　①　発表：11/ 1/28 　③　粉飾：10/9まで11年間子会社で費用の不適切処理 　⑤　規模：19,169/ 6,178/16,099億円(10/3期)	住宅メーカー 　②　監査人：トーマツ 　④　粉飾利益：8.7億円(0.0％) 　⑥　取引所：東大証1部
3．株式会社ゲオホールディングス 　①　発表：11/ 3/24 　③　粉飾：10/6以降子会社で架空売上 　⑤　規模：1,182/ 393/2,415億円(10/3期)	ゲームソフト 　②　監査人：トーマツ 　④　粉飾利益：2.5億円(0.2％) 　⑥　取引所：東名証1部
4．株式会社ホッコク(12/8/11上場廃止) 　①　発表：11/ 8/ 8 　③　粉飾：10年度に海外でのFC権架空売上 　⑤　規模：69/22/96億円(11/3期)	ラーメン店 　②　監査人：霞ヶ関→北摂 　④　粉飾利益：未発表 　⑥　取引所：ジャスダック
5．京王ズホールディングス 　①　発表：11/ 8/ 9 　③　粉飾：98/10以降架空売上げ，費用過小計上 　⑤　規模：59/ 21/115億円(10/10期)	携帯電話販売 　②　監査人：清和→ハイビスカス→アリア 　④　粉飾利益：4億円(6.8％) 　⑥　取引所：マザーズ
6．オリンパス株式会社 　①　発表：11/10/16 　③　粉飾：1980年代からの財テク損失を飛ばしで隠す 　⑤　規模：10,636/ 1,668/ 8,471億円(11/3期)	光学機械 　②　監査人：あずさ→新日本 　④　粉飾利益：1,348億円(12.7％) 　⑥　取引所：東証1部
7．株式会社マキヤ 　①　発表：11/12/13 　③　粉飾：07/4頃から仕入れ担当者が在庫水増し 　⑤　規模：271/122/432億円(11/3期)	ディスカウント 　②　監査人：トーマツ 　④　粉飾利益：0.9億円(0.3％) 　⑥　取引所：ジャスダック
8．大王製紙株式会社 　①　発表：11/12/16 　③　粉飾：繰延税金資産過大計上など 　⑤　規模：6,845/1,297/4,102億円(11/3期)	製紙業 　②　監査人：トーマツ→あらた 　④　粉飾利益：145億円(2.1％) 　⑥　取引所：東証1部
9．戸田建設株式会社 　①　発表：11/12/14 　③　粉飾：子会社での過大売上げ，売上原価操作 　⑤　規模：5,008/1,918/4,528億円(11/3期)	総合建設業 　②　監査人：青南 　④　粉飾利益：22億円(0.4％) 　⑥　取引所：東証1部
10．住友大阪セメント株式会社 　①　発表：11/12/16 　③　粉飾：09年度後半期から新材料事業本部にて在庫水増し 　⑤　規模：3,117/1,291/2,012億円(11/3期)	セメント製造 　②　監査人：新日本 　④　粉飾利益：14億円(0.4％) 　⑥　取引所：東証1部
11．野村マイクロ・サイエンス株式会社 　①　発表：11/12/29 　③　粉飾：10/9原価計算ミスにより売上過大計上など 　⑤　規模：176/ 84/220億円(11/3期)	水処理装置製造 　②　監査人：太陽ASG 　④　粉飾利益：2.3億円(1.3％) 　⑥　取引所：ジャスダック
12．株式会社東理ホールディングス 　①　発表：12/ 2/ 1 　③　粉飾：07/9～10/3期まで元取締役に対する不適切な融資 　⑤　規模：101/ 62/219億円(11/3期)	ダイカスト業 　②　監査人：KDA 　④　粉飾利益：8億円(7.9％) 　⑥　取引所：東証2部
13．加賀電子株式会社 　①　発表：12/ 3/30 　③　粉飾：11/3期以降連結子会社にて損失未処理 　⑤　規模：1,147/ 479/2,299億円(11/3期)	電子部品製造 　②　監査人：あらた 　④　粉飾利益：3.5億円(0.3％) 　⑥　取引所：東証1部

図表4−2−1　不適切会計処理公開企業一覧表（11年1月以降）(2)

14. 株式会社パスコ ① 発表：12/4/13 ③ 粉飾：11/10に支払った費用をソフトウエアに計上 ⑤ 規模：644/126/504億円（11/3期）	航空測量 ② 監査人　：あずさ ④ 粉飾利益：8億円（1.2%） ⑥ 取引所　：東証1部
15. 沖電気工業株式会社 ① 発表：12/8/8 ③ 粉飾：スペインの関係会社で6年間以上不適切会計処理 ⑤ 規模：3,748/675/4,281億円（12/3期）	情報通信システム ② 監査人　：新日本 ④ 粉飾利益：308億円（8.2%） ⑥ 取引所　：東大証1部
16. 株式会社オービック ① 発表：12/11/9 ③ 粉飾：12年3月期財務諸表で保有私募社債の減損損失隠し ⑤ 規模：総資産1,450/純資産1,293/売上高484億円（12/3期）	ソフト関連サービス ② 監査人　：新日本 ④ 粉飾利益：133億円（9.2%） ⑥ 取引所　：東証1部
17. 株式会社テー・オー・ダブリュー ① 発表：12/11/13 ③ 粉飾：従業員が架空売上、売上原価過小計上の操作 ⑤ 規模：95/53/140億円（12/6期）	イベント制作 ② 監査人　：新日本 ④ 粉飾利益：1.7億円（1.8%） ⑥ 取引所　：東証1部
18. 明治機械株式会社 ① 発表：12/11/19 ③ 粉飾：子会社で08年度以降架空売上、原価付け替え ⑤ 規模：93/42/83億円（12/3期）	産業機械メーカー ② 監査人　：トーマツ→元和 ④ 粉飾利益：最大時26億円（28.0%） ⑥ 取引所　：東証2部
19. 株式会社マツヤ ① 発表：12/12/28 ③ 粉飾：11/2以降仕入割戻の架空計上など ⑤ 規模：160/31/395億円（12/2期）	スーパーマーケット ② 監査人　：新日本 ④ 粉飾利益：4.5億円（2.8%） ⑥ 取引所　：ジャスダック
20. 株式会社クロニクル（13/7/17上場廃止） ① 発表：13/1/25 ③ 粉飾：前代表による不正貸付け等 ⑤ 規模：18/16/21億円（12/9期）	宝飾品事業 ② 監査人　：元和→清翔 ④ 粉飾利益：12億円（66.7%） ⑥ 取引所　：ジャスダック
21. ネットワンシステムズ株式会社 ① 発表：13/2/12 ③ 粉飾：社員による外注費騙取 ⑤ 規模：1,000/635/1,576億円（12/3期）	ネットワークシステム ② 監査人　：トーマツ ④ 粉飾利益：7.9億円（0.8%） ⑥ 取引所　：東証1部
22. 株式会社守谷商会 ① 発表：13/3/27 ③ 粉飾：名古屋支店にて工事原価付け替え ⑤ 規模：194/65/303億円（12/3期）	建築・土木 ② 監査人　：トーマツ ④ 粉飾利益：1億円（0.5%） ⑥ 取引所　：ジャスダック
23. 日本風力開発株式会社 ① 発表：13/3/29 ③ 粉飾：証券取引等委員会が不適切会計処理を発表 ⑤ 規模：761/101/60億円（12/3期）	風力開発 ② 監査人　：新日本→やよい→日之出 ④ 粉飾利益：23億円（3.0%） ⑥ 取引所　：マザーズ
24. 株式会社アイレックス ① 発表：13/4/1 ③ 粉飾：システム部部長代理が12/3、13/3期に架空売上 ⑤ 規模：16/8/36億円（12/3期）	システム事業 ② 監査人　：聖橋→新日本 ④ 粉飾利益：2億円（12.5%） ⑥ 取引所　：ジャスダック
25. 株式会社大塚商会 ① 発表：13/4/11 ③ 粉飾：子会社従業員が架空売上計上、回収偽装 ⑤ 規模：2,532/1,293/5,158億円（12/12期）	システム開発 ② 監査人　：新日本 ④ 粉飾利益：11億円（0.4%） ⑥ 取引所　：東証1部
26. 株式会社インデックス（13/7/28上場廃止） ① 発表：13/5/15 ③ 粉飾：監査法人の指摘を受け調査委員会立ち上げ ⑤ 規模：231/4/183億円（12/8期）	ネット＆ゲーム事業 ② 監査人　：清和 ④ 粉飾利益：未発表 ⑥ 取引所　：ジャスダック

図表4−2−1　不適切会計処理公開企業一覧表（11年1月以降）(3)

27.	株式会社オウケイウェイブ		ソーシャルメディア運営
	① 発表：13/6/13		② 監査人：トーマツ
	③ 粉飾：子会社が実質的に支配する企業と不適切会計処理		④ 粉飾利益：2.5億円(10.9%)
	⑤ 規模：23/20/15億円(12/6期)		⑥ 取引所：セントレック
28.	株式会社ＳＪＩ		情報サービス，石油関連事業
	① 発表：13/6/27		② 監査人：新日本→紀尾井町→清和
	③ 粉飾：中国関連事業で貸倒引当金未計上		④ 粉飾利益：16.6億円(3.5%)
	⑤ 規模：475/229/294億円(13/3期)		⑥ 取引所：ジャスダック
29.	株式会社アイフリークホールディングス		モバイルコンテンツ，Ｅコマース
	① 発表：13/6/27		② 監査人：あずさ→アヴァンティア
	③ 粉飾：監査法人が海外子会社での不明瞭な資金流を指摘		④ 粉飾利益：0.2億円(1.3%)
	⑤ 規模：15/5/16億円(13/3期)		⑥ 取引所：ジャスダック
30.	株式会社イチケン		総合建設業
	① 発表：13/8/6		② 監査人：トーマツ
	③ 粉飾：10/3期以降関西支店で不適切な工事原価計上		④ 粉飾利益：8.6億円(2.7%)
	⑤ 規模：314/81/576億円(13/3期)		⑥ 取引所：東証1部
31.	株式会社クリーク・アンド・リバー		コンテンツ制作代行
	① 発表：13/8/30		② 監査人：太陽ＡＳＧ
	③ 粉飾：12/2期以降子会社で不適切な売上計上ほか		④ 粉飾利益：3億円(4.2%)
	⑤ 規模：総資産72/純資産41/売上高190億円(13/2期)		⑥ 取引所：ジャスダック
32.	株式会社雑貨屋ブルドッグ		雑貨類販売業
	① 発表：13/9/13		② 監査人：トーマツ→京都
	③ 粉飾：10/8期以降旧経営陣の指示で在庫不適切処理		④ 粉飾利益：14億円(8.2%)
	⑤ 規模：170/118/113億円(12/8期)		⑥ 取引所：ジャスダック
33.	株式会社雪国まいたけ		まいたけ製造販売
	① 発表：13/10/25		② 監査人：ナカチ
	③ 粉飾：99年以降土地開発費用不適切繰延など		④ 粉飾利益：14億円(3.5%)
	⑤ 規模：395/22/265億円(13/3期)		⑥ 取引所：東証2部
34.	株式会社東芝		電気機器
	① 発表：13/10/30		② 監査人：新日本
	③ 粉飾：06年以降孫会社で原価付け替えなど		④ 粉飾利益：99億円(0.2%)
	⑤ 規模：6兆1,067億円/1兆4,165億円/5兆8,003億円(13/3期)		⑥ 取引所：東証1部他
35.	株式会社エル・シー・エーホールディングス		コンサルタント
	① 発表：13/10/31		② 監査人：やよい→清翔→アリア
	③ 粉飾：09年4月現物出資受け入れ不動産過大評価		④ 粉飾利益：4.2億円(14.5%)
	⑤ 規模：29/7/11億円(13/5期)		⑥ 取引所：東証2部
36.	株式会社サニックス		太陽光発電システム販売
	① 発表：13/11/7		② 監査人：トーマツ
	③ 粉飾：13年5月に従業員が架空売上計上		④ 粉飾利益：0.5億円(0.2%)
	⑤ 規模：292/88/434億円(13/3期)		⑥ 取引所：東証1部他
37.	株式会社リソー教育		教育事業
	① 発表：13/12/16		② 監査人：新日本→九段
	③ 粉飾：全グループ規模で不適切売上計上など		④ 粉飾利益：49億円(37.4%)
	⑤ 規模：131/57/218億円(13/2期)		⑥ 取引所：東証1部
38.	日本電気株式会社		通信，ＩＴ機器
	① 発表：14/1/17		② 監査人：あずさ
	③ 粉飾：連結子会社の子会社従業員が金銭着服		④ 粉飾利益：15億円(0.1%)
	⑤ 規模：2兆5,810億円/8,361億円/3兆716億円(25/3期)		⑥ 取引所：東証1部

局地型粉飾は、会社の規模と比べて小規模なものが多く、一時、信用が低下することがあっても、企業破綻に直接繋がるような例は稀である。ただし、会社の基盤が出来上がっていない新興企業や小規模会社などでは、局地型粉飾であっても、経営者が暗黙の了承を与えていたり、裏で指図をしていることもあるので、会社ぐるみと局地型の区別がつきにくく、大規模な粉飾に発展して、粉飾の発表が企業破綻に繋がるケースもある。

図表4－2－1では、④粉飾利益の右横のカッコ内に、粉飾総額の基準年度の総資産に占める割合（以下、粉飾率という）をパーセンテージで示してある。ここで基準年度とは、図表4－2－1⑤規模の項にカッコ書きで記載した年度のことである。

図表4－2－1の38社中でホッコク、クロニクルは、期限までに決算書の提出ができなかったり、上場基準に抵触するなどして上場廃止になり、インデックスは民事再生法を申請して同じく上場廃止になっている。エル・シー・エーホールディングスは現在財務諸表虚偽記載により監理銘柄に指定されており、14年2月6日までに訂正報告書を提出することを命じられている。アイレックスは再度粉飾の疑惑が出て、現在第三者委員会を設置して調査中であり、その結果が注目される。

以上の5社では、粉飾率がクロニクル66.7％、エル・シー・エーホールディングス14.5％、アイレックス12.5％と高いし、粉飾額の公表をしていないホッコク、インデックスでも粉飾率は高いことが推察される。

以上の5社を除く33社は、14年1月末現在では、順調に経営を続けており、粉飾の影響が直ちに経営破綻に結びつくものではなかったことが推測できる。

通常のケースでは、粉飾率8％程度が経営分析により発見できる規模の下限になるのだが、上記5社を除く33社で粉飾率が8％を超えるのは、明治機械28.0％、オリンパス12.7％、オウケイウェイブ10.9％、オービック9.2％、沖電気工業8.2％、雑貨屋ブルドッグ8.2％の6社である。

8％を超える企業で、局地型と思われるのは、沖電気工業、明治機械、オウケイウェイブの3社だけだが、明治機械については、粉飾を行った子会社では、親会社の社長が粉飾を黙認してくれているとの認識のもとに粉飾を行っていたようである。また、粉飾は22年、23年3月期を中心に行われ、23年3月期末には26億円に達したのだが、その後の年度では是正の粉飾が主である。24年3月期末には粉飾額は6.6億円に減少していたことなどから、明治機械については、局地型とは認めがたい。オウケイウェイブは年商高15億円程度の小規模企業であり、内部統制などの効果の期待できない規模の会社である。

以上を総合すると、図表4－2－1による限り、局地型粉飾では、小規模で内部統制の効果が期待しにくい企業を除き、上場会社では、比較的早い段階で粉飾が発見されるなどして、直ちに経営破綻に結びつくような大規模な粉飾にはなっていないようだ。

大抵の局地型粉飾は、経営分析の手法では発見が困難ではあるが、粉飾を発見できなくても、重大なミスには繋がらない程度のものである。

ただ、小規模な粉飾でも、業績低下による多額の損失発生や事故の発生などと重なると、経営破綻などの大事に至る可能性がある。

企業評価においては、現在の収益力や財政状態などが重要な評価要素になるのだが、将来の損失発生のリスクなどを考慮して、修正する必要がある。局地型粉飾はすべての企業に起こり得るものなので、将来の損失発生リスクに粉飾リスクを上乗せするなどで、評価に加えることが望まれる。

(2) 最近の粉飾の特徴

最近の粉飾といっても、その手口などには

変化がなく，売上高などの水増しや経費隠しなどによる**積極的粉飾**と，不良資産を健全資産に見せかけて，貸倒損失や評価損，減損などを計上しない**消極的粉飾**のどちらもが行われている。

利益水増しの粉飾には，同時に，**資産の水増しか**，**負債の隠蔽**を伴う。資産水増しの粉飾は資産の回転期間分析などにより比較的簡単に発見できるのが普通だが，最近は各企業とも合理化により保有資産の削減に努めているので，粉飾による水増しが打ち消されて，表面化せず，発見が困難になるケースもある。

合理化志向により，資産を減らして，負債を削減する企業が増えているので，負債隠蔽の粉飾は，合理化による削減か，隠蔽によるものかの区別をつけ難い。それに，負債の隠蔽には，費用や損失の隠蔽や減少計上に基づくものが多いのだが，損害賠償費用や，構造改善費用などの臨時費用は，金額が嵩むものでも，外部の利害関係者には事前に発生の事実など察知することが困難であり，実際問題として，この種の負債の隠蔽は発見が不可能なことが多い。負債隠蔽の粉飾が増えているので，発見が困難になっている。

最近，循環取引による粉飾が増えていて，この粉飾を巧妙に実行されると発見が極めて困難になること前に説明したとおりである。

(注)
1) 森脇彬（2009）『与信管理ための財務分析Q&A』商事法務研究会，34頁。
2) 青木茂男（2012）『要説経営分析＜四訂版＞』森山書店，3頁。
3) 国弘員人（1957）『財務諸表の粉飾』ダイヤモンド社，94頁。
4) 回転期間の見方や計算法については，井端和男（2014）『最近の粉飾（第5版）』税務経理協会に詳しい。
5) 国弘員人教授は前掲書で「運転資金が支払超過である場合には，(2)実際上も，財務諸表の粉飾が行われることがある。売上高に比べて，売上収入が非常に少ない場合と，費用に比べて，費用の支払が非常に多い場合には，運転資金は支払超過になるが，売上収入と費用への支払の式をみるとわかるように，売掛債権が非常に増えたり……」（国弘員人著前掲書140〜141頁），と述べている。

佐藤倫正教授は「資金繰りの状況は企業の支払能力の判定にとって重要だが，与信をする調査マンはもう少し広い視野を持っていると思われる。わが国の金融業界を中心にして，いわゆる資金分析といわれる技法がかなり発揮していたことは無視できない」（佐藤倫正（2014）『キャッシュ・フロー計算書とはなにか』「企業会計」2008年10月号）と述べている。
6) CF計算書による粉飾発見法については井端和男『最新粉飾発見法』税務経理協会12年4月，39〜65頁に詳しい。
7) 末松義章（2010）『不正経理処理の実態分析』中央経済社。
8) 青木茂男著　前掲書41-42頁。

［井端和男］

Ⅲ　粉飾と逆粉飾事例分析

1　はじめに

本節では，2で粉飾事例，3で逆粉飾事例を紹介する。粉飾事例では，まず，会社ぐるみ粉飾の例として，光学機械メーカーのオリンパス株式会社を取り上げ，次に局地型の例として，通信機器大手の沖電気工業株式会社の事例を取り上げる。3番目には，粉飾などの調査のため第三者委員会を立ち上げたものの，結果の公表前に倒産して，粉飾の実態などが明らかにされないままになっているゲーム用コンテンツ開発業などの株式会社インデックスの例を取り上げる。

逆粉飾事例については，分析のための財務情報の入手が困難である。また，大抵のケースで，会社側は非を認めておらず，税務当局

との見解の相違によるものであることを強調している。したがって，これを一方的に逆粉飾と決めつけるのには，情報が不足しているなどで難点があり，取扱いに注意を要するケースが多いことなどから，純粋な逆粉飾の事例の紹介はできない。したがって，まず，粉飾の事例で取り上げるオリンパスの第3段階の粉飾を疑似逆粉飾として取り上げる。次に，財務情報を公開している会社の中から，不動産などに適法に含み益を蓄積していたが，長年損失が続いた結果倒産した2社の事例を選んで分析を試みることにした。

2 粉飾事例

(1) オリンパス株式会社
① オリンパスの粉飾の概要
(i) 3段階にわたる粉飾

オリンパス株式会社の粉飾[1]は，1991年初のバブル崩壊以前から続いていたとのことなので，図表4－3－1には，1990年3月期から2013年3月期までの24年間の主要連結財務数値と財務比率の推移を列記した。オリンパスでは，粉飾発覚後に2006年3月期から2011年3月期までの連結財務諸表などの訂正を行っているが，図表4－3－1はすべて粉飾訂正前のものである。ただし，2011年3月期については，2012年3月期との比較のため訂正後の数値も併記してある。

当社の粉飾は3段階に分けることができる。以下において，3段階のそれぞれについて第三者委員会の報告書をもとに粉飾の概要を紹介する。

(ii) 第1段階－含み損蓄積の時代

オリンパスでは，1985年以降急速な円高によって営業利益が大幅に減少したことを受け，財テク事業を重要な経営戦略と位置付け，財テク資産の積極的運用に乗り出した。

1991年初のバブル崩壊後は，**財テク資産**の運用による損失が増大し始めた。損失を取り返すためにハイリスク・ハイリターン商品や，複雑な仕組み債に手を出したが，財テク資産の運用損は飛躍的に膨れ上がり，**含み損**は1990年代後半には960億円になっていた。

(iii) 第2段階－「飛ばし」の時期

2001年3月期から時価会計が導入されることになり，含み損を資産に隠しておけなくなる。そこでオリンパスでは，いわゆる「飛ばし」の手口を利用することを考え，1998年頃から含み損の移転先として受け皿ファンドを次々に設立した。

受け皿ファンドに含み損資産を売却して移しても，受け皿ファンドでは代金決済ができない。そこで，連結外の投資ファンドを通じて受け皿ファンドに資金を流し，代金を決済させる方法などを考え出した。この方法では，含み損資産が投資ファンドへの出資金や貸付金などに形を変えるだけで，受け皿ファンドへの融資金などは簿外になった。

「飛ばし」操作のため，含み損がさらに膨らんで最終的には1,350億円になった。ファンド設立や運営経費などを考慮に入れると，損失はもっと大きなものになると推測する。

(iv) 第3段階－含み損の整理

オリンパスは，2000年3月期までに，含み損をすべて受け皿ファンドに移したが，いずれはファンドに移した含み損を消す必要があるし，出資金や融資金を回収せねばならない。

第3段階は含み損を再度オリンパスが引き取って，損失で落とすことで含み損の整理を計画し，計画に従い一部の整理を実行したのだが，途中で，粉飾が発覚して，その実態が公開されることになった。

第3段階の粉飾は，含み損を処理する財源として，架空費用を計上して利益を隠す粉飾であり，第1，第2段階までの利益を増やす粉飾とは性格が異なる逆粉飾の一種である。

そこで，第3段階の粉飾については，3逆粉飾事例で取り扱うことにする。

Ⅲ　粉飾と逆粉飾事例分析

図表4－3－1　オリンパス株式会社主要財務数値推移表　　（単位：億円）

年度	売上高 %	当期 純利益 %	総資産 月	現金 預金 月	売上 債権 月	棚卸 資産 月	金融 資産 月	有形固 定資産 月	無形固 定資産 月	投資 その他 月	借入金 %	純資産 %	財テク 事業 月	一般 事業 月
90/3	2,192 14.5	84 3.8	3,202 17.5	563 3.1	623 3.4	486 2.7	516 2.8	616 3.4	0 0.0	225 1.2	1,095 34.2	1,385 43.3	756 4.1	2,446 13.4
91/3	2,484 13.3	97 3.9	3,302 16.0	509 2.5	660 3.2	525 2.5	562 2.7	653 3.2	10 0.0	176 0.9	1,092 33.1	1,437 43.5	636 3.1	2,666 12.9
92/3	2,601 4.7	51 2.0	3,769 17.4	371 1.7	682 3.1	630 2.9	848 3.9	731 3.4	10 0.0	220 1.0	1,463 38.8	1,460 38.7	799 3.7	2,970 13.7
93/3	2,677 2.9	38 1.4	4,399 19.7	913 4.1	598 2.7	622 2.8	982 4.4	787 3.5	21 0.1	205 0.9	2,125 48.3	1,458 33.1	1,452 6.5	2,947 13.2
94/3	2,396 -10.5	6 0.3	4,351 21.8	922 4.6	593 3.0	645 3.2	935 4.7	779 3.9	23 0.1	194 1.0	1,801 41.4	1,830 42.1	1,475 7.4	2,876 14.4
95/3	2,521 5.2	31 1.2	4,434 21.1	1,028 4.9	669 3.2	591 2.8	950 4.5	759 3.6	22 0.1	172 0.8	1,884 42.5	1,824 41.1	1,542 7.3	2,892 13.8
96/3	2,561 1.6	20 0.8	4,875 22.8	838 3.9	738 3.5	700 3.3	1,299 6.1	765 3.6	25 0.1	184 0.9	1,719 35.3	1,814 37.2	1,706 8.0	3,169 14.9
97/3	3,105 21.2	23 0.7	5,101 19.7	899 3.3	857 3.0	785 4.8	1,246 4.8	772 3.0	28 0.1	226 0.9	2,330 45.7	1,812 35.5	1,623 6.3	3,478 13.4
98/3	3,650 17.6	93 2.5	5,211 17.1	776 2.6	965 3.2	865 2.8	1,256 4.1	770 2.5	30 0.1	226 0.7	2,183 41.9	1,961 37.6	1,376 4.5	3,836 12.6
99/3	4,137 13.3	89 2.2	5,336 15.5	852 2.5	965 2.8	907 2.6	1,262 3.7	791 2.3	28 0.1	190 0.6	2,288 42.9	1,903 35.7	1,298 3.8	4,038 11.7
00/3	4,286 3.6	19 0.4	5,362 15.0	956 2.4	848 2.2	795 2.2	953 2.7	770 2.2	21 0.1	589 1.6	2,194 40.9	1,904 35.5	1,448 4.1	3,915 11.0
01/3	4,617 7.7	118 2.6	5,841 15.2	1,001 2.6	900 2.3	1,102 2.9	365 0.9	816 2.1	24 0.1	1,251 3.3	2,272 38.9	1,922 32.9	1,487 3.9	4,354 11.3
02/3	5,284 14.4	103 1.9	5,621 12.8	1,010 2.3	961 2.2	831 1.9	350 0.8	819 1.9	44 0.1	1,226 2.8	2,086 37.1	2,015 35.8	1,309 3.0	4,312 9.8
03/3	5,643 6.8	243 4.3	6,058 12.9	1,022 2.2	1,042 2.2	772 1.6	350 0.7	913 1.9	82 0.2	1,487 3.2	1,960 32.4	2,224 36.7	1,530 3.3	4,528 9.6
04/3	6,336 12.3	336 5.3	6,827 12.9	1,148 2.2	1,177 2.2	874 1.7	350 0.7	1,011 1.9	125 0.2	1,611 3.1	2,372 34.7	2,522 36.9	1,650 3.1	5,177 9.8
05/3	8,135 28.4	-118 -1.5	8,581 12.7	1,204 1.8	1,519 2.2	1,028 1.5	12 0.0	1,201 1.8	728 1.1	2,304 3.4	3,724 43.4	2,408 28.1	2,214 3.3	6,367 9.4
06/3	9,781 20.2	286 2.9	9,761 12.0	1,657 2.0	1,674 2.1	932 1.1	12 0.0	1,308 1.6	1,027 1.3	2,531 3.1	4,461 45.7	2,907 29.8	2,782 3.4	6,979 8.6
07/3	10,618 8.6	478 4.5	10,918 12.3	2,166 2.4	1,929 2.2	898 1.0	83 0.1	1,401 1.6	1,004 1.1	2,785 3.1	4,622 42.3	3,449 31.6	3,384 3.8	7,535 8.5
08/3	11,289 6.3	580 5.1	13,583 14.4	1,583 1.7	1,936 2.1	1,108 1.2	0 0.0	1,500 1.6	4,040 4.3	2,610 2.8	6,568 48.4	3,679 27.1	5,411 5.8	8,172 8.7
09/3	9,808 -13.1	-1,148 -11.7	11,063 13.5	1,369 1.7	1,603 2.0	965 1.2	2 0.0	1,631 2.0	2,646 3.2	2,038 2.5	6,602 59.7	1,688 15.3	3,603 4.4	7,460 9.1
10/3	8,831 -10.0	478 5.4	11,522 15.7	2,068 2.8	1,542 2.1	907 1.2	0 0.0	1,445 2.0	2,656 3.6	2,092 2.8	6,615 57.4	2,169 18.8	4,608 6.3	6,914 9.4
11/3	8,471 -4.1	74 0.9	10,636 15.1	2,136 3.0	1,412 2.0	931 1.3	0 0.0	1,426 2.0	2,484 3.5	1,389 2.0	6,488 61.0	1,668 15.7	3,891 5.5	6,745 9.6
11/3 訂正後	8,471 -4.1	38 0.4	10,192 14.4	2,136 3.0	1,412 2.0	929 1.3	0 0.0	1,413 2.0	2,060 2.9	1,382 2.0	6,488 63.7	1,156 11.3	3,460 4.9	6,732 9.5
12/3	8,485 0.2	-490 -5.8	9,665 13.7	1,001 1.4	1,506 2.1	1,025 1.4	0 0.0	1,278 1.8	1,971 2.8	1,150 1.6	6,424 66.5	480 5.0	2,001 2.8	7,664 10.8
13/3	7,439 -12.3	80 1.1	9,601 15.5	2,296 3.7	1,252 2.0	993 1.6	0 0.0	1,298 2.1	1,746 2.8	1,146 1.8	5,604 58.4	1,524 15.9	3,328 5.4	6,273 10.1

注1)　金融資産＝流動資産に計上の有価証券＋短期特定金融資産
注2)　各年度下段：売上高は前年度比増減率，純利益は売上高利益率，資産項目は回転期間（月），借入金は借入金依存度，純資産は自己資本比率を示す。

② 経営分析による粉飾調査
(i) 第1段階の分析

1990年3月末の総資産回転期間が17.5ヶ月と極めて高く，その原因が現金預金や金融資産にあることから，本業外の財テク資産が膨らんでいて，1991年初のバブル崩壊により多額の含み損の発生したことが推察される。

問題は，バブル崩壊後の**財テク資産**残高の推移である。バブル崩壊後は景気が落ち込んで厳しい経営環境が続いたし，金融引き締めにより資金繰りが逼迫したため，各企業とも財テク資産の整理に追われた。その結果，総資産回転期間は低下に向かったのだが，当社ではその後も上昇が続き，1996年3月期末には22.8ヶ月に達している。財テク資産の整理には損失を伴うので，含み損を先送りする操作を続けたため，含み損は更に膨らみ総資産回転期間の上昇が続いたものと推測される。

財テク事業の推移をみるため，資産を財テク事業資産と一般事業資産に分割する。

まず，現金預金，金融資産，無形固定資産，投資その他の資産を財テク事業資産とし，残りを一般事業資産とする。一般事業でも現金預金などを必要とするので，財テク事業から各年度売上高の3ヶ月分を一般事業に移すことにする。図表4-3-1では，財テク事業及び一般事業の列を設け，上段に資産残高を，下段には回転期間（月）を記載してある。

一般事業資産の回転期間は，1990年3月期末から1995年3月期末にかけて13ヶ月前後で安定している。1997年3月期以降は，回転期間は低下傾向が続き，2006年3月期末には8ヶ月台にまで短縮している。この時期には，売上高が増加したため，売上増による資産効率の向上や，合理化による資産削減効果により回転期間が低下したものと推察される。一般事業の資産残高や回転期間の動きはほぼ正常と認められる。

財テク事業では，資産残高が1991年3月期末の636億円から，1996年3月期末には1,070億円増えて，1,706億円になったし，回転期間も3.1ヶ月から8ヶ月に上昇した。

1991年3月末の財テク事業資産には，バブルの崩壊に伴って多額の含み損の発生したことが推察される。その後の増加額は正常な資金運用のためではなく，含み損の先送りのためのものであったとすると，当時の市況状況などから考えても，多くは損の上積みになっていることが推察される。

(ii) 第2段階の分析

1997年3月期以降は，総資産，財テク事業資産ともに回転期間の低下傾向が続いている。この時期には年々売上高の増加が続いていることにもよるが，財テク事業資産は，回転期間のみならず，残高も減少傾向が続いていることから，当社でも遅まきながら財テク資産の整理に着手したことが推察される。

総資産回転期間は，1997年3月期以降短縮傾向が続いて，2002年3月期末には12ヶ月台にまで低下した。金融資産が大きく減少していることなどから，財テク事業資産の整理が進んだように見える。

財テク事業資産を整理すると多額の損失が発生するはずだが，この期間中当期純損益は黒字が続いている。当社の過去の収益力の実績などから考えて，膨大な含み損を整理すると，当期純損益は赤字になると考えられるので，含み損の多くは隠したままになっていることが疑われる。損を出さずに含み損資産を整理する方法として，「**飛ばし**」などの手口を利用したのであろう。

2003年3月末には，財テク事業資産の回転期間が3.3ヶ月に低下し，総資産回転期間が12.9ヶ月にまで低下した。財テク事業資産では，現金・預金や金融資産が大幅に減って，投資その他の資産が急増している。この頃から積極的な事業拡大に乗り出し，投資に資金を投入したことが考えられる。主な増加は投資有価証券と出資金であることから，財テク事業資産が，「飛ばし」などにより投資有価

(iii) 結　　論

　第1段階における粉飾は，財テク事業資産や総資産の回転期間分析などにより，財テク事業で含み損が発生し増殖を続けていることや，その大よその規模などを推察するのはそれほどの難事でない。

　第2段階において，財テク事業資産が減少し，総資産回転期間も標準的な水準近くに低下していることから，財テク事業資産の含み損整理が終わったと解釈する恐れがある。投資有価証券などが増えたのは，事業拡大の前向き投資と考えても不思議ではない。

　ただ，当社の業績の推移からは，当期純損益の黒字を維持しながら，膨大な含み損を短期間に整理することは不可能でないかとの疑問を持つのも自然であり，その結果，投資等が増えているのは含み損の付け替えであることに気が付く可能性が高いと考えられる。

　以後の展開については，3逆粉飾事例で取り扱う。

(2)　沖電気工業株式会社
① 局地型粉飾について

　従業員，事業部門や子会社などが，経営者や親会社などに隠れて行う局地型粉飾の例として，特に規模の大きい沖電気工業株式会社（以下，OKIという）を取り上げる。

　局地型粉飾は，長年続いた場合でも，発覚により直ちに経営破綻に陥るような大規模なものにはならないものである。ただ，小規模な粉飾であっても，粉飾発覚により信用が大きく低下し，株価が暴落するなどのリスクも予想され，金融機関の対応次第では倒産もありうる。

② 粉飾の概要
(i) 外部委員会による調査報告書の公表

　OKIは，2012年8月8日付にて，スペインのプリンター販売子会社OKI SYSTEMS IBERICA, S.A.U.（以下OSIBという）で粉飾の疑惑が持ち上がったので，調査のため**外部調査委員会**を設立したことを公表した。

　　　OKI→㈱沖データ（ODC）
　　　　→OKI EUROPE LTD.（OEL）→OSIB

　OSIBは，上の組織図通り，欧州市場販売を総括するOELの子会社としてスペイン，ポルトガルでのプリンター販売業務を担当していて，OKIの曾孫会社に当たる。

　2012年9月11日，OKIは，外部調査委員会の報告に基づき，粉飾による連結業績に与える影響額は，2013年3月期の第1四半期までの累計で308億円になることなどを発表した。9月18日には，2007年3月期から2012年3月期までの連結財務諸表と，2013年3月期第1四半期までの四半期連結財務諸表などを訂正した。

　図表4-3-2は，2007年3月期から2012年3月期までの連結損益計算書と連結貸借対照表の主要項目の粉飾訂正前と粉飾訂正後の数値の対比表である。各年度とも，左列に粉飾訂正前，右側に粉飾訂正後の数値を記載してある。2012年3月期の右列には，2012年3月期末における粉飾金額を記載した。損益項目は，2007年3月期から2012年3月期までの6年間の粉飾の累計値である。6年間の当期純損益での粉飾の累計値は221億円だが，2006年3月期以前にも粉飾があったので，粉飾による利益への影響累計額は2012年3月期まででは300億円になる。この粉飾額は2012年3月末の総資産の8％に当たる。

　OKIは，もともと過小資本の状態にあり，2012年3月期末の自己資本比率は粉飾訂正前でも18.0％に過ぎないのだが，粉飾訂正の結果，11.2％に低下した。金融機関の融資姿勢などによっては経営破綻に繋がってもおかしくない財政状態である。300億円程度の粉飾は，回転期間など経営分析により粉飾と判定できるかどうかが微妙な規模である。

図表4-3-2　沖電気工業粉飾訂正前／訂正後比較推移表　　　　　　（単位：億円）

	07/3 訂正前	07/3 訂正後	08/3 訂正前	08/3 訂正後	09/3 訂正前	09/3 訂正後	10/3 訂正前	10/3 訂正後	11/3 訂正前	11/3 訂正後	12/3 訂正前	12/3 訂正後	粉飾累計額
（損益計算書）													
売　上　高	7,188	7,170	7,197	7,198	5,457	5,445	4,439	4,429	4,327	4,327	4,281	4,235	85
売上総利益	1,579	1,568	1,653	1,647	1,350	1,338	1,214	1,213	1,141	1,139	1,111	1,065	78
同上利益率％	21.97	21.87	22.97	22.88	24.74	24.57	27.35	27.39	26.37	26.32	25.95	25.15	
販売管理費	1,634	1,634	1,591	1,593	1,346	1,344	1,074	1,148	1,030	1,075	937	946	128
営業利益	-54	-66	62	54	4	-6	140	65	111	64	174	120	207
経常利益	-128	-139	-39	-47	-62	-72	88	13	59	12	146	91	207
当期純利益	-364	-378	6	-3	-450	-462	36	-38	-270	-318	80	16	221
（貸借対照表）													
現金預金	460	460	464	464	617	617	578	578	460	460	461	452	9
回転期間(月)	0.77	0.77	0.77	0.77	1.36	1.36	1.56	1.57	1.28	1.28	1.29	1.28	
売上債権	1,648	1,694	1,669	1,715	1,177	1,185	1,183	1,184	1,137	1,210	1,112	1,121	-9
回転期間(月)	2.75	2.84	2.78	2.86	2.59	2.61	3.20	3.21	3.15	3.36	3.12	3.18	
棚卸資産	1,675	1,673	1,389	1,384	803	807	628	641	649	655	679	682	-3
回転期間(月)	2.80	2.80	2.32	2.31	1.77	1.78	1.70	1.74	1.80	1.82	1.90	1.93	
その他	288	288	237	235	168	169	308	308	497	496	568	607	-39
貸倒引当金	-19	-19	-16	-16	-13	-13	-16	-87	-12	-124	-13	-123	110
流動資産計	4,052	4,096	3,743	3,782	2,752	2,765	2,681	2,624	2,731	2,697	2,807	2,739	68
回転期間(月)	6.76	6.86	6.24	6.31	6.05	6.09	7.25	7.11	7.57	7.48	7.87	7.76	
有形固定資産	1,297	1,297	1,258	1,258	612	612	562	562	531	531	526	526	0
回転期間(月)	2.17	2.17	2.10	2.10	1.35	1.35	1.52	1.52	1.47	1.47	1.47	1.49	
無形固定資産	176	176	158	157	123	123	101	101	78	78	70	70	0
回転期間(月)	0.29	0.29	0.26	0.26	0.27	0.27	0.27	0.27	0.22	0.22	0.20	0.20	
投資その他	759	759	549	547	482	482	493	493	382	382	346	346	0
回転期間(月)	1.27	1.27	0.92	0.91	1.06	1.06	1.33	1.34	1.06	1.06	0.97	0.98	
固定資産計	2,232	2,232	1,965	1,962	1,217	1,217	1,156	1,156	991	991	942	942	0
回転期間(月)	3.73	3.74	3.28	3.27	2.68	2.68	3.13	3.13	2.75	2.75	2.64	2.67	
資産合計	6,284	6,328	5,708	5,744	3,969	3,982	3,837	3,780	3,722	3,688	3,749	3,681	68
回転期間(月)	10.49	10.59	9.52	9.58	8.73	8.78	10.37	10.24	10.32	10.23	10.51	10.43	
仕入債務	1,014	1,014	869	869	525	525	549	549	539	539	629	663	34
回転期間(月)	1.69	1.70	1.45	1.45	1.15	1.16	1.48	1.49	1.49	1.49	1.76	1.88	
借入金	2,683	2,683	2,474	2,474	2,038	2,038	1,725	1,725	1,521	1,521	1,364	1,365	1
回転期間(月)		4.49	4.13	4.12	4.48	4.49	4.66	4.67	4.22	4.22	3.82	3.87	
その他負債	1,427	1,572	1,351	1,499	820	935	914	1,029	1,063	1,240	1,080	1,240	160
回転期間(月)	2.38	2.63	2.25	2.50	1.80	2.06	2.47	2.79	2.95	3.44	3.03	3.51	
負債合計	5,124	5,269	4,694	4,842	3,383	3,498	3,188	3,303	3,123	3,300	3,073	3,268	195
回転期間(月)	8.55	8.82	7.83	8.07	7.44	7.71	8.62	8.95	8.66	9.15	8.61	9.26	
純資産	1,160	1,059	1,014	901	587	484	648	476	599	389	675	413	262
内利益剰余金	-224	-316	-210	-311	-672	-784	-635	-823	905	-1,141	90	-210	300
内為替換算調整勘定	-56	-64	-81	-89	-35	-24	-34	-19	-42	-17	-44	-6	-38
自己資本比率	18.46	16.74	17.76	15.69	14.79	12.15	16.89	12.59	16.09	10.55	18.00	11.22	

(ii) 粉飾の概要

次に，外部調査報告書をもとに，OSIBにおける粉飾の概要を説明する。

(a) プリンター及び消耗品事業での粉飾

OSIBでは収益目標達成のため，販売業者の販売能力を超える数量の商品を販売した結果，販売業者が過剰在庫を抱え，支払いが停滞しそうになると，一旦請求を取り消し，新しい日付で実態を伴わない架空売上高を計上した。さらに，実体のない売上債権をファクタリングで回収し，架空売上代金の回収に充当した。

(b) テレビ販売事業における粉飾

OSIBではQ社を通じてテレビの販売を行ってきたが，Q社の資金繰りが悪化したため，Q社に対する売上債権の隠蔽と，テレビ製造会社に対するQ社の仕入債務の支払いの肩代わりを行った。売上債権の隠蔽には，実在しない未着品，在庫，預金，借入金，他社からの入金等を流用したQ社売上債権の減額偽装が行われた。仕入債務の肩代わりには，実質連帯保証となっていた債務を計上せず隠蔽する処理を行った。

(c) 同一売掛金を利用したファクタリングと手形割引の重複ファイナンス

長期化した売上債権をファクタリングで回収し，同時に当該売上債権を手形で回収して割引する二重の資金調達を行った。

(d) その他

販売業者に対するリベート負担額が未計上になっているし，取引先からの前受金を計上せずに当該取引先以外の売掛金の消込に充当することなどが行われた。

(iii) 粉飾額が膨らんだ理由

OSIBの粉飾は，OKI全体ではそれほど大きなものではなく，経営分析の手法では発見が困難な程度のものである。ただし，局地型粉飾では，前章に掲載した図表4－2－1で見る通り，大規模なものである。局地型粉飾では，内部統制などの効果で，それ程大きくなる前に摘発されるのが普通だが，これほどにまで膨らんだのは，**内部統制**を無効にする内部要因に原因があると考えられる。

OSIBでは親会社のOELが内部統制の第1の砦になるし，その上のODCや最終的にOKI自体が防禦柵の役割を果たす。

OELでは，OSIBはグループの稼ぎ頭であるなど，グループ内で重要な地位を占めていたことが推察される。OSIBの規模など不明だが，OKIのプリンター事業の売上高は最高の2008年3月期でも1,900億円台であり，OSIBの売上高がその1割としても200億円程度，テレビ事業を含めても精々300億円程度と推察される。OSIBで長年にわたって粉飾が行われ，その累計額が300億円を超えていた。それゆえ，計数上OELではOSIBの粉飾に気が付く機会が多かったと思われる。また，内部告発や，取引先，業界での風評等に注意していれば，何らかの信号をキャッチ出来ていた可能性がある。しかし，OELの経営者やスタッフは，子会社の不正を暴き立てると，グループのドル箱を失い，グループ全体の業績悪化に繋がるし，粉飾を見逃していたことで，親会社の関係者にも責任が及ぶので，OSIB不正追及の手が緩むことが予想される。OSIBを追及しても，適当な言い訳が聞けるだけであろう。OELとしてはOSIBの言い訳のとおり，本物の利益だと信じたくなる。これはOELだけでなく，OKIグループの関係者にもいえることで，グループ内でのこのような粉飾に対する自己正当化が，**内部統制**の機能を弱めていたために，粉飾が大きく膨れ上がるまで放置したことが推察される。グループ全体が業績では運命共同体の関係にあり，牽制の役割を十分には果たさなかったことが推察され，内部統制制度の弱点を示した例であるともいえる。

③ 経営分析による粉飾チェック

(i) 損益計算書での粉飾チェック

図表4－3－2によると，2012年3月期ま

でで，合計300億円の利益を水増ししているが，うち84億円は，2006年3月期以前の粉飾によるものであり，粉飾の手口などは不明である。

2007年3月期以降の粉飾額221億円のうち，78億円は，売上高を87億円水増しして捻出しているし，128億円は販売費及び一般管理費の過小計上によるものである。

販売費及び一般管理費の過小計上は，貸倒引当金繰入損の過小計上によるものと推察される。販売費及び一般管理費の金額は正常に推移していることから，売上債権などに巨額の不良債権が発生していることを察知しない限り，経費などの分析だけでは販売費等の粉飾の発見が困難であろう。

貸倒引当金繰入損過小計上の結果，貸倒引当金が110億円だけ過小計上になっている。貸倒引当金の過小計上は，売上債権などに110億円相当の不良債権が発生していることを意味する。OSIBの規模では，110億円の不良債権は異常に大きな金額であり，OSIB個別の財務情報の入手ができる親会社などでは，その兆候を掴めていたと思われる。

(ii) 回転期間による粉飾チェック

(a) 資産回転期間

OKIの粉飾による利益水増し額は，2012年3月期までの累計額で300億円だが，粉飾は主に負債隠蔽の形をとっているため，資産の水増し額は68億円に過ぎない。68億円の資産水増し額は貸倒引当金過小計上額110億円が主である。貸倒引当金は売掛金の評価勘定なので，引当金の過小計上は結果として売掛金の過大計上になる。売掛金自体では2012年3月期末で9億円の過小計上になっているので，差し引き101億円の過大計上になる。回転期間にすると約0.3ヶ月である。

売上債権回転期間が2007年3月期末の2.8ヶ月から2012年3月期末以降は3.1ヶ月に約0.3ヶ月上昇していて，引当金過小計上による上昇値とほぼ一致する。ただ，0.3ヶ月程度の上昇は，正常状態でも起こり得るので，これでもって直ちに粉飾と断定するのは無理であろう。特に，2008年10月に半導体事業を売却しているので，事業売却により体質が変化したことが原因とも考えられる。

貸倒引当金以外の項目では，資産の過小計上になっており，その結果，総資産の純水増し額は68億円であり，回転期間にして0.2ヶ月の水増しに過ぎない。総資産回転期間は2009年3月期末には大きく低下しているが，これは，半導体事業の売却による一時的な現象であり，2008年3月期末と2010年3月期末以降と比べると，**総資産回転期間**は10.5か月前後で大きな変化はない。

OKIでは，事業縮小に合わせて資産削減の方向に進んでおり，その結果，粉飾による資産の水増しがあったとしても，合理化による資産削減に吸収されて表面化しない可能性が高い。資産残高，回転期間のどちらについても，特に異常な変動を示すものがなく，粉飾の兆候など探知できない可能性が大である。

(b) 負債回転期間

OKIでは，合理化により資産削減に努めており，その結果負債の減少傾向が続いている。**負債隠蔽の粉飾**により負債の回転期間が短縮していても，合理化による短縮との区別がつけにくいので，**負債回転期間**から粉飾の推定をするのは困難である。

当社の粉飾は規模からいって経営分析による粉飾発見の限界を示す例でもあるが，更に，粉飾の大部分は負債隠蔽の形をとっており，これが，粉飾発見を一層困難にしている。

しかし，195億円もの負債が簿外になっているのは，195億円が未払のままになっていることを意味するので，親会社などに苦情が寄せられるなどして，何らかの情報が寄せられていた可能性もある。

④ 結　　論

図表4-2-1によると，**局地型粉飾**では，粉飾率が8％を超えるのは実質的にはOKIだ

けであり，大部分は4％程度以下の小規模なものである。したがって，OKI同様に，回転期間などによる経営分析の手法で局地型粉飾を発見するのは無理なケースが大部分と思われる。その代わり，OKIを含め，粉飾発覚の結果，経営破綻状態に追い込まれた例は1件もない。図表4－2－1の例で見る限り，局地型粉飾では，粉飾だけで致命的なダメージを受けることはあまりないことも推察できる。

図表4－2－1によると業績不振が続いている電機業界に局地型粉飾が多く発生している。これは，業績の悪化は粉飾の動機になるし，粉飾の自己正当化により，内部統制の効果を弱めるので，局地型粉飾であっても，長期化などにより規模が膨らむ可能性のあることを示していると考えられる。

2009年3月期から2012年3月期まで4年間の四半期売上高，売上債権残高と売上債権回転期間の平均値は下表の通りである。

	売上高	売上債権	回転期間
第1四半期	935億円	898億円	2.88月
第2四半期	1,190	958	2.42
第3四半期	1,033	845	2.46
第4四半期	1,468	1,152	2.35

四半期ごと売上高の変動が激しく，第4四半期が最大で，第1四半期には最小になる。回転期間は第1四半期が最長になる。これは，110頁粉飾兆候チェックリスト③に該当していて，売上先行計上の粉飾の疑惑がもたれる。

売上先行計上は次期以降も続けることになり，しかも年度ごとに先行計上額が膨れ上がることが多い。そのため，やがては先行計上の対象が枯渇して，架空計上などの本格的粉飾に移行することになるのだが，当社の粉飾がそのような過程をとったことも推察される。

(3) 株式会社インデックス
① インデックスの沿革

株式会社インデックスは1995年9月に東京にて設立され，2001年3月に日本証券業協会に株式を店頭登録している。

2013年5月15日に粉飾疑惑解明のため，第三者委員会を立ち上げたことを発表した。

その後，**証券取引等監視委員会**の強制調査を受けたことなどから信用が低下し，6月27日には東京地裁に民事再生手続開始の申し立てを行い，同日に受理された。

第三者委員会の調査結果を公開する前に倒産したので，粉飾等の実態は明らかではない。

② インデックスの業績等の推移
(i) 躍進期（2002／8～2006／8）

図表4－3－3は，2002年8月期から，倒産直前期の2012年8月期までの主要連結業績・財務項目の推移表である。

2001年3月の上場から2006年8月期までの5年半の間に700億円を超える資本を証券市場で調達した。この間に，無形固定資産と投資その他の資産の増加が続いた。中でも無形固定資産の"のれん"が，2004年8月期に191億円の特別償却を実施した上で，2006年8月期末には253億円に達している。また，投資その他の資産の"投資有価証券"が2006年8月期末に546億円になるなど，調達した資本は主にM＆Aなどに投入されたことが推察される。

純資産の増加とともに固定資産が増えたのだが，同時に売上高も増加していて，2002年8月期の97億円が2007年8月期には13倍強の1,298億円になっている。

図表4－3－4は，売上高，固定資産，純資産の年度ごと推移をグラフにしたものである。2006年8月期までは，これら3科目は同じような形で増え続けており，3科目間の相関関係の高いことが推察される。

図表4-3-3 ㈱インデックス財務諸表数値推移表　　　　（単位：億円）

	02/8	03/8	04/8	05/8	06/8	07/8	08/8	09/8	10/8	11/8	12/8	合計
（損益計算書）												
売上高	97	205	391	736	1,117	1,298	1,235	743	347	229	183	6,581
前年度比（％）	(249.4)	(211.3)	(190.7)	(188.2)	(151.8)	(116.2)	(95.1)	(60.2)	(46.7)	(66.0)	(79.9)	
売上総利益	33	54	113	288	380	384	422	251	126	84	60	2,195
売上総利益率（％）	(34.0)	(26.3)	(28.9)	(39.1)	(34.0)	(29.6)	(34.2)	(33.8)	(36.3)	(36.7)	(32.8)	
経常利益	10	24	36	70	67	39	-111	-51	13	-3	9	103
特別利益	0	0	104	70	233	19	14	40	28	3	6	517
内持分変動損益			11	21	12	3	5	12			2	66
内関係会社売却益			73	33	5	4	3	19	14	2		153
内投資有証売却益			20	14	214	1		1	1	1		252
特別損失	0	2	197	27	180	195	209	152	112	45	13	1,132
内投資有証損						25	36	8	6	27	6	108
内関係会社売却損							24	7	15			46
内のれん償却			191	19	27							237
内減損損失					60		138	34	8	1	1	242
内貸倒引当損						79	9	26	33	17	8	172
税前利益	10	22	-57	113	120	-137	-306	-163	-71	-45	2	-512
当期純利益	6	13	-112	57	31	-158	-302	-144	-74	-45	4	-724
（貸借対照表）												
現金預金	13	36	171	211	233	216	135	60	44	15	9	
回転期間（月）	1.6	2.1	5.2	3.4	2.5	2.0	1.3	1.0	1.5	0.8	0.6	
売上債権	31	39	159	211	273	208	226	80	73	14	37	
回転期間（月）	3.8	2.3	4.9	3.4	2.9	1.9	2.2	1.3	2.5	2.3	2.4	
棚卸資産	4	6	37	47	88	97	108	39	36	20	20	
回転期間（月）	0.5	0.4	1.1	0.8	0.9	0.9	1.0	0.6	1.2	1.0	1.3	
その他流動資産	3	6	38	131	115	161	126	78	64	58	11	
流動資産計	51	87	405	600	709	682	595	257	217	107	77	
回転期間（月）	6.3	5.1	12.4	9.8	7.6	6.3	5.8	4.2	7.5	5.6	5.0	
有形固定資産	1	2	11	18	46	77	78	43	8	7	3	
回転期間（月）	0.1	0.1	0.3	0.3	0.5	0.7	0.8	0.7	0.3	0.4	0.2	
無形固定資産	9	7	12	170	289	366	227	15	41	32	33	
回転期間（月）	1.1	0.4	0.4	2.8	3.1	3.4	2.2	0.2	1.4	1.7	2.2	
投資その他	11	32	86	484	573	477	312	251	137	115	118	
回転期間（月）	1.4	1.9	2.6	7.9	6.2	4.4	3.0	4.1	4.7	6.0	7.7	
内投資有価証券	8	26	75	469	546	405	251	194	130	107	79	
内長期貸付金			2	1	1	3	30	91	114	123	150	62
内貸倒引当金					-1	-52	-120	-127	-155	-175	-45	
固定資産計	21	41	109	672	908	920	618	309	186	154	154	
回転期間（月）	2.6	2.4	3.3	11.0	9.8	8.5	6.0	5.0	6.4	8.1	10.1	
資産合計	72	128	514	1,272	1,617	1,610	1,213	567	403	262	231	
回転期間（月）	8.9	7.5	15.8	20.7	17.4	14.8	11.8	9.1	13.9	13.7	15.1	
仕入債務	14	19	103	132	147	136	146	46	26	18	10	
回転期間（月）	1.7	1.1	3.2	2.2	1.6	1.3	1.4	0.7	0.9	0.9	0.7	
借入金	0	1	186	292	330	546	453	257	260	214	196	
回転期間（月）	0.0	0.1	5.7	4.8	3.5	5.0	4.4	4.2	9.0	11.2	12.9	
その他負債	7	12	116	188	275	174	174	91	56	22	21	
負債合計	21	32	405	612	752	856	773	394	342	254	227	
回転期間（月）	2.6	1.9	12.4	10.0	8.1	7.9	7.5	6.4	11.8	13.3	14.9	
純資産合計	51	96	109	660	865	745	440	172	60	7	4	
自己資本比率（％）	70.8	75.0	21.2	51.9	53.5	46.5	36.3	30.4	14.9	2.7	1.7	
内利益剰余金	9	21	-94	-40	-17	-189	-431	-681	-756	-801	-796	

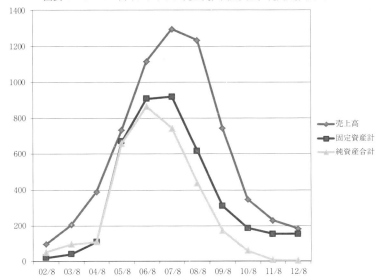

図表4-3-4 ㈱インデックス売上高，固定資産，純資産推移グラフ

(ii) 停滞から崩壊へ（2007／8以降）

2007年8月期には，純資産は減少に転じたのに，固定資産，売上高はタイムラグにより増加率が低下しているが，増加が続いている。2008年8月期以降は3項目揃って下降していて，全期間を通じ3項目の相関関係の高いことが推察される。

売上高の上昇が鈍った2007年8月期の経常損益は39億円の黒字だが，貸倒引当金への繰り入れや投資有価証券の評価損などで特別損失が膨らんだため，当期純損益は158億円の赤字に転落し，固定資産，純資産はともに大幅に減少した。

2008年8月期以降は売上高の下降が続き，経常損益は赤字の期間が多くなったし，**投資有価証券の評価損やのれんの減損損失**などで特別損失が膨らんだ結果，当期純損益は大幅赤字が続いた。投資有価証券評価減やのれんの減損処理などで，固定資産の減少が続いたし，当期純損失が続いて，純資産の減少が続いた。

売上高の減少により赤字が増え，赤字が固定資産と純資産の減少をもたらす。固定資産と純資産の減少は売上高の減少に繋がるという悪循環に陥って，3項目は揃って下降を続けているので，上昇期の動きとほぼ対照的な動きとなっている。

2007年8月期までの異常ともいえる売上高の増加は，主にM＆Aによる子会社獲得と，投融資による金融支援の効果などで達成できたものと推察される。

投資の拡大が始まったばかりの2004年8月には多額ののれんの償却を行い，その後も投資有価証券の評価損やのれんの減損処理が続いた結果，固定資産は2008年8月期以降急速に減少を続けていて，2012年8月期末には固定資産残高は2004年8月期の水準近くにまで縮小した。株式市場で調達した800億円超の資金の大半が損失で消滅したことになる。

③ インデックスの粉飾チェック
(i) 資産の回転期間

資産については，2005年8月期以降その他の流動資産が急増していること以外では，急激な規模の拡大に伴うタイムラグの影響を考えると，回転期間には特に異常は感じられない。

その他の流動資産は，有価証券，繰延税金資産とその他の流動資産の合計であり，その他の流動資産は07年8月末には161億円もあるが，内容は不明である。

固定資産では，有形固定資産がごくわずかしかなく，大部分は投資その他の資産と無形固定資産である。無形固定資産の大部分はソフトウエアとのれんである。

その他の流動資産の残高が多すぎるし，固定資産が，投資有価証券，貸付金，のれん，ソフトウエアなどに偏っていることを除くと，資産回転期間には特に異常な動きはない。

(ii) 売上高の異常な変動

問題は2007年8月期までの異常に高い売上増加率である。2005年8月期までの4年間は毎年2倍前後の増加が続いている。2013年6月14日の日本経済新聞は，業績悪化に歯止めが掛からず，**債務超過**への転落が視野に入ってきたことなどから，架空の取引による売上高を計上する**循環取引**を実施していた可能性の高いことを指摘しているが，2006年8月期までの異常な売上高の上昇状態などから，循環取引による架空売上げは，もっと早い段階から行われていた疑いが持たれる。

(iii) 結 論

当社の2006年8月期までの業容の拡大は，主に大型M＆Aなどによる，いわば他力本願により達成されたものであり，それも，急速にM＆Aを進めた結果失敗も多かったようで，ごく短期間にのれんの効果が失われている。

当社では，2008年8月期以降は長期貸付金の増加が続き，2011年8月期末には残高が売上高の7.9ヶ月分に当たる150億円に達しているし，投資有価証券への新規支出の続いていることなどから，M＆Aや金融支援による他力本願中心の当社の経営スタンスに変わりのないことが窺われる。赤字の連続により資金調達が困難になり，大型M＆Aの推進が困難になっているとすると，売上高が大幅低下に転じた2009年8月期には，縮小の悪循環が始まったことが推察される。

2009年8月期末においても自己資本比率が30％を超えているし，2010年8月期末においても，14.9％と資産超過を維持している。

縮小の悪循環が始まり，回復の見込みが薄いとすると，固定資産，特に投資有価証券やソフトウエア，のれんなどには，減損損失などが貯まっていて，固定資産は過大評価になっている恐れがある。

当社では，早くから資金調達のためなどで循環取引の架空売上計上などの行われていたことが疑われるほか，2010年8月期以降は，固定資産の減損損失などの含み損が増大していて，実質的には債務超過に陥っていたことが疑われる。

粉飾を考慮外にしても，2009年8月期末には経営破綻の近づいていることを予想するのはそれほど難しいことではないと思われる。

3 逆粉飾事例

(1) はじめに

利益を隠す逆粉飾の主な目的として次のものを上げることができる。
① 脱税
② 従業員，経営者などの金銭等着服
③ 労務対策や補助金獲得などのため，利益を少なく見せかける
④ 交際費，政治献金などに裏金捻出
⑤ 実質内部留保の積み増し

脱税は，②から⑤の目的に付随して発生するものもある。

逆粉飾の事例は，上場会社であっても，第

三者委員会などの調査を経て公表されることがないのが普通であり，財務情報の入手が困難である。前述の通り，その取扱いに微妙な問題が絡む可能性があるので，典型的な逆粉飾の事例を取り上げることは出来ない。

そこで，(a)上場会社の公開された粉飾の中で，実質的に逆粉飾と同質と認められる事例や，(b)違法ではないが，不動産などに含み益を蓄積して，実質的には利益隠しにより秘密の内部留保を貯め込む逆粉飾と同じ効果をもつ含み益経営の事例を取り上げる。

まず(a)の事例として，1 粉飾事例で取り上げたオリンパスの粉飾の第 3 段階を逆粉飾の事例として取り上げる。

(b)の事例としては，2008 年 5 月に倒産したトスコ株式会社と，2012 年 11 月に破産申請を行った株式会社サクラダを取り上げる。

(2) オリンパス株式会社
① オリンパス第 3 段階粉飾の概要

前節で粉飾事例として取り上げたオリンパスの粉飾の第 3 段階は，2004 年 3 月期以降粉飾発覚までの期間であり，「飛ばし」により簿外にした含み損を解消させて正常化に戻す作業に取り掛かった時期である。

オリンパスでは，2000 年 3 月期までに，含み損をすべて受け皿ファンドに移したのだが，そのために，外国銀行に 350 億円の預金を担保に差し入れて銀行からファンドに融資させたり，ファンドに直接融資するなどして資金の提供を行っていた。これらは，いずれは銀行に返済しなければならないし，ファンドに出資した資金を償還する必要があった。

オリンパスでは，Ｍ＆Ａによる子会社の取得に絡ませて裏金を作る方法を考案した。子会社の取得に当たって，株式に含み損相当額を上乗せして購入するなどして，上乗せ金をファンドに還流させる粉飾であった。還流により生み出した裏金により，ファンドに融資金などを返済させ，同時に含み損を解消させる方法をとった。その上で，オリンパスでは，上乗せ金額をのれんに計上して 10 年から 20 年で償却することを予定していた。

この粉飾は，架空の費用の計上などにより裏金を作り，**ダミー会社**などに流して裏金を横領させる逆粉飾のケースと実質的には同じなので，オリンパスの第 3 段階の粉飾を本節の事例として取り上げることにした。

この操作のためにオリンパスでは，次の 2 通りスキームを考え出した。

(a) 国内 3 社利用スキーム

オリンパス傘下の**投資事業ファンド**は，2003 年から 2005 年にかけて，アルティス，ヒューマンラボ，NEWS CHEF の国内の 3 社（以下，国内 3 社という）を相次いで発掘した。オリンパスでは国内 3 社の全株式を，一株当たり 5 万円から 20 万円程度，合計約 7 億円でファンドに買い取らせた。その後，国内 3 社が高い成長を達成する事業計画策定し，これら事業計画を基に一株当たり 445 万円から 1,488 万円の高値でファンドからオリンパスが買い取った。ファンドでは国内 3 社株式の売却代金により，銀行に返済し，オリンパスからの融資金などを精算すると同時に，売却益で含み損を消した。オリンパスでは上乗せ分はのれんとして資産に計上した。

しかしながら，あずさ監査法人から，のれんの資産価値が，当初計上した価格と大幅に乖離しているとの指摘を受けたので，2009 年 3 月期に 557 億円，翌 2010 年 3 月期に 13 億円を減損処理した。

(b) ジャイラス利用スキーム

当時オリンパスでは，英国の医療機器メーカー，ジャイラスの買収に成功していたが，オリンパスでは，フィナンシャル・アドバイザー（FA）に高額の手数料を支払って，受け皿ファンドの損失穴埋めのために還流させる方法を考え出した。FA には成功報酬 1,200 万ドルとジャイラスの株式オプション及びワラントが付与された。オプション及びワラン

トはケイマン法人であるファンドを通してオリンパスが高値で買い取るのだが，株式オプションの対価として現金ではなくジャイラスの配当優先株を割り当てた。配当優先株の価格を釣り上げてオリンパスが買い上げ，還流金額を膨らませるのが目的であった。

しかし，配当優先株の買い取りには会計上の問題があったことに加え，あずさ監査法人からFA報酬が高額に過ぎるなどと指摘を受けたことから，買い取りは実行できなかった。

オリンパスは，監査法人を新日本監査法人に変えて，新日本監査法人との間で会計上の問題点の検討を進めた結果，会計上の問題がクリアされたとして2010年3月に配当優先株の買い取りを実施した。

このようにして(a)及び(b)の両スキームにより裏金を創り出し，含み損の解消と，ファンドなどに流出していた資金の回収を終えた。オリンパスでは還流利益相当額の1,350億円をのれんに計上して10年から20年で償却する予定であったが，監査法人の指摘により，2年間に570億円を臨時償却した(注)。その他，通常の償却も実施した結果，粉飾が発覚した直前期の2011年3月期末には，のれん残高は424億円にまで減少していた。

(注) 2009年3月期に特別損失で762億円，2010年3月期に61億円ののれん償却をしていて，国内3社関連以外にものれんの過大計上があったことが窺える。また，2010年3月期に前年度に計上したジャイラスに関するのれん計上額の修正として155億円の前期損益修正損を計上していて，ジャイラス買収自体でも多額ののれんを支払っていたことが分かる。

② 経営分析による粉飾調査

前節に掲載した図表4－3－1によると，2008年3月期に総資産回転期間は再度上昇に転じて14.4ヶ月になっているが，これは主に，図表4－3－1では財テク資産に分類した無形固定資産と投資その他の資産の増加によるものである。財テク事業資産回転期間は2007年3月期末の3.8ヶ月から5.8ヶ月に上昇しているが，これは，無形固定資産が一挙に3,036億円も増えて4,040億円になったことによる。無形固定資産の増加は主にのれんが2,211億円増えたことによる。

2008年3月期におけるのれん増加は巨額だが，当時オリンパスではM&Aによる事業拡大を図っていたので，事業拡大の正常なものと解釈できる余地がある。その翌年度に特別損失で762億円もの**のれん償却費**を計上しているのにも疑問が感じられるが，第2段階の飛ばしのことを知らなければ，M&Aの失敗によるものと解釈してしまう可能性が高い。

しかし，大型のM&Aの実行により，連結売上高は，獲得した子会社の売上高分だけ増加しなければならないのに，2009年3月期以降売上高の低下傾向が続いていることから，獲得した子会社がオリンパスグループの業績には寄与していないことが推察されるので，このままの状態が続くなら，更にもう一段の**減損処理**などが必要になることが予想される。

のれんにせよ，ソフトウエアにせよ，無形固定資産は予定通りの効果が出なかったり，競争相手の出現などにより急激に価値が低下するリスクの高い資産である。2008年3月期の無形固定資産の増加は，リスクの増加として評価し，今後の推移を見守る必要がある。

③ 結　　論

オリンパスでは，第3段階のスキームにより，1,350億円の利益横流しを実行し，横流し利益の事後処理についても，一部は監査法人により阻止されたものの，予定の半額以上はのれんに計上して，爾後の償却で費用計上する仕組み作りに成功した。2011年3月期末にはのれんに計上した含み損は424億円に減っており，外国人の社長による内部告発がなかったら，何年間か償却を続けることで，粉飾を表沙汰にすることなく，含み損はすべて解消できていたと思われる。

しかし，第3段階のスキームは，周到に準

備されたものではあるが，のれんが異常に膨らむなどしていて，何らかの操作のあったことが外部からでも容易に推察できる。粉飾，逆粉飾の違いを問わず，利益操作を外見上異常が目立たないように実行するのが困難であることを示しており，一部の計画の実行は監査法人に阻止されたのは当然のことと思われる。また，税務上もこのままでは通らない可能性が高い[1]。

(3) トスコ株式会社

トスコ株式会社は，1918年3月設立の麻糸紡績業者であり，環境事業を兼業している。1961年以来東京，大阪証券取引所の第2部に上場していた。

1990年3月期に赤字に転落し，その後も業績が回復しないまま赤字経営を続けたが，2008年5月30日に会社更生手続開始の申立てを行って倒産した。

図表4-3-5は，トスコ株式会社の1989年3月期から，倒産20年間の直前期の2008年3月期までの20年間の，連結ベースの売上高，経常・当期純利益，固定資産売却益，総資産，純資産の推移表である。

トスコでは，1989年3月期から2008年3月期までの20年間は，ほとんどの期間で経常損益が赤字であり，20年間の合計では203億円の赤字である。ただし，この間に固定資産売

図表4-3-5　トスコ株式会社業績及び総資産，純資産推移表　　　（単位：百万円）

年度	売上高	経常利益	当期利益	固定資産売却益	総資産	回転期間	純資産	自己資本比率
89/3	24,380	860	105	18	28,199	13.9	7,096	25.2
90/3	20,570	-204	19	273	30,641	17.9	7,008	22.9
91/3	20,957	-2,767	-1,555	52	27,595	15.8	5,693	20.6
92/3	19,138	-2,144	-1,166	1,629	26,192	16.4	4,527	17.3
93/3	16,389	-2,922	-1,885	402	25,982	19.0	2,641	10.2
94/3	16,133	-2,612	485	3,153	22,817	17.0	3,127	13.7
95/3	16,493	-2,430	142	2,822	21,348	15.5	3,276	15.3
96/3	15,628	-1,878	-1,739	209	20,956	16.1	1,538	7.3
97/3	16,935	-1,886	-1,477	952	21,778	15.4	-720	-3.3
98/3	15,397	-1,166	905	2,922	22,477	17.5	186	0.8
99/3	13,196	-1,004	117	3,793	16,780	15.3	409	2.4
00/3	13,426	-649	694	2,591	22,793	20.4	4,292	18.8
01/3	11,606	-330	-4,178	122	19,273	19.9	158	0.8
02/3	12,344	686	745		18,447	17.9	808	4.4
03/3	10,620	-315	-545	29	16,278	18.4	419	2.6
04/3	10,542	28	53		16,116	18.3	487	3.0
05/3	10,315	33	752	112	13,461	15.7	1,254	9.3
06/3	8,738	-310	-212		12,640	17.4	3,247	25.7
07/3	8,049	-716	-808		11,640	17.4	2,438	20.9
08/3	6,929	-568	999	1,210	9,388	16.3	3,380	36.0
合計		-20,294	-8,549	20,289				

（注）　回転期間は月単位

却益を合計で203億円計上しているので，当期純損益は，特別損失を落として，72億円の赤字に留まっている。

トスコでは固定資産の売却益のほかに，2000年3月期には50億円の土地再評価差額金を計上し，2006年3月期には20億円の増資を実行して，債務超過に陥るのを防いでいて，2008年3月期末でも34億円の純資産を残し，自己資本比率は36％である。

トスコでは，1990年3月期に経常損益が赤字になって以来，19年間も赤字経営を続けたが，主に不動産含み益の吐き出しによって，債務超過を免れて，赤字経営を続けた。

一般的にいって，5年も赤字が続いて，なお黒字化の見通しが立たない場合には，業種転換を図るとか，経営が好調な別会社の傘下に入ってその支援のもとに再建を図るなど，抜本的に体質を変えない限り，再建は困難である。

トスコでは，遅くとも債務超過に陥った1997年3月期ころには，麻糸紡績業を中心とした再建を諦め，環境事業に社運を賭けるなどの抜本的な改革を行っていれば，この時点では不動産の含み益が100億円以上残っていたので，豊富な資金を使って，別な展開もできたのではないかと推察される[2]。

合法的であれ，逆粉飾によるものであれ，**内部留保**などの埋蔵金は，一時の延命には効果があるが，業績改善の決め手にはならない例である。

(4) 株式会社サクラダ

2012年11月27日に破産申請を行った橋梁メーカーの㈱サクラダを取り上げる。

図表4－3－6は，サクラダの1997年から12年3月期までの主要財務数値の推移表である。

サクラダでは，2007年から2009年3月期までの期間は連結財務諸表を開示しているが，その他の年度は単独のものしか発表していないので，図表4－3－6はすべて単独の数値である。

景気低迷や公共事業予算抑制の影響を受けて1998年3月期に経常損益，当期純損益ともに損失に転落した。1999年から2001年3月期までの3年間に，**デリバティブ**での失敗の清算などで合計125億円に上る有価証券運用損，投資有価証券売却損や評価損を特別損失に計上した。不動産売却益78億円，信託受託権譲渡益17億円を特別利益に計上したものの，橋桁落下事故に関連した損失などが加わり，1998年から2001年までの4年間の当期純損益の合計は64億円の損失であった。

2002年度に経常・当期純損益が利益に転換したが，その翌年度には損失が始まっているので，損失基調が続いていたものと見られる。

2005年度には経常・当期純損益ともに利益を計上しているが，営業外収益に匿名組合分配金を計上して経常損益を黒字にし，10億円の固定資産売却益により当期純損益を黒字にしたものであり，この年度も実質的には損失基調が続いていたと見るべきである。

2010，2011年3月期には連続して当期純利益を計上したが，2010年3月期の利益額は僅少だし，2011年3月期は経常損益が大幅損失であることから，黒字体質に転換したとは考えにくい。

結局，1998年3月期から2012年3月期まで15年間にわたり損失基調が続いた末に倒産した。その間に，2002年10月に同業の川岸工業と**資本・業務提携**をし，同年11月に同社は33.3％の筆頭株主になった。2006年1月に事業再生計画を策定し，金融機関から87億円の債務免除を受けたが，97億円の減損損失や13億円の訴訟等損失などを特別損失に計上した結果，2006年3月期は48億円の当期純損失になった。このままでは債務超過に陥るところを，東証2部上場の森電機㈱が出資する匿名組合に25億円の増資を割り当て，2006年3月期中に20億円の払い込みを受けるなどして債

図表4-3-6 サクラダの業績等推移表　　（単位：百万円）

年度	売上高	経常利益	当期純利益	総資産	総資産回転期間	純資産	自己資本比率
97/3	23,420	456	128	41,517	21.3	10,172	24.5
98/3	21,786	-878	-1,613	41,115	22.6	8,352	20.3
99/3	19,003	-1,364	-422	42,570	26.9	7,843	18.4
00/3	18,397	537	-4,012	36,763	24.0	3,830	10.4
01/3	17,406	1,721	-334	30,448	21.0	3,410	11.2
02/3	15,752	700	144	27,876	21.2	3,589	12.9
03/3	13,536	203	-72	26,742	23.7	4,565	17.1
04/3	8,890	58	-754	24,730	33.4	3,869	15.6
05/3	8,916	63	846	23,115	31.1	4,727	20.4
06/3	7,120	-895	-4,846	11,808	19.9	2,319	19.6
07/3	5,601	-754	-838	13,905	29.8	5,256	37.8
08/3	8,768	88	-2,155	12,962	17.7	3,601	27.8
09/3	9,971	192	-1,482	12,750	15.3	2,054	16.1
10/3	10,911	374	199	11,819	13.0	1,601	13.5
11/3	5,448	-1,863	375	5,120	11.3	1,976	38.6
12/3	4,689	-854	-543	4,208	10.8	1,933	45.9
合計	199,614	-2,216	-15,379				

（注）　回転期間は月単位

務超過を免れている。

1998年から2001年3月期までの損失は主にデリバティブの失敗という特殊な要因によるものではあるが，損失基調は1998年3月期から続いていたとすると，増資により債務超過を免れた2007年3月期以前のできるだけ早い時期に，橋梁事業中心の経営を諦めて，新規に出直すなどを図るべきであったのに，新たな資本を導入して再生を図ったために，経営権を奪われ，八千代工場，市川工場も手放した末に最悪の形で倒産したものと推察される。

サクラダでは，2000年3月期に78億円の不動産売却益を計上したのに続いて，2004年3月期に3.6億円，2005年3月期に10億円，2006年3月期に0.3億円，2011年3月期に26.6億円の固定資産売却益を計上していて，その合計額は100億円を超える。これらは大部分不動産の売却益であったことが推察される。これらの含み益は，デリバティブ取引失敗により消滅したのだが，2001年3月末でも純資産は34億円の資産超過であり，自己資本比率は11.2％であった。この時点では，八千代工場と市川工場が残っていた。

サクラダでは100億円を超える不動産の含み益は，生き残りには十分ではなかったし，含み益があったために，経営権まで奪われて倒産した例と思われる。

（注）
1）オリンパスの粉飾については，井端和男著『最近の粉飾（第4版）』税務経理協会，2012年4月に詳しい。
2）トスコの倒産については井端和男者『最近の逆粉飾』税務経理協会2009年9月に詳しい。

［井端和男］

Ⅳ　ガバナンスと内部統制

　ガバナンス（Governance）とは一般に組織統治のあり方をいう幅広い概念であり，コーポレート・ガバナンス（企業統治）に関しては，会社法において，会社の組織形態，役員の権限と責任，意思決定の方法など組織運営の基本的枠組みが定められている。内部統制（Internal Control）は，組織目的の達成を阻害するリスクを低減させるために，企業内でルールやシステムを整備し運用していく，すべての構成員によって遂行されるプロセスであり，ガバナンスを支える重要な機能の一つとなる。内部統制は，会計監査上の問題としては古くから認識されていたものの，近時惹起した種々の企業不祥事を通じてガバナンスの問題として注目され，会社法や金融商品取引法において対応が図られるようになった。

1　内部統制に関わる規制の系譜

(1)　企業の不正会計の発覚と法的規制の始まり

　内部統制に関しては，1949年に米国の会計士団体の特別報告において，内部統制に関する経営者による報告と監査人の関与という観点から，会計監査に関わる問題として取り上げられた。しかし，法制度的な規制にはつながらなかった。

　1972年に惹起したウォーターゲート事件が発端となって，SECの調査により多くの企業の不正支出が発覚し，特に，日本ではロッキード事件として知られているように，米国企業が外国の政府高官等に多額の贈賄を行っていた不正会計が米国議会の公聴会で明るみに出た。このような外国公務員への贈賄や不正会計を防止するため，1977年に「海外不正支払防止法」（The Foreign Corrupt Practices Act of 1977）が立法され，外国公務員への贈賄禁止と，SEC登録企業に対して正確な会計記録とその保存及び会計に関する内部統制の構築が義務づけられた。この米国の措置は，1997年に経済協力開発機構（OECD）加盟国に対して外国公務員賄賂防止条約として拡大され，日本は1998年に同条約を批准し，国内担保法として不正競争防止法に関連規定が置かれている。

(2)　金融機関の内部統制への規制強化

　1980年代初頭に米国のS&L（Savings and Loan Association）といわれる貯蓄貸付組合の多くが経営不振となり破綻が相次いだ。その要因は金融の自由化のもとで安易な貸出の拡大などにあったが，損失の繰延や評価益の計上といった不適切な会計手法が許容された結果，不良債権が巨額となり救済措置が採られるにいたった。このため，金融機関の健全性確保の観点から，1991年の連邦預金保険公社改革法により，金融機関に対して，①経営者による財務報告に係る内部統制の構築責任の表明と有効性に関する報告，②外部監査人によるアテストと報告が義務付けられた。このような規制は，その後，バーゼル銀行監督委員会（BIS）においても取り入れられた。

(3)　COSOの内部統制フレームワーク

　上記のような企業の不正行為や不適切な会計が社会問題化していくことに対応し，米国公認会計士協会，米国会計学会など5つの団体が支援組織（通称**COSO**）となり，1985年に「不正な財務報告に関する全米委員会」（通称：トレッドウェイ委員会）が組織された。この委員会は1987年に「不正な財務報告」という報告書を公表し，経営者による内部統制に関する報告と会計監査人の関与についての勧告を行ったが，内部統制自体のあり

方についてはCOSOにおいて検討すべきとして引き継がれた。

COSOは，1992年に（1994年に一部追補），内部統制に関し，要約，フレームワーク，外部関係者への報告，評価ツールに関するレポートを公表した。この一連のレポートでは，内部統制の目的として，①業務の有効性と効率性，②財務報告の信頼性，③関連法規の遵守の3つを示し，これらの目的を達成するための内部統制の構成要素として，①統制環境，②リスクの評価，③統制活動，④情報と伝達，⑤モニタリングを示した。この枠組みがCOSOの内部統制フレームワークといわれる。このフレームワークは，1995年に米国の監査基準（SAS第78号）に組み込まれて実務に取り入れられ，国際的標準として理解されるようになっていった。

2 諸外国の新たな規制の展開

(1) エンロン事件とSOX法

海外不正支払防止法は経営者に一定の内部統制を構築することを義務付けたものの，それをチェックし外部に報告する制度はなかった。また，トレッドウェイ委員会の勧告を受けてSECはその規制の法制化を模索したが，金融機関以外の一般の公開会社にまで内部統制に関する報告制度を拡大することについては，莫大なコストがかかるという理由から反対が多く実現しなかった。

しかし，2001年にエンロンの巨額の粉飾が発覚し，証券市場への不信に対する強い危機感を背景に，2002年7月に企業改革法（法案を提出した2人の議員名から通称サーベインズ・オックスリー法：**SOX法**といわれる）が制定された。SOX法では，内部統制に関する規制として，①年次報告書の記載の正確性に関して経営者が宣誓書を作成すること，②経営者は，期末に財務報告に係る内部統制の有効性を評価し，内部統制報告書を年次報告書に含めること，③経営者による財務報告に係る内部統制の有効性の評価について，会計監査を行っている会計事務所の監査を受けることが規定された。

(2) 諸外国の対応状況

英国では，2006年11月以降，ロンドン証券取引所の上場規則により，取締役の内部統制システムの有効性の検証と株主への報告及び監査人によるレビューが義務付けられている。この規制の指針としては，1999年に示された「内部統制：統合規程に関する取締役のためのガイダンス」（ターンバル・ガイダンス）が用いられ，これに準拠していない場合には経営者が説明責任を負うこととされている。

また，フランスでは2003年金融安全法に基づく商法の規定により，経営者による内部統制手続きの報告義務や会計監査人による検証が導入されている。このほか，カナダや韓国においても類似の制度が導入されている。

3 我が国における内部統制に関する法規制

(1) 内部統制に関わる企業不祥事
① 大和銀行ニューヨーク支店事件と取締役の責任

内部統制に関する取締役の責任が問われた事件としては，1995年の大和銀行ニューヨーク支店の巨額不正事件が挙げられる。この事件は同支店の担当者が債券売買で発生させた巨額の損失を不正に会計処理していたことが発覚したが，銀行がこれを隠ぺいしたとして巨額の罰金を支払うこととなった事件であり，大和銀行の経営に重大な影響を及ぼすにいたった。日本では取締役の責任が株主代表訴訟で問われ，最終的には和解となったものの取締役に巨額の賠償命令が下された。その判決文において，大会社では，取締役の善管注意義務及び忠実義務として内部統制システム

② 西武鉄道・コクド事件，カネボウ粉飾事件

平成16年10月に，西武鉄道・コクド事件が惹起した。西武鉄道は非上場会社であるコクドが親会社であるため本来は上場できなかったことを隠ぺいするため，有価証券報告書の大株主の状況に虚偽の記載を行っていた。これが発覚し，西武鉄道は上場廃止となり，有価証券報告書の虚偽記載として証券取引法違反の刑事責任が問われた。大株主の状況は直接的な財務情報ではないが，上場要件に関わる開示であり，また，財務諸表の注記事項などにも関連する場合がある。このため，金融庁はすべての有価証券報告書提出会社に開示内容の点検を要請した結果，650社を超える会社が軽微な事項も含め何らかの訂正を行うという事態となった。さらに同時期に老舗企業のカネボウが粉飾の事実を公表，調査の結果，平成17年5月に過去5年で2,000億円を超える粉飾（実際はもっと以前から）を行っていたことが判明し上場廃止となった。このような事件の連続により，証券市場への不信が大きな社会問題となり対応が求められることとなった。

(2) 会社法における規制

平成17年の商法改正により会社法が制定され，その中で「取締役の職務の執行が法令又は定款に適合することを確保するための体制その他株式会社の業務の適正を確保するために必要なものとして法務省で定める体制の整備」を取締役会の専決事項とし，大会社ではこれを取締役会で決議することが明文化された。会社法施行規則では，このほか体制の整備として次の事項が挙げられている（監査役設置会社には監査役の業務に関する事項も加えられている）。また，決議した内容の概要を業務報告に記載しなければならない。

① 取締役の職務の執行に係る情報の保存及び管理に関する体制
② 損失の危機の管理に関する規程その他の体制
③ 取締役の職務の執行が効率的に行われることを確保するための体制
④ 使用人の職務の執行が法令及び定款に適合することを確保するための体制
⑤ 当該株式会社並びにその親会社及び子会社からなる企業集団における業務の適正を確保するための体制

会社法では，このように会社の経営全般にわたって業務の適正を確保するための体制を取締役会で決議し，その決定に基づいて内部統制システムを構築し運用・監督していくことが取締役の責務となる。ただし，各事項にどのような内部統制システムを構築すべきかの内容についての規定はなく取締役会の判断となる。会社法では取締役の責任は原則として過失責任となったため，適切な内部統制を構築していれば何らかの業務上の問題が生じた場合でも取締役の責任を問われないこととなる。即ち，適切な内部統制を構築することは取締役にとって一種のセーフハーバーとなるといえる。

(3) 金融商品取引法における規制

内部統制に関しては，平成14年の監査基準の改訂において，財務諸表の虚偽表示を招くリスクに応じて適切な監査を実施するリスク・アプローチに基づき，会計監査の過程で企業の内部統制の状況を評価することが明確に規定されていた。しかし，西武鉄道・コクド事件，カネボウ粉飾事件を受け，内部統制の強化が求められた。そして金融審議会から企業が適正な財務諸表を作るための前提となる内部統制を経営者が自ら評価し，会計監査人が評価する仕組みを導入すべきとの提言を受け，平成18年6月に成立した金融商品取引

法において**内部統制報告制度**が導入され，平成20年4月1日以後開始する事業年度から実施されることとなった。

具体的には，上場会社及び政令で定められる会社（店頭登録会社および優先出資証券を上場している協同組織金融機関）に対して，経営者（最高財務責任者が置かれている場合にはこれを含む）が，財務報告に係る内部統制について，毎事業年度末時点で，その有効性を評価して内部統制報告書を作成し，有価証券報告書とともに内閣総理大臣に提出することを義務付けた（法第24条の4の4第1項）。その際，内部統制報告書は，公認会計士または監査法人による監査証明（**内部統制監査**）を受けなければならないとした。なお，金融商品取引法では，会社法と異なり，財務諸表の適正性を確保するために，財務報告に係る内部統制を対象として評価・監査する制度となっている。

また，内部統制報告書は，有価証券報告書と同じく，その提出日から5年間公衆の縦覧に供される。なお，内部統制報告書の提出が義務づけられていない会社についても，任意にこれを提出することができる。この場合にも内部統制監査を受ける必要がある。

4　内部統制に関する基準

(1)　企業会計審議会の公表した基準

内部統制報告制度の実施に当り，実務上の基準として，平成19年に企業会計審議会が「財務報告に係る内部統制の評価及び監査の基準並びに財務報告に係る内部統制の評価及び監査に関する実施基準の設定について（意見書）」（平成23年一部改訂）を公表した。この意見書では，まず，内部統制とは何かというフレームワークを示し，その上で，金融商品取引法の対象となる財務報告に係る内部統制についての経営者の評価方法，経営者の報告に対する監査人の監査のための基準を規定している。この基準を受け，金融商品取引法による内部統制報告書の作成および内部統制監査報告書の作成が，財務報告に係る内部統制に関する内閣府令に定められている。

なお，自らの企業に適合する具体的な内部統制を構築し有効に運営していく責任は経営者にあるが，経営者自身が内部統制を無視あるいは逸脱する場合や，組織内の複数の者の共謀等によって内部統制が機能しなくなるという限界もあり，完璧な内部統制を求めるものではなく，あくまで合理的な内部統制を構築するための基準である。

(2)　内部統制のフレームワーク

我が国の**内部統制のフレームワーク**では，COSOのフレームワークと比較して，内部統制の目的は「資産の保全目的」を加えて4項目とし，内部統制の要素には「ITへの対応」を加え6項目とした。そして，内部統制とは，この4つの目的が達成されているとの合理的な保証を得るために，業務に組み込まれ，組織内のすべての者によって遂行されるプロセスをいい6つの要素から構成されると定義している。これらの目的と要素の概要は以下のとおりである。なお，内部統制が企業経営を制約するという誤解があるが，内部統制は企業の経営目的を決めたり拘束したりするものではない。

【内部統制の目的】
① 業務の有効性及び効率性⇒事業活動の目的の達成のため，業務の有効性及び効率性を高めることであり，組織目的達成ために最も重要となる。
② 財務報告の信頼性⇒財務諸表及び財務諸表に重要な影響を及ぼす可能性のある情報の信頼性を確保することであり，経営判断はもとより外部報告等の信頼確保に必須となる。
③ 事業活動に関わる法令等の遵守⇒事業活動に関わる法令その他の規範の遵守を

促進することであり，企業には社会的にも適正な事業活動が求められる。
④　資産の保全⇒資産の取得，使用及び処分が正当な手続及び承認の下に行われるよう，資産の保全を図ることである。

【内部統制の構成要素】
①　統制環境⇒組織の気風を決定し，組織内のすべての者の統制に対する意識に影響を与えるとともに，他の構成要素の基礎となる。経営者の誠実性及び倫理観，経営方針，取締役会等の機能などその企業の行動基盤をなすものである。
②　リスクの評価と対応⇒組織目標の達成に影響を与える事象について，組織目標の達成を阻害する要因をリスクとして識別，分析及び評価し，当該リスクへの適切な対応を行う一連のプロセスをいう。
③　統制活動⇒経営者の命令及び指示が適切に実行されることを確保するために定める方針及び手続をいう。組織系統や役職，権限及び職責の付与，職務の分掌，業務マニュアル等の規定を定めたりすることが含まれる。
④　情報と伝達⇒必要な情報が識別，把握及び処理され，組織内外及び関係者相互に正しく伝えられることを確保することをいう。
⑤　モニタリング⇒内部統制が有効に機能していることを継続的に評価するプロセスをいう。日常業務の中で，あるいは内部監査などにより監視，評価及び是正されることになる。
⑥　ITへの対応⇒企業におけるITの利用に関する方針及び手続を定め，業務の実施において組織の内外のITに対し適切に対応することをいう。現代の企業活動ではITの利用は欠かせないものとなっており，日本の基準で取り入れられた構成要素である。

(3)　経営者による内部統制報告と監査人による監査

経営者は，内部統制を整備・運用する役割と責任を有しており，まず，自らの企業に適合するように，基準にいう要素を組み込んだ具体的な内部統制を構築し運用することとなる。金融商品取引法では，財務報告に係る内部統制について，上記の要素を組み込んで，全社的な統制（取締役会の機能など）と，各業務プロセスの統制（販売過程，購買過程など）の仕組みを構築し，実施することとなる。

経営者は，毎期末に財務報告の信頼性に及ぼす影響の重要性の観点から必要な範囲について内部統制の有効性を評価する。まず，連結ベースでの財務報告全体に重要な影響を及ぼす内部統制（全社的な内部統制）の評価を行い，その結果を踏まえて，業務プロセスに係る内部統制について評価する。経営者は，評価結果に基づき「内部統制報告書」を作成し，財務報告に係る内部統制が有効であるか，あるいは開示すべき重要な不備があるかを記載する。

監査人（公認会計士）は，経営者による内部統制の評価を前提として，そのプロセスや手法と経営者の評価結果を検証する。まず，経営者により決定された評価範囲の妥当性を検討し，次いで，経営者が評価を行った全社的な評価及び全社的な評価に基づく業務プロセスに係る内部統制の評価について検討する。監査の結果は，「内部統制監査報告書」において，経営者の評価が正しければ適正意見を，誤っていれば不適正意見又は限定事項を付した適正意見を表明する。

(4)　我が国の内部統制制度の特徴

米国のSOX法による内部統制制度では多大なコスト負担が指摘されていたことも踏まえ，日本の基準では効果的で効率的な制度運営ができるように，次のような工夫がされた。
①　トップダウン型のリスク・アプローチ

の活用⇒連結ベースでの全社的な内部統制の評価の結果を踏まえて，重要なリスクに着眼して評価範囲を絞り込むことができる。

② 内部統制の不備の区分⇒内部統制の不備は「開示すべき重要な不備」とそれに至らない不備の2つに区分することで複雑な判断を避けることができる。

③ ダイレクト・レポーティングの不採用⇒米国では公認会計士が独自に内部統制の有効性を直接監査（ダイレクト・レポーティング）するが，我が国は経営者の評価を前提とする。

④ 内部統制監査と財務諸表監査の一体的実施⇒財務諸表監査と同一の監査人が実施することとし，効果的かつ効率的な監査の実施が期待できる。

⑤ 内部統制監査報告書と財務諸表監査報告書の一体的作成⇒内部統制監査報告書と財務諸表監査報告書と合わせて記載することを原則とした。

⑥ 監査人と監査役・内部監査人との連携⇒内部統制監査において，会社の監査役などの監視部門と適切に連携することや企業の内部監査業務等を適切に利用できることとした。

5 内部統制をめぐる最近の動き

内部統制は適正な企業情報の開示の基礎をなすものであるが企業の負担も重いといった指摘を踏まえ，我が国では，新規に上場する規模の小さい会社には，経営者による内部統制報告書は必要とするが，内部統制報告書の監査は3年間免除（財務諸表監査は行う）を選択できるとする法改正が2014年に行われた。

内部統制の基準については，米国のCOSOは，2004年に全社的リスクマネジメントの統合的フレームワーク（ERM），2006年に中小会社向けガイダンス，2009年にモニタリングガイダンスを公表してきたが，2013年5月に，1992年のレポートを全面改訂した**新COSO**といわれるレポートを公表した。

新COSOでは，内部統制の目的の財務報告を非財務報告に拡大した。また，従来のフレームワークを維持しつつ，原則主義の考え方に基づき，内部統制の5つの要素について計17の原則と各原則での87の着眼点を示した。この17原則をすべて満たすことで内部統制が有効となるとしている。米国上場企業は2014年から新COSOへの対応が求められている（非財務情報は監査対象外）。COSOでは，ERMの見直しについても検討が進められるといわれている。このようなCOSOの進化は国際的にも影響を及ぼしていくものと考えられる。

〔参考文献〕

池田唯一編著（2007）『〈総合解説〉内部統制報告制度《法令・基準等の要点とQ＆A》』税務研究会出版局。

八田進二，箱田順哉監訳　日本内部統制研究学会新COSO研究会訳（2014）『COSO内部統制の統合的フレームワーク』日本公認会計士協会出版局。

藤田幸男，八田進二（2000）『アメリカ会計プロフェッション』白桃書房。

［多賀谷　充］

第5章　IFRSと経営分析

　会計ビッグバンと呼ばれる会計の大変革の波が，西暦2000年になって日本に押し寄せてきた。いわゆる「連結」「時価」「キャッシュフロー」が会計ビッグバンの3つの柱であった。すなわち，個別会計中心から連結会計中心へ，原価主義会計から原価を基調としながらも時価（市場変動）を反映した会計へ，キャッシュフロー計算書を第三の主要財務諸表にする，という大変革であった。この会計ビッグバンの経営分析については『旧版経営分析事典』の第5章に解説されていた。

　ところが，会計ビッグバンは，「コンバージェンス（収斂）」と呼ばれる会計基準の国際的統合のプロセスのうちの「**調和化**」と呼ばれる導入部にすぎなかった。その後，さらに「**同等性評価**」と呼ばれる第2段目の調整が求められた。そして2010年頃になって，「**アドプション（採用）**」と呼ばれる最終段階の調整が視野に入ってきた。

　この段階では，会計基準の基礎となる**概念フレームワーク**そのものが見直されることになる。IASBは，2010年9月には，「財務報告の目的」と「有用な財務情報の質的特性」が確定した。そして2013年7月には概念フレームワークの残りの階層について「討議資料」が公表されて，IFRSの新概念フレームワークが姿を現しつつある。IASCとASBJの概念フレームワークは旧概念フレームワークとなった。

　新概念フレームワークの特徴は，「株主のための会計」から「経済主体のための会計」が意識されていること。そして，一組の財務諸表としてのキャッシュフロー計算書が明記されたことである。これまでキャッシュフロー計算書の存在意義を究明してきた**資金会計論**が現代会計の中枢に入ることになった。今はまさに「**会計の大転換**」の時代である。本章は，そのような「会計の大転換」の時代の最新の経営分析を解説する。

[佐藤倫正]

I　IFRSの新概念フレームワーク

1　概念フレームワークと経営分析

　今は，20年～30年に一度の概念フレームワークの見直しの時期にあたっている。現在，IASB（国際会計基準審議会）が作成している**新概念フレームワーク**は，IFRSのための概念フレームワークになるので，IFRSの概念フレームワークと呼ばれる。

　会計の概念フレームワークは，会計基準ではない。そこから会計基準が導かれる基礎概念と前提の首尾一貫した体系が，概念フレームワークである。会計の安定期では概念フレームワークと会計基準に食い違いはないが，経済環境が変化すると，不一致が生じてくる。米国FASB（財務会計基準審議会）の**旧概念フレームワーク**とIASBの新概念フレームワークの間に，1991年のソ連崩壊，2001年の同時多発テロ，2008年のリーマンショックがあった。

概念フレームワークの策定にあたっては，会計情報の作成者と利用者の要求がぶつかり調整される仕組みになっている。したがって新概念フレームワークでは，経営分析を行う証券アナリストや格付け機関の意向も反映されていると見るべきである。

このことを考慮すると，FASBとIASCの旧概念フレームワークに比べて，新概念フレームワークでは，会計情報の利用の仕方に新しいパターンが出てきていることが察知される。

2　新概念フレームワークの背景

IASBがアメリカのFASBと共同で，20年以上前の旧概念フレームワークの見直しに着手した。アメリカのFASBが仕掛けた「**収益費用観**」から「**資産負債観**」へのシフトは，包括利益の導入で，ある程度実現しており，この点をIASBは踏襲している。

今は，IASBがイニシアティブをとって，グローバルな概念フレームワークの見直しを始めて，さらに重要な課題に取り組んでいる。第1は，キャッシュフロー計算書の取り込みである。それは，FASBにとってもIASC（IASBの前身）にとっても，旧概念フレームワークを作ろうとした時には，各々で，**キャッシュフロー計算書**はまだ**主要財務諸表**ではなかった。

第2は，企業主体論（エンティティー説）を検討することである。それは，アメリカという株主資本主義の強い国で，所有主説以外の学説を検討することは，当時は無意味と考えられたからである。しかし**超国家組織**であるIASBは，アメリカだけでなくドイツや日本のようなステークホルダー重視の国にもあてはまる概念フレームワークを作る責任がある。エンティティー説（企業主体説）は，企業を出資者とは独立した主体とする捉え方で，その理論体系が企業主体理論である。

3　新概念フレームワークにおける財務報告の目的

そこで，IFRS概念フレームワークの第1章「一体的財務報告の目的」の概要を紹介しておく。第1章は「一般目的の財務報告の目的」と訳されることがあるが，purposeとobjectiveという異なる英語に同じ日本語「目的」を当てているのが残念なところである。しかたない面もあるが，さらに検討が必要である。ここでは，「財務三表が一体として利用される」ような財務報告が「全体として何を目ざしているか」が要約されている。

それは21項目からなり，次のような構成と内容になっている。

Ⅰ．序説：概念フレームワークにおける位置づけ（OB 1）
Ⅱ．**一体的財務報告**の目的と有用性と限界（OB 2 - OB 11）
Ⅲ．一体的財務報告の内容と役割（OB 12 - OB 21）

以下そのうちのとくに重要と思われる項目を紹介しておく。意訳したところもあるが，概要を把握するのが目的であるため，ご了解いただきたい。

(1) **一体的財務報告の目的に関して**
OB 2（誰にどのような情報を提供するか）
　現在および潜在的投資家や融資者などの債権者に対して，彼らが資源提供をする際の意思決定に有用な財務情報を提供する。
OB 3（OB 2の利用者の意思決定に必要な情報とは何か）
　経済主体への将来のネット・キャッシュ・インフローの見通し（**現金創出力**）を評価するのに役立つ情報である。
OB 4（OB 3の評価に必要な情報）
　現金創出力の評価には，経済主体の資

源と請求権の情報と経営陣が資源運用を効率的に行ったかどうかに関する情報が必要。

OB 7 （経済主体の価値）
　一体的な財務報告書は，主体の価値を示さない。それは報告主体の価値を見積もるのに役立つ情報を提供する。

(2) **一体的財務報告の内容と役割に関して**
OB 13 （資源と請求権の情報）
　報告主体の**経済的資源**と**請求権**に関する情報は，利用者が主体の財務的健全性や支払能力の評価に役立つとする。それはまた，報告主体の将来キャッシュフローの見込みを評価するのに役立つ。

OB 17 （発生会計と財務業績）
　主体の財務業績を評価するには，キャッシュフロー情報だけよりは，発生会計情報を併せて用いるのがより良い基準となる。

OB 18 （発生会計の有用性①）
　発生会計による財務業績情報は，企業の現金創出力の評価に有用である。

OB 19 （発生会計の有用性②）
　包括利益情報は，主体の現金創出力の評価に影響する。

OB 20 （キャッシュフロー情報の有用性）
　キャッシュフロー情報は，主体の現金創出力の評価に有用である。

4　新概念フレームワークの特徴

　新概念フレームワークは，冒頭の序説で（OB 1），「この一体的財務報告の目的が概念フレームワークの基礎となる」と述べており，概念フレームワークの他の階層は，この「目的」から導かれるとしている。それは，この第1章が概念フレームワークにおける前提になる。前提は一度確定すればこれに関する議論はしてはいけない。前提が決まると，基礎概念は，この前提から演繹的に導かれる。したがって，この第1章の21項目が，今後の概念フレームワークの展開に重要な意味をもつことになる。

　一見して気づくのは，株主資本や純資産をとりたてて重視していないこと。損益計算書とキャッシュフロー計算書がフローの計算書として対等になっていること，現金創出力の評価に損益計算書が優先するという記述がないことである。

　つまり「一体的財務報告の目的」の記述からは，収益費用観や資産負債観の影響がほとんど見られないことである。資源＝請求権という等式を前面に出しているため，株主持分とか純資産が強調されていない。もちろん，これが資産負債観の否定につながるわけではないが，純資産（株主持分）が強調されていないことには注意する必要がある。

　資源＝請求権という等式は，資金の運用＝資金の源泉という等式につながる可能性がある。そこで問題になるのが，資金の源泉にはコストが発生すると考えるかどうかである。この点が次節で説明する企業主体説に関係してくる。

　この点について新概念フレームワークは明言を避けているが，否定もしていない。IASBの立場を明確にすることを求めて，日本からコメントレターが2度発信されている（佐藤倫正「新概念フレームワークの会計主体論－IASBへのコメントレター－」『産業経理』第74巻第3号，2014年10月，39－51頁）。借入金の資本コストのみを認識するならば慣習的な**資本主説**になるが，**株主資本**コストをも認識すると**企業主体説**へとつながる。この点は次節でもう少し詳しく検討する。

　次に気づくのは，キャッシュフロー情報が旧概念フレームワークに比べて重要な位置を占めていることである（OB 3，OB 4，OB 14，OB 20）。FASBの旧概念フレームワークでは，将来キャッシュフローの予測には，利益

情報が有用であるとされたが，新概念フレームワークではこの点が是正された。このとき，FASBの基準書第95号による「キャッシュフロー計算書の目的」が，この「財務報告の目的」の作成にあたって参考にされた。財務三表の目的を記述するのであるから，当然といえば当然である。

OB17から19は「発生会計」によって映し出される**財務業績**について述べている。この「発生会計」は伝統的な「発生主義会計」よりは広い概念で，包括利益を含むことは注意を要する。決して純利益だけを強調しているわけではない。新しい経営分析は，このような財務報告の目的の変化に対応しなければならないだろう。

ただし，新概念フレームワークに関して注意しておくべきことが2つある。第1は，概念フレームワークの上位階層（目的と質的特性）で，IASBとFASBは共同作業をし合意したが，それ以下の階層で両審議会は合意できず，別の概念フレームワークが出現しそうなこと。第2は，日本はIASBの新概念フレームワークに同意したものの，アメリカのように自身の概念フレームワークをもっていないこと。日本の会計基準に概念的根拠がないことは，財務諸表の信頼性に影響を及ぼすので，引き続き注意が必要である。

〔参考文献〕

IASB, (September 2010) *The Conceptual Framework for Financial Reporting 2010*.

佐藤倫正（2012）「資金会計論の計算構造」北村，新田，柴編『企業会計の計算構造』体系現代会計学第2巻，中央経済社，237-288頁。

佐藤倫正（2014）「会計が促す新資本主義－資金会計のイノベーション－」『商学研究』第54巻第2・3号，165-196頁。

〔佐藤倫正〕

II 企業主体説と経営分析

1 近年の傾向

新概念フレームワークの主要論点の1つが**会計主体論**である。会計主体論は，誰の立場で会計を行うか，という会計の基本的前提にかかわっている。資本主（株主）の立場で会計をする伝統的な**資本主説**に対して，企業そのものの立場で会計をする**企業主体説**（エンティティー説）が出てきたが，なかなか結論が出なかった難問であった。

ところが，IASBとFASBが共同で作成した「財務報告の目的」の2006年討議資料において，両審議会は，「資本主説ではなく企業主体説へ移行すると決定した」と宣言した。そして2008年「公開草案」でもこの立場を堅持した。さらに，2010年9月の最終版でも，このことを明記はしないものの，「経済的資源（資産）＝請求権（持分）」という基本等式が前面に出ていて，これは企業主体説と矛盾しない表現になっている。ただし，IASBは今のところ明確な表現は避けている。

IASBが慎重なのは理由がある。それは，1980年代になって，ハーバード大学のロバート・アンソニー教授が提唱した企業主体説が出てくるが，あとでもう少し詳しく説明するが，これは資本主義にドラスティックな転換をもたらす可能性があるからである。すなわち，株主重視の**株主資本主義**からステークホルダー重視の**共益資本主義**への転換である。

リーマンショックや先進国の格差の広がりによって，株主資本主義を是正しようとする声は高まってきている。しかし，株主資本主義の背後にある**市場原理主義**はまだ大きな力を残している。そして企業主体説の検討も，まだ概念フレームワークの段階で，会計基準

にまでは降りていっていない。

会計基準にはなっていないが，企業主体説の考え方は，すでに経営分析では実行されている。現行の資本主説による財務会計には比較可能性という点で重大な欠陥がある。それは，同じ外部資金源泉なのに借入金の利子は費用だが，株主資本への報酬は利益処分だからである。同じ資産規模で同じ経営効率でも，単に資本構成（自己資本比率）が違うだけで，純利益が変わる。アナリストは，経営分析にあたって，この**見せかけの利益**に注意しなければならない。

2　アンソニーの新企業主体説

資本構成の違いからくる見せかけの利益に注目したのが**アンソニー**である。アンソニーは，株主資本にも実質的にコストが発生しているので，それを会計上認識すべきと主張した（佐藤倫正訳『アンソニー財務会計論』白桃書房，1989年）。これは，Paton（1922）のように利子も配当も利益分配とする旧企業主体説と区別されるので，**新企業主体説**と呼んでおく。

アンソニーの企業主体論（**新主体モデル**）を概説しておくと次のようになる。貸借対照表は次のように，従来の留保利益が株主持分と**主体持分**に分けられる。

図表5－2－1　新主体モデル（E説）の貸借対照表

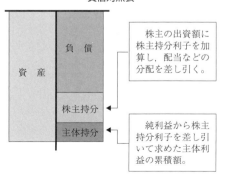

主体持分を分離することによるメリットは，そこにステークホルダー（利害共有者）の持分が反映されると見ることによって，彼らの（とくに従業員の）経営参加意識が高まるところにある。そのような貸借対照表に対応する損益計算は次のように表わされる。

P（純利益）$-i$（持分利子）$=Q$（主体利益）

ボトムラインの主体利益（Q）は，純利益（P）から**持分利子**（i）が差し引かれているので，経済的利益に近いというメリットもある。

新主体モデルの計算構造を要約すると次のようになる。

① 配当を利益の分配でなく持分利子という費用にして，それに発生主義会計を適用する。
　　$i = r \times$ 株主資本
　　r は，リスクプレミアムを考慮した利子率。
② 持分利子は，株主資本（持分）に貸記（プラス）する。
③ 現金による配当があれば，株主資本の減少とする。
④ 主体利益の累積額を「共益資本」とする。

アンソニーモデルの特徴は，**慣習的簿記**で算定される留保利益を，株主持分（株主資本）と主体持分（**共益資本**）に分離するところにある。この分離する線を**共益境界線**（sustainability line）と名付けてみたい。

これは，里山における共有地と私有地の境界線からイメージを得たことによる。共有地（主体持分）との境界を無視して私有地（株主持分）の所有者が共有地を自己の都合で利用すると，里山の環境の劣化が生じ，共同体の持続可能性は低下するであろう。現行企業会計は，この共益境界線を明示しないモデルで，株主利益最大化モデルになっている。

この共益境界線を表示するのがアンソ

ニー・モデルの特徴である。しかしながら、この線を引くためには、利子率rを決定しなければならない。ここが、アンソニー・モデルの難点とされるところである。

アンソニーもこの点の重要性を理解していて、しかし、難しい論点だからといって持分利子の計算を止めるのではなく、概算値でもよいから計算をした方がよい、とアンソニーは考える。その理由は、資本構造からくる企業のリスク特性に関する情報がそこにあるからである。

意味のある情報だが、外部のアナリストが計算すると手間がかかるので、企業の財務報告に取り込んだ方がよいと考えるのである(『アンソニー財務会計論』121頁)。

3 EVAとの違い

アンソニーの**新主体モデル**は、当のアメリカでは広範な支持はまだ得られていない。それには3つの理由が考えられる。第1は、それが伝統的会計の殻を破る大きな変化になること。第2は、その変化はアメリカに根を張っている株主資本主義からの抵抗が大きいこと。そして第3に、そのすぐあとに、EVA(経済的付加価値)と呼ばれる、非常にまぎらわしい主張がでてきたことである。

EVAもアンソニーの新主体モデルもともに、**残余利益**を計算するために株主資本の**資本コスト**を認識する。しかし、残余利益の帰属先が異なる。新主体モデルでは残余利益は主体に帰属するが、EVAでは残余利益は株主に帰属する。

しかもEVAは、次の3つの点で新主体モデルとは大きく異なっている。

① EVAは、会計システムそのものを変更するのではなく、勘定の外で、分析的に残余利益を求める。会計ではなく、単なる計算モデルである。

② EVAは、資本コストを求めるベースの金額が資本主モデルの株主資本(留保利益の金額が株主資本)であるため、資本コストが大きくなりがちである。

③ すなわちEVAは株主重視の計算であ

図表5-2-2 東証1部企業の価値関連性検証

		2001-2006年プール N＝5958			2007-2010年プール N＝3972			全体のプール N＝9930		
単回帰		係数	t値	調整済R^2	係数	t値	調整済R^2	係数	t値	調整済R^2
モデル1	株主持分利子	110.56***	66.7	42.70%	53.07***	33.1	21.70%	80.99***	68.1	31.80%
モデル2	株 主 利 益	31.94***	74.7	48.40%	30.71***	73.5	57.70%	31.47***	102.4	51.40%
モデル3	主 体 利 益	10.66***	58	36.10%	10.11***	56.5	44.60%	10.44***	79.3	38.80%
モデル4	純 利 益	10.87***	64.3	41.00%	10.49***	63.7	50.60%	10.73***	88.5	44.10%
重回帰										
モデル1'	株主持分利子 株 主 持 分	93.22*** 0.72***	17.6 3.5	42.90%	143.54*** (4.27)***	26.5 -17.4	27.20%	86.16*** -2.29	23 -1.5	31.90%
モデル2'	株 主 利 益 株 主 持 分	22.74*** 2.25***	46.4 31.7	55.80%	29.27*** 0.46***	64.7 8	58.30%	26.47*** 1.34***	77 28.5	55.00%
モデル3'	主 体 利 益 純資産簿価	4.29*** 1.43***	26.7 72.2	65.90%	5.03*** 1.04***	36.7 72.4	76.10%	4.76*** 1.23***	42.6 95.7	68.20%
モデル4'	純 利 益 純資産簿価	4.29*** 1.38***	26.3 65.7	65.80%	5.14*** 0.99***	36.3 64.7	75.90%	4.82*** 1.18***	42.2 86.4	68.10%

り,「企業価値の創造」などと言われることがあるが, じつは「株主価値の創造」であり, 株主の利益最大化モデルである。

4 実　証

東証一部上場の3月決算企業から金融業を除いた993社の, 2001年3月期から2010年3月期までの10年間のデータを用いて検証した。「株主資本」が2006年に導入されたので, その影響も検討することにした。この結果は, 2011年6月19日の日本経営分析学会において統一論題報告「**共益資本主義の会計モデルと企業評価**」として報告されたうちの一部である。

企業主体説を反映する項目として①株主持分利子, ②株主利益, ③主体利益, ④株主持分, ⑤主体持分を, 資本主説を反映する項目として⑥純利益と⑦純資産を用いて, 各再計算利益の株価関連性を分析してみた。

総じて純利益と主体利益の株価説明力に差はない。しかし2006年を境に, 会計制度が資本主説を強調するようになると, それらの株価関連性が高まっている。株主が他のステークホルダーの持分を取り込むように株価が反応しているようだと, **ステークホルダー**を重視してきた日本企業の実態が変化してきた可能性があるので, さらなる検討が必要である。

〔参考文献〕

Anthony, R. (1984) *Future Directions for Financial Accounting*, Dow Jones-Irwin.（佐藤倫正訳 (1989)『アンソニー財務会計論』白桃書房。)

Paton, W. A. (1922) *Accounting Theory: With Special Reference to the Corporate Enterprise*, Ronald Press.

佐藤倫正 (2014)「会計が促す新資本主義－資金会計のイノベーション－」『商学研究』第54巻第2・3号, 165-196頁。

［佐藤倫正］

Ⅲ　新概念フレームワークの論点と経営分析

1　キャッシュフロー情報

(1) **財務報告の目的と将来キャッシュフロー**
財務報告の目的は, 企業への将来の正味キャッシュインフローの見通しを評価するのに役立つ情報を提供することである。一方, 企業は, キャッシュフローの金額と時期を変えるために効果的な行動をとって, 予想されない必要性や機会に適応できる能力, すなわち**財務弾力性**を高める必要がある。つまり, 企業にとっては, **現金創出能力**を有することが重要であって, 将来のキャッシュフローは, **リスク**あるいは**不確実性**を伴う事象を通して影響を受けるようになる。

個々の**国際財務報告基準（IFRS）**をみてみると, キャッシュフローを基礎とした認識および測定として整理することができるようになっている。そこでの**認識規準**の特徴は, 将来のキャッシュフローを織り込んでの認識領域の拡大化であり, それに伴って**測定可能性**が重視されるようになっている。例えば, **新概念フレームワーク**では, 会計事象の発生確率が50％に満たないものは認識しないというような閾値を規定しないことによって, 認識時点での財務諸表への計上の可能性を排除することを無くして, 認識と測定を同時に行う**経済性規準**の合理性を高めようとしている。その結果, 財務諸表の数値に含まれている仮定および判断に直接的に関連するリスク, すなわち認識および測定に伴うリスクが忠実に表現できるようになり, 将来のキャッシュフローの予測に目的適合的な情報が提供される。

そこでは, 認識に伴うリスクが高い場合には, 測定値の計算でリスク調整を行うことで

認識に伴うリスクを逓減させてから財務諸表に計上している。当該測定においては，将来キャッシュフローの見積り，その見積りの変動の可能性に関する評価，貨幣の時間的価値，リスク・プレミアム等の要素に係るリスク調整を行って**公正価値**が忠実に表現できるようにしている。

このようにキャッシュフロー情報には，**将来のキャッシュフロー**を意味するものもあれば，以下で説明する**過去のキャッシュフロー**を意味するものもあり，これらは関連している。

(2) キャッシュフロー計算書の位置づけと役割

財務報告は，情報利用者が企業の将来キャッシュフローの予測を行うために有用な情報を提供することを目的とする。これらの有用な情報を提供するのが**基本財務諸表**であり，その目的の達成には，財務諸表に表示されている情報を相互に結びつけて企業業績を評価しなければならない。その財務業績を評価するための中心的な指標に収益性と流動性があり，**収益性**は企業がどれくらい利益を得ているかの程度を表わすのに用いられ，代表的な指標としては総資産利益率をあげることができる。一方，**流動性**は，資産が現金に転換されるまで，または負債が支払われるまでに経過すると予測される期間を表わすのに用いられ，代表的な指標としては流動比率をあげることができる。

これらの指標は相互に関連していて，流動性の高い企業は，流動性が低い企業よりも倒産の可能性が少なく，また将来の予想されないリスクにも対応することが可能となる。その一方で，流動性の高い企業が必ずしも収益性が高いとは限らず，それは現金そのものを保有することからは利益を生み出さないからである。

企業はさまざまな**リスク**に直面しており，将来の財務業績を正確に予測することは困難である。そこで，企業は現金収入と現金支出の金額および時期を変えるために効果的な行動をとり，それによって企業が現金を伴う予測されない必要性や機会などに対応できるように努めなければならない。そのために，企業は潜在的な借入能力や正常な営業循環過程以外においても資産を現金に転換する能力を有していなければならない。さらに，営業活動に必要な一定の物理的な条件，例えば土地や生産設備を備えて**営業能力**を維持していなければならない。

損益計算書は，収益性についての情報を提供し，企業の営業能力を維持するために必要な費用を評価するのに役立つ情報を提供し，**貸借対照表**は，流動性の評価に有用な情報を提供し，企業が将来のリスクに対応することができるかどうかを評価するのに役立つ情報や営業能力についての情報を提供する。これに対して，**キャッシュフロー計算書**は，営業活動，投資活動および財務活動の3つの区分による過去のキャッシュフローを表示し，主に営業活動を示す損益計算書と投資活動および財務活動を示す貸借対照表との連携を保てるようにしている。つまり，キャッシュフロー計算書は，貸借対照表との関連で流動性の分析を行うだけでなく，損益計算書との関連で収益性の分析を行う上でも重要な役割を果たすことができるのである。

キャッシュフロー計算書は，①利益とそれに関連した現金収支との差異の原因分析を行うことを可能にし，さらに②企業が将来のキャッシュフローを生み出す能力，③企業が負債を支払う能力と配当金を支払う能力，④企業が外部からの資金調達をどれくらい必要としているのか，⑤企業が営業能力を維持するためにどれくらいの投資を行っているのか等を評価するのに有用である。

(3) キャッシュフロー・サイクル

製品ライフサイクルを用いて純利益の趨勢を説明してみると，純損失は通常，新製品の発売等の費用が収益で賄いきれないような導入期や成長期の初期段階において生じる。純利益は成熟期においてピークに達し，その後に下降しはじめる。これに対して，キャッシュフローは導入期と成長期の初期段階では，製品の販売に必要な現金支出が余分に生じた結果，**営業活動によるキャッシュフロー（CFO）** がマイナスであり，**財務活動によるキャッシュフロー（CFF）** はその分プラスになる。**投資活動によるキャッシュフロー（CFI）** もまた，生産能力を築き上げるために初期段階ではマイナスであり，この相対的な長さは事業の資本集約度の度合いに依存する。

成長期が進むにつれて営業活動に収益力がつき，CFOがプラスに転じ始める。しかし，企業は売上債権の分だけ現金の受取りが滞り，そして将来の高い販売水準を期待して商品・製品を蓄えるために現金を使わなければならない。したがって，純損益は通常，CFOよりも早くプラスに転じる。CFOがマイナスである期間は，事業の成長率と資本集約度に依存し，成長期に必要とされる現金の大部分は，借入や株式発行などの外部調達によって導入期において獲得する。

商品・製品は成熟期を進むにつれて，3つの活動区分のキャッシュフローの傾向は劇的に変化する。商品・製品が市場で安定して受け入れられ，そして運転資本に必要な額が頭打ちになるため，営業活動が大部分の現金収入の供給源となる。また，収益が横ばいである時には，企業は生産能力を高めるためよりもむしろ維持するために投資を行うようになる。成熟期の最終段階では，CFIが新規投資額を超える不必要な工場設備資産の売却額によってプラスに転じることさえある。企業は，プラスのCFOやCFIの一部を導入期や成長期に生じた負債を返済し，また配当金を支払うために利用することができるようになる。衰退期に入ると，CFOとCFIは，収益が減少するにつれて次第に少なくなり，企業は残った負債を返済していくようになるためCFFはプラスに転じる。

(4) キャッシュフローの類型分析

ここでは，キャッシュフロー計算書の3つの活動区分，すなわち**CFO，CFIおよびCFF**のプラスとマイナスの8つの組合せ（類型）を用いた基礎的な分析方法を説明してみる。

第1類型：3つのキャッシュフローがすべてプラスの場合であるが，これは，企業が何らかの経営戦略のため現金収入を増加させているものと考えられる。このような企業では，CFOが生じていても，固定資産は売却しながら，なお市場からは追加資本を調達している。

第2類型：CFOがプラスで，CFIとCFFがマイナスの場合である。このような企業では，多大なプラスのCFOが生じているため，この内部的に生み出された現金収入を設備投資に充てて企業の経営活動の拡大を図るか，または債務の返済や株主への配当に充てることができる。この類型は，成功した企業の例を示す。

第3類型：CFOとCFIがプラスでCFFがマイナスの場合である。このような企業では，CFOはプラスであるが新たな設備投資はせず，それよりも利益率がよくない部門を売却するというような方針を採択している。このように営業活動と投資活動から得た現金収入は，社債権者や株主への償還に用いられる。この類型は，リストラクチャー中の企業を示す場合もある。

第4類型：CFOとCFFがプラスで，CFIがマイナスの場合である。このような企業では，経営活動の拡張にCFOが十分ではないので，拡張に必要な追加資金の一部は財務活動から調達しなければならない。この類型は，成長

企業の代表的な例である。

第5類型：CFOがマイナスで，CFIとCFFがプラスの場合である。このような企業では，CFOの不足分は固定資産の売却と株主または社債権者からの資金調達によって賄っている。企業は現在不振の経営活動を再び軌道に乗せるため，また企業を存続させるために固定資産を積極的に売却している。

第6類型：CFOとCFIがマイナスで，CFFがプラスの場合である。このような企業では，CFOは不足しているにもかかわらず，なお設備投資を拡大している。これは売上高の著しい増加とそれを維持するための棚卸商品の増加に伴う債権と債務が多額に増加し，CFOがマイナスとなる時に生じる。この状況は，設立後間もない急速に成長している企業の代表的な例であるといえる。

第7類型：CFOとCFFがマイナスで，CFIがプラスの場合である。このような企業では，CFOはマイナスではあるが，株主への配当や債権者への返済は行っている。営業活動と財務活動による現金支出は，固定資産の売却からの収入によって相殺されているに過ぎず，資本の取崩しや不健全な営業活動のため，企業規模は縮小の方向にある。

第8類型：3つの活動から生じるキャッシュフローがすべてマイナスの場合である。このような企業では，以前に蓄積していた現金が，これらのマイナスのキャッシュフローを相殺するために用いられている。このような現金の不足状況が続けば，近い将来，この企業の倒産は避けられない。

(5) キャッシュフローの比率分析

わが国でも，キャッシュフロー計算書が公表されるようになって，さまざまなキャッシュフローを用いた比率が計算できるようになった。それは，ただ単に，新たな財務情報が増えたというだけに留まらず，多くの**キャッシュフロー比率**が流動比率や資産利益率などの貸借対照表と損益計算書を用いた伝統的な比率の相対物として利用できるので，財務業績についてより総合的な評価が可能となった。その結果，財務報告の目的である将来キャッシュフローの金額，時期および不確実性を予測することに貢献する。

CFOは，純利益の計算に含まれる取引やその他の事象に係る現金取引の結果を要約していて，また，商品および用役の生産や引渡しのような企業の中心活動を含んでいるため，キャッシュフロー比率の計算においては中心に位置づけられる。したがって，CFOを損益計算書と貸借対照表の項目と相互に結びつけることによって，企業の経営成績，財政状態およびキャッシュフローを総合的に評価することが可能となる。

キャッシュフロー計算書を用いた比率分析を大別すると，①流動性，②収益性，③財務弾力性の3つに分けられる。**流動性**は，支払わなければならない短期および長期の負債の返済能力に関する指標を提供する。**収益性**では，売上高利益率や総資産利益率のような発生基準によって計算された収益性比率に対して，売上高CFO率や資産CFO率のような現金基準によって計算された収益性比率を提供する。**財務弾力性**は，固定資産への投資を維持あるいは拡大するための企業の能力に関する指標を提供し，再投資比率や資金調達比率などがある。

再投資比率は，CFOをCFIで除して計算でき，この比率は事業拡大に必要な設備投資や投資有価証券などに係る現金支出が内部源泉であるCFOでどの程度賄えるかを計算している。この比率が100％を超えれば，外部からの資金調達を頼りにしなくても企業の成長が可能となる。

資金調達比率は，CFIをCFOとCFFの合計額で除して計算でき，この比率が低い程，企業の投資活動に必要な現金が十分に調達されていることを明らかにする。しかし，負債の

返済を行っている場合にはCFFがマイナスとなり，必ずしもそうとはいえず，またプラスの場合でもCFFがCFOに比べてはるかに多い場合には健全とはいえないので，再投資比率との比較が必要である。この比率はとても変動する傾向にあるので，数期間の平均を利用することが重要である。

(6) 財務弾力性とキャッシュフロー

財務諸表の表示には，①企業活動の一体的な財務状況を描写すること，②企業の将来キャッシュフローを予測する上で有用となるように情報を構成要素に分けること，③利用者が企業の流動性および財務弾力性を評価するのに役立つことが重要である。そのためには，基本財務諸表の各科目間の表示に一体性をもたせることが肝要である。

直接法表示のキャッシュフロー計算書では，現金の収入・支出と貸借対照表および包括利益計算書で表示されている情報とを関連づけるように，当期中の現金の変動に関する情報を提供する。そこでは，現金の源泉と使途を強調しているため，とくに包括利益計算書との因果関係が明らかになり，将来キャッシュフローの予測に役立つ。

流動性と財務弾力性についての情報は，将来キャッシュフローの金額と時期，そして不確実性を評価するのに有用である。**財務弾力性**は，企業の適応性の尺度であり，予期せぬ新しい投資機会を利用するために，あるいは営業状態の変化によるリスクを回避するために必要な概念である。財務弾力性の高い企業は，営業活動から多額の正味キャッシュフローを獲得できる能力や多額の借入能力を持ち，また換金性の高い資産を多く持つかもしれない。一方，流動性は資産が現金化されるまで，あるいは負債が支払われるまでに経過した時の長さであるため，流動性についての情報は財務弾力性を評価するのを助ける。

財務弾力性を評価するのに有用な情報は，キャッシュフロー計算書，包括利益計算書および貸借対照表によって提供される。キャッシュフロー計算書は，CFOを直接法で表示して，財務弾力性の評価に有用な情報を提供する。一般的に，CFOが大きければ大きいほど，営業状態の悪化に耐える企業の能力が高い。包括利益計算書は，収益が低下した場合，企業が費用を削減することができるかどうかの評価に役立つ情報を提供することができる。貸借対照表は，利用可能な資源の性質とこれら資源に対する請求権の金額と時期を示すことによって，財務弾力性を評価するための情報を提供する。

流動性の高い企業は，予期せぬ不利な状況を見事に切り抜ける能力に優れているばかりではなく，予期せぬ新しい投資機会を積極的に活用できるので，流動性は財務弾力性に関連することになる。ただし，財務弾力性は流動性より広い概念であるといえる。というのは，財務弾力性には，潜在的な借入能力や正常な営業循環過程以外において資産を実現する能力を含むからである。

〔参考文献〕

鎌田信夫（2003）『新版 キャッシュ・フロー会計の原理』税務経理協会.

佐藤倫正（1993）『資金会計論』白桃書房.

田中 弘, 戸田龍介, 小西範幸, 照屋行雄, 真鍋明裕（2009）『新会計基準を学ぶ 第2巻』税務経理協会.

FASB (1980) Reporting Funds Flows, Liquidity and Financial Flexibility, *Discussion Memorandum*.

IASB (2013) A Review of the Conceptual Framework for Financial Reporting, *Discussion Paper*.

Plewa, Franklin & George Friedlob (1995) *Understanding Cash Flow*, Wiley.

Tracy, John (2004) *How to Read a Financial Report-For Managers, Entrepreneurs, Lenders, Lawyers, and Investors*, John Wiley & Sons, Inc.

〔小西範幸〕

2 資金法と利質分析

IFRSの新概念フレームワークにおいては，貸借対照表と損益計算書とキャッシュフロー計算書の三表が**一組の財務諸表**である。ここがFASBの旧概念フレームワークと異なるところである。そして，この一組の財務諸表は相互に連携している。その場合のキャッシュフロー計算書の表示は，本体が「直接法」で「利益とCFOの調整表」が組みあわされ，オーストラリアで2006年までに実施されていたタイプが模範になる。

そこで，新概念フレームワーク登場の背景には，**財務三表**が連携するための会計理論の整備が進んでいたことを理解する必要がある。それは，キャッシュフロー計算書を主要財務諸表にするための**資金観**という会計観の確立である（佐藤倫正『資金会計論』白桃書房，1993年3月）。資金観という用語は，Carson（1949）の「Source and Application of Funds Philosophy」に由来する（Carson, A. B. "A 'Source and Application of Funds' Philosophy of Financial Accounting," *The Accounting Review*, Vol. 24, No. 22, April 1949, pp. 159-170）。資金観は次表の伝統的な会計観との比較で明らかになろう。

図表5-3-2-1　資金法と三元複式簿記

会計観 項目	収益費用観	資産負債観	資 金 観
中心財務諸表	損益計算書	貸借対照表	キャッシュフロー計算書
中 心 観 念	収益・費用	資産・負債	キャッシュフロー
貸借対照表の性格	残 高 表	財産状態表	累積資金計算書
キャッシュフロー計算書の位置づけ	体系外の補助財務諸表	現金勘定の明細表	主要財務諸表
損益計算方式	損 益 法	財 産 法	[X]
複 式 簿 記	二元複式簿記		[Y]

［X］は，CFOと純利益と包括利益を調整する「資金法」の損益計算方式である。この発見については佐藤（1980）を見られたい（佐藤倫正「資金計算書と利益計算」『一橋論叢』第83巻第1号，1980年1月，91-107頁）。この国際展開については，佐藤倫正「三元複式簿記の国際展開－ミラー論文の貢献－」（『産業経理』第72巻第1号，2012年4月，35-46頁）に詳説されている。

［Y］は，貸借対照表と損益計算書とともに直接法のキャッシュフロー計算書と「資金法」の調整表を同時に導き出す「**三元複式簿記**」で，これによって財務三表が複式簿記によって連携されることが証明された（佐藤倫正「資金会計の勘定組織」『會計』第145巻第1号，1994年1月，14-27頁）。これも日本発のイノベーションである。

この表から明らかなとおり，伝統的な収益費用観と資産負債観のもとではキャッシュフロー計算書を主要財務諸表として位置づけることができないので，資金観への移行が必要となった。**伝統的会計観**にこだわると，キャッシュフロー計算書を主要財務諸表と認めないので，貸借対照表と損益計算書の数値を中心に分析することになる。そうではなく，今とくに必要なのは，主要財務諸表としての**キャッシュフロー計算書**を用いた経営分析である。

(1) 利質分析

利質分析は，**利益の質**（Quality of Earning）を分析することである。利益は経営分析にとって重要な数値だが，報告利益には経営者の様々な事情に起因する利益操作が入り込む余地が相当大きい。会計測定という用語は止めて会計見積りという用語にした方がよいという指摘すら出ている。キャッシュフロー計算書の開示が要請されるようになった理由のひとつが，利益の操作可能性である。利益が操作されると利質は低下する。利益の質の評価は資金法の損益計算と結びつけて理解しておくと分かりやすい。それは，CFOという**測定の硬度**の最も高い測定値を出発点にして，測定の硬度が低い様々な発生主義調整項目が加減されて利益が求められるからである。測定の硬度の低いところに利益操作の余地がある。

そこでまず，**資金法**の損益計算方式を資金的に解釈しておく必要がある。資金法はCFOをもとにして，それに**発生主義調整項目**（a）を加減して利益を求めるので，その加算と減算を，企業の**現金創出力**の維持と絡めて説明すると，資金的解釈が成立する（佐藤（2005），9－10頁）。

(2) 資金法の損益計算

IASBの表示プロジェクトは直接法表示のキャッシュフロー計算書を望ましいとしている。最近になって，直接法のキャッシュフロー計算書の有用性を示す実証研究が多く出るようになった。

直接法表示の場合は，FASBの基準書第95号が望ましいとし，オーストラリアで実行されているように，利益と営業活動からのキャッシュフロー（CFO）の調整表が求められる。新概念フレームワークは，従来の間接法のキャッシュフロー計算書ではなく，このようなキャッシュフロー計算書とおり合いがよい。

調整表は逆順（純利益→CFO）でもよいし，正順（CFO→純利益）でもよいはずである。**正順法**にした場合は資金法と呼ばれる。資金法は，損益法と財産法に対比される損益計算方式である。損益法は損益計算書に，財産法は貸借対照表に，ほぼストレートに体現されているのだが，資金法は，現行の間接法のキャッシュフロー計算書の営業活動区分で，上下逆になった形で現れている。それを正順にして，営業活動からのキャッシュフロー（CFO）をベースに，**資金概念**を次第に拡大すれば包括利益に至る。これはIASBに発信されて，IFRSに採用される可能性もある（佐藤倫正「財務情報の連携と業績報告—日本の選択—」『企業会計』，第57巻第5号，2005年5月，4－11頁）。

資金法を会計等式として示すとすれば次のように表される。

$$CFO \pm a = P \quad \cdots\cdots\cdots(1)$$

P：当期純利益
CFO：営業活動によるキャッシュフロー
a：発生主義調整額

また，時価会計が導入された場合は，次の(2)式のように表される。

$$CFO \pm a \pm \beta = P' \quad \cdots\cdots\cdots(2)$$

P'：包括利益
β：その他の包括利益

(3) 資金法で読み解く包括利益

この資金法は企業分析にも適用可能である。日本電波工業がIFRS（国際財務報告基準）を任意適用した2010年3月期決算をもとに，資金法による分析例を示そう。

日本電波工業の決算は，売上高がわずかな減収で，包括利益が前年度の297億円の赤字から一転して41.7億円の黒字になった。純利益も287億円の赤字から43.4億円の黒字に転換している。これは前年度のような大きな減損がなかったのと，売上総利益が44億円から146億円へと激増したことによる。しかし，このような損益の分析からは，利益の質につ

図表５−３−２−２　資金法の包括利益計算　　　（単位：百万円）

	2009年3月期	2010年3月期
ＣＦＯ	6,371	4,008
発生主義調整		
営業債務の（増）減	2,256	(1,838)
営業債権の増（減）	(5,585)	1,994
棚卸資産の増（減）	5,069	4,455
減損損失	(15,737)	(182)
減価償却費	9,436	(3,067)
その他	……	……
当期利益	(28,731)	4,337
時価主義調整		
為替換算調整	(842)	(301)
有価証券等の相場変動	(282)	216
その他	……	……
包括利益	(29,707)	4,167

いて，いまひとつ見えてこない。

　ここに資金法の出番がある。資金法によれば，当年度のCFOは40.1億円で，これに発生主義調整による3.3億円が加算されて43.4億円の当期利益となり，これから1.7億円の時価主義調整が差し引かれて，41.7億円の包括利益になる。すなわちCFOよりも当期利益や包括利益の方が大きくなっている。そこで発生主義調整の内訳をみると，減価償却への引当が昨年より64億円減少している。また，営業債権が20億円，棚卸資産が約45億円増加して，これが黒字転換に寄与している。棚卸資産が増加し続けており，利益の質について更なる調査が必要であったと判断される。このような分析は，**資金法**が**利益の質**の評価に貢献できることを示している（佐藤倫正「資金会計論の計算構造」北村・新田・柴編『企業会計の計算構造』体系現代会計学第２巻，中央経済社，第９章，2012年10月，254−255頁）。

(4)　資金法をベースとした利益操作の研究
　資金法に着目すると，近年の利益操作（earnings management，報告利益調整のことで，以下では単に利益操作と呼ぶ）に関する研究は，じつは資金法にもとづいているということに気づくであろう。このような研究には，資金法の基本式をベースにした次の展開式が不可欠である。

　　$CFO \pm a_1 \pm a_2 = P$
　　　a_1：発生主義調整額の非裁量部分
　　　a_2：発生主義調整額の裁量的部分

　別の言い方をすると，利益操作研究の多くは資金法でしか表現できない a_2 の有用性を探ろうとしている。

　このことを理解すると，投資家による利益の再計算にかかわる実証研究にとって，重要な分岐点が現れてくる。それは**利益操作**の研究において重要なのは，$(CFO \pm a_1)$ の方か，a_2 の方か，ということである。

　Subramanyam（1996）では，非裁量的利益（NDNI: non-discretionary income）という用語が用いられている。そこでは，非裁量的利益（$CFO \pm a_1$）に相当の有用性（異常リターンと有意なプラスの関連性）が析出されているにもかかわらず，裁量的発生

主義調整額（a_2）の有用性にのみ焦点が当てられている（Subramanyam, K. R. "The Pricing of Discretionary Accruals", *Journal of Accounting and Economics*, Vol. 22, Nos. 1-3, October 1996, pp. 249-281）。

資金観に立つと，むしろ，$CFO \pm a_2 = P_i$ で示される金額がコアの利益であり，それに有用性があるかどうかを知ることが重要になる。この点の実証についての紹介は佐藤（2009）を見られたい（佐藤倫正「資金法にもとづく**再計算利益**の有用性－監査法人交代企業を対象として－」『経済科学』第57巻第3号，2009年12月，37-50頁）。

〔参考文献〕

佐藤倫正（1993）「利質分析から見た社会関連情報－社会監査の担い手－」『社会関連会計研究』第5号，9月，19-27頁。

佐藤倫正（1994）「書評"Joel G. Siegel, *How to Analyze Businesses, Financial Statement and the Quality of Earnings*, Prentice Hall, 1991"」『経営分析研究』第10号，3月，138-141頁。

佐藤倫正（1995）「利質分析と資金計算書」『企業会計』第47巻第12号，12月，82-87頁。

[佐藤倫正]

(5) 資金法による利益分解の有効性

佐藤（1993）によって定義された資金法は，これまでに多くの実証研究において適用されている。たとえばLev et al.（2010）は，会計利益を**営業キャッシュフロー**，運転資本発生高，およびその他の発生高に分解して，発生主義会計のどの部分に有用性があるのかを検証した。

具体的には，特別項目控除前利益（$EARNINGS$）は営業キャッシュフロー（CFO），棚卸資産を除く運転資本の変化額（ΔWC^*），棚卸資産の変化額（ΔINV），減価償却費（$D\&A$），繰延税金の変化額（DT），およびその他の見積り（EST^*）に分解される。

$$EARNINGS = CFO + \Delta WC^* + \Delta INV + D\&A + DT + EST^*$$

将来キャッシュフローおよび将来利益の予想に関する実証分析を通じて，Lev et al.（2009）は売上債権と仕入債務の変化（ΔWC^*）が発生主義会計の有用性を高めているが，それ以外は総じて，見積り（発生主義調整）の有用性が限定的であることを明らかにしている。

本項では，標本対象として，日本の株価指数であるTOPIXの構成銘柄の財務データを

図表5-3-2-3

	a	OI	CFO	ΔWC	OTHER	D*OI	D*CFO	D*ΔWC	D*OTHER	Adj_R2	Observation
M1	0.090	0.548								0.276	1036
white_t	(7.472)***	(12.706)***									
M2	0.105		0.308							0.170	1036
white_t	(6.283)***		(7.798)***								
M3	0.044		0.655	0.708						0.336	1036
white_t	(2.300)**		(14.790)***	(11.883)***							
M4	0.048		0.681	0.740	0.158					0.341	1036
white_t	(2.712)***		(14.303)***	(11.908)***	(2.737)***						
M5	0.089	0.553				-0.150				0.276	1036
white_t	(7.382)***	(12.251)***				(-0.392)					
M6	0.096		0.372			-0.549				0.179	1036
white_t	(5.749)***		(8.878)***			(-2.550)***					
M7	0.040		0.682	0.727		-0.280	-0.072			0.338	1036
white_t	(2.047)**		(14.196)***	(8.583)***		(-1.479)	(-0.510)				
M8	0.044		0.703	0.742	0.171	-0.258	-0.036	-0.036		0.342	1036
white_t	(2.384)***		(13.544)***	(8.731)***	(1.275)	(-1.342)	(-0.251)	(-0.203)			

Additional Notes*: 10%Level statistical significant, **: 5%Level statistical significant, ***: 1% Level statistical significant

用いて，同様に資金法に基づき利益を分解し，将来営業キャッシュフローとの回帰関係の推定を通じて将来キャッシュフロー予想における会計上の見積りの有用性を検証する。

資金法に基づいて，会計利益（ここでは特に営業利益）を，次のように分解する。

$OI = CFO + \Delta WC + OTHER$

すなわち，営業利益（OI）は営業キャッシュフロー（CFO），棚卸資産を除く運転資本の変化額（ΔWC），およびその他の発生高（$OTHER$）に分解される。

これらの構成要素と翌期の営業キャッシュフロー（$FCFO$）との間に次式のような回帰関係が存在すると仮定し，推定を行った。

$FCFO_{it} = a + \beta_1 OI_{it} + \varepsilon_{it}$ （M1）
$FCFO_{it} = a + \beta_1 CFO_{it} + \varepsilon_{it}$ （M2）
$FCFO_{it} = a + \beta_1 CFO_{it} + \beta_2 \Delta WC + \varepsilon_{it}$ （M3）
$FCFO_{it} = a + \beta_1 CFO_{it} + \beta_2 \Delta WC + \beta_3 OTHER + \varepsilon_{it}$ （M4）

また各説明変数がマイナスの場合は1それ以外の場合0とする傾斜ダミー変数を含めた（M5）式から（M8）式の推定も行った。

前頁の表は，2012年および2013年の財務データを用いた実証結果を表わす。実証結果から，資金概念を現金から「支払資金」に広げることによって（佐藤（1993）p.94），予測能力は高まることが確認できる。一方でその他発生高を追加しても予測能力はほとんど高まっていない。

また（M8）式の結果から，その他発生高の回帰係数は統計的に有意でなく（この回帰係数が統計的に有意な標本期間も存在したものの），将来キャッシュフローと関連性を有する証拠は得られなかった。

〔参考文献〕

White, H. (1980) "A Heteroskedasticity-content Covariance Matrix Estimator and a Direct Test for Heteroskedasticity," *Econometrica*, Vol. 48, No. 4, pp. 817-838.

Lev, B., S. Li and T. Sougiannis (2010) "The Usefulness of Accounting Estimates for Predicting Cash flows and Earnings", *Review of Accounting Studies*, Vol. 15, pp. 779-807.

佐藤倫正（1993）『資金会計論』白桃書房．

［眞鍋和弘］

3　その他の包括利益（OCI）

(1)　その他の包括利益（OCI）の意義

損益計算書には伝統的に売上総利益を起点としていくつかの利益が段階的に表示されてきたが，今日，そのボトムラインには**包括利益**が表示されるようになっている。

つまり，今日の**損益計算書**（正式には**損益および包括利益計算書**）には，

> ①純利益＋②その他の包括利益（OCI）
> ＝③包括利益

という計算構造が表示される。

上記の式から明らかなように，従来ボトムラインにあった①純利益と，新たにボトムラインに置かれた③包括利益との違いは，②**その他の包括利益**（other comprehensive income: OCI）を含むか否かという点にある。

OCIを損益計算書に含むことは日本を含め世界共通といえるが，「会計上，最も重要な利益は何か」という点については見解の一致を見ていない。すなわち，IFRSは基本的にOCIを含む包括利益を最も重視するのに対して，たとえば日本の会計基準は**純利益**こそ重要であるとの立場を堅持しているのである。この点は，会計基準の国際的コンバージェンスにおいて重要な争点の1つであるとともに，財務諸表利用者による経営分析に対しても大きな影響を及ぼす問題といえよう。本節では，OCIの会計処理，および，OCIが経営分析に及ぼす影響について説明，検討するとともに，OCIをめぐる実証研究の主な知見についても概観することとしたい。

最初に，IFRSの規定（IAS第1号「財務諸表の表示」）に基づいてOCIの会計処理について説明する。上記の式の項目のうち，まず①**純利益**とは，収益から費用を控除した残額のうち，OCIの項目を除く部分をいう。

それに対して，②**OCI**とは，①純利益に認識されない収益および費用をいう。当該収益および費用は評価・換算差額のことであり，具体的には，(a)再評価剰余金の変動，(b)確定給付制度の再測定，(c)在外営業活動体の為替換算差額，(d)資本性金融商品の公正価値評価に基づく利得および損失，(e)キャッシュ・フロー・ヘッジのヘッジ手段にかかる利得および損失の有効部分，ならびに，(f)特定の負債の信用リスクの変動に起因する公正価値の変動の金額，が該当する。

最終的に，③**包括利益**とは，一会計期間における資本（equity）の変動額のうち，所有者との取引によらない部分をいう。以上の概念規定により，IFRSの利益および資本計算では，評価・換算差額以外の収益・費用は①純利益に，評価・換算差額は②OCIに含められ，次式のように，期首資本と期末資本との差額（所有者との取引以外を除く）と，一会計期間の包括利益が一致する。このように期首・期末資本の差額と利益額が一致するという関係は，会計上，クリーン・サープラス関係と呼ばれる。

> 期首資本＋包括利益＝期末資本
> ただし，包括利益 ＝ 純利益＋その他の包括利益（OCI）

以上の計算構造を，有価証券（上記(d)資本性金融商品）を含む簡単な設例によって確認する。A社は t_1 期首に開業し，同会計期間に次の取引があったとしよう（税金は無視する）。

● t_1 期：事業の収益が300，費用が240であった。また有価証券を100で取得し，期末には時価が130になった。

t_1 期の期首・期末貸借対照表，ならびに，損益および包括利益計算書は図表5－3－3－1のとおりである。事業の収益・費用の差額60が純利益に，有価証券の評価差額30がOCIに認識され，包括利益は90となる。その結果，期首・期末資本の差額（1,090－1,000＝90）と包括利益額（90）が一致するという，クリーン・サープラス関係が成立している。

図表5－3－3－1　包括利益および資本計算

期首貸借対照表

諸資産	1,000	資本金	1,000
	1,000		1,000

期末貸借対照表

諸資産	960	資本金	1,000
		利益剰余金	60
有価証券	130	その他の資本の構成要素	30
	1,090		1,090

損益および包括利益計算書

収益	300
費用	240
当期純利益	60
その他の包括利益	30
包括利益	90

(2) 組替調整および計算書の様式

以上のように有価証券の評価差額はOCIにおいて認識されるが，売却の際，実現した売却損益を純利益に反映するのか否かという点が国際的に重要な争点になっている。当期以前にOCIに認識した金額を，純利益に認識し直すことを**組替調整**（**リサイクリング**とも呼ばれる）という。上記A社の設例によって，組替調整を行うケースと，行わないケースの相違点を確認する。A社では， t_2 期に次の取引があったとしよう。

● t_2 期：事業の収益が400，費用が320であった。また， t_1 期に取得した全有価証券を，140で売却した。

図表5－3－3－2　組替調整

期末貸借対照表				＜組替調整あり＞損益および包括利益計算書		＜組替調整なし＞損益および包括利益計算書	
諸資産	1,180	資本金	1,000	収益	400	収益	400
		利益準備金	180	費用	320	費用	320
				有価証券売却益	40		
				当期純利益	120	当期純利益	80
	1,180		1,180	その他の包括利益＊	△30	その他の包括利益	10
				包括利益	90	包括利益	90

＊その他の包括利益の内訳：
　　当期発生額　　　10
　　組替調整額　　△40
　　　　　　　　　△30

　図表5－3－3－2には，t₂期の期末貸借対照表，ならびに，組替調整を行うケースと，行わないケースの損益および包括利益計算書を併記してある。

　まず，組替調整を行うケースでは，有価証券売却益（140－100＝40）を純利益に含める一方，過年度にOCIに認識した金額（△30）の二重認識を避けるため同金額をOCIから控除している。すなわち，有価証券の売却が終了した時点で，過年度にOCIに認識した部分を含めて当期純利益に移し替える処理を行うわけである。一方，組替調整を行わないケースでは，当期における価格上昇分（140－130＝10）をOCIに追加認識するだけで純利益への組替は一切行わない。

　以上，組替調整を行う方法は最終的な売却損益を純利益に表示し直すことから，会計上，純利益が最も重要であるという考えを基礎に置いているのに対して，組替調整を行わない方法は有価証券の価値の変動に応じてOCIに表示するだけで純利益への移し替えを行わないことから，会計上，包括利益が最も重要であるという考えを基礎に置く。日本の会計基準は包括利益の有用性は是認するものの，OCIの項目について組替調整を要求し，会計上，最も重要なのは純利益であるという立場を明確にしている（企業会計基準第25号「包括利益の表示に関する会計基準」第22項）。

　それに対して，IFRSは組替調整を認めないケースが多く，包括利益を重視する傾向が強い。ただし，中には組替調整を要求する項目も存在するとともに，財務諸表利用者からは組替調整を求める意見も表明されていることから，今後の展開に注視していく必要があるだろう。

　また上記の設例では，「損益および包括利益計算書」という，ボトムラインに包括利益を置く様式（**1計算書方式**）を示してきたが，この様式では包括利益が強調され過ぎるとして，純利益をボトムラインに置く「損益計算書」と，包括利益をボトムラインに置く「包括利益計算書」，に分離する様式（**2計算書方式**）も認められている。日本の会計基準は純利益を重視していることから，現状ではほとんどの日本企業は後者の様式を採用している。

(3)　経営分析への影響

　OCIは，財務諸表利用者による実際の経営分析に対して，いかなる影響を及ぼすのであろうか。ここでは，2013年3月期の決算データ（連結財務諸表を公表する，金融業を除く

東京証券取引所第1部上場企業）を利用し，OCIが経営分析指標に及ぼす影響について検証してみたい。

包括利益がボトムラインの利益に位置づけられると，財務諸表利用者は包括利益を組み込んだ経営分析指標を積極的に活用する可能性がある。ここではROAおよびROEを，純利益と包括利益で計算した場合に，どの程度，差異が生じるかを見る。図表5－3－3－3は，各利益に基づくROA，ROEの平均値，中位数を示したものである。

注目すべきは，純利益より包括利益を用いた方がROAおよびROEともかなり大きくなっている点である。平均値（中位数）の差はROAついては1.69％（1.67％），ROEについては3.69％（3.43％）も大きく，これらの差はいずれも1％水準で統計的に有意である。

この原因は何か。OCIの内訳を分析すると，とくに有価証券の換算差額と為替換算調整勘定がプラスの影響を及ぼしていることがわかった。2013年3月期の期首から期末にかけて，いわゆるアベノミクス効果により株価（東証株価指数）は20.05％上昇するとともに，米ドルの換算レートは14.25％円安に変動している。包括利益を用いた指標が，より好業績に映るのはこれら2つの効果によるものと考えられる。

包括利益は，マクロ経済要因を即時に反映するため，純利益に比べて景気変動に応じ変動が著しいという特徴を有している。財務諸表利用者が包括利益を重視して投資意思決定等を行うと，景気変動が一層増幅される効果

が生じるとも指摘されている。こうした効果は，景気循環増幅効果（procyclicality）と呼ばれる。

ただし，財務諸表利用者が包括利益をどの程度重視するかについては先験的に決められるものではなく，実証研究の知見に基づいて慎重に見極めるべき問題といえよう。

[中野貴之]

(4) OCIの有用性に関する実証研究

OCIの有用性に関する実証研究の主たる分析視点として，**価値関連性**がある。価値関連性とは，会計情報が株価や株式リターンと有意な関連性を有するかどうかの分析を通じて，投資意思決定における会計情報の有用性を確認する分析視点をいう。OCIの価値関連性に関する実証分析には，OCIを含む包括利益と含まない純利益の価値関連性の優劣（**相対的情報内容**）を確認する分析と，包括利益が純利益とOCIに分解でき，さらにOCIがその個別項目に分解できることを前提に，純利益やOCIの他の個別項目を所与としてもなお，OCIやその個別項目が追加的な価値関連性（**増分情報内容**）を有するのかを確認する分析がある。このような分析を行う背景には，OCIには公正価値評価に基づく将来情報を織り込む点で価値関連性を有すると考えられる一方，その将来情報の測定には誤差（ノイズ）が生じる点で価値関連性が低くなるとも考えられ，市場による客観的な評価を受けなければ，OCIの価値関連性を判断できないという理由がある。

図表5－3－3－3　OCIが経営分析指標に及ぼす影響

n＝1,152	(a) 包括利益		(b) 純利益		(a) － (b)	
	平均値	中位数	平均値	中位数	平均差	中位数差
ROA	4.46％	4.34％	2.77％	2.67％	1.69％**	1.67％**
ROE	8.68％	9.14％	4.99％	5.71％	3.69％**	3.43％**

（注）平均差および中位数差には，各々，t検定およびwilcoxson符号付順位和検定の結果を示している。＊＊：$p<0.01$（両側検定）

先行研究を概観すると，増分情報内容の分析においては，OCIに追加的な増分情報が含まれること，その中でも特に，その他有価証券評価差額金と為替換算調整勘定に増分情報が含まれることが示されている（Biddle and Choi（2006），Chambers et al.（2007））。一方，相対的情報内容の分析においては，純利益の有用性が高い結果（Dhaliwal et al.（1999），若林（2009））と包括利益の有用性が高い結果（Biddle and Choi（2006），岡田・島・中村（2013））が混在しており，一貫した結果が得られていない。現時点では，純利益と包括利益の優劣を判断することは難しい。他には，金融業では包括利益の価値関連性が高く，その他有価証券評価差額金が価値関連性を高めていることや，OCIの開示場所（包括利益計算書，株主資本等変動計算書）によって投資家の判断が異なり，特にアマチュアの投資家はOCIが包括利益計算書で開示されている場合のみ，OCIの変動が大きい（小さい）企業をハイリスク企業（ローリスク企業）として正確に評価することが，先行研究で示されている（Dhaliwal et al.（1999），Maines et al.（2000））。

他にも，OCIの有用性に関する実証研究の分析視点として，**予測可能性**や**利益調整**がある。予測可能性とは，当期利益が将来利益及び将来キャッシュ・フローを予測できる程度を確認する分析視点をいい，予測可能性が高い利益ほど，企業価値評価に役立つと考える。純利益と包括利益の予測可能性については，キャッシュ・フローの期間配分を通じて業績のブレを抑える純利益に比べて，OCIを含む包括利益は市況の影響を受けやすく，予測可能性が低いとされる場合が多い。先行研究では，次期純利益の予測に際しては，OCIは予測可能性を持たないものの，次期の営業キャッシュ・フローの予測に際しては，OCIその中でも特にその他有価証券評価差額金が高い予測可能性を有することが示されている（Dhaliwal et al.（1999），Kanagaretnam et al.（2009））。

続いて，利益調整とは，特定の目的のために経営者が行う会計数値を対象とした裁量行動であり，機会主義的な目的による利益調整は，利益の有用性を低下させると考えられる。市場価格ベースの公正価値に基づく資産と負債の差額（純資産）の変動分である包括利益は，市場価格を参照できない資産や負債の公正価値の測定に際して予測や見積りが存在する限り，経営者の恣意性を完全には排除できないものの，総じて，包括利益は純利益よりも利益調整の余地が少なく，企業実態の透明性を高めるとみなされている。先行研究では，損失や減損の回避を目的とした利益調整が純利益で行われ，包括利益では行われないことが示されているが（若林（2009）），包括利益が純利益に比べて利益調整の余地が少ないという解釈以外にも，経営者が経営指標としての包括利益を純利益ほど重視していないという解釈も可能であり，前者の解釈が妥当かどうかの検証が求められている。

〔参考文献〕

岡田幸彦，島拓也，中村亮介（2013）「包括利益情報の価値関連性法則の探求：表示初年度の経験から」『産業経理』第73巻第2号，160-173頁．

若林公美（2009）『包括利益の実証研究』中央経済社．

Biddle, G.C. and Jong-Hag Choi（2006）"Is Comprehensive Income Useful?", *Journal of Contemporary Accounting and Economics*, Vo. 2, No. 1, pp. 1-32.

Chambers, D., T.J. Linsmeier, C. Shakespeare and T. Sougiannis,（2007）"An Evaluation of SFAS No. 130 Comprehensive Income Disclosures", *Review of Accounting Studies*, Vo. 12, No. 4, pp. 557-593.

Dhaliwal, D., K.R. Subramanyam and R.Trezevant,（1999）"Is Comprehensive Income Superior to Net Income as a Measure of Firm Performance?", *Journal of Accounting and Economics*, Vol. 26, No. 1-3, pp. 43-67.

Kanagaretnam, K., R. Mathieu and M. Shehata, (2009) "Usefulness of Comprehensive Income Reporting in Canada : Evidence from Adoption of SFAS 130", *Journal of Accounting and Public Policy,* Vol. 28, No. 4, pp. 1-37.

Maines, L.A. and L.S. McDaniel, (2000) "Effects of Comprehensive-Income Characteristics on Nonprofessional Investors' Judgments: The Role of Financial-Statement Presentation Format", *The Accounting Review,* Vol. 75, No. 2, pp. 179-207.

［浅野敬志］

Ⅳ　IFRS採用企業の事例分析

1　IFRSの任意適用

2009年に金融庁は,「連結財務諸表の用語,様式及び作成方法に関する規則」第93条において,**特定会社**に対して, 2010年3月期決算から**指定国際会計基準**に従って連結財務諸表を作成することを容認した[1]。ここで,特定会社とは, ⅰ) 有価証券届出書または有価証券報告書において, 連結財務諸表の適正性を確保するための特段の取組みに係る記載を行っていること, ⅱ) 指定国際会計基準に関する十分な知識を有する役員または使用人を置いており, 指定国際会計基準に基づいて連結財務諸表を適正に作成することができる体制を整備していること, という要件をすべて満たした会社と定義されている。

2　IFRSの初度適用

IFRSの初度適用では, IFRSを適用する最初の報告期間の末日に効力を発しているすべてのIFRSの適用が規定されている[2]。しかし, IASBは, 情報がもたらす便益とその情報を提供する費用とのバランスから, いくつかのIFRSの適用の免除を認めている[3]。

IFRS第1号は, IFRSを初めて適用する企業に対して, 少なくとも3つの財政状態計算書, 2つの包括利益計算書, キャッシュ・フロー計算書および持分変動計算書, 並びに財務諸表の注記を作成・開示するように規定している[4]。IFRSを初めて適用する企業は, IFRS適用の2年前の期首をIFRSへの移行日として, その時点で開始財政状態計算書を作成し, 移行日の会計期間から2年分の財政状態計算書, 包括利益計算書, キャッシュ・フロー計算書および持分変動計算書, 並びに財務諸表の注記を作成する。

IFRS第1号は, IFRSの適用企業に対して, これまで用いてきた会計基準からIFRSへ移行することに伴って, 財政状態, 経営成績およびキャッシュ・フローがどのような影響を受けるかについて, 調整表を作成することを要求している[5]。

3　IFRSの適用企業の概要

図表5-4-1は, 2014年3月現在で, IFRSを適用している企業 (以下,「IFRS任意適用企業」という), あるいは適用することを公表している企業 (以下,「IFRS任意適用予定企業」という) の業種別企業数を表している。IFRS任意適用企業の多い業種別順番では, 卸売業 (7社), 医薬品 (6社), 電気機器 (3社), ガラス・土石製品, サービス業, 証券・商品先物取引業および情報・通信業 (各2社), 食料品, 精密機器および不動産業 (各1社) となっている。また, IFRS任意適用予定企業においても, 化学, 医薬品と電気機器がそれぞれ3社ずつ予定しており, 業種の偏りが生じている。

IFRSの適用は, 主にⅰ)「企業活動のグローバル化に伴う, クロスボーダー取引の増加」, ⅱ)「外国企業とのM&Aの増加」, およびⅲ)「ジョイント・ベンチャー (JV) 等

図表5-4-1　IFRS任意適用および適用予定企業数

(1) 適用企業数

業種・適用年度	2010年3月期	2011年3月期	2012年3月期	2013年3月期	2013年11月期	2013年12月期	2014年3月期	合計
卸売業		1		2			4	7
医薬品						1	5	6
電気機器	1			1			1	3
ガラス・土石製品			1			1		2
サービス業				1		1		2
証券・商品先物取引業				2				2
情報・通信業						1	1	2
食料品			1					1
精密機器		1						1
不動産業					1			1
合計	1	2	2	6	1	4	11	27

(2) 適用予定企業数

業種・適用予定年度	2014年8月期	2015年3月期	2015年12月期	2016年3月期	2016年12月期	2017年3月期	合計
化　学		1		1		1	3
医薬品		2			1		3
電気機器		3					3
サービス業		1	1				2
情報・通信業		2					2
金属製品				1			1
輸送用機器		1					1
その他金融業		1					1
小売業	1						1
合計	1	11	1	1	1	2	17

の外国企業が増加」といった理由から，i)「国内外の子会社・関連会社との会計処理の統一による経営管理の質（意思決定プロセス）の向上」，ii)「財務情報の国際的比較可能性の向上に伴う，資金調達の多様化への対応」，およびiii)「国内外の子会社・関連会社との会計処理の統一コストの削減」を目的としている。

4　IFRSの適用と財務諸表の形式

(1) 連結財政状態計算書関係
① 表示および配列

IAS第1号「財務諸表の表示」は，**流動性配列法**と**固定性配列法**のいずれによるべきかを規定していない。IAS第1号の付録「財務諸表の例示」は，固定性配列法による財政状態計算書を示している。資本および負債に関

しては，資本の部を最初に示した後に，負債の部を固定性配列法で表示している[6]。

財政状態計算書の配列では，IFRS任意適用企業27社中8社が，資産の部および負債の部の両方または資産の部だけ流動性配列法から固定性配列法へ変更していた。その中で，HOYAおよびアステラス製薬は，IAS第1号付録と同様に，資産の部は固定性配列法で表示し，負債および資本の部は，資本の部の後に負債の部を表示していた。また，HOYAおよび日本板硝子は，負債の部を流動性配列法で表示していた。それら以外の企業は，これまでと同様に流動性配列法で表示していた。

② 現金及び預金の表示

IAS第1号は，資産の部において，「**現金及び現金同等物**」の項目を掲記しなければならないと規定している[7]。IFRSを適用する以前にアメリカの会計基準に従って連結貸借対照表を作成していた6社は，以前より資産の部において「現金及び現金同等物」の項目を掲記していたが，それら以外の企業は，いずれもIFRSの適用により，「現金及び預金」から「現金及び現金同等物」へと変更していた。

(2) 連結包括利益計算書関係
① 二計算書方式から一計算書方式

IAS第1号は付録において，当期純利益をボトムラインとしない**一計算書方式**と，損益計算書と包括利益計算書を別々に作成する**二計算書方式**の両方を例示している[8]。しかし，IASBは，以前から一計算書方式への一本化が望ましいと考えて，討議資料およびスタッフ・ドラフトを公表してきた[9]。

日本では，企業会計基準第25号『包括利益の表示に関する会計基準』が，IAS第1号と同様に，一計算書方式と二計算書方式の両方を認めている。IFRS任意適用企業27社中9社が，一計算書方式を採用していた。その中で，アンリツ，トーセイ，中外製薬および伊藤忠エネクスは，IFRSを適用する以前の二計算書方式から，IFRS適用以降，一計算書方式へ変更していた。それら以外の企業は，二計算書方式により損益計算書と包括利益計算書を別々に表示していた。

② 費用機能法から費用性質法

IAS第1号は，費用の表示方法に関して，**費用性質法**と**費用機能法**の両方を認めている[10]。費用性質法は，減価償却費，材料仕入高，運送費，従業員給付，広告費などの費用の発生形態から分類して表示する方法である。費用機能法は，売上原価法とも呼ばれ，売上原価，販売費・一般管理費，その他の費用を経営上の機能により分類して表示する方法である。費用機能法を採用した場合には，減価償却費，償却費，従業員給付費用などの費用の内容に関して追加情報を開示しなければならない[11]。そこから，費用性質法の方が実務上の負担が少なくなるといわれる。

IFRS任意適用企業27社中4社が，IFRSの適用以前の費用機能法から，IFRSの適用以降，費用性質法へ変更していた。それ以外の企業は，IFRSの適用以前と同様に，費用機能法に基づいて表示していた。

(3) 連結キャッシュ・フロー計算書関係
① 営業活動によるキャッシュ・フロー

IAS第7号は，「**営業活動によるキャッシュ・フロー**」の表示に関して，直接法を推奨するものの，間接法も容認している[12]。IFRS任意適用企業では，日本板硝子および中外製薬の2社以外の企業が，IFRSを適用する以前と同様に，間接法による表示を行っていた。日本板硝子および中外製薬は，「営業活動によるキャッシュ・フロー」の区分で「小計」に表示される金額，すなわち営業損益計算の対象となった取引に関わるキャッシュ・フローの金額を「営業活動による現金生成額」として表示して，その内訳を示していない。「営業活動による現金生成額」の内

訳は，注記において，間接法で表示されていた。

IAS第7号は，間接法で「営業活動によるキャッシュ・フロー」を表示する場合，「純損益」から「営業活動によるキャッシュ・フロー」へ調整するように規定している[13]。IFRSを適用する以前にアメリカの会計基準に従っていた6社は，以前より「当期純利益」から調整していた。IFRSを適用する以前に日本の会計基準に従っていた21社の中では，5社がIFRSを適用する以前の「税金等調整前当期純利益」から調整する形式を，IFRSの適用以降，「当期純利益」から調整する形式に変更している。

② 利息と配当金

IAS第7号は，受取利息，受取配当金，支払利息および支払配当金の表示分類に関して，図表5-4-2のIAS第7号①あるいはIAS第7号②のいずれかを容認している[14]。IFRS任意適用企業27社中25社は，IFRSを適用する以前と同様の形式で表示していた。すなわち，IAS第7号①方式に一致する日本基準①方式を継続的に採用して，受取利息，受取配当金および支払利息を「営業活動によるキャッシュ・フロー」の区分に，支払配当金を「財務活動によるキャッシュ・フロー」の区分に表示していた。一方，中外製薬とアステラス製薬は，支払配当金を「財務活動によるキャッシュ・フロー」の区分に表示して，IAS第7号②方式へ変更した。

図表5-4-2 キャッシュ・フロー情報の表示区分

	IAS第7号①	IAS第7号②	【参考】	
			日本基準①	日本基準②
受取利息	営業活動	投資活動	営業活動	投資活動
受取配当金	営業活動	投資活動	営業活動	投資活動
支払利息	営業活動	財務活動	営業活動	財務活動
支払配当金	財務活動または営業活動		財務活動	

5 IFRSの適用における会計方針

(1) 原価モデルと公正価値モデル

IASBは，多くの会計基準において**公正価値モデル**と**原価モデル**の両方からの選択を規定している。これは，日本の会計基準が，原価モデルだけを規定している点と，大きく相違する。固定資産の再評価に関して，公正価値モデルを採用した企業はなく，すべてが原価モデルを採用していた。

(2) のれん

IFRS第3号「企業結合」は，**のれんの償却**を認めていない。のれんは，IAS第36号「資産の減損」に従って，毎期，もしくは減損の兆候がある場合はその都度，減損テストを行って減損損失を計上する[15]。一方，日本の『企業結合に関する会計基準』は，原則として，のれんの計上後20年以内に，定額法その他合理的な方法により償却する[16]。IFRS任意適用企業は，いずれものれんの償却を行わず，毎期の減損テストにより，必要に応じて減損損失を計上するように変更している。

(3) 繰延税金資産および繰延税金負債

IAS第3号「財務諸表の表示」は，**繰延税金資産**および**繰延税金負債**について，流動項目への分類表示を禁止し，すべて固定項目とすることを規定している[17]。日本の『税効果会計に係る会計基準』は，繰延税金資産お

よび繰延税金負債に関連した資産・負債の分類に基づいて，繰延税金資産については流動資産または投資その他の資産として，繰延税金負債については流動負債または固定負債として表示しなければならないと規定している[18]。すべてのIFRS任意適用企業が，すべての繰延税金資産または繰延税金負債を非流動項目へ移行している。

(4) 収益の認識基準

IAS第18号「収益」は，収益の認識に関して，日本以上に詳細な規定を設けていて，日本では**出荷基準**により，IFRSでは**着荷基準**により**収益認識**が行われる[19]。また，IAS第18号は，一定の販売取引において企業が販売取引の当事者（本人当事者）として行動しているのではなく，代理人として行動している場合には，当該企業は収益を純額表示して，手数料だけを収益認識するように規定している[20]。

(5) 減価償却費の計算方法

IAS第16号「有形固定資産」は，**減価償却費の計算方法**について，定額法，定率法および生産高比例法の3つの中から，資産の将来の経済的便益が，企業により消費されると予測されるパターンを最も反映する方法で行うように規定している[21]。IASBが特定の減価償却方法を規定しているわけではないにもかかわらず，すべてのIFRS任意適用企業が，これまで定率法で計算していた減価償却費を，年度末に見積もり耐用年数の見直しを行った上で，定額法に減価償却費の計算方法に変更している。これは，定額法が最も情報利用者からの理解を得やすいと判断したためと考えられる。

(6) 減損損失の戻入れ

IAS第36号「資産の減損」は，過去の期間において，のれん以外の資産について認識された減損損失について，当該資産の回収可能価額の見積もりに変更が生じた場合には，戻入れ処理するように規定している[22]。一方，日本の『固定資産の減損に係る会計基準』は，減損の存在が相当程度確実な場合に限って減損損失を認識および測定することとしていること，また戻入れは事務的負担を増大させるおそれがあることなどから，**減損損失の戻入れ**は行わないこととしている[23]。これは，「減損の存在が相当程度確実な場合に限って減損損失を認識および測定」しているわけだから，回収可能価額の回復はあり得ないという考えに基づいたものである。すべてのIFRS任意適用企業は，有形固定資産あるいは無形固定資産に関して，なんらかの減損損失の戻入れを行っていた。

6　IFRSを適用した財務諸表

図表5－4－3は，IFRS任意適用企業における2期間の**調整表**を参考に，日本の会計基準からIFRSへ変更した21社（JPN GAAPから変更企業）およびアメリカの会計基準からIFRSへ変更した6社（US GAAPから変更企業）における連結財務諸表の数値の増減をまとめたものである。

(1) 連結財政状態計算書関係

資産項目では，JPN GAAPからの変更企業の多くが，流動資産の減少と，非流動資産の増加を示していた。その主たる原因は，繰延税金資産を流動項目から非流動項目へ振り替えたこと，有形固定資産の減価償却の見直し，ファイナンス・リース資産のオン・バランス，のれんの非償却，開発費用の資産計上，投資不動産等の公正価値評価等であった。また，US GAAPからの変更企業では，流動資産および非流動資産のいずれも増加している。流動資産が増加した主たる原因は，営業循環基準から正常営業循環基準への変更および1

IV IFRS採用企業の事例分析

図表5－4－3　IFRSへの変更に伴う財務情報および分析指標の変化

連結財務諸表	JPN GAAPから変更企業				US GAAPから変更企業			
	増加	減少	変化なし	合計	増加	減少	変化なし	合計
流動資産	9	33	0	42	9	3	0	12
非流動資産	40	2	0	42	9	3	0	12
資産合計	35	7	0	42	9	3	0	12
流動負債	29	13	0	42	11	1	0	12
非流動負債	30	10	0	40	10	2	0	12
負債合計	34	8	0	42	12	0	0	12
資本合計	28	14	0	42	8	4	0	12
負債・資本合計	35	7	0	42	9	3	0	12
売上高	12	30	0	42	7	5	0	12
営業利益	16	26	0	42	5	5	0	10
税金等調整前当期利益	30	12	0	42	7	5	0	12
当期利益	27	15	0	42	2	10	0	12
包括利益	21	21	0	42	4	8	0	12
営業活動によるキャッシュ・フロー	24	17	1	42	6	6	0	12
投資活動によるキャッシュ・フロー	18	21	3	42	1	11	0	12
財務活動によるキャッシュ・フロー	13	27	2	42	10	2	0	12

分析指標	JPN GAAPから変更企業			US GAAPから変更企業		
	増加	減少	合計	増加	減少	合計
総資本利益率	27	15	42	2	10	12
流動比率	6	36	42	3	9	12
固定比率	38	4	42	7	5	12
固定長期適合比率	34	6	40	10	2	12
自己資本比率	19	23	42	6	6	12
売上高税金等調整前利益率	32	10	42	7	5	12
売上高当期利益率	30	12	42	3	9	12

年基準の厳格な適用等にあった。

負債項目では、IFRS任意適用企業の多くが、流動負債および非流動負債の増加を示していた。流動負債の増加は、未払有給休暇の計上、リース債務の計上等が主たる原因であった。非流動負債の増加は、流動項目に計上されていた繰延税金負債、優先株式の非流動負債への振替え、退職給付債務の未認識部分を非流動負債に計上したこと等が主たる原因であった。

資本合計も、IFRS任意適用企業の多くにおいて増加していた。その主たる原因は、IFRSへの移行日以前の為替換算調整勘定を利益剰余金に計上した点にあった。

(2) 連結包括利益計算書関係

損益項目では、JPN GAAPからの変更企業において、売上高の減少を示す場合が多く見られた。減少するパターンの企業では、その主たる原因は、IFRSにおける収益認識基準が着荷基準に基づいている点および代理人取引を除いた純額による収益の認識基準への変更にあった。一方で、税金等調整前当期利益および当期純利益では、多くの企業が増加していた。JPN GAAPからの変更企業の利益が増加した主たる原因は、のれんの非償却に伴う戻し入れにあった。

US GAAPからの変更企業は、売上高、営業利益および税金等調整前利益において、増

加するパターンと減少するパターンに分かれていたが、当期純利益および包括利益において、減少するパターンが多かった。

(3) 連結キャッシュ・フロー計算書関係

連結キャッシュ・フロー計算書では、各活動区分から生じるキャッシュ・フローの金額に、若干の増減は生じていたが、多額の変化は見られなかった。

(4) 財務分析指標

財務数値に変化が生じた結果、総合指標と考えられる総資本利益率では、JPN GAAPからの変更企業の多くが上昇し、US GAAPからの変更企業の多くが下落した。支払能力および安全性指標として用いられる流動比率では、JPN GAAPからの変更企業の多くが下落した。固定比率および固定長期適合比率では、JPN GAAPからの変更企業の多くが上昇している。収益性の分析指標では、売上高税金等調整前利益率および売上高当期純利益率のいずれにおいても、JPN GAAPからの変更企業の多くが上昇し、US GAAPからの変更企業の多くが下落した。

(注)
1) 指定国際会計基準とは、金融庁長官が定めるものである。「連結財務諸表の用語、様式及び作成方法に関する規則」第93条および第94条。2013年に一部改訂されている。
2) IASB (2008a) IFRS No.1, *First-Time Adoption of International Financial Reporting Standards*, IASB, par.7.（同訳書。）
3) *Ibid.*, Appendixes C-E.（同訳書。）
4) *Ibid.*, par.21.（同訳書。）
5) *Ibid.*, pars. 23-24.（同訳書。）
6) IASB (2010a) IAS No.1, *Presentation of Financial Statements*, IASB, Appendix D.（同訳書。）
7) *Ibid.*, par.54.（同訳書。）
8) *Ibid.*, Appendix D.（同訳書。）
9) IASB (2008b) Discussion Paper, *Preliminary Views on Financial Statement Presentation*, IASB, 3.24.
　IASB (2010b) Staff Draft of Exposure Draft IFRS X, *Financial Statement Presentation*, IASB, par.154.
10) IASB (2010a) *op.cit.*, par.99.（同訳書。）
11) *Ibid.*, par.104.（同訳書。）
12) IASB (1992) IAS No.7, *Statement of Cash Flows*, IASB, pars.18-20.（同訳書。）
13) *Ibid.*, par.18.（同訳書。）
14) *Ibid.*, pars.31-34.（同訳書。）
15) IASB (2004) IAS No.36, *Impairment of Assets*, IASB, par.114.（同訳書。）
16) 企業会計基準委員会 (2013)『企業結合に関する会計基準』第32項。
17) IASB (2010a) *op.cit.* par.56.（同訳書。）
18) 企業会計審議会 (1998)『税効果会計に係る会計基準』第三、1。
19) IAS (2001) IAS No.18, *Revenue*, par.14.（同訳書。）
20) *Ibid.*, Illustrative Examples, par.21.（同訳書。）
21) IASB (2008) IFRS No.3, *Business Combinations*, IASB, B63.（同訳書。）
22) IASB (2004) IAS No.36, *Impairment of Assets*, IASB, par.114.（同訳書。）
23) 企業会計審議会 (2002)『固定資産の減損に係る会計基準の設定に関する意見書』二3(2)。

［向　伊知郎］

第6章 社会と経営分析

　企業の社会関連の活動については，近年重要性が認識され情報開示の内容がとくに拡大し，さらに深まりつつある分野である。今後，社会関連情報の経営分析は欠かせないものになるであろう。この認識のもとに構成された本章の概要は以下のとおりである。
　まず第1節で社会関連分析の基となる企業観，歴史的背景から解説し，基本的な考え方・フレームワークを提示している。第2節では企業と社会を考える上で，とくにグローバルに重要性が認識されている環境問題を解決するためのツールとして，会計領域で展開している環境会計に焦点を当て，環境管理会計と外部環境会計の双方で経営分析を論じている。第3節ではCorporate Social Responsibility に経営分析の視点からアプローチするCSR会計情報分析について解説している。第4節は視点を変えて，実証分析の視点からCSRの経済効果について研究の方向性を探った。

[高橋正子]

I 社会関連分析

1 企業観の変化

　株式会社制度の成立以来，規模の拡大にともなって，財・サービスの生産と消費，従業員の雇用，納税など企業が果たす経済的役割と経済的影響力は飛躍的に増大している。このような企業の活動は，基本的に財務諸表に写し出され，企業活動の成果として利益が算出される。企業を分析する体系は収益性と安全性であるが，伝統的な経営分析手法は，財務諸表を用いてこの2つの視角で企業を判別してきた。

　後に触れるように，企業社会は何度かの存続の危機を経験し，そのたびに法規制は強化されてきた。社会が企業に求めるものも多様化し，その結果，企業は利益の獲得のみを追求する組織であることは許されなくなった。企業は社会とのかかわりにおいて存在することを前提に，ステイクホルダーとの良好な関係を構築していくことが企業存続のために必要だと認識されるに至っている。

　しかしながら，利益の重要性が否定されるわけではない。利益は企業の成果をあらわす重要な指標である。成果指標である利益の獲得が企業の自己目的化したところに現代の企業社会がかかえるさまざまな問題の原点があるのかもしれない。財務諸表には必ずしも反映されない企業活動のプラス・マイナスの成果が存在することは明らかである。例えば，企業が地球環境に対して及ぼす影響は財務諸表には計上されないし，従業員に関するストック情報は財務諸表には表示されない。

　このような企業に対する考え方（企業観）の変化により，現代社会において，利益の獲得プロセスの妥当性，企業が接する社会への配慮，換言すれば，経済的価値（経済的利益）と**社会的価値**（社会的利益）のバランスが問われている。企業を分析する視角も，伝統的な収益性や安全性に加えて，社会性や環

境性という新たな視点が求められているといえよう。

2 社会関連分析の背景

わが国では,1960年代後半から70年代にかけて**企業の社会的責任**(Corporate Social Responsibility:**CSR**)に関する議論が起こった。当時の議論は,公害問題に代表される企業活動の負の側面(外部不経済)について,批判的な立場から企業に対応を求めることが主流であった。それに呼応する形で,公害対策基本法(1967年),大気汚染防止法・騒音規制法(1968年),環境庁発足(1971年)など,いわゆる直接的規制を行うためのさまざまな環境保護に関係する法律や制度が成立した。

一方,1980年代以降,相次いで起こった重大な環境事故や環境保護をめぐる訴訟をきっかけにして,環境リスクへの認識が高まった。環境問題の認識は,1990年代以降,企業による自発的な環境情報開示へと展開し,やがて**持続可能性報告**(Sustainability Reporting)や**CSR報告書**の形となってあらわれている。

このような近年のCSRの議論は,SRI(Socially Responsible Investment:社会責任投資)に代表される投資行動の変化や,環境格付・環境融資にみられるような有利な融資条件と結びついている。さらに,自発的かつ戦略的にCSRに取り組むことによって企業価値向上に結びつけ,社会的価値を実現することによって経済的価値をも達成するという積極的な誘因に導かれている。また,過去の土壌汚染に対して厳格な浄化責任を課したスーパーファンド法にみられるように,巨額な環境修復コストや賠償金を負担しなければならないアメリカでは,環境負債やSECが要請する環境情報は資本市場に対する環境リスク情報としての意味をもっている。ネスレ社(Nestlé)の事例をみてもわかるように,企業は厳しい監視の目にさらされている[1]。環境問題や児童労働などの人権問題はレピュテーション・リスクに直結する。CSRの実践はこのようなリスクの軽減にも貢献するものである。

社会的責任の企業への影響として,**ISO 26000**があげられる。2010年11月にSR(Social Responsibility)の国際規格であるISO 26000が発行した。ISO 26000はISO 9001(品質マネジメント)やISO 14001(環境マネジメント)とは異なり,第三者機関による認証制度は組み込まれなかったが,CSRの領域が国際規格という制度化に踏み出したことを意味している。日本企業の中にもWebサイトにおいて,ISO 26000に準じた情報開示を行っている企業が見られる。

ISO 26000では中心課題として,以下の7項目がとりあげられており,組織のステイクホルダーとの間でのエンゲージメントとして,SRに関する情報開示を通じた内外とのコミュニケーションが重視されている。

(1) 組織統治
(2) 人権
(3) 労働慣行
(4) 環境
(5) 公正な事業慣行
(6) 消費者課題
(7) コミュニティへの参画及びコミュニティの発展

3 企業の社会性分析

図表6-1-1は,企業と社会との間の価値の流れとそれに関連する諸概念をあらわしたものである。組織(Entity)は社会に対して財・サービスを提供している。これが②アウトプット(Output)であるが,その量はそれと逆方向に組織に入ってくる貨幣の量(収入/収益)によって捕捉される。逆に,財・サービスのアウトプットを生み出す

I　社会関連分析

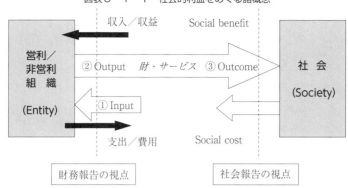

図表6-1-1　社会的利益をめぐる諸概念

出所：Estes (1976) p.93に加筆

ために組織に投入されるのが①インプット（Input）である。インプットの量は，それとは逆方向に組織から出ていく貨幣の量（支出／費用）で捕捉される。したがって，企業会計（財務報告）の視点では，アウトプットとインプットを対応させ，それぞれを貨幣量に置き換えたものの差額として利益を測定していることになる。

これに対して，財・サービスの提供の受け手である社会の側から企業活動を捕捉する概念が③アウトカム（Outcome）である。アウトプットが価値的な概念であるのに対して，アウトカムは質的な概念であるといえる。社会的価値はアウトカムの概念に密接に関連している。企業から提供された財・サービスを社会の側から測定した社会的便益（Social benefit）から企業活動が及ぼした負の影響に対して社会が負担した社会的費用（Social cost）を控除すれば**社会的利益**が算出される。

ただし，財務会計が複雑な企業活動を財務諸表に写し出す以上に，社会に対する企業の多様な影響を一元的に貨幣単位に還元することは困難な課題である。また，社会的価値はさまざまな要素から成り立っているため測定が困難であり，特定の測定属性を選ぶことは難しい。

このような課題に実践的に対応したのが，付加価値会計である。基礎データである損益計算書を組み替えることによって，企業が新たに生成した価値（**付加価値**）と他企業から提供された前給付原価に分解し，新たに創出された付加価値は，その創出に貢献したステイクホルダーへと分配される。付加価値概念を応用した付加価値分析は企業の生産性分析として実務的に活用されてきたが，1970年代以降，ヨーロッパを中心に企業の社会性を貨幣的に表現する指標としての役割を担い始めた。付加価値は生成と分配の両面から把握されるが，この分配計算は損益計算書上の費用および利益分配項目をそれが帰属する各ステイクホルダーに当てはめることにより，創出された付加価値の分配をあらわしている。

しかしながら，付加価値会計が担っているのは創出された経済的価値の各ステイクホルダーへの分配計算であって，企業の社会的価値を直接的に測定する機能はもたない。それは例えば，付加価値会計に環境への負の影響が入っていないことからも明らかである。また，これまで付加価値会計が捕捉してきたのはいわば正の付加価値のみであって，環境への負の影響が考慮されていない。負の付加価値という思考を導入した場合，付加価値がど

のような概念に変化するのか，さらに，企業活動の結果，不可避的に発生する廃棄物や排出物質をどのように計算体系に組み込んでいくかは，付加価値会計にとって新たな課題となっている。

4　GRIガイドラインとKPI

測定困難な社会的価値を創造するCSRの外部評価の尺度として，**KPI**（Key Performance Indicators）が用いられている。KPIとは，企業の戦略目標を達成するための成功要因を具体的に測定・評価するための指標である。CSR経営を企業外部からも見えるようにするためには，非財務情報としてのKPIによる補完が不可欠であり，目標KPIの達成度によって企業の社会性を判断することが可能となる。

前述のように，多くの企業では，環境報告書から展開した経済・環境・社会の3つの柱（**トリプルボトムライン**）からなる持続可能性報告を行っている。**GRI**（Global Reporting Initiative）は2000年に持続可能性報告に関する国際的ガイドラインであるGRIガイドライン（G1）を公表して以来，幾度かの改訂を行い，2013年5月にG4を公表した。GRIガイドラインにしたがって持続可能性報告を行う企業が多く，このGRIガイドラインはデファクト・スタンダード化している。

G4では，一般的な標準開示と特定の標準開示の2種類が設定されている。一般的な標準開示とはすべての企業に適用されるもので，ステイクホルダーエンゲージメントの概要，組織プロフィールやガバナンス構造，倫理に関する組織の対応等をその内容としている。特定の標準開示は，経済・環境・社会の各カテゴリーに分類される数多くの指標からなり，社会はさらに①労働慣行と公正な労働条件，②人権，③社会，④製造責任の4つのサブカテゴリーから構成されている。そこで

はマネジメントアプローチが採用され，マテリアリティ（重要性）の判断により報告すべき指標が選択されることになる。

CSRに関する非財務情報開示は新たな展開を見せている。これまで非財務情報は，財務情報が主たる内容であるアニュアルレポートに補足的に掲載されるか，アニュアルレポートとは別に作成される持続可能性報告書あるいはCSR報告書に掲載されるかであったが，財務情報と非財務情報を関連づけて1つにまとめる**統合報告**（Integrated Reporting）が提唱されている。

その嚆矢となったのは，2004年にチャールズ皇太子が設立した持続可能性のための会計プロジェクト（The Prince's Accounting for Sustainability Project：A4S）であり，そこで統合レポーティング・フレームワーク（Connected Reporting Framework：CRF）が提案されている。近年の注目すべき動きとして，2010年8月，国際統合報告委員会（International Integrated Reporting Committee：IIRC）が設立されたことがあげられる（現在は同評議会（Council：IIRC））。これはA4SとGRIの共同によるもので，組織全体の過去及び将来のパフォーマンス情報をより網羅的にし，理解しやすくすることによって，新しいより持続可能な国際経済モデルの要請に応えることを意図したものであり，長期的な価値創造に関する経営者のメッセージを投資家に伝える機能が期待されている。IIRCは2013年12月，国際統合報告フレームワークを公表した。

統合報告は財務情報と非財務情報との統合を目指しているが，どのように統合するのか（あるいは，統合できるのか）はこれからの展開を待たねばならない。また，ISO 26000，GRIガイドライン，統合報告は，それぞれ目的は異なっているが，対象とする領域は重複している。各設定主体も相互に強くかかわり合っており，主体間の関係とその調整が注目

される。

5　事例紹介

最後に，わが国で社会関連分析に関係するデータやKPIに関する資料を確認しておこう。

東洋経済新報社は2006年から毎年『CSR企業総覧』を刊行している。最新版（2014年版）は全上場企業・主要未上場企業3,606社に対して行ったアンケート調査に回答のあった1,210社のCSRデータをまとめたものである。その内容は，以下の通りである。
 (1) CSR全般
 (2) ガバナンス・法令遵守・内部統制
 (3) 雇用・人材活用
 (4) 消費者・取引先対応
 (5) 社会貢献
 (6) 企業と政治の関わり
 (7) 環境
 (8) CSR＆財務評価・格付け

また，日本経済新聞社は1997年からアンケート結果をもとに環境経営度を公表している。最新の第17回環境経営度調査は，上場・非上場の有力企業のうち，製造業1,729社，非製造業2,461社を対象にアンケートを実施し，有効回答は735社であった。企業の環境経営度を評価するため，製造業と建設業は，①環境経営推進体制，②汚染対策・生物多様性対応，③資源循環，④製品対策，⑤温暖化対策という5つの評価指標（建設業を除く非製造業は「製品対策」を除く4指標）を用いてスコアを算出してランキングを作成している。

公表された環境報告書や持続可能性報告をもとにした分析は，情報内容・集計範囲などの点で，比較可能性が確立しているとは言えない。さらに，マネジメントアプローチを採用すれば，比較可能性は背後に押しやられる可能性が高くなる。CSRに関するKPIとして用いられる指標はさまざまであり，比較はますます難しくなる。

(注)
1) ネスレ社（Nestlé）の事例については，向山（2012）を参照されたい。

〔参考文献〕
Estes, R. (1976) *Corporate Social Accounting*, John Wiley & Sons, Inc.
向山敦夫（2003）『社会環境会計論－社会と地球環境への会計アプローチ』白桃書房。
向山敦夫（2012）「CSRの戦略的理解と社会環境情報開示」『會計』第182巻第3号，31－45頁。

〔向山敦夫〕

II　環境会計と経営分析

環境問題が世界的に重大な課題になってきたことに対応して，会計領域でも従来の財務会計や管理会計とは別に，環境会計という分野が生成してきた。環境会計は，20世紀末から21世紀初めにかけて急速に発展し，環境経営の主要なツールに成長している。経営分析を行う場合にも，従来の財務パフォーマンスの分析だけでなく，**環境パフォーマンス**や**社会パフォーマンス**を取り入れた分析が求められるようになってきている。本節では，環境会計の体系とコスト分類について論じたのちに，環境会計の主要領域である環境管理会計（内部環境会計）と外部環境会計の主要手法を解説し，経営分析への新たな役割を説明する。

1　環境会計の体系

環境経営を実現するためには，企業内部では，環境保全活動のためのシステムを企業経営のなかに体系的に取り込むことが必要であり，さらに企業外部の市場からの評価や支援

も必要である。そのどちらの局面においても，環境と経済の連携が重要な課題となる。

環境会計は，環境と経済を連携させるための有力な手段である。環境会計には，国や地域を単位とするマクロ環境会計と，企業などの組織を対象とするミクロ環境会計がある。**マクロ環境会計**とは，国別・地域別の環境面を考慮した経済計算であり，ミクロ環境会計は，企業の環境会計が主であるが，自治体やNPOの環境会計も対象範囲に含んでいる。

ミクロ環境会計は，その機能面から，外部環境会計と内部環境会計に区分される。**外部環境会計**とは，企業外部へ情報を開示するための環境会計であり，一般的には環境報告書などの媒体で公表される。**内部環境会計**は，企業内部で活用する環境会計であり，最近は**環境管理会計**という呼称の方が一般的である。環境管理会計によって，環境保全活動と経済活動を連携し，その成果を外部環境会計によって公表することができれば理想的である。

マクロ環境会計とミクロ環境会計の中間には，ミクロ環境会計を集計して地域の環境会計情報を提供するメゾ環境会計もある。また，最近提唱されている自然資本会計のような自然資本のフローやストックに関する会計は，マクロとミクロの両方の分野に関係する。

広義の環境会計は，貨幣計算と物量計算の両方を含んでいる。企業会計の場合は，貨幣単位で統一されているが，本来英語のaccountingは，物量計算も含んだ広義の意味を持っている。とくに環境問題に関しては，環境に与える影響の大きさは，一次的には物量単位で把握されるため，物量計算の重要性は大きい。

このように環境会計の領域は非常に多岐にわたり，環境会計から提供される情報を経営分析に活用することは，企業の環境経営を評価するだけでなく，総合的な経営力を評価するうえで，非常に重要である。しかし，環境会計は新しい分野でもあるため，内容によっては抽象的に提唱されるだけで，具体的な測定手法が十分に確立されていない分野も少なくない。そこで本節では，比較的確立されている貨幣計算をベースとする環境会計手法を中心に解説する。

次項では，環境会計の範囲を確認する意味で，環境会計における環境コストの範囲を解説し，続いて，環境会計の二大領域である環境管理会計と外部環境会計について検討していく。

2　環境会計における環境コストの範囲

環境コストは，環境会計の中心的な概念で，伝統的な企業会計におけるコスト概念よりも広範囲なものであり，企業コストのみならず，**ライフサイクルコスト**や**社会的コスト**を含む。図表6－2－1は，その全体像を示したもので，すべてを包括した環境コストは完全なコストという意味でフルコストと呼ばれる。

図表6－2－1　環境コストの3層構造

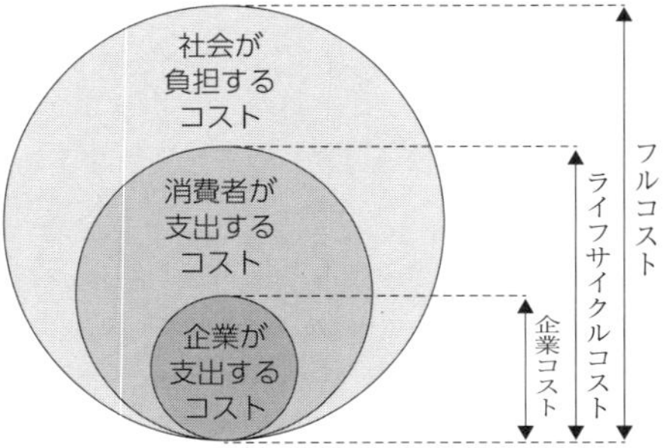

(出所)　國部・伊坪・水口(2012)，p.29，図2－1。

図表6－2－1の各コストを支出・負担する主体はそれぞれ異なる。企業コストは，企業がそれを支出するのに対し，製品・サービスの購入価額を含めライフサイクルコストであるエネルギー費などは，製品・サービスを利用する消費者が支出する。そして，環境負荷としての社会的コストは第三者が被るコス

トであり，社会が負担する。

企業コストとしての環境コストについても，環境会計においては，環境という観点から異なる区分を要求する。その代表的なものが，図表6－2－2に示す国際会計士連盟（IFAC）による環境コスト分類である。

IFACは，環境コストを，①製品アウトプットのマテリアルコスト，②非製品アウトプットのマテリアルコスト，③廃棄物・排出物管理コスト，④公害防止・その他の環境管

図表6－2－2　IFACの環境コスト分類

環境関連コスト領域＼環境領域	大気	排水	廃棄物	土壌水	騒音	生物	放熱	その他	合計
1．製品アウトプットのマテリアルコスト									
・原材料・副資材									
・包装材料									
・水									
2．非製品アウトプットのマテリアルコスト									
・原材料・副資材									
・包装材料									
・工場消耗品									
・水									
・エネルギー									
・加工費									
3．廃棄物・排出物管理コスト									
・設備減価償却費									
・工場消耗品									
・水・エネルギー									
・内部人件費									
・外部委託費									
・税金・認可料等									
・科料									
・保険									
・修復・補償									
4．公害防止・その他の環境管理コスト									
・設備減価償却費									
・消耗品・水・エネルギー									
・内部人件費									
・外部人件費									
・その他									
5．研究開発コスト									
6．無形コスト									

（出所）IFAC（2005），p.55, Table 4.

理コスト，⑤研究開発コスト，⑥無形コストの6つに分類し，それらのコストがどの環境領域で生じたかをマトリックス上で示すことを求めている。

IFACの環境コスト分類の特徴は，製品アウトプットのマテリアルコストと非製品アウトプットのマテリアルコストを区分している点にある。非製品アウトプットは，製品にならずに企業外へ放出された物質であり，廃棄物や排出物が該当する。このコスト部分は伝統的な企業会計では区分されることなく製品コストに含まれてしまうが，環境会計ではこのコストを分離することで，環境への非効率性を示す指標として活用する。このような考え方は後述するマテリアルフローコスト会計によって，より明確に体系化されている。

このように，環境会計が対象としうるコストは，企業会計のコスト範囲を超えるものである。しかし，個々の環境会計手法は常にすべての環境コストを対象とするものではなく，環境会計が実際活用面で対象とするコスト範囲は，その手法を活用する意思決定目的に依存する。

3　環境管理会計と経営分析

(1)　環境管理会計の体系

環境管理会計は，企業が内部管理のために活用する環境会計である。環境管理会計は，管理会計の一要素であり，企業における環境に関わる意思決定や管理業務の遂行のために，企業独自の目的に従って利用される会計手法の集合である。

環境管理会計には多様な手法が含まれるが，①既存の管理会計手法をベースに環境の要素を付け加えた環境管理会計，②独自の情報基盤をもつ完結型の環境管理会計，に大別することができる。前者の主要な手法には，環境配慮型設備投資決定，環境配慮型原価企画，および環境配慮型業績評価の3つが，後者の主要手法にはライフサイクルコスティングとマテリアルフローコスト会計が含まれる。以下，簡単に説明しよう。

環境配慮型設備投資決定は，環境を保護することによって生じるベネフィットを通常の考え方よりも広範囲に捉え，環境に配慮した設備投資の価値を適切に評価しようとするものである。アメリカ環境保護庁（USEPA，1995）は，従来の設備投資で考慮されてきたコストを「伝統的コスト」とし，その他に，「隠れている可能性のあるコスト」，「偶発コスト」，「イメージ・関係づくりコスト」という，従来の設備投資の範囲で考慮されてこなかったコストを含めて，環境設備投資を促進する管理会計手法を開発した。

環境配慮型原価企画は，製品の設計開発段階において，環境に配慮した新製品の開発を支援する。通常の原価企画は，バリュー・エンジニアリング（VE）などの手法によって，目標とする機能とコストを達成しようとする。これに加えて，環境配慮型原価企画では，環境性能と，それにかかるコストの目標を立て，これをVEなどの手法により達成しようとする。この手法は，開発設計時に製品の環境性能を向上させるためには有効であるが，向上した環境性能を顧客が評価しなければ，環境性能の向上はコスト削減の範囲に限定されてしまうことになる。

環境配慮型業績評価は，事業部門などの業績評価制度の中に，環境パフォーマンス指標を組み込んだ手法を指す。業績評価という企業の基幹システムに環境の要素を取り込むことで，事業部門トップの環境に対する意識が高まり，部門全体で環境保全活動が促進されることが期待できる。環境パフォーマンスのウェイトは，事例によって異なるが10％未満のところが多い。

上記の3つの手法は，それぞれ設備投資決定，原価企画，業績評価という既存の管理会計手法をベースに持つものであるが，ライフ

サイクルコスティングやマテリアルフローコスト会計は，それらの手法とは異なり，独自の情報基盤を持つ完結した手法である。

ライフサイクルコスティングは，製品のライフサイクル，すなわち材料購入から廃棄に至る全過程を対象範囲として，コストを測定・評価する手法である。これにより，製品販売後の設置や使用，廃棄といった局面で生じるコストの最少化を目指すことができる。ライフサイクルコスティングは，製品ライフサイクルの環境影響を評価するライフサイクルアセスメント（LCA）との統合により，更に有用性を増すことができる。

マテリアルフローコスト会計は，環境管理会計の主要手法に成長しているので，節を改めて説明する。

(2) **マテリアルフローコスト会計**

マテリアルフローコスト会計は，1990年代末にドイツで開発され，その後日本を中心に手法の精緻化及び普及が促進され，2011年にはISO 14051としてその計算手法が標準化された環境管理会計手法としては最も体系化した手法である。

マテリアルフローコスト会計は，製造工程におけるマテリアルのフローとストックを適切に把握することによって，今まで見過ごされていた廃棄物等の経済的価値を評価する手法である。これによって，企業は廃棄物削減の具体的なアクションを検討することが可能になる。そして，その結果が廃棄物削減による資源の保護とコスト削減に結びつき，資源生産性を向上させて環境と経済が連携することが期待される。

マテリアルフローコスト会計は，図表6－2－3に示すように，工程内のマテリアル（原材料）の実際の流れを捕捉して，それに単位コストを乗じることでコスト計算を行う。そこでは，廃棄物も製品と同じようにコスト計算することがポイントで，マテリアルコストだけでなく，エネルギーコスト，人件費や減価償却費を中心とするシステムコスト，廃棄物処理コストも加えて計算することになる。

図表6－2－3の四角で囲まれている場所は，コストを計算する単位の集合であり，マテリアルフローコスト会計では原則として廃棄物が出ている工程ごとに計算することが望まれる。ISO 14051では，この計算単位は物量センターと呼ばれ，物量センターにおけるマテリアルロス（廃棄物）のコストの計算は，図表6－2－4のようになる。

図表6－2－3　マテリアルフローコスト会計におけるマテリアルフロー

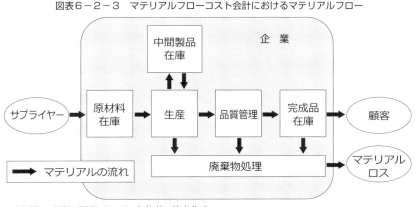

（出所）　中嶌・國部（2008）を参考に筆者作成。

図表6−2−4　マテリアルフローコスト会計におけるコスト計算

(出所)　ISO 14051（2011）Figure 2を参考に数値を変更して筆者作成。

図表6−2−4に示したように，マテリアルの重量のフローを基準にして，マテリアルコスト，エネルギーコスト，システムコストが製品とマテリアルロスに分けられて，それぞれのコストが計算される。伝統的な原価計算では，マテリアルロスのコストは区分されていないので，実際にマテリアルロスのコストが明確になることで，経営者は資源の効率的な利用へと動機付けられることになる。

(3) 環境管理会計情報の経営分析への活用

環境管理会計情報は，内部経営分析において重要な役割を果たすことができる。前述のIFACが示したフレームワークで環境コスト分析を行えば，これまで見過ごされていた環境コストを顕在化することができ，それを改善につなげることが可能となる。このような方向は，環境管理会計の中でも最も体系化されているマテリアルフローコスト会計において，実務に適用されて多くの成果をあげている。そこで以下では，マテリアルフローコスト会計を取り上げて解説しよう。

マテリアルフローコスト会計は，企業におけるマテリアルフロー分析を通じて，改善活動を促進することで，資源生産性の向上に役立つ。具体的には，インプット／アプトプット比率や，マテリアルロスコスト率（マテリアルロスコスト／総製品コスト）のような指標を，製造プロセスにおける資源生産性を向上させる目標として設定し，マテリアルロスを削減することで，改善活動を促進することができる。

マテリアルフローコスト会計による改善活動は，①設備投資による改善，②原材料の変更による改善，③生産方法・生産計画の変更による改善，④現場改善活動と連携した改善，の4つに大別できる。①設備投資による改善とは，マテリアルロスの原因が製造設備である場合に有効で，マテリアルフローコスト会計によってコストとベネフィットの分析を行ったうえで，投資を実行することができる。②原材料の変更による改善は，より最終製品に適した原材料に変更してマテリアルロスを削減することで，これをサプライヤーと協力して行えば，大きな効果を得ることができる。③生産方法・生産計画の変更による改善は，生産技術的な改善の余地がある場合と，行き過ぎた多品種少量生産のような生産計画がロ

スを生み出している場合に有効である。④現場改善活動と連携した改善は，TPMやTQCのような現場の改善活動にマテリアルフローコスト会計によるコスト情報を使用して改善を進めるものである。

マテリアルフローコスト会計による経営分析をさらに促進するためには，一企業の範囲にとどまらず，組織間のマテリアルフロー分析に踏み込むことが有効である。一企業で発生するマテリアルロスの原因は，その企業にある場合は少なく，サプライヤーである上流企業や，顧客である下流企業に原因がある場合が多い。このような問題は，サプライチェーンの組織間で解決することが必要である。その時にマテリアルフローコスト会計は，異なる組織間での共通の分析ツールとして活用できる。

マテリアルフローコスト会計は，内部管理のためのツールであるから，企業外部に情報開示する必要はないが，マテリアルフローコスト会計を導入して成功した企業は，環境報告書等でその成果を開示している場合もある。資源生産性分析を促進・普及していくためには，企業外部のステイクホルダーの理解と支援が不可欠なので，将来的にはマテリアルフローコスト会計情報の外部への開示や，共通の資源生産性指標の確立などが必要とされるであろう。

4　外部環境会計と経営分析

(1)　環境コスト情報の開示

外部環境会計は，外部への情報開示を目的とする環境会計である。その内容は理論的に多くのものが考えられるが，実際には環境コストの外部開示が中心を占める。外部環境会計は，部分的には資産除去債務や環境負債のように，既存の財務会計の枠組みで開示されるものもあるが，現時点でそのような情報が財務会計の中で占める割合は大きくはなく，環境会計情報の開示の多くは企業の自主的な開示に依存している。

企業の自主的な環境会計情報の開示を促進する指針として，環境省の**『環境会計ガイドライン』**がある。同ガイドラインは，「環境保全コスト」「環境保全効果」「環境保全対策に伴う経済効果」の３つを環境会計の構成要素としている。このうち環境保全コストと経済効果は貨幣単位によって，環境保全効果は物量単位で把握される。このフレームワークは，図表６−２−５のように示される。

このうち「環境保全コスト」は，環境保全コストの発生場所もしくは特徴に応じて，事業エリア内コスト，上・下流コスト，管理活動コスト，研究開発コスト，社会活動コスト，環境損傷対応コストの６つに区分され，さら

図表６−２−５　環境会計ガイドラインによる環境会計の枠組み

（出所）　環境省（2005）『環境会計ガイドライン2005年版』p.2より一部抜粋。

に事業エリア内コストは，公害防止コスト，地球環境保全コスト，資源循環コストの3つに区分される。

環境省の環境会計ガイドラインは，環境保全コストを体系化したことと，環境報告書での開示を促進したことに意義がある。ただし，環境保全対策に伴う経済効果については十分な指標を開発できておらず，環境保全対策のコストーベネフィット分析にまで展開するには限界がある。

また，環境保全コストは，環境に関わるコストとして限定的であり，マテリアルコストを含む資源全体の環境コストの開示や企業が環境に与えた環境負荷の経済評価（社会的コストの評価）などは，一部の先進的な企業事例等はあるものの，まだ一般的に普及するには至っていない。

(2) **環境報告の展開と環境会計**

本節では貨幣単位の環境会計を中心に議論しているが，環境会計情報は，物量単位の環境パフォーマンスと一体になって評価される必要があり，その意味で環境報告の発展と切り離して考えることはできない。

環境報告も近年，国際的なレベルで大きな進展がある。重要なのは，国際的なサステナビリティ報告ガイドラインである**GRI**(Global Reporting Initiative) ガイドラインの動向と，2013年末にフレームワークが発表された統合報告 (Integrated Reporting) である。

GRIでは，経済と環境と社会の調和のとれた発展を目指すトリプルボトムラインの思想の下で，経済パフォーマンスの開示が求められている。例えば，2013年に発行されたガイドラインの第4版（G 4）では，気候変動によって組織の活動が受ける財務情報の影響，その他のリスクと機会に関する経済情報の開示などを要求している。

統合報告は，サステナビリティパフォーマンスを企業の本業である戦略的な活動と統合した報告を意味し，2013年12月に国際統合報告審議会（IIRC）がフレームワークを発表し，今後の普及が注目されている。IIRCのフレームワークでは，企業は財務資本だけでなく，製造資本，知的資本，人的資本，社会・関係資本，自然資本の6つを活用して価値を創造するビジネスモデルが提示され，資本概念が拡張されている。環境会計の立場からみれば，自然資本概念が導入されていることが注目される。IIRCのフレームワークではこれらの資本の具体的な測定・評価には言及していないが，今後企業が拡張された資本概念を検討するようになれば，外部環境会計の範囲も拡張されることが予想される。

(3) **外部環境会計情報の経営分析への活用**

外部環境会計情報は，金額情報に限った場合，国際的に標準的な会計手法が開発されていないため，企業比較のための経営分析を行うことは難しい状況にある。しかし，CO_2排出量のような物量情報を売上高や生産高で除して，企業ごとのCO_2からみた効率性を分析することは可能である。しかし，その場合でも，業種や業態によってCO_2の排出は大きく異なるので，投資のプライオリティをそれで決定するほどの精度のある比較は難しい。

しかし，CO_2排出量の大きさは，将来の環境規制の強化を予想すれば，企業にとってのリスクでもあり，そのようなリスク情報の開示としての環境会計情報は，企業分析に活用されている。実際に，SECはこのような気候変動に関する情報開示についてガイダンスを示しており，制度面でも整備は進んでいる。

さらに，ロンドンに本部を置く**CDP**(旧名は Carbon Disclosure Project) という第三者組織が，企業に対してCO_2の排出量やリスク等に関する質問票調査を世界規模で実施し，その成果を公表している。このような情報開示は，欧米の社会的責任投資家を中心に活用され，一定の効果があると認識されている。

したがって，外部環境会計情報の経営分析への応用は，企業間比較を行うには十分ではない場合が多いが，1つの企業のリスク分析として，物量情報も併せて利用すれば，かなり分析できるようになってきている。さらに，最近は環境に関する主要業績指標（KPI）の開示を求める動向が世界的に強まっているので，このような指標の経年分析をすることで，社会・環境パフォーマンス分析の可能性は増している。

5 むすび

環境会計は新しい会計領域であるが，過去20年の間に，環境管理会計および外部環境会計の2つの領域で大きな発展を見せてきた。既存の財務会計や管理会計に比べると，限界が多いが，それでも環境の主要な側面を測定・評価して，意思決定に応用する仕組みは徐々に構築されてきたと言えよう。

経営分析においては，これまで収益性分析や安全性分析が中心であったが，21世紀の企業は地球環境の維持発展にも重要な責任を分有しているわけだから，環境性分析を経営分析の主要領域として確立していくことが必要とされるだろう。

〔参考文献〕

環境省（2005）『環境会計ガイドライン2005年版』環境省。

國部克彦，伊坪徳宏，水口剛（2012）『環境経営・会計 第2版』有斐閣アルマ。

中嶌道靖，國部克彦（2008）『マテリアルフローコスト会計（第2版）』日本経済新聞出版社。

GRI (2013) *Sustainability Reporting Guidelines G4*, Global Reporting Initiative.

ISO 14051 (2011) *Environmental Management-Material Flow Cost Accounting – General Framework*, International Organization for Standardization.（日本規格協会（2012）『JISQ 14051 環境マネジメント－マテリアルフローコスト会計－一般的枠組み』日本規格協会。）

IFAC (2005) *International Guidance Document: Environmental Management Accounting*, International Federation of Accountants.

IIRC (2013) *The International <IR> Framework*, The International Integrated Reporting Council.

USEPA (1995) *An Introduction to Environmental Accounting as a Business Management Tool*, USEPA.

［國部克彦・鈴木　新］

Ⅲ　CSRと経営分析

現在，企業の組織管理体制の甘さが露呈し，企業不祥事へと発展するケースが後を絶たない。そうした状況を重く受け止めた結果，企業に対する自律的な行動を促す機運は次第に高まり，企業の持続可能な成長に向けて「CSR」（Corporate Social Responsibility）を重視する経営姿勢が強く求められている。本節はこうした実情を踏まえて，CSRに経営分析の視点から接近する試みを**「CSR会計情報分析」**と位置づけ，そのあり方の検証を中心としながら**「統合報告」**も視野に入れたCSR情報の開示についても論じることにしたい。

1　CSR会計情報分析の目的と技法

近年のCSRへの関心の高まりは，「環境報告書」や「CSR報告書」の発行社数の増加が示す通り，その勢いは止まるところを知らない。また，「統合報告」をめぐって国際統合報告協議会（IIRC）やサステナビリティ会計基準審議会（SASB）などのグローバルな団体が設立されており，徐々に非財務情報への注目が集まっている。現時点ではCSRがいかなる取り組みや活動を意味するのか確立

された定義は存在しないが，その関心度の高さは「**社会責任投資**」(Social Responsibility Investment；SRI) の台頭などにも叙述に表れている。

さて，わが国では企業倫理やコンプライアンス（法令遵守）など組織内部のガバナンス体制の不備が原因となって企業不祥事へと発展したことが，CSRへの注目を集める契機となった。またこれらの不祥事がきっかけとなり，CSR問題が事業リスクに及ぼすインパクトが企業価値評価にも多大な変化を促していることも明らかとなっている。

上記の動向を踏まえてCSRの本質に接近すれば，企業の果たすべき「責任」という考え方から事業活動を遂行する際の各種リスクの軽減を含む「マネジメント」あるいは「戦略」へとその重点が移行している点に注意を払わなければならない。CSRが提起する課題は，企業経営の持続性（サステナビリティ）の根幹に関わる「事業戦略」の問題，すなわち企業経営の持続性を判断する材料として，経済・環境・社会要因にガバナンス要因を加えた総合的な観点からCSR会計情報分析を実践する必要性を喚起しているからである。

有効な企業価値評価の実践に求められる視点は，将来を予測し投資の判断を行うべく組織内部にいかなるリスク要因が存在し，それが企業業績にどのように影響を与えるのか，全社レベルのリスクマネジメント体制の整備状況をいかに把握できるかに関わってくる。したがって，CSRをめぐる経営分析の立ち位置を明らかにするには，「CSR問題をリスクと捉えて事業の機会を創造し，企業と投資家の関与を強めながら企業価値を向上させ，持続可能な成長へと導く」という考え方に立脚して課題に取り組むべきであろう。

以上の内容に照らしてCSRと経営分析の視点から両者の結節点を探るならば，第一に従来の財務情報に加えてガバナンスのあり方や環境配慮などの活動が企業価値評価にいかなる影響を及ぼすのか明らかにすべきと考える。そして，第二にいかなる方法によって分析を行えば適正な企業価値評価が実践できるのか，経営分析の視点に立脚してCSR会計情報の分析技法を考究しなければならない。

2　CSR会計情報に関する分析

(1)　「経済的」側面に関する分析

企業経営の持続性をCSRの観点から判断する場合，CSRへの取り組みや活動実績を「経済」，「環境」，「社会」という視点から分析することが意味を有する。それでは，CSR活動の「経済的」側面に関わる分析から考察することにしたい。

企業と何らかの関係を有する**ステークホルダー**は数多く存在する。経営者が自社にとってより重要なステークホルダーに優先的に対応することは，企業本来の経済主体という特性に照らせば妥当といえる。しかし場合によっては代表訴訟のような経済法上の制裁を受けることも想定すべきであろう。一方，ステークホルダーの立場から見ると，自分たちが他のステークホルダーと比べて企業から不平等な扱いを受けていないかなどといった点にはあまり関心はなかったように思われる。

このように考えると，企業がどのステークホルダーに対していかなる対応をとっているのかという点に着目し，ステークホルダーとのコミュニケーション活動に際して有用となる客観的な情報の提供は，CSR活動を推進するうえで欠かせない行為といえる。すなわち，CSR活動の「経済的」側面を経営分析の視点から検討する場合，従来の財務会計が提供してこなかったステークホルダーから見た経済価値創出・分配情報を経営者及び各ステークホルダーに提供し，併せてステークホルダー間の相互不信や利害対立などのコンフリクトの調整機能も果たさなければならない。

そこで，**経済価値創出・分配情報の分析**

に関して，グローバル・レポーティング・イニシアチブ（GRI）が2013年5月に公表した『G4ガイドライン』に準拠しながら，具体的な分析方法を見ていくことにしよう（GRI, 2013b, pp.69-70）。G4ガイドラインでは，「創出・分配した直接的経済価値」（EVG&D）を適正な財務諸表（損益計算書）の数値を基本として，全体を「創出した直接的経済価値」，「分配した経済価値」，「留保している経済価値」に三区分した分析の体系を採用する。まず，「創出した直接的経済価値」は「収入」から構成されることになるが，「収入」には次の三項目が含まれる。

・純売上高は，製品・サービスの総売上高から，割戻額，割引額，引当金を差し引いたものに等しい。
・財務投資からの収入には，貸付金利息，保有株式の配当，特許権等使用料などの受取現金や資産（不動産賃貸など）に起因する直接的収入が含まれ，
・資産売却収入には有形資産（不動産，インフラ，設備など）や無形資産（知的財産権，デザイン，ブランド名など）が含まれる。

次に「分配した経済価値」では，各種ステークホルダーへの経済価値の分配状況を明らかにする。その内容は「事業コスト」，「従業員給与と福利」，「資本提供者に対する支払い」，「政府に対する支払い」，「コミュニティへの投資」から構成されている。そして，「創出した直接的経済価値」から「分配した経済価値」を差し引いて「留保している経済価値」を算出する流れで分析は完了する。

上記の仕組みで構成される経済価値の創出・分配情報分析が担うべき役割は，組織がステークホルダーのためにどのように富を分配したのか損益計算書と連携させて把握する点にある。こうした体系によって情報内容を整理し，企業内外のステークホルダーへと報告が行える仕組みが整えば，ステークホルダーとのコミュニケーション活動の促進につながり，企業としての説明責任は遂行できる。

なお，企業が持続的発展を遂げる際に不可欠な要素が，CSRリスクを未然に防止する長期的な経営方針や事業戦略と適合したCSR活動に伴う組織管理体制の確立と深い関わりがある点には注意が必要である。つまり，「経済的」側面と次に説明する「環境・社会的」側面に関わる分析は，企業の掲げる「ミッション」を媒介として個々の側面に関わる分析を展開し，さらに両者を連動させてCSRへの取組度合を把握する機能を有している点を看過してはならない。

(2) 「環境・社会的」側面に関する分析

続く「環境・社会的」側面に関する分析は，CSRに伴う諸事象の企業価値に及ぼすインパクトを活動領域別に集計し，領域別の活動実態を明示することに主目的がある。現時点ではCSR活動に要した投入額が財務会計領域の「私的コスト」の中に内包されているため，「CSR活動に伴って生じた支出」（CSR関連コスト）の分離・独立には活動内容を適正に把握するインディケータが必要となる。

そこで，CSR問題に関わる財務的影響を適切に会計処理する方法として，CSR活動を環境配慮，労働・人権配慮，製品・サービス責任活動領域などの活動領域別に整理し，次の二つの計算区分にしたがって組織管理体制の運用・管理プロセスへの投入額を把握する考え方を紹介したい（倍和博，2008）。

第一に，CSR活動領域別（環境配慮活動，労働・人権配慮活動，製品・サービス責任活動など）に適正な取り組みが実施されているのか，すなわちCSRリスクをマネジメントする組織体制が整備されているか否かを判断するための計算区分を設けなければならない。この区分は活動領域別の組織管理体制に関わる構築・運用・管理に関連した項目を対象として，倫理・コンプライアンスを基本とする

組織管理体制構築のために投入されたコストの集計項目を意味する。この計算区分には組織管理体制の構築・運用・管理に関わる各プロセスに対応した項目を設定し，企業の継続的活動を通じて相互に関連しながら定期的に反復を繰り返す活動に伴う金額が格納される。ここで測定・記録された金額は，事業活動において私的コストとしてすでに財務会計処理されたものの中から，「環境・社会」活動を推進するための組織管理体制の運用に要したコスト部分を分離・独立させた数値であり，CSR活動ごとの運用状況の把握にとって欠かせない重要な指標となる。

第二に，CSR活動方針に基づく最良の結果を得るべく，上記第一区分の「計画（P）」→「実施・運用（D）」→「監査（C）」段階の情報をフィードバックして企業独自に展開する新規項目を設定する。この区分には新たな「実施計画」に基づく自主的な取り組みを行うとき，さらに活動内容の組織的な「見直し（A）」による改善活動を行った場合に生じる，企業独自に設定した新たな取り組みへの投入額を測定し記録することになる。ここで得られた測定結果は，財務会計領域の伝統的な私的コストと併せて比較・検討を行い，事業活動の継続的改善へと結びつける指標としての利用を想定している。

以上のように，CSR活動領域別の組織管理体制の各プロセス（P→D→C→A）に即したガバナンス機能の有効性を判断できる計算体系の整備が，「環境・社会的」側面に関わる分析の目的と位置づけられる。さらに，上記の流れで測定された「環境・社会的」側面に関する情報の意義は，次の二点に集約される。第一に，CSR活動領域別の組織管理体制が経営理念や活動方針に基づいて運用されているかを，企業内部でタイムリーに把握し活動内容の改善や見直しに結びつけられる。そして第二に，そうした活動状況を外部のステークホルダーに対してありのままに説明する基礎データとなり得る点に見出すことができよう。

CSR活動から得られる情報の信頼性や客観性を確保するには，財務情報との連携が必要不可欠といえる。ここではその一例として，すでに企業内部において負担され，内部費用として処理された財務情報とCSR活動に要したコストとを関連づけ，新たなコスト項目として整理・集計するCSR会計情報分析の手法を紹介した。現在，「統合報告」をはじめとする非財務領域を対象とした研究は，急速な勢いで発展を遂げている。適正な企業価値評価に向けて，CSR活動を含む非財務情報に関わる分析技法のさらなる進化が望まれる。

3　統合報告を巡るCSR情報の開示

(1)　KPIと開示項目の活用

しかし，上記の枠組みで定量化されるCSR会計情報の範囲は限定的といえる。CSRに関わる項目には，貨幣額で表現できないブランドや評判などの定性的な非財務情報が含まれるためである。そのような場合には，企業業績を示す財務情報との関係性を明らかにする**重要業績評価指標**（Key Performance Indicator；**KPI**）を設定し，CSR会計情報や財務情報との統合を図るべきであろう。ここでCSRに関わるKPIとは，「事業の経過，業績，現況を効果的に計測する測定因子であり，会社の重要な成功要因を反映し目的達成度を表す指標」と定義される（ASB，2006，p.8）。

これらKPIを含むパフォーマンス指標に関してG4ガイドラインは重要な側面のみの開示を要求するが，この「重要な側面」（material Aspect）とは，「組織が経済，環境，社会に与える著しい影響を反映している，またはステークホルダーの評価や意思決定に実質的な影響を与える側面」を意味する（GRI，2013a，p.17）。この点を強く意識したG4ガイドラインには，新たなパフォーマンス指標以外にガバナンスに関わる開示項目が多数追

加された。

　これは事業戦略やCSR活動方針に基づくCSR活動計画を策定し，それらの活動や取り組みが組織内で徹底されているか，また事業の遂行とどのような関係にありどの程度のウエイトを占めているのか，その良否を判断するには企業内部で収集したガバナンスに関する非財務情報と財務情報とを連携させた企業評価の枠組みの必要性を示唆している。CSR会計情報の分析に加え，これらKPIや開示項目の設定によって財務情報との有機的な関連づけを実施すれば，CSR活動全体の実態把握が可能となり，総合的な観点から経営分析が実践できる環境が整うであろう。

(2) 統合報告との関係

　非財務情報の評価基準としてKPIを活用し，財務情報と統合して適正な企業評価に結びつける「**統合報告**」という新たな動きが進展する。英国のアカウンティング・フォー・サステナビリティ（A４S）が提唱する統合報告フレームワーク（CRF）では，変容する市場環境を踏まえた財務報告の新たな展開の方向としてレポーティング・システムを事業戦略の一環と位置づけ，統合報告の品質と整合性を担保する企業業績との統合情報の開示を求めている。統合報告において開示すべき企業業績と非財務的要素との関連性を示す統合情報には，以下のものが含まれる（A４S, 2009a, p.8）。

・具体的なKPI設定のための目標。
・ベースライン，過年度実績，目標，業界その他のベンチマークなどに対する活動実績。
・企業活動の成果と各サステナビリティKPIとを統合するための財務ないしは企業業績に関する説明。
・目標値に対する実績や期待された成果の達成に向けた進捗度に関する解説。

それでは，これらの条件を踏まえた統合情報についてCRFが提案する「温室効果ガス」の事例を参照して検証したい（A４S, 2009b, p.3）。「温室効果ガス」に関する統合情報は，縦軸に「気候」，「廃棄物」，「資源」に関する財務項目と対応したKPIを設定する。横軸にはKPIごとに企業業績と非財務的な要素との関連性を示す「財務パフォーマンス（関連する費用の直近の時系列表示）」や「非財務情報としての環境パフォーマンス指標（時系列表示のグラフ）」などを多角的に集計し，財務情報との関連性を明らかにする試みがなされている。現在，A４Sなどの諸団体をとりまとめたIIRCが統合報告ガイドラインを公表するなど，その活動範囲を拡張する方向へと大きく舵を切りはじめており，今後，統合報告の重要性はますます高まるものと予想される。

　上記の点に加え，G４ガイドラインは統合報告とCSR報告とは目的が異なっていたとしても，CSR報告は統合報告に欠かせない要素であると指摘する（GRI, 2013a, p.85）。統合報告の導入を検討する場合には，CSR報告との関係をどのようにすり合わせるのか，今後の統合報告の議論を視野に入れたより具体的な検討を要することになろう。また，独自の非財務情報の評価と数値化を含む開示基準を示すSASBは，KPIと定性的なマネジメントの評価をアニュアルレポートの「経営者による討議と分析」（MD&A）セクションにおいて開示すべきことを提案し，財務報告に非財務情報を含めた統合報告という新たな方向性を示している（SASB, 2013, p.23）。

　CSRの体系的な分析に際しては，財務情報と非財務情報との統合を図りながらマネジメントプロセスを包括的に分析・評価する視点－企業にとってサステナビリティに関わる課題は何であり，どのような対策を講じているのか－が求められる。実態の把握が難しいCSR活動への取組度合を可視化して開示へと導くには，KPIなどの評価指標を用いて組織

ガバナンスと意思決定のプロセスをいかに統合できるかが重要な鍵を握る。財務情報と対応したKPIの設定およびKPIごとに非財務情報と企業業績との関連性を明らかにする試みは，経営分析の視点から企業評価を実践する際に有益な示唆を与えてくれるであろう。

4 今後の展望と課題

CSRに関わる諸事象を企業活動全体の中で捉えるには，従来の財務情報では認識できないCSRリスク管理のあり方や無形資産の会計問題などの非財務情報をどのように評価するのかなど，重要な検討課題が山積する。CSRと経営分析という視点からCSR活動に関わる非財務情報の特定を試みる場合，例えば企業内部にいかなるリスク要因が存在し，それらのリスクが企業業績にどのように影響を与えるのかなど，まず分析視角を明らかにすることから着手すべきと考える。分析の立ち位置を定めて課題に接近すれば，経済・環境・社会要因にガバナンス要因を加えた総合的な視点からCSR会計情報分析を展開し，適正な企業価値評価へと導く具体的な方向性が明らかとなるであろう。

さらに，KPIや定性的な評価指標としての非財務情報と財務情報や企業業績とを組み合わせた統合情報の開示は，ステークホルダーとの情報共有に関する経営者の方針を明確な形で伝達できる可能性を秘めている。現時点ではこれらの分析方法に定見は存在しないが，このような形でCSR会計情報の分析技法が確立できれば，環境や社会的な活動への取り組みはもとより組織ガバナンスの状況も理解可能となる。事業活動との両輪を形成するCSR活動の実践に向け，問題解決の糸口を経営分析の視点から模索することは，今後のステークホルダーに対する報告企業の信頼性の向上に大いに寄与するものと期待される。

【参考文献】
倍 和博（2008）『CSR会計への展望』森山書店。
ASB（2006）*Reporting Statement: Operating and Financial Review*, Accounting Standards Board.
A 4 S（2009a）*Connected Reporting : A practical guide with worked examples*, Accounting for Sustainability.
A 4 S（2009b）*Connected Reporting in Practice: A Consolidated Case Study*, Accounting for Sustainability.
SASB（2013）*Conceptual Framework*, The Sustainability Accounting Standards Board.
GRI（2013a）*G 4 Sustainability Reporting Guidelines : Reporting Principles and Standard Disclosures*, Global Reporting Initiative.
GRI（2013b）*G 4 Sustainability Reporting Guidelines : Implementation Manual*, Global Reporting Initiative.

［倍　和博］

Ⅳ　CSRの経済効果：実証分析の視点から

1　CSR活動の情報開示と経済効果

Corporate Social Responsibility－企業の社会的責任は，企業活動を評価するにあたり，その経済的価値のみならず社会的価値へ目を向けさせるものである[1]。企業の情報開示はその要求－すなわち開示情報にもとづき企業活動を評価するステークホルダーからの圧力があって実施されるという性質がある。しかし，実態に照らして情報を正当に評価する仕組みが存在しない限り，開示コストの負担を強いるだけでその対象となる活動の価値を高めることには結びつかない。ISO 26000やGRIなどのガイドラインに準拠する企業の開

示情報およびその他の関連情報をどのように評価するのか－本節ではCSRの経済効果に焦点をあてた実証分析について述べる。ここでの経済効果とは、企業価値を直接向上させる効果のみならず、社会経済への影響を含む。企業の社会的価値は経済効果で判断すべきではない－という認識もあるが、経済効果というわかりやすい尺度を用いることにより、社会的責任の遂行を進展させ得るという一面があることは否定できないので、本節では敢えて経済効果に限った実証分析を示すことにより、さらなる開示情報の活かし方を考えたい。

2 CSRと経済的価値の分析

CSRの経済的価値へ及ぼす効果にまず関心を寄せたのは投資対象としての企業価値評価を行う株主・投資家である。ISOがCSR規格作成の検討を開始したのは2001年であるが、その前後からCSR活動が企業価値に及ぼす効果について多くの実証研究が重ねられている。英文で入手可能な2000年代の文献を概観すると必ずしもCSR活動と経済パフォーマンスの間に正の関係があるとは結論づけられない。一般にネガティブな結果ほど開示され難い点も留意しなければならない。また、社会的価値を通して経済的価値を高める目的のCSR活動に対しその効果を十分長期で評価できていない点も課題として存在する。さらに、CSRが生み出す経済効果については、一般にパフォーマンスの良い企業ほどCSR活動は盛んであり、多くは関係性の実証にとどまっている。

しかし、CSRは企業活動の基盤であるという認識に立てば、CSRと企業価値の関係性の有無の単純な検証の重要性は相対的には下がったというべきであろう。むしろ、CSR活動をプラスに評価する企業価値の認識測定の仕組みをこそ考えるべきなのではないだろうか。

個々のCSR活動が独立して効果を生み出すとは考えにくい。交互作用効果を考慮した分析が求められる。さらに、CSRと経済パフォーマンスの間の関係性がどのように作ら

図表6－4－1　CSR活動と財務パフォーマンス

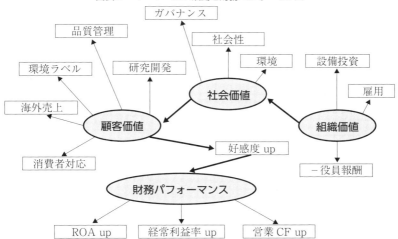

(出所) 中村他 (2014) ビジネスパーソンのレピュテーションに対する共分散構造分析結果に基づき作成。

れているのか，その構造を，因果関係を明らかにするパス解析の手法などを用いて明らかにすることも有用であろう。

Sakuraiらは経営者の意識調査を行い，その結果を，CSRへの意識から経済価値へ至る構造として**共分散構造分析**により示した。中村らの実際のCSR実施状況に基づいた実証分析では，CSR活動がレピュテーションを介して財務パフォーマンスに影響を及ぼす構造は，一般消費者のレピュテーションとビジネスパーソンのそれとでは異なる結果となっている。

このような因果関係に踏み込んだ実証分析は未だ少なく，これからの発展が期待される分野である。

3 CSRの社会的価値の分析

企業のCSR活動の結果として得られる**CSP（Corporate Social Performance：社会パフォーマンス）**の経済価値を分析した実証分析例は，現状では，その対象がほぼ環境活動に限られている。

壷井らはマイナスの社会的価値である環境負荷を貨幣価値評価し，環境を使用したことによる営業費用と認識すると，営業利益の大小関係が最大10％入れ替わり得ることを示した。この分析にはいくつかの仮定が含まれているが，CSPを損益計算の中に組み入れる評価方法は，社会的価値を評価する上で有用性の高い手法と考える。

また，日本企業の環境保全活動の開示情報には，電気機器メーカの環境会計などに見られるように，製品使用時の省エネ効果など企業自らが固有の推定方法により社会における経済効果を情報開示している例が少なくない[2]。しかしこれらは比較可能性に乏しいのが現状である。したがって，企業間比較には，企業が直接開示する情報のみならず，企業外部の公表データの利用が有用である。

たとえば，自動車業界における監督官庁への届け出データと販売業界の統計データを利用して各社の環境配慮製品の製造販売による社会コストの低減を貨幣価値推定すると，各企業が環境保全活動に掛けたコストと比較分析可能となる。

今後CSRを推進するためには，直接の経済効果のみならず，上記のように企業外部への経済効果を認識測定評価する仕組み，およびそれに関する実証研究の積み重ねが必要であろう。

4 おわりに

実証分析がCSRのうち環境項目に偏しているのは，グローバルな影響の大きさもあるが，多様な環境問題の影響については科学的な根拠に基づく統合がある程度可能であり，研究も進んでいるからである。一方，社会的文化的側面の強いその他の主題についてはグローバルには統一的に評価することが難しい。この点の克服は，今後の社会的な課題でもある。

GRIの拡充や，統合報告書は，CSR情報開示の拡がりを示唆する。しかし，制度開示でない限り比較可能性を何処で担保するかは重要な問題である。企業が監督官庁自治体などへの提出が義務付けられている情報の活用は一つの解決方法であろう。

また，すべての実証分析について言えることではあるが，とくに，ステークホルダーごとに目的は多岐にわたることを留意して，実証目的として取り上げたものが，本来の目的変数であるのか，代理変数の一つであるのかをはっきりさせなければならない。開示情報に依存した分析にならぬよう，ステークホルダーの目的意識を明確にした実証研究が求められる。

(注)
1) 経済的価値,社会的価値については「Ⅰ　社会関連分析」参照。
2) 環境省のガイドラインに基づく環境会計については「Ⅱ　環境会計と経営分析」参照。

〔参考文献〕

Sakurai, M., K. Ito, K. Ito, and S. Shinmura (2012) "The Influence of Corporate Reputation on Corporate Value : Based on Empirical Research Results", *Senshu Management Journal*, Vol. 2, No. 2, pp. 31-43.

中村祐介,高橋正子 (2014)「CSR活動と財務パフォーマンスの関係－レピュテーションによる効果－」『日本経営工学会春季大会予稿集』Vol. 2014, 48-49頁。

壺井　彬,高橋正子 (2008)「企業の環境パフォーマンスの貨幣評価による経済パフォーマンスへの影響と環境会計－LIME・JEPIXの利用可能性－」『経営分析研究』No. 24, 88-102頁。

壺井　彬,高橋正子 (2010)「環境会計情報にもとづく企業の環境保全活動の評価－貨幣尺度で測る環境保全活動と効果の関連性－」『経営情報学会誌』Vol. 19, No. 3, 183-202頁。

［高橋正子］

第7章　情報技術の進展と経営分析

IT（情報技術）の発展と普及は，経営分析環境に大きな変化をもたらしている。
　第一に，分析情報の質・量の拡充と情報コストの低廉化である。インターネットによるIR情報の発信，アクセスが容易な各種統計データの充実，分析用ソフトウェアの利便性が，相乗的に経営分析領域の拡張と分析内容の深化に寄与している。
　第二に，XBRLとよばれる財務情報を記述するためのコンピュータ言語の登場である。現在ではEDINETやTDnetなどの電子開示システムを通じて，日本における全上場企業の詳細かつ大量の財務情報を，リアルタイムかつ無料で入手できるようになっている。XBRLデータをハンドルするのに必要な基礎知識を獲得し，適宜ツールを利用するなどすれば，より高度な経営分析が可能となるだろう。

[坂上　学]

I　ITによる革新がもたらした経営分析環境の変化

　1990年代に入ってから，経営分析の環境が大きく変化した。グローバリゼーションによる競争環境の変化，インターネットによるボーダーレスな情報共有と情報技術（IT）による業務プロセスの革新及び企業構造の変化，Investor Relations（IR：投資家向け広報）の組織的取組みによる企業情報開示の進展などの影響を受けて，経営分析で取組むべき領域が広範となり，分析すべき情報も膨大となった。
　経営分析は，一般に，「企業の会計情報を中心とする経営に関する情報を分析資料として，企業の経営内容を比較・検討すること」とされるが，財務諸表分析を中枢としつつも，それ以外の「**非財務情報**」の分析の重要性がますます高まる傾向にある。とくに，ITを活用して生産される多種大量の情報は，ITを活用して収集し分析しなければ，適切な判断を必要とされるタイミングでかつ低コストで導出することはほとんど不可能である。
　ＩＴは経営革新に大きなインパクトを与えているが，そのような経営の実態を経営分析によって明らかにするためには，IT活用の効果が大きく，もはや不可欠である。

1　ITによる革新がもたらした経営分析環境の変化

　経営分析環境の変化の第1は，企業の開示情報が質的・量的に良化してきたことである。企業に法制的に強制される**経営情報開示**（disclosure）の進展に並行して，企業が自主的に行うＩＲ活動の積極化によって非財務情報の提供が充実してきた。これらの情報は，誰でも何時でもインターネット上の企業のホームページで閲覧し，自分のパソコンに無償で取り込むことができる。
　企業のIR活動は，企業内容の理解促進，企業の認知度向上，経営理念・経営戦略の伝達などを目的とするが，投資家の視点を経営

に活かして**企業統治（コーポレートガバナンス）**や企業価値を向上し，さらには市場とのコミュニケーションを通じて経営に有用な情報を取り込むための経営手段として重みが増している。同時に投資家をはじめ企業のステークホルダーは，IRを通じて当該企業の戦略的ポジションを測り，あるいは問題点を見透かし，経営姿勢を問いただす。そのために，IR手法の巧拙や内容の透明性で株価は大きく左右され，時には企業の存立すら脅かす。

もう1つの変化は，各省庁がホームページで公開する各種統計データ，白書，審議会・研究会の報告書などの充実，および産業界・特定業界・研究機関等が開示する統計年報・月報，需給動向調査，その他各種データベースの整備である。これらのデジタル化された情報は，合法的，倫理的かつ時間的・場所的制約なしに，しかも極めて低廉なコストで入手が可能となった。

情報収集上の質・量・手段にわたる制約からの解放は，**経営分析における重要成功要因（Critical Success Factor）**を「情報収集力の格差」から，IT時代における「情報分析力の格差」へシフトさせた。

情報分析力を左右する要因の1つは，コンピュータをツール（道具）として**情報を活用する能力（information literacy）**である。

収集した情報は加工・分析が容易な電子ファイルとして記憶・蓄積が可能である。これら大量のデータから分析目的に適切な情報を抽出し，さらに新たな知見・知識（intelligence/knowledge）を創出するためには，分析のためのソフトウエアを活用することが不可欠である。ソフトウエアは，洗練化によって専門的な知識がなくても利用が可能になった。しかし，ソフトウエアを用いれば「同じデータに同じデータ解析手法を適用すれば，同じ結果が得られる」が，それと分析の効率性や的確性とは別である。分析ツールの進歩によって，分析者の問題意識や分析目的の明確さ，経営分析の理論や手法の習熟度が分析結果に反映され，むしろ分析の特異性を際立たせる効果をもつ。

2　情報コストの低廉化とＩＲ情報，各種統計データの充実

(1)　大量データから濾過による有用情報の創出

企業内部と外部では，入手可能な情報の質・量に大きな差がある。しかし，情報開示が進んだ現在では，知る必要のある情報の大半は**パブリック・ドメイン（public domain）**にあるので，どこを検索すればよいか分かっている人ならほとんど合法的に入手可能である。

情報には2つのカテゴリーがある。第1は，情報源から直接手に入れる純粋な**事実情報（primary source）**で，決算期に開示される企業財務諸表，年次報告書，IR情報，スピーチ，生放送，インタビュー等の一次情報である。第2は，学術論文，調査レポート，アナリストの報告書，新聞，雑誌，書籍，編集された放送などの**二次情報（secondary source）**である。二次情報は，一次情報よりも優れた情報になることがある。とくに，業界動向を熟知したアナリストやジャーナリストは，往々にして洞察力に富んだ意見や，まだ見えていない傾向あるいは業界内の秘密情報などを提供してくれることがある。二次情報には，正確なもの，完全なものもあるし，単純すぎるものや偏ったものもある。

情報の洪水とか目を通す時間がないレポートの山に辟易する繰言が多く聞かれる。確かに，少なすぎる情報よりも多すぎる情報の弊害のほうが大きいかもしれない。重要なことは，大量の情報を濾過し，蒸留し，分析して，判断や行動の拠りどころとなるように変換することである。そのような濾過された情報は，

インテリジェンス（intelligence：知恵・知見）あるいは**ナレッジ**（knowledge：知識）と呼ぶことができる（実務上インテリジェンスとナレッジの厳密な使い分けはない）。

ITの革新とインターネットの普及によって，ほとんど無限といえる情報源にアクセスし，検索し，取り出し，蓄積し，分析し，交換・移動されるようになった。しかし，そこで流通する情報のほとんどは，いわばインテリジェンスやナレッジの原材料，仕掛品あるいは半製品である。如何に効率的，系統的，経済的に収集しても，それだけでは意思決定や行動には結びつかない。

情報は，第4の経営資源と呼ばれるようになったが，素材をインテリジェンスやナレッジに変換してはじめて経営資源としての価値をもつ。その方法を知っている企業は成功し，知らない企業は失敗する。たとえば，大量の販売データの中からデータマイニングによって優良顧客予備軍を発見し，**顧客の生涯価値（Life Time Value）**が最大になるように顧客を育成するプロモーションを展開している企業と，従来の販売促進策を踏襲し繰り返している企業との差は歴然である。

経営分析においても同様である。**情報の濾過装置**を構築する必要がある。濾過装置は基本的には分析者1人1人に特有のものであり，分析目的によっても問題意識によってもその都度，情報濾過の仕方は異なる。

たとえば，多数の財務指標から企業評価に有用な総合指標を抽出するために多変量解析法を適用する場合，そもそも分析の目的は何か，期待する結果は何か，そのためにどのような母集団のどのデータに，どの解析手法を適用するか，得られた結果を経営分析的にどのように解釈するか，企業評価全体のプロセスの中にどのように位置づけるか，等々は分析者の判断に委ねられる。

情報の濾過に際して，プライマリー情報とセカンダリー情報の比較・突合せは欠かせない。セカンダリー情報がプライマリー情報を補足したり説明したりする場合がある反面，プライマリー情報の粉飾や不適正を指摘したり，逆に偏った見解であったりする場合がある。どの情報を重視し採用するか，これも分析者の判断である。

情報量が増大すればするほど，インテリジェンス／ナレッジを創出するために情報を濾過する重要性が高まる。そのためには，分析者の企業経営に対する見識と，分析ソフトウエアの活用が相乗効果を発揮することが成功要因となる。

(2) 非財務情報の収集と分析の重要性

企業を評価する視点として，成長を左右する企業の革新力が問われるようになり，企業価値を生み出す潜在力が重視される。

市場関係者は企業を判断する上で，2通りの方法を併用する。1つは，財務数値などの定量的・客観的指標を用いて分析して当該企業の全体の中でのポジションを測る。今1つは，数値化されていない定性的な情報と事実を1つ1つ積み上げてそれを総合して将来の成長可能性を予測する方法である。そこでは，個々の企業について知的財産，技術力，組織力，戦略，といった無形の要因（非財務情報）を財務数値と組み合わせて，それぞれ独自の企業評価モデルに取り込んで投資判断を行っている。それらの**非財務情報**は，やがて時間差をもって将来の財務的業績の変動要因となる。

不況下でも成長を持続している企業を調べると，過去の好況期にあっても経営者の強力なリーダーシップの下，情報技術を駆使して業務プロセスを抜本的に改革し，顧客ニーズを先取りした業態転換に取組み，さらに強化すべき中核能力を明確にして投資を怠らないなど，さまざまな革新施策を継続的に行っていることが分かる。

機関投資家が重視する非財務情報は，幾つ

かのアンケート調査によれば，競争優位分野での知的財産の管理，コア事業での技術蓄積，ブランド戦略，組織・人材・企業文化，コーポレートガバナンス（企業統治），社会的責任，環境対応，資金調達などがあげられる。

これらの情報は，企業がＩＲや年次報告書，プレスリリースなどに公表する**ミッション・ステートメント**から入手できる。ミッション・ステートメントには，企業運営に関するトップマネジメントの信念やビジョン，経営環境に関する認識，経営目標と行動計画，技術開発と投資計画，組織改革など，実現へのコミットメントが表現されている。企業のミッション・ステートメントの変遷を数年にわたって調べれば，今後の新しい方向や可能性を洞察するのに役立つ。競争企業についても，同様の情報を収集し，分析することも欠かせない。業界アナリストの分析・評価・予測情報も有用である。

ミッション・ステートメントの実現可能性ないし不確実性を評価するためには，マクロ経済，環境規制，人口動態，市場の需要動向など，経営環境に関する情報も不可欠である。

これまで，企業の情報発信はほとんど一方的に行われてきた。しかし，ＩＲの効用は企業の実態を市場に知ってもらうだけでなく，市場から有用な情報を取り込み，それを経営に生かして企業自身の鍛錬に役立てようとする双方向対話型のＩＲを志向する企業が増えている。対話の内容も公開されることが少なくないので，有力な情報に加えられる。

経営環境の変化が加速し，競争優位の持続期間が短く不安定となり，企業価値形成における有形資産の比重が低下してきた。その一方で経営理念や企業文化，知的財産やブランド，**ビジネスプロセスやサプライチェーン**（Supply Chain）などの経営の見えない要因が，企業成長を左右するようになった。その結果，経営分析における財務情報の有用性が既往に比べ相対的に低下する一方で，企業の情報公開の積極化とIT活用による情報収集の物理的制約が解消されたことと相俟って，経営分析における**非財務情報**の重要性がますます高まっている。

(3) Webによるデータ収集と調査デザインの重要性

企業価値の決定因子として経営の**見えざる資産**（Intangibles）が重視されるようになり，オフ・バランスの無形資産を定量化するために多面的な研究が行われている。

無形資産には，人的資産に代表される知的資産，顧客データベースや顧客との関係性によって構築される顧客資産，企業ブランドや商品ブランドに起因する収益力を裏づけとするブランド資産など，種々の要素から構成される。

「Intangibles－財務効果－企業価値」の関係を定量的に明らかにする測定モデルが研究されているが，なお開発途上にある。

測定アプローチとしては，財務データ法と質問調査法がある。ブランド測定における財務データ法には，当該ブランドを市場で購入する際に必要となる金額をブランド価値とする市場アプローチ，当該ブランドと同じブランドを構築するために必要となるコストをブランド価値とするコストアプローチ，当該ブランドによって得られる将来利益の現在価値をブランド価値とする利益アプローチの３つがある。質問調査法は，企業および商品に対する認知度，好感度，選好度，信頼度，忠誠度などをアンケートによって調査し，顧客との繋がりの強弱がどれほどの価格プレミアムを生み出しているかを測定し，ブランド価値を評価しようとするものである。これらのアプローチ法は単独で用いられることは少なく，さまざまなデータ解析，統計解析手法を組合せて適用した評価モデルを構築するのが一般である。設定した仮説，アンケートの内容と結果，変数として用いた財務指標，それらを

統合したモデルの論理構造，そして検証結果が評価モデルの特異性となる。

コーポレートガバナンスの評価にも類似の評価法が研究されている。コーポレートガバナンスのあるべき姿（Normative Model）を構想し，アンケート調査の結果を定量的な評価指標に総合化するとともに，財務データとの相関関係の有意差を検証するアプローチが成果を得ている。

Intangibles が競争優位の源泉となり，企業価値成長の核要因として認識されるようになった。Intangibles を測定し，コントロールするためのモデルの構築において，有意な定性的データ収集の重要性が高まる。Webによるアンケート調査は，従来の情報収集の時間的・空間的・費用的制約を大幅に緩和した。広範囲に，大量サンプルを，短時間に効率的に収集して分析することが可能になった。しかし，そのことが有意なデータの収集を意味するものではない。

アンケート結果は，どのような質問をどのような回答者に対して行ったかによって大きく異なる。アンケート回答者の選定は，調査目的による。偏りがない回答を期待してランダムサンプリングを行う場合と，専門的な回答を得るために企業経営者／管理者／従業員，研究者／アナリスト／技術者，需要者／供給者などについて全国的／地域的，業種別／業態別などの範囲を限って行う場合がある。回答の質は母集団の決め方によって左右される。

アンケート項目は，アンケート対象母集団との相互関係によって変わる。入念に設定されたアンケート項目でも，質問の意図を正確に伝えることは容易ではない。思わぬ受取り方をされることが頻発する。たとえば，実務経験がなく企業の財務担当者とのコミュニケーションの機会が少ない研究者が財務意思決定論に基づいて規範的に作成したアンケート調査と，変革の必要性を痛感しながら現実的な制約条件のもとで対応に追われるCFO（Chief Financial Officer：財務担当役員）の意思決定のロジックが，かみ合わないことが起こる。

そのギャップの実態的な原因を確かめないままアンケート結果を統計解析にかけても，合理的な解釈はできないだろうし，誤った判断をする危険があろう。

そのような傾向は，Webアンケートの場合にはさらに増幅されやすい。Webアンケートは面接や電話，郵便などに比べ機動性と簡便性に優れ，とくに大母集団からの継続的あるいは定期的な情報収集に威力を発揮する。しかし，その利点を活かすためには，理論と現実を突き合わせた調査デザインの継続的な洗練化の努力が欠かせない。安易なWebアンケートの利用は，誤った判断を誘導する危険が少なくない。

3　情報機器の普及と分析ツールの充実

(1) 分析の効率化と高度化のための学際的な理論・手法の援用

欧米では，報告される収益からではなく，将来のキャッシュフロー・パフォーマンスから企業価値を評価する投資家が増加している。その潮流をうけて，株主価値の最大化を経営課題のトップに掲げて，**VBM（Value Based Management：価値創造経営）** を経営の基本とする企業が漸増している。VBMは，リスクおよび時間的価値を織り込んで，将来キャッシュフローの動きを分析し管理する手法であり，短期的な利益重視から長期的な価値創造重視へと思考と行動を変えることを狙いとする。

企業はVBMを具現化するために，将来のシナリオを描き，情報技術を駆使して財務モデルを構築し，情報を収集して企業価値算出シミュレーションを繰り返して経営の方向を定める。このＶＢＭシステムでは，実績把握，

事業ポートフォリオ，投資計画，生産・販売計画，予算策定などと，財務指標および非財務指標が連動する必要がある。そのためには，事業価値の源泉が何であるか（**value driver：価値創造要因**），企業のどこで価値が創造され，どこで破壊されているのか，キャッシュフロー最大化に最も貢献する事業領域はどれかを明確にしなければならない。その上でプロジェクトや投資の優先順位を設定する。

企業価値の決定要因であるバリュードライバーは，産業部門によって異なる。バリュードライバーによる戦略シミュレーションでは，バリュードライバーに影響を与える経済成長や需要動向，価格政策とマーケットシェア，技術動向と製品のライフサイクル，流通機構と決済条件，金利動向などの非財務要因についての感度分析と予測も必要である。

バリュードライバーのなかで，重要かつ予測が困難なのが競争優位の期間である。技術革新の激しい産業ではほんの数年間であるし，参入障壁が高く競争環境を予測しやすい産業分野ではもっと長い期間となる。

企業価値の持続的成長を企図する経営戦略の策定において，あるいは外部分析の立場で企業価値を評価する場合には，多くの予測が含まれる。経営環境の変化が比較的連続的な時代においては，将来も過去の延長線上にあるという前提のもとに経営を行っても大きなリスクはなかった。しかし，不連続な変化が頻繁に起こりうる時代においては，将来を的確に予測することはほとんど不可能である。演繹的な論理で未来を一点予測しても，その信頼性は低い。将来の不確実性に対応するために，起こりうる複数の事態を想定し，それぞれに対して戦略オプションを用意しておくことが考えられる。そのための手法が，**シナリオプランニング**である。シナリオはいくつもの分野に関わるので，学際的なアプローチとならざるをえない。

シナリオプランニングの効用は，シナリオ構築のプロセスにおいて自社ビジネスが直面する可能性のあるさまざまな不確定要因を認識し，シミュレーションによって未来経験を重ねて危機への柔軟な対応を準備しておくこと，危機管理のみならず事業機会創出にも活用できることである。しかし他方では，シナリオ構築は当事者の主観や価値観，意識や思想が織込まれ，客観性・公平性に疑問があること，そもそも策定したシナリオは未来を先読みしているか，といった指摘もある。

企業価値評価のための外部分析においても，シナリオプランニングの手法を援用することは，分析の広がりと深化に大いに役立つ。

経営環境の変化とそれに適応する企業経営の進化は，分析のために大量の情報と多様な手法を必要とするようになってきた。シミュレーションでは，狭義の財務分析の領域を超えて，財務管理論や統計学をはじめ隣接する関連諸科学の理論と分析手法をモデル構造のなかで有機的に連動させる必要があるので，もはや手作業の限界を超えている。シミュレーションモデルの構築では，論理的な精緻さと整合性を求めた複雑大規模構造よりも，柔軟な試行錯誤機能（iteration）を重視したモジュール（module）構造の方が実用性が高い。

ITを活用して，専門知識を持ったメンバーの知的協働のネットワークを形成し，学際的なアプローチから目的とする知見を導出することも，有効かつ効率的であろう。

(2) 分析目的に即した最適データ・最適ツールの選択

顧客データや**POS**（Point of Sales：販売時点管理）データなど膨大なデータの倉庫（data warehouse）をマイニング（採掘）して，情報，知見，知識，仮説，課題などを見つけ出す**データマイニング**のソフトウエアが充実してきた。データマイニングのツールを**シフトウエア**（sift ware：篩にかける）と

呼び、既に200以上が提供されている。

データの構造を記述する手法（クラスタリング、アソシエーション分析など）と予測のための手法（回帰分析、決定木、ニューラルネットなど）があるが、従来の統計手法との違いは明確でない部分が多い。シフトウエアを使いこなすには、ある程度専門技術が必要となるが、身近に使っているExcelでも十分可能である。

データマイニングはCRM（Customer Relationship Management：顧客関係管理）における適用事例が多いが、そこでの経験と知見の集積は経営分析に別の新たな適用可能性を広げていくであろう。

ただし、大量データの利用と多様な分析ツール（ソフトウエア）のラインアップは、経営分析の自動化を進めるものではないし、必ずしも分析目的に即した最適情報・最適ツールの選択を保証するものでもない。

最適データと最適ツールの組合せで最良の結果を得るためには、まず、分析すべき経営課題について正しい認識がなければならない。減収減益の原因が、景気変動の影響が最も大きいと考えるのか、製品力の衰えなのか、営業効率の問題なのか、あるいはプロモーションの失敗にあるのか、着眼点によって分析の方法と手順は変わってくる。背景にある業界事情やビジネス特性についての知識が必要であるし、分析のセンスも問われる。

分析課題の認識に基づいて、データの収集を行うが、適切なデータ源を知っているか否かによって以後の分析プロセスと品質が左右される。何が分析に適切なデータであるかは初めからは決められないことが多い。分析ツールの試行結果によって収集データを追加したり除外する試行錯誤の繰り返しが避けられない。

こうした分析の前工程が分析プロセスの相当部分を占め、その精粗が所期の結果が得られるか否かの決め手となる。この部分は分析者の属人的性格を持つものだから、同じ分析課題に同じ分析ツールを適用しても、その結果が異なる原因となる。

データと分析ツールの組合せには相互関係があり、その最適組合せは難しい。むしろミスマッチが少なくない。現実には時間・コスト・タイミングの制約があるため、データの収集に質的あるいは量的な不足があっても、分析ツールの使い方を工夫して最善の結果を導く場合が多い。

どの分析手法・ツールを適用するかも、分析者の選択に委ねられる。たとえば、まず仮説を立ててそれを検証する統計的アプローチをとるか、白紙の状態から意味のある相関関係や有効なビジネスパターンを発見して仮説を構築するデータマイニングの手法をとるか、その際どの分析ツールを選択するかは、分析目的によって決められる。

分析環境のデジタル化は飛躍的に効率を向上させたが、分析目的に即した最適データ・最適ツールの選択は、結局は分析者の企業経営に対する見識と経験に依存する。

(3) IT活用の利便性を駆使できる情報リテラシーの向上

情報リテラシーとは、情報機器やネットワークを活用して情報やデータを取り扱う上で必要となる基本的な知識や能力をいうが、ＩＴが思考の道具となった現在ではもっと広い能力が求められる。

経営実務における情報リテラシーは、第1に、情報技術を活用して定常業務を効率的かつ正確に処理する能力、第2に、情報を分析して業務上の課題を認識し、軌道修正や新しい対策など解決方法を提案し実行する能力、第3に、取組むべき経営課題について適切な情報を収集し、解析して意思決定に役立つ情報を提供する能力、第4に、特有の情報源を駆使して将来の可能性を探索し、新しいビジネスをデザインする能力、の4つのレベルが

ある。

第1と第2のスキルは，一般に業務遂行上の**構造化された問題（structured）**への対応で，先進企業では基盤となる情報システムが構築されている。第3と第4のスキルは，課題の認識そのものに個別差がありかつ**非構造的な問題（unstructured）**であるため，定式的な対応が難しく，創造力が要求される。なお，ここでいう structured と unstructured の区分は必ずしも明確ではなく，現実には中間に semi-structured な問題領域がある。ある企業にとって unstructured な問題であっても，他の企業にとっては既に解明済で対応方法が確立している structured な問題となっている場合も少なくない。

経営分析では，分析対象の相当部分が unstructured な問題で分析プロセスの定式化が難しく，したがって分析結果には正解がなく，分析者の主観と洞察力に左右される知的成果である。その知的創造活動の効率を支えるのが，情報リテラシーがもたらすIT活用の利便性である。

分析プロセスにおけるITの活用では，パソコン機能の飛躍的な向上とネットワークの広帯域化によって，操作上の制約はほとんど解消された。分析用ソフトウエアも揃っている。しかし，その活用効果となると，格差がむしろ拡大する傾向がみられる。現状では，経営分析の専門能力と情報リテラシーがうまく相乗効果をあげていないのが原因と考えられる。

情報リテラシーは，試行錯誤の学習効果によって向上する。同じソフトウエアを使っても，得られる効果は異なる。たとえば，Excel を使って経営計画シミュレーションを行う場合，モデルの論理構造と適用手法，大きさと精緻さ，モデル機能と操作性，インプットとアウトプットなどは分析者によって異なる。知識・経験・ノウハウが豊富であれば，モデルによるシミュレーションそのもの

は structured な分析プロセスであり，それよりも前提となるシナリオプランニングこそが unstructured な問題であるかもしれない。その逆の場合もあろう。

創造的な思考プロセスを支援するITは単なる道具にすぎないが，その道具の性能を最大限に活用する情報リテラシーが必須となる。

4　分析目的の重要性

(1) データ収集の容易性と解析ツールの利便性が陥る罠

情報生産のための研究・開発・投資の初期費用は大きいが，その再生産のための限界費用は極めて小さいため（economy of information），情報の貯蔵量が飛躍的に増大し，供給システムが発達している。

統計学では，「正しいことを否認する第1種の誤り」と「誤ったことを承認する第2種の誤り」を区別するが，情報の豊かな社会の将来は却って情報の氾濫といわれる「情報の過大負荷」を招き，2つの誤りを犯す危険が増大している。

情報システムでは，価値のある情報を見逃す危険を避けるための「価値ある情報の選択」と，正常ないし標準的でない例外的な事項・事態を管理するための「例外情報の摘出」に役立つ機能の整備が進められている。しかし，価値があるか否か，何が例外であるかの判断は，あくまでも物事の本質に関する人間の理解に依存していることを忘れてはならない。

分析情報量過多のために，経営実務では「重要な情報の選択が難しい」，「収集した情報が十分に加工・分析されない」，「情報の内容が客観性・信頼性・適時性に乏しい」といった問題を抱えるようになった。そのために，情報の選択や情報の濾過，情報の要約，新しい知識の発見，予測などに有効な統計解析の手法が用いられている。しかし，その利

便性が陥る罠もまた増加している。

　まず分析の前工程における問題である。分析の前工程が分析結果の客観性や信頼性を左右することは周知であるが，ツールの大容量高速処理とロジックの合理性が人間の持つ直感的な疑問を封じ込め，基本的な問題を内包したまま分析の後工程に進む危険をもっている。

　統計解析のソフトウエアには，分析の前工程をサポートする機能（多種多様なグラフ出力によるデータの視覚化，基本統計量の算出と検定，データの相関を調べる単回帰分析と散布図など）が用意されている。したがって，原データの検討は十分に行われるはずであるが，現実には，分析アルゴリズムに関心が高く，データの検討は軽視される傾向がある。

　たとえば，時系列データの分析では，最近期5年とか最長10年とか区切りのよい期間が設定されるが，その理論的根拠は必ずしもはっきりしない。データが収集可能な期間という決め方もある。バブル経済期を含む1980年代とデフレ経済に見舞われた1990年代では，データの推移は様相を異にする。その中には，より短期の循環変動も含まれる。データの取り方によって分析は影響をうけるのは当然である。そのうえ，トレンドを見るために量的水準そのものを表す指標（たとえば売上高）と変化率を表わす指標（たとえば前期比増減率）を同じ折れ線グラフに示して（2つの指標は基準が異なる），不作為の誤判断に気付かないまま分析を進めることが意外に多い。

　財務指標には，正規分布に近似するものと，分布が偏った非対称分布をするもの，あるいは度数に変化がない一様分布をするものがある。それぞれ指標の特性に基づくものであるが，それらを混合して統計分析をすれば，実務感覚とはかけ離れた統計量が算出される。

　どの分布にも一般に「はずれ値」がある。はずれ値が異常データであるか否かは，その原因を調べなければ分からない。加えて，異常データとしてサンプルから除外するかどうかは，純粋に統計学的観点からは決められない。度数分布や散布図と除外前後の統計量の変化から判断するほかない。それでも，はずれ値の処理は必須であり，分析結果に大きな影響を及ぼす。

　母集団と説明変数の決め方にも困難がともなう。財務指標には業種特性があるものと共通尺度となる代表指標がある。また財務指標には，売上高利益率や自己資本比率のような構成比率，流動比率や棚卸資産回転率のような相対的大小関係を表す対立比率，資本利益率や利子対有利子負債比率のような分母から分子が発生する発生比率，売上高指数のような基準時に対する指数がある。これらの指標は性格が異なり，目的や使われ方に違いがある。分析目的によって母集団と変数の組合せを検討しなければならない。

　分析の主工程にもさまざまな問題が生じる。仮説の検証や仮説の構築，課題の摘出や予測，新しい知見や知識の導出などのために，多変量解析法が適用される。財務データと非財務データから，定量的な関係を見つける（**重回帰分析**），効いている要因を見つける（**数量化理論Ⅰ類**），どちらのグループになるか判別予測する（**判別分析**），情報を縮約する（**主成分分析，数量化理論Ⅲ類・Ⅳ類，双対尺度法，クラスター分析**）など分析目的に適すると考えられる手法が適用される。

　「当り前のことが当り前の結果となって出てきた」といえる場合があれば，「期待通りの新しい事実」の発見，あるいは「全く予期しなかった，事前には想起しにくい結果」が得られる場合もある。その採択の可否は検定によって決められるが，統計的に有意であっても経営理論や経営実務からは合理的解釈が難しい場合がある。逆に，統計的に有意でないため，分析全体が棄却されることもある。その際には，原データに立ち戻って被説明変数と説明変数間の論理性を検討し，統計的に

否認された原因を究明しなければならない。

　有意な説明変数による説明力のある回帰式を求めても，経営分析の視点から合理的に解釈できなければ意味がない。ツールの利便性に依存したアルゴリズム主導の分析は，「作為の誤り」に陥る危険があることを忘れてはならない。

(2) **データ・情報の背後にある経営実態の摘出**

　実績財務データ・情報は，過去の経営方針，戦略意思決定，組織改革，業務プロセスの革新，技術開発，製品力強化など多くの施策の量的な成果である。その遠因・近因を非財務情報から摘出しなければならない。

　キャッシュフローを基盤とするＢＶＭにおいて，企業価値を決定するバリュードライバーの１つが「運転資本」である。バリュードライバーとしての運転資本は，キャッシュフローの増減に直接的に影響する棚卸資産と売上債権・買入債務である。一般に，運転資本は資金の流出（キャッシュ・アウト）と認識されているが，財務構造のスリム化と資金効率の向上およびリスク回避のために，在庫の圧縮と決済資金の効率管理を徹底し，資金を捻出（キャッシュ・イン）する企業が増加している。

　ライフサイクルが短く，消費者の嗜好が短期間に変化する商品では，原材料の仕入れから販売までのリードタイムを短縮し，生産プロセスを合理化して需要動向に即応できる生産調整を可能にすることは，コスト削減とリスク管理になるばかりでなく顧客満足度の向上につながる。捻出したキャッシュフローは，戦略商品の設備投資の原資となり，有利子負債の返済財源となる。

　こうした戦略を実現するために，**サプライチェーン・マネジメント（Supply Chain Management：SCM）**の経営手法が導入されている。SCMは，原材料の供給から製造，在庫，物流，販売を経て最終消費者に商品が渡るまでの関係する全てのプロセスを１つの連鎖として管理することによって，経営効率を向上させる経営手法である。換言すれば，顧客の価値を創造する機能の連鎖（ビジネスプロセス）である。先駆事例としては，米デルコンピュータの高速経営・ローコストオペレーションがある。デルモデルは，入金のスピードが出金のスピードより早ければ，資金がなくてもリスクの少ない経営の仕組みができることを実証した。SCMは，モノ・カネ・情報を総合的に管理して全体最適を追求するから，売掛金・買掛金の回転期間の短縮をもたらす。

　不況期でもキャッシュフローの持続的成長を維持している企業の共通項の１つは，優れたビジネスプロセスを構築しそれを改善し続けていること，加えてキャッシュフローを徹底管理していることである。

　偶々取り上げた運転資金というバリュードライバーの分析が，サプライチェーンを通じて収益構造全体と関連していることが分かる。したがって，財務数値の良否を判断するためには，サプライチェーンの構成要素との因果関係を分析するとともに，その実現を支えているＩＴを活用した仕組み（システム構造）の特異性と性能を評価しなければならない。

(3) **分析目的の明確化**

　全ての分析作業は，分析目的を原点にして始まり展開される。分析目的は，内部分析と外部分析では異なる。

　内部分析は，経営戦略の立案，経営計画の策定，投資案件の選択，予算，業務管理など経営活動を管理するために行われる。分析結果は意思決定の基となり，行動に結びつかなければ無意味である。

　経営管理には３つのレベルがある。経営方針，経営戦略，投資決定などに関わる経営トップの意思決定（Strategic Planning），戦

略計画で策定された政策や方針にそって所与の資源を用いて効率的かつ効果的に目的を達成するプロセスに関わる管理者の意思決定と対応・対策（Management Control），特定の業務を効率的かつ効果的に遂行するプロセス（Operational Control）である。

この3レベルの経営活動から要求される情報は，質量ともに大きく異なる。Strategic Planning に必要とされる情報は，集約情報であり，情報の範囲は広いが精密さはさほど要求されない。戦略に関わる将来情報が重要であり，要求頻度は少ない。Management Control に必要とされる情報は，所管業務の詳細な実績情報であり，要求頻度が高く情報の鮮度が求められる。

分析情報はマネジメントのニーズに的確に応じていなければならない。如何に精緻で正確な情報であっても，経営トップのニーズに焦点が絞られていなければ，その意思決定に何のインパクトも与えない。また，分析はタイムリーでなければならない。期限切れの分析情報は，内容に関わらず無用となる。

経営情報システムでは，合理的なManagement Control を支援するために，分析理論・アルゴリズムに忠実なシステムから定型情報が定期的に提供されるが，意思決定者の関心とニーズは，むしろ例外事象に関する随時・非定型の特別情報や注意・警告情報にウエイトがかかる。そのようなニーズに応えられる分析者の知力を活かした随時・非定型の情報の創出こそ，IT活用の真骨頂である。

ハードの高速・高機能化と低廉化，アルゴリズムの進化とソフトの高度化，ボーダレスな情報の共有を可能にしたインターネットの発展は，新しい経営技術を生み出した。それに対応して経営分析のアプリケーション・ソフトも充実してきたが，現状では経営技術の進歩の方が早く，その間に未だ時差があるといえる。

多変量解析法が経営分析に適用されるようになって，新しい分析視点と成果が得られた。しかし，ITの利便性を効かして新奇性を追求することが目的化すると，本来の分析目的から外れてしまう。分析目的と分析ツールの適切な整合という当然の前提を充たすことが，分析結果の合理性と品質の決定要因となる。

外部分析では，金融機関・投資家・アナリストなどが投融資の実行の判断基準とするために行う。その中心課題は，企業価値ないし投資価値の評価である。

企業価値は，「貸借対照表に記載される資産に加え，企業の人材・スキル・ノウハウ，技術力，ブランド，企業文化などが生み出す将来のキャッシュフローの現在価値」のことである。すなわち，企業価値を評価するためには財務情報と非財務情報を総合して，現在の経営状態を分析したうえで，将来のキャッシュフローを予測しなければならない。

既述のように，キャッシュフローの予測には多くの不確実性が含まれる。予測のなかで不確実性をどのように処理するかの手法の選択が，予測結果を特徴づける。

分析目的に適当と考えられる分析手法を用いても，所期の結果が得られるとは限らない。感度分析によってキャッシュフローの増減に影響するキーバリュードライバーを抽出して楽観的なケースから悲観的なケースまで試行するとか，政策パラメーターの値を変化させて戦略のリスクを確かめたり，あるいは他の分析手法を適用して結果を比較するなど，多くの試行錯誤を経てようやく目的に達するのが普通である。ITの活用は，そのような思考プロセスの効率と深化を支援するものであるから，将来の展望を数値化して分析する情報リテラシーの高さが分析結果に影響することになる。

キャッシュフローの予測期間，現在価値への割引率（Weighted Average of Capital Cost：加重平均資本コスト）は，分析目的によって変わらざるをえない。金融機関は融資

の回収に重点を置くであろうし，投資家はリスクに敏感である。M&Aにおける事業価値の評価では，合併価格または買収価格の基礎となるキャッシュフローの稼得予想とその持続期間が争点となる。したがって，企業価値は分析目的によって変わることになる。

分析目的は自明のように考えられるが，現実には必ずしもそうとは言い切れない。企業経営は，国境を越えた競争環境のもとで世界標準（global standard）が普遍化し，財務会計基準が改正され，経営規範も株主価値重視へと移行した（paradigm shift）。したがって，経営分析も経営手法の進化に即応して分析目的，分析領域，分析手法を変えていかざるをえない。

経営分析の目的を，「財務情報のみならず，非財務情報及び経済環境を含む経営に関わるあらゆる情報を収集して分析し，戦略経営（strategic management）にかかわる意思決定とその遂行・管理に役立つ情報，あるいは，投資意思決定に役立つ企業価値評価情報を創出すること」と拡張すれば，管理会計はじめ周辺学問との境界は融合し，分析手法にはソフトウエア・アルゴリズムが入り込んでくる。

現在は，多くの企業が競争環境の変化に適応するために，経営パラダイムの転換に取組んでいるが未だ途上にあり，先進的な経営手法に対する理解も十分とは言えない。そのために，時として研究者やアナリストの分析と経営者や財務担当役員の認識にギャップが生じている。

経営分析の理論と手法がどのように発展していくかは予断を許さないが，多元的な分析ツールとしてのITの活用が，経営分析の変革のドライバーとなる可能性は大いにあるだろう。既に，その萌芽が見られる。

　　　　　　　　　　　　　　　［山田文道］

II　XBRL

1　XBRLとは何か

(1) XBRLの定義

XBRLとは，eXtensible Business Reporting Language（拡張可能な事業報告言語）の頭文字で，「財務情報の作成・流通・利用が容易となるように，XML（eXtensible Markup Language）を用いて標準化された事業報告用のコンピュータ言語」と定義される。

「事業報告」という名称からも理解されるように，財務情報のみならず，非財務情報にも対応しているので，カバーする範囲は広い。現行の有価証券報告やアニュアル・レポートだけでなく，知的資本情報，ESG（環境・社会・ガバナンス）情報，リスク情報など多岐にわたる情報を記述するためにも利用できる。

(2) XBRLの基本概念

XBRLを説明するにあたって，避けて通れない以下の3つの基本概念がある。まずは，これらの概念について理解する必要がある。

・XBRL仕様（XBRL Specification）
・タクソノミ（Taxonomy）
・インスタンス文書（Instance Documents）

これら3つの概念の関係は，次頁の図表7－2－1のように示される。

XBRL仕様は世界共通のルールで，この仕様に基づいてタクソノミが開発される。財務報告用のタクソノミの場合，各国の会計基準ごとに作成される電子的な雛形である。この雛形をもとに実際の財務データを埋め込んだものがインスタンス文書となる。

図表7－2－1　XBRLの3つの基礎概念の関係

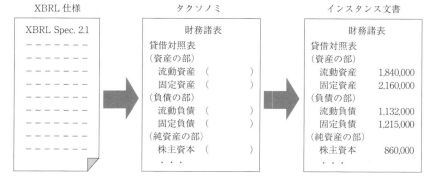

2　XBRL仕様

　XBRL仕様は，タクソノミを作成するための基本ルールを定めたもので，執筆時点での最新バージョンは2.1である。XBRLは仕様についても拡張可能なので，バージョン2.1が公表された以降は，包括的な仕様全体の改訂をやめ，機能を追加する部分の仕様だけを個別に公表するというアプローチをとっている。

　たとえば，データの整合性を検証する機能の「フォーミュラ」（formula）や，セグメント別情報のようにマトリックス構造のデータを記述する機能の「ディメンション」（dimension）といった追加仕様が，これまで個別に公表されてきた。最近ではXBRLデータをWebブラウザ上で表示できるようにする「インラインXBRL」（InlineXBRL）という仕様も公表されている。

　また仕様の他にも，タクソノミ作成のガイドラインとしてFRTA（ファータ），インスタンス文書作成のガイドラインとしてFRIS（フリース）という技術文書も公表されていて，これら全てをまとめてXBRL仕様の全体が構成されているといえる。

3　タクソノミ

　タクソノミは，XBRL仕様に基づいて作成される，さまざまな会計諸表の電子的な雛形である。表現できる会計諸表は，会計システムのインプットデータである仕訳帳から，元帳，そしてアウトプットデータである財務諸表に至るまで，さまざまである。仕訳帳や元帳を表現するタクソノミ・フレームワークは，XBRL GL（Global Ledger）といい，財務諸表を表現するタクソノミ・フレームワークは，XBRL FR（Financial Reporting）という。

(1)　XBRL GLタクソノミ

　XBRL GLとは，勘定科目，会計仕訳，勘定残高などの会計・財務情報を表現するためのXBRLタクソノミであり，中でも仕訳データを記述することが主な役割として位置付けられているため，「仕訳タクソノミ」（Journal Taxonomy）と呼ばれたりすることもある。

図表7-2-2　XBRL GLのモジュール構成

　XBRL GLのタクソノミ・フレームワークでは，基本的にCOR（Core）モジュールをベースに，BUS（Advanced Business Concepts）モジュール，MUC（Multi-Currency）モジュール，USK（Concepts for the US, UK, etc）モジュール，TAF（Tax Audit File）モジュールの5つのモジュール・セットから構成される。また必要に応じ，産業別モジュール（Industry）やその他モジュール（Others）を拡張する。

　各モジュールの関係は，図表7-2-2のように示される。

　XBRL GLは，特定の報告制度や情報システムに依存せず，連結決算の自動化を実現し，極めて高い柔軟性を持つという特徴がある。このため，GLでは国別や会計基準別にタクソノミというものを作らず，XBRL International Inc.が策定した世界共通のタクソノミ・フレームワークを利用し，国や地域で異なる部分は地域別モジュールの部分で対応することになる。なお，地域別モジュールとして，現時点では英米用モジュール（USK）のみが作成されている。

(2) XBRL FRタクソノミ

　一般に，タクソノミといえば**XBRL FR**タクソノミのことを指す。各国の会計基準ごとに従って作成された，いわば財務諸表の電子的な雛形である。財務諸表を記述するために必要な項目名（語彙）を定義し，それをどのような階層構造で，どのような配列・順番で，どのように集計し，どのような科目名で表示し，関連法規等はどうなっているか，といった様々な情報がこのタクソノミの中に詰め込まれている。

　タクソノミは，図表7-2-3のように複数のファイルから構成されている。タクソノミ・スキーマ（財務諸表に記載される語彙を定義）を中心に，定義リンク（項目間の階層構造を定義），表示リンク（項目の表示順序を定義），計算リンク（項目の集計方法を定義），名称リンク（項目の表示名称を定義），参照リンク（項目に関する基準や規則等を定

図表7-2-3　XBRL FRタクソノミの基本構成

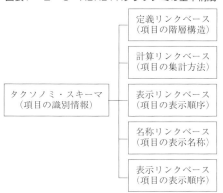

義）という５つのリンクベースが関連付けられた６つのファイルから構成されるのが普通である。

実際のタクソノミを開発する際は、タクソノミを階層化し、語彙層と関係層の２つの階層に分割されることが多い。階層化されたタクソノミは、図表７－２－４のように示される。

図表７－２－４　階層化されたタクソノミ・フレームワーク

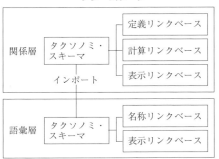

一般の商工業企業では流動性配列法を採用しているのに対し、電力・ガスなどのインフラ産業では固定性配列法を採用しているが、項目の配列法が異なると、タクソノミ中の定義リンク・計算リンク・表示リンクといった部分の記述内容も異なるため、タクソノミを別途用意しなければならない。

しかしながら、項目の表示名称や開示根拠となる会計基準や規則等は、通常は共通しているので、項目の配列法が異なるからといって、タクソノミのすべてを別途用意するのは効率的ではない。このため、業種などによって大きく変わる部分（定義リンク、計算リンク、表示リンク）を「関係層」とし、業種によって変わらない部分（名称リンク、参照リンク）を「語彙層」として分割し、語彙層部分を共通化することでタクソノミの開発を効率化しているのである。

① タクソノミ・スキーマ

タクソノミ・スキーマの役割については前述したように、財務諸表に記載される語彙を定義することであるが、たとえば「現金及び預金」という項目については、以下のようにelement要素を使って定義する。

```
<element
  name="CashAndDeposits"
  id="jpfr-t-cte_CashAndDeposits"
  type="xbrli:monetaryItemType"
  substitutionGroup="xbrli:item"
  abstract="false"
  nillable="true"
  xbrli:balance="debit"
  xbrli:periodType="instant"/>
```

element要素には、name属性（タグ名の定義）、id属性（リンクベースとのやり取りをする際の識別idを定義）、type属性（値のデータ型を指定）、substitutionGroup属性（代替グループの指定、財務諸表項目として記載可能か否かの検証に使われる）、abstract属性（抽象項目の指定、見出しのタイトル項目の場合はtrue）、nillable属性（財務諸表に必須の項目か否かを指定、必須項目の場合はfalse）、balance属性（残高の借方・貸方の指定）、periodType属性（期間タイプの指定、instantが時点、durationが期間）といった属性値が記述される。このうち、name属性に記述された文字列が、XBRLデータに記載される項目の「タグ名」となることぐらいは知っていても損はない。

② 語彙層のリンクベース

語彙層には**名称リンク・参照リンク**の２つのリンクベースファイルがある。

まず名称リンクの役割であるが、これは実際の財務諸表上に表示される表示名称（ラベル）を定義することであり、言語ごとに名称リンクのファイルが作成される。XBRLインスタンス文書の記述内容を見れば分かるが、項目の具体的な表示名称はどこにも記載されていない。当該項目がどのように表示されるかは、この名称リンクに定義された文字列を

見ればよい。タクソノミ・スキーマで定義された要素名（element要素のname属性値）の情報を頼りに，名称リンクのファイルを検索すれば，実際に表示される文字列にたどりつくことができる。

たとえば「現金及び預金」という項目は，要素名は「CashAndDeposits」であるので，対応する名称リンクの記述内容をたどると，日本語用ラベルとして**「現金及び預金」**という文字列が，また英語用ラベルとして**「Cash and deposits」**という文字列が指定されていることが分かる。

語彙層にはまた参照リンクベースも存在している。その項目の開示根拠となる会計基準や規則等の情報が記述されている。「現金及び預金」という項目の参照リンクの内容を見てみると，「内閣府が2012年9月21日に公表した『財務諸表規則』の第2章の第17条の第1パラグラフの第1項に記されている項目」という情報が得られる。

③　関係層のリンクベース

関係層には，**定義リンク・計算リンク・表示リンク**の3つのリンクベースファイルがあるが，これらの記述内容は極めて類似している。

定義リンクでは，項目間の親子関係を記述するが，具体的には「自分の親項目は何か」と「どのような親子関係なのか」を記述していることになる。

たとえば「現金及び預金」（要素名はCashAndDeposits）という項目については見てみると，親項目として「流動資産」（要素名はCurrentAssetsAbstract）という項目が定義されており，親子関係の種類としては「general-special」という関係が定義されている。なお，要素名の末尾にAbstractという文字列のある項目は，抽象エレメントであることを示している。抽象エレメントとは，具体的な数字が入らない見出しのタイトル項目のことである。

表示リンクでは，前述した「親項目は何か」という情報と「parent-child」という種類の親子関係が指定されているのに加え，「同じ親項目を持つ項目同士の序列」に関する情報も記述されている。この情報を記述するために「order属性」を用いる。

たとえば，「現金及び預金」という項目は，「流動資産」を親とする他の項目の中で，最初に表示される項目なので「order="1.0"」という属性値を指定する。このorder属性の値は，実数であればよいので，追加項目の数に制約はない。たとえば1.0と2.0の間には無限に項目を追加できることになる。

計算リンクでは，表示リンク同様に，「親項目は何か」という情報と親子関係の種類として「summation-item」が指定されているのに加えて，親項目に対して「足し込むのか，差し引くのか」という情報も記述されている。この情報を記述するために「weight属性」を用いる。たとえば「現金及び預金」という項目は，「流動資産」の合計に足し込むので，「weight="1"」という属性値を指定する。逆に差し引く場合は−1という値を指定する。

4　インスタンス文書

(1)　GLとFRのインスタンス文書

タクソノミに定義された項目を用い，具体的な数字が埋め込まれた財務データを「インスタンス文書」と言う。単に「インスタンス」と言ったり，「XBRLデータ」と言ったりもする。

インスタンス文書には，当然ながらGL（仕訳データ）とFR（財務報告データ）の両方がある。両者の基本構造に大きな違いはないが，記述されるタグなどには大きな違いがある。

以下の説明においては，基本的にFRの例についてのみ説明する。

(2) FRインスタンス文書の基本構造

インスタンス文書は大きく，①前段部分，②コンテキスト情報部分，③単位部分，④データ部分，⑤脚注部分の5つの部分から構成される。

```
<xbrl　①前段部分>
 ※属性として対応するタクソノミ・スキーマ，
　名前空間の情報が記述される。

　　②コンテキスト情報部分
　　　※企業情報，決算日，会計期間などの情
　　　　報が記述される。

　　③単位部分
　　　※通貨単位を記述される。

　　④データ部分
　　　※タクソノミに定義されたタグ名を使っ
　　　　てフラットに記述される。

　　⑤脚注部分
　　　※記述するかは任意で，必要に応じてア
　　　　ドホックな情報が記述される。
</xbrl>
```

① 前段部分

この部分の役割は，このインスタンス文書がどのタクソノミに対応して作成されているかを示す情報と「名前空間宣言」に関する情報を記述することである。

インスタンス文書はタクソノミとペアになって初めて意味を持つため，冒頭部分で対応するタクソノミ・セットを指定しなければならない。また名前空間宣言では，インスタンス文書内で使用する名前空間プレフィックスと名前空間との対応を定義している。

名前空間はXBRLデータを扱うにあたっては常につきまとうものなので，説明を避けるわけにはいかないが，名前空間を理解するのは簡単ではない。タグ名や属性名の衝突を避けるために，タグ名や属性名の前に文字列が付加されている場合がある。たとえば，EDINETで入手できるインスタンス文書（EDINETでは「報告インスタンス」と呼んでいる）において，「現金及び預金」という財務諸表項目のタグ名は，<CashAndDeposits>であるが，実際にはjpfr-t-cteという文字列が前に付加されて，<jpfr-t-cte: CashAndDeposits>となっている。このjpfr-t-cteというのが名前空間プレフィックスであり，このプレフィックスが示す名前空間はhttp://info.edinet-fsa.go.jp/jp/fr/gaap/t/cte/2013-03-01である。この名前空間から，このCashAndDepositsという項目は，EDINETの2013年3月1日バージョンのタクソノミに定義されている項目であることが分かる。

② コンテキスト情報部分

コンテキスト情報は，通常はデータ部分に記述される個々の項目に対して，企業情報，決算日および会計期間などの情報を付加するために用いられる。

コンテキスト情報はこれ以外に，セグメント情報や株主資本変動計算書のようなマトリックス構造のデータを記述する際の縦軸の項目（セグメント情報であれば，地域別・事業別の区分）を定義するためにも用いられたりする。

EDINETの場合，前年度と今年度を識別したり，連結決算か個別決算かを識別したりするために，あらかじめ決められたルールでコンテキスト情報を記述することが求められている。以下に，実際にEDINETで要求されているコンテキスト情報の識別名を示す。

- Prior 2 YearNonconsolidatedInstant
  前々年度の個別決算の時点情報
- Prior 2 YearConsolidatedInstant
  前々年度の連結決算の時点情報
- Prior 1 YearNonConsolidatedInstant
  前年度の個別決算の時点情報
- Prior 1 YearNonConsolidatedDuration
  前年度の個別決算の期間情報
- Prior 1 YearConsolidatedInstant
  前年度の連結決算の時点情報
- Prior 1 YearConsolidatedDuration
  前年度の連結決算の期間情報
- CurrentYearNonConsolidatedInstant
  今年度の個別決算の時点情報
- CurrentYearNonConsolidatedDuration
  今年度の個別決算の期間情報
- CurrentYearConsolidatedInstant
  今年度の連結決算の時点情報
- CurrentYearConsolidatedDuration
  今年度の連結決算の期間情報

たとえば「現金及び預金」という項目は，1つのインスタンス文書において「前年度・今年度」×「連結・個別」の組み合わせで，4回ほど出現する。分析対象とするのが今年度の連結決算データであれば，コンテキスト情報に **Current Year Consolidated Instant** という識別名が指定してあるデータを見なければならない。

コンテキスト情報の理解は，XBRLデータを利用するにあたって，欠かすことのできない知識であるので，しっかりと理解して欲しい。

③ 単位部分

財務諸表で使用されている通貨単位を記述する。具体的には通貨単位の表示に関する国際標準であるISO 4217で定義された記号，JPYを指定することになる。

④ データ部分

データ部分には，財務諸表の表示項目とその金額を記述してゆく。属性値として，コンテキスト情報（**contextRef**属性），通貨単位（**unitRef**属性），表示上の有効桁に関する情報（**decimals**属性）をそれぞれの要素ごとに記述してゆく。項目間の関係（階層構造，表示順序，集計方法，表示名称，根拠となる会計基準などの参照情報）については何も記述されておらず，ひたすらフラットに項目を並べて記述するのが特徴となっている。

このデータ部分には，財務データ以外にも，定性的なナラティブ情報等も記述することができる。当初EDINETでは，財務諸表本体のみがXBRL化されていたが，現在のEDINETタクソノミでは財務諸表本体だけでなく，有価証券報告書に記載されるすべての情報に対して対応するタグが定義されており，基本的にすべての情報はこのデータ部分に記述されている。

⑤ 脚注部分

インスタンス文書内の注釈情報を脚注リンクの機能を使って記述する部分で，記述するか否かは任意である。注意しなければならないのは，脚注部分は「財務諸表の注記」を記述するために存在しているのではなく，当該インスタンス文書に対するアドホックな情報を記述するためにある点である。

5 XBRLデータの利用

(1) EDINETからの入手と閲覧

日本の上場企業の『有価証券報告書』のXBRL形式データは，金融庁が運営している**EDINET**から入手することができる。また東京証券取引所を介して公表される『決算短信』のXBRL形式データもTDnetより入手することができる。ここではEDINETから入手する方法について，説明することにしたい。

① EDINETの概要

EDINETは，Electronic Disclosure of Investors'NETworkの略で，2004年3月期決算より，有価証券報告書の提出はすべてEDINETを通じて行われるようになった。ア

メリカのEDGARに次いで，2番目に早く導入された本格的な電子開示システムということになる。

当初は，HTML形式による開示であったためデータの二次利用が難しく，高度な利用があまり進まなかった。2005年5月に『有価証券報告書等に関する業務の業務・システム見直し方針案』が公表され，EDINETの機能を充実させるために「XBRL化に向けた動きを加速する」ことが表明された。その後，2008年4月より始まる会計年度より，企業が提出する有価証券報告書のうち財務諸表部分については，XBRL形式での提出が義務付けられることになった。

次世代EDINETでは，XBRLの適用範囲が大きく拡大している。従来は，財務諸表本体部分のみがXBRL化され，注記部分やその他の文字情報部分についてはXBRL化がなされていなかった。注記情報には，財務分析をする上で重要な内容が含まれていることもあり，せっかくのXBRL化が十分に生かすことができない状況が続いていたが，次世代EDINETの登場により解決されたことになる。

次世代EDINETでは，注記情報に加え，「事業の状況」など文字情報部分にもタグが付けられることになったため，テキストマイニングといった新たな手法を応用するにあたって，格段にデータの収集が容易になった。

また次世代EDINETの技術的な面での大きな変更は，提出データの形式がInlineXBRL形式となった点であろう。InlineXBRLとは，XBRLデータをWebブラウザ上で表示できるようにするための技術である。XHTML文書の中に，XBRLフラグメントを埋め込むことで実現しているが，これはWebブラウザが，HTMLタグのみを解釈して表示し，他のタグは無視をするという性質を利用している。

② **XBRLデータの入手**

執筆時点において，EDINETは以下のURLよりアクセスすることができる。

http://disclosure.edinet-fsa.go.jp/

XBRLデータは，トップページの「ダウンロード」メニューをクリックして「ダウンロード」ページに移動し，そこから提出日および業種・計算書類別に分類されたファイルを一括してダウンロードすることができる。

これらを手動でダウンロードするのが大変であれば，自動的にXBRLデータを収集してくれる有料のツールがいくつか存在するので，それを利用するのも良いだろう。たとえばTeCAProといったソフトウェアを起動しておけば，EDINETだけでなくTDnetのデータについても，データが公表され次第，リアルタイムでダウンロードしてくれる。

③ **XBRLデータの閲覧**

また，これらのXBRLデータ収集ツールは，データの閲覧や簡易分析にも使うことができる。XBRLデータを解析し，計算書類別に綺麗に整形して表示したり，簡単な財務指標を計算したり，複数の企業について比較したりすることも可能だ。

なお，企業間比較などをせずに，個別データを閲覧するだけの場合，InlineXBRL形式のデータであれば，普段利用しているInternet Explorer，Firefox，SafariなどのWebブラウザでも確認できるようになっている。このように，XBRLデータを閲覧する環境は，近年劇的に改善している。

(2) **XBRLデータを使った分析**

XML言語に不慣れな利用者にとって，XBRLデータを直接ハンドルすることは極めて難しく，おそらく不可能であろう。XBRLの本来の趣旨からは反するが，分析するにあたってCSV形式で入手できないかという要望は以前からあった。次世代EDINETではこの要望に応えるべく，XBRLデータからCSV形式に変換するツールを無償で提供している。

この変換ツールは，EDINETのホームページのダウンロードページより入手ができる。このツールの実行環境としてJavaの最新バージョンをあらかじめインストールしておくことが必要である。このツールはJavaで書かれているため，Java環境さえ動作すれば，OS等に関係なく利用することができる。

なお執筆時点で最新のバージョンであるJava7よりセキュリティが大幅に強化されており，デフォルトの設定ではEDINETの発行している自己発行の証明証を受け付けず，変換ツールを実行することができない。Javaをインストールした後，Javaコントロール・パネルの「セキュリティ」タブで，例外サイトリストにhttps://disclosure.edinet-fsa.go.jpを追加するか，セキュリティレベルを「中」に下げる（あまり推奨できない）などの対応が必要である。

図表7－2－5　Javaのセキュリティ設定変更

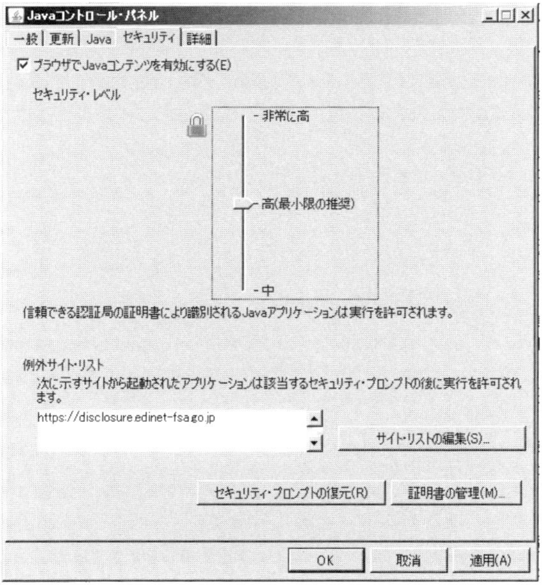

XBRLからCSVへの変換ツールの操作手順は，以下のとおりである。

① **XBRLファイルのダウンロード**

EDINETサイトにアクセスし，「書類検索」面ニューより入手したい企業名等で検索をおこなう。「検索結果画面」から入手したいXBRLファイルをダウンロードし，適当なフォルダに置く。

② **ツールの起動**

EDINETの「ダウンロード」メニューから「XBRLからCSVへの変換ツール」（ファイル名はXBRLtoCSVTool.jlnp）をダウンロードし，起動をおこなう。このファイル自体はプログラムではなく，Java Web Startで用いるアプリケーションの所在を記述したものである。

③ **変換対象ファイルの指定**

あらかじめダウンロードしておいたXBRLファイルを指定し，出力先のファイルもあわせて指定する。

この時，複数のファイルは指定できないので，一つ一つ個別に変換処理をしなければな

第7章 情報技術の進展と経営分析

図表7－2－6 変換ツールの画面

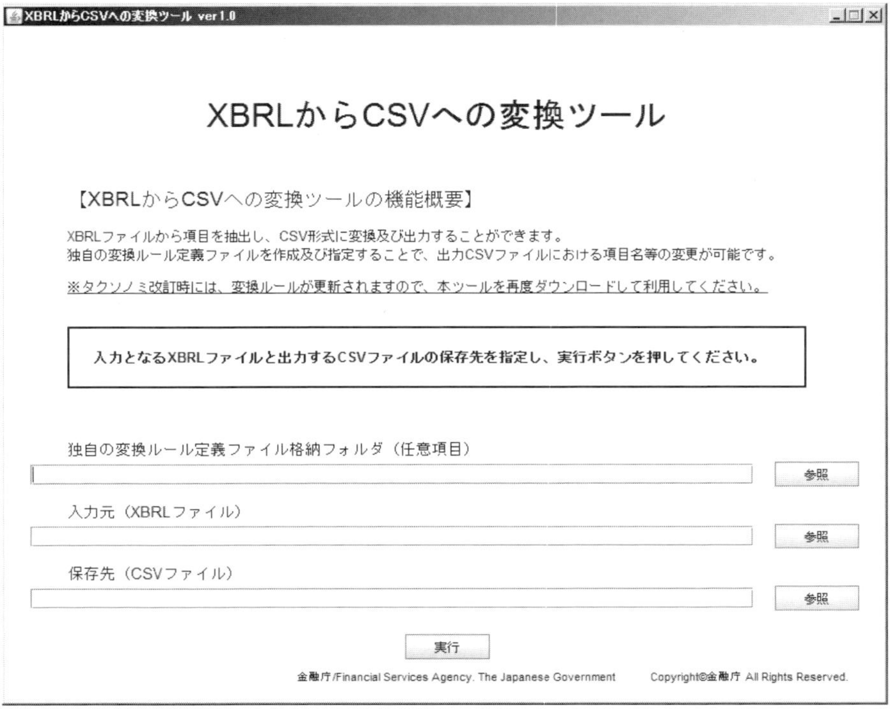

[XBRLからCSVへの変換ツール ver1.0 画面]

XBRLからCSVへの変換ツール

【XBRLからCSVへの変換ツールの機能概要】

XBRLファイルから項目を抽出し，CSV形式に変換及び出力することができます。
独自の変換ルール定義ファイルを作成及び指定することで，出力CSVファイルにおける項目名等の変更が可能です。

※タクソノミ改訂時には，変換ルールが更新されますので，本ツールを再度ダウンロードして利用してください。

入力となるXBRLファイルと出力するCSVファイルの保存先を指定し，実行ボタンを押してください。

独自の変換ルール定義ファイル格納フォルダ（任意項目）　　［参照］

入力元（XBRLファイル）　　［参照］

保存先（CSVファイル）　　［参照］

［実行］

金融庁／Financial Services Agency, The Japanese Government　　Copyright©金融庁 All Rights Reserved.

らない。複数ファイルを指定できたり，あるいはフォルダごと一括して変換できたりするようになれば，より便利になるだろう。今後のツールの機能向上に期待したい。

④ 変換処理の実行

「実行」ボタンを押すと変換処理が始まり，無事変換が終わると，完了メッセージが表示される。なお，出力されたCSV形式ファイルは，区切り記号としてカンマではなくタブ記号を使っているので，厳密に言えばTSV（Tab Separated Values）形式ファイルということになる。

出力ファイルをExcel等の表計算ソフトを使って閲覧すると，以下のカラムが設定されていることが分かる。

変換されたデータを眺めてみるとすぐに気がつくが，各項目の値は複数存在している。おおむね4つほど発見できるが，当年度と前年度のデータ，そして連結決算と個別決算のデータが混在していることが，主たる理由である。

具体的に見てみると，たとえば「現金及び預金」の値は，どの企業でも4つほど発見できる。このうち，どの数字を見ればよいのかは，「コンテキストID」の値を見て判断することになる。今年度の連結決算の数字を見たければCurrentYearConsolidatedInstantというコンテキストIDを，前年度の連結決算の数字を見たければ，Prior 1 Year ConsolidatedInstantというIDを持つ数字を見ればよい。

カラム名	説明
要素ID	項目を識別するためのエレメント名
項目名	項目の日本語表示名称
コンテキストID	当該科目のコンテキストを識別するための文字列
相対年度	当期を基準とした相対年度
連結・個別	連結決算か個別決算かの別を示す
期間・時点	自〜至〜といった幅のある期間なのか,決算日のように時点なのかの別を示す
ユニットID	通貨単位の国際記号を示す
単位	通貨単位を示す
値	タグで囲まれた値を示す

(3) XBRLの最新情報の入手

XBRLは日々進化を遂げている。本節でも,執筆時点で最新の情報を盛り込んでいるが,すぐに陳腐化していくことであろう。最新の情報は,以下に掲げたXBRL International Inc.やXBRL Japanなどのホームページから適宜入手するなどしてキャッチアップして欲しい。

・XBRL International Inc.
http://www.xbrl.org/
・XBRL Japan
https://www.xbrl.or.jp/

〔参考文献〕

XBRL 2.1 Specification. (http://www.xbrl.org/Specification/XBRL-RECOMMENDATION-2003-12-31+Corrected-Errata-2004-04-29.pdf)

XBRL Japan 監修,坂上学,白田佳子編(2003)『XBRLによる財務諸表作成マニュアル』日本経済新聞社。

坂上 学(2011)『新版会計人のためのXBRL入門』同文舘。

[坂上 学]

第8章　ファイナンス理論と経営分析（企業評価）
── 市場との関係 ──

　経営分析（企業評価）は，ファイナンス理論に基づく財務分析を基礎として発展してきた。ファイナンス理論は，現在価値法，割引配当モデル（DDM），Modigliani and Miller（MM）理論，現代ポートフォリオ理論などを基礎としている。Ball and Brown（1968）とBeaver（1968）は，当時のファイナンス理論を基礎として，期待外利益の符号と異常投資収益率の符号との関係や，利益情報公表時点における異常投資収益率の分散の変化を検証することによって，資本市場における会計情報の有用性を調査し，今日の実証的な会計研究の嚆矢となった。ファイナンス理論では配当やキャッシュ・フローなどによって株式価値が評価されるが，会計利益もそれらを代理するものと考えられたのである。Fama（1970）によって示された効率的市場仮説は，1970年代に学界で圧倒的な支持を得，1980年代にはポートフォリオ理論とともに実務にまで浸透した。しかし，次第に効率的市場仮説に対する市場のアノマリーが頻繁に観察されるようになった。1980年代後半から，効率的市場仮説の再検討が行われ，会計数値が企業価値を評価すると考える実務家の観点を取り入れたファンダメンタル分析が復活し，会計発生高の活用やオールソンモデルなどが注目されるようになった。また，時系列分析も，企業評価において理論モデルそれ自体の検証や理論モデルに内在する仮定の検証に用いられてきた。経営分析（企業評価）の観点からは，行動ファイナンスも注目されている。行動ファイナンスとは，人間の心理がどのようにファイナンスに影響するかを研究するものであり，伝統的なファイナンス理論では説明されなかった市場が非効率的となる原因仮説なども示される。

[井上達男]

I　財務分析への展開：（その1）割引配当モデル（DDM）と財務分析

1　正味現在価値法

　お金は利子を生む。時間が長いほどこの利子は多くなる。このことを**貨幣の時間価値**（time value of money）という。いま，1万円を5％の利子で銀行に預けると，1年後10,500円（$10,000 \times (1+0.05)$）に増える。これをもう1年間複利で預けると，11,025円（$(10,000 \times (1+0.05)^2$））に増える。現時点の1万円は，1年後の1万円より値打ちがあり，2年後の1万円よりもっと値打ちがある，といえる。

　このように預金に代表される投資は，時間価値を持つ。しかも，投資が生み出す収入と支出はいつの収支であるかで値打ちが変わる。逆にいえば，いくつかの投資を比較するときは，比較時点を現時点とか将来の一時点に統一しなければならない。現時点に統一することを**現在価値**（present value）に換算すると

郵 便 は が き

料金受取人払郵便

落合支店承認

4079

差出有効期間
2017年2月12日

期限後は切手を
おはりください

161-8780

東京都新宿区下落合2-5-13

㈱ 税務経理協会

社長室行

フリガナ			性別	男 ・ 女
			年齢	歳

| □□□-□□□□ | TEL ( ) |

E-mail

職業	1. 会社経営者・役員 2. 会社員 3. 教員 4. 公務員 5. 自営業 6. 自由業 7. 学生 8. 主婦 9. 無職 10. 公認会計士 11. 税理士 12. その他 ( )

勤務先・学校名

| 部署 | | 役職 | |

ご記入の感想等は,匿名で書籍のPR等に使用させていただくことがございます。
許可をいただけない場合は,右の□内にレをご記入ください。 □許可しない

ご購入ありがとうございました。ぜひ、ご意見・ご感想などをお聞かせください
また、正誤表やリコール情報等をお送りさせて頂く場合もございますので、
E-mail アドレスとご購入書名をご記入ください。

この本の タイトル	

Q1　お買い上げ日　　　　　年　　　　月　　　　日
　　ご購入　1．書店・ネット書店で購入(書店名
　　方　法　2．当社から直接購入
　　　　　　3．その他(

Q2　本書のご購入になった動機はなんですか？（複数回答可）
　　1．店頭でタイトルにひかれたから　2．店頭で内容にひかれたから
　　3．店頭で目立っていたから　　　　4．著者のファンだから
　　5．新聞・雑誌で紹介されていたから（誌名
　　6．人から薦められたから
　　7．その他(

Q3　本書をお読み頂いてのご意見・ご感想をお聞かせください。

Q4　ご興味のある分野をお聞かせください。
　　1．経営　　2．経済・金融　　　　3．財務・会計
　　4．流通・マーケティング　　　　　5．株式・資産運用
　　6．知的財産・権利ビジネス　　　　7．情報・コンピュータ
　　8．その他(

Q5　カバーやデザイン、値段についてお聞かせください
　　①タイトル　　　　　　　　1良い　　2目立つ　　3普通　　4悪い
　　②カバーデザイン　　　　　1良い　　2目立つ　　3普通　　4悪い
　　③本文レイアウト　　　　　1良い　　2目立つ　　3普通　　4悪い
　　④値段　　　　　　　　　　1安い　　2普通　　　3高い

Q6　今後、どのようなテーマ・内容の本をお読みになりたいですか？

ご回答いただいた情報は、弊社発売の刊行物やサービスのご案内と今後の出版企画立案の参考
に使用し、他のいかなる目的にも利用いたしません。なお、皆様より頂いた個人情報は、弊社
ブライバシーポリシーに則り細心の注意を払い管理し、第三者への提供、開示等は一切いたしま

いう。

この換算には利子の逆の概念である**割引率**（discount rate）が使われる。投資で生まれる将来の収支が現在価値に割引かれる。いま、割引率が5％のとき、1年後の10,500円の現在価値は1万円（$10,500÷(1+0.05)$）である。2年後の11,025円の現在価値も1万円（$11,025÷(1+0.05)^2$）である。割引率が5％のとき、$1÷(1+0.05)$が1年後の収支の現価係数、$1÷(1+0.05)^2$が2年後の収支の現価係数と呼ばれる。

投資プロジェクトは、投資額の現在価値と投資回収額の現在価値の差で評価される。これを**正味現在価値**（net present value）といい、次のように表される。

$$\text{正味現在価値} = \text{投資回収額の現在価値} - \text{投資額の現在価値}$$

正味現在価値が正の場合、その投資プロジェクトは採択される。投資額の現在価値は各年度の投資額の現在価値の合計である。投資回収額の現在価値は各年度の回収額の現在価値の合計である。投資プロジェクトの採否を決めるこの投資基準を正味現在価値法（net present value method：NPV法）という。

通常、投資額が初期投資のみからなる次の式が使われることが多い。

$$\text{正味現在価値} = \text{投資回収額の現在価値} - \text{初期投資額}$$

たとえば、投資額は初期投資額250万円のみであり、投資回収は1、2、3年後の3年間で、毎年100万円であり、割引率が5％であるとき、正味現在価値は次のとおり22.33万円と正になり、この投資プロジェクトは採択される。

$$NPV_0 = \left(\frac{100}{1+0.05} + \frac{100}{(1+0.05)^2} + \frac{100}{(1+0.05)^3}\right) - 250 = 272.33 - 250 = 22.33$$

投資額と回収額は、通常、キャッシュフローであることから、正味現在価値法は**割引キャッシュフロー法**（discounted cash flow method：DCF法）のひとつといえる。正味現在価値法や割引キャッシュフロー法は、投資プロジェクトの評価、債権の評価、債券の評価、株式の評価などに幅広く用いられている。

投資回収額が不確実であるとき、この不確実性からくるリスクを調整した正味現在価値法が用いられる。この調整には2つの方法がある。ひとつはリスク分を加えた割引率と将来の投資回収額の期待値とを用いて正味現在価値を計算する方法である。他は、無リスク投資の割引率と将来の投資回収額を「確実なものとみなせる投資回収額」に換算した金額とを用い正味現在価値を計算する方法である。

2　割引配当モデル

現時点の株価p_0は次期の1株当たり期待配当d_1の現在価値と次期末の期待株価p_1の現在価値の合計である。ここに期待配当とは予想配当の平均値である。リスク負担を含んだ割引率として、資本提供者が要求する利益率である**資本コスト**rを用いると株価は次のように表される。

$$p_0 = \frac{d_1}{1+r} + \frac{p_1}{1+r}$$

いま、A社の次期の1株当たり期待配当が5円、次期末の期待株価が110円、資本コストが15％とすると、現時点の株価は、100円となる。A社の株価が100円より高いと、投資家はA社株を売り、同じリスク・クラスの株を買うからA社株は下がる。逆に、A社の株価が100円より低いと、投資家はA社株を買い、同じリスク・クラスの株を売るからA社株は上がる。結局、株価は100円になる。

上の式では次期末の期待株価に依存する部分が大きい。1年後の株価p_1は、同様に、2年後の1株当たり期待配当d_2と2年後の株価p_2で表現できる。さらに2年後の株価p_2

は3年後の1株当たり期待配当d_3と3年後の株価p_3で表現できる。これをT期まで繰り返すと配当に大きく依存する次式がえられる。

$$p_0 = \sum_{n=1}^{T} \frac{d_n}{(1+r)^n} + \frac{P_T}{(1+r)^T}$$

この式では株価が将来の1株当たり期待配当の現在価値でほぼすべてが表現されている。これを**割引配当モデル（discounted dividend model：DDM）**と呼ぶ。

さらに、1株当たり期待配当dが毎期一定であると仮定すると、上の式は次のように簡単に表現される。

$$p_0 = \frac{d}{r}$$

1株当たり期待配当が毎期一定で50円、資本コストが10％の安定企業B社の場合、株価は500円である。

毎期、利益の一定割合が内部留保され、利益率rのプロジェクトに再投資されると仮定すると、1年目の1株当たり期待配当d_1は減少するが、2年目から再投資からの利益増加による配当の増加が生まれ、1株当たり期待配当は年々成長する。その成長率をgとすると、割引配当モデルは次のようになる。

$$p_0 = \frac{d_1}{r-g}$$

1年目の1株当たり期待配当が25円、内部留保から生まれる成長率が5％、資本コストが10％の成長株C社の場合、株価は500円である。

〔参考文献〕
榊原茂樹，菊池誠一，新井富雄（2003）『現代の財務管理』有斐閣．
古川浩一，蜂谷豊彦，中里宗敬，今井潤一（2001）『コーポレート・ファイナンス』中央経済社．
リチャード・ブリーリー，スチュワート・マイヤーズ（2002）『コーポレートファイナンス（上）』日経BP社．

［國村道雄］

II 財務分析への展開：（その2）モジリアーニ・ミラー（MM）理論と財務分析

MMの定理とは ModiglianiとMiller（以下MM）の一連の研究で明らかにされた資本政策に関する4つの命題である。MMの議論ではまず、完全市場のもとでは企業の収益力と投資意思決定を所与とすると、資本政策は株式価値に何ら影響を与えないことが明らかにされている。また企業の新規の投資意思決定にあたり、資本コストと呼ばれる株式への期待収益率が用いられるべき、との規範的な命題が与えられる。この項では、MMの定理を構成する4つの命題、すなわち配当命題、第1命題、第2命題と第3命題について解説する。

1 配当命題

MMの配当命題ではまず、企業の収益力と投資意思決定を所与のものと仮定する。これは、企業価値評価へのその他の要素の影響を排除し、配当政策独自の効果を考察するためである。この想定により、任意の投資意思決定を前提に、その必要資金を(a)配当を抑制し内部留保によりまかなうべきか、あるいは(b)配当支払いを継続（またはさらに増加）しつつ外部からの資金調達により実行すべきか、といった課題に置き換えることもできる。Miller & Modigliani（1961）は、市場が完全[1]であり、投資家の合理的な行動[2]を前提とするなら、**配当政策**は一切株式価値に影響しないことを以下のように証明した。

負債がない企業の時点tにおける株式時価総額（S_t）をt期末に支払われる配当総額（Div_t）および翌期の株価（p_{t+1}）と発行済

株式数 (n_t) により，次のように定義する。

$$S_t = \frac{(Div_t + p_{t+1} \cdot n_t)}{(1+\rho)} \quad (8-2-1)$$

なお ρ は割引率とする。一方 t 期の投資 (I_t) と利益 (X_t) を所与としているため，投資資金を，配当控除後の内部留保でカバーできず，外部調達によりまかなう必要が生じるケースを考えてみよう。この不足資金を時価増資によって満たすなら，m_t を新規発行株式数として，次の関係が成立する。

$$p_t \cdot m_t = I_t - (X_t - Div_t) \quad (8-2-2)$$

新株発行を織り込んだ翌期の株価を p_{t+1} とすると，翌期の株式時価総額は，

$$S_{t+1} = p_{t+1} \cdot (m_t + n_t) \quad (8-2-3)$$

であり，既存株主の持分は，

$$p_{t+1} \cdot n_t = S_{t+1} - p_{t+1} \cdot m_t \quad (8-2-4)$$

となる。上記（8－2－4）式を（8－2－1）式に代入すると，

$$S_t = \frac{(Div_t + S_{t+1} - p_{t+1} \cdot m_t)}{(1+\rho)} \quad (8-2-5)$$

であるが，さらに外部資金の調達部分を（8－2－2）式の右辺で置き換えるなら，

$$S_t = \frac{(S_{t+1} - I_t + X_t)}{(1+\rho)} \quad (8-2-6)$$

となり，株式評価モデルから配当（Div_t）が消える。つまり当期の株式価値評価に対して配当政策は中立的であることが（8－2－6）式によって示されたわけである。また（8－2－1）式以下の関係を t＋1 期以降にも適用することで，当期のみならず将来の配当政策も株式評価に影響を持たないことが証明できる。さらに Miller & Modigliani (1961) ではキャッシュフロー（DCF）アプローチ，会計利益と投資機会からのアプローチ，配当流列からのアプローチ，利益の流列からのアプローチについても分析を加えているが，（8－2－1）式による株式価値の定式化の方法に依存することなく，配当命題が成立することが示されている[3]。

2　第1命題

MMの第1命題では完全市場の下で，企業の収益性を所与とする場合，資本政策の変更は企業の総市場価値（負債と資本の合計）とは無関係であることが示される。この第1命題の証明としては，一定のリスク・クラスと無裁定条件を前提とした方法（Modigliani & Miller 1958）が一般的である。ここでは，Hamada (1969) を参考にリスクをより明示的に表現するため，資本資産評価モデル（CAPM，Ⅲ節参照）に基づき行う[4]。

そこで，完全市場とともに，企業 i の株価収益率（$\tilde{r}_i$）の期待値（$E[\tilde{r}_i]$）と，無リスク資産収益率（r_f，リスクフリーレート）および市場ポートフォリオの期待収益率（$E[\tilde{r}_m]$，市場収益率）について次の関係が成立していると仮定する。

$$E[\tilde{r}_i] = r_f + \frac{E[\tilde{r}_m] - r_f}{\sigma^2_m} Cov_{i,m} \quad (8-2-7)$$

なお上の式で，σ^2_m と $Cov_{i,m}$ はそれぞれ市場ポートフォリオの投資収益率の分散と市場ポートフォリオと個別株式 i の株価収益率の共分散をあらわすものとする。また右辺第2項に注目し，$\lambda = (E[\tilde{r}_m] - r_f)/\sigma^2_m$ で置き換え，以下のように書き換える。

$$E[\tilde{r}_i] = r_f + \lambda Cov_{i,m} \quad (8-2-8)$$

λ はすべての個別株式に共通した，リスク1単位当たりの価格（プレミアム）を，$Cov_{i,m}$ が個別株式のリスクの大きさを示すものと解釈できる。負債がない企業1の t 期と翌期それぞれの株価価値 $S_{1,t}$ と $S_{1,t+1}$ は各時点の企業価値合計に等しく，またこの間に生じる利益（X_t，ただし利息支払い前とする）と配当（Div_t）から，

$$X_t = Div_t + S_{1,t+1} - S_{1,t} \quad (8-2-9)$$

が成立する。これを将来の不確実性のもとでの期待値に代え，株価の期待収益率を定義す

ると，

$$E[\tilde{r}_1] = \frac{E[\tilde{Div}_t] + E[\tilde{S}_{1,t+1}] - S_{1,t}}{S_{1,t}}$$

$$= \frac{E[X_t]}{S_{1,t}} \quad (8-2-10)$$

となる。資本構成の変更が将来の総企業価値（$V_{i,t+1}$）に与える影響を見るため，t 期末にr_fで社債（D_t）を発行し，その調達額で株式の自己償却を行うとし，これを企業 2 とする。この資本政策の変更による，現時点での企業価値合計には変化がないので，

$$V_{1,t} = V_{2,t} = S_{2,t} + D_t \quad (8-2-11)$$

である。また，株主に帰属する利益は支払利息相当分減少する一方，利息控除前の利益（X_t）には影響が及ばないので，企業 2 の株価収益率は次のようになる。

$$E[\tilde{r}_2] = \frac{E[X_t] - r_f D_t}{V_{2,t}} \quad (8-2-12)$$

ここで（8-2-8）式と（8-2-10）式から，

$$E[\tilde{r}_1] = r_f + \lambda\, Cov_{1,m} = \frac{E[X_t]}{S_{1,t}}$$
$$(8-2-13)$$

となる。さらに個別の企業リスク部分を見ると，

$$Cov_{1,m} = E\left[\left(\left[\frac{X_t}{S_{1,t}} - \frac{E[\bar{X}_t]}{S_{1,t}}\right]\right), (\tilde{r}_m - E[\tilde{r}_m])\right]$$

$$= \frac{1}{S_{1,t}} E\left[(\tilde{X}_t - E[\bar{X}_t]) \cdot (r_m - E[\tilde{r}_m])\right]$$

$$= \frac{1}{S_{1,t}} Cov_{x,m} \quad (8-2-14)$$

となり，（利息控除前）利益と市場収益率の共分散 $Cov_{x,m}$ および，期初の株式価値によって表現できる。また負債のある企業 2 についても同様に，

$$Cov_{2,m} = \frac{1}{S_{2,t}} Cov_{x,m} \quad (8-2-15)$$

となる。企業 1 と 2 の翌 t + 1 期の期待値は，

$$E[\tilde{V}_{1,t+1}] = S_{1,t} + S_{1,t}(r_f + \lambda\, Cov_{1,m})$$
$$= S_{1,t} + S_{1,t}\left(r_f + \lambda\, \frac{Cov_{x,m}}{S_{1,t}}\right)$$

$$= (1 + r_f) S_{1,t} + \lambda\, Cov_{x,m} \quad (8-2-16)$$

同様に，

$$E[\tilde{V}_{2,t+1}] = (1 + r_f)(S_{2,t} + D) + \lambda\, Cov_{x,m}$$
$$(8-2-17)$$

であるが，（8-2-11）式の関係により，$E[\tilde{V}_{1,t+1}]$と$E[\tilde{V}_{2,t+1}]$は等しくなる。すなわち負債導入による資本構成の変更は企業価値に対して影響を持たないことが以上により確認された。

3　第 2 命題

第 2 命題では株式の期待収益率は**負債資本比率（Ｄ／Ｅレシオ）**に比例して増加することが明らかにされている。上の例で負債がない企業 1 と負債のある企業 2 の期待収益率を，（8-2-8）式および（8-2-14）式により表すと次のようになる。

$$E[\tilde{r}_i] = r_f + \frac{1}{S_{i,t}} \lambda\, Cov_{x,m}$$
$$(8-2-18)$$

これを企業 1，2 それぞれについて $\lambda Cov_{x,m}$について解き，等号で結ぶ。

$$\lambda\, Cov_{x,m} = S_{1,t} E[\tilde{r}_1] - r_f S_{1,t}$$
$$= S_{1,t} E[\tilde{r}_2] - r_f S_{2,t} \quad (8-2-19)$$

さらにこの式を$E[\tilde{r}_2]$について整理する。

$$E[\tilde{r}_2] = \frac{S_{1,t}}{S_{2,t}} E[\tilde{r}_1] + r_f - r_f \frac{S_{1,t}}{S_{2,t}}$$

$$= E[\tilde{r}_1] + (E[\tilde{r}_1] - r_f) \frac{D_1}{S_{2,t}}$$
$$(8-2-20)$$

上の式のように負債比率の上昇と投資家が要求する収益率の間には比例関係が確認できる。これは，リスクの市場価格であるλに代えて個別企業のリスクを表す市場ベータ（$\beta_i = \sigma_{i,m}/\sigma^2$）により（8-2-8）式を書き換えると，より明らかになる。

$$E[\tilde{r}_1] = r_f + \beta_1(E[r_m] - r_f)$$
$$(8-2-21)$$

$$E[\tilde{r}_2] = r_f + \beta_2(E[r_m] - r_f)$$
$$(8-2-22)$$

(8－2－21) 式から (8－2－22) 式を引き，整理すると，

$$E[\tilde{r}_1] - E[\tilde{r}_2] = (E[r_m] - r_f)(\beta_1 - \beta_2)$$
(8－2－23)

となり，負債がない企業と負債を有する企業の期待収益率の差が，βで表された企業のリスクに対応するものであることが示される。

4 第3命題

MMの第3命題では，(8－2－8) 式で示される株式の期待収益率が，新規の投資意思決定に用いられるべき最低限の基準（カット・オフ・レート）であることが示される。またこのカット・オフ・レートは資本コストと呼ばれる。以下ではこの命題について考える。

t時点での負債を持つ企業の企業総価値を，個別企業を示す添え字を省略し，$V_t = S_t + D_t$ とする。ついで新規投資案件に対する所要投資額をIとし，投資実行後翌期 ($t+1$) より直ちに収益に貢献するものと想定する。また前節で見た期待収益率 ($E[\tilde{r}_i]$) を ρ_0 で，新規投資案件の期待収益率を ρ_1 とするなら，

$$E[V_t] = \frac{E[\tilde{X}]}{\rho_0}$$
(8－2－24)

とともにこの投資案件実行により，

$$E[V_{t+1}] = \frac{E[\tilde{X}] + \rho_1 \cdot I}{\rho_0}$$
(8－2－25)

が成立する。そこで，新規投資に要する資金を，全額負債により調達するケースを考えてみる。この時，株式価値は次のようになる。

$$S_t = V_t - D_t = \frac{E[\tilde{X}]}{\rho_0} - D_t$$
(8－2－26)

$$S_{t+1} = V_{t+1} - D_t - I$$
$$= \frac{E[\tilde{X}] + \rho_1 \cdot I}{\rho_0} - D_t - I$$
(8－2－27)

ただし，新規の投資を実行することにより，既存株主の持分に毀損が生じないためには，この間の株式価値の変化 (ΔS_t) がゼロないし正値でなければならない。すなわち上の2式より，

$$\Delta S_{t+1} = S_{t+1} - S_t = \frac{\rho_1 - \rho_0}{\rho_0} \cdot I \geq 0$$
(8－2－28)

となる。ネットでプラスの投資を想定する場合，投資案件の採用には，その案件から見込まれる期待収益率が，既存資産の期待収益率以上であること ($\rho_1 \geq \rho_0$) が必須条件となる。

一方投資資金の調達をエクイティ・ファイナンスにより行った場合でも，同様の結論が得られている。既存株式1に対し，a の割合で時価増資を行ったとする ($I = a \cdot S_t$)。この場合の翌期の株式時価総額は，

$$V_{t+1} - D_t = (1 + a) \cdot S_{t+1}$$
(8－2－29)

であるが，既存株主の持分は (8－2－27) 式を修正し，

$$S_{t+1} = \frac{E[X] + \rho_1 \cdot a \cdot S_t}{\rho_0} - D_t$$
$$- a \cdot S_t$$
(8－2－30)

となる。このエクイティ・ファイナンスによる希釈化を回避するためには，

$$\Delta S_{t+1} = \frac{\rho_1 - \rho_0}{\rho_0} \cdot a \cdot S_t > 0$$
(8－2－31)

が必要条件となり，やはりこの場合も新規投資案件に求められる期待収益率は，$\rho_1 \geq \rho_0$ であることが必要となる。ρ_0すなわち株式への期待収益率 ($E[\tilde{r}_i]$) が，株式価値の極大化を前提に，新規投資案件に対しても求められる資本コストである。

5 資本コスト

前節では，投資にまつわるリスクを明示的に扱っていない。そこで，新規の投資意思決

定がもたらすリスクの変化から，第3命題の意味を考察する。

Hamada（1969）では資本コストを近似的に次のように表現している[5]。

$$E[\tilde{r}_i] = r_f + \lambda \cdot \frac{dCov_{x,m}}{dI}$$

（8-2-32）

dは微分を表すオペレータである。上の式では，資本コストはリスク・フリー・レートに加え，リスク1単位当たりの市場価格（λ）と新規投資1単位当たりのリスクの積として表現されている。なお（8-2-8）式，（8-2-14）式を使い，資本コストにより株式価値を表すと，

$$S = \frac{E[\tilde{X}] - r_f \cdot D}{E[\tilde{r}_i]} = \frac{E[\tilde{X}] - r_f \cdot D}{r_f + \lambda \cdot Cov_{f,m}}$$
$$= \frac{E[\tilde{X}] - r_f \cdot D}{r_f \cdot \lambda \cdot Cov_{x,m}/S}$$

（8-2-33）

であるが，これをλについて解くと，

$$\lambda = \frac{E[\tilde{X}] - r_f \cdot D - r_f \cdot S}{Cov_{x,m}}$$
$$= \frac{E[\tilde{X}] - r_f \cdot V}{Cov_{x,m}}$$

（8-2-34）

これで（8-2-32）式を置き換えると，

$$E[\tilde{r}_i] = r_f + \frac{E[\tilde{X}] - r_f \cdot V}{Cov_{x,m}} \cdot \frac{dCov_{x,m}}{dI}$$
$$= r_f + (E[\tilde{r}_i] - r_f) \cdot \frac{\frac{dCov_{x,m}}{dI}}{\frac{Cov_{x,m}}{V}}$$

（8-2-35）

新規投資がMMの第3命題で示された資本コストに等しいなら，上の式を整理し，

$$(E[\tilde{r}_i] - r_f) \cdot \left(\frac{\frac{dCov_{x,m}}{dI}}{\frac{Cov_{x,m}}{V}} - 1 \right) = 0$$

（8-2-36）

となる。資本コストがリスク・フリー・レートに等しいケースを排除するなら，この関係が満たされる条件は，

$$\frac{dCov_{x,m}}{dI} = \frac{Cov_{x,m}}{V}$$

（8-2-37）

である。つまり，新規投資1単位当たりのリスク（左辺）は，既存資産1単位当たりのリスク（右辺）に等しくなる。これがリスクから見た第3命題の意味である。

6　MM命題と財務分析

MM命題は市場の完全性を議論の前提条件としている。この限りでは「一般に正しいものと受け入れられ，（中略），税やその他の市場の不完全性」（ブリーリー＆マイヤーズ，p.480）をいかにモデルに織り込むか，という点に研究の比重は移っている。本節で考察対象から除外してきた以下のような要因が主な論点であろう。(1)税制を中心にした資産の取引と保有にまつわるコストの存在。(2)企業経営者と市場（投資家）の間の情報の非対称性の影響。(3)負債にまつわるリスクや倒産リスクの存在。ただしこれらの要因はしばしばトレード・オフの関係として資本政策に影響する。たとえば配当と資本利得に対する税制上の取扱いの違いは，投資家に対してより大きな税制上の恩典をもたらすよう配当政策を誘導すると考えられる。しかし同時に，より高い（低い）配当課税は，情報の非対称性から私的な情報の伝達を望む経営者にとって，市場へのシグナルとして配当額の変更を選択させる誘因を高める（引き下げる）ことになる。ただしこの場合は，将来の利益の期待値の変化に伴う問題であり，配当命題への修正を迫るものではない。

また税法上では支払利息の損金算入が認められる点を考慮するなら，株式発行よりも負債による資金調達が，投資家にとって望ましい選択となろう。しかし負債比率の上昇は，究極的な負債返済原資である資本の相対的な担保能力の低下を意味し，負債に対してもリスクが生まれてくる。このことは調達可能額

への制約になるとともに，債権者が認識するリスクに応じる形で負債コストの上昇をもたらし，結果的に資本コストの上昇へとつながる。第2命題での負債資本比率と資本コストの線形性については，検討を要する。

　Harris & Raviv（1991）は先行研究のサーベイ結果から，資本構成の決定要因を，(1)企業をめぐる関係者間の利害調整の結果である可能性（エージェンシー・アプローチ），(2)上でも触れたシグナルに起因するケース（情報の非対称性アプローチ），(3)製品，販売，調達という各局面で企業が直面する市場特性や競争関係，(4)企業統治，という4つのカテゴリーに整理している。財務分析の視点，とくに外部からの企業評価というスタンスから考えた場合，経営者に働きうる誘因との比較で資本政策を評価することは有益ではないかと考えられる。

（注）
1） Miller & Modigliani（1961）が想定する完全市場では，次の3つの条件が求められている。(1)個々の市場参加者は価格受容者（プライス・テイカー）であり，自身の取引のみによって市場価格に影響を与えることができない。(2)市場の中で情報は均質的であり，情報の収集にコストはかからない。(3)取引には手数料などのコストは一切かからず，また資産の取引や保有にかかる税も存在しない。
2） 投資家の合理的な行動とは，(1)投資家は常により大きな富を選好し（投資家の富に関する効用関数は単調増加），また，(2)同額の資産の変化であれば，現金と資産の含み益（未実現利益）に対しても無差別の選好を持つとの意味を与えられている。
3） Miller & Modigliani（1961），pp. 415～421を参照されたい。
4） リスク・クラスによるアプローチについては，Modigliani & Miller（1958）のほか，若杉（1988），久保田（2001）を参照されたい。久保田がより平易である一方，若杉ではCAPMに基づく議論もあわせて行われている。
5） （8-2-32）式の導出は Hamada（1969）pp. 21～23を参照されたい。なお本節では簡便のため，標記を一部変更している。

〔参考文献〕
Hamada, R. S.（March 1969）"Portfolio analysis, market equilibrium and corporation finance", *Journal of Finance*, Vol. 24, pp. 13-31.
Harris, H., and A. Raviv（1991）"The theory of capital structure", *Journal of Finance*, Vol. 48, pp. 297-355.
Modigliani, F., and M. H. Miller（June 1958）"The cost of capital, corporation finance and the theory of investment", *The American Economic Review*, Vol. 48, pp. 261-297.
Miller, M. H, and F. Modigliani（October 1961）"Dividend policy, growth,and the valuation of shares", *Journal of Business*, Vol. 34, pp. 441-433.
久保田敬一（2001）『よくわかるファイナンス』東洋経済新報社。
リチャード・ブリーリー，スチュワート・マイヤーズ（2002）『コーポレートファイナンス（上）』日経BP社。
若杉敬明（1988）『企業財務』東京大学出版会。

［加藤千雄］

Ⅲ　財務分析への展開：（その3）現代ポートフォリオ理論（MPT）と財務分析

　現代ポートフォリオ理論（Modern Portfolio Theory，以下MPT）とは，マーコビッツ（Markowitz,H.M.）の1952年に公表された先駆的研究論文 Markowitz（1952）にはじまる一連の理論を指す。具体的には，MPTはポートフォリオ選択の理論，資本資産評価モデル，裁定評価理論などによって構成され，それは投資におけるリスクとリターンに関する研究成果の体系である。以下では，MPTの理論およびそのインプリケーションを概説

するとともに，その応用例として，資本コストの計測について説明する。なお，以下では，証券投資を前提に説明するが，証券のみならず投資対象となりえる資産，たとえば，企業の投資プロジェクト，土地，書画，骨董，などについてもあてはまる理論である。

1 リスクとリターン

投資家が投資対象とする証券は，当該証券が生み出す将来キャッシュフローが確実である場合に「**安全証券**」，確実でない場合に「**危険証券**」と呼ばれる。安全証券としては国債，危険資産としては株，社債などが，その例としてあげられる。

危険資産といっても，将来キャッシュフローにおける不確実性の程度はさまざまであり，一般的に分析を進めるためには，その程度を測る尺度（リスク尺度）が必要である。このようなリスク尺度として危険証券における予想収益率の**分散**あるいは**標準偏差**という統計量が利用される。なお，予想収益率は，たとえば，株式であれば，将来の一定期間における配当と株価変動を予想することによって決定される。

分散も標準偏差も，収益率がその期待される値からどの程度ちらばるかを表す統計量である。これらをリスク尺度として採用することは，**リスク**を収益率のちらばりとして表現することを意味する。それぞれは以下のように定義される。

分　散　$\sigma^2_i = E[\tilde{r}_i - E(\tilde{r}_i)]^2$
標準偏差　$\sigma_i = \sqrt{\sigma^2_i}$

ここで r は予想収益率，添え字 i は i 銘柄のものであることを示し，$E[\cdot]$ は期待値演算子，～（チルダ）は収益率が確率変数であることを表している。このようにして計算される分散および標準偏差は，当該危険証券の予想収益率のちらばりが大きいほど，その数値が大きくなるという性質を有している。

投資家は，上記のようなリスクのみの特性から投資対象証券を選択するわけではなく，リターンについても問題とする。**リターン**は以下のように，**期待収益率**（予想収益率の期待値）として表現される。

期待収益率　$E[\tilde{r}_i]$

以上のように，投資家は証券におけるリスクとリターンの2つの特性を検討して投資対象証券を選択する，と仮定して分析する方法は「**2パラメータ・アプローチ**」と呼ばれる。

2 分散投資によるリスク低減効果

通常，投資家は，1つの銘柄だけに投資することはなく，複数の銘柄に投資している。これは，複数の銘柄に投資すること（**分散投資**）によるリスク低減効果を享受しようとすることを意味する。このような効果は，前述のリスク尺度を利用することによって明確に説明される。なお，投資家が，このように，一体として投資している複数銘柄の証券全体を「**ポートフォリオ**（portfolio）」という。

ポートフォリオのリスクは，その予想収益率の分散によって以下のように計算される。n 個の資産から構成されるポートフォリオのリスクは，

$$\sigma^2_p = \sum_{i=1}^{n} \sum_{j=1}^{n} x_i x_j Cov_{i,j}$$

(8-3-1)

$$= \sum_{i=1}^{n} x^2_i \sigma^2_i + \sum_{i=1}^{n} \sum_{\substack{j=1 \\ i \neq j}}^{n} x_i x_j Cov_{i,j}$$

ここで，x_i は i 銘柄の投資比率，すなわち，ポートフォリオ全体の時価に占める i 銘柄の時価の比率であり，n はポートフォリオに含まれる銘柄数，$Cov_{i,j}$ は i 銘柄と j 銘柄の予想収益率間の**共分散**である。

共分散という統計量は，一方の銘柄の予想収益率が期待収益率を上回る場合に他方の銘柄も上回るという性質（すなわち，同一方向

に動く傾向）があるならば高い値となり，反対に動く傾向があるならば小さい値となる。この式から，ポートフォリオの分散（リスク）は，ポートフォリオを構成する個別資産の分散に関係する部分（右辺第1項）と構成銘柄間の共分散に関係する部分（第2項）の合計であり，ポートフォリオを構成する個別証券のリスクだけでなく，個別証券間の共変動性がポートフォリオ全体のリスクに大きく影響することがわかる。

ここで，簡単な仮定をおいて，分散投資によるリスク低減効果を見てみよう。次のような3つの仮定をおく。①すべての証券の分散σ^2は等しい。②すべての証券間の共分散Cov（>0）は等しい。③すべての証券は同じ投資比率でポートフォリオに含まれる。このような仮定のもとで，（8－3－1）式は以下のように変形される。

$$\sigma^2{}_p = n \cdot \frac{1}{n^2} \sigma^2 + n(n-1) \cdot \frac{1}{n^2} \cdot Cov$$
$$(8-3-2)$$
$$= \frac{1}{n} \cdot \sigma^2 + \left(1 - \frac{1}{n}\right) \cdot Cov$$

このとき，ポートフォリオに含まれる銘柄数nを無限大まで増大させるとすると，（8－3－2）式の右辺第1項はゼロに収束し，第2項はCovとなる。これは，分散投資によって第1項の個別銘柄における固有のリスクが低減し，分散化を進めることによって残るリスクが第2項のCovであることを示している。第1項の部分をとくに分散可能リスク，固有リスク，あるいは**非システマティック・リスク**と呼び，第2項を分散不能リスクあるいは**システマティック・リスク**という。また，第2項は後述する市場ポートフォリオのリスクに対応するために市場リスクと呼ぶこともできる。図表8－3－1は，分散投資をすすめることによるリスク低減効果のようすを示している。

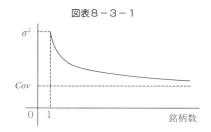

図表8－3－1

3　ポートフォリオ選択の理論

マーコヴィッツは，前述のように分散投資によるリスク低減効果を明確なかたちで説明するにとどまらず，合理的な投資家におけるポートフォリオの選択に関する基本的な原理についても取り組んでいる。

いま，個別証券におけるリターンとリスクの特性が，期待収益率と標準偏差によって把握されているものとする。このとき，投資家が直面する無数の証券は，図表8－3－2におけるように平面上の点としてプロットすることができる。そして，これらの証券は無限に分割可能，すなわち，どのような小さな金額でも投資可能であり，証券の空売りが可能であるとすると，投資家は図表8－3－2における影の部分に含まれる，いずれかの点を投資できることになる。この影の部分を**投資機会集合**（opportunity set）という。さらに，投資家はリスク回避的であると仮定すると，同一水準のリターンを有する銘柄の中で，もっとも低いリスクの銘柄を選択するため，曲線上の点で表されるポートフォリオを選択するであろう。また，リターンは高ければ高いほど望ましいために，合理的な投資家は，曲線の一部である太線部分の中から選択するのが合理的である[1]。すなわち，太線部分に含まれる点で表されるポートフォリオのうち，いずれかを選択するのである。この太線部分を**効率的（有効）ポートフォリオ**（efficient portfolio）という。この部分に含

まれているポートフォリオは，リスク回避的な投資家にとって，投資機会集合に含まれる他のポートフォリオと比較して，明らかに優れているといえる。

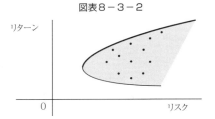

図表8-3-2

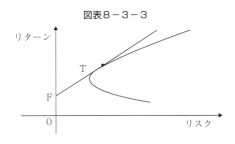

図表8-3-3

つぎに，安全資産が存在し，それによって投資家がいくらでも貸付けあるいは借入れができるものとしよう。このとき，投資家は，図表8-3-3で示されるように，点Fで表される安全証券と点Tで表される危険証券からなるポートフォリオを組み合わせることによって，直線FT上の点で表されるポートフォリオで投資することが可能となる。これは，明らかに，投資家にとって投資機会が拡大し，また，優れた投資機会となっており，上述の曲線で表されるポートフォリオよりも効率的である。直線上のFT間の点は，資金の一部を安全証券に投資し，残りの資金をポートフォリオTに投資する場合の投資機会を表し，点Tより右方の点は，安全証券を発行して資金を借り入れ，手持ち資金と合わせてポートフォリオTに投資している状況となっている。以上のような状況は，投資家は危険証券については常にポートフォリオTを所有し，直線FT上のどの投資機会を選択するかを，安全証券を利用した貸借によって調整するということを示している。すなわち，投資家における投資決定のプロセスは，①ポートフォリオTを選択し，②ポートフォリオTと安全資産を組み合わせることによって，自らの選好にあった投資機会を選択するのである[2]。

4　資本資産評価モデル

シャープ（Sharpe,W.）とリントナー（Lintner,J.）は，1960年代に別々に**資本資産評価モデル**（Capital Asset Pricing Model，以下CAPM）を考え出した[3]。このモデルはポートフォリオ選択の理論を資本市場に拡張することによって導出される。以下では，その概要とインプリケーションを説明する。

ポートフォリオ選択の理論を資本市場理論に拡張するために，資本市場に参加する投資家における各証券に関する期待が一致している（同質的期待）という仮定を追加的におく。すると，図表8-3-3は，すべての投資家が直面している状況を表していることになる。さらに，このような状況下では，ポートフォリオTと安全証券の組み合わせである直線FT上の投資機会の中から，すべての投資家は投資機会を選択することが合理的な行動であるといえる。この直線FTは，**資本市場線**（capital market line,CML）といわれる。

すべての証券について需要と供給が一致している状況を「均衡」という。市場において均衡が成立しているとするならば，すべての銘柄において需要と供給が一致し，さらに，すべての投資家はポートフォリオTを保有しているはずである。そこで，市場全体の投資家が保有するポートフォリオを合計してみよう。この場合，すべてのポートフォリオの投資比率はポートフォリオTに等しいので

あるから、合計したものもやはりポートフォリオTに等しい。ゆえに、ポートフォリオTは、市場全体で保有されているポートフォリオであることがわかる。このポートフォリオを「**市場ポートフォリオ**」と呼ぶ。この市場ポートフォリオにおける投資比率は、市場全体の時価総額に対する各銘柄の時価総額の割合であり、各投資家はポートフォリオ総額が異なっていても、危険資産部分だけを見るとその投資比率は市場ポートフォリオと同じ構成のポートフォリオを保有するのである。以上のことを考慮して、ポートフォリオTを市場ポートフォリオMとし、資本市場線を図示すると図表8-3-4のようになる。

図表8-3-4

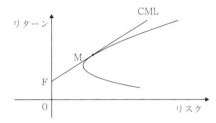

また、資本市場線を式で表すならば次のようになる。

$$E[\tilde{r}_p] = r_f + \frac{E[\tilde{r}_m] - r_f}{\sigma_m} \cdot \sigma_p$$

(8-3-3)

ここで、添え字 p はポートフォリオ、f は安全証券、m は市場ポートフォリオのものであることを示している。なお、安全証券の収益率を「**安全利子率**」と呼ぶ。

このように、同質的期待の仮定のもとではすべての投資家は、市場ポートフォリオを保有する。それでは、この状況で個別証券(あるいはポートフォリオ)のリスクとリターンの関係は、どのようになっているか。それをフォーマルなかたちで表現したのがCAPMである。このモデルは、これまでの仮定のもとで数学的に導出されるが、紙幅の都合上、その導出は割愛し、ここではモデル自体を提示し、その意味を解説する。

CAPMは次のように表される。

$$E[\tilde{r}_i] = r_f + \beta_i [E[\tilde{r}_m] - r_f]$$

(8-3-4)

ここで

$$\beta_i = \frac{Cov_{i,m}}{\sigma_m^2}$$

である。これは、i 銘柄の期待収益率(リターン)が、右辺第1項の安全利子率と第2項の i 銘柄の**リスク・プレミアム**(安全利子率を超過するリターン)から構成され、さらに、第2項は、個別証券のリスク・プレミアムが市場ポートフォリオのリスク・プレミアムのベータ倍になることを示している。右辺の内容を見てみると、ベータ以外の値はすべての証券に共通のものであり、ベータだけが個別証券のリターンを規定する固有の要因となっていることがわかる。それゆえ、ベータが大きいほどリスク・プレミアムが高くなるのである。このように、個別証券のリターンを規定する要因としてのベータ値を、ある種のリスク尺度とみなして、とくに、「**ベータ・リスク**」という。図表8-3-5は、この関係を図示したものであり、図における個別証券のベータとリターンの関係を表す直線を、「**証券市場線(security market line, SML)**」という。

図表8-3-5

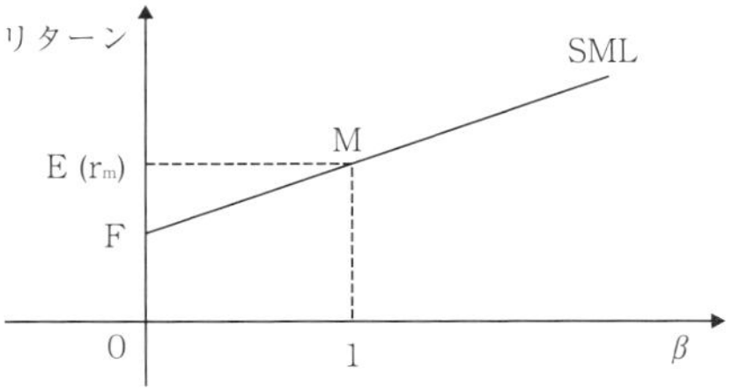

ベータ値は、すでに示しているように、個別証券と市場ポートフォリオ間の共分散と市場ポートフォリオのリスクによって規定され

る。このベータは，市場ポートフォリオの収益率に対する個別証券の感応度であり，個別証券の市場ポートフォリオに対する限界的影響度，あるいは市場ポートフォリオのリスクに対する限界的貢献度であるといえる。市場ポートフォリオに対する感応度が高いほどベータ値が高くなり，ひいては当該証券のリスク・プレミアムが高くなることをこのモデルは示している。分散不能な市場ポートフォリオのリスクとの関連で，個別証券のリスク（**ベータ・リスク**）が測定され，当該証券のリスク・プレミアムが決定されるのである。

このようなCAPMが，現実世界をよく説明するかどうかを検証する作業が多く行われてきており，概ね支持する結果，すなわち，ベータが高いほどリターンは高くなるという結果が実証的にもえられている[4]。

しかし，このモデルにおいても応用および理論の両面から問題点が指摘されている。第一に，このモデルの応用や実証においては，市場ポートフォリオを特定しなくてはならないが，現実に，理論に整合した市場ポートフォリオを特定するのは不可能である。すなわち，冒頭で述べたように，この理論は証券のみならず，あらゆる投資資産を想定しているため，あらゆる投資資産を想定した市場ポートフォリオを特定する必要があるが，現実にそれを特定するのは不可能であるという問題点が指摘される。また，CAPMは，リスク・プレミアムを説明する要因はベータのみであると主張するのに対して，ベータでは説明できないプレミアムが，規模や純資産／株価比率によって説明できるという証拠も提示されている（後述の3ファクターモデルを参照）。

また，他の経済モデルと同様に，CAPMにおいても現実を単純化するための諸仮定がおかれている。そのなかでも，インフレの存在を考慮すると実質ベースでは安全証券が存在するかどうかは問題であるといったことや，借入利子率と貸付利子率は同じではなく通常は前者が高いといったことが，仮定の妥当性については問題とされる。これらの仮定を緩和することによってモデルの修正がなされているが，これらの修正は比較的軽微なものであるため，実用上は，上述の標準的なCAPMが利用される場合が多い。

5　代替的な理論

(1) 消費CAPM

上述のCAPMにおいては，投資家は将来の富に関心を持っていることを前提としている。しかし，多くの投資家は，資産そのものが目的ではなく将来の消費に備えて現在の投資を決定する。投資家にとってのリスクは資産のリスクではなく，将来の消費に関するリスクであると考えるのである。ブリーデン（Breeden, D.T.）は，個別証券のリスクを市場ポートフォリオとの関連で測定するモデル，すなわち上述の標準的なCAPMではなく，消費との関連でリスクを測るモデルを展開した。そこでは，消費との関連で測定するベータ（**消費ベータ**）が証券のリスク・プレミアムを決定するモデルが，提示されている[5]。

消費CAPMには，標準的なCAPMにおける理論的に整合した市場ポートフォリオを特定する問題が回避できるという利点があるものの，他方で，消費を正確に測定する必要があり，その際，どのようにして消費を正確に測定するか，という難問が存在する。また，現実には消費はさほど大きな変動を示さないのに対して，証券における収益率はそれに比較すると大きな変動を示す。消費CAPMを前提とすると，投資家におけるリスク回避の程度が異常に高くなってしまうという問題も指摘されている。このような事情から，消費CAPMは実用上利用される段階にはない。

(2) 裁定評価理論

ロス（Ross,S.A.）によって展開された**裁定評価理論**（Arbitrage Pricing Theory，以下APT）においては，CAPMとはまったく異なった視点から個別証券のリスクとリターンの関係を説明している[6]。APTにおいては，個別資産の収益率は，「ファクター」といわれるマクロ経済的要因と「ノイズ」に依存していると仮定する。すなわち，

$$\tilde{r}_i = a_i + b_{i1} \cdot \tilde{f}_1 + b_{i2} \cdot \tilde{f}_2 + \cdots\cdots + \tilde{\varepsilon}_i$$
$$(8-3-5)$$

である。ここで，fはファクター・リターンであり，ε_iはi銘柄におけるノイズを表す。a_i, b_iは係数である。APTにおいては，上式のファクターが何であるかは仮定されていない。それは，さまざまな個別証券の収益率に共通に影響を与える要因であり，具体的には，市場利子率，インフレ率，GNPなど，さまざまな候補が考えられる。このモデルでは，個別証券の収益が複数のファクターから生成されると仮定しているため，マルチファクターモデルといわれる。

個別証券におけるリスクは，マクロ経済ファクターから生じるリスクと個別証券固有のリスクから構成される。後者のリスクは分散投資によって消去可能であるのに対して，前者のリスクは分散投資によっては消去できない。結果として，個別証券のリスク・プレミアムは，ファクターにおけるリスクに関連して生じ，消去可能な部分には影響されない。

APTは，上述の収益生成プロセスと無裁定条件を用いて，個別証券のリスク・プレミアムを以下のように説明する。

$$E[r_i] = r_f + b_{i2} \lambda_2 + \cdots \quad (8-3-6)$$

ここで，λ_1, λ_2, …は，各ファクターに対するリスク・プレミアムであり，このモデルは，個別証券のリスク・プレミアムがそれぞれのファクターにおけるプレミアムと各ファクターに関する係数によって決まることを表している。

APTはCAPMと同様に，個別証券についてのリスク・プレミアムを説明する理論であるが，CAPMにおける市場ポートフォリオの把握の問題は生じないという利点がある。しかし，他方で，ファクターが何かを特定できない，あるいは少数のファクターについては推定可能であってもすべてのファクターを認識することが困難であるといった問題がある。なお，APTはCAPMと矛盾するものではない。

(3) 3ファクターモデル

E.F.FamaとK.R.Frenchは，小型株が大型株と比較して高い収益率を生んでいること，純資産／株価比率（B／P）が高い株式が高い収益率を生んでいる事実から，これら2つが標準的なCAPMに含まれていないファクターを構成している可能性があるとしている[7]。

3ファクターモデルは以下のように表される。

$$r_i = r_f + b_{i,m} f_m + b_{i,size} f_{size}$$
$$+ b_{i,B/P} f_{B/P} \quad (8-3-7)$$

ここで，bは係数であり，各ファクターは，
f_m：市場収益率と安全利子率の差
f_{size}：小型株の収益率と大型株の収益率の差
$f_{B/P}$：高B／Pの株式と低B／Pの株式の収益率の差

である。

上式の右辺第1項および第2項までは，標準的なCAPMと同じであり，第3項において規模ファクター，第4項においてB／Pファクターを追加している。このモデルは，標準的なCAPMの拡張を意図するものであり，ファクターとして上述の追加的な2つのファクターを特定しているのである。

6 資本コストとMPT

資本コストとは，資本に要求される期待収益率であり，投下資金における機会費用である。企業は資本市場から資金を調達しているため，資本市場の参加者である投資家が要求する期待収益率が，企業の資本コストである。

このような資本コストは，資本予算においてプロジェクト決定における割引率ないしハードル・レートに利用されたり，業績評価におけるEVA（Economic Value Added：経済付加価値）の計算において利用されるなど，さまざまな局面で重要な役割を果たしている。また，企業外部者が企業価値の評価（バリュエーション）をする際に，将来キャッシュフローや将来収益を割り引く場合の割引率として，資本コストを利用する。資本コストは，このように企業内外の意思決定者において重要な決定上の要素となっている。

MPTに関するこれまでの説明からわかるように，CAPM，APT，さらに3ファクターモデルは，いずれも個別証券の期待収益率を説明するモデルである。そして，そこにおける期待収益率は企業内外の意思決定者が利用すべき資本コストと理論的に整合するものである。それゆえ，これまで，MPTにおける成果を利用した，資本コストの推計は，さまざまな工夫を凝らしながら広く行われてきている。

以下で，標準的なCAPMを利用した，株主資本コストの推計について概説しよう。前述のように，標準的なCAPMでは，個別株式のリスク・プレミアムを規定するのはベータであり，まずベータを推計する必要がある。ベータを推計する一般的な方法は，過去の株価変動が市場の動きに対してどのように反応したか，すなわち，過去のデータから個別株式の感応度を推計する。図表8−3−6は，A社株式の月次収益率と同月の市場収益率（株式市場の株価指数あるいは平均株価を代理変数とする収益率）をプロットしたものである[8)]。図表8−3−6は，プロットされている点に関して最小二乗法によって直線を当てはめている。この直線の傾きがベータの推定値である。なお，このように，個別株式についてベータを推定すると，標準誤差が比較的大きくなるために同一産業に含まれる株式でポートフォリオ（産業ポートフォリオ）を構築し，産業ポートフォリオについてベータを推計しこれを利用するという方法が採用される場合も多い。

いま，この傾きが0.8であったとしよう。さらに，安全利子率が5％で，市場のリスク・プレミアムが4％であると期待されるならば，CAPMによってA社における株主資本コストは，

$$E[\tilde{r}_i] = r_f + \beta_i [E(\tilde{r}_m) - r_f]$$
$$= 5\% + 0.8 \times 4\% = 8.2\%$$

となる。ベータ値と同様に，安全利子率や市場ポートフォリオのリスク・プレミアムは過去の平均値を利用するといった簡単なアプローチもあるが，資本コストが将来に向けての期待収益率であることから推測できるように，必要な場合には，資本コストの利用者における独自の判断や工夫がなされる。なお，全社的な資本コストを推計するためには，負債の資本コストについても考慮する必要がある。

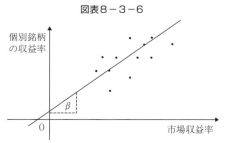

図表8−3−6

ここでは，標準的なCAPMを前提としていたが，APTや3ファクターモデルに依拠して資本コストを推計することも可能である。また，複数のモデルによる推計結果が大きく矛盾しないことをチェックすることも実用上は有効である[9]。

(注)
1) 太線部分のどの点を選択するか，すなわち，投資家における主体的選択を説明するためには，期待効用理論を援用する必要がある。ここでは，これに関する解説は省略する。期待効用理論についての解説は，不確実性を扱う多くの経済学文献にあるのでそれらを参照されたい。
2) このようなポートフォリオ選択における分離定理は Tobin (1958) においてはじめて提示された。
3) Sharpe (1964) および Lintner (1965) において発表された。
4) アメリカ市場に関する分析は，Fama (1973)，日本については榊原 (1986) などがある。
5) Breeden (1979) 参照。
6) Ross (1976) 参照。
7) Fama and French (1995) 参照。
8) 通常，推定期間としては60ヶ月程度の期間が設けられる。
9) APTの応用については，Elton, Gruber, and Mei (1994)，3ファクターモデルの応用については，Fama and French (1997) がある。

〔参考文献〕

Breeden, D. T. (September 1979) "An Intertemporal Asset Pricing with Stochastic Consumption and Investment Opportunities", *Journal of Financial Economics*, Vol. 7, pp. 265-296.

Elton, E .J., M. J. Gruber, and J. Mei, (August 1994) "Cost of Capital Using Arbitrage Pricing Theory : A Case Study of Nine New York Utilities", *Financial Markets, Institutions, and Instruments*, Vol. 3, pp. 46-73.

Fama, E. F. (May 1973) "Risk, Return and Equilibrium : Empirical Tests", *Journal of Political Economy*, Vol. 81, pp. 607-636.

Fama, E. F., and K. R. French (1995) "Size and Book to Market Factors in Earnings and Returns", *Journal of Finance*, Vol. 50, pp. 131-155.

Fama, E. F., and K. R. French (February 1997) "Industry Costs of Equity", *Journal of Financial Economics*, Vol. 43, pp. 153-193.

Lintner, J. (February 1965) "The Valuation of Risk Assets and the Selection of Risky Investments in Stock Portfolios and Capital Budgets", *Review of Economics and Statistics*, Vol. 47, pp. 13-37.

Markowitz, M. H. (March 1952) "Portfolio Selection", *Journal of Finance*, Vol. 7, pp. 77-91.

Ross, S. A. (December 1976) "The Arbitrage Theory of Capital Asset Pricing", *Journal of Economic Theory*, Vol. 13, pp. 341-360.

榊原茂樹 (1986)『現代財務理論』千倉書房。

Sharpe, W. F. (September 1964) "Capital Asset Prices : A Theory of Market Equilibrium under Conditions of Risk", *Journal of Finance*, Vol. 19, pp. 425-442.

Tobin, J. (February 1958) "Liquidity Preference as Behavior toward Risk", *Review of Economic Studies* 25, pp. 65-86.

［奥村雅史］

IV 会計数値の報告と資本市場

1 資本市場における会計情報の役割

取引される財とサービスの品質について，売り手と買い手の間に**情報の非対称性**があれば，逆選択の問題が生ずる。Akerlof (1970) は中古車市場を例にして，**逆選択**の問題が中古車市場を崩壊させることを論証した。要約すれば次のようになる。

中古車の売り手はその車の品質を良く知っているが，買い手は知らないという状況を想定しよう。中古車の価格は市場における平均

的な品質に対応して決定され，高品質の車にも低品質の車にも同じ価格が設定される。なぜなら，高品質車の売り手がその品質を買い手にいかに説明しても，買い手は真偽の程が分からず，レモン〈低品質車〉をつかまされる可能性を織り込んだ価格となってしまうからである。高品質の車を売りに出しても低品質車と同じ価格になるので，所有者は高品質の車をできるだけ売らずに自分で使用を続けた方がよい。これに対して，低品質の車は高品質車と同じ価格で売却可能であるから，所有者には売却する強い動機がある。この状態が続けば，中古車市場に売りに出される車は低品質の車が多くなり，買い手がつかず，結局，中古車市場が崩壊してしまうのである。

このように情報の非対称性があれば，低品質の財が市場を支配するという「逆選択」の現象が生ずる。証券市場もその例外ではない。証券の品質を最もよく理解しているのは発行企業であり，投資家は常にその品質について懐疑的である。したがって，発行企業に情報が偏在する場合，結果として低品質の証券だけが市場に出回り，買い手がつかない恐れがある。これは証券市場の崩壊に結びつきかねない。少なくとも，効率的に資金を配分しリスクシェアリングを行うという証券市場の機能は，情報の非対称性により適切に果たされない可能性がある。

情報の非対称性を小さくし，証券市場の機能を適切に果たす方策がいくつか考えられる。財務会計の制度は，その中で重要な地位を占めており，たとえばわが国では，証券発行市場におけるディスクロージャー制度がある。わが国では，1億円以上の有価証券を不特定多数の投資家に発行し資金を調達する場合，金融商品取引法に基づき，有価証券届出書と目論見書を作成開示することになっている。それぞれに財務諸表と監査報告書が含まれている。したがって投資家は，信頼できる会計情報に基づいて，新たに発行される有価証券の品質を評価することができる。

このディスクロージャーは強制されたものであるが，自主的にディスクロージャーを行う企業がわが国でも最近増えてきた。たとえば，**オンライン・ディスクロージャー**（インターネットによる企業の財務情報開示）がある。情報の非対称性を軽減し，証券市場を適切に機能させることは，企業にとってもメリットがあるということだろう。

このような自主的なディスクロージャーと強制的ディスクロージャーが十全に効果を発揮すれば，情報の非対称性は小さくなり，逆選択は回避され証券市場が適切に機能するであろう。ここに財務会計の第一の意義がある。すなわち，投資家の意思決定に有用な会計情報を提供し，もって証券市場における取引を効率的に行う，ということである。これを財務会計の意思決定支援機能と呼ぶ。その眼目は，証券の品質に関する情報の非対称性を解消することにある。したがって，品質の評価に役立たない情報を提供しても，意思決定支援機能を達成したことにはならない。**会計情報の有用性**の評価がポイントになる。

2　効率的市場仮説と会計情報

Fama（1970）が示した効率的な市場とは，①入手可能な情報を十分に反映している市場で，かつ，②価格が新情報に即座に反応する市場である。そして**証券市場の効率性**は，情報の内容により，**弱度の効率性**と**半強度の効率性**および**強度の効率性**に分類される。過去の株価系列の情報に関して市場が効率的であれば，弱度の効率性が認められ，新聞記事や財務諸表などの公表された情報について効率的であれば，半強度の効率性があると考えられる。一般に公開されない内部情報について市場が効率的ならば，強度の効率性があるという。

これらの効率的市場仮説を検証した実証研究で，弱度の効率性と半強度の効率性を示す証拠が多く提示された。そしてアメリカでは，1970年代に財務論と会計学の研究者が一般に効率的市場仮説を受け入れるようになり，1980年代にはポートフォリオ理論および資本資産評価モデル（Capital Asset Pricing Model：CAPM）と一体化し，効率的市場仮説は証券投資の実務へ浸透していったのである。

全体として効率的な市場も，変則的な動きを示す場合があり，たとえば規模効果，1月効果，株価収益率効果および株価純資産倍率効果などがある（それぞれの詳細は須田（2000，149頁）を参照）。これらを，**市場のアノマリー（anomaly：変則性）**という。アノマリーが広範に観察されれば，効率的市場仮説の反証になる。アノマリーを裏付ける証拠は1970年代後半から頻繁に提示されたが，効率的市場仮説を覆すには至らなかった。

半強度の効率性があるということは，アメリカの証券市場が財務諸表や新聞紙上で報道された会計情報など通常利用可能な情報を十分反映しており，そのような情報に対して株価が迅速に反応することを意味している。言い換えれば，情報が公表されてからそれに基づいて投資活動を行っても，**市場の平均を上回る投資収益率（abnormal return：異常投資収益率）**を連続して獲得することはできない，ということである。

半強度の効率性（および CAPM）を所与とすれば，リスクと投資収益率に関する投資家の期待を修正させるような情報が公表されると，即座に新しい均衡価格が設定されることになる。したがって，ある情報が投資家にとって価値がある（つまり有用である）ということは，その情報に対して異常な株価反応があったということで証明される。異常な株価反応があれば，その情報は情報内容（information content）があると判断され，証券投資家に対する有用性を示す証拠となる（詳細は Watts and Zimmerman（1986，邦訳48頁）および須田（2000，第5章）を参照）。このように半強度の効率的市場を前提にして，アメリカでは1960年代から，会計情報の有用性が証券市場のなかで検証されてきた。市場全体としての株価効果を調べることにより，個々の投資家に対する会計情報の有用性を推測しようとするのである。

3　会計情報に関する有用性の検証

証券市場との関係で財務会計情報の有用性（情報内容）を検証した最初の文献は，Ball and Brown（1968）と Beaver（1968）である。Ball and Brown（1968）は，会計の利益数値と株価の関係を実証するために，期待外利益数値の公表に対する株価の異常反応を調査した。すなわち，期待以上に利益額が増加していれば正の異常投資収益率が生じ，利益額が期待以下であれば負の異常投資収益率が生ずるという仮説を設定し，その適否を検証したのである。

これに対して Beaver（1968）は，利益情報公表時点における異常投資収益率の分散の変化を調べた。彼は期待外利益や株価の変動方向を特定せず，単に年次利益の公表時における株価の異常な動きを観察した。利益公表時点での株価変動はそれ以外の時よりも大きいはずであり，それは公表時点でより大きな異常投資収益率の分散をもたらすだろう，という発想である。

年次利益情報の有用性を評価する尺度として，Ball and Brown（1968）は異常投資収益率の平均値を用い，Beaver（1968）は異常投資収益率の分散を用いたのである。両研究はその後アメリカのみならず，わが国においても会計情報・資本市場研究（capital market oriented accounting research）の基本モデルとなった。以下で，わが国における

ボール・ブラウン型調査とビーバー型調査を概観する。

(1) ボール・ブラウン型調査

佐藤他（1979）は，東京証券取引所（東証）における年次利益情報の有用性を評価するため，Ball and Brown（1968）と同じ手順で，会計情報と株価反応の関係を調べた。3月決算の上場企業105社が1973年から1978年までに公表した1株当たり利益について，その期待外利益と月次の異常投資収益率を分析したところ，期待外利益の符号と異常投資収益率に一定の関係が観察されたのである。

城下（1985）は，Beaver, Clarke and Wright（1979）の方法を適用し，経常利益の期待外利益率に基づいて10個のポートフォリオを組み，ポートフォリオの平均累積異常投資収益率と平均期待外利益率の順位相関を分析した。その結果，ニューヨーク証券取引所よりも相関係数は小さいが，東証においても異常投資収益率と期待外利益率の大きさの間に有意な正の関係のあることがわかった。香村（1985）と桜井（1986）（1991）の調査結果もこれを支持している。

桜井（1986）（1991）は，1978年から1984年までに東証の上場企業が公表した経常利益と当期純利益を対象にして，日次の異常投資収益率と期待外利益の関係を分析した。その結果，①期待外利益の符号と異常投資収益率に一定の関係がある，②利益公表時点で大きな異常投資収益率が発生した，③利益公表後の異常投資収益率と期待外利益には統計的に有意な関係がない，ということがわかった。①と②は利益情報の有用性を示しており，③は東証が利益情報について効率的であることを支持している。これは，利益情報に潜在的有用性があり，実際的有用性は限定されていることを暗示する。潜在的有用性とは，公表前に利益情報を入手あるいは予測することができれば，異常投資収益率を獲得することができる，という意味の有用性である。実際的有用性とは，公表後に利益情報を用いて投資戦略を展開し，異常投資収益率を獲得することができるという有用性である。

後藤（1988）は，投資収益率を前場の始値と前場の終値および後場の終値から算定し，利益公表に対する異常投資収益率がどの時点で生じ，どこまで持続するのかを調べた。公表日の投資収益率は，東証の記者クラブで決算データが発表された日の後場の終値と，翌日における前場の始値から計算される。サンプルは，1986年4月1日から1987年3月31日までに「日本経済新聞」で公表された東証第一部上場企業の当期純利益である。調査の結果，公表日で統計的に有意な異常投資収益率が検出され，それ以降は有意な値が観察されなかった。つまり，当期純利益が新聞紙上で公表されると即座に投資家の反応があり，その日の東証開場（9時）直後に異常な株価反応をもたらしたが，異常反応はそこで終了したということである。言い換えれば，公表された利益情報に基づいた投資が異常投資収益率を獲得し得る機会は，新聞発行後から9時までだということになる。

(2) ビーバー型調査

ボール・ブラウン型調査では当期純利益などの個別情報について有用性を分析しているが，大塚他（1981）は，東証の記者クラブで発表される決算情報全体の有用性を調べている。Beaver（1968）に依拠して大塚他（1981）は，1974年9月から1979年7月までに公表された東証上場企業の決算情報について，公表週前後における週次異常投資収益率の分散の変化を調査した。その結果，公表週に週次異常投資収益率の分散が著しく増加することを明らかにした。

河（1982）は，公表された当期純利益について期待外利益を求め，プラスの期待外利益の多い順に企業を5つのグループに分け，グ

ループごとに週次異常投資収益率の分散の変化を調査した。その結果，期待外利益の大きいグループの場合，公表週に異常投資収益率の分散が有意に増加し，その後有意な増加は観察されなかった。他方，期待外利益の小さいグループについて，このような結果は得られなかった。これは，期待外利益の大きさと異常投資収益率の分散が関連していることを示している。

桜井・後藤（1985）および桜井（1991）は，日次の異常投資収益率を用いてビーバー型調査を行った。サンプルは，1978年から1984年までに「日本経済新聞」で公表された東証第一部上場企業の決算情報である。調査の結果，公表日に異常投資収益率の分散が有意に増加し，公表日後に有意な増加は観察されなかった。決算情報は市場に新情報を提供し，東証はその情報を即日，株価に織り込んだのである。

(3) 調査結果の解釈

わが国のボール・ブラウン型調査とビーバー型調査で明らかになったことを要約すれば，次のようになる。
① 特定期間の株価変動の方向と大きさが，期待外利益の符号および大きさと関連している。これは，株価に影響を及ぼす要素を会計利益が反映しているということを意味している。
② 決算情報の公表時点で異常な株価反応があった。反応の大きさは決算内容によって異なることも明らかとなった。つまり決算情報の公表が株式市場に新情報を提供したということである。
③ 以上の2つの証拠から，東証における会計情報の有用性が確認された。これは，証券投資における財務会計の意思決定支援機能が果たされていることを示す。
④ ただし，確認された有用性は潜在的有用性である場合が多い。会計情報公表後にその情報を用いて異常投資収益率を獲得することができるという意味での実際的有用性は，たとえあるとしても極めて短期間である。
⑤ これらの調査結果は，東証が会計情報に関して効率的だということを支持している。

4　証券投資戦略と会計情報

証券投資家とアナリストは，①過大または過小評価された証券（mispriced securities）を発見するために，または，②ある証券をポートフォリオに組み込んだ場合それがポートフォリオ・リスクに及ぼす影響を推定するために，いろいろな情報を集める。会計情報などを用いて企業の将来業績を予想し，①と②の分析を行う手法がファンダメンタル分析である。

しかし，半強度で効率的な市場のもとでは，公表された情報により①を実行することは容易でなく，証券投資家とアナリストの情報収集は，主に②を目的にして行われる。つまり，CAPMなどで推定されたリスクに基づきポートフォリオを作成し，ポートフォリオ・リスクに見合ったリターンの獲得を目指すのである。

効率的市場仮説を受け入れ，ポートフォリオ・リスクに見合ったリターンの獲得をねらう投資戦略を，**パッシブ戦略**（passive portfolio management）という。通常，市場における平均的投資収益率の獲得を目指すことから，パッシブ＝防衛的という名がついた。具体的な特徴として，第1に，リスクを分散し市場インデックスに一致するポートフォリオを作成すること（インデックス運用），第2に，取引コストを節約し時間についてリスクを分散するため，ポートフォリオ変更は最小限に抑え，保有期間を長期化すること（バイ・アンド・ホールド運用）があげられる。

パッシブ戦略における財務会計情報の意義は，リスクの推定ということにある。つまり，市場の平均的投資収益率を獲得できるポートフォリオを作成するため，個々の銘柄のスティマティックリスク（市場ベータ）の推測が必要になる。市場ベータと会計ベータは相関している（桜井1991，288-298頁）ので，財務諸表のデータに基づいて会計ベータを求めれば，それぞれの証券の投資リスクを評価することができる。そして，ポートフォリオ全体のリスクを決定するのである。

これに対して，市場のアノマリーを活用し市場平均を上回る投資収益率の獲得を目指す戦略が，**アクティブ戦略**（active portfolio management）である。アクティブ戦略では，規模効果と1月効果および株価収益率効果などを総合的に判断するため，精緻な証券分析が必要であり，売買の頻度がパッシブ戦略をとった場合よりも大きくなる。したがって，分析コストと取引コストが多くなるため，アクティブ戦略の期待投資収益率が分析コストと取引コストを上回るか否か，を的確に判断しなければならない。

アクティブ戦略における会計情報の意義は，第1に，会計数値に関するアノマリー（株価収益率効果など）を分析し，投資戦略をたてることにある。第2に，会計数値が公表された直後，分析を実施し，期待外の業績が出ていれば平均的投資家に先がけて売買を行い，平均以上の投資収益率を獲得することが考えられる。いずれも効率的市場を出し抜こうとするものであり，アクティブ戦略の成否は市場の効率性の程度に依存する。

以上のように財務会計は，パッシブ戦略とアクティブ戦略に有用な情報を提供するという役割を担っている。アメリカでは過去20年間に，パッシブ戦略が急速に普及したという（Palepu et al. 1996, p.8-5）。これは，効率的市場仮説が実務に浸透し，ファンダメンタル分析はもっぱらポートフォリオ・リスクの推定に用いられ，過大または過小に評価された証券の発見に利用されるのは稀だ，ということを示唆している。この流れは，会計利益情報が潜在的有用性を持ち，実際的有用性は限られている，という前記の調査結果と一致している。

5　効率的市場仮説の再検討

会計情報の実際的有用性が限られており，効率的市場仮説の普及に伴いアクティブ戦略が後退したという動きは，それだけで片づけることのできない複雑な問題を提起する。第1に，実際的有用性が限定されアクティブ戦略が通用しないほど効率的な市場は，その情報に実際的有用性が存在する（と信ずる投資家がいる）から成立する，というパラドックスが提起される。第2に，証券市場のマイクロストラクチャー分析により，会計情報の実際的有用性を示す証拠が提示され，効率的市場仮説の再検討が迫られているということである。以下では，最初に効率的市場仮説のパラドックスを検討し，次に新たな証拠に基づき会計情報の実際的有用性を再考する。

(1)　効率的市場仮説のパラドックス

効率的市場仮説は内と外に大きな問題を抱えている。内側の問題は，過大または過小に評価された証券（misprised securities）があるからこそ市場は効率的になる，というパラドックスである。つまり，効率的市場仮説では，新しい情報が価格に迅速かつ完全に織り込まれる（したがって過大または過小に評価された証券はない）ことを想定している。しかし，その情報を用いて投資しても市場平均を上回る投資収益が獲得できない（実際的有用性がない）という理由で，もし投資家が情報を活用しなければ，市場は情報に対して効率的でなくなる。

したがって，過大または過小に評価された

証券があるからこそ，投資家は情報を収集し活用する動機が生まれ，市場は情報について効率的になるのである（Grossman and Stiglitz, 1980および Palepu et al. 1996）。会計情報について言えば，その情報に実際的有用性があるからこそ，投資家は情報を競争的に活用し市場が効率的になるのであろう。とすれば，過大または過小に評価された証券が存在しないほどに完璧な効率的市場はなく，市場の効率性は程度の問題になる。会計情報についても，実際的有用性がゼロであるほどに完璧に効率的な市場はなく，ファンダメンタル分析によるアクティブ戦略が成功する余地は残されているはずである（Palepu et al. 1996, Chapter 8）。

効率的市場仮説の外側の問題は，その検証方法にある。半強度の効率性に関する検証は通常，新情報の公表後その情報を用いた取引で異常投資収益率が獲得されるか否かを分析する（Watts and Zimmerman, 1986，邦訳23頁）。異常投資収益率は，実現収益率から正常収益率を控除して算定され，正常収益率は一般にCAPMを適用して推定する。つまり，効率的市場仮説の検証は，CAPMの妥当性を前提にしているのである。したがって，仮に異常投資収益率が観察されても，それは，市場の非効率性を意味するのか，それともＣＡＰＭに問題があるのかを識別できない。「市場の効率性そのものは本来検定不可能なのである」という論者（Fama, 1991）もいる。

このように内側と外側に問題を抱えた効率的市場仮説は，1980年代後半，再び論争の場にさらされた。効率性の程度と，CAPMの妥当性が問われたのである。

(2) ファマの第2次革命

Fama and French (1988) は，投資収益率を長期（3年～10年）で算定すれば，投資収益率の自己相関が観察されると述べ，過去の投資収益率から将来の投資収益率が予測できるという証拠を提示した。さらに，Conrad and Kaul (1988, 1989) とLo and MacKinley (1988)，および Poterba and Summers (1989) は，小型株に限定すれば短期の投資収益率についても予測が可能である，という調査結果を示した。他の実証研究も蓄積され，「株式投資収益率が過去の収益率に基づき予測可能であることは，いまや明白である」(Bernard, 1989, p. 82) という認識に達したのである。

過去の収益率から将来の収益率が予測可能だということは，弱度の効率的市場仮説と矛盾する。市場が効率的ならば，過去の株価情報はすべて現在の価格に反映され，株価の自己相関は観察されないはずだからである。ただし，いずれの研究でも小型株が調査結果に大きな影響を与えている，ということに注意しなければならない（Fama, 1991）。

半強度の効率性についても再検討を促す実証研究が相次いだ。たとえば，Bernard and Thomas (1989) は，会計利益の公表後にも異常投資収益率の累積が続くことを明らかにした。さらに Bernard and Thomas (1990)，Bhushan (1994)，Brown and Han (1995)，Ball and Bartov (1996)，および Calegari and Fargher (1997) の調査結果によれば，市場は，新情報に対して迅速に反応するが，初期反応が不完全であり，公表時点で「過小反応」している。効率的な市場とは，新しい情報に対して即座にそして十分に反応する市場であるが，上記の研究によれば，市場の初期反応は不十分であり，この点で市場の非効率性が示唆されたのである。

しかし，これらの調査が異常投資収益率の観察に基づく限り，その算定方法が常に問題になる（Fama, 1991）。すでに述べたように，多くの場合，異常投資収益率はCAPMを用いて算定されるが，その際，①CAPMのパラメーター（ベータ値など）が正しく推定されない，②CAPMは正常投資収益率の発生

過程を説明する均衡モデルとして不完全である，ということが懸念される（Fama, 1991 および Ball, 1992参照）。

ファマは②を重視し，より適切な株価形成モデルの構築を目指した。Fama and French（1992）で，CAPMから算定されるベータ値がクロスセクションの投資収益率を正しく説明しないことを明らかにし，CAPMに代わる**3ファクターモデル**を提示した。それは，ベータ値と発行済株式の時価総額，および純資産／株式時価総額の3変数からなる株価形成モデルである。そして，Fama and French（1993）と Fama and French（1996）では，CAPMのもとで観察されたアノマリー（規模効果や株価収益率効果など）が，3ファクターモデルを適用すれば消失することを示した。ファマは，効率的市場仮説を提示し名声を得た後，その問題点を指摘すると同時に，3ファクターモデルを構築し問題点の解決方向を示したのである。この動向を「**ファマの第2次革命**」と呼ぶ人がいる（Nichols, 1993, p.52）。

1970年代に学界で圧倒的な支持を得た効率的市場仮説は，1980年代にポートフォリオ理論およびCAPMと一体化し，証券投資の実務にまで浸透した。それが，1980年代後半から現在に至り大きな揺らぎを経験している。効率性の程度が問題になり，とりわけ小型株の情報に対する市場の非効率性と，新情報に対する初期反応の不十分さが指摘された。また，効率的市場仮説の検定で適用されたCAPMの妥当性に疑問が提示され，研究者は効率的市場仮説を検証するにあたり，新しいスタートラインに立たなければならなくなったのである。これは翻って，会計情報の実際的有用性を再考することを我々に迫っている。

6 　会計情報の実際的有用性

効率的市場仮説の再検討は，**ファンダメンタル分析**に大きな影響を及ぼす。第1に，小型株の情報に対して市場が非効率的ならば，その範囲でファンダメンタル分析を行い，過大または過小に評価された証券を発見することができる（平木・竹澤1997，第9章参照）。第2に，新情報について市場の初期反応が不十分ならば，その特性を利用したファンダメンタル分析を行うことで，市場平均を上回る投資収益率が獲得できる（Lakonishok et al., 1994参照）。つまり，ファンダメンタル分析に依拠したアクティブ戦略の幅が拡張し，会計情報に実際的有用性が期待されるのである。

このように，効率的市場仮説のもとでパッシブ戦略にはめ込まれていたファンダメンタル分析が，「ファマの第2次革命」などにより，再び表舞台に登場してきた。そして，ファンダメンタル分析に依拠したアクティブ戦略の有効性を実証する研究が公表され，証券投資における財務諸表の実際的有用性が強調されるようになったのである。ここでは，①株価収益率効果の活用，②予測モデルと評価モデルの活用，③異常会計発生高の活用を説明する（詳細は須田（2003）を参照）。

(1) 　株価収益率効果の活用

Aggarwal et al.（1990 a）と平木・竹澤（1997）は，①東京証券取引所第一部上場企業の中から，金融機関と損失計上企業を除外した578社を調査対象にする，②各社の1974年から1983年の1株当たり当期純利益／株価比率（E／P）を算定する，③各年度についてE／Pの五分位ポートフォリオを作成する，④ポートフォリオごとの平均異常投資収益率を計算し，平均異常投資収益率の有意差検定を行う，という調査を実施した。その結果，

E／Pが大きい（株価収益率が小さい）ポートフォリオほど，将来の異常リターンが大きい，ということが分かった。この結果は，市場リスクと企業規模をコントロールしても変わらない。

Aggarwal et al.（1990ｂ）は，同様の調査を日本企業の株価／売上高比率（P／S）について行い，P／Sが小さいポートフォリオほど，将来の異常リターンが大きいという結果を得た。同じように日本企業を調査対象にした Chan et al.（1991）は，当期純利益に減価償却費を加えてキャッシュフローを計算し，株価／キャッシュフロー比率（P／CF）が小さいポートフォリオほど，将来の異常リターンが大きいという調査結果を提示した。

米国の企業については，Nicholson（1960）や Basu（1977）を嚆矢として，その後Lakonishok et al.（1994）などにより，E／PやCF／Pの大きいポートフォリオほど将来の異常リターンが大きい，という証拠が提示されている。さらに Burgstahler et al.（2002）は，特別損失を計上した企業の株式を購入し，特別利益を計上した企業の株式を空売りすることで，統計的に有意な異常投資収益率（ファマの３ファクター・モデルを用いたリスク調整済み投資収益率）を獲得できる，という調査結果を示した。

すなわち，株価／当期純利益（株価収益率）のみならず，当期純利益の構成要素である売上高と特別損益およびキャッシュフローについても，株価収益率効果と同様の現象が日米の証券市場で観察され，それぞれの情報を活用することで異常投資収益率の獲得が可能となるのである。

(2) 利益予測モデルと企業評価モデルの活用

利益情報の潜在的有用性は確認されている。したがって，当期の利益情報を用いて次期の利益額を正確に予測することができれば，その予測モデルを用いて異常投資収益率を獲得することが可能である。あるいは，財務諸表から企業価値を適切に推定できるのであれば，過大評価または過小評価された証券の発見が効果的に行われるであろう。ここでは，Ou and Penman（1989）を嚆矢とする一連の利益予測モデル研究に注目しよう。Ohlson（1995）などによる企業評価モデルを用いたファンダメンタル分析は，次節を参照されたい。

Ou and Penman（1989）は，①1965年から1972年までに公表された財務諸表により68の財務比率を計算する，②全ての変数が10％水準で有意になるまでステップワイズ・ロジット回帰分析を続ける，③最終的に残った16の比率を独立変数にして利益予測モデルを設定する，④その利益予測モデルに1973年から1977年までの財務諸表数値を入れて，次期の利益を予測する，⑤増益が予測される確率が60％以上の企業と，40％以下の企業に分類し，前者の銘柄を決算日の３ヶ月後に購入し，後者の銘柄を同額だけ空売りする，⑥24ヶ月後に各々の銘柄を売却または決済をして，投資収益率を算定する，⑦算定した投資収益率から市場平均投資収益率を控除して異常投資収益率を計算する，⑧1973年から1977年までの財務諸表に基づいて，前記と同じ方法で予測モデルを作り，1978年から1983年までの財務諸表から次期の利益を予測し，前記と同じ投資戦略を仮定して異常投資収益率を計算する，という調査を行った。

その結果，24ヶ月の平均異常投資収益率は14.5％となり，企業規模をコントロールした場合でも9.08％になった。市場ベータや投資収益率の分散を用いてリスクをコントロールしても，ほぼ同じ結果を得た。そして彼らは，「現在の株価に反映されていないファンダメンタルを財務諸表が捕捉している」と結論づけ，利益情報の実際的有用性を明示したので

ある。

　Abarbanell and Bushee(1998)は，Ou and Penman(1989)と同様に，ファンダメンタル分析と異常投資収益率の関係を調査した。そして，売上総利益変化率など9つの財務比率を用いてOu and Penman (1989)の投資戦略を適用すれば，13.2％の異常投資収益率（規模調整済みの12ヶ月累積リターン）が稼得されることを示した。Fama and French (1992)が指摘したリスク要因をコントロールしても，調査結果に変わりはない。調査期間は1974年から1993年の長期にわたっており，この結果は，特定の期間に限定された現象ではないと考えられる。

　以上のように，公表された利益情報は，Ou and Penman (1989)などの利益予測モデルに組み込まれて，実際的有用性を発揮するのである。ただし日本では，同様の証拠がまだ提示されていない。

(3) 会計発生高の活用

　会計利益とキャッシュフローの差額を会計発生高（accounting accruals）と呼ぶ（詳細については須田（2000）を参照）。Sloan (1996)は，会計発生高に一時的な要素が多く，その事実が投資家に十分理解されていないことを指摘し，会計発生高を活用した証券投資戦略の有効性を実証した。すなわち，当期の会計発生高について十分位数ポートフォリオを作成し，第1十分位ポートフォリオ（会計発生高が最小）を購入し，第10十分位ポートフォリオ（会計発生高が最大）を空売りする（ヘッジ・ポートフォリオを組む）ことで，1年後に10.4％の異常投資収益率が獲得された。これは，証券投資意思決定に際して投資家が利益の構成要素を分析せず，表面的な利益の額だけで企業を評価した結果であるという（Sloan, 1996, p.290）。

　Richardson et al.(2001)とChan et al.(2001)は，会計発生高を短期発生高と長期発生高に分割し，さらに各々を資産項目発生高と負債項目発生高に分けて，将来投資収益率との関係を分析した。そして，①会計発生高の総額に基づいてヘッジ・ポートフォリオを構築することで最も大きな投資収益率が獲得される，②会計発生高の構成要素の中では，資産項目発生高の影響力が最も大きい，ということを示した。

　Chambers (1999)とChan et al. (2001)およびXie (2001)は，会計発生高を裁量的発生高（異常発生高）と非裁量的発生高（正常発生高）に分けて，将来投資収益率との関係を分析した（裁量的発生高の推定については，須田（2000，第10章）を参照）。たとえばXie (2001)は，1971年から1992年について異常発生高のヘッジ・ポートフォリオを作成し，1年間と2年間および3年間の異常投資収益率を算定した。それぞれ11％（1％水準で有意）と7.4％（1％水準で有意）および1.9％の異常投資収益率が観察された。これは，ヘッジ・ポートフォリオを作成した時点で，証券市場が異常発生高の多い利益に誤導されていた，ということを示している（Xie, 2001, p.366）。

　日本の証券市場については，浅野（2001）と榎本（2003）およびKubota, Suda, and Takehara (2003)が分析している。浅野（2001）は，Sloan (1996)に依拠した調査を実施し，その結果，会計発生高のヘッジ・ポートフォリオを作成することで，1年間に6％の異常投資収益率を獲得できるということが分かった。榎本（2003）は，Chan et al. (2001)に基づいて会計発生高を分割し，各々の構成要素と将来投資収益率の関係を分析した。その結果，①会計発生高のヘッジ・ポートフォリオを作成することで，1年間に8.4％の異常投資収益率を獲得できる，②裁量的運転資本発生高のヘッジ・ポートフォリオを作成することで，1年間に6.6％の異常投資収益率を獲得できる，ということが明ら

かになった。

Kubota, Suda, and Takehara（2003）は，Richardson et al.（2001）と Xie（2001）に依拠して，会計発生高の構成要素と将来投資収益率の関係を調査した。その結果，①当期の会計発生高について五分位数ポートフォリオを作成し，ヘッジ・ポートフォリオを1年間保有することで0.09％の平均月次投資収益率が発生する，②異常発生高のヘッジ・ポートフォリオを作成し，1年間保有することで0.26％の平均月次投資収益率（1％水準で有意）を獲得できる，ということが分かった。さらに，利益予測モデルと企業評価モデルを同時推定する Mishkin テストを実施したところ，異常発生高の将来利益予測能力は相対的に小さいにもかかわらず，証券市場は異常発生高の多い利益を過大評価している，ということが判明した。

以上，日米の実証研究によれば，公表された財務諸表から会計発生高と異常発生高を測定し，会計発生高あるいは異常発生高についてヘッジ・ポートフォリオを組むことにより，投資家は将来の異常投資収益率を獲得することができる。ここに利益情報の実際の有用性が観察されたのである。

〔参考文献〕

Abarbanell, J. S., and B. J. Bushee (1998) "Abnormal Returns to a Fundamental Analysis Strategy", *The Accounting Review* 73-1, pp. 19-45.

Aggarwal, R., R. P. Rao, and T. Hiraki (1990a) "Regularities in Tokyo Stock Exchange Security Returns : P/E, Size and Seasonal Influences", *Journal of Financial Research* 13, pp. 249-263.

Aggarwal, R., R. P. Rao, and T. Hiraki (1990b) "Equity Return Regularities Based on the Price/Sale Ratio : An Empirical Study of the Tokyo Stock Exchange", in R. Chang and S. G. Ree ed., *Pacific Basin Capital Markets Research*, Elsevier-Science Publishers, pp. 337-356.

Akerlof, G. A. (1984) "The Market for Lemon : Quality Uncertainly and the Market Mechanism", *Quarterly Journal of Economics* 84, pp. 488-500, 1970, in *An economic theorist's book of tales*, Cambridge Unversity Press.（幸村千佳良，井上桃子訳『ある理論経済学者のお話の本』ハーベスト社，9-33頁。）

Ali, A., Lee-Seok Hwang, and M. A. Trombley (2003) "Residual-income-Based Valuation Predicts Furture Stock Returns : Evidence on Mispricing vs. Risk Explanation", *The Accounting Review* 78-2, pp. 377-396.

浅野信博（2001）「会計利益の質的差異と資本市場」山地秀俊編著『マクロ会計政策の評価』神戸大学経済経営研究所，43-79頁。

Ball, R., and P. Brown (1968) "An Empiricall Evaluation of Accounting Income Numbers", *Journal of Accounting Research* 6-2, pp. 159-178.

Ball, R. (1992) "The Earnings-Price Anomaly", *Journal of Accounting and Economics* 15, pp. 319-345.

Ball, R., and E. Bartov (1996) "How Naive is the Stock Market's Use of Earnings Information?" *Journal of Accounting and Economics* 21, pp. 319-337.

Basu, S. (1977) "Investment Performance of Common Stocks in Relation to Their Price-earnings Ratio : A Test of the Efficient Market Hypothesis", *Journal of Finance* 32, pp. 663-682.

Beaver, W. H. (1968) "The Information Content of Annual Earnings Announcements", *Journal of Accounting Research* 6, Supplement, pp. 67-92.

Beaver, W. H., R. Clarke, and W. F. Wright (1979) "The Association between Unsystematic Security Returns and the Magnitude of Earnings Forecast Errors", *Journal of Accounting Research* 17-2, pp. 316-340.

Bernard, Victor L. (1989) "Capital Market Research in Accounting During the 1980's : A Critical Review", in Thomas J. Frecka ed., *The State of Accounting Research As We Enter the 1990's*, University of Illinois, pp. 72-

120.

Bernard, V. L., and Jacob Thomas (1989) "Post-Earnings-Announcement Drift : Delayed Price Response or Risk Premium?" *Journal of Accounting Research* 27, Supplement, pp. 1-36.

Bernard, V. L., and Jacob Thomas (1990) "Evidence that Stock Prices Do Not Fully Reflect the Implications of Current Earnings for Future Earnings", *Journal of Accounting and Economics* 13, pp. 305-340.

Bhushan, Ravi (1994) "An Information Efficiency Perspective on the Post-Earnings Announcement Drift", *Journal of Accounting and Economics* 18, pp. 45-65.

Brown, L. D., and J. C. Y. Han (1995) "Do Stock Prices and Analysts Fully Reflect the Implication of Current Earnings for Nonseasonal Firms?" *Working Paper of SUNY,* Buffalo.

Burgstahler, D., J. Jiambalvo, and T.Shevlin (2002) "Do Stock Prices Fully Reflect the Implications of Special Items for Future Earnings?" *Journal of Accounting Research* 40-3, pp. 585-612.

Calegari, M., and N. L. Fargher (1997) "Evidence that Stock Prices Do Not Fully Reflect the Implications of Current Earnings for Future Earnings : An Experimental Markets Approach", *Contemporary Accounting Research* 14-3, pp. 397-433.

Chambers, D. J. (1999) "Earnings Management and Capital Market Misallocation", *Working Paper,* University of Illinois.

Chan, K., L. K. C. Chan, N. Jegadeesh, and J. Lakonishok (2001) "Earnings Quality and Stock Returns : The Evidence from Accruals", *Working Paper,* National Taiwan University and University of Illinois at Urbana-Champaign.

Chan, L., Y. Hamao, and J. Lakonishok (1991) "Fundamentals and Stock Returns in Japan", *Journal of Finance* 46, pp. 1739-1764.

Conrad, J. ,and G. Kaul (1988) "Time Variation in Expected Returns", *Journal of Business* 61-4, pp. 409-425.

Conrad, J., and G. Kaul (1989) "Mean-Reversion in Short-Horizon Expected Returns", *Review of Financial Studies* 2-2, pp. 225-240.

榎本正博（2003）「裁量的会計発生高と将来株式リターンの関連について」『経済研究』（静岡大学），第7巻第3・4号，145－168頁。

Fama, E. F. (1970) "Efficient Capital Markets : A Review of Theory and Empirical Work", *Journal of Finance* 25-2, pp. 383-417.

Fama, E. F., (1998) "Market Efficiency, Long-term Returns, and Behavioral Finance", *Journal of Financial Economcs* 49, pp. 283-306.

Fama, Eugene F. (1991) "Efficient Capital Markets : II ", *The Journal of Finance* 46, pp. 1575-1617.

Fama, E. F., and K. R. French (1988) "Permanent and Temporary Components of Stock Prices", *Journal of Political Economy* 96, pp. 246-273.

Fama, E. F., and K. R. French (1992) "The Cross-Section of Expected Stock Returns", *The Journal of Finance* 47-2, pp. 427-465.

Fama, E. F., and K. R. French (1993) "Common Risk Factors in the Returns on Stocks and Bonds", *Journal of Financial Economics* 33, pp. 3-56.

Fama, E. F., and K. R. French (1996) "Multifactor Explanations of Asset Pricing Anomalies", *The Journal of Finance* 51-1, pp. 55-84.

Grossman, S., and J. Stiglitz (1980) "On the Impossibility of Information Efficient Market", *American Economic Review* 70-3, pp. 393-408.

河榮德（1982）「会計報告の情報効果に関する実証研究」『会計学研究』，11月。

石塚博司編著（1987）『実証 会計情報と株価』同文舘，69－83頁。

河榮德（1987）「個別決算報告の情報効果」『企業会計』，11月，85－95頁。

平木多賀人，竹澤伸哉（1997）『証券市場の実証ファイナンス』朝倉書店。

香村光雄（1985）「経常利益・純利益の影響分析」『企業会計』，8月，103－112頁。

後藤雅敏（1988）「決算発表に対する市場反応時点の検出」『會計』，5月，105－115頁。

Kubota, K., K. Suda, and H. Takehara (2003) "Components of Accounting Accruals and

Stock Returns : Evidence from Tokyo Stock Exchange firms", 日本ファイナンス学会『2003年度日本ファイナンス学会第11回大会予稿集』, 392-405頁.

Lakonishok, J., A. Shleifer, and R. Vishny (1994) "Contrarian Investment, Extrapolation, and Risk", *Journal of Finance* 49, pp. 1541-1578.

Lo, A., and A. C. MacKinley (1988) "Stock Price Do not Follow Random Walks : Evidence from a Simple Specification Test", *Review of Financial Studies* 1-1, pp. 41-66.

Nichols, Nancy A. (1993) "Efficient? Choatic? What's the New Finance?" *Harvard Business Review* 71, pp. 50-60.

Nicholson, S. F. (1960) "Price-earnings Ratios" *Financial Analysts Journal* 16-4, pp. 43-45.

Ohlson, J. (1995) "Earnings, Book Values, and Dividends in Equity Valuation", *Contemporary Accounting Research* 11, pp. 661-687.

大塚宗春他(1981)「資本市場における会計情報の有効性」『企業会計』, 1月, 164-178頁.

Ou J.A. and S. H. Penman (1989) "Financial Statement Analysis and the Prediction of Stock Returns", *Journal of Accounting and Economics* 11, pp. 295-329.

Palepu, K. G., V. L. Bernard, and P. M. Healy (1996) *Business analysis and Valuation*, South-Western College Publishing. (斎藤静樹監訳(1999)『企業分析入門』東京大学出版会。)

Poterba, J. M., and L. H. Summers (1989) "Mean Reversion in Stock Prices : Evidence and Implications", *Journal of Financial Economics* 22, pp. 27-60.

Richardson, S. A., D. G. Sloan, and A. I. Tuna (2001) "Information in Accruals about the Quality of Earnings", *Working Paper*, University of Michigan.

桜井久勝(1986)「年次会計利益情報の潜在的有用性と現実的有用性」『国民経済雑誌』, 10月, 77-94頁.

桜井久勝(1991)『会計利益情報の有用性』千倉書房.

桜井久勝・後藤雅敏(1985)「決算発表に対する株式市場の反応＜1＞＜2＞」『企業会計』, 11月, 86-91頁, 12月, 68-75頁.

佐藤紘光他(1979)「会計情報と株式市場」『企業会計』, 10月, 60-79頁.

城下賢吾(1985)「わが国株式市場における株式の超過収益と決算利益の予測誤差との関連」『証券経済』, 12月, 177-96頁.

須田一幸(2000)『財務会計の機能-理論と実証-』白桃書房.

須田一幸(2003)「会計利益情報の実際的有用性と会計基準設定-行動ファイナンスの視点-」『国民経済雑誌』, 11月, 29-50頁.

須田一幸編著(2004)『会計制度改革の実証分析』同文舘出版.

須田一幸編著(2005)『ディスクロージャーの戦略と効果』森山書店.

Sloan, R. G. (1996) "Do Stock Prices Fully Reflect Information in Accruals and Cash-flows about Future Earnings?" *The Accounting Review* 71, pp. 289-315.

竹原均・須田一幸(2004)「フリーキャッシュフローモデルと残余利益モデルの実証研究-株価関連性の比較-」『現代ディスクロージャー研究』No. 5, 9月, 23-35頁.

Watts, R. L., and J. Zimmerman (1986) *Positive Accounting Theory*, Prentice-Hall. (須田一幸訳(1991)『実証理論としての会計学』白桃書房。)

Xie, H. (2001) "The Mispricing of Abnormal Accruals", *The Accounting Review* 76-3, pp. 357-373.

［須田一幸］

V　オールソンモデルによる企業評価

1　はじめに

Ohlson (1995) によると，**オールソンモデル**による企業価値 (V_t) は次式によって計算される[1]。

$$V_t = B_t + \sum_{i=1}^{\infty} (1+r)^{-i} E_t[X_{t+i} - (r)B_{t+i-1}]$$
……(8-5-1)

$$= B_t + \sum_{i=1}^{\infty} (1+r)^{-i} E_t[X_{at+i}]$$

ここで，
　$B_t = t$ 時点での純資産簿価
　$X_{t+i} = t + i$ 期の純利益
　$r = $ 株主資本コスト
　$X_a = $ 当期利益から期首純資産の資本コストを控除した超過利益
　$E_t[\ ] = [\ ]$ 内は t 時点での予測値

オールソンモデルの唯一の必要条件は，期首純資産簿価＋当期利益－配当額＝期末純資産簿価という**クリーン・サープラス会計**が保たれていることである。クリーン・サープラス会計が保たれていると，純資産簿価（t 時点）と将来利益によって企業価値が把握される。その他の包括損益（たとえば，再評価差額金）のように利益を通さずに純資産に計上されるダーティ・サープラスであっても，t 時点の純資産に計上されているものは，（8－5－1）式の B_t によって企業価値に反映される。しかし，t 時点以後のダーティ・サープラスは式のどこにも算入されず，適正な企業価値が計算できなくなるからである。

V節では，オールソンモデルによる企業評価について，①純資産簿価の重要性，②予測利益を用いた企業価値評価，③線形情報ダイナミックス，④企業価値推定値と株価との関係の4つのテーマに関する実証結果と残された問題点を検討する。

2　純資産簿価の重要性

これまでの証券市場研究では，利益が第一義的な株価の説明要因であると考えられてきたが，オールソンモデルに代表される会計数値による企業価値評価では，利益とともに純資産簿価情報の重要性が再認識されている。最近のアメリカの実証結果によると，国の違いや企業の状況によって純資産簿価情報の相対的重要性が変化することがわかってきた。とくに，日本企業や財務的困窮状況にある企業では，純資産簿価が利益以上に重要な株価

の説明要因であることがわかってきた。また，日本における実証研究では，景気変動が純資産簿価の重要性に影響を及ぼすことも示唆されている。

(1)　国による純資産簿価の重要性の相違

Frankel and Lee（1996）は，オーストラリア，フランス，カナダ，ドイツ，日本，イギリス，アメリカの7カ国の各国別に，純資産簿価，会計利益，企業価値推定値の株価説明力を比較している。各国ごとに，株価に対して，①1株当たり純資産簿価，②1株当たり利益，③1株当たり企業価値の推定値をそれぞれ切片0で一変量の順位回帰分析[2]した結果得られた説明力（R^2）を比較している。ここでの企業価値の測定値とは，Ohlson モデルに2年間の予測利益を代入して計算したものである。その結果，7カ国すべてにおいて，企業価値推定値は，利益や純資産簿価よりも株価の説明力が高く，各国の株価をよりよく説明することがわかった。また，ほとんどの国において，純資産簿価よりも利益の方が株価の説明力が高いが，日本とカナダにおいては，1991年以後，純資産簿価の方が利益よりも株価説明力が高いことが示された。同様の結果は，Hall, Hamao and Harris（1994）や Cheng and Hsu（1996）でも確認されている。この2つの研究結果に基づくと，1991年以前においても，日本とカナダでは利益よりも純資産簿価の方が株価説明力が高いと考えられるが，Frankel and Lee（1996）の調査結果では，年によって若干異なるが，日本やカナダにおいても，1991年以前は純資産簿価よりも利益の方がわずかながら株価説明力が高いという結果が示されており，この点では，若干の違いがある。しかしながら，全体として，アメリカやイギリスと比較して，日本とカナダにおける純資産簿価の相対的な重要性が高いことは同じである。

これらの実証研究の結果から，株価（企業

価値）評価の際に，利益だけでなく，純資産簿価が重要な役割をもっていることが確認され，さらに，国によって会計利益と純資産簿価の相対的重要性が違っていることが明らかになった。とくに，日本においては，利益よりも純資産簿価の方が株価（企業価値）と密接に関係していることが明確に示されたのである。

(2) 企業状況による純資産簿価の重要性の相違

次に，倒産直前の企業は，純資産簿価が企業価値の第一義的な説明変数になるという**倒産企業の仮説**が示され，それを支持する実証結果が現れた。すなわち，近い将来に企業の全資産を処分する可能性が高い場合，純資産簿価は当該企業の資産価値をとらえており，利益情報は純資産簿価以上の情報を提供しないという仮説（abandonment option hypothesis）が示されたのである。この仮説に基づくと，企業の貸借対照表上に認識されている資産の清算価値がその利用可能価値を超えている場合は，企業の清算が近づくにつれて，当該企業の純資産簿価が企業価値の第一義的な決定要因になる。つまり，企業の貸借対照表上に認識されていない純資産は，市場価値を推定する際に比較的重要でなくなる。ここで，貸借対照表上に認識されていない純資産とは，オールソンモデルにおける将来の超過利益の合計を示すものであり，貸借対照表に認識されていない営業権その他の無形資産のようなものを指す。逆に，企業が継続企業として存続するという共通の認識がある場合，資産の利用可能価値は清算価値を上回り，企業価値の第一義的な決定要素は，貸借対照表上に認識されていない純資産の価値である。この倒産企業の仮説は，Barth and Beaver（1997）やSchnusenberg and Skantz（1997）などの実証研究によっても検証されている。

(3) 日本における純資産簿価の重要性の相違

日本においても利益と純資産簿価の相対的重要性に関する実証研究が行われている。井上（1998 b）は，日本における個別会計情報と連結会計情報の関係について調査を行うため，東証一部上場企業で日本基準に従って連結財務諸表を公表している3月決算企業（1990年～1997年）を対象として，親会社個別会計情報と連結会計情報について回帰分析を行った。その分析結果は，次のように要約される。

第1に，親会社個別会計モデルにおける純資産簿価の相対的重要性は，予想超過利益と逆の相関関係がある。すなわち，企業業績が悪い期間ほど，株価に対する純資産簿価の説明力が高くなっている。逆に，企業業績が良いとき（1990年，1991年）には，純資産簿価よりも予想超過利益の方が株価をよく説明することがわかった。このことから，純資産簿価の相対的重要性は景気と反比例するというオールソンモデルの新しい応用的解釈の可能性が考えられる[3]。この立場からは，先述したように国による純資産簿価の相対的重要性の相違があるとしても，その一部は各国における景気変動の影響である可能性もある。

第2に，1995年3月期までは，親会社個別会計情報の株価説明力が連結会計情報よりも高いが，その後，連結会計情報の株価説明力が若干ではあるが個別会計情報を上回るようになった。この結果は，Frankel and Lee（1996）の調査結果と若干異なっており，必ずしも常に連結会計情報の方が親会社個別会計情報よりも優れていないことを示している。日本における親会社個別会計情報の重要性は周知の事柄であり，株価に与える影響も大きいものがあると考えられる。しかし，最近の景気停滞によって，情報の利用者が親会社個別会計情報よりも連結会計情報の方をより信頼するという状況が生じているのかもしれな

い。このことは，2000年に向けて連結会計情報を主たる会計情報とすることを支持する実証結果であろう。

3 予測利益を用いた企業価値評価

（8-5-1）式に示したオールソンモデルの基本形では，純資産簿価とともに，現時点における将来予測利益の合計額によって企業価値を計算する。理論的には，（8-5-1）式に示されるように無限期間の企業価値予測が必要であるが，実際の予測期間は有限であり，予測期間以後の将来利益を推定する必要が生じる。その1つの方法は，予測期間最終年度の予測利益が永久に生じると仮定して計算することである。この場合には，最終年度の推定値に大きく影響されることになるが，一般的な実証研究では，この方法を採用することが多い。また理論的には，予測期間は企業が競争均衡に達するまでの期間を設定する必要がある。しかしながら，利益予測は長期になるに従ってその正確性が格段に減少し，長期になるほど予測誤差が生じることも事実である。実証研究では，データの入手可能性からアナリストが予測する1年後の予測利益および2年後の予測利益を用いることが多い。最近の実証結果では，**アナリスト予測利益**の方が実際利益よりも企業価値との関連が強いことが確認されている。日本でも，アナリスト予測利益の方が実際利益よりも企業価値との関連が強いことが示されている。

(1) 米国における実証結果

Frankel and Lee（1998）は，1979年～1991年の米国企業について，オールソンモデルにおけるアナリスト利益予測の有用性を検証している。この実証結果によると，アナリスト利益予測を用いたオールソンモデルによる企業価値推定値（V）が株価の70％以上を説明することがわかった。また，その予測期間が長期になればなるほどVはリターンの優れた予測値となることがわかった。

この実証研究では，データの入手可能性から，3年間の利益予測を用いて複数の企業価値を計算している。まず1年モデルによる企業価値（V_{f1}）は，1年後の予測利益（$FROE_t$）が生じ，その後もその予測利益値（$FROE_t$）が永久に生じると仮定した企業価値を計算している。2年モデルによる企業価値（V_{f2}）は，1年後の予測利益が生じ，その後は2年後の予測利益が永久に生じると仮定した企業価値を計算している。3年モデルによる企業価値（V_{f3}）は，1年後の予測利益が生じ，さらに2年後の予測利益が生じた後，3年後以降は3年後の予測利益が永久に生じると仮定した企業価値を計算している。同様に，アナリストの予測利益（$FROE_t$）に代えて，実際の利益（ROE_t）を代入した1年モデルによる企業価値（V_{h1}），2年モデルによる企業価値（V_{h2}），3年モデルによる企業価値（V_{h3}）も計算している。

これらの計算された企業価値を比較した結果，予測期間が1年の場合には，V/Pによる株式買い持ち戦略によるリターンは，B/Pによる株式買い持ち戦略によるリターンと同程度のリターン予測力であった。しかし，予測期間が2～3年の場合には，V/P戦略によるリターンは，B/P戦略リターンの2倍以上であった。とくに，V/P比率が高い企業は，より高い長期リターンを稼ぐことがわかった。このことは，企業価値の計算においてアナリスト利益予測の方が，実際利益よりも有用であることを示している。この結果は，市場ベータ，企業規模，B/P比率の違いによって影響されなかった。

(2) 日本における実証結果

日本においても同様の研究が行われている。井上（1999）は1995年3月決算の日本企業を対象に，予測利益（$FROE$）を用いるこ

とによって，当期利益あるいは将来実際利益（ROE）を用いた場合と較べて，企業価値推定値の株価説明力がどの程度向上するかを検証している。親会社単独会計数値と連結会計数値を用いたその実証結果は，次のように要約される。①予測利益を用いた企業価値推定値のばらつき（標準偏差）は実際利益を用いたものよりも小さく，さらに，1年モデルよりも2年モデルの方が標準偏差は小さくなっている。②アナリストの利益予測は実際利益よりも楽観的であった。③予測利益を用いることによって，実際利益よりも企業価値推定値の株価との相関が強くなる。④1年モデルよりも2年モデルの方が株価との相関が強い。⑤企業価値の構成要素についての回帰分析結果も，2年モデルの株価説明力が，1年モデルの株価説明力よりも大きくなった。これらの結果から，企業価値を推定する際には，少なくとも2年間の予測利益を用いることが望ましい。⑥すべての企業価値推定値について，3月末株価よりも5月末株価との相関の方が強い。⑦予測利益と当期利益との相関は約0.7，予測利益と将来実際利益との相関は0.64～0.73であった。この利益間の相関関係から，予測利益が使用できないときには，当期利益や将来実際利益を用いてもよいが，その結果は割り引いて考える必要があるように思われる。上記の結果は，Frankel and Lee (1998) の米国企業の実証結果と基本的に一致している。

4 線形情報ダイナミックス

オールソンモデルは，現時点における**将来の超過利益**を予測することによって，会計数値に基づいた企業価値評価ができることを明確にしたことで注目されている。しかしながら，オールソンモデルではさらに，現在の会計数値を企業価値と結びつけるために**線形情報ダイナミックスの仮定**（liner information dynamics または liner information model：LID）を提示している。この線形情報ダイナミックスの仮定は，**当期の情報**（利益とその他の情報）によって将来の予測超過利益を置き換えるものであり，この仮定を用いることによって理論上，当期の情報（利益とその他の情報）のみを用いて企業価値評価を表すことができるようになる。しかしながら，このLIDの仮定は短期的には実証されておらず，Myers (1999) と Dechow et al. (1999) に代表されるように米国における最近の実証研究においてはLIDの長期的な妥当性が示唆されている。以下，線形情報ダイナミックスの仮定を紹介し，線形情報ダイナミックスに関する Myers (1999) と Dechow et al. (1999) の実証結果を見てみよう。

(1) 線形情報ダイナミックスの仮定 (LID)

（8-5-1）式のオールソンモデルは，純資産簿価と将来超過利益の期待値という会計数値によって企業価値を表すことを明確に示したことに価値がある。しかしながら，このモデルでは，財務諸表等で報告された現在の利益数値を企業価値に直接結びつけることができなかった。そこで Ohlson (1995) は，企業価値と当期利益情報を結びつけるために，線形情報ダイナミックスの仮定を提案した。線形情報ダイナミックスの仮定（LID）とは，ある会計年度の超過利益（X_{at+1}）が，前年の超過利益（X_{at}）と前年のその他の情報（v_t）によって説明されるという仮定であり，次式のように示される[4]。

$$X_{at+1} = \omega X_{at} + v_t + \varepsilon_{1,t+1} \cdots\cdots(8-5-2)$$
$$v_{t+1} = \gamma v_t + \varepsilon_{2,t+1} \cdots\cdots(8-5-3)$$

ここで，ωとγは，それぞれ超過利益とその他の情報の次年度への影響の大きさを表しており，いずれも0～1の間の値をとると考えられている。この仮定に基づくと，当期超過利益とその他の情報によって次年度の超過利益を表すことができるので，企業価値の計

算式は，将来の期待値を用いず，当期の情報だけで表現することが可能になる。すなわち，(8－5－1)式に(8－5－2)式と(8－5－3)式を加えると，(8－5－4)式のように当期の超過利益 (X_{at})，純資産簿価 (B_t)，現時点で入手可能なその他の情報 (v_t) によって，現在の企業価値 (V_t) を表す式が導出される[5]。

$$V_t = B_t + a_1 X_{at} + a_2 v_t \quad \cdots\cdots (8-5-4)$$

ここで，

$$a_1 = \frac{\omega}{(1+r-\omega)}$$

$$a_2 = \frac{(1+r)}{[(1+r-\omega)(1+r-\gamma)]}$$

この式では，将来配当の予測をすることもなく，また予測期間終了時点での価値（terminal value）を予測することもなく，当期の情報のみから企業価値が導かれることになる[6]。しかし，この式に関しては，①その他の情報の内容を明確化し，②保守主義会計に関する調整（不偏会計の仮定）を行う必要がある。

まず第1に，「その他の情報 (v_t) の内容を明確化」の必要性は，(8－5－4)式からも明らかである。LIDに基づいて将来の超過利益を予測する際に，当期の利益と純資産簿価に加えて，その他にどのような財務情報や非財務情報が有用な情報を提供するかを明らかにする必要がある[7]。しかし，未だその他の情報が理論でも実証でも明確になっていない。今後，さらなる検討が必要である。ところで，実証研究においてオールソンモデルを引用して，株価＝当期純資産簿価＋当期利益（または超過利益）といった回帰分析が行われることが多い。しかしながら，この式は，LIDの仮定にさらに，ω が企業間および期間を通じて一定であり，その他の情報 (v_t) が価値に関連しないか，あるいは，すべての企業に全く同じ影響を及ぼすというより強い仮定を加えたものである。この式は，当期の超過利益と純資産簿価によってどの程度株価を説明できるかといった限定した目的で用いられるものである。この式を用いる際にも ω，γ，v_t について十分に理解しておく必要がある。Dechow et al. (1999) は，さまざまな ω，γ，v_t を設定した場合の企業価値評価式について検討しているので，参照されたい。

つぎに，第2の「保守主義会計に関する調整」は，LIDが不偏会計を想定していることから生じる。ここで，不偏会計とは，予測期間が無限（$\tau \to \infty$）になるにつれて，その企業価値が将来の純資産簿価に等しくなるような会計（$E_t[P_{t+\tau} - B_{t+\tau}] \to 0$）をいう。言い換えると，**不偏会計**とは，予測期間が無限になるにつれて，企業価値が純資産簿価に全て反映され，将来の超過利益とその他の情報の期待値がゼロ（$E_t[X_{at+\tau}]$ と $E_t[V_{t+\tau}] \to 0$）になるような会計であるといえる。たとえば，すべての資産と負債が将来キャッシュフローの現在価値に基づいて評価されているような会計の場合にはこれに近い会計であると考えられるだろう。しかしながら，会計システムが不偏でない場合，純資産簿価に全ての企業価値が反映されず，将来の超過利益とその他の情報の期待値はゼロにならない。Feltham and Ohlson (1995) は，このような不偏でない会計を**保守主義会計**と呼んでいる。保守主義会計が採用されている場合には，分析にあたって，保守主義会計に対する調整項目を付加する必要がある。Feltham and Ohlson (1995) と Feltham and Ohlson (1996) は，保守主義会計に関して Ohlson (1995) を拡張したモデルとして有名である。

(2) 米国における実証結果

Myers (1999) は，これらの拡張モデルにおける保守主義会計を実証的に検証した。井上 (2000) は，これらの拡張モデルの概要とMyers (1999) の実証結果を紹介しており，その実証結果は次のようにまとめられる。

第1に，Feltham and Ohlson（1996）に基づく企業価値推定値は株価にかなり近く，企業価値推定値と市場期待値が一致している可能性がある。Ohlson（1995）とFeltham and Ohlson（1995）に基づく企業価値推定値は株価よりもかなり小さく，市場期待値を十分に把握できているとは思われない。

　第2に，これら3つのLIDに基づく企業価値推定値は，すべて株価と正の相関関係があることがわかった。しかしながら，その調整済R^2は0.335～0.392であり，これまでの実証結果と比べてもかなり少ない説明力しかない。

　第3に，各LIDに関して計算されたαの値は，実際の回帰分析の結果βと全く一致していなかった。このことから，市場における各変数のウェート付けとLIDに基づく理論的な各変数のウェート付けが大きく異なっていることがわかった。

　これらの結果を総合すると，最も株価に近いのはFeltham and Ohlson（1996）に基づく企業価値推定値であるが，保守主義会計を考慮したLIDでも市場の期待を十分に反映することはできておらず，株価よりも小さく評価する傾向にあることがわかった。これらのLIDは企業評価に有用な情報を提供しているが，将来残余利益に関する市場の期待の大部分を取り込めていない。また，その推定値は推定誤差が大きく，変動の大きな企業価値推定値を提供している。今後は，企業価値評価の複雑さを取り込んだ，会計プロセスのさらに詳細なモデルを開発するとともに，推定誤差の研究にも焦点をあてる必要があるだろう。

(3) 残された問題点

　線形情報ダイナミックス（LID）は，当期利益を直接に企業価値へと結びつける重要な仮定として注目されている。現在公表されている会計情報のほとんどは現在または過去の数値であり，当期利益と企業価値との直接的な関係（すなわちLID）を解明することは会計に携わるものにとって非常に意義あることであろう。既に述べたように，①その他の情報の内容と②保守主義会計に関する調整についてさらに研究を進め，さらにモデルを精緻

図表8-5-1

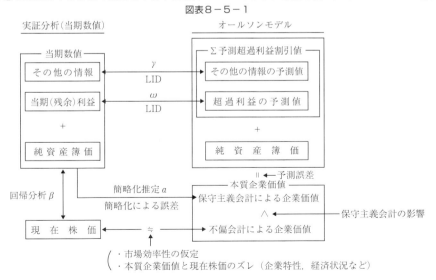

化し，現実の経済環境に近づけていく必要がある。また実証研究では，株価を企業価値評価の代理変数として用いることが多いが，計算された企業価値推定値と株価に差が存在する。この場合には，企業特性や株価バブルといった経済状態に対する考慮も必要になるだろう。

しかし残念ながら，このLIDの仮定は実証的に完全に検証されているわけではない。Myers（1999）や Ahmed, Morton, and Schaefer（2000）による米国における最近の実証研究においてもＬＩＤは理論的にも実証的にも発展途上であり，未だ完全には検証されていない。井上（2002）における日本企業に関する実証的試みでも，LIDを部分的に検証できたに過ぎず，今後の理論的，実証的な検討が必要であるといえる[8]。

オールソンモデル，LID，株価との関係を筆者なりに図示したものが，図表8－5－1である[9]。今後は，図表に示されている予測誤差，簡略化による誤差，保守主義会計の影響，本質企業価値と現在株価とのズレなどについても理解を深め，モデルを精緻化していく必要があるだろう。

5　企業価値推定値と株価との関係

最後に，Dechow et al.（1999）の実証結果（対象年度1976～1995年）に基づいて，オールソンモデルによる企業価値推定値と株価との関係について検討してみよう。

第1に，実証結果からは，比較的楽観的であるアナリスト予測利益を用いた場合でさえ，企業価値評価が株価よりも過小評価されていることがわかった。株価は経済状況がよい場合には利益に対する評価ウェートを高める傾向にあるので，このような過小評価は株式市場の加熱を表しているのかもしれない[10]。また，これは将来における超過利益が企業価値評価の計算に十分に反映されていない可能性もある。さらに理論的には，保守主義会計の影響によって会計数値に基づく企業価値評価が実際よりも低くなる可能性も考えられる。実証研究においては，保守主義会計についても十分に考慮する必要がある。

第2に，過去の時系列や経済状況を考慮して計算されたω_uやγ_ωを用いた場合よりも，単純に現在のアナリスト予測利益が永久に発生すると仮定した場合の方が，株価説明力が高いという実証結果が示された。この結果からは，市場がその時点におけるアナリスト利益予測に大きく影響されていることが明確に示された。投資家は，アナリスト利益予測情報を過大評価し，純資産簿価や利益情報を過小評価する傾向があるように思われる。また，この結果は，将来超過利益の予測の際に，利益や純資産簿価以外の未だ会計数値に反映されていない情報（v_t）が重要性があることを示している。現在の株価を説明する際に，純資産簿価が利益以上の追加的な情報を持っているが，その純資産簿価でさえアナリスト利益予測に含まれている情報以上の追加的情報はほんのわずかしか提供しないこともわかった。すなわち，短期的には，LIDの説明力が低く，アナリスト予測利益の優位性が主張されるだろう。

第3に，しかしながら，将来の株価リターンの予測に関しては，過去の時系列や経済状況を考慮して計算されたω_uやγ_ωを用いた場合の方が，アナリスト利益予測よりも高かった。すなわち，アナリスト予測利益は現時点の株価の説明力は高いものの，必ずしも将来株価リターンを十分に反映していないといえる。このことから，現在の株価はアナリスト予測利益に大きな比重を置いており，必ずしも現時点における全ての情報を反映しているわけではなく，将来（たとえば1年後）に会計数値に基づく企業価値が示す方向へ株価が修正される可能性がある。これは，長期的には株価が本質企業価値へ引き寄せられるとい

うファンダメンタルアプローチの考えに一致しているように思われる[11]。このように,長期的な観点からはオールソンモデルにおけるLIDの正当性がある程度認められると言えるだろう。

(注)
1) 変数の記号は,本節内において統一するため,原本とは異なっている。
2) これは,各変数を,順位に変えてから回帰分析を行うのである。この研究では,各年の9月30日のデータに基づいて各変数を順位に変換している。
3) 不況期にあって,簿価と株価の関連性が高まることは,薄井(1999)においても検証されている。ただし,その明確な理由については,理論と実証の両面から一層の検討が必要である。
4) Dechow et al. (1999), pp. 667–668.
5) Dechow et al. (1999), p. 668.
6) もちろん,当期の情報と将来情報の期待値を線形と仮定することに問題がないかどうかは実証研究によって明らかにされるべき課題である。
7) どのような財務情報が次年度の利益予測に有用かについては,例えばLev and Thiagarajan (1993)の研究がある。
8) したがって,現在のところ,LIDに基づく企業価値評価,とくにその他の情報や保守主義会計の影響が十分に考慮されていない場合には,その評価額はあくまでも企業価値評価の簡略推定値にすぎないと考えるべきであろう。なお,LIDに基づく企業価値評価では,左辺が将来価値である企業価値であり,右辺が現在の会計数値(利益および純資産簿価)であり,両者の間に高い相関関係があるようには思えないという根本的な批判もある。
9) 井上(2000)。
10) 経済状況と利益に対する評価ウェイトの関係については,井上(1998a)第12章および第13章における日米の実証結果を参照されたい。
11) ファンダメンタル・アプローチについては,Penman(1992)および井上(1998a)第1章および第11章を参照されたい。日本におけるLIDの検証については,太田(2000)においても同様の結果が得られている。

〔参考文献〕

Ahmed, A., R. Morton, and T. Schaefer (Summer 2000) "Accounting Conservatism and the Valuation of Accounting Numbers : Evidence on the Feltham-Ohlson (1996) Model", *Journal of Accounting, Auditing & Finance*, Vol. 15, No. 3.

Barth, M. E., and W. H. Beaver (1997) "Valuation Characteristics of Equity Book Value and Net Income : Tests of the Abandonment Option Hypothesis", presentation at the annual meeting of AAA.

Cheng, C. S. A., and K. H. Y. Hsu (July 1996) "The Relative Value-Relevance of Accounting Earnings and Book Value in Four Countries The U. S., The U. K., Canada and Japan", unpublished paper.

Dechow, P., A. Hutton, and R. Sloan (1999) "An Empirical Analysis of the Residual Income Valuation Model", *Journal of Accounting and Economics*, 26.

Feltham, G., and J. Ohlson (Spring 1995) "Valuation and Clean Surplus Accounting for Operating and Financial Activities", *Contemporary Accounting Research*, 11.

Feltham, G., and J. Ohlson (Autumn 1996) "Uncertainty Resolution and the Theory of Depreciation Measurement", *Journal of Accounting Research*, 34.

Frankel, R., and C. M. C. Lee (August 1996) "Accounting Diversity and International Valuation", unpublished paper.

Frankel, R., and C. M. C. Lee (1998) "Accounting valuation, market expectation, and crosssectional stock returns", *Journal of Accounting and Economics*, 25.

Hall, C., Y. Hamao, and T. S. Harris (1994) "A Comparison of Relations Between Security Market Prices, Returns and Accounting Measures in Japan and the United States", *Journal of International Financial Management and Accounting*, 5(1).

Lev, B., and R. Thiagarajan (1993) "Fundamental Information Analysis", *Journal of Accounting Research*, 31.

Myers, J. (January 1999) "Implementing Residual

Income Valuation with Liner Information Dynamics", *The Accounting Review*, Vol.74, No.1.

Ohlson, J. (Spring 1995) "Earnings, Book Values, and Dividends in Equity Valuation", *Contemporary Accounting Research*, Vol.11, No.2.

Penman, S. (Fall 1992) "Return to Fundamentals", *Journal of Accounting Auditing and Finance*, 7.

Schnusenberg, O., and T. R. Skantz (1997) "Market Value, Book Value and Earnings Levels", unpublished paper.

井上達男（1998 a）『アメリカ外貨換算会計論（増補改訂版）』同文舘。

井上達男（1998 b）「会計数値に基づく企業価値の実証研究－東証一部上場三月決算企業を対象として－」『會計』第153巻第6号，6月。

井上達男（1999）「予測利益を用いた Ohlson モデルによる日本企業の実証研究」『會計』第156巻第2号，8月。

井上達男（2000）「会計数値による企業価値評価と線形情報ダイナミックス」『産業経理』平成12年度第4号，4月。

井上達男（2002）「企業価値評価モデルに関する一考察－保守主義会計の企業価値への影響－」『経営分析研究』第18号，3月。

薄井 彰（1999）「クリーン・サープラス会計と企業の市場評価モデル」Working Paper，#1998 A－10，青山学院大学，3月。

太田浩司（2000）「オールソンモデルによる企業評価－Ohlson（1995）モデルの実証研究－」『証券アナリストジャーナル』Vol.38, No.4, 4月。

〔井上達男〕

Ⅵ 会計データの時系列分析とその活用

1 はじめに

時系列分析 (time-series analysis) において用いられる時系列データとは，「時間を通して順次的に発生した観測値の集合」（Vandaele, 1983, p.3）である。会計領域では，利益，売上高，株価，株主資本利益率，流動比率といった種々のデータが，年次ごと，半期ごと，四半期ごと，月ごとあるいは日ごとに計算され，時系列分析の対象とされる。

それでは，時系列を分析する目的とは何であろうか。①特定の時系列過程の特徴を記述すること，②時系列の特性を説明するモデルを構築すること，また，この①，②の結果に基づいて将来における時系列特性を予測することである（Vandaele, 1983, p.8）。すなわち，投資者にとっては，将来期間の会計利益を予測するために，過去の期間に係る会計利益の時系列データを注意深く観察することである（桜井，1991, 99頁）。特にわれわれは，時系列データのモデルから導出される正確な利益予測値を入手することができるのである（Vandaele, 1983, p.8；桜井，1991, 101頁）。

2 時系列プロセスと定常性

会計データの時系列分析を行うためには，まず会計データがどのような時系列プロセスに従っているかをみる必要がある。時系列データから母集団の構造が把握され，その結果にもとづいて予測が試みられる。そうした時系列データには，①母集団の期待値は一定である，②母集団の分散はどの時点も一定である，③自己共分散，自己相関は2時点の時

間差のみによって決定されるという仮定が要請され，この3つの仮定によって時系列に与えられる性質を**定常性（stationarity）**と言う（森，1997, 28頁）。

しかしながら，実際のデータには定常性が備えられていず，非定常性のものが多い。この場合は，非定常的データを定常的データに変換する必要がある。その方法としては，①分散を一定にするためには対数変換あるいは平方根変換を行う，②トレンドを除去するためには何階かの階差をとる差分法を行う，③季節的要因を除去するために，前年同期のデータを差し引く，の3つがある（森，1997, 48頁）。

こうして定常的な時系列データとなったら，時系列データは何らかの規則性をもっているので，その規則性を分析することになる。その規則性を与える確率過程の構造を時系列モデル（time-series model）の代表的なモデルに自己回帰（autoregressive, AR）モデル，移動平均（moving average, MA）モデル，自己回帰移動平均（ARMA）モデルがある（山本，1988, 23頁）。

3 ARIMAモデルとボックス＝ジェンキンス法

データがトレンドをもつ場合は階差をとることによって定常化できる。平均が線形トレンドをもつ，和分過程（integrated process）に定数項が含まれている場合は，自己回帰和分移動平均過程と呼ばれる。すなわち，階差をとったものがARMA（p, q）に従うときは**自己回帰和分移動平均（autoregressive integrated moving average, ARIMA (p, d, q)）**モデルで表すことができる（森，1997, 63頁）。

一般的には，ARIMAモデルは**ボックス＝ジェンキンス（BOX=Jenkins Methodology, BJ法）**を用いて構築される。BJ法は，データにあてはまる暫定的なパターンを仮定して，この暫定的なパターンが正しいかどうかを分析者が判断する方法である。BJ法に依拠して分析者は，一定の段階をふみながら試行錯誤を繰り返し，もっとも適切なモデルを確定する（森，1997, 65頁）。

ここでBJ法を説明しておこう。まず，時系列データのプロットを描き，プロットから誤り，異常値，構造変化，非定常性をチェックする。データが非定常時系列であれば差分法によって対数変換や平方根変換を行い階差をとり定常化させる。そして，その定常化された新しい時系列データがARIMAモデルにあてはめられ，ARIMA（p,d,q）と表されるのである。pは**自己回帰（AR）の次数**，dは階差の階数，qは**移動平均（MA）の次数**を意味している。すなわち，BJ法は定質非定常系列のデータを定常化するための階差の決定，および定常化されたあとで適用されるARMAモデルのAR部分とのMA部分を決定することといえる。

こうしてStep 1で階差dを同定し，Step 2で階差をとられたデータについて**自己相関関数（ACF）と偏自己相関関数（PACF）**の形状をみてARIMAのpdqを同定する。自己相関関数が指数的にゼロに下落するときはAR，ラグqの後で切断されるときはMA，偏自己相関がラグqの後で切断されるときはAR，指数的にゼロに下落するモデルはMAであり，自己相関と偏自己相関の両方が指数的にゼロに下落するときは，ARとMAの両方を含むモデルである，**自己回帰移動平均（ARMA）モデル**となる。Step 3でモデルの適合性について診断検定を行う。以上から，すべての時系列データは，ARMA（p,d,q）モデルで表すことができるのである（森，1997, 74-79頁）。

ARIMAモデルの1つの特別なモデルに**ランダム・ウォーク（random walk, RW）・モデル**がある。ランダム・ウォーク・モデルとは，定数項がない（定数項 $\mu=0$ である和分

を含む)のでトレンドをもたないARIMA (0, 1, 0) モデルのことである。初期値以外は過去の撹乱項の和だけで記述される確率過程であり,標本の最終データが将来のすべての最適予測となる(山本,1988,113頁)。

4 会計利益の時系列分析研究

時系列特性は,これまでは主に会計利益について検討されてきた。それは,FASBでは投資者の投資意思決定にとっては**発生主義会計利益情報**のほうがキャッシュ・フロー情報より有用性が高いという立場をとっているためである(FASB 1978, para 44)。そして,投資者がこの将来期間の会計利益に関する市場の期待形成を考察するために将来期間の利益予測が必要であり,そのため,市場が形成していたであろう期待利益の近似値の基礎として会計利益の時系列特性を観察してきたといえる(桜井,1991,98-99頁)。なお,会計利益という用語は,現在,発生主義会計によって反映される「**財務業績**」(financial performance) という用語になっている (FASB 2010, OB 15-17)。

超過リターン(期間1の実際リターンと期待リターンの差)と期待外利益率(事前の期待値に対する誤差)とを関連づけるモデルを導出するための前提として,将来期間のキャッシュ・フローが直前期間の実際のキャッシュ・フローに等しいこと,会計利益がキャッシュ・フローの代理変数として機能することが仮定されていることから「将来期間の会計利益は直前期間の実績利益に等しい」という期待形成が仮定される。この期待形成を表している時系列モデルが,ランダム・ウォークである(桜井,1991 101頁)。

こうして,将来期間における会計利益を予測するための基礎として会計利益の時系列特性を検討した研究がアメリカを中心に多く蓄積されてきたのである(Beaver 1970;Ball and Watts 1972; Lookabill 1976; Watts and Leftwich 1977 ; Albrecht et al. 1977)。

利益の時系列特性に関する研究は,クロスセクション分析と企業別分析とに大別できる(森,1997,89頁)。まず会計利益をクロスセクションで分析を行った研究を検討する。Beaver (1970) は,利益に基づく収益率等が平均回帰プロセス,ランダム・ウォーク・プロセス,移動平均プロセスに従っているかを検証し,利益に基づく収益率は平均回帰プロセスと一致していることを明らかにした。Lookabill (1976) は,デフレートされた会計利益の時系列特性は,一次の自己回帰プロセスよりも移動平均プロセスに従っていることを示している。Ball and Watts (1972) は,平均変化,ラン検定,系列相関,部分調整という4つの検定を行い,系列の平均Z値がゼロに近似し,趨勢項つきランダム・ウォーク・プロセスであることを示している(森,1997,90-99頁)。

年次会計利益の時系列特性を企業別にBJ法を用いて調査したのは,Watts and Leftwich (1977) と Albrecht et al. (1977) である。Watts and Leftwich (1977) は,個別企業についても年次利益がランダム・ウォーク・プロセスに従っていることを示し,Albrecht et al. (1977) は,デフレートされていない利益もデフレートされた利益についてもランダム・ウォーク・プロセスがあてはまることを提示している(森,1997,99-101頁)。

桜井 (1991) は,東証上場企業約794社の1976年から1988年の年次経常利益をサンプルとしてBall and Watts (1972) と同様の調査によって,**ランダム・ウォーク・モデル**の適合性を調査し,その結果,圧倒的多数の企業について,利益変化の期待値がゼロであり,すべてのラグでの共分散がゼロであるという命題が否定されず,ランダム・ウォーク・モデルの適合性を示している。

一方，森（1997）は，日本銀行の『主要企業経営分析』『本邦主要企業経営分析調査』データから業種平均利益の時系列を調査し，**デフレート**されていない利益も，デフレートされた利益もRWの適合性は発見されず，移動平均モデルの支配性を発見していることを示している。すなわち，森（1997）は，日本企業の業績平均年次利益はランダム・ウォーク・プロセスに従っているという仮説を裏付けることができなかった。

近年は，会計利益の時系列研究の動向が変化しつつある。高橋（2002）は，日本の個別企業の2001年までの連続した10期分の1株あたり利益（EPS）データで日本企業の会計利益がランダム・ウォークに従うかどうかを検証した。その結果，利益の中長期的な時系列動向はランダム・ウォーク部分と定常部分の2つから構成され，日本企業の会計利益の中長期的な時系列を表すモデルとしては，ランダム・ウォーク・モデルは適切に反映していない可能性があることを示した。

会計利益の時系列特性には1990年後半には結論が示されたと思われたが，高橋（2002）をふまえて，今後も日本企業の会計利益の時系列特性について研究を蓄積していく必要がある。

5 キャッシュ・フローの時系列分析研究

これまでは，将来キャッシュ・フローを予測するためには代理変数である将来会計利益を予測することに焦点が合わせられ，直接的に実際のキャッシュ・フロー情報の時系列特性を検討する研究は，ほとんど蓄積されてこなかった。

しかしながら，1990年代以降，アメリカでは，企業価値評価理論においてキャッシュ・フロー情報が株価の主要な決定要素であることから，研究者は，キャッシュ・フローにも焦点を合わせるようになってきた。わが国では，2000年にキャッシュ・フロー計算書に関する会計基準が公表され，一組の基本財務諸表としてその作成および開示が義務付けされるようになり，キャッシュ・フロー情報が注目を集めるようになった背景がある。

アメリカにおけるキャッシュ・フロー情報の**時系列特性**および予測能力については，次の研究がある。Hopwood and Mckeown（1992）は，1株あたりキャッシュ・フローと1株あたり利益の時系列特性，個別に同定したモデルおよび平均的モデルについて相対的適合性および予測精度を調査している。その結果，キャッシュ・フロー時系列は，比較的高い**ホワイトノイズ（WN）**時系列の発生率および予測誤差によって，利益時系列よりもかなり予測能力が低いこと，また，キャッシュ・フローも利益変数も，個別に同定したモデルが平均的モデルよりも優れていることを示している。

Lorek, Schaefer and Willinger（1993）は，109社の四半期キャッシュ・フロー時系列にたいして，季節性ARIMAモデルを同定し，このモデルが1期先の四半期キャッシュ・フローの予測には多変量クロスセクショナル回帰モデルよりもすぐれている証拠を示している。

Lorek and Willinger（1996）は，季節性自己相関ARIMA，季節性移動平均ARIMA，多変量クロスセクショナル回帰，企業別単変数ARIMA，および**多変量時系列回帰モデル（MULT）**それぞれのモデルから得られる1期先四半期キャッシュ・フローの予測誤差を比較して，MULTモデルが最も有意にすぐれていることを示している。

わが国におけるキャッシュ・フロー情報の時系列特性および予測モデルについては次の研究がある。Nakashima and Ziebart（2006）は，まずSEC基準日本企業の営業活動によるキャッシュ・フロー（OCF）の時系列特性

が**移動平均モデル（MA(1)）**であり，2階の平均回帰性という規則性がみられたこと，次に個別企業のACFおよびPACFが**ホワイトノイズ**になっているかどうかから，25社中23社がランダム・ウォークモデルに準拠していないこと，また，BJ法を用いて企業別にモデルを同定すると，適合するARIMAモデルには多様性がみられること，さらに，サンプル企業全体のランダム・ウォーク，企業別ARIMAモデル，発生主義構成項目を変数に含めた，MULTモデルで1期先OCFにたいする予測誤差を比較し，将来OCFの時系列特性に最適なモデルは，MULTであることを明らかにした。

田澤（2001）は，開銀財務データバンクの1967年から1997年までの貸借対照表および損益計算書データを用いて，1,012社を対象に，キャッシュ・フロー，会計利益および発生項目の変化額の関係を検証し，それぞれの自己相関係数（会計利益，キャッシュ・フロー）から，会計利益にランダム・ウォーク・モデルの適合性があることを示している。

近年になるとキャッシュ・フローの時系列特性研究において，あらたな結果が提示されるようになった。

Lorek and Willinger（2008）が，1期先の四半期キャッシュ・フローの予測には，BJのBrown-Rozeffor（BR）(1, 0, 0) X (0, 1, 1)モデルがMULTやランダム・ウォークよりもすぐれた予測力を有していることを示している。

Lorek and Willinger（2009）は，過去の営業活動キャッシュ・フローモデルおよび過去の会計利益モデルによる1990年から2004年までの年次営業活動によるキャッシュ・フローのデータの予測能力を分析した。その結果，キャッシュ・フローモデルが，利益モデルよりも営業活動のキャッシュ・フローのより正確な指標となること，時系列モデルが，クロスセクショナルモデルよりもすぐれていることを示している。

Lorek and Willinger（2011）では，1989年第1四半期から2007年第4四半期までの四半期のキャッシュ・フローの多期間先予測については期待モデルとしてBJのBrown-Rozeffor（BR）(1, 0, 0) X (0, 1, 1)モデルがLorek and Willinger（1996）のMULTによる予測よりも精度が高いことを示している。

6 今後の研究課題

1990年代データを用いた会計利益の時系列分析研究からは，会計利益はランダム・ウォークに従っていないという結果が導出されている。今後，中長期データを用いて会計利益の時系列分析研究を構築していく必要があるであろう。会計利益の時系列分析を行う場合，今後は包括利益を入れる場合など対象となる会計利益の変数にも注意が必要となってくるであろう。

キャッシュ・フローの時系列分析研究では，当然のことながら，サンプルデータの違いによって最適なモデルが異なることが明らかとなった。この結果の違いは，内部統制報告制度が導入されて経営者の裁量行動が変化したことなどが予想できる。今後の時系列分析研究においては，こうしたビジネス環境の変化や国際的な差異を考察して会計情報の変化を明らかにしていく必要がある。

また，米国において四半期キャッシュ・フローの予測により焦点を合わせているのは，米国のビジネス環境は四半期ごとに大きく変化し，**四半期情報**の予測が重要だからである。四半期時系列データには，季節性や各四半期の隣接性が反映されており，自己相関の軌跡を残すことが可能である時系列モデル（Lorek and Willinger 2011, p.73）が四半期情報の分析には適している。日本企業をサンプルとした四半期データを用いた分析はあまり行われていないので，今後年次データと併

せて時系列モデルを用いて分析してみる必要がある。

〔参考文献〕

Albrecht W.S., L.L. Lookabill and J.C. Mckeown. (1977) "The time-series properties of annual earnings", *Journal of Accounting Research*, 15 (2): 226-244.

Ball, R., and R.Watts. (1972) "Some time-series properties of accounting income", *The Journal of Finance* 27(3): 663-681.

Beaver, W. H. (1970) "The time series behavior of earnings", *Journal of Accounting Research*, 8: 62-99.

Box, G. E.P., G. M. Jenkins, and G. C. Reinsel. (2008) *Time Series Analysis, Forecasting and Control*. Fourth edition, John Wiley & Sons.

Financial Accounting Standard Board. (1978) Statement of Financial Accounting Concepts No. 1: *Objectives of Financial Reporting by Business Enterprises*.

Financial Accounting Standard Board. (2010) Statement of Financial Accounting Concepts No. 8: *Conceptual Framework for Financial Reporting, Chapter 1: The Objective of General Purpose of Financial Reporting*.

Kirkpatrick, R.C. and P.E. Gaynor. (1993) *Introduction to Time-Series Modeling and Forecasting in Business and Economics*. McGraw-Hill.

Lookabill, L. L. (1976) "Some additional Evidence on the time series properties of accounting earnings", *The Accounting Review*, 51(4): 724-738.

Lorek, K. S., T. F. Schaefer and G. L. Willinger. (1993) "Time-series properties and predictive ability of funds flow variables", *The Accounting Review*, 68(1):151-163.

Lorek, K. S. and G. L. Willinger. (1996) "A multivariate time-series prediction model cash-flow data", *The Accounting Review*, 71(1): 81-101.

Lorek, K. S. and G. L. Willinger. (2008) "Time-series properties and predictive ability of quarterly cash flows", *Advances in Accounting* 24(1): 65-71.

Lorek, K. S. and G. L. Willinger. (2009) "New evidence pertaining to the prediction of operating cash flows", *Review of Quantitative Finance and Accounting* 32(1): 1-15.

Lorek, K.S. and G. L. Willinger. (2011) "Multi-step-ahead quarterly cash-flow prediction models", *Accounting Horizon*, 25(1), pp. 71-86.

Hopwood, W. S. and J. C. McKeown, (1992) "Empirical evidence on the time series properties of operating cash flow measures", *Managerial Finance*, 18(1): 62-78.

森 久（1990）「クロスセクショナル分析による年次利益の時系列特性―文献の概観と今後の研究課題」『経営論集』37巻3・4合併号, 153-172頁。

森 久（1997）『会計利益と時系列分析』森山書店。

Nakashima, M. and D.A. Ziebart. (2006) The time-series properties of operating cash flows-Evidence from Japan.『国際会計研究年報』第23号, 75-97頁。

桜井久勝（1991）『会計利益情報の有用性』中央経済社。

高橋美穂子（2002）「会計利益とランダム・ウォーク仮説―利益変動の持続性に関する実証研究―」『産業経理』第62巻第2号, 7月, 72-81頁。

田澤宗裕（2001）「会計利益とキャッシュ・フローの関係―発生項目の役割を通して―」『産業経理』第61巻第1号, 100-114頁。

Vandaele, W. (1983) *Applied Time Series and Box-Jenkins Models*. Academic Press.（蓑谷千凰彦・廣松毅訳（1988）『ボックス-ジェンキンスモデルの応用 時系列入門』多賀出版。）

Watts, R. S. and R. W. Leftwich. (1977) "The Time series of annual accounting earnings", *Journal of Accounting Research*, 15(2): 253-271.

山本 拓（1988）『経済の時系列分析』創文社。

［森　久・中島真澄］

Ⅶ 行動ファイナンス理論と資本市場

1 行動ファイナンスとは

　行動ファイナンスは，人間の心理がどのようにファイナンスに影響するのかを研究する分野である。ファイナンスに関する実務家の実際の行動がファイナンス理論に基づく合理的な意思決定としばしば異なるという現象を発見し，その現象を逸脱行為と看過するのではなく，背景となる要因を心理学の側面から解釈しようとするものである。実務家とは，ポートフォリオ・マネージャー，証券アナリスト，インベストメント・バンカー，投資家そして企業の経営陣など，ファイナンスに携わる広範囲な関係者のことである。

　行動ファイナンスには，大きく3つのテーマがあると言われる。第1に，実務家は**経験則（ヒューリスティックス（heuristics））**に基づいて行動するが故に誤りを犯すのではないかというものである。一方，ファイナンス理論では，データ処理は統計的なツールを用いて適切に行われると仮定されている。

　第2に，実務家はリスクとリターンを認識するとき，実質だけでなく意思決定問題の記述方法（**フレーム**（frame））によっても影響を受けるのではないかというもので，これを「**フレーム依存性**」と呼ぶ。一方，ファイナンス理論では，物事を見る枠組みは明瞭であるという意味の「**フレーム独立性**」が仮定されている。

　第3に，第1の経験則に基づく誤りと第2の意思決定のフレーム依存性が，市場で成立する価格に影響を与えるのか否かというもので，行動ファイナンス理論では，市場価格はヒューリスティックスに起因するバイアスとフレーム効果によりファンダメンタル価値から外れる（**非効率的市場**）と仮定する。一方，ファイナンス理論では，このような実務家の一部の存在を許容しているが，その行動はランダムなインパクトしか持たないため，決して効率的な株価形成の妨げにはならない。また，非合理的な実務家の非合理的な行動によって株価形成に歪みが生じたとしても，合理的な実務家が必ずそれを修正する売買を行うために効率的な状態が回復され，市場価格とファンダメンタル価値は一致すると仮定されている。

2 行動ファイナンスの嚆矢──プロスペクト・セオリー

　行動ファイナンスの嚆矢をどこに求めるべきかの特定は難しいが，1970年前後に研究報告を始めた スロビッチ，カーネマン，トベルスキーがこの研究分野のパイオニアであろう。ここでは，ダニエル・カーネマンとエイモス・トベルスキーが共著で1979年にエコノメトリカに発表した「**プロスペクト・セオリー：リスク下の意思決定の分析**」（Kahneman, D. and Tversky, A.（1979））と1984年にアメリカン・サイコロジストに発表した「チョイス，バリュー，フレーム」（Kahneman, D. and Tversky, A.（1984））を用いて，プロスペクト・セオリーを紹介することにしよう。この理論が，その後の研究発展に大きな影響を与えた代表的成果の1つだからである。（より詳細は黒川（1991）を参照されたい。）ちなみに，カーネマンは行動経済学と実験経済学の開拓を理由として2002年にノーベル経済学賞を受賞されたが，共同研究者のトベルスキーは1996年に他界されていた。

　プロスペクト・セオリーは，人々の意思決定が期待効用理論とは異なる方法で決められるのではないかという疑問から創出された概

念構成物で，その内容はeditingとevaluationの2つのphaseに区分される。

(1) **Editing phase**
4つの機能がある。
① **Coding**：人々は行為の結果を評価するについて，その行為の結果である自己の富（wealth）や厚生（welfare）の最終状態ではなく，利得（gain）あるいは損失（loss）として行為の結果を認識する。利得と損失は，ある中立的な基準点（neutral reference point）に対して相対的に決められる。通常は現在の財務状態がこの基準点である。
② **Combination**：例えば，200ドルの利得の得られる確率が0.25と別の200ドルの利得の得られる確率が0.25を持つ**プロスペクト**（prospects：ある結果x_iが確率p_iで生起するような案）は，200ドルの利得が得られる確率が0.5というように結合して評価される。
③ **Segregation**：リスクを示す構成要素から共通のリスクなしの構成要素が分離される。例えば，(300ドルの利得が得られる確率が0.8，200ドルの利得が得られる確率が0.2）のプロスペクトは，(200ドルの確実な利得）と（100ドルの利得が得られる確率が0.8）というプロスペクトに分離される。
④ **Cancellation**：代替案に共通する要素はしばしば考慮の対象外になる。例えば，A案（200ドルの利得が得られる確率が0.2，100ドルの利得が得られる確率が0.5，50ドルの損失の確率が0.3）とB案（200ドルの利得が得られる確率が0.2，150ドルの利得が得られる確率が0.5，100ドルの損失の確率が0.3）の2つの代替案からの選択は，a案（100ドルの利得が得られる確率が0.5，50ドルの損失の確率が0.3）とb案（150ドルの利得が得られる確率が0.5，100ドルの損失の確率が0.3）の2つの代替案からの選択問題に縮小できる。

(2) **Evaluation phase**
期待効用と同じように，人々は表現されたプロスペクトの代替案から，最もその価値の高いプロスペクトを選択する。しかし，期待効用理論と異なり，この価値（value）は，**デシジョン・ウェイト**（decision weight）と結果（outcome）に関する主観的価値とによって求まる期待値で決まる。
$$V(x, p : y, q) = \pi(p) \cdot v(x) + \pi(q) \cdot v(y)$$
ただし，
　x，y：結果
　p，q：結果xとyのそれぞれの確率
　$\pi(p)$，$\pi(q)$：確率pとqに対するそれぞれのデシジョン・ウェイト
　$v(x)$，$v(y)$：結果xとyに関する主観的価値
　$V(x, p : y, q)$：プロスペクトの価値

デシジョン・ウェイトは単なる事象発生の確率ではなく，それはプロスペクトに対する望ましさ（desirability）を測定する上で，その事象（結果）の影響の大きさを測定したものである。デシジョン・ウェイト$\pi(p)$は生起確率pの単調増加関数であり，$\pi(0) = 0$，$\pi(1) = 1$であるが，生起確率pのかなりの範囲で，$\pi(p) + \pi(1-p) < 1$になると仮定される。さらに，このデシジョン・ウェイト関数は，その確率が非常に小さい範囲では合理的な確率判断よりもオーバー・ウェイトで，確率の小さい範囲のどこかの点から上の範囲ではアンダー・ウェイトになると仮定されている。デシジョン・ウェイト関数のこの仮定により，確実な事象は，確率的事象のうち高い確率や中間的な確率をもつ事象よりも，より魅力を感じる。この効果は，**カテゴリー・バウンダリー効果**（category-boundary effect）と呼ぶものである。確率0から可能性への変化あるいは可能性から確実への変化

は，中間の可能性の間の変化よりも意思決定に大きな影響を与える。

価値（value）は，それぞれの結果の主観的価値を反映したものである。ただし，結果は基準点（reference point）に対する相対値であり，基準点の価値は0である。価値関数の形状は，「どの富の状態の場合でも一貫して**リスク回避型**（risk aversion）か**リスク愛好型**（risk seeking or risk loving）のいずれかが維持され，リスク回避型の方が人々の間では多い」という仮定ではないことが特筆すべものである。「予想結果が利得の範囲ではリスク回避だが，予想結果が損失の範囲ではリスク愛好になる（これが有名な「**S型価値関数**」）ことが多い」と仮定する。したがって，予想される結果に関する記述（フレーム）によって，合理的思考に拠れば同じ結果であるにもかかわらず，利得としてその結果を認識したり，損失としてその結果を認識したりとその受け止め方が変わると，選択の仕方が同一人であっても，S型価値関数の仮定によって，リスク回避であったりリスク愛好であったりと変わる。

デシジョン・ウェイトのかなりの範囲におけるアンダー・ウェイトは，利得の領域でのギャンブルの魅力を減少させ，リスク回避の価値の増加に貢献する。一方，損失領域では，期待損失を小さくすることでギャンブルの嫌悪感を小さくし，リスク愛好の価値の増加に貢献する。また，低い確率の範囲でのオーバー・ウェイトは，ロングショットの期待価値を高めるので，利得が得られるチャンスが非常に低いのにもかかわらず利得が得られる案であれば，その案についてのリスク回避度が薄まる。

では次に，行動ファイナンスの諸仮説について，シェフリン著＝鈴木訳（2005）とモンティア著＝真壁監訳（2005）を参考に，前述した3つのテーマに分けて要約しよう。

3 経験則（ヒューリスティックス）に起因するバイアス

ヒューリスティックスとは，人々が自分の力で，通常，試行錯誤を通じて事象を理解していく過程である。試行錯誤はしばしば経験則を作らせるが，この過程において系統的誤りのもとになっている原理が明確になってきた。なお，経験則自体についてもヒューリスティックスと呼ばれている。代表的なヒューリスティックスに基づくバイアス（偏り）を，以下に列挙する。

① **利用可能性ヒューリスティックス**（availability heuristics）：情報が容易に利用可能であるかどうかを判断基準とする原則をいう。

② **代表性**（representativeness）：ステレオタイプに基づく判断のこと。例として，「平均への回帰現象の度合いを勘案しない」ことによって，投資家は，**勝者株**（リターンの良かった株）が，その後も勝者になると予想する傾向（バイアス）がある。一方，「大数の法則」を誤解して，サンプルの少ない事象に対しても平均回帰を当てはめ，不適当に株価の反転を予想する傾向があり，これは「**ギャンブラーの錯誤**」（gambler's fallacy）と呼ばれている。

③ **過信**（overconfidence）：人々が過信をしていると，予測における信頼区間（最高値と最低値の幅）が過度に狭くなり，結果として予測がはずれる傾向が大きくなることである。

④ **係留**（anchoring）**と調整，保守主義**：最初の予測において特定の情報に基づき自己の初期の信念が形成されると，新しい情報に対して，十分に反応しなくなる。例えば，アナリストが業績予測をする場合，新たな業績発表数値が十分に次の業

績予測に反映しないので，高業績後の次の業績発表数値は予想以上となり，低業績後の次の業績発表数値は予想以下となる傾向がある。
⑤ **あいまいさへの忌避**（aversion to ambiguity）：よくわからないことよりも，よくわかっていることを好む。未知への恐怖である。

以上のバイアスでは，感情と認識の両方の要素がヒューリスティックスに基づく現象に反映されていると思われる。その他に，「**群れの心理**」という現象もある。一般的には，グループとしての判断の方が，一人ひとりの判断よりも優れていることが多い。より多くの情報が共有され，より多面的な見方が考慮に入れられるので，より多くの人が議論に参加するほどより良い判断ができるからである。しかし，群集行動の非合理性の1つとして「集団思考」がある。個々人が集団で行動することによって，ある間違った考え方が訂正されるどころか増幅されて，あたかも正しい考え方であるかのように広く共有される現象をいう。

例えば，インターネット・バブルを説明したロバート・シラーの「根拠なき熱狂」は，「ポジティブ・フィードバック（順張り投資）の回路」を通じた自己増殖の結果であるという。株価が上がり始めると，より多くの投資家がゲームに参加し，そのことによってより多くの投資家が潤い，ますます多くの投資家を惹きつける。この集団行為はナイーブな個人投資家に限らずファンド・マネージャーも同じ行動をするので，皆が同じ銘柄に集中しがちになるのである。

4 フレーム依存性

フレーム依存性の影響で生じる仮説を挙げてみよう。
① **損失回避**（loss aversion）：人々には

ある種の損失を避ける傾向がある。例えば，損失の確定を忌避するために追加の投資を続行するのは，プロスペクト・セオリーにおける損失領域でのリスク愛好の結果と解釈できる。
② **並立的意思決定**（concurrent）：2組の並立する意思決定問題が与えられた場合，2つの意思決定を別々の心の口座に入れてしまうので，正の領域でのリスク回避と負の領域でのリスク愛好の問題が生じ，2つの問題を当初から合成して意思決定した結果と比べて不合理となることをいう。
③ **快楽的編集**（hedonic editing）：投資家はある特定のフレームを他のフレームよりも好む傾向がある。例えば，損失が生じている株を売却させ（損切り），その資金を別の株式に投資させるように説得する場合，「資産の移転」という投資家の好む言葉を使うと投資家を説得（誘導）しやすくなる。
④ **フレーム依存性は認知的側面と感情的側面から構成される**：認知面は，人々が自己の情報をどのように組織化するかに関係し，感情面はそうした情報を記録する際に，人々がどう感じるかに関係する。例えば，前者の例として，保有する株式価格が上昇中の現金配当はキャピタル・ゲインとは別個に認識される。一方，株価が下落中の現金配当はキャピタル・ロスと一緒に認識され，キャピタル・ロスに対する緩衝材として，「一筋の光」となるので，現金配当は投資家にとって好ましい。
⑤ **セルフ・コントロール**（self-control）：感情を制御することである。例えば，高齢の投資家は，自己の資産を早く使いすぎて，自分の寿命よりも資産が先に無くなってしまうことを恐れるので，浪費の衝動に負けないように自らに規則を課そ

うとする。「元本を食いつぶすな」とは，その規則の1つである。しかし，社会保障や年金だけでは消費支出を賄うに足りない場合どうするのか。そこで，配当を収入というフレームで考え，高配当率の株式を選択し，配当を消費することで安心する。

⑥ **後悔（regret）**：損失に対して自分に責任がある（正しい意思決定をしなかった）と感じることからくる痛みなので，損失の痛み以上に辛い。そこで，将来後悔する可能性を最小化するべく意思決定する傾向をいう。例えば，売却可能株式を売却しそれが将来値上がりすると，売却した決定を後悔することが予想されるので，売却せずに配当の範囲で消費支出を賄うことを選択する。

⑦ **貨幣錯覚（money illusion）**：インフレーション時においても，人々の自然な思考方法は名目価値を基礎にして考えることなので，感情的反応も名目価値によって動かされ，インフレーションの補正をしないで意思決定をする。

5　非効率的市場仮説の例示

ヒューリスティックスに起因するバイアスとフレーム依存性によって，市場が非効率になる原因（仮説）を挙げてみよう。

① **代表性ヒューリスティックスに由来する効果**：敗者株式ポートフォリオが勝者株式ポートフォリオよりも累積平均超過収益が高い。この現象について，ファイナンス理論では，敗者株式は勝者株式よりもリスクが高いので，高いリターンが得られると説明する。一方，行動ファイナンスでは，敗者株式の評価が過度に悲観的になるので，敗者株式の取得原価は低くなるが，反対に，勝者株式の評価は過度に楽観的になるので，勝者株式の取得原価が高くなる傾向があると説明する。

② **係留と調整，保守主義に由来する効果**：最直近の業績発表と予想との乖離幅に基づいて形成した10種類のポートフォリオの業績発表後の累積平均超過収益の推移をみると，業績発表が予想を上回れば上回るポートフォリオほど，市場平均よりも累積平均超過収益は大きくなり，反対に，業績発表が予想を下回れば下回るほど，市場平均よりも累積平均超過収益は小さくなる。この現象をファイナンス理論では，予想を上回る業績発表をする会社は，業績が予想を下回る会社よりもリスクが高いからと説明する。一方，行動ファイナンスでは，アナリスト予想が直近の業績発表情報を十分に反映していないので，業績予想に対する上方乖離がある場合にはその後も上方乖離する業績発表が続く傾向があり，反対に，下方乖離がある場合にはその後も下方乖離する業績発表が続く傾向があることに由来すると解釈する。

③ **近視眼的損失回避（myopic loss aversion）に由来する効果**：損失回避のために投資家はリスクに比較して過度に株式投資を避ける傾向がある。この現象について，行動ファイナンスの理論では，株式価格の一時的下落を頻繁に観察することで株式投資に対する嫌悪感が増し，株式保有が嫌われてきたと解釈する。そこで，投資家は，自分のポートフォリオのパフォーマンスの確認の頻度を大幅に減らすことで，株式保有に対する安心感を大きくすることができるという。

④ **利用可能性ヒューリスティックス（availability heuristics）に由来する効果**：予期しない損失に関する主観的確率は時間経過とともに変化する。すなわち，予期しない損失が発生した直後においては，主観確率は突如として大きくなる。例え

ば，車の運転をしていて，自動車事故を目撃した後，自動車事故の確率が高まったかのごとく運転が慎重になったり，飛行機事故の後，飛行機を使った旅行が不安になったりするのはこのためである。ところが，その後事故や天災が生じないと徐々に主観確率は下がってくる。あたかも，事故や天災の存在を忘れたかのごとくである。この仮説は，**disaster myopia** と呼ばれている。投資家の行動も，予期しない損失を被った後では株式プレミアムが高くなり，株価が上昇している状況では株式プレミアムは低くなる。

⑤ **過信に由来する効果**：個人投資家のなかには，頻繁に取引を繰り返し，結果として，取引手数料を勘案すると割りのあわない投資をしてしまう。これは，自己の投資決定に対する過信によるものと説明される。

ここで言及した例示以外にも，業績発表への偏った反応，企業買収価格と買収企業のリターンの動向，新規公開株式の公開後のパフォーマンス，セルサイドのアナリストの投資推奨の傾向，機関投資家による市場予測の傾向など，市場の性質やその動向に影響する要素について，合理的とは思われない現象を行動ファンナンスの諸仮説を用いて解釈する試みがなされてきた。それらについては，参考および引用文献を参照されたい。

〔参考文献および引用文献〕

Kahneman, D. and Tversky, A. (1979) "Prospect Theory : An Analysis of Decision Under Risk", *Econometrica*, March, pp. 263-291.

Kahneman, D. and Tversky, A. (1984) "Choices, Values, and Frames", *American Psychologist*, April, pp. 341-350.

ハーシュ・シェフリン著，鈴木一功訳（2005）『行動ファイナイスと投資の心理学』東洋経済新報社。

ジェームス・モンティア著，真壁昭夫監訳，川西諭・栗田昌孝訳（2005）『行動ファイナンスの実践』ダイヤモンド社。

黒川行治（2009）「機関投資家，資本市場の実態と会計情報」，黒川行治編著『日本の会計社会』中央経済社，第1章。

黒川行治（1991）「財務流動性の概念と経営者の行動」『三田商学研究』34巻3号，8月，21-36頁。

[黒川行治]

第9章　与信管理と倒産予測

　企業の経営はその時々の環境によって左右される。変化を繰り返す環境を味方につけることができず，上手く対応できなかった企業の業績は悪化の道をたどる。収益性の低下はやがて支払能力にも影響を及ぼすことになり，究極的には支払不能となって倒産に至る。

　経営の失敗によって倒産に至った企業の資産は凍結され，会社債権者をはじめとしたステークホルダーへの弁済は一時的に停止する。企業間の資金の循環が停止することにより，会社債権者は次の事業への投資ができなくなるばかりでなく，予定していた資金の決済が不能となり，自社が連鎖的に倒産へと追い込まれることもある。債権のリスクは債権者が引き受けることになる。そのため，会社債権者をはじめとしたステークホルダーは，取引先企業の与信管理に努めなければならない。そこで，本章では企業の与信管理と倒産予測をテーマに論を展開する。さらには，倒産企業が再生へと向かう再生予測モデルとターンアラウンド戦略についても論究する。

　第Ⅰ節では債券格付の現状と問題点に触れる。わが国では1985年に民間企業による格付機関が誕生した。債券格付は狭義には起債された債券の信用度を測るものであるが，広義には起債者の支払能力を推量するものである。本節では近年の公的規制も踏まえて問題点を議論する。

　第Ⅱ節から第Ⅳ節までは，与信管理と倒産予測を取り扱う。第Ⅱ節では，倒産予測の実践的手法について論じるにあたり，倒産の定義を確認した上で，企業が倒産に至る主な原因を確認する。第Ⅲ節では，取引先に対する与信管理の手法を扱う。与信管理の手法には定量分析と定性分析があり，本節では主に経営指標を用いた定量分析の手法について展開する。第Ⅳ節では定性分析を扱う。一般に，定性分析の主たる分析手法は会社観察等が中心であるが，その結果は定量分析とは異なり主観的である。本節ではテキストマイニング技法を用いて定性情報を可能な限り客観化することを試みる。

　第Ⅴ節と第Ⅵ節は企業の倒産と再生を取り扱う。企業が倒産の状態に陥っても，即座に事業が停止するとは限らない。特に社会的な影響が大きい企業の場合は，倒産から再生へと舵が切られることが多い。第Ⅴ節では，多変量解析によって倒産企業が再生に至るまでを類型化し，続いて再生した企業の財務特性から再生予測モデルの構築と検証を行う。第Ⅵ節は企業におけるターンアラウンド戦略を取り上げる。企業が業績不振もしくは倒産状態に陥った場合，まずは事業に貢献しない資産を圧縮するための縮小戦略が採られる。その一方で復帰のための戦略も構築される。本節では共分散構造分析を用いて，リーマンショックで健全度が低下したと思われる企業の戦略について分析している。

［青淵正幸］

I　債券格付の現状と課題

はじめに

　信用格付（credit rating，以下「格付」と略称）とは，債券その他の証券やその発行体について，元本や利息の支払いが契約どおりに行われないリスクを簡単な符号・記号で表示するものである[1]。格付を業として行う主体が**格付会社**である。債券その他の証券には，①企業金融型の資金調達に分類される社債，短期社債（CP＝コマーシャルペーパー）などの有価証券と，②実質的に特定の資産（以下「原資産」と略称）の譲渡を主な目的として当該原資産から発生するキャッシュ・フローを裏付けとして発行され，又は実質的に原資産のリスクの移転を主な目的として当該原資産のリスクを参照して発行される有価証券，いわゆる**証券化商品**（「ストラクチャー金融商品」とも呼ばれることがある）が含まれる[2]。このため格付対象の有価証券の種類によって格付の方法も異なる。2008年に発生したリーマンショックに代表される米国発の金融危機の原因の1つに証券化商品の格付手法のうち，使用していた計量モデルが不適切あるいは格付アナリストの技量が低いなど格付会社批判が続出した。その前後から，日欧米において，**格付会社に対する公的規制**が始まった。公的規制の導入によって格付会社の業務の透明性は向上した半面，規制の負担が格付会社に重くのしかかっている面も否定できない。本節では格付と格付会社を取り巻く現在までの状況を述べる。

1　法的規制の導入

(1)　規制導入の背景と法案成立

　格付は，格付会社が自らの判断で出す「意見」であるとの考え方を背景に，当局の規制・監督にはなじまないとの意見が強かった。しかし，日本に限らず，欧米においても格付の意味や役割・機能についての正確な理解が定着しないまま，格付がひとり歩きを始めた感があった。投資家は投資判断に際して格付を唯一の尺度とするまでになった。これが世界的な金融危機を引き起こした一因と目されている。こうした現象を背景に米国や欧州に続いて日本においても格付会社に対する公的規制の導入はもはや避けられない情勢になった。

　わが国では，**金融審議会**の議論と国会の審議を経て2009（平成21）年6月24日に**金融商品取引法**（以後「金商法」と略す）の一部改正案（法律第58号）が成立した。同法案は「金商法」の「第3章の3信用格付業者」として同法の一部を構成することになった。同法における位置付けから明らかになったことは，格付会社は法律に服し，当局の監督に従うと同時に，証券会社などの他の金融商品取引業者とともに**資本市場**で果たすべき機能と役割などが法律上明らかになったことを意味する。「金商法」と関連する金融商品取引業等に関する**内閣府令**（平成19年内閣府令第52号，以下「業府令」と略す）の概略を示せば図表9－1－1のようになる。

　「金商法」の第66条の27では，格付会社は内閣総理大臣の登録を受けることができると定める。「登録できる」としたのは，格付会社の業務は一般的に投資情報の生産と提供である。投資情報とすれば，多様な立場からの多様な意見が飛び交う。したがって投資情報の生産と提供に携わる者をすべて法律で拘束することは現実的ではない。その代わり，一

図表9−1−1 「金商法」と「業府令」の概要

「金商法」（第3章の3　信用格付業者）	「業府令」（第4章　信用格付業者）
第1節　総則 （登録）第66条の27 （登録の申請）第66条の28 （登録簿への登録）第66条の29 （登録の拒否）第66条の30 （変更の届出）第66条の31	第1節　総則 （定義）第295条 （登録の申請）第296条 （外国法人の国内における代表者に準ずる者） 　　　　　　　　　　　　　　　　　　第297条 （登録申請書の記載事項）第298条 （業務の内容及び方法）第299条 （登録申請書の添付書類）第300条 （電磁的記録）第301条 （信用格付業者登録簿の縦覧）第302条 （体制整備の審査基準）第303条 （登録申請書記載事項の変更の届出）第304条 （業務の内容又は方法の変更の届出）第305条
第2節　業務 （誠実義務）第66条の32 （業務管理体制の整備）第66条の33 （名義貸しの禁止）第66条の34 （禁止行為）第66条の35 （格付方針等）第66条の36	第2節　業務 （業務管理体制の整備）第306条 第307条 （格付関係者との密接な関係）第308条 （格付関係者が利害を有する事項）第309条 （信用格付に重要な影響を及ぼす事項）第310条 （禁止の対象から除かれる助言の態様）第311条 （禁止行為）第312条 （格付方針の記載事項）第313条 （格付方針等の公表方法）第314条
第3節　経理 （業務に関する帳簿書類）第66条の37 （事業報告書の提出）第66条の38 （説明書類の縦覧）第66条の39	第3節　経理 （業務に関する帳簿書類）第315条 （事業報告書）第316条 （事業報告書の提出期限の承認の手続き等） 　　　　　　　　　　　　　　　　　　第317条 （説明書類の記載事項）第318条 （説明書類の縦覧方法）第319条 （説明書類の縦覧期限の承認の手続等）第320条
第4節　監督 （廃業等の届出等）第66条の40 （業務改善命令）第66条の41 （監督上の処分）第66条の42 （監督処分の公告）第66条の43 （登録の抹消）第66条の44 （報告の徴取及び検査）第66条の45	第4節　監督 （廃業等の届出）第321条 （廃業等の公告等）第322条 （所在不明者の公告）第323条 （監督処分の公告）第324条 （運用上の注意）第325条
第5節　雑則 （職務代行者）第66条の46 （外国法人等に対するこの法律の適用に当たっての技術的読替え等）第66条の47 （準用）第66条の48 （内閣府令への委任）第66条の49	第5節　雑則 （参考人等に支給する旅費その他の費用） 　　　　　　　　　　　　　　　　　　第326条 （申請書等の提出先等）第327条 （標準処理機関）第328条 附則抄　略

（資料）「金商法」及び「業府令」から作成。

定の条件を満たし、かつその意思がある者だけを登録できるとした。この思想は米国でも同様である。

一方、登録しなかった者、すなわち**無登録格付会社**も登録した格付会社と同様の投資情報の生産と提供はできる。ただし、無登録格付会社の格付の場合は、証券会社等の金融商品取引業者が金融商品を販売するときに追加的な説明義務を負うことになる。

無登録格付会社の格付に関する**金融商品取引業者**の説明義務による説明事項は、次のとおりである[3]。

① 格付を付与した者が格付会社の登録を受けていない旨、
② 格付会社の登録の意義、
③ 格付を付与した者の商号、役員、本店その他の所在地等、
④ 格付を付与した者が当該格付を付与するために用いる方針及び方法の概要、
⑤ 格付の前提、意義及び限界、について説明しなければならないとされている。

したがって格付会社が登録を受ける利点は、金融商品取引業者が説明なしに格付を投資勧誘に用いることができる点が一番大きな点である。

(2) 格付会社の登録

第66条の28の登録の申請には、①商号又は名称、②役員、③信用格付業を行う営業所又は事務所の名称及び所在地、④他に事業を行っているときは、その事業の種類、⑤その他内閣府令で定める事項を記載した登録申請書を提出することを求めている。同条に基づく格付会社は図表9－1－2のとおりである。

登録している格付会社は、合計7社、うち外資系が3グループ5社。外資系のうち、ムーディーズSFジャパンと日本スタンダード＆プアーズの2社はいずれも日本国内で組成される証券化商品の格付を専業としている。

図表9－1－2　格付会社一覧

登録番号	登録年月日	業者名	本店所在地
金融庁長官（格付）第1号	平成22年9月30日	株式会社日本格付研究所	東京都中央区銀座五丁目15番8号
金融庁長官（格付）第2号	平成22年9月30日	ムーディーズ・ジャパン株式会社	東京都港区愛宕二丁目5番1号愛宕グリーンヒルズMORIタワー20階
金融庁長官（格付）第3号	平成22年9月30日	ムーディーズSFジャパン株式会社	東京都港区愛宕二丁目5番1号愛宕グリーンヒルズMORIタワー20階
金融庁長官（格付）第5号	平成22年9月30日	スタンダード＆プアーズ・レーティング・ジャパン株式会社	東京都千代田区丸の内一丁目6番5号丸の内北口ビル
金融庁長官（格付）第6号	平成22年9月30日	株式会社格付投資情報センター	東京都中央区日本橋一丁目4番1号
金融庁長官（格付）第7号	平成22年12月17日	フィッチ・レーティングス・ジャパン株式会社	東京都千代田区麹町四丁目8番地麹町クリスタルシティ東館3階
金融庁長官（格付）第8号	平成24年1月31日	日本スタンダード＆プアーズ株式会社	東京都千代田区丸の内一丁目6番5号丸の内北口ビル

（資料）　金融庁「信用格付業者一覧」平成24年1月31日現在。

(3) 格付会社の業務

格付会社に対する規制の中核をなしているのが、第66条の32（誠実義務），第66条の33（業務管理体制の整備），第66条の34（名義貸しの禁止），第66条の35（禁止行為），第66条の36（格付方針等）からなる「第2節業務」の各条文である。

まず第66条の32では，格付会社及び役員等は誠実に業務を行うことを求める。

格付会社並びにその役員及び使用人は，独立した立場において公正かつ誠実にその業務を遂行しなければならない。

続いて第66条の33では，格付会社の業務管理体制の整備を求める。業務管理体制の整備の具体的な内容は業府令第306条の規定に委ねられている。

(4) 禁止行為

第66条の35は禁止行為である。業府令第309条以下第312条までにその規定がある。

まず第66条の35では，格付会社又はその役員もしくは使用人は，その行う格付業に関して，次に掲げる行為をしてはならない，と述べる。

① 格付関係者と密接な関係を有する場合の格付の提供・閲覧の禁止等。

「金商法」第66条の35第1項においては，格付会社及びその役職員は，格付関係者と「密接な関係」を有する場合に，当該格付関係者が利害を有する事項を対象とする格付を提供し，又は閲覧に供する行為を行うことが禁止されている。

② コンサルティング行為の同時提供の禁止。

「金商法」第66条の35第2号においては，格付プロセスの公正性確保，格付会社の独立性確保・利益相反回避の観点から，格付会社及びその役職員が，格付関係者に対し当該格付関係者に係る格付に重要な影響を及ぼすべき事項に関して助言を行った場合において，当該格付を提供し，閲覧に供する行為を行うことが禁止されている。

③ 前2号に掲げるもののほか，投資者の保護に欠け，又は格付会社の信用を失墜させるものとして内閣府令で定める行為として，(i)信用評価を行う前に，あらかじめ，定められた格付を当該信用評価の結果として提供し又は閲覧に供することを格付関係者との間で約束する行為，(ii)格付会社の格付担当者が格付の付与に係る過程において，格付関係者から金銭又は物品（同一日における総額が3,000円以下で，かつ，業務上必要と認められるものを除く）の交付を受け，その交付を要求し，又はその交付の申し込みを承諾する行為，(iii)格付の対象となる事項が資産証券化商品の信用状態に関する評価であり，当該資産証券化商品又はその原資産の信用状態に関する評価を対象として他の格付会社が格付を付与していたことのみを理由として，当該資産証券化商品の信用状態に関する評価を対象とする格付の付与を拒む行為。

(5) 格付方針等

第66条の36によると，格付会社は，内閣府令で定めるところにより，格付を付与し，かつ，提供し又は閲覧に供するための方針及び方法を定め，公表しなければならないとする。続けて同2項では，格付会社は，格付方針等に従い，信用格付業の業務を行わなければならないと述べている。

業府令第313条は，第1項で，格付の付与に係る方針及び方法（格付付与方針等）と，格付を提供し，又は閲覧に供する行為に係る方針及び方法（格付提供方針等）を記載して定めなければならないと述べる。

格付付与方針等とは，(1)厳格かつ体系的なものであること，(2)収集した金融商品又は法

人の信用状態に係るすべての情報資料を総合して判断するものであること，(3)格付の対象となる事項の区分及びその細目に応じ，(i)信用状態に関する評価の前提となる事項及び信用状態に関する評価の結果を示す等級を定めるための基準，(ii)格付の付与に係る方法の概要が記載されていること，(4)付与した格付を提供し，又は閲覧に供する行為を行う前に，あらかじめ，当該格付の付与にあたり格付会社が利用した主要な情報に関し，格付関係者が事実の誤認の有無について確認することが可能となるための方針及び方法が記載されていること，(5)格付関係者の依頼によらず格付を行う場合における当該格付の付与に係る方針及び方法が記載されていること，とする。

一方，格付提供方針等について述べる第3項では，(1)付与した格付を提供し，又は閲覧に供する行為が当該格付の付与後遅滞なく行われること，(2)付与した格付を提供し，又は閲覧に供する行為が広く一般に対して行われることとされていること，(3)付与した格付を提供し，又は閲覧に供する場合には，次に掲げる事項をインターネットの利用その他の方法により公表することとされていること。

次に掲げる事項とは，(i)格付会社の商号又は名称及び登録番号並びに当該格付会社に対して直近1年以内に講じられた監督上の措置の内容，(ii)格付を付与した年月日，(iii)格付の付与に係る過程に関与した主任格付アナリストの氏名及び格付の付与について格付会社を代表して責任を有する者の氏名など11の項目である。

(4)付与した格付の撤回に関する情報提供が遅滞なく行われること，(5)信用評価の結果の妥当性について，金融庁長官その他の行政機関がこれを保証したものと誤認されるおそれがある表示を行わないこと，が規定されている。

さらに第314条では，格付会社は，インターネットの利用その他方法により，投資者及び格付の利用者が常に容易に閲覧できるよう格付方針等を公表しなければならない（第1項）などとしている。

(6) 経　　理

第66条の37は，格付会社は帳簿書類を作成し，保存すること，第66条の38は，格付会社は事業年度ごとに事業報告書を作成し，内閣総理大臣に提出しなければならないこと，第66条の39は，格付会社は説明書類を作成し，毎事業年度経過後政令で定める期間を経過した日から1年間，これをすべての営業所又は事務所に備え置き，公衆の縦覧に供するとともに，業府令で定めるところによりインターネットの利用その他の方法により公表しなければならないことをそれぞれ規定している。

(7) 監　　督

第66条の40は，格付会社の廃業等の届出等を規定し，第66条の41は，内閣総理大臣は格付会社に対して，業務の方法の変更その他業務の運営の状況の改善に必要な措置をとるべきことを命じることができ，第66条の42で，内閣総理大臣は格付会社に対して一定の事由がある場合，登録の取消し又は6ヵ月以内の業務の全部もしくは一部の停止を命じることができるとしている。

さらに第66条の45では，内閣総理大臣は，一定の事由が生じた場合に，格付会社等に対して報告の徴取及び検査を行うことができるとしている。

2　格付の方法

(1)　格付のビジネスモデル

格付の仕組みとそれに係る諸問題の所在を明らかにするために格付会社のビジネスモデルを説明しよう。図表9－1－3は格付会社のビジネスモデルを説明したものである。格付の仕組みや手順は技術的な問題と言えるが，実は格付と格付会社に対する批判の多くが内

図表9-1-3 格付の仕組み及び手順

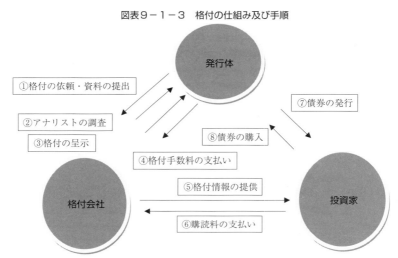

在している。問題の所在を整理するために発行体，投資家及び格付会社の三者の相互の関係と格付の手順を次に示す。

まず，発行体は複数ある格付会社の中から選択し，格付取得の意思を伝える。この過程で発行体が自社に都合のよい格付会社を選ぶ（shopping）ことができるので，後述する利益相反の問題が内在する。同時に調査に必要な資料を提供する（この中には非公表の重要資料が含まれることがあるため，取扱いに注意を要する）。

また提出後，格付会社は図表9-1-3では省略しているが発行体幹部と面談を行う。格付会社のアナリストは調査結果資料を作成し，それをもとに社内の格付委員会で機関決定を行い，発行体に伝える。

発行体が提示された格付を受け入れる（提示された格付に不満があれば，他の格付会社に改めて格付を依頼する）と，その格付をもとに具体的な起債に進む。並行して発行体は格付手数料を支払う（Issuers Pay Model；**発行体支払いモデル**）。一方，投資家は格付会社から有料で購入した情報（Subscribers Pay Model；**購読者支払いモデル**）あるいは公表された格付情報をもとに債券等を購入するかどうかの判断を行う。その後，格付会社は債券等の償還期限まで発行体の信用状態について**追跡調査（サーベランス）**し，発行体の信用状態の変化に応じた格付変更などの行動をとる。

格付の仕組みのどこに問題があるのかを改めて整理し，今後の議論の出発点とすることにしたい。この格付の仕組み及び手順を前提に批判されたあるいは議論となった問題点を列挙してみる。

① 格付会社は日米ともに複数存在する。2013年8月現在，米国では10社のNRSROが，日本では7社の格付会社がそれぞれ登録している。しかし米国では事実上大手2社による複占状態にあり，競争が十分に行われていないのではないかとの批判がある。格付会社の指定ないし登録の仕方に問題はなかったか。

② 依頼時に，発行体は極秘資料も併せて提供するので，格付会社はその取扱いに関して厳重な管理責任を負う。極秘の資料は監査を受けていないと思われるから資料の質が必ずしも担保されているわけ

ではないという指摘がある半面，その取扱いに厳重な注意を必要とする。

③ 格付アナリストは担当会社の格付作業を長期間継続するため，発行体と馴れ合いになっているのではないか。またアナリストがコンサルタント業務と誤解されるような業務を行っているのではないか。格付と営業の間に隔壁を設けることや，アナリストのローテーション制を導入する必要があるのではないか。

④ 格付会社の収入は，発行体からの手数料に大きく依存しているため，深刻な**利益相反**が存在するのではないか。利益相反とはわかりにくい言葉であるが，格付会社が発行体から手数料を受け取ることは発行体に対して遠慮が生まれて，格付が発行体に有利になるのではないか，また格付会社が投資家から購読料金を受け取ることも同じような利益相反が潜在的に存在する。

⑤ 主としてストラクチャー金融商品（Structured Finance Product）といわれる証券種類の格付では，格付会社の格付手法などが極めて未熟という批判を受けたため，後述するように多くの規制が課せられた。

おおむね以上の5点が日米の格付会社を巡る議論にしばしば登場してくる諸問題である。これらの諸問題を念頭に置きながら，今後の議論を進めていきたい。

(2) 企業金融型金融商品に対する格付の方法

企業金融型商品に対する格付の方法は，次のような手順を経て行われる。図表9－1－4では，左側に債券等の発行体，右側に格付会社のそれぞれに手順を表している。

発行体は，格付取得の意思を固めたら，任意の格付会社を選択し，格付会社に申し入れる。と同時に，格付に必要な資料等の作成を

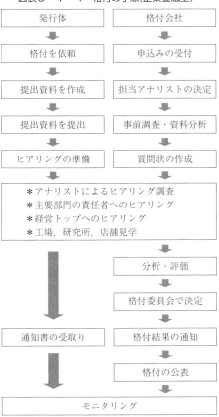

図表9－1－4　格付の手順（企業金融型）

（資料）　格付投資情報センター『格付の手引き』

する。格付会社は，提出資料のほか，独自に蓄積している資料などをもとに事前調査をする。そのうえで，発行体の経営陣とのミーティングで質問したい項目などを質問状として提出する。

ミーティング後，担当アナリストは分析評価を行い，その結果を**格付委員会**に提出，議論，裁決を経て格付を決定し，発行体に伝える。

格付の方法の中で，格付会社が特に気をつけなければならない点は，格付会社の格付方

針に基づいた客観的かつ透明性の高い**格付調査**を行うことや，発行体との馴れ合いなどから生じる利益相反と疑いをもたれるような行為の回避である。

(3) 証券化商品型金融商品に対する格付の方法

証券化商品型金融商品（ストラクチャー金融商品）の格付方法は企業金融型のそれと比べると複雑である。図表9－1－5は，米国証券取引委員会（SEC）の資料をもとに整理した。証券化商品型金融商品は銀行や証券会社などのアレンジャーが既存の証券あるいは債権などの集合体（プール）をもとに新たな証券を組成して，機関投資家に販売する金融商品である。商品化する過程で格付が必要とされるため，格付会社の能力が試される。アナリストが経験豊富で有能か，格付方針に従った透明性の高い手順がとられたかなどが問われる。

特に**アレンジャー**が持ち込む集合体のリスクを客観的に評価できるかどうかがかぎになる。アレンジャーはできるだけ少ないプールで多くの証券化金融商品を組成したいという動機がある。結果としてアレンジャー寄りの格付が数多く付されたことが先のリーマンショックの一因とされた。

証券化商品型の場合，ともすればアレンジャーと格付会社とのやり取りが"ブラックボックス"の中で行われるという印象があるため，当該格付会社以外の第三者の格付会社がその手続きを検証できるような仕組みも新たに採りいれられた。

図表9－1－5　格付の手順（資産証券化商品型）

番号	手　　順	概　　　　　要
1	発行体	格付される証券の発行体は，発行体によって発行された証券の元利払いのために使われるキャッシュ・フローを生み出すための資産のプールを単に保有するために作られる倒産隔離された法人企業（Entity）であり，典型的には信託あるいはLLCである。
2	証券の発行形態	証券は，典型的には資産のプールによって生み出されたキャッシュ・フローから利子と元本を受け取りまた実行したプールの資産の失敗（たとえばデフォルトのため）から生じた損失を被るという条件に応じて優先権を付与された"トランシェ"で発行される。損失を被ることが最終となるトランシェは"信用補完（Credit Enhancement）"の最高の水準を持つ。このトランシェは最高の格付を受ける。そして一般的に取引のアレンジャーはNRSROsが発行する格付の最高のカテゴリーである格付，すなわち"AAA"を得たがる。
3	アレンジャー（証券化実施者）	通常，アレンジャーは証券の潜在的な投資家によって要求される特定の格付けを得られる一定のトランシェの証券に結果的になるような発行体の資本構成をデザインしたがる（すなわち，アレンジャーは最高の優先権を持つトランシェの証券が"AAA"の格付になるような資本構成をデザインしたがるだろう）。投資家はNRSROという用語を使用している地位と規制の下での利益と信頼を得るために特定の格付を要求する。彼らはまた投資の指針あるいは契約上の要件を満たす特定の格付を要求する。
4	格付プロセスの開始	アレンジャーは発行体によって保有されている資産（たとえば抵当権，学生向けローン，クレジットカードの受取債権，あるいはCDOsやCLOs，基礎となったRMBSやABS），信託の提案された資本構成，発行体によって発行された証券の各トランシェの信用向上の提案された水準のデータをNRSROに送ることによって格付プロセスを開始する。NRSROは主任アナリストを指名する。彼は情報を分析し，最終的に格付委員会に提出される格付案を作るための責任を負う。

5	主任アナリストの役割	主任アナリストは，発行体によって保有されているプールの資産が過酷な条件を変えた市場のストレステストの下でどのような成果を挙げるかについての予測を探るため定量的な期待損失モデルと定性的な分析を使用する。これらの予測は資産が担保によって保証されている時のデフォルトが起きたときに回復されそうな元本の額に関してのいくつかの仮定を含んでいる。
6	プールの資産のレビュー	アナリストは典型的にプールの各資産の異なった特徴をレビューする。たとえば（住宅の抵当権のプールを持つ）RMBSの場合，アナリストは，ローンの金額に対する不動産の価値，借り手が不動産の中で持っている自己資金の額，不動産の地理上のロケーション，借り手の信用スコア，借り手の収入と正味財産，借り手の財政状態を検証するため借り手によって提供された書類の金額をレビューする。アナリストは，同様にローンのサービサーの質，あるいは同種の資産プールの実際の成績などの他の要素，も考慮に入れる。この損失分析の目的は，ある特定のトランシェが特定の格付，たとえば"AAA"という格付を得るためにそのトランシェの安全のためにどの程度の信用補完が必要になるかを決定するためである。
7	資本構造の評価	次にアナリストは発行体の提案された資本構造を評価する。一般的にアレンジャーは各トランシェの証券のための望ましい格付を得るために信用補完とともにある資本構成を提案する。アナリストは，各トランシェの信用補完の金額が希望する格付を支えるために十分かどうかを決定するためにプールの資産がどのような成績を上げるかについての予測に対する提案された信用補完をレビューする。
8	アレンジャーへの連絡	もしアナリストが，発行体の資本構成では特定のトランシェの証券のための希望する格付を支えきれないという結論を出したら，アナリストは典型的にアレンジャーにこの予備的な結論を伝える。アレンジャーはアナリストから予備的な見解を求める。というのも上に述べたように，証券を購入しようとする潜在的な投資家は一般的に特定の格付を要求するからである。それゆえに，もし証券が潜在的な投資家によって求められる格付を得られないならば，アレンジャーはそれを売ることができない。
9	資本構成の修正	アナリストの予備的な見解がアレンジャーの期待と異なっていた場合，アレンジャーはより低い格付を受け入れるかあるいは望ましい格付を得るために次のステップへ進む。これらのステップは資産プールの構成を変更することを含む。その結果，より良い期待損失基準を放棄するか，ある特定のトランシェでの信用補完の水準を増やすため発行体の資本構成を修正することになる。
10	キャッシュ・フロー分析	プロセスの次のステップは，キャッシュ・フローが各証券に妥当な利息と元本を支払い，かつ発行体の管理費用を賄うかどうかを決定するために資産プールから発行体によって得られることが期待される利息と元本に関するキャッシュ・フロー分析を行うことである。アナリストは，NRSROによって開発された定量的モデルを使用する。モデルは多様なストレスのシナリオの下で証券の全期間に渡って資産から得られる元利払いの金額を分析するものである。このモデルの結果は取引の法律書類のなかで特定された証券について要求された支払いと比較される。
11	法律書類の検討	期待損失とキャッシュ・フロー分析に加えて，アナリストは，発行体が倒産隔離か（すなわちアレンジャーの何らかの潜在的な倒産あるいは支払い不能の影響から切り離されているか）どうか評価するために発行体の法律書類をレビューする。アナリストは同様に，資産のオリジネーター，資産のサービサー及び信託人を含めて，証券の発行に関わりがある主要な関係者の定期的な検査の結果を使いながら，発行体と関係がある運用上及び管理上のリスクをレビューする。たとえばサービサーを評するとき，あるNRSROは，ローンの回収，代金請求，記録および滞納したローンの取扱いに関してその過去の成績をレビューする。

12	格付勧告案の提示	これらのステップの後，アナリストは各トランシェの証券の格付案を研究する。案は格付委員会へ提示され，委員会は主任アナリスト，上席アナリスト，議長その他で構成される。もしあるアナリストに利益相反があれば，委員会に参加することは許されない。潜在的な利益相反は格付プロセスを通じてモニターされる。利益相反は，たとえば格付を個々のアナリストよりむしろ委員会によって決めることを要求する，あるいは格付委員会を多数決によって行うことを要求する，あるいは格付委員会を物理的にかつ実質的に営業機能から分離するような，内部の手続きによってコントロールされている。
13	アピールの権利行使	一般的に格付委員会は各トランシェの証券格付ごとに投票するし通常発行体に格付決定を私的に知らせる。発行体は格付決定にアピールすることができる。ただしアピールはいつも認められないけれども，もし許されたとしても必ずしも格付決定の何らかの変更にはつながらない。アピールが許されたいくつかのケースでは，発行体は次の格付委員会による決定の権利を得たが，格付を変更する基準は一般的に厳重である（たとえば重要な情報の見落としあるいは重大な，誤った解釈など）。最終的な格付決定は公表される。その後はサーベイランスプロセスを通じて監視され維持される。
14	サーベイランスプロセス	一般的に発行された格付を監視するアナリストは当初の格付を実行したアナリストと異なっている。サーベイランスプロセスは一般的に，延滞及び損失傾向を含めた，プールの資産の成績の定期的なレビューを含む。もし資産プールが予想されていたよりも異なった成績であると決定されたならば，サーベイランスアナリストは格付委員会に対して勧告を表明することによって格付変更行動を取るように勧告する。
15	手数料の受領	時には格付が発行されなくても取り組んだ分析的な仕事に対する部分的な手数料を受け取ることがあるけれども，発行体支払いモデルの下で経営されているNRSROは格付が発行されたときにのみ支払われる。発行体は取引が完売した時にNRSROに当初の格付手数料を支払う。格付を維持するためのサーベイランス費用は最後にあるいは証券の生涯にわたって支払われる。

（資料） SEC（2012）"Report to Congress on Assigned Credit Ratings", December 2012, http://www.sec.gov/news/studies/2012/assigned-credit-ratings-study.pdf
（採録日：2013年8月12日）

(4) 格付の意味と役割

　図表9－1－6は，スタンダード&プアーズが毎年発表している格付対象先である日本法人の**累積平均デフォルト率**の推移を示したものである。これによると，格付が上位になるほどデフォルト率が低く，格付が下がっていくにつれて，デフォルト率が上昇していくことがわかる。つまり格付の高低とデフォルト率の間の関係は整合的なことが読み取れる。

　したがって格付会社が発行体等に格付を付与する場合には，その根拠となるデフォルト率を踏まえた格付付与が行われなければならないのである。

図表9-1-6 日本法人の累積平均デフォルト率（1975-2012年，全体，%）

カテゴリー	経過年数									
	1年間	2年間	3年間	4年間	5年間	6年間	7年間	8年間	9年間	10年間
AAA	0.00	0.00	0.00	0.00	0.00	0.00	0.00	0.00	0.00	0.00
AA	0.00	0.00	0.00	0.00	0.00	0.00	0.00	0.05	0.22	0.40
A	0.00	0.00	0.00	0.03	0.09	0.19	0.39	0.59	0.73	0.89
BBB	0.17	0.47	0.93	1.38	1.65	1.92	2.24	2.36	2.49	2.77
BB	0.38	1.60	2.65	3.66	4.81	5.92	6.68	7.47	8.27	8.91
B	6.70	12.02	15.16	17.81	18.96	19.54	19.88	19.88	19.88	19.88
CCC/C	33.72	47.97	54.37	54.37	54.37	54.37	54.37	54.37	54.37	54.37
BBB格以上	0.05	0.15	0.30	0.46	0.58	0.70	0.88	1.00	1.13	1.32
BB格以下	3.22	5.98	7.77	9.18	10.28	11.21	11.82	12.36	12.89	13.32
格付全体	0.57	1.10	1.53	1.91	2.20	2.48	2.74	2.94	3.15	3.39

（資料）　スタンダード＆プアーズ「日本法人のデフォルト・格付け遷移調査2012年版」

3　格付会社の説明書類の検討

(1)　7社5グループの業務の状況

説明書類の中の「業務の状況」を参考にしながら，7社5グループの概況を整理してみる。

7社5グループの売上高合計は，106億1,468万円，うち格付行為の役務の対価合計は76億9,882万円である。格付行為の役務合計が全収入に占める割合は72.5%になる。約4分の3が格付，約4分の1がその他の収入になる。

全収入の42%がその他の収入になる格付投資情報センターは，年金運用コンサルティングを中心とする投資評価事業，格付情報の販売や専門誌の発行を手掛ける情報提供事業によるものである（「説明書類」5頁参照）。

またフィッチは，収入の74%を関係法人各社に対して提供した役務の対価と説明してい

図表9-1-7　格付会社の売上高　2012（平成24）年12月現在

社　名	売上高	うち格付行為の役務対価（千円，括弧内は比率）
日本格付研究所	1,814,000	1,539,000（84.8%）
ムーディーズ・ジャパン	1,870,000	1,810,000（96.8%）
ムーディーズSFジャパン	250,000	250,000（100.0%）
スタンダード＆プアーズ・レーティング・ジャパン	2,128,886	1,645,019（77.3%）
格付投資情報センター	3,814,000	2,205,000（57.8%）
フィッチ・レーティングス・ジャパン＊	660,000	173,000（26.2%）
日本スタンダード＆プアーズ	77,792	76,799（98.7%）

（注）　登録番号順．＊フィッチは15ヵ月の変則決算．日本格付研究所は25年3月決算．

図表9－1－8　格付会社のアナリスト総数
2012（平成24）年12月末現在

社　　　名	格付アナリスト総数(人)
日本格付研究所	58
ムーディーズ・ジャパン	32
ムーディーズSFジャパン	10
スタンダード＆プアーズ・レーティング・ジャパン	36
格付投資情報センター	77
フィッチ・レーティングス・ジャパン	6
日本スタンダード＆プアーズ	10

（注）　登録番号順．日本格付研究所は平成25年3月末現在．

る（同4頁）。

一方，7社5グループの格付アナリストの総数は，229人。外資系の格付会社には，兼任のアナリストが含まれている可能性があるため，実際はこの数字より若干少ないと思われる。

日本の格付会社のアナリスト数は，グローバルベースで見てもかなり少ない。ちなみにSECが2011年末現在の各格付会社の格付アナリストと格付アナリスト管理者の合計数を公表しているが，それによると，スタンダード＆プアーズ・レーティング・サービシスは1,416人，ムーディーズ・インベスターズ・サービス1,252人，フィッチ1,096人と大手3社は1,000人を超えるアナリストを擁している[4]。

4　格付会社に対する検査

(1)　検査結果の公表

証券取引等監視委員会は，法第66条の45に基づき格付会社に対する検査を行い，その結果を2013（平成25）年4月に公表した[5]。それによると，同委員会は2011（同23）年4月より，順次，格付会社に対する検査を実施してきたが，2013（同25）年2月までに7社5グループに対する検査が一巡したことを受けて，検査結果を取りまとめて公表した。

格付会社に対する検査の結果，問題点を各社に通知するともに，このうち1社については行政処分を求める勧告を実施した（この勧告については後述する）。

多く認められた問題点としては，苦情処理措置や利益相反防止措置等が適切に講じられていないなどの業務管理体制の整備が不十分な状況がほぼ全社で確認された，としている。

証券取引等監視委員会が指摘した主な問題点は次のとおりである。

①　信用格付のモニタリングが不適切な状況（勧告事案）
②　信用格付の誤公表等（勧告事案）
③　業務管理体制の整備が不十分な状況
④　格付方法の公表が不適切な状況
⑤　法定帳簿の作成にかかる不備

格付会社に対する検査の過程で明らかにされた主な指摘事項のうち②から④までの事項は図表9－1－9に示すとおりである。

図表９－１－９　格付会社に対する検査における主な指摘事項

区　　分	関係条文	指　摘　事　項
○「金商法」第66条の33　業務管理体制の整備		
ローテーション・ルールの整備が不十分な状況	業府令第306条第1項第2号ロ	格付の付与に係る最終的な意思決定を行う際，同一営業日に同一の格付関係者が利害を有する案件について，同一の議決権者が連続して議決している状況が認められた。本件はローテーション・ルールのうち，同一の格付関係者が利害を有する事項を対象とする格付の付与に係る格付委員会を複数回開く場合，格付委員会の開催が同一営業日であっても直前の構成員の3分の1以上の交代を求める規定に違反している。
格付付与方針等の妥当性及び実効性についての検証を適正に行う機能を整備するための措置が不十分な状況	同第306条第1項第6号ニ	当社経営陣においては，格付方法（格付の付与に係る方法の概要をいう。以下同じ）に係る業務執行を専任の担当者に任せきりで牽制態勢を構築していなかったことから，格付方法の改定の際，具体的な検討を行わないまま承認を行った事例が認められた。
付与した格付に係る検証及び更新を適切かつ継続的に実施するための措置が不十分な状況	同第306条第1項第6号ト	格付の付与を行った証券化商品に係る格付モニタリングを行う際，格付付与に重大な影響を及ぼす情報について適切に把握していなかったため，長期間，正確でない格付を付与し続ける事例を発生させ，かつ，当該問題事例発生後に十分な再発防止策を策定しなかったなど不適切な状況が認められた。
利益相反回避措置が不十分な状況	同第306条第1項第7号イ(2)	主任アナリスト等の任命時や格付委員会の出席者の決定時において，当該者に対する格付関係者との利益相反の有無の確認を行っていない状況が認められた。
格付会社に対する苦情を適切かつ迅速に処理するための措置が不十分な状況	同第306条第1項第13号	苦情に係る事務フロー等についてのルールを策定していなかったことから，当社に対する苦情について経営陣や当局への報告を行っておらず，また，苦情への対応状況を適切にフォローアップする態勢も整備されていない状況であった。
情報管理及び秘密保持を適切に行うための措置が不十分な状況	同第306条第1項第12号	発行体等から受領した重要書類等における具体的な管理方法が社内規定により定められていないため，発行体等から受領したファイル数及び電子媒体の保管枚数等の記録が作成されていない。このため重要書類の紛失や持ち出しが行われたとしても確認できない等，情報管理や秘密保持を適切に行うための措置が不十分な状況が認められた。
関連業務に関する誤認防止措置が不十分な状況	同第306条第1項第16号	関連業務として行っている事業法人の私的格付に係る営業活動に利用する資料や契約書等において，「格付業に係る行為でない旨の記載」が行われておらず，誤認防止措置が講じられていない状況が認められた。
○「金商法」第66条の36　格付方針等		
格付業の業務が格付方針等に従って適切に行われていない状況	「金商法」第66条の36第2項	格付を公表する際，既に廃止した旧版の格付方法を格付付与時に採用した格付方法の名称として公表を行っていた。また，別件の格付を公表する際，格付付与時に採用した英語版の格付方法の名称のみ公表を行っていたが，当社ウェブサイトで英語版の格付方法そのものを掲載していなかったため，格付の利用者等は格付方法の内容を確認できない状況であった。
○「金商法」第66条の41　業務改善命令		
業務の運営の状況に関し，公益又は投資者保護上重大な問題が認められる状況	「金商法」第66条の41	社内で決定された格付と異なる格付を公表等（以下「誤公表等」という）しているなど極めて不適切な状況が認められた。また，誤公表等の発生時における報告態勢等について定められていないことから，コンプライアンス部等に報告がなされず，適切な再発防止策が策定されていない状況が認められた。

（資料）　証券取引等監視委員会（2013b）から筆者作成。

(2) スタンダード＆プアーズ・レーティング・ジャパンに対する検査結果に基づく勧告

証券取引等監視委員会は，2013（同25）年4月の格付会社に対する検査結果の公表（前述）に先立って，2012（同24）年12月11日に，スタンダード＆プアーズ・レーティング・ジャパンに対する検査結果に基づく勧告を内閣総理大臣及び金融庁長官に対して行った[6]）。

勧告の内容は，格付会社に係る法令違反の事実が認められたので行政処分を行うことを求めるものである。

事実関係のうち，まず1つは，付与した格付に係る検証及び更新を適切かつ継続的に実施するための措置が適切に講じられておらず業務管理体制の整備が不十分な状況であったこと。具体的には，同社が格付を付与したシンセティックCDO（CDS＝クレジット・デフォルト・スワップを利用した証券化商品であり，CDS契約がなされた参照債務を複数件束ねた金融商品）の格付に係る検証及び更新の状況を検査したところ，いくつかの問題点が認められた。

第2は，業務の運営の状況に関し，公益又は投資者保護上重大な問題が認められる状況にあったことである。同社は，付与した格付に関し，その公表プロセスに係る社内規定を適切に策定していない。このため，同社における格付の公表状況を確認したところ，社内で決定された格付と異なる格付を公表等しているなど極めて不適切な状況が認められた。

(3) スタンダード＆プアーズ・レーティング・ジャパンに対する行政処分

金融庁は，同年12月14日，証券取引等監視委員会からの勧告を受けて，スタンダード＆プアーズ・レーティング・ジャパンに対する行政処分を行った[7]）。

その理由として，同社は格付業を公正かつ的確に遂行するための業務管理体制が整備されているとは認められないことから，金融商品取引法第66条の33第1項に違反すること，当社において誤公表等を踏まえた再発防止策が策定されていない状況は，格付会社の業務運営として極めて不適切な状況であり，同法第66条の41に規定する，業務の運営状況の改善に必要な措置を取るべきことを命ずることができる要件に該当すると認められるとした。

この結果，行政処分の内容は次のとおりである。
(1) 同社が策定した再発防止策を確実に実施・定着させること，
(2) 再発防止策の実施状況を定期的に報告すること，
(3) 再発防止策の実効性を定期的に検証し，検証結果を報告すること，
(4) 上記(1)〜(3)について，初回報告期限を2013（同25）年1月18日（金）とする。以降は，四半期末経過後15日以内を期限とする。なお，上記期限に関わらず，必要に応じて臨時報告を行うこと。

(4) スタンダード＆プアーズ・レーティング・ジャパンの再発防止策

金融庁による行政処分を受けて，スタンダード＆プアーズ・レーティング・ジャパンは，同月14日に「**業務改善命令**に基づき，当社が策定した当該再発防止策を確実に実施・定着させるとともに，その実効性を定期的に検証する」ことなどを柱とした再発防止策を発表した[8]）。

同社の再発防止策の骨子は次のとおりである。
① シンセティックCDOの格付の検証・更新に関する手続きを含む，格付公表前に公表内容を確認する強固な社内手続きを明確化・文書化し，格付業務に係る業務運営体制を整備
② 本邦法令等の遵守態勢を強化するため，

本邦法令等の内容を検証し，これと適合した業務遂行プロセスを明記した社内規定の整備
③ 業務運営上の問題が発生した場合には，コンプライアンス部が責任を持って再発防止策を策定・実施・検証し，これを経営陣が責任をもって監督すること等を通じてのコンプライアンス機能の強化
④ 格付の正確な公表を含む法令及び社内規定に関する研修の実施，法令等遵守を目標に入れた人事考課制度の整備を通じて，役職員に法令等遵守の重要性の周知・徹底

5 証券取引等監視委員会による建議と内閣府令の改正

(1) 建議の内容

証券取引等監視委員会は，2013（同25）年3月29日，格付会社に対する検査結果の公表に先立って，検査の過程で明らかになった問題点を内閣総理大臣及び金融庁長官に対して建議を行った[9]。

建議の内容は，格付会社が格付の公表を行う際のその正確性の確保を直接求める制度の整備を行う必要があるとするものである。

格付会社は決定・付与された格付を公表する際に，誤って異なる格付を公表している事例が認められた。これは，格付を利用する投資者の投資判断を歪める状況を生み出すとともに，格付会社に対する信用失墜にもつながる重大な問題である。

格付会社は，格付の付与に係る業務を的確に実施することが求められると同時に，付与した格付の公表を的確に行うことも重要な業務であり，その公表にあたっては当然に正確性が求められる。しかし，現行の制度では，格付会社に対して，格付の公表に係る正確性の確保を直接求める制度になっていなかった。

(2) 内閣府令の改正

金融庁は，格付の公表に際して正確性の確保を求める制度の創設について，2013（同25）年6月から7月にかけて関係者から広く意見を聞くため，パブリックコメントを求めた。その結果を受けて「金融商品取引業に関する内閣府令の一部を改正する内閣府令（案）」を8月30日に公表・公布し，改正内閣府令を9月2日から実施した[10]。

改正された内閣府令は，業務管理体制の整備を求めた第306条第4項の「信用格付業者の業務の適正を確保するための次に掲げる体制の整備に係る措置がとられていること」の中に，「ハ　付与した信用格付と異なる信用格付を提供し，又は閲覧に供することを防止するための体制その他の信用格付行為に関する事務処理の誤りを防止するための体制」を加えた。

(3) 格付会社等に対する今後の監督方針

金融庁は，2013（同25）年9月，「平成25事務年度　金融商品取引業者等向け監督方針」を公表した[11]。格付会社が当面直面している課題が何かを知るうえで，金融庁の監督方針は参考になりそうである。

その中で格付会社についての対応について次のように述べている（「4．顧客保護と利用者利便の向上(7)格付会社に係る対応」参照）。

① 格付会社については，利益相反防止や格付プロセスの公正性確保のための体制が整備されているか，格付方針等に係る情報が適切に開示されているか，付与した格付と異なる格付の提供・開示といった事務処理の誤りを防止するための体制が整備されているか，などを重点的に検証する。また格付会社に対する監督に係る国際的な議論を踏まえて監督を行う。

② 併せて，証券会社等において，無登録の格付会社が付与した格付に関する説明を適切に実施しているかを確認する。さ

らに各証券会社等において，格付の限界を理解したうえで格付に加えて各社自らが追加的な分析を行い投資者に提供するなど格付に依存しない信用リスクの評価が行われるよう慫慂する。

6　格付会社規制の評価

(1)　規制導入の背景

格付は資本市場におけるゲートキーパー（門番）と理解されている。その役割は，市場に出回る金融商品の評価を公正かつ適時に行うことによって，市場における資金の流通を円滑に行うことにある。20世紀後半，特に1980年代から始まった資本市場の急速な成長にもかかわらず，格付会社は必ずしも適切な対応ができなかった。問題が指摘されるたびに，格付会社はそれなりの対応をしてきたが，不十分だったことは否めない。21世紀になって議会や，SECなどの行政機関も必要な対応を迫られた結果が，2006年の格付会社改革法やドッド＝フランク法の施行につながった。

そして日本においても格付会社に対する法的規制が導入された。導入の背景には，国際的な協調が主張された。資本市場が米国，欧州，そして日本といったようにグローバルに広がる中で，格付会社の規制もまた国際的に足並みをそろえる必要があるからである。それはともかく，格付会社の運営の仕組みの改善が，格付会社の内部努力だけにとどまらず，法律によって強制されることになったのである。

(2)　格付会社の経営状態

「金商法」に基づき登録している格付会社の経営状態を検討してみよう。格付会社の売上高は説明書類に開示されているが，損益は開示されていないため，各社が公表している決算公告から損益の数字を拾い出したところ，図表9－1－10のようになった。

図表9－1－10　格付会社の損益状況

社　名	決　算　期	損　益
日本格付研究所	平成23年4月1日～同24年3月31日	27百万円
	平成24年4月1日～同25年3月31日	28百万円
ムーディーズ・ジャパン	平成23年1月1日～同12月31日	△418,990千円
	平成24年1月1日～同12月31日	△210,892千円
ムーディーズSFジャパン	平成23年1月1日～同12月31日	△16,324千円
	平成24年1月1日～同12月31日	△61,259千円
スタンダード＆プアーズ・レーティング・ジャパン	平成23年1月1日～同12月31日	△275百万円
	平成24年1月1日～同12月31日	△198百万円
格付投資情報センター	平成23年1月1日～同12月31日	129百万円
	平成24年1月1日～同12月31日	43百万円
フィッチ・レーティングス・ジャパン	平成23年1月1日～同9月30日	△51百万円
	平成23年10月1日～同24年12月31日	54百万円
日本スタンダード＆プアーズ	平成23年1月1日～同12月31日	△394千円
	平成24年1月1日～同12月31日	△4,374千円

（資料）　各社「決算公告」，（注）登録番号順，△は損失。

それによると，格付投資情報センターと日本格付研究所の2社は，最近2年間は黒字を続けている。ただし，売上規模と比較して，多額の利益を計上しているわけではない。

一方，外資系はフィッチ・レーティングス・ジャパンを除くと，いずれも厳しい状態が続いている。

その理由の1つが，国内の公募社債の発行額の低迷にある。2012年は8兆4,184億円と前年比1.1％減と低迷している（図表9－1－11参照）。2つ目の理由が国内証券化商品市場の発行額はドイツ証券の調査によると4兆5,294億円と前年比9.3％減とこれも厳しい状況が続いた（スタンダード＆プアーズ・レーティング・ジャパン「説明書類」5頁）。ただしCP（コマーシャル・ペーパー）市場における事業会社の年間平均発行額は12兆2,000億円と比較的堅調に推移した（格付投資情報センター「説明書類」5頁）。

外資系は非依頼格付を自主的に取り下げるとともに，格付アナリストの数を減らすなどのコスト削減を続けつつ，事業規模の縮小を進めているとみられる（ムーディーズ・ジャパン「説明書類」6頁）が，これはとりもなおさず日本の資本市場の規模が小さいことを示唆しているのかもしれない。

図表9－1－11　日本の公募民間債の発行額の推移

年	銘柄数	公募民間債発行額（百万円）
2008	334	9,275,800
2009	383	11,697,200
2010	464	9,801,400
2011	401	8,516,000
2012	422	8,418,400

（資料）　日本証券業協会「公社債発行額・償還額等」

(3)　公的規制の評価

格付会社に対する公的規制が施行され3年有余が経過した。格付会社は当初，業務管理体制の整備など規制対応に忙殺された。その後，証券取引等監視委員会による格付会社に対する検査が一巡し，勧告事案を含む格付会社の問題点が明らかにされ，是正措置とともに必要な法改正も行われた。

公的規制前では，金融庁などの監督官庁の格付会社に対する**監督権限**は存在せず，今回の勧告事案に相当する問題があったとしても，おそらく格付会社内部で処理され，明るみになることはなかったと推測される。その意味では，規制の効果はあったと判断できる。

日本証券業協会は，2010（平成22）年7月，格付に代わる信用リスク評価の方法等の検討も含め，投資家保護の観点から，今後の格付の利用のあり方について広く検討するため，公社債委員会の下部機関として，「格付の利用のあり方に関するワーキング・グループ」(主査：吉野直行慶應義塾大学教授)を設置し，検討を進めた[12]。

格付の利用のあり方に関するワーキング・グループは，2010（同22）年10月の第1回会合を含め，合計5回を開催し，2011（同23）年6月に中間報告書を公表した。

中間報告書の目次は次のとおりである。

はじめに
1．格付をめぐるこれまでの流れ
2．コーポレートファイナンスに係る格付
3．ストラクチャードファイナンスに係る格付
4．格付を巡る現状認識
5．金融危機による影響
6．各セクターにおける取組
おわりに

このうち，「4．格付を巡る現状認識」においては，格付は発行体や市場仲介者，投資家などの多くの者がさまざまな場面において格付を利用していることが再認識された。

具体的に以下の点が報告された。
①　リスク管理を行ううえでの恣意性排除

や信用力評価の際の参考とする観点から社内ルール等に基づき第三者評価として格付を利用している
② 格付に応じた金融商品の保有限度額を設定している
③ 投資判断における参考として格付を利用している
④ 投資対象の最低基準として第三者見解としての格付を利用している
⑤ 販売する金融の事前審査における参考として格付を利用している

ただし、いずれの場合も格付のみをもって判断するのではなく、参考情報または補完的役割として格付を利用している。

これらの格付利用に関しては、コーポレートファイナンスに係る格付とストラクチャードファイナンスに係る格付との間で大きな差異はなかった。

中間報告書では、法規制施行後の格付を巡る環境の変化を受けて、格付の利用者を中心に格付本来のあり方が定着しつつあると判断している。

おわりに

格付会社に対する規制の導入は世界的な流れとして容認せざるを得ないとしても、日本の格付会社の経営規模は総じて中小企業の規模にとどまっており、規制の負担に耐えられるのかという意見が法律専門家から提起されている[13]。

特に法律専門家が指摘するのは、①同一案件に一定期間、格付の付与に関与したアナリストについて交代を義務付けるローテーション・ルールの採用、②格付プロセスの品質管理及び利益相反の防止、③**監督委員会**の設置、④資産証券化商品の発行者らに関する情報開示の働きかけなどの業務管理体制の整備などの要求は収益基盤が総じて脆弱な格付会社にとって負担が重すぎはしないかという問題提起である。

特に監督委員会の設置は、別に設置されている監査役会の業務とかなり重複するのではないかとの指摘である。今後、議論の対象になる可能性はある。

格付会社は人員削減など経営合理化を進めているが、経営環境が容易に好転しなければ格付会社は更なるコストカットを行うか、発行体や投資家に格付手数料の引き上げを要請するしかないとの指摘もある[14]。さらにコストカットが極端に行われるようなれば、格付品質の低下を招きかねないおそれもある。

1985年に日本に格付会社が登場した。このうち日本公社債研究所と日本インベスターズサービスの日系2社は1998年には合併、格付投資情報センターに統合されたという歴史がある。**米国SEC**に登録している格付会社も現在ではトップスリー（スタンダード＆プアーズ・レーティング・サービシス、ムーディーズ・インベスターズ・サービス、フィッチ）と、格付対象を保険会社や証券化商品などの特定の分野に絞ったりあるいは総合型であるが規模が小さかったりのその他のグループに集約されている。

しかし、格付会社に対する規制とそれを受けた格付会社の改善の努力は緒に就いたばかりであり、格付会社には今後も不断の努力が求められることになる。その努力は資本市場の健全な発達のために避けては通れない。現段階での公的規制の内容についての議論は時期尚早であろう。今後の推移を注意深く見守るしかない。

（注）
1） 野崎　彰・有吉尚哉・大越有人・德安亜矢（2011）2頁。
2） 日本証券業協会（2009a）2－3頁。
3） 山田剛志（2012）6－7頁。
4） 米国証券取引委員会（SEC）（2012）p. 8
5） 証券取引等監視委員会（2013b）
6） 証券取引等監視委員会（2012）

7）金融庁（2012）
8）スタンダード＆プアーズ・レーティング・ジャパン（2012）
9）証券取引等監視委員会（2013a）
10）金融庁（2013a）
11）金融庁（2013b）
12）日本証券業協会（2010）
13）徳安亜矢（2011）
14）斎藤　創（2010）

〔参考文献〕

岡東　務（2004a）『日本の債券格付』税務経理協会．
岡東　務（2004b）「資本市場における格付会社の役割―格付会社のどこに問題があるのか―」『月刊資本市場』No. 229，9月，資本市場研究会．
岡東　務（2008）「格付会社は資本市場の期待に応えられるか」『月刊資本市場』No. 269，1月，資本市場研究会．
岡東　務（2010）「サブプライムローン問題発生後の格付機関の対応について」『城西国際大学紀要』第18巻第1号，3月，城西国際大学．
岡東　務（2011）「格付会社に対する公的規制の枠組み」『城西国際大学紀要』第19巻第1号，3月，城西国際大学．
金融庁（2010）「信用格付業者向けの監督指針」4月，http://www.fsa.go.jp/common/law/guide/kakuduke/index.html
金融庁（2012）「スタンダード＆プアーズ・レーティング・ジャパン株式会社に対する行政処分について」12月，http://www.fsa.go.jp/news/24/syouken/2012 1214-3.html（採録日：2013年8月18日）．
金融庁（2013a）『「金融商品取引業等に関する内閣府令の一部を改正する内閣府令（案）」に対するパブリックコメントの結果等について』，http://www.fsa.go.jp/news/25/sonota/20130830-1.html（採録日：2013年9月30日）．
金融庁（2013b）「平成25事務年度 金融商品取引業者等向け監督方針」，http://www.fsa.go.jp/news/25/20120906-3/07.pdf（採録日：2013年9月30日）．
黒沼悦郎（2013）「ドッド＝フランク法における信用リスクの保持ルールについて」『研究記録第42号』日本証券経済研究所/金融商品取引法研究会，http://www.jsri.or.jp/publish/record/pdf/042.pdf（採録日：2013年6月13日）．
斎藤　創（2010）「金融規制と副作用〜格付会社規制を中心に〜」『法と経済のジャーナル』，http://judiciary.asahi.com/outlook/2010092200001.html（採録日：2013年9月5日）．
スタンダード＆プアーズ・レーティング・ジャパン（2012）「証券取引等監視委員会による行政処分の勧告と金融庁の当社に対する業務改善命令について」，http://www.standardandpoors.com/home/jp/jp（採録日：2013年9月5日）．
証券取引等監視委員会（2010）「信用格付業者検査マニュアル」『金融商品取引業者等検査マニュアル別冊』3月，http://www.fsa.go.jp/sesc/kensa/manual/kakuzuke.pdf（採録日：2013年9月21日）．
証券取引等監視委員会（2012）「スタンダード＆プアーズ・レーティング・ジャパン株式会社に対する検査結果に基づく勧告について」12月，http://www.fsa.go.jp/sesc/news/c_2012/2012/20121214-3.html（採録日：2013年8月18日）．
証券取引等監視委員会（2013a）「金融庁設置法第21条の規定に基づく建議について」3月29日，http://www.fsa.go.jp/sesc/news/c_2013/2013/20130329-3.htm（採録日：2013年9月21日）．
証券取引等監視委員会（2013b）「信用格付業者に対する検査結果について」4月5日，http://www.fsa.go.jp/sesc/kensa/shinyou-01.pdf（採録日：2013年9月21日）．
証券取引等監視委員会（2013c）「平成25年度証券検査基本方針及び証券検査基本計画」4月16日，http://www.fsa.go.jp/sesc/news/c_2013/2013/20130416-2/01.pdf（採録日：2013年9月21日）．
徳安亜矢（2011）「格付会社規制は信用格付の品質向上の「特効薬」となるか」『法と経済のジャーナル』，http://judiciary.asahi.com/outlook/2011060600012.html（採録日：2013年9月5日）．
日本証券業協会（2009a）『証券化商品の販売に関するワーキング・グループ最終報告書』3月，http://www.jsda.or.jp/shiryo/houkokusyo/h21/shoukenka_wg_final.html（採録日：2013年6月18日）．
日本証券業協会（2009b）『証券化商品の販売等に関する規則』3月，http://www.jsda.or.jp/shiryo/houkokusyo/h21/files/kisoku_

syoukennka.pdf（採録日：2013年6月18日）．
日本証券業協会（2010）『「格付の利用のあり方に関するワーキング・グループ」の設置について』7月．
野崎 彰，有吉尚哉，大越有人，德安亜矢（2011）『詳説 格付会社規制に関する制度』商事法務．
松尾直彦（2010）『Q&A 米国金融改革法―ドッド=フランク法のすべて』金融財政事情研究会．
山田剛志（2012）「格付会社への規制」『研究記録第36号』日本証券経済研究所/金融商品取引法研究会 http://www.jsri.or.jp/publish/record/pdf/036.pdf（採録日：2013年6月13日）．
米国証券取引委員会（SEC）（2012）"2012 Section 15E Examinations Summary Report" 2012 SUMMARY REPORT OF COMMISSION STAFFS EXAMINATIONS OF EACH NATIONALLY RECOGNIZED STATISTICAL RATING ORGANIZATION.

［岡東　務］

II　倒産予測実務データ入手上の隘路

1　倒産予測の必要性

　企業の倒産はビジネス社会における敗北あるいは存在価値の消失を意味し，債権者をはじめ企業の利害関係者に大きな損害を与える。たとえば，2001年9月に倒産した㈱マイカルの負債総額は1兆3,881億6,400万円にも上った。売上高経常利益率を2.09％（2003年2月期のイオン㈱の比率）としてこの負債額と同額の経常利益を稼ぎ出すとするならば，約70兆円の売上高を計上しなければならない。この額はトヨタ自動車㈱の年間売上高（2003年3月期，単独）の8倍にも相当する。一部の店舗は閉鎖され，従業員は解雇された。同社の倒産は従業員の生活を脅かしただけではなく，食料品や日常の生活雑貨を求めて店舗に足を運んでいた消費者の生活にも影響を与えたのである。

　2010年には㈱日本航空をはじめとしたJALグループが2兆円を超える負債を残して倒産し，通信事業会社の㈱ウィルコムが2,000億円超の負債を抱えて倒産した。

　倒産はこれまでの経営努力が一瞬にして水泡となるばかりでなく，取引先を連鎖倒産の危険にさらすことにもなる。さらには前述のごとく企業内部の関係者（従業員やその家族）にも多大なる損害を与える。

　民間調査機関の㈱東京商工リサーチによるわが国の倒産企業件数の推移では，企業倒産は景気変動と無関係でないものの，景気が回復したからといって必ずしも倒産件数が減少していることを物語っていない。すなわち，企業は景気の動向にとらわれず常に取引先の倒産リスクを背負いながら活動を行っていることになる。企業倒産に対して無防備でいると，必ず損害を被ることになる。そこで，日頃から取引先企業の状況を財務諸表や会社観察等によって注視し，倒産の危険の有無を確認し続けなければならない。**倒産予測**は業種・業態に関係なくすべての企業において必要であるといえる。

　また，企業だけでなく個人も立派な利害関係者である。倒産のニュースが流れると株式はただの紙切れと化してしまい，一瞬にして財産が消滅する。金融機関が倒産すれば，一部の保護はあるものの預金は消滅してしまう。投資家あるいは潜在的な投資家のみならず一般人もまた，自己の財産を守るために企業の倒産予測について関心を持つ必要がある。

2　倒産企業の定義

　倒産という用語は法律で規定されたものではなく，慣用的に用いられている言葉である。一般には①事業活動の停止，②支払不能または支払停止，③債務カット，の3つの事実が

図表9－2－1

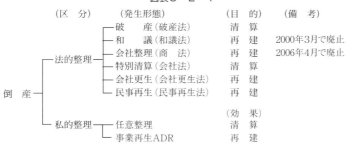

生じた時点で倒産に至ったとされている。とくに，③債務カットの事実が生じているかが大きなポイントとなる。なぜなら，事業活動が停止し，支払不能の状態に陥ったとしても債権者が回収期日を延期し，その間に債務者が資金を調達して利息とともに債務の弁済を行えば，厳密には倒産とはいえないとも考えられるからである。

企業倒産は**法的整理**と私的整理に大別される。法的整理は破産，和議，会社整理，特別清算，会社更生の5種類に分類されていたが，和議は2000年3月で廃止され，翌年4月より主に債務者の事業の再生を図ることを目的とし，早期に再生計画案の認可を行える民事再生法が施行された。会社整理は株式会社のみに認められた制度であった。民事再生法が制定されたこともあり，利用件数が減少したため，会社法の施行によって廃止された。

法的整理は，法律に従って手続きが進められ，裁判所ならびに裁判所の選任する管財人が関与して画一的な処理が行われる。債権者平等の原則があり，一部の債権者による自己の債権を確保するための抜け駆けができないようになっている。したがって，債権者数が多く，権利関係も複雑な大企業や中堅企業は法的整理を選択することが多い。

(1) 破　　産

破産は企業の財産を処分して，債権者の優先順位と債権額に応じて配当を行う強制執行手続きである。破産の申し立ては債務者，債権者のどちらでもできる。破産宣告が出されると裁判所は管財人を選任し，以後の破産企業の管理は管財人が行う。

(2) 特 別 清 算

特別清算は解散後の株式会社について清算の遂行に支障をきたすおそれや債務超過の疑いがあるときに開始される特別の清算手続きである。申し立てができるのは債権者または清算人，監査役，株主である。

(3) 会 社 更 生

会社更生は再建の見込みのある株式会社が破産を避け，再建を目指すために用いられる方法である。消滅すると社会的に大きな影響のある上場企業や大企業の倒産に適用されるケースが多い。旧経営陣は原則として経営に関与できなくなる。管財人は更生計画案を作成して裁判所へ提出し，関係人集会の賛成と裁判所の認可により更生計画が成立する。手続きが厳正・厳格に行われるため，手続き終結までに長期間を要していたが，2003年4月に手続きの迅速化・合理化を図った改正会社更生法が施行された。

(4) 民 事 再 生

民事再生は，和議法に代わって2000年4月から施行された**民事再生法**に基づく方法で，経営破綻が深刻化する前に早期に再生させる

ことを目的としている。会社更生法の適用が株式会社に限定されるのに対し，民事再生法は全ての法人および個人に適用される。申し立ては債務者，債権者のいずれでも可能である。経営権は原則として旧経営陣に残り，トップの交代がないこともある。

私的整理は法的な規制を受けることが少なく，弾力的に手続きを進めることができる。しかし，大口債権者が債権確保の行動をとることが多く，債権者平等の原則が機能しない。私的整理は法的整理の効果が薄い中小企業で適用されることが多い。

2007年，過剰債務に悩む企業の問題を解決するため，産業活力再生特別措置法の改正により制度化された**事業再生ADR**も私的整理の一類型と位置づけられる。ADRとは裁判外紛争解決手続（Alternative Dispute Resolution）のことで，経営危機に至った企業が民事再生法や会社更生法といった法的整理に替え，中立な第三者機関であるADR事業者の手により，債権者と債務者との話し合いにて自主的な整理手続きによって問題解決を図る方法である。2009年4月にJASDAQ上場の㈱コスモスイニシアが事業再生ADRの活用を発表して以降，約20社が利用を表明した。ただ，うち5社（㈱泉精器製作所，㈱日本航空，㈱ウィルコム，大和システム㈱，㈱林原）は，のちに法的整理を申請して再生を図っている。

3　企業倒産の主な原因

企業倒産は，究極的には支払うべき資金を決済日に用意できないことから生じるものである。倒産に至るには相応の原因が存在する。

① 資金不足型倒産

企業が赤字に陥り，手持ち資金が枯渇し始めると，とにかく入金を多くするために商品の安売りや投げ売りを行う。このような状態が長く続くことによって引き起こされる倒産を資金不足型倒産という。

② 拡大破滅型倒産

企業規模を大きくしたいがために無理な資金計画で金融機関から融資を受け，借入金や利息の支払いが滞って起こる倒産を拡大破滅型倒産という。日本中がバブル景気で沸いていた頃，土地を担保に資金を借り入れ，その調達資金で別の物件を購入してはそれを担保に供してさらに借り入れを行うことを繰り返す企業があった。それらの企業の一部はバブル崩壊後の地価下落によって支払不能となり倒産した。

③ 人事無管理型倒産

経営者が，経営能力の有無とは無関係に自らの親族を経営陣に登用し，経営全体が壊れて倒産していく型である。中小のオーナーカンパニーにありがちな倒産の原因である。広義に解釈すれば，次項の放漫経営の一種ともいえる。

④ 放漫経営

企業倒産の主因別動向の中で，販売不振とともに多いのが**放漫経営**である。土地などの財産を担保として金融機関から多額の融資を受けて営業資金に投入する。一般に経営者の従業員に対する指揮命令が弱いため統率力に欠け，従業員のモラルは低下し，廉価販売の横行や不良在庫を抱えることになる。このような状態を長く放置し，適切な対処をとらないうちに資金がショートして倒産に至る。高度経済成長期のように管理を徹底しなくても売上げや利益が上がった頃の経営を継続している企業が陥りやすい。

1980年代には放漫経営による企業倒産が全体の約20％程度を占めていたが，現在ではリストラや経営改善を行う企業が増えており，その割合は低下している。また，倒産件数も年々減少の傾向にある。

図表9-2-2　企業倒産の主因別一覧

年（暦年）	2000年	2003年	2008年	2013年
販売不振	12,446	11,396	9,144	8,210
放漫経営	2,027	1,146	388	157
売掛金回収難	528	396	211	108
不良債権の累積	402	221	106	25
不況型倒産	14,372	12,846	9,992	8,520

（出所）㈱帝国データバンクの全国企業倒産集計をもとに作成
http://www.tdb.co.jp/report/tosan/index.html

⑤ 不況型倒産

バブル経済の崩壊後，**不況型倒産**の増加が続いている。不況型倒産とは，販売不振，赤字累積，売掛金の回収難，業界不振などさまざまな原因が重なって引き起こされる倒産のことをいう。近年では2000年から2002年にかけて増加傾向をたどっていたが，2003年には一転して減少となった。しかし，未だ不況型倒産は全倒産件数の7～8割程度を占めている。

4　近年の企業倒産の傾向

1964年，オリンピック景気の反動で**倒産件数**が急増して以降，倒産件数は増加の一途をたどった。1971年には倒産件数9,147件，負債総額701,603百万円（負債総額1,000万円以上，㈱帝国データバンク全国企業倒産集計による。以下同じ）を記録したが，翌年にはそれぞれ7,140件，483,158百万円となり，件数は前年比約2割減，負債総額は約3割減となった。しかし，翌年には第1次オイルショックが生じ，経済成長の減退も重なって，1974年以降15年にわたり倒産件数が1万件を超えた。1984年には2万件を突破し（20,841件），負債総額も3,625,877百万円にまで膨れ上がった。

バブル景気後半の1989年と1990年には一時的に倒産件数が1万件を下回ったが（1989年7,234件，1990年6,488件），バブル景気が終焉を迎えた1991年からは再び倒産件数が1万件を超えるようになった。バブル崩壊の影響は，倒産件数よりも負債総額に色濃く表れている。1990年には1,944,551百万円であった負債総額が，翌年には7,960,029百万円となり，約4倍となった。以降，負債総額は2010年まで毎年5兆円超の状態が続いた。

バブル崩壊後，倒産件数に比して負債総額が多額となったのは，上場企業等による大型倒産が続いたことによる。例えば，1999年には山一證券㈱が510,054百万円の負債を抱えて倒産するなど，上位10社の負債総額だけで3兆円を超えた（同年の負債総額の24.6％）。

2000年には協栄生命保険㈱（負債総額4,529,700百万円）や信販会社の㈱ライフ（966,300百万円），㈱そごう（689,100百万円，グループ43社合計で2,989,960百万円），㈱長崎屋（303,900百万円），2001年には㈱マイカル（1,388,164百万円）など，証券会社や流通大手の倒産が相次いだ。2002年頃からは建設業や不動産業，ゴルフ場やリゾート関連企業の倒産が目立つようになった。1990年代半ば以降，バブル崩壊によって金融機関の財務体力が低下したことにより，不振に陥った企業への資金提供が困難になったことも，大型倒産を引き起こした遠因となっているものと思われる。

2002年を境に倒産件数が減少に転じたのは，問題を抱えた大手企業が私的整理を進めたことや政府が中小企業に対するセーフティー

図表9-2-3　近年の倒産件数および負債総額（負債総額1,000万円以上）

（金額単位：百万円）

年 （暦年）	倒産件数	負債総額	年 （暦年）	倒産件数	負債総額
2000年	19,071	23,987,424	2007年	10,959	5,491,728
2001年	19,441	16,212,985	2008年	12,681	11,911,302
2002年	19,458	13,755,678	2009年	13,306	6,810,147
2003年	16,624	11,770,038	2010年	11,658	6,936,604
2004年	13,837	7,927,392	2011年	11,369	3,463,733
2005年	7,905	6,116,372	2012年	11,129	3,774,294
2006年	9,351	5,271,797	2013年	10,332	2,757,543

（出所）　図表9-2-2に同じ

ネットを拡充したことが要因となっている。倒産は2005年頃に底を打ったとみられるが，倒産件数では2006年から，負債総額では2007年から再び増加に転じている。大手企業の倒産よりも中小企業の倒産が目立つようになった。また，この頃は景気が回復基調に転じていた頃でもあり，投資の失敗による倒産など，不況が原因ではない実体的な倒産が散見されるようになった。

2008年には再び不況型の倒産が増加した。米国のサブプライムローン問題の影響を受け，不動産市況の悪化によって建設業や不動産業の倒産が相次ぐなど，上場企業の倒産が増加した。また，同年9月のリーマン・ショックによって景気が急速に後退し，その影響は製造業や小売業などにも広まったのである。リーマン・ショックの影響は2009年以降にも影を落とし，倒産件数が増加した。特に不況を原因とした倒産の増加が目立ったが，大型倒産が少なかったことから，負債総額は前年に比べて減少している。

2010年には倒産件数が減少した。一方で負債総額が前年と変わらないのは，JALグループの倒産が影響している。倒産件数が減少に転じたのは，中小企業金融円滑化法と緊急保証による金融支援策にある。多くの中小企業が資金繰りの破綻による倒産を回避することができた。その後2013年までは，倒産件数は緩やかな減少傾向が続き，また，負債総額は目立って減少している。2013年3月末に中小企業金融円滑化法の適用期限を迎えたが，金融庁が金融機関に対して，引き続き円滑な資金供給や貸付条件の変更等に努めることを要請したこともあり，倒産件数が抑制されていると思われる。

5　財務諸表分析による倒産予測

財務諸表分析の始まりは，20世紀初頭に米国の金融機関が与信管理目的で行った信用分析とされている。財務諸表から求められた1つの指標で行う分析モデルを**単一変量（比率）モデル**といい，複数の変数を組み合わせたモデルを**多変量モデル**という。

(1)　単一変量モデル

単一変量（比率）で倒産予測を行うためには次のような信用分析の比率を使用し，時系列変化や同業他社とのクロスセクション分析，業界平均値との比較によって問題点がないかを検討する。実際には単一の変量だけで何らかの結論を導き出すことは困難であり，判断には複数の指標を用いる必要がある。

①　流動比率（流動資産／流動負債）

流動比率は，企業にとって比較的換金が容易な流動資産が流動負債に対してどの程度の

割合であるかを示す指標である。この比率は米国の金融機関が取引先の支払能力を判断するために用いられたことから**銀行家比率（Banker's Ratio）**とも言われており，企業の短期的支払能力を静的に示す代表的な比率である。流動資産の換金率の観点から理想は200％以上（流動資産が流動負債の2倍以上）とされている。

② **経常収支比率（経常収入／経常支出）**

経常収支比率は企業の経常収入と経常支出を比較したものであり，企業の支払能力を動的に示す指標である。経常収入や経常支出はともに資金（キャッシュ）の動きを表しており，この比率が100％を下回る（経常収入＜経常支出）ということはキャッシュのインフローよりもアウトフローが大きいことを意味している。倒産に至る企業の流動比率（静的比率）が100％超（すなわち正味運転資本が正）であっても，経常収支比率（動的比率）は倒産の数年前から100％未満であることが多い。

③ **仕入債務回転期間－売上債権回転期間（サイト差）**

仕入債務回転期間とは仕入れから仕入債務の決済日までの期間（月数（または日数））を，また，売上債権回転期間とは販売から代金回収までの期間（同）を表す。これら期間のことをサイトという。仕入債務回転期間と売上債権回転期間の差が正であれば，資金の支払いまでの期間が受け取りまでの期間よりも長いことを示しており，資金に余裕が生じることがわかる。たとえば，仕入債務回転期間が4ヵ月，売上債権回転期間が3ヵ月の場合，差し引き1ヵ月分の余裕があることを示している。仕入債務回転期間（月数）は12／仕入債務回転率，売上債権回転期間（月数）は12／売上債権回転率で求められる。なお，棚卸資産の保有期間は資金の流動を妨げるので，厳密には，仕入債務回転期間と売上債権回転期間＋棚卸資産回転期間の差である**キャッシュ・コンバージョンサイクル**で判断する方がよい。

(2) **多変量モデル**

複数の変数を用いた**多変量倒産予測モデル**として著名なものに，**ウォールの指数法やアルトマンの倒産予測モデル**がある。

ウォール（Wall. A）の指数法は倒産と関連のありそうな流動比率，負債比率，固定比率，商品回転率，売上債権回転率，固定資産回転率，自己資本回転率の7指標に対し，その重要度に応じて5％〜25％のウェイトをつけ，財務諸表を用いて計算された企業の比率と基準値との調整比率（企業の比率／基準値）にウェイトを乗じて求めた指数の合計値によって倒産を予測するものである。ウォールの指数法の欠点は，指標の選択やウェイトが科学的な根拠に基づいて決定されていない点にあるとされている。

アルトマン（Altman. I）は倒産と関連のありそうな22の指標のうち，以下の①〜⑤の指標を選択し，全米破産法の旧10章に基づいて1946年から1965年までに破産した33社と1966年時点でも存続している33社の計66社の企業財務データをもとに判別式を作成して，総合指数Zの値から倒産企業と非倒産企業の判別を試みた。

① X_1：運転資本／総資産（WC／TA）
② X_2：留保利益／総資産（RE／TA）
③ X_3：税・利子控除前利益／総資産
　　　　（EBIT／TA）
④ X_4：持分時価／総負債簿価
　　　　（MVE／TL）
⑤ X_5：売上高／総資産（S／TA）

$$Z = 0.012X_1 + 0.014X_2 + 0.033X_3 + 0.006X_4 + 0.999X_5$$

一見すると，判別式右辺第5項（X_5）の係数が他の4つに比べ大きいことから，総合指数Zは⑤の総資本回転率に左右される

図表9－2－4　ウォールの指数法

比率	計算式	ウェイト(a)	基準値(b)	企業の比率(c)	調整比率(d)=(c)／(b)	指数(a)×(d)
流動比率	流動資産／流動負債	25%	200%	220%	110%	27.5
負債比率	自己資本／負債	25%	150%	160%	106%	26.5
固定比率	自己資本／固定資産	15%	250%	220%	88%	13.2
商品回転率	売上高／商品	10%	800%	600%	75%	7.5
売上債権回転率	売上高／売上債務	10%	600%	500%	83%	8.3
固定資産回転率	売上高／固定資産	10%	400%	400%	100%	10.0
自己資本回転率	売上高／自己資本	5%	300%	240%	80%	4.0
指数						97.0
平均値						－3.0

ような錯覚に陥る。これはX_1～X_4の4指標とX_5は表示単位が異なるためである（X_1～X_4の単位は％，X_5は回）。X_1～X_4については，たとえば変数X_1の計算結果が0.1であるならば10（％）というように，百分率の絶対値として変数を取り扱う。

アルトマンは，このモデルで計算されたZ値が2.99以上であれば非倒産企業に分類され，1.81以下であれば倒産企業に分類されるとした。また，Z値が1.81より大きく2.99未満の企業については判別不能とした。アルトマンはこのモデルで96％の正しい判別ができるとしている。

6　会社観察による倒産兆候の検討

財務諸表分析や業績予測など計数的なアプローチによる予測は客観的に倒産の可能性を判断する基準となりうるが，このアプローチは企業の過去の実績をベースに行うため，いわば倒産の可能性を大まかに判断することしかできない。実際に財務諸表分析による倒産予測を行って「倒産の可能性があり」と評価された企業が必ず倒産するわけではない。

したがって，計数的な管理・分析と並行して取引先の企業実態や経営状態を日々観察し，評価することが重要であり，それによって倒産の兆候をいち早くキャッチすることができるようになる。**会社観察**の手法は，大きく分けて次の3つの視点から行う。

(1) 企業概要分析

企業概要とは，経営基盤や事業内容の現状，企業のおかれている経営環境などをいう。

① 企業の経営概況

商号や所在地，代表者，資本金，株主，沿革など企業の現況や推移，経営理念や経営方針，経営戦略，中長期計画について確認する。これらの情報から企業の経営基盤についての診断を行う。

② 企業の経営環境

経営に影響を及ぼすかもしれない外部要因を把握し，その影響を予測する。外部要因の具体例としては，景気の動向，金融政策，法令の改廃，技術革新，消費者のニーズ，競合他社の戦略，流通構造の変化などがあげられ

(2) 直接機能分析

直接機能とは、企業の売上げに直接貢献する生産活動とマーケティング活動の機能のことをいう。

① 生産活動の分析

生産活動の分析では生産機能や品質管理、原価管理、在庫管理、購買管理など各管理部門の水準や実態を調査し、問題点がないかを把握する。

生産機能では工場の概要や立地条件、生産品目や生産能力、機械設備の更新状況について調査し、生産余力や遊休状態、コストアップの要因が潜んでいないかなどを調査する。

品質管理では納期の遵守率や不良率、クレーム対応や品質保証体制を調査する。納期遅れや不良品の頻発は製造原価の上昇をもたらすとともに顧客離れを引き起こし、企業の収益力を減退する原因となる。

在庫管理では在庫の保管状況、発注方法、過剰在庫や不良在庫の有無を調査する。とくに過剰在庫や不良在庫は企業のキャッシュフローを鈍化させるため、注意が必要である。

購買管理では仕入品目、仕入先の構成、取引条件等について調査する。景気が不況から好況に転じたときには、原材料不足による納期遅れや製造原価の高騰に端を発した倒産も見られる。

② マーケティング活動の分析

マーケティング活動の分析では販売実績や得意先、市場や製品など製品自体の分析と、流通、販売促進活動など管理面の分析の2側面から分析を行い、売上げや採算性の問題点を把握する。

販売実績では企業の売上高や売上総利益、営業利益、利益率を製品別や地域別、得意先別に分類して推移を観察し、収益力の低い部門や減少傾向にある部門の発見と対応策について観察する。

市場分析ではターゲット（年齢層、ニーズ、地域など）や市場規模、成長性、市場シェアなどを観察し、当該市場における企業の成長性や競合他社との競争力について把握する。製品分析では製品分類と構成、他社製品との差別化、製品ライフサイクル、研究開発などについて調査し、売上予測や市場での優位性を把握する。

流通では、保管方法、配送、物流コストについて調査する。近年は少量高頻度の流通体制を採る企業が増えており、物流コストの増大が利益を圧迫するケースも多い。

販売促進活動では広告宣伝やセールス組織、人員構成などを調査する。事業が独占でない限り、競合他社の出現によって顧客を奪い合うことになるので、セールス活動は企業の収益力に大きな影響を与える。また、販売促進活動には人的資源が活用されるため短期的な改善はむずかしいとされていることにも留意する。

(3) 間接機能分析

間接機能とは、企業の売上げに直接的には貢献しないが、直接機能が円滑に進められるために必要となる財務管理や人事管理などのスタッフ機能のことをいう。

① 財務管理

財務管理では企業の資金調達力や信用状況、資金繰り状況などを観察し、財務上の問題点の有無について検討する。

わが国の企業は金融機関からの間接金融によって資金調達を行うことが多く、資金の提供者である金融機関を経営のパートナーとする、いわゆるメインバンク制を採用する企業が多い。1984年に倒産した㈱大沢商会のように、メインバンク不在型経営が倒産の一因になることもある。会社観察によって、メインバンクの存在の有無、メインバンクとの取引状況、メインバンク以外の金融機関との取引状況など、金融機関との関係を評価する必要

図表9-2-5　㈱帝国データバンクの信用調査報告書による評価例

信　用　要　素	評点	信　用　要　素	評点	信　用　程　度
業　　歴　（1～5）	5	経営者　　（1～15）	10	A（86～100）
資本構成　（1～12）	6	企業活力　（4～19）	13	B（86～85）
規　　模　（2～19）	10	加　点　（＋1～＋5）		◎ C（51～65）
損　　益　（0～10）	8	減　点　（－1～－10）		D（36～50）
資金現況　（0～20）	8	合　計　（／100）	60	E（35以下）

（出所）　㈱帝国データバンクホームページ（2004）　http://www.tdb.co.jp/tosan/jouhou.html

がある。

日頃から資金計画を立てずに勘や経験によって取引や支払いを行っている企業は，いつ資金ショートを起こすかわからない。そのため，取引先の資金計画についても観察する必要がある。しかし取引先が自社の資金繰りの情報を容易に提供することはないので，他の取引先や金融機関などを介しての経常的な情報収集が必要となる。

② 人事管理

人事管理では経営者や従業員の状況を観察し，経営者の能力や従業員の資質を評価する。

外部からの観察でもっとも重要視されるのが経営者である。経営者の能力や行動に問題があると重要な意思決定を誤ったり，従業員や取引先の不信感から業績の悪化を招く恐れがある。経営者の略歴，基礎的能力（知識や判断力，リーダーシップ，トップマネジメント機能など），信用力などを観察する必要があろう。

従業員の人員構成にも注意を払う必要がある。従業員の定着率が低い企業は仕事の内容もしくは雇用制度に問題が潜んでいるのかもしれない。また，従業員の平均年齢が高齢化している企業では技術やアイディアの硬直化も考えられる。これらの情報は，経営者や従業員との日頃の会話などから収集する。

7　民間調査機関による倒産予測

企業の倒産予測には，民間調査機関の提供するサービスを利用することもできる。わが国の2大調査機関である㈱帝国データバンクや㈱東京商工リサーチでは企業信用調査を行っており，商号や所在地，資本金，株式数，役員，株主，沿革，業績，取引先，決算書などの調査結果を有償で提供している。

㈱帝国データバンクの信用調査報告書では，企業の評価項目として業歴，資本構成，規模，損益，資金現況，経営者，企業活力の7項目に評点をつけた後，加減調整を行って100点満点で信用程度を評価している。信用程度はA～Eまでの5段階に分かれており，評点35点以下がEランクとなる。

また，同社では独自の信用調査と情報取材ネットワークより，向こう1年間に倒産する確率の予測値（0～100％）を算出する「倒産予測値」の提供を行っている。㈱東京商工リサーチのTSRレポートでは経営者能力（20点），成長性（25点），安定性（45点），公開性・総合世評（10点）の4つの企業診断項目（計100点）で企業を評価している。合計点数が80点以上であれば警戒不要，65～79点が無難，50～64点が多少注意，30～49点が一応警戒，29点以下は警戒としている。

8 金融機関による倒産予測

　企業に対して融資を行う金融機関にとっても取引先の倒産予測は重要である。しかし，金融機関は資金の融資に際して担保の提供を受けるため，関心事は倒産の可能性より担保価値の査定による債権の区分にある。

　融資の審査は，一般に財務諸表の数値と担保物件の評価で行われる。担保物件には通常は土地が用いられる。融資の決定要因は，基本的に担保物件の価値が主で財務内容は従と考えられる。金融機関によっては，財務諸表による財務内容よりも，経営者の経営に対する姿勢を評価しているところもあり，地元密着型の金融機関になればなるほど，その傾向が強いようである。

　金融機関によって多少の相違はあるだろうが，債権は正常債権，破綻懸念債権，破綻債権の区分で管理されている。債権区分の見直しは通常年1～2回行われ，担保提供物件の査定結果によって区分が決定される。バブル景気崩壊以後に地価が下落した場合のように，正常債権が破綻懸念債権へと変更された場合，金融機関では新たな担保提供を求めるなどの対応に追われる。その一方で破綻債権となった貸出金についてはできるだけ早期に回収や保全に努めることになる。金融機関が他の債権者に比べて債権を早期に回収できるのは，取引先の業績や経営実態をベースに倒産予測を行っているのではなく，担保価値を中心とした与信管理を行っているからだと考えられる。

　また，担保物件の評価は，従来は金融機関の融資担当者が必要書類を取り揃えて行っていた。しかし，現在はモーゲージにアウトソーシングしていることが多い。融資担当者は取引先の担当者と面識があるため，審査が多少甘くなってしまい，結果として債権の分類を誤ってしまう恐れがある。アウトソーシングはその回避が主たる目的である。もっとも，モーゲージそのものが金融機関出資の子会社であることが多く，分社化による効率の向上も目的の1つになっている。

〔青淵正幸〕

III　与信管理と経営分析

1　与信管理における経営分析の必要性

(1)　与信管理の意義

　企業の周りにはさまざまなリスクがあるが，それらの中で取引先の倒産に伴う焦げ付きの発生は，企業の存立そのものを脅かすほどの大きなリスクとなる可能性がある。このリスクをできる限り小さくするためには，与信管理を徹底し，危ない企業との取引を避ける必要がある。

　現在の日本では，減少傾向にはあるが未だ倒産が多発している。このような事業環境において自社の与信リスクを軽減するためには，倒産の危険性の高い企業の見分け方が最重要事項であるといえる。

　取引先の危険度を調べる方法としては，①定性分析，②定量分析の2つの分析手法がある。

(2)　定性分析

定性分析の手法としては，
① 債権残高管理：自社の取引額の変化を見て，取引先の危険度を察知するもの。
② 営業マンの情報：取引先を訪問する営業マンがつかんでくる取引先の雰囲気の変化によって，倒産の危険性を知る方法。
③ 取引の動機：取引開始の動機や理由から，その取引に潜む危険性を察知する方法。

④ 企業の社歴，社風：取引先の過去の歴史や企業風土から，倒産の可能性を察知しようとするもの。

⑤ 経営者の人となり：企業の規模の大小にかかわりなく，経営者の人となりは，すなわちその企業の社風そのものといえる。そこで，経営者の人となりを知ることによって，倒産の可能性を察知しようとすることをいう。

⑥ 噂：火のないところに煙はたたないというが，その企業に係わるさまざまな噂から変化をとらえ，倒産の危険性を知る方法のことをいう。

(3) 定量分析

以上のような定性分析に対して，企業の成績通知表である決算書を分析することによって，企業が倒産する可能性を把握しようとする方法のことを**定量分析**，すなわち経営分析という。

定性分析と定量分析（経営分析）は裏表の関係にある。定性面に表れた変化は，時間差はあるが，定量面にも表れてくる。しかし，定性分析とは異なり，経営分析では，定量的，数値的に，その変化を把握することができるという利点がある。

与信管理における経営分析の主要な手法としては，次のようなものがある。

① 収益性分析

企業の収益構造を把握するための分析手法で，その基本的な比率は，総資本利益率である。

・総資本利益率 $= \dfrac{\text{利益}}{\text{総資本}} \times 100$

② 安全性分析

貸借対照表の構成を見ることによって，企業の財務構造の安全性を確認するものである。その主な比率としては，

・流動比率 $= \dfrac{\text{流動資産}}{\text{流動負債}} \times 100$

・固定比率 $= \dfrac{\text{固定資産}}{\text{自己資本}} \times 100$

・借入依存度 $= \dfrac{\text{借入金総額}}{\text{総資本}} \times 100$

・自己資本比率 $= \dfrac{\text{自己資本}}{\text{総資本}} \times 100$

以上4つがあるが，それぞれにはこれらを補うための補助比率がある。

③ 回転期間分析

企業が抱えている不良要素や粉飾の大まかな金額を把握することができる。これによって，その企業の真実の財務内容を知ることが可能となり，実質的な倒産状態（債務超過）かどうかを判断することができる。

その主な比率としては，

・売掛債権回転期間 $= \dfrac{\text{売掛債権}}{\text{平均月商}}$

・棚卸資産回転期間 $= \dfrac{\text{棚卸資産}}{\text{平均売上原価}}$

・買掛債務回転期間 $= \dfrac{\text{買掛債務}}{\text{平均仕入高（または平均売上原価）}}$

・運転資金負担回転期間 $= \dfrac{\text{運転資金負担}}{\text{平均月商}}$

④ 経常収支分析

経常収支分析は，損益計算書上の経常利益を現金収入と現金支出のバランスに置き換えるものである。これによって企業の資金繰りの状況が把握できる。もし，経常利益と経常収支尻に大きな乖離があるときには，粉飾や不良資産の発生を推測することができる。

・経常収入 − 経常支出 = 経常収支尻

・$\dfrac{\text{経常収入}}{\text{経常支出}} \times 100 =$ 経常収支比率

（注）経常収支比率は100％を超えていることが望ましい。

2 与信管理における経営分析の意義と手法

(1) 経営分析の意義－修正貸借対照表の作成

決算書を見て，経営分析を行うことによって，ある程度までの粉飾や不良要素の大きさ

を把握することができる。

　与信管理における経営分析の意義は、経営分析によって、把握した粉飾や不良要素を公表された貸借対照表より控除することによって、真実の姿を表した貸借対照表（修正貸借対照表）を作成することにある。この修正貸借対照表が、債務超過か否かによって、その企業の倒産を推測することになる。

　すなわち、与信管理における経営分析の意義と目的は、修正貸借対照表を作成することにある。

(2) 収益性分析

　企業は総資本を使って資産を購入し、この資産を運用して、売上げをあげ、使った経費を差し引いた後に利益が残ることになる。すなわち、総資本利益率においては、貸借対照表上の総資本と損益計算書上の利益との関係をみていることになる。

　この指標は、売上高を介在させた方がわかりやすくなる。つまり、総資本利益率を売上高利益率と総資本回転率に分解すると、よりわかりやすくなる。

$$\frac{利益}{総資本} = \frac{利益}{売上高} \times \frac{売上高}{総資本}$$
(総資本利益率)(売上高利益率)(総資本回転率)

　この算式からは、次の2つの視点が導き出される。

① 売上高利益率

　損益計算書における費用構造の問題点はどこにあるのか。すなわち、

　売上原価―仕入高、製造経費、歩留まり等
　販売費及び一般管理費―無駄な経費支出はないか
　営業外費用―支払利息等

等を確認し、費用構造の問題点を検討する。もちろん粉飾があれば、支払利息を中心に費用構造は悪化することになる。

② 総資本回転率

　貸借対照表の中に、売上げに貢献しない不良性資産や粉飾（狭義の粉飾）等いわゆる広義の粉飾があれば、この指標は悪化する。これを把握するためには、後述の回転期間分析が必要である。

(3) 安全性分析

　安全性分析というのは、財務構成すなわち貸借対照表の安全性をみようとする指標である。一時点における支払手段と支払義務の対比によって求められる支払能力、換言すれば、資産による負債に対する弁済能力の安全性を見るための指標といえる。

　安全性分析として、次の指標が使われる。

① 流動比率

$$流動比率 = \frac{流動資産}{流動負債} \times 100$$

　流動資産と流動負債の割合で、流動資産による流動負債に対する支払能力を表すものである。この比率は100％を超えていることが、望ましいとされている。

　しかし、この比率には次のような問題がある。

1. 流動資産の中に、滞留債権や滞留在庫等の不良資産が含まれている場合には、表面的に流動比率が高く見えることがある。
2. 売掛金、受取手形や棚卸資産等の資産を実際より大きく表示したり、買掛金、支払手形や借入金等の負債を簿外表示する等によって、粉飾を行っている場合には、流動比率は見かけ上高い比率となることがある。

（補助比率）

1. 当座比率

$$当座比率 = \frac{当座資産}{流動負債} \times 100$$

2. 現金比率

$$現金比率 = \frac{現金預金}{流動負債} \times 100$$

3. 預貸率

$$預貸率 = \frac{現金預金}{借入金総額} \times 100$$

これらの補助比率は、流動比率を補うものとして使われることがあるが、流動比率と同一の問題を抱えているので、使用上の注意が必要である。

② 固定比率

$$固定比率 = \frac{固定資産}{自己資本} \times 100$$

固定比率とは、固定資産と自己資本の割合であって、固定資産を購入する際してどの程度まで自己資本で賄ったかをみる比率である。固定資産は、その投下資本の回収に長期間を要するので、返済を要しない自己資本で賄われていることが望ましく、したがって100％以下が望ましいとされている。

（補助比率）
固定長期適合率

$$固定長期適合率 = \frac{固定資産}{固定負債 + 自己資本} \times 100$$

返済期間が長期にわたる固定負債は、固定資産へ投資をしても構わないとされている。この比率は100％以内であることが必須で、100％を超えている場合には、短期の資金で固定資産を購入していることになり、安全性に欠けていることになる。

③ 自己資本比率

$$自己資本比率 = \frac{自己資本}{総資本} \times 100$$

総資本に占める自己資本の割合が表示される。この比率が高い分だけ、他人からの負債が少ない、すなわち返済を必要とする資本が少ないということになり、それだけ安全性が高いことになる。

（補助比率）
負債倍率

$$負債倍率 = \frac{流動負債 + 固定負債}{自己資本} \times 100$$

この比率は、総負債（他人資本）と自己資本の割合のことである。自己資本には、負債に対する担保という意味があるので、この比率は100％以下であることが理想とされている。

④ 借入依存度

$$借入依存度 = \frac{借入金総額}{総資本} \times 100$$

借入依存度とは、総資本に占める借入金の割合であって、資産を購入するにあたって、どの程度まで借入金に依存しているかをみる比率である。借入依存度は、業種、業界や規模によって異なるが、一般的には50％を超える場合には、要注意企業といえる。

(4) 回転期間分析

資産や負債の大きさは、売上高と密接な関係がある。そこで、資産や負債の大きさの妥当性をチェックするために、その資産（または負債）が、平均月商（平均仕入高または平均売上原価）と比べて、何ヶ月分あるかを見て、その大きさの妥当性をチェックする方法のことを、回転期間分析という。

回転期間分析に使われる主な指標には、次のものがある。

① 売掛債権回転期間

$$売掛債権回転期間 = \frac{売掛債権}{平均月商}$$

商売で、取引先に商品を納入すると、まず売掛金として計上するが、しばらく経つと、手形で受け取ることが一般的である。手形で回収すると、そこから受取手形という勘定になる。この受取手形が最終的には取り立てられて、手形落ちすなわち現金に変わる。

売掛債権回転期間というのは、商品を納入したときから手形が落ちるまでに、平均何ヶ月かかるのかということを表している。

この指標は、業界標準と対比させたり、過去からのトレンドを見ることによって分析を行う。

業界標準等に比べて、売掛債権回転期間が長い場合には、下記に示すような理由が考えられる。

1．焦げ付きの発生

2．不渡り手形の存在
3．手形ジャンプの発生
4．粉飾
5．押し込み販売
6．融通手形の存在
7．延べ払い等長期回収債権の混入
8．回収条件の悪化
9．その他

回収が長期化する場合には，いずれにせよあまり良い理由は考えられない。

② 棚卸資産回転期間

$$棚卸資産回転期間 = \frac{棚卸資産}{平均売上原価}$$

棚卸資産（在庫）の量の大きさが月数で表示される。この回転期間は，メーカーで1.5ヶ月〜2ヶ月，卸売りでは1ヶ月以内が通常であるが，業種によってかなりのバラツキがあるので，注意が必要である。

この回転期間が長期であったり，前期に比べて長期化している場合には，次のようなケースが考えられる。

1．架空在庫や水増し在庫の存在—粉飾
2．過剰在庫の存在
3．デッドストックの存在

③ 買掛（仕入）債務回転期間

$$買掛債務回転期間 = \frac{買掛債務}{平均仕入高（または平均売上原価）}$$

買掛債務回転期間は，平均仕入高（又は平均売上原価）を使って算出するが，売掛債権回転期間とは，まったく対照の関係となる。

買掛債務回転期間というのは，商品を仕入れた時から最終的に手形が落ちる等現金払いがされるまでに，平均何ヶ月かかるのかを表している。この指標は業界標準と対比させたり，過去からのトレンドを見ることによって，分析をするものである。業界標準等に比べて，買掛債務回転期間が短かったり，前期に比べて短縮している場合には，次の理由が考えられる。

1．負債を簿外に表示する—粉飾

2．信用不安の問題から仕入先が資金回収を早めてきた
3．仕入価格値引きのための現金支払いへの変更など支払い条件の短縮化

一方，回転期間が長期化している場合には，次の理由が考えられる。

1．支払先に対して支払手形の期日延長（ジャンプ）をしている
2．取引先に対して融通手形を発行している
3．決済条件の変更

買掛債務回転期間の長期化は，資金繰りの多忙化や経営の乱れを示すことがあるので注意が必要である。

④ 運転資金負担回転期間

$$運転資金負担回転期間 = \frac{運転資金負担}{平均月商}$$

（売掛債権＋棚卸資産）と（買掛債務）とのバランスを運転資金負担といい，これを平均月商で除したものを運転資金負担の回転期間という。商取引が継続する限り，運転資金負担は恒常的にほぼ同規模で発生するのが通常である。売上高の変動以上に何らかの理由で売掛債権や棚卸資産が大きくなったり，買掛債務が縮小すると，この運転資金負担が大きくなり，回転期間が長期化することになる。

(5) **運転資金負担に見る粉飾の見分け方**

粉飾を行うときは，総資産（総資本）に占める割合の大きい売掛債権や棚卸資産，または買掛債務を操作するケースが多く，その結果として運転資金の負担が増加することになる。

この回転期間分析は粉飾を見抜く重要な手段といえる。

売掛債権，棚卸資産と買掛債務とのバランスが運転資金負担であるので，運転資金を使った粉飾の結果は，必ず運転資金負担の大きさとなって現れる。

したがって，正常なケースでの運転資金負

担と比較を行うことによって，粉飾の大きさの概数を把握することができるようになる。

・正常な同業他社の運転資金負担回転期間と比較する
・業界標準の運転資金負担回転期間と比較する

等の方法を使うが，その具体的な算出方式は，

$$\left(\begin{array}{l}\text{当該企業の}\\\text{運転資金負}\\\text{担回転期間}\end{array} - \begin{array}{l}\text{正常な同業他社また}\\\text{は業界標準の運転資}\\\text{金負担回転期間}\end{array}\right)$$
$$\times \begin{array}{l}\text{当該企業の}\\\text{平均月商}\end{array} = \begin{array}{l}\text{当該企業の}\\\text{推定粉飾額}\end{array}$$

となる。

この算出方法の問題点は，当該企業の属する業界が明確に区別できるかにある。比較する標準値が違えば，正確な答えはでてこない。この点に問題があるが，平均的に見て，粉飾の概数を知る方法として，有効なものといえる。

(6) 借入金に見る粉飾の見分け方

借入金という負債を使った粉飾は，借入金を簿外に出し，実際よりも過少に表示することによって行われる。

そのために，貸借対照表に表示されている借入金の総額と，損益計算書上に記載されている，支払利息・割引料との間には不均衡が生じてくる。

すなわち，支払利息・割引料を借入金総額で除することによって算出される金利率を，市中の一般的な金利水準と比べることによって，その異常性を発見しようとするものである。

市中の一般的金利水準と比べて，この算出された金利率が異常に高い時は，一般的には，次のような理由が考えられる。

1. 借入金の簿外表示＝粉飾
2. 街金などから高利の資金を一部でも借り入れている
3. 短期に比べ，概して利率の高い長期借入金の割合が高い
4. 信用力が低下したため，通常の金融機関が一般水準より高めの金利で貸し出している
5. 商品代の支払い決済条件を約定より延長し，金利でその分を調整している

通常，上記理由のうち「3.」を除いた「1．2．4．5．」は，往々にして同時並行しながら混合して起きるケースが多く見受けられる。

この算出方法の問題点は，粉飾なのか高利資金によるものか等その理由を明確に指摘できないという限界があることである。

支払利息を有形固定資産へ付け替える等「費用の資本化」による粉飾が行われた場合，金利率は一般的な金利水準に比べて低くなるので，注意が必要である。

(7) 経常収支分析に見る粉飾の見分け方

よく勘定合って銭足らずといわれるが，これは損益計算書上は黒字ながら，資金が不足して資金繰りが苦しい状態のことをいう。「損益計算書が黒字であれば，資金繰りが楽なはず」と考えるのが一般的な常識であるが，企業の資金繰りでは，必ずしもこの考え方は通用しない。

資金繰りは現金の収支であるのに対して，損益計算書における売上高の計上は，代金の授受とは無関係に，商品を出荷したときに行われる。つまり，いわゆる信用取引（掛商売）があるために，現金収支と損益計算書は一致しない。

この現金収支を把握するのが，**経常収支分析**という手法である。

経常収支尻（経常収入－経常支出）は，損益計算書上の経常利益に対応する資金収支のバランスといえる。すなわち仮に，掛け売りや掛け買いをまったく行わず，在庫を持たない企業があれば，減価償却費などの現金支出を伴わない費用と負債性引当金の目的支出などを調整することにより，経常収支尻と経常

利益は完全に一致することになる。

$$経常収支尻 = 経常利益 + 支出を伴わない費用 - 負債性引当金の目的支出$$

したがって，この原則を踏まえて考えると，経常利益と経常収支尻との間に大きな乖離がある場合には，理論的には，次の5つの理由が考えられる。

1. 前期に比べて売上げが急増した場合：売上げの急増に伴って，当期末の売掛債権が前期末に比べて急増すると，その分経常収入が相対的に減少し，経常収支尻に大きな影響を与える。
2. 期末に売上げが急増した場合：前期末に比べて，当期末に売上げが急増すると，前期末に比べて，当期末の売掛債権が急増する。その結果，経常収入が減少することになる。
3. シーズン商品や流行商品の場合：コンスタントに売上げが上がる通常の商品と異なり，売掛債権の残高に大きな変動を与えるためである。
4. 粉飾や不良資産の発生があった場合：売掛債権，棚卸資産および買掛債務を使った粉飾や，不渡手形など不良資産が発生すると，運転資金負担が増加し，経常収支尻に大きな影響を与えることになる。
5. その他正当な理由があった場合：たとえば，現金支出を伴わない費用（減価償却費）が多額の場合には，経常収支尻が，経常利益よりも大きくなる。リース会社や製造会社など償却資産が大きい企業の場合には，乖離が大きくなることになる。

もし，取引先の経常収支尻と経常利益に大きな乖離がある場合には，上記5つのいずれに該当するのかを確認することが必要である。上記のうち「1．2．3．5．」に該当しなければ，「4．」すなわち狭義の粉飾または不良資産の発生があったことになる。

この意味で経常収支分析はその期に粉飾が発生したことを知る1つの有力な手段といえる。

3　狭義の粉飾と広義の粉飾

(1) 粉飾の定義

粉飾とは，実態よりも利益を過大に表示するための一連の操作のことをいう。

粉飾には**広義の粉飾**と**狭義の粉飾**がある。狭義の粉飾とは，積極的かつ意図的に，実態以上に利益を捏造することである。広義の粉飾には，このほかに焦げ付き債権や含み損のある資産を消極的態度によって，正常な資産の中に，混在させていることを言う。

以上のことを整理してみると，次のようになる。

① **積極的粉飾**（利益の捏造）－狭義の粉飾
　＊資産の過大表示（水増し）
　　・売掛債権
　　・棚卸資産
　　・償却資産（建物，機械等）の過少償却
　　・貸付金
　　・その他資産
　＊負債の簿外表示（負債の隠蔽）
　　・買掛債務
　　・借入金
　　・保証債務
　　・その他負債
② **消極的粉飾**（顕在化されない含み損）
　＊資　産
　　・焦げ付き債権（売掛金，貸付金，未収入金等）
　　・不渡手形，不渡小切手
　　・有価証券（含　投資有価証券）
　　・出資金（ゴルフ会員権等）
　　・土地・建物（販売用不動産，事業用不動産）
　　・その他資産

＊負　債
- 不良化した偶発債務（割引手形，裏書譲渡手形，保証債務）
- 退職給付引当金
    注：平成12年4月以降開始事業年度より適用，最長15年間以内で，過去の積み立て不足を費用化しなければならない。
- その他負債

以上のように，積極的粉飾を狭義の粉飾といい，積極的粉飾と消極的粉飾を合わせて，広義の粉飾という。

注：積極的粉飾，消極的粉飾の表現は，（「キャッシュフロー分析から何が見えるか」東林出版社　井端和男著）による。

(2)　積極的粉飾の原則

粉飾には，次のような4つの原則がある。
① 資産を過大に表示する
② 負債を過少に表示する（簿外表示）
③ 上記①②を複合したもの
④ 粉飾を見つけにくくするために，なるべく大きな金額を操作する

この4つの原則に従えば，最も積極的粉飾の対象になりやすい勘定は，
- 売掛金，受取手形などの売掛債権
- 棚卸資産
- 建物や機械などの償却資産
- 買掛金，支払手形などの買掛債務
- 借入金

などが考えられる。また実際にあった事例をみるならば，これらの勘定科目での操作が一般的であることが判明する。

4　債務超過の意味と修正貸借対照表の作成

(1)　債務超過の意味—債務超過は何故倒産状態なのか

負債は，他人から借りた資金のことで，金融機関や取引先等の借入先へいずれ返済することが必要である。この返済用の資金の当ては，資産にある。

たとえば，売り込み先へ商品を売却し発生した「売掛金」が，期日になって現金で回収できれば，その現金をもって，買掛金の支払いに充当するという考え方である。

したがって，負債が資産より大きくなれば，返済ができない負債があることになる。この状態は，すなわち倒産であるといえる。

そこで，これを称して，**債務超過**というのである。

(2)　修正貸借対照表の作成

個人の資産も含めて，資金調達の方法がなくなれば，すなわち倒産に至ることになる。金融機関や仕入先が最も知りたいことは，修正した後の貸借対照表，つまり真実の資産の状態である。

不良資産や簿外債務，さらには粉飾などの概数を想定し，これを公表された貸借対照表から控除や加算をし，修正貸借対照表を作成した結果，債務超過であれば，近い将来資金が不足し，倒産する可能性が高いことになる。

この意味で，与信管理における経営分析の最大の目的は，公表された貸借対照表から想定した不良要素を修正して，修正貸借対照表を作成することにある。これによって，その取引先との取引の可否を決めることが，可能となる。

(補足)　なお，近年，定量分析では，粉飾の存在が把握しにくい連結逃れの事業投資会社を使った粉飾や循環取引等新しい型の粉飾が登場してきており，定性分析の重要性が高まってきている。

［末松義章］

Ⅳ　テキストマイニングによる倒産分析

　これまでの経営分析では，企業の財政状態や経営成績を財務データから読み取り，その変化を分析することが一般的であった。例えば，**倒産予知**に関わる研究では，倒産企業の倒産直前期の公表財務諸表から得られた財務比率を指標とし，それらを継続企業の指標と比較することにより，企業を倒産，継続に判別するモデル式を導出する手法がほとんどを占めている。一方，近年会計基準の目まぐるしい変更が行われていることから，財務的アプローチのみで企業倒産を予知することには限界があるとして，企業が公表する有価証券報告書等に記述されている文章や語句から，当該企業の**倒産兆候**を読みとろうとする研究が見られるようになってきた。テキストマイニング技術を大量データを解析する**ビッグデータ処理**と呼ばれる手法に応用し，企業の公表する文章などの非財務データから当該企業の倒産兆候を解析しようとするものである。

1　非財務データを用いた経営分析

　非財務データを用いた経営分析に関わる研究の歴史は古く，企業倒産の発生要因分析や倒産発生パターンを解析した研究が，1950年代から1960年代初頭アメリカ各地で起こった膨大な数の中小企業の倒産をきっかけにいくつか公表されている。ただし，これらの研究は**非財務データ**を科学的に解析したものではなく，研究者の主観によりデータが分類されているに過ぎず，よって結果は抽象的であり客観性，合理性を欠いている。これに対し，テキストマイニング技術は，企業の公表する情報や，Web上の情報などの文章から，単語の**出現頻度**や**共出現**の相関，出現傾向などを科学的に解析するもので自然言語処理の分野で近年急速に注目されている研究手法である。

　米国では，SEC 規則（S-K Item 303）により**MD&A**（Management's Discussion and Analysis of Financial Condition and Results of Operations）の開示が求められるようになったこと，また情報技術の発達により**形態素解析**，**構文解析**といった**自然言語処理**がコンピュータを利用して容易に誰でもが利用可能となったことから，**非財務データ**（テキストデータ）を解析し，経営分析に応用しようとする研究が積極的に行われるようになってきた。また，近年では企業自身が公表する情報だけでなく投資家，アナリスト等が発表する情報に含まれるテキストを解析し，当該企業の将来の経営状態や株価（配当）を予測し投資意思決定に応用しようとする研究もみられる。例えば，経営者が株主に発送する手紙の文面と株価との関係を分析した研究や，経営者の公表文と四半期報告書との関係を分析したもの，またYahoo! ファイナンスとアメリカの投資家向け掲示板であるRaging Bullに投稿されたメッセージを分析し，これらのメッセージの株価への影響を解析した研究もある。

2　テキストマイニングによる経営分析

(1)　対象データの選別と解析手法

　テキストマイニングの研究が注目されるようになると，同時にどのようなテキストを分析対象とするかが問題視されるようになった。そもそもコンピュータ利用が一般化する以前から，テキストマイニングに類似した解析は行われていたようである。それは，文章表現の特徴から，作者不明の古典の著者を類推するといったものである。一方，近年ビッ

グデータ処理と言われる手法では、**ソーシャルメディア**を介して交換される情報を解析する手法が注目されている。しかし、アナリストの文章や語句の使い方には当然各アナリストの個性が表れるであろうし、ソーシャルメディアを介して交換される情報は、複数の人の記述が混在し、かつ情報内容の信頼性は必ずしも高いとは言えない。もしかすると、誰かが故意に人を誤導させるために、真実と異なった情報を流しているかもしれない。

もともとは、コールセンターで集約した顧客の声を解析することを主眼に開発が始まったテキストマイニング技術は、「良い」「悪い」「アレルギー」などといった特定の定型用語について製品ごとに集積し、製品間の差異を分析することにより、特定の製品の固有の問題点を発見することに利用されている。また、Yahoo! ファイナンスや投資家向け掲示板を解析した研究においても、特定の言葉に限定して、その出現頻度によって株価との相関を分析している。ちなみに、ソーシャルメディアを介して交換される情報も短文であり、そこから抽出する言葉は限定的である。

そこで、ビッグデータ処理を、異なった視点から考えてみよう。つまり大量のデータではなく、1つの文書サイズの大きなデータ(いわゆる長文)を解析する試みである。注目したのは、企業が開示する情報であり、記述項目は会計基準で定められており企業間に差異がない有価証券報告書である。100ページ近くある有価証券報告書のうち財務諸表は6ページ内外であり、それ以外のページには、大量テキスト情報が収められている。ただし、有価証券報告書の文章は、多くの婉曲な表現が使われるなど、文章の記述方法が複雑である。よって、テキストマイニングの手法で良く用いられる、特定の**文章集合**内での出現頻度を文書間で比較する方法(形態素解析)を用いて、抽出されたキーワードだけで特定の知見を得ることは困難である。つまり、

「資金繰り」といった語句が頻繁に現れるとしても、実際の記述は「資金繰りが大幅に改善した」とあるのかもしれないし、「資金繰りが悪化した」とあるのかもしれない。つまりテキストマイニングを経営分析に応用しようとすれば、一般に用いられている形態素解析の手法のみならず、さらに深い解析技術が必要となる。

(2) テキストマイニングを用いた倒産分析アプローチ

以下の手順でテキストマイニングによる倒産分析を行い、これまでに得られない知見が得られるかどうか試みた。まず、1999年から2005年の間に倒産した上場企業90社の倒産直前期の有価証券報告書内の全テキスト、さらに同時期に継続していた90社の有価証券報告書内の全テキストを、データ化した。なお、継続企業の抽出に際しは、全上場企業について**SAF値**を求め、求められたSAF(Simple Analysis of Failure)値を元に倒産企業のサンプル数と同数(90社)となるよう、系統抽出を行った。**SAF値**は財務指標を用いた倒産危険度を予測するモデルであり、Moody'sやＳ＆Ｐ等の**企業格付け**との相関が高いことが検証されている。したがって、抽出された継続企業90社には、様々な財務状況の企業が含まれ、上場企業の代表値を表していると仮定することができる。ちなみに前述のとおり有価証券報告書はおおよそ100ページあることから、180社分の有価証券報告書から得られるテキスト量は膨大である。

まず(1)倒産企業群、継続企業群ごとに全体の中での出現頻度の高い言葉を形態素解析により抽出し、(1)で得られた言葉について(2)1報告書あたりの出現頻度を算出し、倒産企業群における出現割合と継続企業群における出現割合の差分を観察した。その結果、「配当金」「内部留保」といった言葉や、「研究開発」「品質」「ニーズ」といった言葉が、倒産

企業群と継続企業群との間で出現頻度に顕著な差が生じていることが明らかとなった。特に出現頻度の差の大きい順に並べた場合，上位に位置する「配当金」「配当性向」「内部留保」といった言葉の出現頻度は，その他の言葉に比べ倒産企業群，および継続企業群の間で際立った差が見られた。ただし，これらの言葉は，倒産企業群，継続企業群において出現頻度に差はあるものの，倒産企業群，継続企業群のいずれにも出現している。つまり，これらの言葉の出現，非出現という現象だけを捉えて分析対象企業の経営状態を評価することは困難である。これは，分析を行う際に分析対象としたテキスト内に出現する単語の出現頻度にのみ注目しているからである。

そこでさらに有用な知見を得る為に，テキスト内の単語の出現頻度だけに注目するのではなく，より高度な言語処理である単語の係り受け情報に注目することとした。なお，分析ツールとしては，IBM の Omni Find Analytics Edition（以降OAE）を用いている。OAEは前処理部分とランタイム部分から構成されているテキストマイニングツールである。前処理部分では，テキストデータに対して，形態素解析，構文解析といった自然言語処理が適用される。その後，ユーザーが定義した辞書を適用し，複数の同義語をある1つの正規形にまとめ，単語にカテゴリ情報を付与する処理が行われる。また特定の**単語列**や**係り受け構造**に対して付加情報を付与する**パターンマッチング**処理も行われる。ランタイム部分では前処理結果にインデックスを作成し，検索・集計処理を行えるようになっている。

(3) テキストマイニングによる文脈語分析

前述の通り，特徴的なキーワード（単一の表現）が抽出されても，知見に直接つながらない。例えば，「配当金」が継続企業を特徴付けるキーワードとして抽出されたとしても，配当金がなぜ継続企業を特徴付けるかはわからない。これはテキストマイニングにおける一般的な問題である。そこで，**構文パターン**を利用した係り受け表現の抽出を試みた。ちなみに，有価証券報告書の文書は一文の長さが比較的長いのが特徴である。そこで特定の専門用語リストを定義し，リスト内の語が出現した場合，同一文内でその語の後に出てくる語をペアとして抽出することを試みた。専門用語リストとして形態素解析で抽出された出現頻度の高い「配当金」，「内部留保」，「株主」，「利益配分」，「資金」といったキーワードを定義し，文脈語とした。なお，これらの語は，「配当金につきましては～」，「内部留保は～」といった形で記述されるが，分析に際してはこれらの言葉に続いて記述される内容（言葉）が重要となる。そこで定義したキーワードに対し，出現した文内において，出現箇所以降に出てくる表現を抽出することとした。例えば，「なお，当期の内部留保につきましては，今後の事業展開に備え，有効投資して参りたいと考えております。」という文脈では，「内部留保 ― 今後」，「内部留保 ― 事業展開」，「内部留保 ― 有効投資」といった情報が抽出される。このような抽出方法により，キーワードに対してどのような表現が特徴的であるかを調べることが可能となる。

3 テキストマイニングによる倒産分析

わが国企業の倒産・継続を決定付ける表現として，「配当金」の**文脈**における特徴的な言葉は以下の通りであることが判明した。

継続企業：中間配当，株数表現，金額表現，株主，業績，加える，増配，

倒産企業：無配，遺憾だ，見送る，厳しい

また，「内部留保」の文脈における特徴的な言葉は以下の通りである。

継続企業：成長，設備投資，研究開発投資，研究開発，競争力，企業価値，生産設備，新規事業，展開，投資，活用する，拡大，向上，将来，経営環境
　　倒産企業：基本，充実する，応じる，安定する，利益還元，状況

　上記の結果では，「株数表現（数字＋株）」，「金額表現（数字＋円）」といった表現は，文書全体で見ると倒産企業，継続企業のいずれにも出現するが，「配当金」の**文脈**では継続企業の文書集合にのみ出現していることを示している。同様に，「内部留保」の**文脈**については，文書全体に注目した場合に倒産企業，継続企業間での出現に偏りが見られなかった「設備投資」，「生産設備」，「新規事業」といったキーワードが，継続企業を特徴的づける表現として抽出されている。このことから「配当金」や「内部留保」といった文脈語も両群の**文書集合**に出現し，それ自身は継続企業，倒産企業を決定付ける表現となっていないが，文脈に出てくる語と組み合わせることにより継続企業かどうかを特徴付けることが可能であることがわかる。また，このような分析結果は，形態素解析によるキーワードに注目した従来の分析では発見が困難だった新たな知見獲得を可能としている。なお，「配当金」の文脈において，「遺憾」という表現が倒産企業を特徴付けていることは注目に値する。無配であっても，将来を楽観視している企業は「遺憾」という言葉を使わない。倒産直前企業の全てが，「配当」と「遺憾」という言葉を同じ文脈に使用していた。このことから，テキストマイニングによる経営分析手法は，企業がある程度安定した経営状態にある場合に，企業間の差異を分析したり，株価との比較を行うことには限界があるものの，企業が倒産へ向かっていることを予知するためには有用な知見を得られる手段といえよう。

4　テキストマイニングの経営分析への応用

　経営分析研究の中に，企業の研究開発費や設備投資が将来利益にどのように結びつくかを検証する実証分析がある。ただし，実際の利益が何によってもたらされたかを，正確に把握することは困難である。ちなみに，前述の例でみられる通り，継続企業では「内部留保」が含まれる文脈に，「研究開発」，「設備投資」，「新規事業」といった表現が同時に現れている。つまり文脈的には，「研究開発投資や新規事業を行うことにより収益を獲得できたので内部留保が確保できた」のではなく，「収益があり内部留保が確保できたので，今後は研究開発投資や新規事業への投資を積極的に行う」と読みとることができる。このように，テキストマイニングの手法では，**企業行動**が数字となって現れる前に，文章から今後発生する事象をある程度予測することが可能となる。このことは，テキストマイニングの手法を，財務数値を用いた**定量的な分析**と組み合わせることにより，より精度の高い経営分析が可能となることを意味している。有価証券報告書の注記を含む全**定性情報**（文字情報）の**XBRL化**による開示も直に開始され，より定性情報が利用し易くなることから，さらなるテキストマイニング手法を用いた研究が進むことが期待される。

〔参考文献〕

白田佳子（2003）『企業倒産予知モデル』中央経済社。

白田佳子，竹内広宜，荻野紫穂，渡辺日出雄（2009）「テキストマイニング技術を用いた企業評価分析：倒産企業の実証分析」『経営分析研究』第25号,40-47頁。

竹内広宜，荻野紫穂，渡辺日出雄，白田佳子（2008）「文脈語を利用した文章集合間の差異分析方法と決算報告書分析への応用」第22回

人工知能学会全国大会発表要旨.
Shirata. C.Y, H. Takeuchi, S. Ogino & H. Watanabe(2011) "Extracting Key Phrases As Predictors Of Corporate Bankruptcy: Empirical Analysis Of Annual Reports By Text-Mining", *Journal of Emerging Technologies in Accounting*(8)1, pp. 31-44.

［白田佳子］

V 企業倒産と再生モデルの検討[1)]

ここでは、まず、倒産企業が再生過程を経て倒産から再生に帰結するパターンを類型化すること、ついで、**再生企業（民事再生法を申し立てた企業）**に関する財務データに統計的処理を施して再生企業の財務特性を導き、さらに再生予測モデルの構築が試みられる。

倒産企業の財務特性や倒産予測モデルの開発は、これまで国内外を問わず頻繁に行われてきたが、民事再生法を申請した企業の財務データに基づく再生企業の特性と**再生予測モデル**の実証研究は、民事再生法自体の歴史が浅いため、新規の試みといえる。

本節では、まず倒産から再生に至る再生企業の時系列的経緯を掘り下げて、再生企業が再生過程を経て帰結する形をパターン化した。つぎに再生手続を廃止した企業と、同手続きの終結にまで至った企業との定量分析を行い、両者の記述統計量を計算し、再生企業の財務特性を実証した。最後に再生予測モデルを開発し、再生を果たした企業と再生を果たし得なかった企業との説明変数の特性と判別能力の実証分析を試みた。

1 倒産と倒産処理形態

企業が経営活動の持続が困難か、もしくは不可能な状態に陥ったとき、いわゆる倒産に直面したとき、当該企業の経営環境の諸条件によって、再生するか清算するか、いずれかの選択に迫られる。再生か清算かの選択の判断基準となる要件は、経営基本機能（組織、生産・流通、金融の3つの機能）の回復が、短期日に効率よくできるかどうかが鍵となる。

再生の意思をもつ企業経営者が再生のための経営行動を選択すれば、実際的な再生処理方法は裁判所の監督のもとで行われる法的整理と、債務者が債権者との折衝で行われる私的整理のいずれかとなる。ただし、当該経営者が法的整理、もしくは私的整理を行ったと

図表9-5-1 倒産形態と倒産処理方法

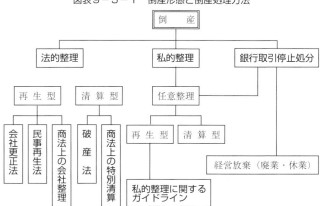

図表9-5-2 再生モデルの形成過程

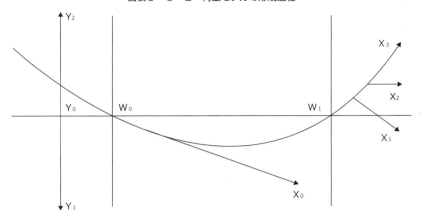

しても，必ずしも再生できるとは限らない。当該経営者が再生のための経営行動をとったとしても，再生が可能でなければ清算手続きへと移行する。したがって，再生を目指す経営者のとるべき手続きは，**「再建型」の処理**と**「清算型」の処理**とに分けられる。図表9-5-1は，倒産が発生した場合の倒産処理方法を表したものである。

2 再生モデルの形成過程

倒産から再生へのプロセスは，図表9-5-2に示されている。グラフ横軸のほぼ中間に位置し，左から右へと移動する直線は，倒産ボーダーラインである。倒産ボーダーラインを下回る企業は，経営活動の持続が困難か，不可能な状態に陥った企業であるが，具体的には会社更生法，民事再生法，商法上の整理などの法的整理や私的整理を申し立てた企業，もしくは銀行取引停止処分を受けた企業などを意味する。

左上方から右へと移動する下降曲線は企業業績の衰退を時系列で表しているが，中央の倒産ボーダーラインと交差するW_0は，健全企業（衰退をたどる企業を含む）から倒産企業へ移行する倒産分岐点となる。法的整理や私的整理などにより，再生を目指す倒産企業の場合，再生曲線が倒産分岐点W_0から時間の経過とともに倒産ボーダーラインを越えて，右上昇局面の位置，W_1で倒産ボーダーラインと交わる。この交差点W_1を再生分岐点と名づける。

ところでY_0からY_2は健全領域を示し，Y_0から上昇するほど企業の健全性は高まる。反対にY_0からY_1は不健全領域を表し，Y_0から下降するほど不健全性は深刻となる。

再生を目指す倒産企業は，W_0からW_1までの区間の再生プロセスで種々の再生ツールの中から最適なものを選択し，活用して経営基本機能である組織，生産・流通，金融の3つの機能を復活させる。最終的には持続可能（Sustainable）な再生を目指す。しかし，再生を目指す倒産企業のすべてが持続可能な再生完了企業X_3，いわゆる**持続型再生完了企業**へとは進めない。再生分岐点（W_1）は脱したものの右肩上がりで上昇できず，持続型再生までには至らないで途中で停滞する**低迷型再生完了企業**，（X_2）も存在するはずである。

再生を目指す倒産企業の中に，いったん**再**

生分岐点（W_1）を脱したが，再度，再生ボーダーラインを割って下降局面に入る「一時型再生完了企業」（X_1）も考えられる。またW_0から再生プロセスをたどるが，再生分岐点にまでは至らないで再生プロセス区間の途上で下降局面に入る**再生未完了型企業**（X_0）も考えられる。したがって，倒産企業の再生モデルは，持続型再生完了企業，低迷型再生完了企業，一時型再生完了企業，そして再生未完了型企業に分類できる。

3　再生予測モデルの検討

倒産企業が再生を果たす場合，財務構造が比較的良好であれば，再生の可能性は高く，不良であれば一般的には低いと考えられる。しかし，再生を目指すために民事再生法を申し立てた倒産企業では，再生手続きを一応完了した終結企業も途中で再生手続きを断念した廃止企業も，「経済的に窮境にある企業」（同法第1条）であるから，財務構造は通常，良好とはいえない。だが，当該企業が破産，清算するよりも，将来的に再生したほうが利害関係者，とくに債権者に多くの価値をもたらさなければ，再生計画が認可され，再生手続きが終結したとはいえない。ステークホルダー，とくに債権者が再生計画を容認して再生手続きを終結した企業と，同計画が認可されずに途中で手続き廃止となった企業との間には，自ずと終結か廃止かを判別する定量的要因もしくは定性的要因が存在するはずである。

民事再生法を申し立てた企業を事例として，再生を目指したが再生を断念し，途中で再生手続きを廃止した企業X_0と再生ボーダーラインを再び越えた企業，すなわち再生計画が認可され，一応終結した企業X_1，X_2，X_3との定量分析を行い，両者の財務特性を解明する。次いで，可能であるなら再生完了企業と非再生企業との判別モデルを開発する。

具体的には，まず民事再生法の特徴と同法手続きにおける廃止企業，終結企業の法的な意味を明らかにする。つぎに民事再生法を申し立てた企業が，当該企業の財務構造の特性で，再生可能（**終結企業**）か，不可能（**廃止企業**）か，財務という定量的な視点からその構造的な特性と予測可能性を統計手法によって検証する。

(1)　民事再生法手続きの終結と廃止の意味
1．民事再生法手続き終結の意味

裁判所は，①再生計画認可の決定が確定したときは，再生手続き終結の決定を行う（同法188条1項）。ただし，②監督委員が選任されている場合には，再生計画が遂行されたとき，または再生計画認可の決定が確定したのちに3年を経過したときは，再生債務者もしくは監督員の申立てによって再生手続終結の決定を行う（同法188条2項）。③管財人が選任されている場合には，再生計画が遂行されたとき，または再生計画が遂行されることが確実であると認められるに至ったときは，再生債務者もしくは管財人の申立により，再生手続終結の決定を行う（同法188条3項）。

2．民事再生法手続き廃止の意味

以下の項目に該当するとき，再生計画認可前の手続き廃止の条件となる（同法19条）。
① 　決議に足りるだけの再生計画案の作成見込みがないことが明らかになったとき。
② 　裁判所の定めた期間もしくはその伸長した期間内に再生計画案の提出がないとき。
③ 　再生計画案が否決されたとき，または決議のための債権者集会の第1期日から2カ月以内もしくはその伸長した期間内に再生計画案が可決されないとき。

(2)　財務的視座からの再生企業の特性と再生予測モデル

再生計画が認可され，認可決定が確定した

終結企業や廃止企業も，民事再生法を申し立てた時点で倒産企業と認識できる。しかし，民事再生手続きが終結して，ひとまず再生を果たした企業と同手続きを途中で廃止した企業との間には，財務構造に違いは存在するのか。仮に両者の間に財務的な差異があるとすれば，それはどのような指標なのか。この点が本節のメイン・テーマの1つである。

廃止企業，終結企業のいずれも，民事再生法を申し立てた時点では，経済的窮境状態にあることは間違いない。しかし，再生計画が認可され，終結を迎えた企業と，再生計画が認可されずに再生半ばで廃止された企業とでは，収益，費用，資産，負債，資本の構造に微妙な相違，特性が認められる可能性は存在する。よって，財務的視座から再生予測モデルを検証すべき価値は十分あるものと思われる。

1. 実証分析で対象となる企業[2]

実証分析で対象となる企業は，2000年10月から2002年6月までに民事再生法を申し立てた中小企業（未上場）の中で，同法の申立て直前年度（倒産1期前とする）と前年度（倒産2期前とする）の貸借対照表，損益計算書を入手できた企業91社（廃止企業64社，終結企業27社）である。その内訳は，倒産1期前の廃止企業（64社）が，2000年10月から2002年6月までに再生手続きを廃止した企業であり，終結企業（27社）とは2000年9月から2002年6月までに再生手続きを終結した企業である。また，倒産2期前の対象企業数は，貸借対照表と損益計算書の欠如から倒産1期前より少なく，廃止企業が56社，終結企業が25社の計81社であった。なお，業種は両期とも無差別である。

なお，実証分析で選択した財務指標は，以下の通りである。

① 売上高営業利益率(％)＝営業利益÷売上高×100
② 売上高経常利益率(％)＝経常利益÷売上高×100
③ 売上高純利益率(％)＝純利益÷売上高×100
④ 株主資本利益率(％)
　　＝当期純利益÷資本合計×100
⑤ 総資産回転率(回)＝売上高÷資産合計
⑥ 流動比率(％)＝流動資産÷流動負債×100
⑦ 株主資本比率(％)
　　＝資本合計÷負債・資本合計×100
⑧ デット・エクイティ・レシオ
　　＝(DER，倍)＝有利子負債÷資本合計

ただし，

有利子負債＝長短借入金＋社債・コマーシャルペーパーなど

⑨ インタレスト・カバレッジ・レシオ
　　＝(ICR，倍)
　　＝(営業利益＋受取利息・配当金)
　　　÷(支払利息・割引料)
⑩ 負債比率(％)＝負債合計÷株主資本×100
⑪ 固定比率(％)＝固定資産÷株主資本×100
⑫ 固定長期適合率(％)
　　＝固定資産÷(資本合計＋固定負債)×100

2. 財務指標値の概要と記述統計量

① 倒産1期前の財務指標値の概要

まず，財務指標値の値で気づくことは，収益性指標，安全性指標におけるマイナスの程度の高さである。

収益性指標は廃止企業，終結企業のいずれも30％程度が赤字企業であることを物語っている。両者の赤字件数の割合に大差はなかったが，4つの収益性指標のうち3つは，終結企業の赤字件数の割合が，廃止企業のそれよりも小さかったことは特筆すべき点の1つである。民事再生法を申し立てた企業のほとんどは経済的な窮境にあるから，大幅な赤字であるという結果は当然ともいえる。しかし，ほぼ3割が赤字である点は，倒産企業では異常値と正常値との境界域において健全企業との間に差異があることをうかがわせる。

安全性指標の各指標値の符合は，廃止企業よりも終結企業のほうがマイナスの割合が大きい。終結企業の株主資本比率，負債比率，固定比率の値の符合がマイナスで廃止企業よ

りも大であることは，自己資本のマイナスの程度が廃止企業のそれよりも大きいことを表している。

収益性指標	営業利益率	経常利益率	純利益率	株主資本利益率
手続廃止企業(64社)	28%	39%	39%	31%
手続終結企業(27社)	30%	30%	33%	30%

安全性指標	株主資本比率	負債比率	固定比率	DER	固定長期適合率
手続廃止企業(64社)	22%	22%	22%	22%	6%
手続終結企業(27社)	33%	33%	33%	33%	4%

② 倒産2期前の財務指標値の概要

倒産2期前の赤字件数の割合は倒産1期前と比べて少なくなる。倒産現象から遠ざかるのであるから，当然の結果ともいえなくはない。

	営業利益率	経常利益率	純利益率	株主資本利益率
手続廃止企業(56社)	21%	32%	23%	27%
手続終結企業(25社)	20%	28%	20%	24%

安全性指標	株主資本比率	負債比率	固定比率	DER	固定長期適合率
手続廃止企業(56社)	11%	11%	11%	11%	2%
手続終結企業(25社)	24%	36%	36%	36%	8%

③ 倒産1期前の記述統計量

図表9-5-3は，倒産1期前の記述統計量を示している。記述統計量をみると，収益性を測定する売上高営業利益率，経常利益率，純利益率の平均値は，廃止企業，終結企業のいずれもマイナスの値であり，純利益率の値に格差はみられたが，営業利益率と経常利益率にはほとんど違いはみられない。両者の株主資本利益率の平均値はプラスであり，終結企業の平均値が3倍ほど大きかった。総資産回転率，流動比率，株主資本比率のそれは廃止企業と終結企業との間には大きな差はなかった。とくに総資産回転率の平均値は，ほとんど差異が認められなかった。DERの平均値は，廃止企業が16.68%，終結企業が2.22%で格差は認められるが，廃止企業の分散，標本標準偏差が終結企業と比べて大きく，ばらつきの程度に大きな違いを示していた。廃止企業の負債比率は終結企業のそれに比べて極度に高かったこと，売上高純利益率は廃止企業が終結企業に比べて低いこと，固定比率は廃止企業が終結企業に比べて高いこと，などが特筆すべき点であった。

④ 倒産2期前の記述統計量

倒産2期前の記述統計量は，図表9-5-4に示した通りである。この記述統計量をみると，収益性を測定する売上高営業利益率，経常利益率，純利益率の平均値は，終結企業では売上高営業利益率を除きマイナスの値であったが，廃止企業は純利益率だけがマイナスであった。特筆すべき点の1つは，終結企業の営業利益率は，平均値で廃止企業を大きく上回っていることである。本業で収益力のあることが企業再生の1つの条件と思われるが，2期前ではそれを実証している。株主資本利益率は反対に，廃止企業の平均値が終結企業のそれを上回っているが，倒産企業の場合には，自己資本がマイナスで純利益がマイナスの企業が多々ある。株主資本利益率は分母の株主資本と分子の純利益額が仮にマイナスであれば，計算上の結果はプラスに転じるので，廃止企業の平均値が終結企業のそれを大きく上回っていることには懐疑的である。

第9章　与信管理と倒産予測

図表9−5−3　倒産1期前記述統計量

基本統計量	営業利益率	経常利益率	純利益率	株主資本利益率	総資産回転率	流動比率	株主資本比率	DER	ICR	負債比率	固定比率	長期適合率
廃止企業のサンプル数	27	27	27	27	27	27	27	27	27	27	27	27
終結企業のサンプル数	64	64	64	64	64	64	64	64	64	64	64	64
廃止企業の合計	−146.19	−246.39	−315.39	627.65	75.48	7,260.19	40.51	1,067.53	−136.45	129,053.31	71,607.16	5,005.87
終結企業の合計	−70.76	−105.87	−10.13	845.99	34.57	2,770.43	10.56	60.06	4.62	4,449.78	2,508.52	3,347.28
廃止企業の平均値	−2.28	−3.85	−4.93	9.81	1.18	113.44	0.63	16.68	−2.13	2,016.46	1,118.86	78.22
終結企業の平均値	−2.62	−3.92	−0.38	31.33	1.28	102.61	0.39	2.22	0.17	164.81	92.91	123.97
廃止企業の標本標準偏差	16.37	15.69	21.53	249.65	0.77	62.23	43.26	125.88	11.53	14,207.69	7,193.74	159.25
終結企業の標本標準偏差	25.00	28.33	18.50	124.74	0.69	49.90	22.04	12.84	4.19	2,437.72	1,205.78	173.43
廃止企業の不偏分散	268.00	246.14	463.35	62,326.77	0.59	3,871.95	1,871.70	15,844.85	132.92	201,858,369.06	51,749,910.01	25,359.02
終結企業の不偏分散	624.98	802.36	342.42	15,560.19	0.47	2,490.25	485.73	164.87	17.53	5,942,466.20	1,453,902.88	30,078.30
廃止企業の標準偏差	16.24	15.57	21.36	247.70	0.76	61.74	42.92	124.89	11.44	14,096.25	7,137.32	158.00
終結企業の標準偏差	24.53	27.80	18.16	122.41	0.67	48.97	21.63	12.60	4.11	2,392.15	1,183.24	170.19
廃止企業の分散	263.82	242.29	456.11	61,352.92	0.58	3,811.45	1,842.46	15,597.27	130.84	198,704,332.04	50,941,317.67	24,962.79
終結企業の分散	601.83	772.64	329.74	14,983.88	0.45	2,398.02	467.74	158.76	16.88	5,722,374.86	1,400,054.63	28,964.29
廃止企業の範囲	102.56	94.64	190.75	2,426.76	4.37	313.34	285.51	1,086.42	71.93	123,445.22	61,508.95	1,436.59
終結企業の範囲	166.73	179.51	126.04	675.88	3.05	229.61	110.13	66.66	21.21	11,982.27	6,886.18	995.45
廃止企業の最小値	−89.45	−87.66	−140.66	−1,438.37	0.07	22.13	−229.02	−87.04	−64.18	−11,183.91	−4,268.13	−906.02
終結企業の最小値	−113.86	−140.13	−48.99	−33.54	0.11	17.94	−81.83	−33.64	−10.02	−7,829.83	−3,087.09	−45.34
廃止企業の最大値	13.11	6.98	50.09	988.39	4.44	335.47	56.49	999.38	7.75	112,264.31	57,240.82	530.57
終結企業の最大値	52.87	39.38	77.05	642.34	3.16	247.55	28.30	33.02	11.19	4,152.44	3,799.10	950.11
廃止企業の中央値	1.64	0.14	0.08	2.14	1.01	105.22	7.02	3.80	0.73	619.79	248.56	79.94
終結企業の中央値	0.88	0.18	0.02	0.82	1.19	103.10	6.26	2.86	0.50	652.57	186.41	94.88
廃止企業の失度	22.09	23.20	27.15	21.19	4.88	2.77	24.21	61.72	18.05	60.17	61.54	24.52
終結企業の失度	16.81	22.80	13.86	24.53	0.77	2.30	7.06	2.17	3.37	4.10	4.76	21.64
廃止企業の歪度	−4.54	−4.70	−4.42	−2.00	1.86	1.44	−4.79	7.78	−4.14	7.63	7.77	−3.29
終結企業の歪度	−3.22	−4.47	2.23	4.87	0.73	1.15	−2.35	−0.28	0.29	−1.53	−0.02	4.42
廃止企業の標準誤差	2.05	1.96	2.69	31.21	0.10	7.78	5.41	15.73	1.44	1,775.96	899.22	19.91
終結企業の標準誤差	4.81	5.45	3.56	24.01	0.13	9.60	4.24	2.47	0.81	469.14	232.05	33.38
廃止企業の変動係数	−7.17	−4.08	−4.37	25.46	0.65	0.55	68.36	7.55	−5.41	7.05	6.43	2.04
終結企業の変動係数	−9.54	−7.22	−49.31	3.98	0.54	0.49	56.35	5.77	24.46	14.79	12.98	1.40
母平均の区間推定	信頼度	0.95										
廃止企業の下限値	−6.37	−7.77	−10.30	−52.55	0.99	97.90	−10.17	−14.76	−5.01	−1,532.52	−678.08	38.44
終結企業の下限値	−12.51	−15.13	−7.70	−18.01	1.01	82.87	−8.33	−2.85	−1.48	−799.52	−384.08	55.37
廃止企業の上限値	1.81	0.07	0.45	72.17	1.37	128.98	11.44	48.12	0.75	5,565.43	2,915.81	117.99
終結企業の上限値	7.27	7.28	6.94	80.68	1.55	122.35	9.11	7.30	1.83	1,129.14	569.90	192.58
母標準偏差の区間推定	信頼度	0.95										
廃止企業の下限値	13.96	13.38	18.36	212.90	0.65	53.06	36.89	107.35	9.83	12,116.08	6,134.70	135.80
終結企業の下限値	19.77	22.40	14.63	98.62	0.54	39.45	17.42	10.15	3.31	1,927.31	953.31	137.12
廃止企業の上限値	19.79	18.97	26.03	301.86	0.93	75.24	52.31	152.20	13.94	17,178.91	8,698.15	192.55
終結企業の上限値	34.03	38.56	25.19	169.79	0.93	67.92	30.00	17.48	5.70	3,318.07	1641.23	236.06

V　企業倒産と再生モデルの検討

図表9－5－4　倒産2期前記述統計量

基本統計量	営業利益率	経常利益率	純利益率	株主資本利益率	総資産回転率	流動比率	株主資本比率	DER	ICR	負債比率	固定比率	長期適合率
廃止企業のサンプル数	25	25	25	25	25	25	25	25	25	25	25	25
継続企業のサンプル数	56	56	56	56	56	56	56	56	56	56	56	56
廃止企業の合計	89.55	11.81	−44.36	460.63	70.09	6,593.60	576.87	319.50	196.18	57,971.90	29,631.22	5,788.40
継続企業の合計	102.49	−32.43	−55.73	−74.53	29.54	2,485.79	−89.67	−776.81	33.57	−205,696.06	−69,725.82	2,366.45
廃止企業の平均値	1.60	0.21	−0.79	8.23	1.25	117.74	10.30	5.71	3.50	1,035.21	529.13	103.36
継続企業の平均値	4.10	−1.30	−2.23	−2.98	1.18	99.43	−3.59	−31.07	1.34	−8,227.84	−2,789.03	94.66
廃止企業の標本標準偏差	5.65	5.15	8.60	125.65	0.83	63.06	15.67	13.48	19.00	2,491.54	1,002.10	110.96
継続企業の標本標準偏差	13.02	16.75	12.98	100.12	0.56	46.91	32.41	168.67	2.62	42,903.72	14,042.84	69.29
廃止企業の不偏分散	31.97	26.54	74.01	15,788.30	0.69	3,976.16	245.49	181.64	361.12	6,207,770.58	1,004,210.65	12,311.58
継続企業の不偏分散	169.57	280.53	168.42	10,023.02	0.31	2,200.34	1,050.25	28,448.71	6.86	1,840,729,378.75	197,201,492.67	4,800.43
廃止企業の標準偏差	5.60	5.11	8.53	124.52	0.82	62.49	15.53	13.36	18.83	2,469.19	993.12	109.96
継続企業の標準偏差	12.76	16.41	12.72	98.09	0.55	45.96	31.75	165.26	2.57	42,036.89	13,759.12	67.89
廃止企業の分散	31.40	26.07	72.69	15,506.37	0.68	3,905.15	241.11	178.40	354.67	6,096,917.53	986,278.32	12,091.73
継続企業の分散	162.79	269.30	161.68	9,622.10	0.30	2,112.32	1,008.24	27,310.76	6.58	1,767,100,203.60	189,313,432.96	4,608.41
廃止企業の範囲	37.06	36.78	70.59	1,089.32	4.31	411.12	117.88	114.29	147.43	20,970.68	7,204.98	844.06
継続企業の範囲	76.88	109.81	73.08	643.46	2.29	231.25	150.18	865.76	13.98	217,498.31	71,359.98	368.24
廃止企業の最小値	−19.72	−21.73	−58.97	−245.52	0.10	8.55	−63.65	−48.63	−7.51	−8,200.87	−1,816.88	−154.24
継続企業の最小値	−16.08	−61.36	−61.79	−396.35	0.08	3.66	−118.06	−839.23	−1.04	−213,964.61	−70,061.84	−39.56
廃止企業の最大値	17.35	15.05	11.62	843.80	4.41	419.67	54.23	65.66	139.92	12,769.91	5,388.11	689.82
継続企業の最大値	60.79	48.45	11.29	247.12	2.37	234.91	32.12	26.33	12.94	3,533.70	1,298.15	328.68
廃止企業の中央値	1.87	0.39	0.16	1.72	1.03	111.86	9.14	4.03	0.92	620.94	283.70	85.25
継続企業の中央値	1.94	0.18	0.09	1.56	1.15	98.85	4.98	2.95	0.94	657.52	165.58	92.90
廃止企業の尖度	4.08	6.85	39.41	37.05	5.25	9.44	9.13	10.78	50.69	11.85	11.07	15.96
継続企業の尖度	16.19	9.68	20.43	11.57	0.54	2.75	7.68	24.80	17.36	24.89	24.78	4.92
廃止企業の歪度	−0.69	−1.31	−5.77	5.29	2.08	2.37	−1.51	0.55	6.97	1.37	2.61	3.27
継続企業の歪度	3.60	−0.95	−4.32	−1.99	0.09	0.97	−2.71	−4.97	3.87	−4.98	−4.97	1.20
廃止企業の標準誤差	0.76	0.69	1.15	16.79	0.11	8.43	2.09	1.80	2.54	332.95	133.91	14.83
継続企業の標準誤差	2.60	3.35	2.60	20.02	0.11	9.38	6.48	33.73	0.52	8,580.74	2,808.57	13.86
廃止企業の変動係数	3.54	24.44	−10.86	15.28	0.66	0.54	1.52	2.36	5.42	2.41	1.89	1.07
継続企業の変動係数	3.18	−12.91	−5.82	−33.58	0.47	0.47	−9.03	−5.43	1.95	−5.21	−5.04	0.73
母平均の区間推定	信頼度 0.95											
廃止企業の下限値	0.08	−1.17	−3.10	−25.42	1.03	100.86	6.11	2.10	−1.59	367.97	260.76	73.65
継続企業の下限値	−1.28	−8.21	−7.59	−44.31	0.95	80.07	−16.96	−100.69	0.26	−25,937.63	−8,585.63	66.06
廃止企業の上限値	3.11	1.59	1.51	41.88	1.47	134.63	14.50	9.31	8.59	1,702.45	797.49	133.08
継続企業の上限値	9.47	5.62	3.13	38.34	1.41	118.79	9.79	38.55	2.42	9,481.94	3,007.57	123.26
母標準偏差の区間推定	信頼度 0.95											
廃止企業の下限値	4.77	4.35	7.26	106.08	0.70	53.24	13.23	11.38	16.04	2,103.49	846.03	93.68
継続企業の下限値	10.21	13.14	10.18	78.52	0.44	36.79	25.42	132.28	2.05	33,647.55	11,013.20	54.34
廃止企業の上限値	6.94	6.32	10.55	154.14	1.02	77.35	19.22	16.53	23.31	3,056.49	1,229.33	136.12
継続企業の上限値	17.98	23.12	17.91	138.320	0.77	64.75	44.74	232.83	3.61	59,224.70	19,384.88	95.64

3. 多変量判別モデル[3]

以下の12個の財務指標値を説明変数として，それらの理論的整合性のある組み合わせから判別モデル式をつくり，その判別力を検討した。

① 売上高営業利益率＝X_1
② 売上高経常利益率＝X_2
③ 売上高純利益率＝X_3
④ 株主資本利益率＝X_4
⑤ 総資産回転率＝X_5
⑥ 流動比率＝X_6
⑦ 株主資本比率＝X_7
⑧ ＤＥＲ（デット・エクイティ・レシオ）＝X_8
⑨ ＩＣＲ（インタレスト・カバレッジ・レシオ）＝X_9
⑩ 負債比率＝X_{10}
⑪ 固定比率＝X_{11}
⑫ 固定長期適合率＝X_{12}

仮説：
① 本業で利益が獲得できれば再生可能性は高まる。
② 本業で利益が獲得でき，かつ金融活動が活発であれば，再生可能性が高い。
③ 税引き後利益が獲得できるようだと再生可能性が高い。
④ 総資産が可能な限り売上高に貢献大であれば，再生可能性は高くなる。
⑤ 自己資本に比べ負債が過小であれば，再生可能性は高い。
⑥ 財務流動性が高いほど再生可能性は高まる。

4．倒産1期前の判別関数式

倒産1期前における12個の財務指標から選択し，判別分析を行うと27本の判別関数式を得ることができたが，統計的に有意性のある判別式は得られなかった。27本の判別式のF値，P値は統計的有意性が認められず，財務指標による係数では再生が可能か不可能かを判別できなかった。

この分析結果は，いくつかの示唆を提供しているものと思える。1つは，民事再生法を申し立てる企業の状態は経済的困窮にある企業であるから，裁判所が同法の申立てを廃止させる企業であっても，再生計画を完了し終結させる企業であっても，いずれも財務の視点では大きな違いがないと思われる。健全企業と倒産企業を判別するならば，財務指標にかなりの差異が認められるので，比較的判別は容易に思われる。しかし，判別すべき企業が民事再生法を申し立てたような経済的困窮の状態にある場合，財務指標を基準として，廃止企業も終結企業も大差がなければ，判別関数による判別は困難になることが推定できる。

2つは，廃止企業も終結企業も民事再生法を申し立てる直前の財務状態では，健全企業とは異なり，両企業の数値が異常な状態にあるといわざるを得ない。とくに，倒産直前である1期前の場合，健全企業においては経営内容が測定可能と思われる財務指標でも，財務指標のプラス，マイナスの意味がなくなり，測定能力を失い，判別力を喪失する可能性がある。たとえば，自己資本比率を例にとると，分母の総資本はともかく，分子の自己資本がマイナスとなれば計算結果はマイナスとなり，事実上計算不可能となる。

3つには，仮に倒産直前の財務指標で再生が可能か否かの判別が不可能であれば，財務以外の要素が再生可能性を決定することになる。たとえば，支援者が当該倒産企業に存在しているかどうか。あるいは将来的に有望な製品・商品，サービスあるいは技術を当該倒産企業が有しているかどうかなどである。

いずれにしても，倒産1期前という倒産直前期では，財務指標に異常性があり，統計的に有意な判別式は得られなかった。それは，財務上の観点からだけでは再生可能性を推測することが困難であることを意味するものともいえる。

5．倒産2期前の判別関数式

　倒産2期前における12個の財務指標から理論的な整合性を考慮していくつか選択し，判別分析を行うと31本の判別関数式を得ることができた。倒産2期前の判別モデル式では，7本のモデル式が統計的に有意性を示したが，前述の6つの仮説に対しては一部相反する結論を導いている。なお，F＝F値，P＝P値，H＝判別力を表す。

3） $Z = -0.4002 - 0.0638X_1 - 0.0004X_4$
　　　$- 0.1114X_5 + 0.0062X_6 + 0.0285X_7$
　　　$- 0.0364X_8 + 0.0110X_9 - 0.0004X_{10}$
　　　$+ 0.0017X_{11} - 0.0003X_{12}$
　　$F = 2.010492$　$P = 0.0450$　$H = 72.8\%$

5） $Z = -0.4939 - 0.0580X_1 + 0.0001X_4$
　　　$- 0.0619X_5 + 0.0060X_6 + 0.0278X_7$
　　　$+ 0.0109X_9 - 0.0005X_{10} + 0.0016X_{11}$
　　　$- 0.0005X_{12}$
　　$F = 2.188623$　$P = 0.0328$　$H = 74.1\%$

7） $Z = -0.4672 - 0.0650X_1 - 0.1170X_5$
　　　$+ 0.0065X_6 + 0.0282X_7 - 0.0347X_8$
　　　$+ 0.0114X_9 - 0.0004X_{10} + 0.0016X_{11}$
　　$F = 2.579515$　$P = 0.0155$　$H = 72.8\%$

23） $Z = 0.0988 - 0.0394X_1 - 0.0181X_5$
　　　$+ 0.0293X_7 + 0.0000X_{10}$
　　$F = 2.764746$　$P = 0.0334$　$H = 69.1\%$

24） $Z = 0.0951 - 0.0397X_1 - 0.0121X_5$
　　　$+ 0.0293X_7 + 0.0001X_{11}$
　　$F = 2.903258$　$P = 0.0272$　$H = 71.6\%$

29） $Z = 0.0813 - 0.0387X_1 - 0.0110X_5$
　　　$+ 0.0291X_7 + 0.0044X_8$
　　$F = 2.747258$　$P = 0.0343$　$H = 69.1\%$

30） $Z = 0.0794 - 0.0381X_1 - 0.0565X_5$
　　　$+ 0.0291X_7$
　　$F = 2.781623$　$P = 0.0466$　$H = 67.9\%$

　7本の判別モデル式の1つめ 3) は，売上高営業利益率，株主資本利益率，総資産回転率，流動比率，自己資本比率，DER，IRC，負債比率，固定比率，固定長期適合率の10個の判別モデルであった。

　2つめ 5) は，売上高営業利益率，株主資本利益率，総資産回転率，流動比率，自己資本比率，IRC，負債比率，固定比率，固定長期適合率の9個の判別係数をもつモデル式であった。

　3つめ 7) は，8個の判別係数をもつモデル式で，売上高営業利益率，総資産回転率，流動比率，自己資本比率，DER，ICR，負債比率，固定比率であった。

　4つめ 23) は，4個の判別係数からなるモデル式で，売上高営業利益率，総資産回転率，株主資本比率，負債比率であった。

　5つめ 24) も4個の判別モデル式で，売上高営業利益率，総資産回転率，株主資本比率，固定比率であった。

　6つめ 29) も同様に4個の判別係数をもつ判別式で，売上高営業利益率，総資産回転率，自己資本比率，DERであった。

　最後の7つめのモデル式 30) は，売上高営業利益率，総資産回転率，株主資本比率の3個の判別係数からなるモデル式であった。

　これら7本の判別モデル式に共通する判別係数は，売上高営業利益率，総資産回転率，自己資本比率で，すべての式に含まれていた。また，負債比率，DER，ICRも多くのモデル式の中に組み入れられていた。

　仮説であげた，本業で収益を得られるか，資産が売上高に貢献し，効率良く運用されているか，総資本に占める自己資本の比率が多いか少ないか，負債を過剰に抱えているか等の要素が，再生を可能にするか不可能にするかの分岐点になるはずである。だが各判別係数に付く符合条件を検討すると，仮説に合致しない変数も存在する。

　これら7本の判別モデル式の関数値はマイナスに効くほど終結企業，プラスに効くほどに廃止企業という判別を意図している。7つめの判別モデル式 30) を例にとれば，売上高営業利益率，総資産回転率が高いほど終結企業に判別されるのは仮説の理にかなっているが，株主資本比率が小さいほど終結企業に判別されるという理論は整合性がない。また10個の判別係数をもつ統計的に有意なモデル

式3）では，売上高営業利益率，株主資本利益率，総資産回転率が高いほど終結企業に判別されることは仮説に合致するが，流動比率，株主資本比率が低いほど終結企業に接近するという結果は仮説に適合しない。ＤＥＲが大きいほど，つまり有利子負債額が大きいほど，終結企業へと接近することも仮説に合致せず，ICRが高いほど廃止企業へと進むことも整合性がない。このように判別係数の符合に整合性がない係数も多々あるが，その中で売上高営業利益率と総資産回転率は，ほぼ係数の符合に整合性が認められたことは特筆すべきことといえる。

この実証分析でいえることは，本業で収益があげられ，売上高に比して資産効率が比較的高いことが，再生可能性を高める重要な要因であることを結論づけている。

ま　と　め

終結企業と廃止企業を研究の対象として，倒産企業の再生可能性を財務と統計とで検証した。結果として，明らかに終結企業と廃止企業との間には財務的，統計的差異は認められるものの，判別分析を行うと１つのモデル式のなかで判別係数が理論的な整合性をもち，すべてが仮説に合致したモデル式は得られなかった。ただし，倒産２期前のモデル式のなかでは，本業で利益を獲得でき，資産効率が比較的高いことを意味する指標，すなわち売上高営業利益率と総資産回転率は高いほど終結企業に近づくという相関性は認められた。

仮に，財務的な構造だけでは再生可能性を判別できないとすれば，それ以外の要因で再生可能性の多くが決定されることになる。財務数値のような定量的な要因のほかに，従業員が優秀であること，技術・ノウハウに優れていること，債権者・取引先が当該企業の再生に協力的であること，支援者（スポンサー）がいること，当該企業の維持，存続に社会的価値があり，必要であること，政府等の公的機関の支援環境要因（外部要因）などの定性要因が良好[4]であることなどが再生の可能性を大きく左右すると考えられる。

再生可能性の判別を追求するには，定量要因の実証分析のほかに上述のような定性要因を掘り下げ，理論と実証の両方の側面からの研究が今後の重要な課題であると判断できる。

（注）
1） 本節は，第18回日本経営分析学会秋季大会の自由論題「企業倒産と再生」（2002年９月）と題して報告し，それを「企業倒産と再生－再生モデルの検討を中心として－」と題して『経営分析研究』（第19号，2003年３月）に収録したものと拙著『倒産・再生のリスクマネジメント』（同文舘出版，2009年）を参考としたものである。

2） 株式会社東京商工リサーチのご厚意で，貴重な民事再生事例データを提供いただいた。

3） 判別関数式の統計的有意性：F値（判別関数式の検定統計量）が，ある自由度における f 分布（確率分布）において，Ｐ値が低い（通常は0.05未満）であれば，この判別関数式が判別に有効であると判断する。判別的中率＝Ｈは，この判別関数式で判定した結果と，実際の群とが一致している率を示す。

4） 政府等の公的機関の支援環境要因の良否は重要である。たとえば，財務省・金融庁は「金融・資本市場活性化有識者会合」を組織し，2014年６月12日「金融・資本市場活性化に向けて重点的に取り組むべき事項（提言）」を発表している。これに沿った具体的な取り組みの１つとして，「「金融・資本市場活性化に向けての提言」を受けての取組」の中で，「事業再生手続の円滑化に向けた私的整理の在り方の見直し」が取り上げられた。それは，多数決により私的整理を成立させる枠組みの検討（「事業再生に関する紛争解決手続の更なる円滑化に関する検討会」（商事法務研究会主催））で，2014年３月14日から開始している。

［太田三郎］

Ⅵ ターンアラウンド

　ターンアラウンドとは，企業の健全度が悪化した状況下において，当該企業の**健全度**が回復することをいい，企業再生と呼ばれることもある。このターンアラウンドを行うために実施される戦略を**ターンアラウンド戦略**とよぶ。ターンアラウンド戦略とは，倒産を引き起こす根源的な事象である倒産要因の影響を減少させ，当該企業を衰退状態，すなわち健全度の悪化から回復させることと定義できる。ターンアラウンド戦略に似通ったものとしてあげられるものが，成長戦略である。ターンアラウンド戦略も，成長戦略もともに，企業の健全度の向上に役立つのであるが，本質的には大きく異なっている。

　ターンアラウンド戦略の目的は健全度が低い状態から当該企業を回復させることであり，収益性・成長性の向上を主目的にした成長戦略を実行できる状態まで当該企業を回復させることがポイントとなる。一方，成長戦略は健全度が高い状態，すなわち倒産する可能性が低い状況において，当該企業を成長させることが主目的となる点で，ターンアラウンド戦略とは異なる。本節では，ターンアラウンド戦略に焦点をあて，健全度の測定方法，ターンアラウンド戦略の分類，ターンアラウンド戦略の有効性評価の3点に関し，言及する。

1　健全度概念の整理

(1)　絶対的健全度と相対的健全度

　ターンアラウンドの成否を判断する基準として，健全度という指標を用いることが多い。しかし先行研究では，健全度をどのように測定するのかを明示しているものは少ない。また健全度自体にも，**絶対的健全度**と**相対的健全度**の大きく2種類の健全度が存在する。絶対的健全度とは，他企業との比較はせず，当該企業自身の財務状態から健全度を測定しようとするものである。一方，相対的健全度とは，他企業の財務状態と比較して，当該企業が相対的にどの程度の健全度であるかを測定しようとするものである。

　先行研究を概観すると，健全度といえば，前者の絶対的健全度を示すことが多い。たとえば倒産可能性を基礎として（1－倒産可能性）で測定するものや，収益性指標そのままを用いて健全度としている研究がある。健全度という言葉のイメージに基づき考えるとすれば直感的に倒産可能性を用いて，健全度を計算する方法がよいように感じられる。しかし倒産可能性は，測定するモデルで採用されている指標，たとえば収益性指標や流動性指標などによって計算されることが多いことから，究極的には収益性や流動性で評価されているといっても過言ではない。

　たとえば，絶対的健全度を用いる場合，当該企業の収益性や流動性が向上しさえすれば，健全度が回復したこととなる。極端な例をあげれば，収益性が業界平均以下だとしても，前年度よりも収益性が向上しさえすれば，健全度が回復したこととなってしまう。また市場全体が回復基調にある場合，たんに前年度よりも収益性が改善しただけで，健全度が回復したとはいえないことも容易に想像がつく。このようなことから絶対的健全度をそのまま大数観察をする際の評価指標として用いることには大きな問題がある。以上の検討をふまえると，ターンアラウンドの成否を判断するための健全度としては，絶対的健全度よりも，相対的健全度を用いたほうがよい。

(2)　健全度の測定方法

　先行研究で取り上げられている倒産可能性や収益性・成長性に関して，健全性の測定に

有用であるかを検討する。たとえば、倒産可能性で測定された健全度であれば、企業が倒産に陥るか否かがわかり、収益性や成長性で測定された健全度は企業の優良性がわかるというメリットをそれぞれ有している。またいずれか1つの指標で測定した場合、倒産可能性を用いれば、企業の優良性が考慮されず、収益性や成長性を用いれば、企業の倒産可能性が考慮されない。それぞれのメリットを取り入れることを考えれば、倒産可能性、収益性・成長性の双方を利用した健全度が、最適なものといえる。

一般的に企業が衰退する場合、収益性が低下し、その後支払能力が低下する。この状況を考慮すれば、倒産可能性が低い段階においては、支払能力よりも収益性や成長性などで評価したほうが好ましく、倒産可能性が高くなった状況では、収益性や成長性に比べ、支払能力のウエイトが高くなるような健全度が理想的なものといえる。つまり倒産可能性が低い段階では企業の優良性を重視するという観点から収益性および成長性で、倒産可能性が高い状況では支払能力を示す倒産可能性で、状況に応じてウエイトを変化させて、健全度を評価することが望ましい。

以上をふまえ、本節では健全度を倒産可能性が高い場合には倒産可能性に高いウエイトをおき、倒産可能性が低い場合には収益性・成長性に高いウエイトをおくような健全度を用いることとする。別の言い方をすれば、相対的にみて倒産の可能性が高い場合には倒産可能性を重視し、相対的にみて倒産の可能性が低い場合は収益性・成長性を重視する健全度である。具体的な測定方法は、「3　ターンアラウンド戦略」の効果で詳述する。

2　ターンアラウンド戦略の類型化

ターンアラウンドを取り上げた研究の中でも、重要な研究としてあげられるものに、Robbins & Pearce II（1992）がある。Robbins & Pearce II はターンアラウンドへの対応をターンアラウンド状況に対して企業がとる行動と定義し、この対応を縮小段階と復帰段階の2つのものに大きく分けた。この2つの段階は互いに独立したものではなく、オーバーラップしたものとなっている。

縮小段階とはターンアラウンドが必要な状態にある多くの企業がとる初期の対応であり、コスト削減と資産削減からなる。この段階では、企業は業績の低下傾向に歯止めをかけ、安定化させようとする。概して縮小施策は収益や貸借対照表科目の金額の変化として観察しやすく、目的は倒産を回避し、キャッシュフローを改善させることにある。具体的には資産の流動化、事業撤退、業務効率の改善、製品ラインの削減、本社経費の節減などが該当する。

企業の業績が安定するに伴い、当該企業の成長への基盤を構築することを目的とした一連の長期的戦略へとその行動を変化させる。これらの行動が復帰段階を形成するものであり、この戦略の中にはセグメントの再構築、新市場開拓や新製品開発などが含まれる。復帰段階の施策はしばしば経費削減や資産の有効活用に関連した縮小施策と同時に行われる。この縮小と復帰という分類は、大数観察を前提にしたターンアラウンド戦略の有効性を検証することを目的とする場合、非常に有用なものである。そこで、ターンアラウンド戦略を**縮小戦略**（retrenchment）と**復帰戦略**（recovery）の2つに分類し類型化することを試みる。

まず縮小戦略と復帰戦略の定義を行う。縮小戦略は資産削減・従業員削減などによって事業規模を縮小する戦略と定義され、現状以上の健全度の悪化を食い止めることを目的とした戦略となる。この戦略はあくまで健全度の悪化を食い止めることがポイントであり、むやみに資産や従業員などを削減することで

はない。一方，復帰戦略は当該企業の健全度を向上させるための戦略であると定義され，従来の健全度への復帰を目的とした戦略である。この戦略の成果により，当該企業は従来の健全度へ回復し，成長を目指した通常の戦略を実施することができるようになる。

　ターンアラウンド戦略の一般的な効果を測定することを念頭に考えれば，倒産要因の違いによるものより，縮小戦略か復帰戦略かの違いによるところが大きいはずである。なぜなら倒産要因に対応した戦略では，どの程度倒産要因に問題があるかが，企業によって異なっているため，同じ戦略を用いたとしても，当該戦略の効果が異なる可能性が高いからである。また縮小戦略と復帰戦略は，同時並行で行うべきものである。縮小戦略を行ったうえでないと，復帰戦略が行えないわけではない。当該企業の体力に応じた復帰戦略の実施と，縮小戦略によって生じた余剰をいかに復帰戦略に振り向けるかがターンアラウンドの成否を決定するのである。

3　ターンアラウンド戦略の効果
　　　—リーマンショック後を例に

　ターンアラウンド戦略の効果を測定するために，2008年9月にリーマン・ブラザーズの破綻を引き金として発生したリーマンショックによって健全度が悪化した企業をサンプルとして用い，縮小戦略と復帰戦略の効果を明らかにする。

(1)　健全度の測定

　ターンアラウンド戦略の効果を測定するための健全度は，倒産可能性・収益性・成長性の3つから測定した。倒産可能性については岡本・古川・大柳（2000）で作成したニューラル・ネットワークモデルで測定している。また収益性は売上高当期純利益率を，成長性は4年間移動平均売上高伸び率をそれぞれ用いた。

　まず倒産可能性に関して各年の倒産可能性を計算した後，計算結果を標準化し，2.5を加算した結果を，0点から5点に丸めた。収益性および成長性に関しても同様に処理した後に，収益性と成長性の得点の平均値を計算し，収益性・成長性の値とした。収益性・成長性も0点から5点の間のスコアとなる。

　このように計算された倒産可能性と収益性・成長性を用いて，健全度を測定する。健全度を測定する際に倒産可能性が高くなればなるほど大きくなるような逆S字型関数で示されるウエイト（w）は，$Y = X^2$の変化分を用いて計算した。wは全サンプルの中で倒産可能性がもっとも高いものが1，もっとも低いものが0となっている。このwを用いて，

　　健全度 ＝ w×倒産可能性
　　　　　　＋（1 − w）×収益性・成長性

という式に従い，計算した。この計算を行うことによって，各企業の健全度は0点から5点の間に分布する。また各指標を標準化した後に丸めていること，およびwが相対的な倒産可能性の高低によって決定されていることから，今回用いた健全度は，相対的健全度ということができる。

(2)　ターンアラウンド戦略の測定方法

　ターンアラウンド戦略の測定に関しては，ターンアラウンド施策の中で財務データから測定できると思われるものを取り上げ，分析を行った。具体的には縮小戦略として従業員削減，資産削減，有利子負債圧縮，子会社などの整理・統合の4つ，復帰戦略として製品開発強化，新規設備投資，販売強化の3つを用いた。

　縮小戦略の施策として取り上げた各変数は，それぞれ次の計算式で計算した。従業員削減は，（前期末従業員数 − 当期末従業員数）÷前期末従業員数×100で求めた。この値がマイナス，つまり従業員数が増加している場合

には0とした。資産削減は，(前期末有形固定資産－(当期末有形固定資産＋減価償却実施額))÷前期末有形固定資産×100で求めた。この値がマイナス，つまり有形固定資産が増加している場合には0とした。有利子負債圧縮は，(前期末有利子負債－当期末有利子負債)÷前期末有利子負債×100で求めた。この値がマイナス，つまり有利子負債が増加している場合には0とした。子会社などの整理・統合は，(前期末関係会社株式・投資有価証券・貸付金－当期末関係会社株式・投資有価証券・貸付金)÷前期末関係会社株式・投資有価証券・貸付金×100で求めた。この値がマイナス，つまり子会社・関連会社への投資が増加している場合には0とした。

一方，復帰戦略の施策として取り上げた各変数は，それぞれ次の計算式で計算した。新製品開発強化は，当期開発費・研究開発費÷当期売上高×100－前期開発費・研究開発費÷前期売上高×100で求めた。この値がマイ

ナスの場合には新製品開発への投資が強化されていないと判断し，復帰戦略には該当しないと考え，0とした。新規設備投資は，((当期末有形固定資産＋減価償却実施額)－前期末有形固定資産)÷前期末有形固定資産×100で求めた。この値がマイナスになる場合は新規設備投資がなかったことを示すため，0とした。販売強化は，(当期販売手数料＋当期広告宣伝費＋当期拡販費・その他販売費)÷当期売上高×100－(前期販売手数料＋前期広告宣伝費＋前期拡販費・その他販売費)÷前期売上高×100で求めた。この値がマイナスの場合には販売強化がなされていないと判断し，0としている。

(3) サンプルと分析手法

サンプルは，以下の手順を経て決定した。まず3月決算の上場企業（ホールディングカンパニーを除く）で，2004年3月期から2012年3月期までの9年間の個別財務諸表のデー

図表9－6－1 分析モデル

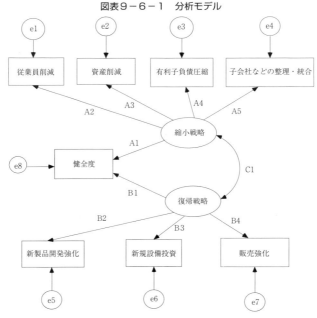

タが入手できた1,564社の健全度を測定した。計算した健全度を用いて、2008年3月期から2009年3月期に健全度が低下した企業725社をサンプルとしている。

分析手法は、共分散構造分析を用いている。分析モデルは、図表9－6－1のとおりである。このモデルを用いて、縮小戦略と復帰戦略をそれぞれの施策で測定し、健全度への影響を明らかにするために、2010年3月期に実施した縮小戦略および復帰戦略が2010年3月期の健全度、2011年3月期の健全度、2012年3月期の健全度にどのような影響を与えているのか、さらに2011年3月期に実施した縮小戦略および復帰戦略が2011年3月期の健全度、2012年3月期の健全度にどのような影響を与えているのかを、それぞれモデルを作成し、分析を行った。

(4) 分析結果

共分散構造分析を行った結果の要点をまとめたものが、図表9－6－2である。図表9－6－2は、モデルのポイントである縮小戦略の健全度に対する直接効果（A1）、復帰戦略の健全度に対する直接効果（B1）、縮小戦略と復帰戦略の相関（C1）および評価指標（GFI, AGFI, RMSEA）をまとめたものである。

図表9－6－2 分析結果

	健全度への影響			GFI	AGFI	RMSEA
	A1	B1	C1			
2010年戦略－2010年健全度	－0.23	－0.22	0.15	0.978	0.957	0.059
2010年戦略－2011年健全度	－0.23	－0.17	0.15	0.979	0.958	0.059
2010年戦略－2012年健全度	－0.24	－0.11	0.15	0.978	0.956	0.061
2011年戦略－2011年健全度	－0.39	0.98	0.16	0.986	0.972	0.043
2011年戦略－2012年健全度	－0.43	0.98	－0.43	0.988	0.976	0.038

結果をみると、2010年3月期に実施された縮小戦略および復帰戦略は2010年3月期、2011年3月期、2012年3月期の健全度のいずれにも、マイナスの影響となっている。2010年3月期は2009年4月にクライスラーが、つづいて6月にGMがそれぞれ連邦破産法の適用申請を行ったときでもあり、リーマンショックの悪影響が最も出た年といっても過言ではない。このように世界経済環境が悪化している段階においては、縮小戦略も復帰戦略も健全度を向上させることはできなかった。ただし、健全度の負の影響は、縮小戦略よりも復帰戦略のほうが小さく、復帰戦略を基本としてターンアラウンドを実施しようとしたほうが、健全度が高くなっていることは推測できる。

一方、翌年の2011年3月期のデータを用いた分析結果をみると、縮小戦略は2011年3月期、2012年3月期の健全度に負の影響を与えているものの、復帰戦略は、2011年3月期、2012年3月期の健全度に正の影響を与えていた。このことからターンアラウンドを成功させるためには、縮小戦略を行うよりも、復帰戦略を効果的に行う必要があるといえる。

〔参考文献〕
岡本大輔,古川靖洋,大柳康司（2000）「ニューラルネットワークの経営学研究への適用可能性Ⅱ」『三田商学研究』43（特別号）51-66頁.
Robbins, D.K. & J.A. Pearce Ⅱ (1992) "Turnaround : Retrenchment and Recovery", *Strategic Management Journal*, Vol. 13 , pp. 287-309.

〔大柳康司〕

第10章　M&Aの経営分析

　M&Aは企業の主要な戦略の一つである。M&A戦略は企業価値を創出することも破壊することもありうる。本章では，経営分析の視点からM＆A戦略の評価を検討する。Iでは，M＆A戦略が企業価値に及ぼす効果とその要因，M&A戦略の動機，および敵対的買収を論じる。IIでは，合併，完全子会社化，共同持株会社化の合併戦略の評価，合併後の分析を検討する。また，新日鉄住金の合併のケース分析を行う。IIIでは買収戦略の経営分析手法として，類似取引比較，類似会社比較，DCF（割引キャッシュフロー）法を詳説する。IVでは，M&A戦略とバイアウト戦略の相違，バイアウト・ファンドの投資プロセスを検討する。また, The Carlyle Groupと経営陣によるキトーのバイアウトをケース分析する。Vでは，TOB（Take-Over Bid）戦略に関して，その意義と種類，制度的背景，TOBの成立モデル，買収価格とプレミアムの設定問題，ディスカウントTOBを検討する。また，取締役会の反対表明にもかかわらず成立したTOBの事例として，コージツのケース分析を行う。VIでは，企業集団評価の意義，企業集団の収益性評価，安全性評価，資本コスト評価，およびキャッシュフロー評価を検討した後，共通価値経営時代の企業集団評価の課題を論じる。

［薄井　彰］

I　M&A戦略と企業価値

1　M＆A戦略と株式市場

　M&A取引は，買手企業の株主よりもターゲット企業の株主に多くの便益をもたらす傾向にある。米国ではJensen and Ruback（1983）が1940年代以降の実証研究をサーベイした結果，M＆A取引がおおむねプラスの便益をもたらすが，ターゲット企業の株主は便益を得るものの，買手企業の株主はせいぜい損失を被らない程度にすぎないことを明らかにした。また，Andrade, Mitchell, and Stafford（2001）も，1973-1998年の合併取引の公表日前後3日間の異常株式リターンがターゲット企業と買手企業の平均では1.8％，ターゲット企業では16.0％，買手企業では-0.7％であることを確認した。1990-1998年の期間も同様な傾向であった。

　日本では，Pettway and Yamada（1986）が1977-1984年の合併について，買手企業50社の合併公表日前30日から公表日後1日の累積異常株式リターンが有意なプラス（2.292％）であることを報告している。また，同じ期間のターゲット企業16社の累積異常株式リターンは2.960％であった。Kang, Shivdasani, and Yamada（2000）は1977-1993年の154件の合併について，買手企業の2日間累積異常株式リターン（合併公表日前1日から公表日）が有意なプラスの値（1.17％）であることを確認した。さらに，買手企業と銀行の関係が強いほど，その累積異常株式リターンが高いことを発見した。

薄井（2001）は，1989-1999年のM＆A取引のうち，買手企業とターゲット企業の両方が上場している取引128件（買収（資本提携・営業譲渡を含む）91件，合併37件（1997-1999年））を調査した。薄井（2001）は，上場企業どうしの取引をサンプルとしているため，M＆Aが買手企業とターゲット企業の株価に及ぼす影響を明確に分析している点で，それまでの日本の研究と異なる。すべての取引に関して，3日間の累積異常株式リターン（公表日前後1日）は，ターゲット企業では4.0％，買手企業では1.6％であった。いずれも統計的に有意である。**買収取引**では，公表日を前後の3日間の累積異常株式リターンは，ターゲット企業では統計的に有意な5.8％，買手企業では有意ではないが0.2％であった。

薄井（2001）では，1990年代の上場企業同士の**合併取引**はサンプル数が少なく，1997-1999年の3年間と期間も短いため，限定的な推計結果であるが，3日間の累積異常株式リターンは，ターゲット企業34社全体で-0.2％，買手企業37社全体で5.0％であった。ターゲット企業の異常株式リターンは統計的に有意ではなく，買手企業のリターンは有意であった。買手企業が買手企業とターゲット企業を時価総額で加重した11日間異常株式リターン（公表日前後5日）は，平均1.2％であった。小本（2002）は，1980-1999年の合併取引に関して，11日間の累積異常株式リターン（合併発表日前後5日間）は，買手企業103社（存続企業）が-1.2％，ターゲット企業98社（消滅企業）が-4.3％であったことを報告している。

2　M＆Aの動機

M＆Aの主要な動機の一つは**シナジー**（synergy）の創出である。一般的には，シナジーが創出されるのは，個々の企業価値を合算した価値よりも，M＆A後の企業価値が上回る場合である。Bradley, Desai, and Kim（1988）は，シナジー創出の要因として，需要・供給の変化，技術上のイノベーション，買手企業の目的にかなった投資，**規模の経済**（economy of scale），**範囲の経済**（economy of scope），生産技術の改善，補完的な資源の組み合わせ，より収益性高い利用目的に資源の移転，市場競争力の開拓を指摘している。

薄井（2001）は，1990年代のM＆Aのシナジー効果を分析している。シナジーは市場の期待以上の株式価値の増分として定義されている。全サンプル（127取引）の推計結果によれば，ターゲット企業のシナジーは総シナジー（買手企業とターゲット企業のシナジー合計），あるいは，買手企業のシナジーとプラスに相関する。しかし，総便益がプラスあるいはマイナスではその関連性は異なる。総シナジーがプラスのM＆A（67取引）では，ターゲット企業のシナジーは，総シナジー，あるいは買手企業のシナジーとプラスに相関する。M＆Aが全体としてプラスの便益をもたらすと期待される場合，M＆Aはシナジー獲得を目的として実施される。一方，総シナジーがマイナスのM＆A（60取引）では，ターゲット企業のシナジーは，総シナジーとは統計的に有意に関連せず，買手企業の便益とは統計的にマイナスに相関する。この結果によれば，平均的には，M＆Aは買手企業とターゲット企業の双方にシナジーをもたらすが，マイナスのシナジーのもたらすM＆A取引では，買手企業とターゲット企業の株主間で，富が移転する可能性がある。

これらの結果は，Jensen and Meckling（1976）の**エージェンシー理論**やRoll（1986）の**自信過剰仮説**（hubris hypothesis）によって説明できよう。エージェンシー理論では，情報の非対称性のもとで，経営者が自身の期待効用を最大化するために，**モラルハザード**をおこす可能性がある。Jensen（1986）は**フリーキャッシュフロー**（free cash flow）の利用

に関して，経営者と株主にコンフリクトが生じることを指摘した。経営者が株主によって十分にコントロールされていないならば，経営者はフリーキャッシュフローを浪費する傾向にある。自信過剰仮説では，経営者が自身の経営能力を過信して，ターゲット企業の価値を過大に評価するため，買手企業からターゲット企業に富が移転される。

3　敵対的買収

M&Aやその脅威は，経営者を規律づける。Marris（1963）とManne（1965）は，外部の投資家が非効率的な企業を買収し，経営を効率化する可能性を示唆した。Jensen（1986）もまた，M&Aが経営者と株主のコンフリクトを軽減することに役立つことを指摘している。

2005年5月に経済産業省と法務省は『企業価値・株主共同利益の確保又は向上のための買収防衛策に関する指針』を公表した。2006年1月には，東京証券取引所が「買収防衛策の導入に係る上場制度の整備等に伴う株券上場審査基準等の一部改正」を公表し，企業が買収防衛策を導入する際に，(1)開示の十分性，(2)透明性，(3)流通市場への影響，(4)株主権の尊重することを要請した。2006年5月には会社法が施行され，それ以前に比べて**買収防衛策**の導入が容易になっている。

4　むすび

M&A戦略は企業価値を創出することも破壊することもありうる。薄井（2001）は，買手企業の株主にとって，(1)経営効率の高い企業が**事業集中**の目的でM&A投資を実施する場合に富をもたらす，(2)**拡大戦略**によって，規模の経済を獲得することが非常に困難であることを明らかにした。一方，ターゲット企業の株主に対しては，(1)買手企業の規模が相対的に大きい，(2)経営効率の高い買手企業と資本提携する，といった場合に，富を獲得する傾向にある。

Jensen（1986）は，**負債契約**やM&Aによって，フリーキャッシュフローに関する経営者の裁量的な行動をコントロールできると主張した。米国では，Maloney, McCormick, and Mitchell（1993），日本では，Kang, Shivdasani, and Yamada（2000），薄井（2001）は，買手企業の異常株式リターンが自身のレバレッジが高いほど，高いことを発見している。これらの実証的証拠は，負債契約による**経営者の規律づけ**効果を裏付けている。

M&A戦略を評価する際には，取引価格の適正さに加えて，エージェンシーコストを削減するようなコーポレート・ガバナンスやモニタリングシステムが構築されているかどうかという点も分析することが必要である。

〔参考文献〕

薄井　彰（2001）「株主価値とM&A」薄井彰編『バリュー経営のM&A投資』中央経済社，71-111頁。

小本恵照（2002）「わが国の企業合併の特徴と経済効果」『国民経済雑誌』第186巻第6号，1-16頁。

Andrade, G., M. Mitchell, and E. Stafford（2001）"New Evidence and Perspectives on Mergers", *Journal of Economic Perspectives*, Vol. 15, No. 2, pp. 103-120.

Bradley, M., A. Desai, E.H. Kim（1988）"Synergistic Gains from Corporate Acquisitions and their Division Between the Stockholders of Target and Acquiring Firms", *Journal of Financial Economics*, Vol. 21, No. 1, pp. 3-40.

Jensen, M.C（1986）"Agency Costs of Free Cash flow, Corporate Finance, and Takeovers", *The American Economic Review*, Vol. 76, No. 2, pp. 323-329.

Jensen, M.C., and W. Meckling（1976）"Theory of the Firm: Managerial Behavior, Agency Costs and Ownership Structure", *Journal of Financial Economics*, Vol. 3, No. 4, pp. 305-360.

Jensen, M.C., and R.S. Ruback (1983) "The Market for Corporate Control: The Scientific Evidence", *Journal of Financial Economics*, Vol. 11, No. 1-4, pp. 5-50.

Kang, J.K., A. Shivdasani, and T. Yamada (2000) "The Effect of Bank Relations on Investment Decisions: An Investigation of Japanese Takeover Bids", *The Journal of Finance*, Vol. 55, No. 5, pp. 2197-2218.

Maloney, M., R. McCormick, and M. Mitchell (1993) "Management Decision Making and Capital Structure", *The Journal of Business*, Vol. 66, No. 2, pp. 189-217.

Manne, H.G. (1965) "Mergers and the Market for Corporate Control", *Journal of Political Economy*, Vol. 73, No. 2 pp. 110-120.

Marris, R. (1963) "A Model of the Managerial Enterprise", *Quarterly Journal of Economics*, Vol. 77, No. 2, pp. 185-209.

Pettway, R.H., and T. Yamada (1986) "Mergers in Japan and their Impacts upon Stockholders' Wealth", *Financial Management*, Vol. 15, No. 4, pp. 43-52.

Roll, R. (1986) "The Hubris Hypothesis of Corporate Takeovers", *The Journal of Business*, Vol. 59, No. 2, Part 1, pp. 197-216.

［薄井　彰］

Ⅱ　合併の経営分析

1　合併事案の評価

(1)　合併の定義

　経営分析で合併を分析する場合，何をもって合併とするかは意外と悩ましい。なぜなら，1997年以前は，旧商法上の「合併」しか存在しなかったが，1997年の独占禁止法改正による純粋持株会社の解禁や1999年の商法改正によって（会社法でも継承），合併とほぼ同じ法的手続きで類似の経済的効果が期待できる**完全子会社化**や他の企業との共同による**純粋持株会社化（共同持株会社化）**が可能となったからである。もちろん，合併によって複数の企業が単一の企業となることと，従前の企業を存続させながら企業グループを形成する完全子会社化や共同持株会社化は全く同じではない。しかし，現時点では両者の実体的違いを明快に説明できる経営学あるいは経済学の有力理論は存在しない。一方，海外に目を向けると，例えば米国のmergerの定義では，わが国の「吸収合併」に相当するstatutory mergerに加え，子会社化によるsubsidiary mergerを含めている（DePamphilis, 2012）。subsidiary mergerは完全子会社化や共同持株会社化と見ることができる。なお，わが国の「新設合併」はconsolidationとされている。

　以上のような議論を踏まえると，合併の経営分析に当たっては，完全子会社化と共同持株会社化も「合併」に含めて分析することが実りの多いものと判断される。したがって，以下の記述では，この3つの形態を合併と定義し分析を行う。ただし，文脈に応じて，会社法上の合併のみを合併と記述することがある。

(2)　合併の形態別の特徴
①　会社法上の合併

　会社法上の合併の方法として，**新設合併**と**吸収合併**が定められている。しかし，新設合併では，(a)上場会社の場合，合併によって創設される新設会社は新たに上場申請をする必要がある，(b)合併前に会社が有していた営業の許認可や免許等が新設会社には引き継がれないため再取得が必要である，(c)合併に伴い増加する資本金に課せられる登録免許税は新設合併のほうが多くなるといった理由から，新設合併はほとんど例がなく一般には吸収合併が用いられている。

　会社法上の合併の最大の特徴は，合併によって複数の会社が一体となることである。

吸収合併であれば**消滅会社**は文字通り消滅し，消滅会社の組織は**存続会社**と一体になる。新設合併では，合併を行う会社は新設会社として組織が一体になる。つまり，合併前までは別の企業で異なる指揮命令系統に属していた従業員が，同一の指揮命令系統に属することになる。これは，合併を含めたM&Aの主たる目的が組織の統合による規模拡大にあることを考えると，即座に統合の効果を獲得できる体制が整うことを意味し合併の大きなメリットとなる。また，組織の一体化は重複する業務のスリム化にもつながる。さらに，関連する業務を担当する部署は一般に地理的に近接する場所に設置されるため，企業内の知識移転が促進されることも利点となる。

しかし，上記のメリットを実現するためには，組織の効果的な一体化に向けた**アフター・マージャー**が重要となる。合併当事会社間で**組織文化**が異なることや組織の一体化に伴うポストを巡る争いが起こることが少なくなく，効果的なアフター・マージャーは困難な作業となる。このため，合併を成功に導くためには組織文化の変革や組織目的の共有化など，主として経営者のリーダーシップの発揮によって解決される課題が多い。つまり，合併という選択肢を選択するならば，合併当事者会社の経営者が強い信頼関係をもとに，組織統合に向けた強力なリーダーシップを発揮できる態勢を構築することが特に重要と言える。

② 共同持株会社設立による経営統合

経営統合に参加する会社が**株式移転**などによって共同持株会社を作り，設立された持株会社傘下の子会社となることを一般に「**経営統合**」と呼んでいる。経営統合では，経営統合によって**共同持株会社**が設立された後でも，経営統合に参加した会社は子会社として存続する。これは組織の融合を図りながら統合を円滑に進めることができるという利点となる。しかし，経営統合に伴う販売面や調達面におけるスケール・メリットなどを除くと，合併と異なり組織の一体化に伴うメリットが即座に享受できるわけではない。組織統合のメリットを実現するためには，持株会社傘下の子会社の事業を再編統合するという手続きが新たに必要となる。再編統合の主な方法としては，子会社の**会社分割**や子会社間の合併が用いられる。また，持株会社は経営統合に参加した複数の会社によって共同運営されるため，合併で見られる組織文化の違いによる摩擦やポスト争奪といったコンフリクトが発生する余地は依然として残る。

③ 完全子会社化

合併と経営統合では，組織再編に関係する会社は比較的対等な立場で合併などに参加する。なぜなら，現金を用いた吸収合併といった例外的なケースを除くと，合併の存続会社や創設される共同持株会社の株主は，組織再編に参加する当事会社の株主によって構成されるため，特定の会社が組織再編への参加会社の株式を100％所有し経営権を完全に掌握することはないからである。これに対し，**完全子会社化**では，親会社となる会社は子会社化する会社の経営権を完全に掌握できる。このため，完全子会社化では，組織再編に参加する会社の組織は全てそのまま残るが，株式保有比率で示される経営の支配権は大きく変化する。これにより，合併や経営統合で生じる組織再編に参加する会社間のコンフリクトを回避することができる。また，親会社となる会社は，完全子会社となる会社を完全にコントロールしつつ，別会社であることを利用し，完全子会社となった会社に対して一定の自律性を与えることができる。一方で，親会社と子会社は別組織となるため，組織の一体化によるメリットが享受できないという欠点が残る。

(3) 合併形態の選択

本節では合併を3形態に大別したが，企業

はどのような観点から3形態を選択しているのであろうか。まず，会社法上の合併および経営統合は，完全子会社化とは性格が大きく異なる。完全子会社化される会社は，親会社となる会社に経営権を完全に掌握されてしまうため，比較的対等な立場にある会社間の組織再編では受け入れられにくい。特に，中間管理職を初めとする従業員の合意を取り付けることが難しい。このため，既に子会社である会社を100％子会社にする場合を除くと，株式の**公開買付**などによって子会社化を行い，その上で完全子会社にするケースが一般的である。

合併と経営統合については，組織の一体化を即座に実現したいかどうかという判断が影響を与えると考えられる。組織を一体化し迅速な意思決定や情報の共有化などを重視し，それを実行できると判断する場合には合併が選択される。これに対し，当面は組織再編への参加会社の自律性を重視し，時間をかけて組織の再編・融合を目指す場合には，経営統合が選択されると考えられる。

(4) 事案の評価方法

合併の事案では，一般に存続会社や新設持株会社などの株式が消滅会社などに交付されるため，評価は**株式の交換比率**に反映される。そのための評価方法については，会社の株式が上場されているのであれば，株価が1つの重要な目安になる。しかし，株価は事業に対する過大な期待などから実態から乖離することも起こりうるため，それを補完する評価方法を併用することによって事案の評価が行われる。

評価方法には多様なものがあるが，主な方法は次のとおりである。第1は**純資産方式**であり，総資産から負債を差し引いた純資産を企業の価値とする方法である。この方法は，一時点の貸借対照表をもとに評価を行う点で客観性が高いというメリットがある一方で，将来的な価値を評価しにくいという欠点がある。ただし，この欠点はのれんの計上によって修正の余地はある。資産の評価に当たっては，①簿価，②再調達時価，③清算時価などの方法がある。このうち，簿価については，簿価と時価は一般に乖離しているため望ましい方法とは言えない。このため，再調達時価または清算時価を用いた評価が行われる。第2は**収益還元方式**であり，将来のフリー・キャッシュフローを資本コストによって現在価値に割り引いて企業価値を計算する**DCF法**（Discounted Cash Flow）が代表的な方式である。この方法では，将来のキャッシュフローの予想値が必要なため，不確実な予想にとどまると同時に，計算の際の恣意性が排除できないという欠点がある。第3は**比準方式**であり，評価対象会社と業種や規模などが類似する会社または同業種平均などを比較し，その類似会社等の株価をもとに比較対象会社の価値を評価する方法である。

複数の評価方法が存在するものの，合併対象企業を評価する完全な方法は存在しないため，上述の複数の評価方法による価値評価をベースに，合併の交渉の中で最終的な企業価値が決定される。

2　合併効果の分析

合併効果の分析は，株価を用いた**イベント・スタディ**と業績に関する会計データの分析に大別される。いずれの方法も，合併の前後で株価や業績に変化が生じたかどうかを計測する点では共通している。しかし，合併によって生じる株価や業績の変動を計測するためには，株式市場全体や企業が属する業界動向といった合併以外の要因が，株価や業績に与える影響を除外しなくてはならない。このため，仮に合併がなかったと想定した場合の株価や業績の予測値を求め，この値と実績値の差を合併の効果とみなすという方法が用い

(1) イベント・スタディ

株価を用いた**イベント・スタディ**では，まず，合併前の一定の期間について**マーケット・モデル**によって，合併がなかった場合の株価の収益率を予想する (Duso et al., 2010)。マーケット・モデルでは，式(1)で示されるとおり，企業 i の株価の収益率 (R_{it}) は，株式市場全体の収益率 (R_{mt}) と株式市場全体の変動では説明されない誤差項 (ε_{it}) で決定されると仮定する。係数の α_i と β_i は，収集したデータによって推定される。

$$R_{it} = \alpha_i + \beta_i R_{mt} + \varepsilon_{it} \quad \cdots\cdots\cdots\cdots (1)$$

次に，マーケット・モデルで算出される予想収益率を実際の収益率から差し引くことによって，合併による**超過収益率**（AR: Abnormal Return）が計算される。分析は一般には日次の株価データを用いて行われる。データを用いて推定された係数や収益率の値をハット（^）で区別すると，ARは式(2)で計算される。

$$AR_{it} = R_{it} - \hat{R}_{it} = R_{it} - (\hat{\alpha}_i + \hat{\beta}_i R_{mt}) \quad \cdots\cdots\cdots (2)$$

第3に，合併の効果を計測する上では，合併の発表前に情報が外部に漏れている可能性があることや，合併公表後の情報が即座に全ての投資家に伝わるとは限らないことを考慮する必要がある。このため，合併発表の日を挟む数日間（場合によっては数十日）を，合併効果を計測する対象期間として設定することが多い。したがって，先のマーケット・モデルの推定期間は合併効果の計測期間よりも前に設定される。計測対象期間を定めると，当該期間についてARを加算し**累積超過収益率**を求める（CAR：Cumulative Abnormal Return）。上述の内容を数式で表記すると式(3)になる。ここでは合併発表のm日前からn日後が合併効果の計測期間となっている。

$$CAR_{i,m,n} = \sum_{\tau=-m}^{\tau=n} AR_{i,t} \quad \cdots\cdots\cdots (3)$$

なお，CARがゼロと異なることを示すためには，統計的検定に必要な複数の企業のCARデータを収集し，CARをゼロとする帰無仮説が棄却できるかどうかの統計的検定を行う。

(2) 会計データによる業績分析

企業業績を用いて合併効果を計測する場合も計測方法の論理は同様である。分析対象とする企業の業績変化をそのまま利用すると，原材料価格の変化といったマクロ経済や産業全体の影響が混在してしまう。このため，合併がなかったとした場合の利益を算出し（予想利益），実際の利益から予想利益を差し引くことによって合併によって生じた利益（または損失）を計算する (Duso et al., 2010; Gugler et al., 2003)。

代表的な手続きは次のとおりである。まず，存続会社について，合併がなかった場合の資本利益率の変化を計測するためには，存続会社と同じ事業を行っている企業を参照企業として抽出する。一つの方法として，同一産業に属する企業の中から利益率が中央値（median）をとる企業を参照企業とする方法がある。抽出した参照企業について，合併の1年前から合併からn年後の資本利益率の変化を計算する。合併n年後の利益と資本をそれぞれ Π_{IGt+n}, K_{IGt+n} とし，合併1年前の利益と資本をそれぞれ Π_{IGt-1}, K_{IGt-1} とすると，資本利益率の変化は式(4)で示される。

$$\Delta_{IGt-1, t+n} = \frac{\Pi_{IGt+n}}{K_{IGt+n}} - \frac{\Pi_{IGt-1}}{K_{IGt-1}} \quad \cdots\cdots (4)$$

消滅会社についても参照企業を抽出し，同様の算式によって資本利益率の変化を算出し，$\Delta_{IDt-1, t+n}$ と表記する。

合併で統合された企業に関する合併がなかった場合の予想利益は，存続会社と消滅会社のそれぞれについて，合併1年前の利益に，n年後の予想資本（参照企業の資本の変動率を用いて予想する）に資本利益率の変化を乗じた値を加えることによって計算する（式(5)）。

なお，式(5)のΠ_{Gt-1}とΠ_{Dt-1}はそれぞれ存続会社と消滅会社の合併1年前の利益，K_{Gt-1}とK_{Dt-1}はそれぞれ存続会社と消滅会社の合併1年前の資本を示している。

$$\Pi^{predicted}_{Mt+n} = \Pi_{Gt-1} + \frac{K_{IGt+n}}{K_{IGt-1}} K_{Gt-1} \Delta_{IGt-1,t+n}$$
$$+ \Pi_{Dt-1} + \frac{K_{IDt+n}}{K_{IDt-1}} K_{Dt-1} \Delta_{IDt-1,t+n} \quad \cdots (5)$$

合併がなかったと仮定した場合の利益（$\Pi^{predicted}_{Mt+n}$）と実際の利益（Π^{actual}_{Mt+n}）の差額を計算することによって，合併の効果（Π^{effect}_{Mt+n}）を計測することができる。すなわち，式(6)のようになる。

$$\Pi^{effect}_{Mt+n} = \Pi^{actual}_{Mt+n} - \Pi^{predicted}_{Mt+n} \quad \cdots (6)$$

(3) 両手法の比較

合併効果の計測対象である株価と会計データではデータの入手可能性に大きな違いがある。株価は合併の発表直後から将来の合併の効果を織り込んで変化するのに対し，会計データは実際に合併が実行され数年間の事業活動の実績をもとに公表される。したがって，発表から間もない企業を対象に合併効果を計測するにはイベント・スタディの有用性が高い。次に，計測の精度の問題がある。株価は合併に伴う企業の将来の収益に対する期待で変化するが，あくまでも将来の期待を反映したものであり，期待された収益変動が実現する保証はないという問題がある。一方，業績は実現値であり数値自体の信頼性は高い。ただし，会計データが企業の収益を的確に捉えているかという限界はある。なお，イベント・スタディと会計データの業績分析の結果を比較した研究では，両者の結果が一致することを示す研究も多い（Duso et al., 2010）。また，株価を利用した研究では，長期間にわたる株価変動を計測するという方法もある。

(4) 合併効果分析の課題

合併公表前後の数日間を対象とするイベント・スタディでは，合併以外の効果が混在する可能性は小さいため，情報を完全に織り込んで期待が形成されているという前提に立つと，合併の効果が正確に計測されている可能性は高い。これに対し，会計データや長期の株価データを用いた分析では合併効果の計測の範囲に課題がある。まず，数年間に及ぶ業績や株価の変動を，合併というイベントのみに帰してよいのかどうかという疑問が残る。数年間というタイムスパンとなると，合併と関連のない戦略実行や組織改革が行われ，その効果が株価や業績に反映される可能性がある。その間に複数の企業買収や提携などが実行されていることもある。また，合併前からの経営改革や製品開発の努力などが合併後に効果を現すという可能性も残る。次に，業績分析では同じ事業を手がける企業を参照企業とする必要があるが，適切な参照企業を見つけることが困難な点が挙げられる。多くの企業で多角化が進んでいることに加え，同一産業に属する企業と言っても，完全に同じ事業を手がける企業はほとんど存在しないためである。会計データや長期株価データを用いた分析では，こうした限界を踏まえて結果を解釈する必要がある。

3 ケース分析：新日鉄住金

(1) 合併に至る背景

わが国では，新日本製鉄（新日鉄），日本鋼管，川崎製鉄，住友金属工業（住友金属），神戸製鋼所（神戸製鋼）という大手5社体制が1990年代末まで続いたが，市場のグローバル化や海外メーカーの成長などの経営環境の変化から，2002年にはNKK（旧日本鋼管）と川崎製鉄が経営統合しJFEホールディングスが設立された。一方，新日鉄，住友金属，神戸製鋼は提携関係を構築したため，高炉メーカーは2グループに大別されることとなった。しかし，その後も海外メーカーの成

長，販売先企業や調達先企業のM&Aによる交渉力の向上，国内市場の縮小などから，鉄鋼メーカーは規模の拡大を迫られていた。このような状況の下で，新日鉄と住友金属は販売製品の重複の少なさなどの点から，最適な組み合わせと認識され合併という選択が行われた。

(2) 合併が選択された理由と合併の方法

新日鉄と住友金属が統合する方法には先に述べた3つの方法がある。このうち完全子会社化については，新日鉄と住友金属はお互いを競合企業と位置づけており選択される可能性はなかった。したがって，共同持株会社による経営統合か合併となるが，両社は合併を選択した。その理由としては次のような点が挙げられる。まず，ステンレス事業の統合を行うことなどによって，提携関係にある新日鉄と住友金属との間には信頼関係が生まれていたことが考えられる。次に，その信頼関係を踏まえると，アフター・マージャーが難しい合併でも早期の統合効果を享受することができるという判断があったことが推察される。

経営の統合の手続きについては，**株式交換**を行ったうえで同日に吸収合併を行うという方法が採用された。すなわち，(1)第1段階として株式交換によって新日鉄が住友金属を完全子会社とする完全親会社となる，(2)第2段階として新日鉄が存続会社，住友金属を消滅会社とする吸収合併を行う，という方法である。このような方法が採られたのは，統合対象資産の一部に対する豪州税法上の課税繰り延べ措置の適用を確実に受けることができるようにするという判断によるものである。企業活動がグローバル化する中で，海外の税法などが合併の方法に影響を与えることを示す事例と言える。

(3) 合併の評価

新日鉄住金の合併をイベント・スタディと会計データによって分析する。イベント・スタディでは，営業日ベースで合併発表の50日前から250日前までの日時の株価変動データを用いて，マーケット・モデルを推定した。続いて，マーケット・モデルで推定された係数を利用して超過収益率（AR）を算出した。累積超過収益率（CAR）の計測期間については，合併発表日を挟む前後それぞれ5日間（合計11日間）と2日間（合計5日間）について計測した。前者のCARについては，新日鉄で4.1％，住友金属で8.7％となった。後者のCARについては，新日鉄で7.6％，住友金属で11.4％となった。新日鉄と住友金属のいずれについてもプラスの累積超過収益率となっており，新日鉄と住友金属の合併は企業価値を高める組織再編だと市場には評価された。

一方，会計データによる業績評価については，参照企業をJFEホールディングスとした。新日鉄住金の売上げに占める製鉄事業比率が85％と高いことを踏まえると，神戸製鋼所よりもJFEホールディングスが適していると判断したためである。しかし，JFEホールディングスの製鉄事業比率は65％であり，新日鉄住金と完全に事業内容が一致しているわけではない点には留意が必要である。一般的には合併の1年前を分析の起点とするが，今回のケースでは2011年3月期の決算データを起点とした。新会社の発足は2012年10月であり2012年3月期の決算データを起点とすることもできるが，新会社発足前の統合作業の可能性を考慮し，合併発表（2011年2月4日）があった年度を起点にすることとした。今回のケースでは，2014年3月期の決算データを用いて，先述の手続きに従い合併の効果を算出した。それによると，合併がなかったとした場合の経常利益は2,616億円であった。これに対し，会社の経常利益は3,611億円であり，995億円が合併による効果となった。これは，総資本利益率を1.4％ポイント高めたことに

なる。

やや簡略的な分析であるが，イベント・スタディと会計データによる業績分析のいずれの分析でも，新日鉄と住友金属の合併は企業価値を高めたことを示しており，現時点では，合併の成功例と判断することができる。

〔参考文献〕

DePamphilis, D. (2012) *Mergers, Acquisitions, and Other Restructuring Activities* (6th ed.) Academic Press.

Duso, T., K. Gugler, and B.Yurtoglu (2010) "Is the Event Study Methodology Useful for Merger Analysis? A Comparison of Stock Market and Accounting Data", *International Review of Law and Economics*, 30, pp. 186-192.

Gugler, K., D. C. Mueller, B. B. Yurtoglu, and C. Zulehner (2003) "The Effects of Mergers: An International Comparison", *International Journal of Industrial Organization*, 21, pp. 625-653.

〔小本恵照〕

Ⅲ 買収の経営分析

1 経営分析の目的

(1) 本源的価値

M&Aも設備投資と同様に企業の投資活動の一環であり，資金を投下して生み出されるキャッシュフローの現在価値が買収対価を上回っていれば投資基準を満たす。しかしながら，M&Aという投資活動の性質が設備投資と異なるのは，M&Aには売り手と買い手が存在し，両者の間で対象会社の企業価値に基づいて売買がなされる点である。この企業価値が，売り手と買い手にとっての**本源的価値**であり，買収の経営分析にあたっては，この本源的価値についてまず定義する必要がある。

本源的価値とは，事業が将来生み出すキャッシュフローの現在価値として定義される。

(2) シナジー価値

M&Aでは**シナジー効果**も含めたフリーキャッシュフローをもとにバリュエーションを行う。シナジーとは，買収後の両社の将来**キャッシュフローの現在価値**が，買収前の両社の将来キャッシュフローの現在価値の和を上回る金額のことである。シナジーは大きく分けて売上高シナジーとコストシナジーに分類することができ，シナジーが発生している状況は，両社の単純合算と比べて将来の売上高が増加しているか，将来のコストが減少しているか，もしくは両方を達成しているかのいずれかとなる。

2 経営分析の手法

(1) 類似取引比較

実務において一般的な手法は，オペレーティングプロフィット（≒営業利益）に資金流出のない減価償却費及びのれん償却費を足し戻した税・金利・償却前利益（Earnings Before Interest, Tax, Depreciation and Amortization），すなわち**EBITDA**をベースとして算出する**マルチプル法**である。この場合，買収価格（企業価値）をEBITDAで割った「坪当たり」に相当する指標をEBITDA倍率（EBITDA Multiple）という。EBITDA 1億円を手にいれるのに10億円支払っている場合は，当該事例においてEBITDA倍率は10倍となる。類似取引事例から得られるEBITDA倍率を，評価対象企業のEBITDAに乗じれば，評価対象会社の評価額を算出できる。このような評価手法を，類似取引比較法（Comparable Transactions Analysis）と呼ぶ。

売買事例から得られるマルチプルのことを買収マルチプル（Acquisition Multiple）という。たとえば株式買収の事例からEBITDA

ベースの買収マルチプルを算出するには，株式買収総額と買収対象企業の純有利子負債額を加えた企業価値ベースの買収総額を算出し，それを買収対象企業のEBITDAで割る。

なお，売買事例から得られる買収マルチプルは売買金額を基に算出されているため，当該マルチプルを算出する際には支配権取得のためのプレミアム及びシナジー効果が勘案されており，後述する類似会社比較にて算出するマルチプルとは性質が異なるものとなる。

(2) 類似会社比較[1]

類似取引比較法の難点は，適切な売買事例の数が限定されることである。なぜなら類似企業の売買事例はそれほど頻繁に起こってはいないからである。そこで着目されたのが企業の株価である。株価とは，株式市場で企業のごく一部が日々売買された価格である。時価総額は，企業のごく一部が現実に買収された価格（＝株価）で，仮に発行済株式の全てを買収したとしたらいくらになるかというバーチャルな数字である。この時価総額に純有利子負債の価値を加えれば，類似企業の企業価値，すなわち想定売買価値が出る。これならば，全ての上場企業について毎日想定売買事例を取ることができ，サンプル数が飛躍的に増加する。これが**類似企業比較法**（Comparable Companies Analysis）の発想である。ただし，これはあくまでも企業のごく一部が日々売買された価格を基に算出された，いわば少数株主として株式を取得するための水準であり，類似取引比較のような支配権のプレミアムやシナジー効果は勘案されていないものである。

EBITDA倍率を用いた企業価値評価では，評価結果は企業価値ベースのものとなるが，同じ利益倍率でも当期利益の株式時価総額に対する比率である**PER**（Price Earning Ratio：株価収益率）を用いると，評価結果は株主価値ベースのものになる。PERの定義は以下の通りである。

$$PER = \frac{株価}{EPS} = \frac{時価総額}{当期利益}$$

ここで，**EPS**（Earnings Per Share：1株当たり当期利益）とは，当期利益を発行済株式総数（自社株を除く）で割った数字である。なお，時価総額は株価×発行済株式総数であるが，この場合の発行済株式総数も自社株を除いた数字でなければならない。なぜなら自社株は経済的には未発行株式と同等で，配当等の利益配分もなく，議決権も持たない。

EBITDA倍率の場合と同様に簡易モデルによる分析を行うと，新規投資のROEが株主資本コストよりも高ければ，成長率が高いほどPERが高くなることが分かる。逆にROEが株主資本コストより低いと，無理に成長率を上げてもPERはかえって低下してしまい，株主価値を減少させる。通常は，成長機会の多い業界では将来的な収益期待も高いであろうから，成長業種においてはPERが高くなる傾向がある。**PBR**（Price Book Ratio：株価純資産倍率）の定義は以下の通りである。

$$PBR = \frac{株価}{BPS} = \frac{時価総額}{株主資本}$$

ここで，BPS（Book Value Per Share：1株当たり簿価株主資本）とは，簿価株主資本を発行済株式総数（自社株を除く）で割った数字である。

PBRが1を下回っていると，株価は「解散価値」を下回り割安であるといわれることがあるが，これは妥当ではない。簿価株主資本自体がゴーイングコンサーンを前提に会計処理の結果出てきた数値であり，解散価値を保証していない。

(3) DCF[2]

DCF法では，まず企業価値を算出し，そこから純有利子負債の価値を差し引いて間接的に株主価値を求める。企業価値は，事業から得られる**将来フリーキャッシュフローの現**

在価値（これを「事業価値」と呼ぶ）と，フリーキャッシュフローに反映されていない非事業用資産・負債など（これを「別建評価資産・負債」と呼ぶ）の価値の合計である。事業価値は，将来フリーキャッシュフローの現在価値の合計である。実務的には永久に収支予想を行うことはできないので，一般的には5年程度 のフリーキャッシュフローを予測し，その現在価値合計に予測終了時点での残存価値の現在価値を加算して事業価値を算出する。したがって，事業価値を算出するうえで重要なのは，①予測期間中のフリーキャッシュフロー，②割引率（r），③残存価値（TV）である。以下，DCF法を通じて企業価値を算出する際の主要要素である，フリーキャッシュフロー，割引率，残存価値，別建評価資産・負債および純有利子負債の価値について説明する。

① フリーキャッシュフロー

フリーキャッシュフローは簡便には，

フリーキャッシュフロー
  ＝税引後営業利益＋減価償却費
   －増加運転資本額－設備投資額等

と表されるが，以下の算式がより包括的である。

フリーキャッシュフロー
  ＝NOPAT－（事業関連）投下資本の純増額

NOPAT（Net Operating Profit After Tax）とは，税引後の事業関係利益のことである。事業関係利益はおおまかには営業利益を指すが，営業外損益中でも財務関連以外の棚卸評価損，為替差損益，技術指導料などは事業関係と考えられ，特別損益項目にも貸倒引当金戻入益など事業関係のものが含まれるので，正確にはこれらを加減すべきである。さらに，営業外項目として計上されている投資持分益なども事業関係のものとして含めることが一般的である。NOPATは資本構造に左右されない最終利益なので，金利の節税効果を除くために借入ゼロの場合の想定税額を控除する。損益計算書から導かれる事業関係損益であるNOPATをフリーキャッシュフローに変換するには，損益計算書上は費用であるものの実際には現金が流出しない費目（たとえば減価償却費やのれん償却費）を足し戻して，損益計算書上は費用ではないが実際には現金が流出する費目（設備投資額や純運転資本の増加額など）を差し引く。残存価値を永久還元法で求める場合，予測期間以降のフリーキャッシュフローが定率成長すると仮定する。したがって，急成長企業の場合は成熟段階に達するまで，大規模設備投資直後の企業の場合は投資効果が一巡するまで，景気循環的な産業の場合は市況のサイクルが1循環するまでの収支予測を行うことが望ましい。

② 割引率＝加重平均資本コスト

割引率は資本提供者の機会費用を反映しているが，DCF法の場合には，**株主資本コスト**（Cost of Equity）と**税引後負債コスト**（After-tax Cost of Debt）をデットエクイティ構成比で加重平均した**加重平均資本コスト**（Weighted Average Cost of Capital; WACC）を使用する。

加重平均資本コスト
 ＝株主資本コスト×$\frac{株主価値}{株主価値＋有利子負債価値}$
 ＋税引後負債コスト×$\frac{有利子負債価値}{株主価値＋有利子負債価値}$

WACCの計算は時価（内在価値）ベースのデットエクイティ構成比が一定であることを前提としている。WACCの構成要素である(1)税引後負債コスト，(2)株主資本コスト，(3)デットエクイティ構成比についてさらに考察する。税引後負債コストは，評価対象企業のリスクに見合った金利であり，税引後で測定する。配当や借入元本の返済，設備投資などは税引後キャッシュフローから支払われるため，これらと平仄を合わせるためにキャッシュフローを税引後にそろえる必要がある。

株主資本コストは，投資家による株式投資

の期待利回りを表す。株式投資は国債投資と比べてリスクが高いので,危険回避的な投資家は,国債利回り（**リスクフリーレート**）よりも高い利回りを期待する。この上乗せ分（プレミアム）の算定に1つの指針を与えるのが,資本資産評価モデル（Capital Asset Pricing Model; CAPM）である。CAPM理論を応用した株主資本コストの算式は,以下の通りである。

株主資本コスト
= リスクフリーレート
+ β×（マーケットリターン－リスクフリーレート）

βは,株式市場全体の変化に対する各個別株の感応度の大小を示したものである。これは,各個別株とTOPIXなどの株式市場全体の指数の変動率について最小2乗法により回帰分析した場合の傾きである。ただし,このβは各個別株の資本構成を反映した**β（レバード・ベータ）**であるため,資本構成の影響を取り除いたβ（アンレバード・ベータ）を算出する必要がある。そして,評価対象会社の資本構成を鑑み,アンレバード・ベータからリ・レバード・ベータを算出する。

マーケットリターンからリスクフリーレートを引いたものは**マーケットプレミアム**である。これは,投資家がリスクが高い株式へ投資する際に国債の利回り（リスクフリーレート）と比較し,水準としているものである。

なお,株主資本コスト算出の際に,評価対象会社の時価総額が小さい場合,小規模プレミアムを適用して株主資本コストに加える場合がある。これは,小規模な会社への株式投資については,大規模な会社の株式よりリスクが高く,投資家も高い利回りを期待するためである。この背景として,小規模な会社は大規模な会社と比較して収益性の変動も大きいことや,小規模な会社へ投資できる投資家が限定的であることなどが挙げられる。

デットエクイティ構成比とはデットとエクイティの時価合計に占める各々の構成比を指し,評価対象企業のリスク特性に見合った適切な比率を採用する。一般にリスクの高い業種ほど借入負担能力が低いので,適正デット比率は低くなる。

③ 残存価値

事業価値は,将来フリーキャッシュフローの現在価値である。もしフリーキャッシュフローを未来永劫予測すれば残存価値を考える必要がないが,実際には5年程度の期間を超えて詳細な予測を行うことは現実的でないため,その後のフリーキャッシュフローの価値を別途算定する必要が生じる。この予測期間以降のフリーキャッシュフローの価値を簡便に算出したものが**残存価値**（Terminal Value）である。

残存価値にはいろいろな算定法があるが,一般的に(1)永久還元法と(2)マルチプル法,の2つが一般的な方法である。なお,これらの方法により算定された残存価値は,予測最終期時点での将来価値であるので,事業価値の算定に際しては,さらに評価時点の現在価値に割り引く必要がある。

永久還元法（Perpetuity Method）は,キャッシュフロー永久成長法とも呼ばれる。「予測期間後フリーキャッシュフローは定率で成長する」という単純化した仮定を置いて,未来永劫のフリーキャッシュフローの現在価値を求める。いま,予測最終期（第N期）の翌期のフリーキャッシュフローをFCF_{N+1},永久成長率をg,割引率をr（＝WACC）とすると,予測最終期以降のフリーキャッシュフローの割引現在価値の合計（＝残存価値：TV）は,以下の算式で表される。

$$残存価値 = \frac{FCF_{N+1}}{1+r} + \frac{FCF_{N+1}(1+g)^2}{(1+r)^2} + \cdots = \frac{FCF_{N+1}}{r-g}$$

この時,留意すべき点は,予測最終期の翌期のフリーキャッシュフローについて一時的な収益及び費用要因等を除いた平準化（Normalization）したものでなければなら

ない。永久還元法の1つの弱点は，成長に際しての追加投資とその収益率の関係が明示的に考察されていないことである。

マルチプル法（Multiple Method）は，予測最終期の利益額に適当な利益倍率を乗じて残存価値を算出する手法である。実務でよく使われるのが，オペレーティングプロフィット（≒営業利益）に，資金流出のない減価償却費及びのれん償却費を足し戻した税・金利・償却前利益（Earnings Before Interest, Tax, Depreciation and Amortization），すなわちEBITDAをベースとしたEBITDA倍率である。

算式は，

予測最終期の（平準化された）EBITDA
× 適切なEBITDA倍率

である。

④ 事業価値の算定

事業価値を算定するには，フリーキャッシュフローと残存価値をWACCを用いて現在価値に割り引く。評価基準日を年末とした場合，年央の1期目のキャッシュフローは1＋WACCの0.5乗，2期目のキャッシュフローは1＋WACCの1.5乗といったように，評価時点からキャッシュフロー発生期間の期央までの年数を累乗して割り引く。これは，キャッシュフローは期末に一括で発生するものではなく，1年間を通じて継続的に発生しているものとの前提に基づいている。

⑤ 別建評価資産・負債

企業価値算定のためには，事業の生み出すフリーキャッシュフローに反映されていない資産や負債の価値を別途算定して，事業価値に加算する必要がある。本質的に重要なのは，ある資産が事業関連かどうかということよりも，事業価値算定上使用されたフリーキャッシュフローに反映されているかどうかである。もしある資産がフリーキャッシュフローに反映されていれば別途評価して加算すべきではなく，逆にフリーキャッシュフローに反映されていなければ別途評価して加算しなければならない。また，フリーキャッシュフローに反映されていない項目は資産サイドだけではなく負債サイドにも発生しうる。

⑥ 純有利子負債価値

企業価値から株主価値を算出する過程で控除されるべき有利子負債とは，基本的には長短借入金，社債などのことである。これらは本来は簿価ではなく時価で算定すべきだが，通常は有利子負債の時価は簿価（額面）に近いことが多いので，実務上はしばしば簿価で代用することが多い。少数株主持分や優先株なども，有利子負債同様に，株主価値を算出するときに控除する。連結子会社に少数株主が存在する場合に発生する少数株主持分の価値については，本来，当該連結子会社の株主価値をDCF評価や（上場子会社であれば）市場価格等で評価して，それに少数株主の持株比率を乗じたものを控除すべきであるが，金額的に重要性が乏しい場合には簿価で代用することが多い。有利子負債等から余剰現預金を控除して純有利子負債を算出する。

⑦ その他の代表的な収益還元法

エクイティフリーキャッシュフロー法

フリーキャッシュフロー法は，まず企業価値を求めた後で負債価値を差し引いて株主価値を求めるが，**エクイティフリーキャッシュフロー**（Equity Free Cash Flow；Eフリーキャッシュフロー）法では株主に帰属するキャッシュフローだけを抜き出し，それを株主資本コストで割り引いて直接株主価値を求める。エクイティフリーキャッシュフローを求めるには，通常のフリーキャッシュフローに債権者に帰属するキャッシュフロー（税引後金利と元本の増減）を加減する必要がある。この元本の増減を各期ごとに求めるには，まず各期末の負債残高を求める必要がある。一般にエクイティフリーキャッシュフロー法は，資金調達も事業活動そのものであるような金融機関の評価に主に用いられている。

⑧ 割引EVA法[3]

EVA (Economic Value Added) とは，投資家（債権者および株主）が要求する機会費用を控除した利益であり，エコノミックプロフィット (Economic Profit) とも呼ばれる。EVAは投資家に対して負担すべきコストをどれだけ上回る利益を上げているかを測定する。

EVA
= NOPAT − 投下資本 × WACC（資本コスト額）
= 投下資本 × EVAスプレッド

ここでEVAスプレッドとは，投下資本利益率（ROIC = NOPAT/簿価投下資本）と加重平均資本コスト（WACC）の差である。

バリュエーション手法として見ると，割引EVA法による企業価値は，

企業価値 = 簿価投下資本 + 将来のEVAの割引現在価値

と表されるが，これは整合的な前提をおけば，DCF法により算出される企業価値と等しい。

⑨ 残余利益法

割引EVA法では，株主と債権者に帰属するNOPATから株主と債権者が要求する資本コスト額を引いてEVAを出し，それをWACCで現在価値に割り引くが，残余利益法では，株主に帰属する当期利益から株主が要求する（簿価ベースでの）株主資本コスト額を差し引いて残余利益を出し，それを株主資本コストで現在価値に割り引く。「簿価ベースでの株主資本コスト額 = 簿価株主資本 × 株主資本コスト」であるから，

残余利益 = 当期利益 − 簿価株主資本
　　　　　　　　　　× 株主資本コスト

である。ここで，「当期利益 = 簿価株主資本 × ROE」であるから，

残余利益 = 簿価株主資本
　　　　　　× (ROE − 株主資本コスト)

すなわち残余利益とは，簿価株主資本に，ROEと株主資本コストの差（これをROEスプレッドという）を乗じたものになる。残余利益法では株主価値は以下の式で算出され，それは，資本構成を一定とすると，DCF法で算出される内在価値と原理的に一致する。

⑩ APV法

APV (Adjusted Present Value) 法はフリーキャッシュフロー法の変形で，企業価値における金利のタックスシェルター効果の価値を明示的に分離して算出する方法である。

APV法では企業価値を，(1)借入金がゼロの場合（すなわち金利のタックスシェルター効果がない場合）の企業価値と，(2)金利のタックスシェルター効果の価値に分けて計算する。(1)の部分は，フリーキャッシュフローをWACCではなく借入ゼロの場合の株主資本コストで割り引く。これはコーポレートファイナンスの教科書で説明されるモディリアーニ＝ミラー (MM) 理論により，税率ゼロの場合のWACCと同じである。(2)の部分は，各期の金利のタックスシェルター額の割引現在価値である。

(4) 投資リターン

DCF法における投資リターンは，割引率そのものとなる。一方，類似取引，類似企業比較法で使われるPBRとPERに関しては，両者の間にはROEを介して以下のような恒等式が成立していることが分かる。

PBR = PER × ROE

したがって，PERが並の水準なのにPBRが低い場合はROEが低いのであるから，PBRが低くても必ずしも割安とはいえない。

ROEが低い場合，その理由は，まったく性格が異なる2つの原因のいずれか（または両方）に帰着する。第1は，事業自体の収益性が低い場合であるが，この場合には低PBRは事業の低収益性を反映しており，株価は必ずしも割安とはいえない。第2は，事業自体の収益性が低くないにもかかわらず，資本構成上レバレッジが効いておらず借入金が過少な場合である。特に余剰運用資産が有利子負

債を上回るキャッシュリッチ企業の場合には，この問題は深刻化する。市場でのPER評価が一定の場合，レバレッジが低いほど買収者が重視するEBITDA倍率が低下するのである。通常の株価が，資本政策に影響を与えることのできない投資家の売買によりPERを軸に価格形成されている場合には，極端な低レバレッジは買収者の指標であるEBITDA倍率を低下させ，買収リスクを高める。

（注）
1) この箇所は田村（2009）の第4章の内容に基づいている。
2) この箇所は，Penman, S.（2012）のPart Two The Analysis of Financial Statementsの内容に基づいている。
3) この箇所は，佐藤・斉藤・飯島（2008）の第3章の内容に基づいている。

〔参考文献〕
佐藤紘光，斉藤正章，飯島泉（2008）『株主価値を高めるEVA経営』中央経済社。
田村俊夫（2009）『MBAのためのM&A』有斐閣。
Penman, S.（2012）*Financial Statement Analysis and Security Valuation*, McGraw Hill Higher Education.

［花村信也］

Ⅳ　バイアウトの経営分析

1　M&Aとバイアウトの相違

一般に，「企業買収」を表す用語としては，「M&A（Mergers & Acquisitions）」と「**バイアウト**（buy-outs）」の2種類が存在する。図表10－4－1は，両者の概念の相違を示したものである。M&Aとバイアウトは，買収主体が，「企業」であるのか，「経営陣」，「従業員」，「バイアウト・ファンド」であるのかにより区別される。

まず，M&Aと呼ばれるときの買収（acquisitions）は，企業が戦略的バイヤーとして他の企業やその一事業部門を買収することを指す。この取引における買手側の買収動機としては，既存事業の拡大，商圏の地理的拡大，サプライチェーン統合，新規事業への進出などがあげられる。

次に，バイアウトは，経営陣（management），従業員（employee）などの個人や**バイアウト・ファンド**（buy-out fund）などの金融投

図表10－4－1　戦略的M&Aとバイアウトの概念

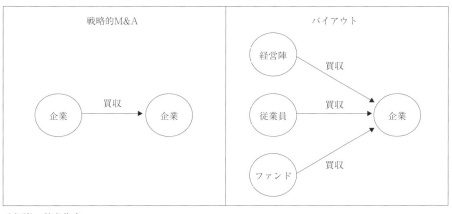

（出所）　筆者作成。

資家が，それぞれ単独で，あるいは株主グループを形成して，企業や事業部門を買収することを指す。一般に，買収金額が数千万円～数億円程度の小規模案件においては，複数の個人が自己資金を出し合って企業の買収を実行することも可能であるが，ある程度の規模になってくるとバイアウト・ファンドなどの金融投資家の資金を仰ぐ必要が出てくる。バイアウト・ファンドが出資する場合には，将来株式を売却することが想定されている。

2　バイアウト・ファンドの投資プロセス

図表10－4－2は，バイアウト・ファンドの投資プロセスを示したものである。第一段階の投資の実行では，バイアウト時の社長は内部登用か外部登用か，バイアウトをする際の資金調達方法はどうするのか，経営陣は自己資金を拠出しバイアウト後の新会社に出資するかどうか，などが検討される。通常，バイアウト・ファンドが企業を買収する際には，投資効率を高めるためにLBO（Leveraged Buy-outs）の方式が採用される。LBOとは，買収資金の一部を借入金などのデットで調達する買収方式であり，調達したデットはバイアウト後に対象会社が生み出したキャッシュで返済していくこととなる。LBOを実施した企業にとっては，滞りなくデットの返済が実施できるかが重要な課題となる。

バイアウト・ファンドの投資が完了して体制が決定した後には，第二段階として，投資先企業の経営改善支援が実施される。投資先企業の事業価値の創造は，バイアウトのプロセスにおいて最も重要な局面であり，収益力の強化のためにさまざまな施策が実施される。

そして，一定の支援が完了した後には，最終段階として，バイアウト・ファンドは投資の回収を行い，エグジット（exit）の達成がなされる。この際には，バイアウト・ファンドと経営陣の双方が納得するエグジット方法が選択されることが望まれる。具体的なエグジット方法としては，株式公開，M&Aによる事業会社への売却，他のバイアウト・ファンドへの売却，投資先企業が生み出したキャッシュでの買戻しなどがある。

3　ケース分析～キトーの事例[1]

(1) 案件の背景

ジャスダックに上場していたクレーン製造のキトーは，グループの財務体質の抜本的な改善と海外における積極的な事業展開を図るため，2003年7月にグローバル・プライベート・エクイティ・ファームのThe Carlyle Groupの支援を伴う株式の非公開化型バイアウトを公表した。具体的なスキームとしては，The Carlyle Groupが設立した受皿会社が株式の公開買付けを実施し，キトーの株式の大半を取得した。バイアウト時には経営陣も一

図表10－4－2　バイアウト・ファンドの投資プロセス

投資の実行	経営支援	投資の回収(exit)
・買収金額の算定 ・買収資金の調達 　（通常は買収資金の一部を借入で調達） ・経営陣へのインセンティブ付与	・経営陣の補強 ・基幹人材の投入 ・マーケティング・チャネルの拡大 ・戦略的提携の支援 ・株式公開支援	・投資回収の方法の選択 ・投資回収のタイミングの見極め ・全部売却 or 一部売却

（出所）　筆者作成。

部出資を行っており，MBO（Management Buy-outs）の形態となった。既存の有利子負債を含む買収総額は100億円を超えたが，The Carlyle Groupによるエクイティ出資と三井住友銀行を中心とするシンジケートローンにより買収資金が調達された。

(2) The Carlyle Groupによる経営支援

グローバルなネットワークを有するThe Carlyle Groupによる主な経営改善支援は，以下の通りである。日本以外では，主に北米と中国を中心とするアジアでの支援が実施されている。

① 日本

日本においては，まず生産現場での工場業務フローの抜本的な見直しが実施された。専門のコンサルタントと協働し，トヨタ生産方式を導入し，在庫の大幅な削減と注文から出荷までの時間短縮を実現した。

また，資本効率の観点から，資産の売却を推進し，財務体質の強化が実施された。例えば，東京本社ビル，工場用地の一部，持ち合いで保有していた有価証券が売却されて，借入金の返済に充当されている。

さらに，The Carlyle Groupと経営陣が決断し，物流システム事業のダイフクへの譲渡が実施された。この物流システム事業の売却により，中核事業であるホイスト・クレーン事業に資源を集中できるようになり，経営改革のスピードアップを進めることが可能となった。

② 北米

北米では，米国チームのサポートを得ながら，キトーの米国子会社の経営体制の見直しが実施された。具体的には，従業員に対するヒアリングが実施され，既存の経営陣の問題点を正確に把握した上で，新しいCEOを外部から招聘し，現地の潜在的な力が発揮できるような体制が整備された。新CEOの招聘に際しては，The Carlyle Groupが有するマネジメント・ネットワークが活用されている。

③ アジア

アジアにおいては，The Carlyle Groupのアジアチームのサポートを得ながら主に中国での事業展開の強化が実施された。

キトーは，1995年にいち早く中国に進出し，中国江蘇省の現地のホイスト・クレーン製造会社との合弁会社である江陰凱澄起重機械有限公司を設立し，現地で生産した製品・部品の日本国内への輸入やキトー製品の中国市場への提供の拠点として運営してきた。

その後，The Carlyle Groupが株主となった後には，2004年3月に，上海凱道貿易有限公司が新規に設立され，2005年1月には，江陰凱澄起重機械有限公司の出資比率が65％から80％に引き上げられた。さらに，2005年5月には，拡大し続ける需要に対応するために新工場を建設し，事業の拡大を図っている。新工場の総投資額は14億円であったが，最新鋭の設備とシステムにより，電動ロープホイストを年間35,000台，クレーンを年間500台生産可能な能力を備えたものとなった。

(3) 主要連結経営指標の推移

図表10－4－3は，キトーの主要経営指標の推移を示したものである。バイアウト実施前の2003年3月期は，国内における長引く不況に加え，米国経済にも陰りが見え始め，世界同時不況の懸念もあった時期であり，売上高は208億円，営業利益は10億円にとどまっていた。その後，バイアウトを実施した2004年3月期からは，業績は右肩上がりに上昇した。

その後，2007年8月には，再上場を達成し，その2008年3月期には，売上高は370億円に達し，営業利益は2003年3月期の5倍を超える54億円に拡大した。そして，リーマン・ショックを契機とし，一旦売上高は縮小したが，2011年3月期には回復し，近年は拡大基調である。注目すべき点は，キトーの連結売

上高全体に占める海外売上高の割合である。2002年3月期には26.3％に過ぎなかった海外売上高の割合が，2011年3月期には66.3％まで上昇しており，キトーの事業の中心が海外に大きくシフトしてきていることが読み取れる（図表10－4－4）。この海外へのシフトは，The Carlyle Groupによる支援が大きく影響していると考えられる。

買収時に調達したデットについては，2003年8月29日付でシンジケートローン契約を締結した[2]。このシンジケートローン契約に基づく当初借入額は，76億4,000万円であったが，キトーは，投資有価証券や遊休不動産の売却で得たキャッシュや，本業で生み出し

図表10－4－3　キトーの主要連結経営指標の推移　　　（単位：百万円）

指　　標	2000年3月期	2001年3月期	2002年3月期	2003年3月期	2004年3月期	2005年3月期	2006年3月期
売　上　高	20,816	22,726	23,369	20,759	22,608	23,643	26,904
営 業 利 益	794	1,292	601	1,001	1,915	2,661	3,562
経 常 利 益	448	945	439	725	1,484	2,475	3,653
当期純利益	△3,116	392	△1,217	367	993	1,353	2,307
営業キャッシュフロー	1,820	2,254	993	2,043	2,151	5,441	3,054
投資キャッシュフロー	491	△176	△643	△510	1,560	317	122
財務キャッシュフロー	△2,634	△557	△756	△1,430	△5,259	△3,787	△5,142
有利子負債	12,225	11,799	11,197	10,054	N/A	N/A	3,105

指　　標	2007年3月期	2008年3月期	2009年3月期	2010年3月期	2011年3月期	2012年3月期	2013年3月期
売　上　高	31,794	36,961	32,605	23,925	28,095	33,282	35,501
営 業 利 益	4,418	5,408	2,366	437	1,119	1,658	2,510
経 常 利 益	4,518	5,188	2,045	471	885	1,572	2,440
当期純利益	2,787	3,286	1,185	122	423	662	1,023
営業キャッシュフロー	3,748	2,500	572	2,097	1,908	411	△515
投資キャッシュフロー	△887	△1,130	△2,026	△594	△1,983	△1,310	△1,746
財務キャッシュフロー	△599	△2,582	820	△895	385	899	850
有利子負債	2,305	0	1,722	2,457	2,721	3,942	5,391

（出所）　有価証券報告書（2011年3月期は決算短信）に基づき筆者作成。2004年3月期と2005年3月期の営業利益は決算説明会資料に基づき作成。

図表10－4－4　キトーの海外売上高の推移　　　（単位：百万円）

売　上　高	2002年3月期	2003年3月期	2004年3月期	2005年3月期	2006年3月期	2007年3月期	2008年3月期	2009年3月期	2010年3月期	2011年3月期	2012年3月期	2013年3月期
海外売上高	6,150	6,655	9,488	11,412	13,641	16,472	20,101	18,983	15,009	18,615	22,331	23,818
連結売上高	23,369	20,759	22,608	23,643	26,904	31,795	36,961	32,605	23,925	28,095	33,282	35,501
海外売上高の割合(%)	26.3%	32.1%	42.0%	48.3%	50.7%	51.8%	54.4%	58.2%	62.7%	66.3%	67.1%	67.1%

（出所）　有価証券報告書/決算短信/決算説明会資料に基づき筆者作成。

たキャッシュを充当することで随時返済した。その結果，再上場直前の2007年3月期には有利子負債が23億円に減少し，2008年3月期にはゼロになり，デットの返済が完了し，無借金企業となった。バイアウト時の借入金の返済が順調に進んでいるという点は，バイアウト後の財務キャッシュフローがマイナスになっていることからも読み取れる。

(4) エグジット戦略

バイアウト・ファンドは，ファンドの存続期間内に投資先企業の保有株式を売却してエグジットしなければならないが，キトーの事例では，The Carlyle Groupは投資後数年を経てから段階的に保有株式の売却を実施してきた。

まず，上場前には，キトーによる自己株式の取得と資本政策に基づく取引先への売却により一部の株式を売却して投資資金の回収が行われた。次に，2007年8月の東証第一部上場時に「売出し」が実施された際に，買取引受を行った証券会社に一部の株式を売却している。

その後数年間は株式の売却が実施されなかったが，2010年3月には，KONECRANES PLCとの業務・資本提携が実施され，一部の株式が売却されている。また，この取引と同じ時期に，キトーが資本政策の目的で実施した自己株式立会外買付取引（ToSTNeT-3）に申し込んで株式の売却を行っている。さらに，2011年3月には，再度「売出し」が実施され，The Carlyle Groupが保有する残りの全株式が売却され，完全エグジットを達成した。

以上のように，The Carlyle Groupは複数回の売却を経て，総じて相当なリターンを確保しており，バイアウト・ファンドの投資案件としても成功事例と位置付けられる。キトーの事例は再上場を達成したため，豊富な開示資料に基づいて，学術的な観点からも多様な分析が可能である。しかし，バイアウトの事例の多くは未上場企業である。そのため財務データの入手の困難性を伴うことが多い。バイアウト・ファンドによる経営改善支援の効果を実証するためにも，そのようなハードルを乗り越えて，個別のバイアウト実施企業の財務特性と経営改善を分析する研究が，今後も継続的に行われることは重要である。

(注)
1) 事例分析をまとめる上での情報ソースは，公開買付届出書，意見表明報告書，公開買付開始公告，公開買付報告書，大量保有報告書，変更報告書，有価証券報告書，決算短信，決算説明会資料，各種プレスリリースとする。キトーの事例の詳細は，杉浦（2012），鬼頭・野村・山田（2011）に詳しい。
2) 貸付人は，三井住友銀行，みずほ銀行，東京三菱銀行（現三菱東京UFJ銀行），あおぞら銀行，UFJ銀行（現三菱東京UFJ銀行），住友信託銀行（現三井住友信託銀行），りそな銀行，山梨中央銀行であった。

〔参考文献〕

鬼頭芳雄，野村博，山田和広（2011）「キトーの事業価値向上と再上場―事業再編とグローバル戦略の推進―＜座談会＞」日本バイアウト研究所編『事業再編とバイアウト』中央経済社，419－440頁。

杉浦慶一（2012）「バイアウト実施企業の財務特性と経営改善―キトーの海外における事業展開の強化を中心として―」『経営分析研究』第28号，60－69頁。

［杉浦慶一］

V　TOBの経営分析

1　TOBの意義と種類

(1) TOBの本来的意義

TOBは，Take-Over Bidの略であり，イギリスなどで使用される用語である。アメリカではTender offerが使用されている。日本では，「株式公開買い付け」と訳されることが一般的である。

買収者がある会社を**買収**しようとする場合，その会社の経営権あるいは支配権を手に入れなければならない。そのためには，買収対象会社の少なくとも過半数の株式を買い集める必要がある。その方法は，①市場内買い付け，②市場外買い付け，③新株引受に大別される。①と②は既発行株式を買い集める方法であり，株式流通市場を通じて買い集めるものが①，株式流通市場外で買い集めるものが②である。③は買収対象会社が新規に発行する株式（あるいは新たに募集を行う株式）を買収者が引き受ける方法である。このうち，TOBは②の市場外買い付けに属する。市場外買い付けには，TOBのほかに相対取引がある。

TOBを行う場合，買収者は，対象会社名，買付目的，買付期間，買付価格，買付株数，目標所有比率などの条件を定めて，それらを公告する。すなわち，公然と買収の意図や詳細な内容を明らかにし，対象会社の現在の株主に対して持ち株を提供（TOBに応募）するよう勧誘するのである。株主たちは，それらの条件を検討したうえで，自らの持ち株を買収者に提供するかどうかの判断を下す。このように，TOBは本来的に，買収対象会社の株主に対して買収の受け入れの判断を求める手法である。したがって，たとえ買収対象会社の**取締役会**が買収に賛成していなくても，株主から提供された株式が予定していた数を超えれば，買収は成功する。そのため，TOBは対象会社の現職経営陣（取締役会）の賛同のない状態で実施される買収（いわゆる"非友好的買収"や"敵対的買収"）を行う際の典型的な手法となりうる。

また，TOBでは，提供された株式数が買付予定株式数（の下限）に届かなかった場合，事前に予告しておけば，買い付けを取りやめることができる。したがって，徐々に市場の株式を買い集める市場内買い付けと比較して，TOBでは買収が不成功に終わった場合の買収者にとっての費用損失が限定的となる。

さらに，同じ市場外買い付け手法である相対取引とTOBを比較すると，相対取引は１人または少数の株主が株式の大部分を握る会社を買収する場合に適した手法であり，一方TOBは本来，所有が分散した会社の株式を買い集めるのに効率的な手法である。

(2) TOBの種類

目標所有比率，買収対象会社の上場の有無，他社株か自社株かの３点からTOBの種類を述べる。まず目標所有比率の点では，50％以下，50％超，100％の３種類のいずれかが多い。50％以下を目標とするTOBは，経営権の取得を意図していない資本参加のためのTOBである。50％超（および66.7％以上）を目標とするTOBは経営権（および支配権）を獲得するためのTOBである。100％目標のTOBは**完全子会社化**や**上場廃止**を狙うTOBである。

つぎに，TOBは必ずしも上場会社のみを対象に行われるわけではない。前述のように，TOBは本来所有の分散した会社の株式を買い集めるのに適しており，すでに経営権を握った非上場会社の株式のうちまだ取得していない零細株主の持ち株や，投資信託の証券を投信会社が買い集める際に使用される場合もある。

さらに，TOBは，他社を買収する場合に限らず，**自社株**を取得する場合でも使用される。自社株を取得する場合，会社は株主間の平等を確保する必要があるため，それが実現しうるTOBの使用が求められる場合がある。

2　TOBの制度

(1)　日本の制度

日本では**金融商品取引法**において「公開買付け」という用語が使用されている。「公開買付け」とは，不特定かつ多数の者に対し，公告により株券等の買付け等の申込みまたは売付け等の勧誘を行い，取引所金融商品市場外で株券等の買付け等を行うことと定められている（第27条の2第6項）。同法によるTOBに対する規制は，1971年の導入から数回にわたり改正を繰り返している。その内容は多岐に渡るが，ここではTOBの適用対象に関する規制について概説する。TOBの適用対象に関する規制には次の5つが設けられている（適用除外要件については省略）。

①　5％基準規制

5％基準規制とは，株式市場以外での取引（相対取引）によって対象企業の株式を買い集める際，買い付け後に所有比率が5％を超える場合はTOBを行わなければならないという規制である。したがって，株式市場を通じて，あるいは新株を引き受けることによって5％を超える場合はこれに該当しない。なお，このルールは著しく少数の者から買い付ける場合は適用除外になる。具体的には，前60日間に10名以下の相手から市場外で買い付ける場合は，5％を超える買い付けであってもTOBを行う必要はない。

②　3分の1基準規制（3分の1ルール）

3分の1ルールとは，株式市場以外での取引によって対象企業の株式を買い集める際，買い付け後に所有比率が3分の1を超える場合は，TOBを行わなければならないという規制である。この規制は，著しく少数の者からの買い付けであっても適用される。たとえば，1人の株主から相対取引で株式を取得する場合でも，その結果所有比率が34％に達する場合にはTOBを用いて買い付けを行わなければならない。つまり，3分の1を超える買い付けはいかなる場合も相対取引を用いてはならず，TOBを実施しなければならない。さらに，すでに3分の1を超える者が相対取引で新たに株式を取得することも許されず，その場合にはTOBを行わなければならない。

③　立会外取引規制

立会外取引規制とは，3分の1ルールの厳格化を図るための規制である。すなわち，ToSTNeT取引などの立会外取引の場合，取引所内ではあるが相対取引に類似する性格を有しているため，3分の1ルールが適用される。したがって，所有比率が3分の1を超える場合や，すでに3分の1超を所有する者が新たに株式を取得しようとする場合に取引所内の立会外取引を利用することはできず，それらの場合はTOBを行う必要がある。

④　急速買付規制

急速買付規制とは，3分の1ルールの対象となる取引を拡大した規制であり，一定期間内に複数の取引によって所有比率が3分の1を超える買い付けを規制している。具体的には，次のすべての条件に該当する場合に，TOBを実施しなければならない。

1．3ヶ月間に，
2．相対取引や立会外取引による買い付けが5％超含まれるような取得であり，
3．全体として10％超の取得を株式市場の内外での買い付けあるいは新規発行取得を行い，
4．その結果，所有比率が3分の1を超える場合

⑤　他者の公開買付期間中の買付規制

他者の公開買付期間中の買付規制とは，他者がTOBを実施している期間（公開買付期

間)に,その対象となっている株式などを3分の1超所有している大株主が5％超を取得しようとしている場合には,TOBを利用しなければならないという規制である。

(2) 諸外国の制度との比較

日本のTOB規制をアメリカおよびイギリスのそれと比較すると,別途買い付けを禁止している点と価格規制がない点ではアメリカの規制に類似し,撤回が原則不可能の点ではイギリスの規制に類似している。しかし,適用対象ではどちらにも類似せず独自の規制内容となっている。すなわち,アメリカでは原則5％超の公開買付が適用対象だが「公開買付」の明文規定はなく,8要素基準などに基づき判断されており,市場内取引は対象外である一方,イギリスでは30％以上の株式取得および既に30％以上50％未満の議決権を有する株主による株式取得に対して公開買付が適用される。また,全部買付義務については,アメリカでは課されていないが,イギリスでは適用対象とされるすべてのTOBには課されている。一方,日本では所有比率が3分の2以上となる場合のみに課されているが,換言すれば,3分の2未満となる場合には部分買い付けが認められているといえる。

3 TOBの成立モデル

(1) 初期の買収成立モデル

買収は(支配権)株式の取引であり,買い手と売り手が株式の売買に合意して成立する。したがって,買収成立モデルは本来,両者(とくに買収者と買収対象会社の株主)の意思決定に関するモデルである。ただし,初期の研究ではこれらは不十分にしか盛り込まれていない。

たとえば,「買収の理論(A theory of Takeover)」を初めて本格的に著したMarris(1964)は,常に買収の危険に晒されている分散所有企業の経営者を念頭に,買収者から買収を仕掛けられない条件をモデル化した。そこでは,現職経営者のもとでの対象企業の市場評価率より,買収者のもとでのそれが大きくなるときに買収が行われるとされた。コングロマリット買収を念頭に買収成立モデルを考案したMueller(1969)は,買収後の買収対象企業の期待利益増加分を買収企業の株主が用いる割引率で割り引いた現在価値合計と,現在の買収対象企業の期待利益をその株主が用いる割引率で割り引いた現在価値合計が一致する場合に,買収が成立するとした。株式交換TOBを想定して買収企業側と買収対象企業側の成立条件をモデル化したSteiner(1975)は,買収の前後において買収企業および買収対象企業の株主の持分価値がどちらも増加すると見込まれるときに買収が成立するとした。

これらの諸説はそれぞれに独自性をもっているが,いずれも「買収対象企業の株主は買収者の提示したプレミアムのある買収価格に常に応じる」ことを暗黙の前提としており,この点で限界をもっている。

(2) GH説とただ乗り問題

これらの初期の買収成立モデルに対して,Grossman and Hart(1980)(以下,GH)は,現金支払いTOBの際に買収対象企業の株主は必ずしも持ち株を提供しない可能性があることを指摘し,買収後の企業価値とは異なる買付価格を導入した形でそれをモデル化した。すなわち,買収者が現在の買収対象企業の価値より高い買付価格を提示しても,所有が高度に分散した買収対象企業では各株主は,自らが持ち株を提供するか否かによってTOBの成否は影響されないと考える。すると,TOBに応じて買付価格を得るよりも,TOBに応じずに持ち続けてTOB後のより高い価値(買収者が得ようとしていた価値)を得ようとする。この結果,誰も持ち株を提供しないこととなり,たとえ価値を向上させる買収

案であってもTOBが成立しないこととなる。
　GHはこれを"ただ乗り問題（free-rider problem）"と呼んだ。すなわち、持ち株を提供しようとしない買収対象企業の株主は、自分以外の株主が持ち株を提供することで買収が成立することを期待する一方で、自らは買収の成立に貢献しないにもかかわらず、その成果のみを享受しようとするメカニズムをただ乗りと表現したのである。GHが提示したTOBにおけるただ乗りのモデルは画期的であり、注目を集めることとなった。

(3) GH説以後の諸モデル

　しかし一方で、現実には多くのTOBが実施されているだけでなく成立している。そのため、なぜ実際にはただ乗り問題が発生しないのかについての様々な理論モデルが提起されることとなった。たとえば、Shleifer and Vishny（1986）は、買収者が買収前に対象企業の株式を取得することが買収者に利益をもたらすモデル（事前取得説）を提起した。また、Bagnoli and Lipman（1988）は、買収対象企業の株主数が限定されている場合を想定したモデル（株主数限定説）を、Holmstrom and Nalebuff（1992）は買収対象企業の株主の持ち株数が分割できる（1株所有ではない）場合を想定したモデル（株数分割説）を考案した。さらに、Bebchuk（1989）は、無条件買い付けによるTOBではただ乗り問題が解消しうるというモデル（無条件TOB説）を提示した。これらはいずれも特殊な場合においてただ乗り問題が発生しないことを提起した理論である。

　なお、GH自身は、ただ乗り問題が実際に発生していない理由について、買収者が買収後に買収者グループへの巨額給与支払いや新株交付、資産譲渡、製品廉価販売などの方法で価値の移転を行うことで、対象企業の価値が希薄化するためであると説明している（希薄化説）。また、投下した資本が長期にわたって固定化することを前提に買収を試みる買収者と、流動性の高い上場会社に投資する通常の株主とでは、リスク評価の仕方に本質的な差があることを重視する文堂（2007）は、買収対象企業の株主が、TOBが成立した場合に伴う上場廃止などによって買収対象企業の株式の流動性が大幅に低下すると期待することで、株主の想定する割引率が買収者の想定する割引率より大きくなるため、買収者は何らの施策を講じなくても自然発生的に買収者と対象企業の株主の評価の差が生まれることがただ乗り問題が解消される主な理由であると論じている。

4　プレミアム設定の問題

(1) 買付価格およびプレミアム設定の重要性

　買収者はTOBを行う際に、買収対象企業の株主に対して（1株当たりの）買付価格を提示する。**買付価格**は通常、株主の持ち株提供を誘引するために、プレミアム付きの価格で提示される。この**プレミアム**とは、買付価格のうち買収対象企業の買収前の株価を上回る部分である。株主の持ち株提供の誘引を高めるには、プレミアムを大きくしたほうがよい。その一方で、プレミアムを高く設定するほど買収者の利得が縮小する。もしもプレミアムが買収後の価値増加分を超えてしまうと、買収者が買い付けに要した費用が大きくなりすぎて、買収のリターンがマイナスとなる。これはプレミアムの過剰支払いであり、たとえTOBが計画通りに成立したとしても買収者にとっては損失を招く取引となる（これを"勝者の呪い（the winner's curse）"と呼ぶ）。このように、買付価格すなわちプレミアムの設定は買収者にとって重要な問題である。

(2) 買付価格の設定方法と算定根拠の開示

過剰なプレミアムを避けるために，買収者は買収前に対象企業の経営状態を精査して，買収後のシナジー効果等による企業全体の価値増加を評価・算定し，その評価額を上限に買付価格を設定することとなる。買収の費用を抑えるためにはこの上限額からできるだけ低い価格を買付価格にすべきだが，目標所有比率，他の買収者との競合状況，対象企業との交渉状況，株式市場の状況などを総合的に考慮してプレミアムの程度が決められ，それによって最終的に買付価格が設定される。なお，上限となる評価額はあくまで買収者側が独自の買収後の経営計画に基づいて見積もる金額であり，部外者には本来公表されない。

一方で，買収対象企業の株主への情報提供と彼らの持ち株提供促進のために，買収者は買付価格が妥当な金額であることを示す必要がある（金融商品取引法では買付価格の根拠を公開買付届出書の「算定の基礎」欄と「算定の経緯」欄に記載することを求めている）。通常，買付価格の算定においては，市場株価法，類似会社比較法（倍率法），DCF法，簿価純資産法などが用いられる。市場株価法は，買収対象企業の買収前の一定期間の株価の範囲を示すものである。類似会社比較法（倍率法）は，事業内容等が類似する上場会社数社の株価や企業総価値と各種財務指標の倍率（EV／EBITDA，PERなど）に基づいて買収対象企業の妥当な株価水準を示すものである。DCF法は，買収されなかった場合を想定した将来のキャッシュフロー見積額から適切な割引率を用いて算出した割引現在価値から妥当な株価水準を示すものである。これらの提示された株価水準の範囲のうち，買付価格がどのようなレベルにあるのかが示される。

実際には，これらの複数の妥当な株価水準における買付価格の位置づけを示すだけでなく，買付価格が過去3ヶ月間や過去6ヶ月間の平均株価に対してどの程度のプレミアムを加えたものであるかも記載されることがほとんどである。

(3) TOBにおける買収プレミアムの実際

日本のTOBの買付価格におけるプレミアム（買収プレミアム）の特徴は，その低さである。1993年から2007年の間に開始された他社株TOB 344件の買収プレミアム（発表前20営業日間を除いた同123営業日間の売買高加重平均株価に対する買付価格の上乗せ分の比率）の平均（中央値）は，11.3%（14.7%）にすぎない。この主な原因は，日本のTOBにはプレミアムがマイナスの案件が多い点にある。344件を買収プレミアムがプラスの"プレミアムTOB"と，マイナスの"ディスカウントTOB"に分けると，件数の比率は，前者が71.1%，後者が28.9%であり，ディスカウントTOBは3割近い。両者の買収プレミアムの平均値（中央値）は，プレミアムTOBが27.2%（23.2%）であり，ディスカ

図表10－5－1　日本のTOB買収プレミアム（1993~2007）

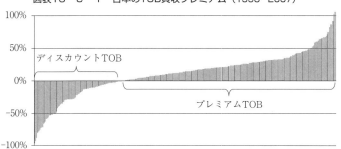

ウントTOBは−27.8%（−20.1%）である。両者のプレミアムは正負をほぼ逆転させたような水準である。さらに，これらの数値とともに，344件のTOBの買収プレミアムを小さいものから順に並べた図表10−5−1を見ると，ディスカウントTOBは決してプレミアムTOBから断絶した外れ値のようなグループとして存在しているのではなく，むしろ切り分けることのできない日本の全TOBのサンプルを構成する重要な一角であるといえる。

(4) ディスカウントTOB

前述のように，日本では，ディスカウントされた買付価格によるTOBが存在感のある割合を占めている。ディスカウントTOBにおいては，株主は持ち株を提供しないはずである。なぜなら，持ち株を売却しようという株主にとって，TOBへの応募と株式市場への売却の2つの選択肢があるが，売却によってより高い利得を求める株主であれば，後者を選択するはずだからである。したがって，理論的に考えればディスカウントTOBにはどの株主も持ち株を提供しないため，買収は成立しないはずである。しかし，実際にはディスカウントTOBのほとんどが成立している。その理由は，ディスカウントTOBが行われるのは買収対象企業の所有が集中している場合であり，さらにTOBに応じて持ち株を売却するのは，その企業の過半数などのかなりの比率を所有する大口株主だからである。これらの大口株主はその企業の株式を大量に所有しているため，それを放出しようとしても株式市場では吸収しきれない。もし短期間にすべての持ち株を市場で売却しようとすれば株価の暴落とその企業への負の影響を招く可能性が高い。一方，ディスカウントTOBに応募して売却すれば，たとえ買付価格が市場価格より低くても，買収者がどの期間にいくらの価格で何株まで買うかを明示するため，売却しようとする大口株主にとって持ち株売却の確実性と売却価格の確定性の点で利点が大きい。

さらに，ディスカウントTOBでは，大口株主以外の零細株主にとって応募するメリットが見いだせないため，実際に応募するのは大口株主のみになることが多い。くわえて，これらの大口株主は事前に買収者と交渉しており，TOBが公告される時点ではすでに応募が確定している（その旨が公告書類で記載されている）。このように，ディスカウントTOBは，ほとんどの場合買収者と大口株主の"相対取引"といってよい実態となっている。

ではなぜ日本ではこのようなディスカウントTOBが数多く行われるのであろうか。それは，2(1)で述べたとおり，"3分の1ルール"によって，公開会社等の株式については所有比率が3分の1を超えることになる買い付けは，原則として相対取引ではなくTOBを用いなければならないからである。その結果，このルールがなければTOBではなく相対取引で行ったであろう買収者と大口株主の間の大口株式の売買をTOBで行わざるをえないのである。さらに金融商品取引法においては，TOBの買付価格についての規制が設けられていないため，市場価格より低い買付価格でTOBを行うことができる。これらの制度的な理由から，日本ではディスカウントTOBが多く実施され，成立しているといえる。

5 反対表明があっても成立したTOBの事例

1(1)で述べたとおり，TOBは本来株主に対して直接持ち株の提供を勧誘する買収手法であり，たとえ買収対象会社の取締役会が買収に賛成をしていなくても，株主から提供された株式が予定していた数を超えれば，買収が成功しうる点にTOBの最大の特徴がある。しかし，日本ではこれまでいくつかの敵対的TOBは試みられてきたが，本格的な敵

対的TOBはほとんど成功していない。そのような中、対象会社から反対意見が表明されたにもかかわらず成立した事例である株式会社コージツ（以下コージツ）に対する投資事業有限責任組合DRCKJ（以下DRC）のTOB案件について、両者が提出した公開買付届出書、公開買付報告書、意見表明報告書（いずれも訂正分含む）に基づいて紹介する。

TOBの対象企業であるコージツは、登山用品販売を本業とする大証JASDAQ市場上場企業である。買付者のDRCは、日本及び海外の大手企業の年金基金などから出資を受けた経営支援型企業投資ファンドである。TOB開始時点において、DRC（とその無限責任組合員）はコージツの株式の17.42％を所有していた。DRCによればTOBの目的は、本業以外の不動産関連事業や海外事業からの撤退などにより本業の事業基盤を強化することであり、その過程での一時的な収益悪化や設備投資に伴うキャッシュアウト負担の増加によって生じうる一般株主への負の影響を回避するための非公開化であるとされる。また、DRCは非公開化後の経営体制は現職経営陣が継続して担当するとともにDRC（とその無限責任組合員）から3名の取締役等をコージツに派遣するとの計画をもっており、コージツ株式の27.87％を所有する筆頭株主のジャパンファインアーツとの間で同社が全持ち株をTOBに応募する旨契約している。

2011年7月22日に開始されたこのTOBは、事前に対象企業側の取締役会の賛同を得ないうちに実施されたという点で、非友好的な側面を帯びたTOBとなった。実際にコージツ側が意見表明を行ったのは5日後（同月27日）であり、「意見の表明を留保する」という内容であった。これは、7月19日にコージツ側がDRC側に申し入れた内容を反映している。すなわち、コージツ側は同社の法務アドバイザーより、同社がTOBを検討する過程でDRCとその関係者の影響が十分排除されておらず、公正性の担保と利益相反の回避の措置が取られていないとの指摘を受けたことと、同年6月に行われた別の買収提案者との面談中止の事実確認に関して同提案者から申し入れを受けたことを踏まえて、コージツは外部専門家により構成される第三者委員会を設置してこれらの調査・検証を依頼し、同委員会の答申結果を踏まえて意見を検討するため、その時間を確保したいという内容である。なお、この申し入れに対して、DRCは7月20日に、懸念しているような公正性に係る疑義はないと確信している旨とTOB実施の延期に応じられない旨をコージツ側に伝えている。

8月17日に公表された意見表明の訂正書において、コージツは、第三者委員会の答申内容を受けて、TOBに対して「反対の意見を表明する」との内容と、株主に対して「応募を推奨しない」との内容を公表した。第三者委員会の答申内容とは、まず、TOBの手続き面での公正性は一応確保されているが、本TOBが積極的にコージツの企業価値を向上させるとは判断できないこと、次に、1株当たり130円という買付価格は低廉であること、さらに、8月10日にDRC側に買付価格を147円以上に引き上げるよう申し入れたが翌11日にそれを拒否する旨の回答を受けたこと、である。

この反対表明を受けて、DRCは8月19日にTOBの条件を2点変更した。すなわち、買い付け期間を当初の9月1日までから9月15日までへと延長したことと、買付予定数の下限を当初の約1,416万株（TOB後のDRCの所有割合が3分の2となるライン）から937万株（同割合が過半数となるライン）へと引き下げたことである。これらは、TOB成立の条件の引き下げを狙ったものと推測される。9月16日に公表されたTOBへの応募株式数は約1,747万株であり、DRCはコージツ株式の77.12％を所有することに成功した。

この事例では株式価値算定が重要な論点の1つである。コージツの第三者委員会は算定を依頼した業者2社の株式価値評価をそのまま用いず，それを基に委員会が独自に算定し直したDCF法による評価結果の下限値（147円）を，DRCに対して是正を申し入れる買付価格とした。これに対してDRCは買付価格を130円のまま変更しなかったが，それにもかかわらず，当初の買付予定数を超える株式数が応募されTOBは成立した。この理由は，筆頭株主の持株応募契約の存在などとともに，買付価格に含まれるプレミアムが比較的大きかった点にあると推測される。すなわち，過去1ヶ月間の単純平均株価に対して約18.2%，過去3ヶ月間では約35.4%，過去6ヶ月間では約41.3%のプレミアムを株主の多くが売却に値する水準と判断したと考えられる。

〔参考文献〕
坂本恒夫，文堂弘之（2010）『M&Aと制度再編』同文舘出版．
文堂弘之（2007）「買収成立モデルに関する理論的考察―ただ乗り問題解消の解明―」『人間科学』第24巻第2号，29-78頁．
Bagnoli, M., and B.L. Lipman (1988) "Successful Takeovers without Exclusion", *Review of Financial Studies* 1(1), pp. 89-110.
Bebchuk, L.A. (1989) "Takeover Bids below the Expected Value of Minority Shares", *Journal of Financial and Quantitative Analysis* 24(2), pp. 171-184.
Grossman, S.J., and O.D. Hart (1980) "Takeover Bids, the Free-rider Problem, and the Theory of the Corporation", *Bell Journal of Economics* 11(1), pp. 42-64.
Holmstrom, B., and B. Nalebuff (1992) "To the Raider Goes the Surplus? A Reexamination of the Free-rider Problem", *Journal of Economics and Management Strategy* 1(1), pp. 38-62.
Marris, R. (1964) *The Economic Theory of 'Managerial' Capitalism*, MacMillan.
Mueller, D.C. (1969) "A Theory of Conglomerate Mergers", *Quarterly Journal of Economics* 83, pp. 643-659.
Shleifer, A., and R.W. Vishny (1986) "Large Shareholders and Corporate Control", *Journal of Political Economy* 94(3), pp. 461-488.
Steiner, P.O. (1975) *Mergers: Motives, Effects, Policies*, University of Michigan Press.

［文堂弘之］

Ⅵ 企業集団の評価と財務分析

1 企業集団評価の方法

(1) 分析の主体

財務分析の主体者は，いろいろと考えられるが，一般的には機関投資家，経営者，個人投資家などが考えられる。例えば機関投資家は，個人（家計）から運用を委託された年金基金，保険加入金，信託基金を，元本を維持しながら，分配金を増加させるように，収益性と安全性の双方を考慮しながら運用せねばならない。

収益性と安全性を追求する場合，財務分析のツールを正しく利用することも大切だが，分析の対象を正しく認識することも重要である。企業のある事業，ある部門だけの収益性と安全性を分析して，それで高い成果や支払能力を確認したとしたらそれは誤りである。ある事業，ある部門，それらは部分であり全体ではない。正確な分析をするためには，すべての事業，部門をそれぞれにウエイト付けして全体として評価することが必要である。また，企業そのものを分析するだけでも不十分である。企業のおかれている政治的・経済的・文化的背景も考慮して，その構造や機能を理解した上で，当該企業への投資の収益性・安全性を点検しなければならないのである。

しかしながら，財務分析においてすべてを対象にすることはできない。それは時間的に

も物理的にも不可能である。したがって，対象の中から重要と思われるものを拾い出さねばならないが，この取捨選択の作業がきわめて難しい。しかしこれを正しく行わなければ，適切な財務分析は行われないのである。

(2) 分析対象としての企業集団

適切な財務分析を行う場合，その対象にどうしても含めなくてはならないものに**企業集団**がある。それは今日の企業がいわゆる企業集団を形成していて，単一の企業として分析してみても十分な評価を下すことができないからである。

例えば，NTTドコモという企業そのものを分析してみても，その企業は持株会社・NTTの圧倒的な影響力の下にあるから，NTT全体の構造，そこでの役割を十分に分析してからでないと，当該企業の評価は難しいということになる。それでは逆に，持株会社や親会社を分析すれば当該企業の実態は解るかと言えばそうではない。例えば，豊田自動織機という企業はトヨタ自動車の母体企業であり，その資産の大半がトヨタ自動車の持株である。この場合，豊田自動織機の業績はそれ自体の業績ではなくトヨタ自動車のそれに左右されるということになる。

このように持株会社や傘下会社の影響が大きい場合，財務分析は当該企業のみではなく，連結企業集団あるいはかつて6大企業集団と呼ばれた銀行系企業集団の一員として位置付けて分析されるべきであろう。

(3) 企業集団を対象とすることの意義

投資家や経営者が対象企業を企業集団の一員として分析することは，何を意味しているのであろうか。

収益性分析において収益・利益と費用の意味が変わってくる。親会社に支払うべき代金は子会社にとっては費用だが親会社にとっては収益である。銀行系企業集団において銀行に支払う金利は借り手からすると費用だが銀行からすれば収益であり，企業集団全体で見れば相殺されるべき性格のものである。

また**安全性分析**においては債務の分類を行う際，きわめて意味のあることである。企業は多かれ少なかれ取引先企業に債権・債務を有している。例えば，取引先への支払手形は制度的には紛れもなく1年以内に返済を義務付けられた債務であるが，この取引先が親会社や他の面で親密な企業である場合，制度的には債務であっても返済には弾力的な資金に変身する。つまり1年以内に返済すべき短期資本が実質的には中期もしくは長期の資本として機能することもあるのである。

このように，単体ベースでは，収益・利益および費用であったものがまったく逆の意味になったり，さらには相殺される内容のものになったりする。また短期資本が企業集団ベースでは中・長期資本になる。

現代のようにあらゆる主要企業がグループを形成していたり，あるいは企業集団の一員であったりする場合には，こうした企業集団の視点で企業を評価することが財務分析の必須の条件となる。

(4) 変化した企業集団の役割

ところで，英米では1980年代から，日本では1990年代から，企業評価の方法が一変した。英米では個人株主の売上高拡大の利益率指向から**機関投資家**の投資効率を重視した利益率指向へと変化した。これは配当重視からリターン（配当プラス株価値上がり益）重視への変化であり，換言すれば**非市場型支配**から**市場型ガバナンス**への転換であった。

また日本では法人株主の成長・拡大指向から1990年以降日本に上陸した英米機関投資家の投資効率を重視した利益率指向へと変化した。これは売上，資産，シェア重視から投資リターン重視への変化であり，取引先（銀行，商社，主要メーカー）支配から機関投資家に

よる市場型ガバナンスへの移行を意味するものであった。

こうした英米日における機関投資家による投資効率を重視した市場型ガバナンスの時代にあっては、収益性は単に利益が実現しているかどうかではなく、それは投資に耐えうる利益かどうかが問題になる。つまり国債の利子率にリスクプレミアムを加味したリターンが保証されているかどうかが問われるのである。

安全性も単に資金が短期か長期かあるいは形式的に要返済か非返済かの問題ではなく、機能的に見て効率的に運用されているかあるいは否かの問題であり、実体的に資本として機能しているかどうかが問われるのである。

したがって、企業集団も連結企業集団であれ、銀行系企業集団であれ、資本を実体的に機能させ、高いリターンを保証するのに役立つ企業集団でなくては、その存続意義はなく存続を見直されることになる。

2　企業集団評価の基本的方法

(1)　収益性と企業集団

企業集団は、収益性の側面から見ると、興味深い役割を演じている。これは外部経済の内部化と呼ばれるものである。

例えば、自動車の組み立てメーカーは、部品を他の企業から購入する。この部品の代金は当然ながら仕入原価として、部品製造メーカーに支払われる。費用の発生である。費用は経済主体から見ると外部化する付加価値であるが、もし組み立てメーカーが子会社として部品メーカーを設立して、ここから部品を調達した場合、この費用は子会社の収益になる。費用は外部化せず収益として内部化することになるのである。

合併における垂直的方式（製品・サービスの流れの川下、川上への合併）も**外部経済の内部化**であるが、企業集団の子会社政策、連携政策もこの効果をねらったものであると言ってよい。特に日本の企業集団の場合、1950年代、1960年代において、ワンセット主義と呼ばれる投資行動が展開された。これはあらゆる業種、あらゆる段階に主要企業および子会社を配置することによって、できる限りの外部経済を内部化しようとしたのである。

したがって、財務分析における収益性分析においても、連結企業集団、銀行系企業集団の企業を対象とする場合は、この外部経済の内部化を念頭において評価を下さなければならない。

しかしこの外部経済の内部化という機能が、近年、見直されてきている。それは後述するEMSやODMに見られる企業連携である。アンバンドリングと対等な企業連携によって、工場などの設備資産に関連する労働力や償却負担のコストを大胆にリストラや切り捨てによって軽減するもので、アップル社のような米国の**ファーブレス**（fabless, fabrication facility, 工場を持たない）企業に一般的に見られるようになってきた。この場合、外部経済の内部化は働いておらず、今日の新たな企業連携の機能がどういうものか十分に吟味しなければならない。

(2)　**安全性と企業集団**

生産者や投資家はリスクを回避し安全性を確保するために過去に様々な手を打ってきた。古くは債務に対する無限責任を回避するために有限責任制度を生み出し、経営のリスクを回避するために機関による経営、専門経営者による経営という所有と経営の分離を考えだした。また投下資本の回収リスクを回避するために株式会社制度を誕生させた。

企業が子会社を作ったり、他の企業と連携して企業集団を形成させたりするものも出資者や投資家のリスク回避の活動の一環と理解できる。例えば企業が集団として銀行を内在させるということは、借入金という他人資本

を自己資本に転化できるのである。こうすれば設備投資のような長期運用の資金を制度的には短期の資金で賄うことができる。いわゆる運用と調達のミスマッチの回避，**流動性リスクの回避**である。

また，見通しが不安定な事業を子会社化することによって，事業リスクを回避する手法も行われている。例えば，先端的な技術を駆使した新事業の場合，これが安定した事業として定着するかどうかは未知数である。当該企業が直接企業内事業として着手し多額の損失が出た場合，これは当該企業の存続そのものにも波及しかねない。そこでまず最初は子会社として事業展開を行い，見通しがついたところで社内事業化を考えるという手法である。いわゆる企業集団による**倒産リスクの回避**である。

このように安全性の側面に限定しても，企業集団は流動性リスクと倒産リスクという二つのリスクを回避する手段として有効なのである。したがって，財務分析においても，こうした企業集団の機能に着目して，流動性分析，倒産分析を行うことが大切である。

しかし，これも後述するように，最近では流動性リスクや倒産リスクを，企業集団や企業連携で回避するというよりも，自己資本比率の引き上げや資本の質によって対応していこうとする動きが顕著である。これは，グローバル化や国際化によるリスクの内容変化によるものと考えられるが，巨大銀行の求められるBIS規制の強化に端緒に現れている。したがって企業集団による安全性の確保は，今日的には必ずしも有効ではないということも認識しておかねばならない。

3 株主価値経営時代の企業集団評価の方法

(1) EVA，資本コストと企業集団

EVAは機関投資家の台頭とともに1980年代からきわめて注目されてきた経営指標である。Economic Value Addedの頭文字をとったもので，日本では経済的付加価値と訳されている。税引後営業利益から投資家の期待収益や金融コストを差し引いたもので，この金額が大きければ大きいほど機関投資家の評価は高い。

このEVAを高めるためには，言うまでもなくまず税引後営業利益を引き上げることだが，この場合も企業集団を利用した会計操作が行われる可能性がある。まず仕入原価を落とすために子会社・関係会社に働きかけて納入価格を引き下げてもらう，また一般管理費の中の賃金コストを低く抑えるために親会社で働く従業員を賃金体系の異なる子会社から派遣してもらう，などである。

次にEVAを高めるためには，**資本コスト**を低く抑えることである。資本コストを抑える方法はいくつか存在するが，自己資本の金額そのものを減額することがきわめて効果的である。機能していない余分の資金で子会社の自己株式を購入して償却するなどの方法である。株式市場での評価の高い子会社・関連会社の自己株式が対象になる。

しかしながら，こうした株主価値中心のやり方は，リーマンショックで手厳しく批判されることになった。取引先，従業員など利害関係者（**ステークホルダー**）を犠牲にしてEVAを高めることは，あまりにも株主への利益誘導ではないかという批判である。こうして株主価値経営は限界を迎え，2007年以降は共通価値経営の時代に入っていくのである。

(2) キャッシュ・フローと企業集団

上場企業は，2000年3月から，キャッシュ・フロー計算書の作成が義務付けられることになった。これは，企業の一定期間のキャッシュの流入と流出を示したもので，営業活動，投資活動，財務活動に区分して資金状況を見るものである。キャッシュ・フロー

計算書の分析では，特に**フリーキャッシュフロー**が重要な指標となる。これは，営業キャッシュから事業維持に必要な資金（設備投資額等）を差し引いて示される額で，企業が自由に使えるキャッシュと捉えられる。この金額が大きい企業ほど，財務が安定していて企業の戦略経営に対応できるとして株式市場からの機関投資家の評価は高い。

企業の評価がフリーキャッシュフローの大小にあるとすれば，それを大きくするために1つは営業キャッシュを増加させることである。企業が子会社や連携企業を利用して決算時期に売り上げを増やしたり，在庫勘定残高を低くするために部品などを子会社にとどめ置いたりして，営業キャッシュの操作をしている可能性があるので，企業集団の構造を利用したこの面での操作を差し引いて分析する必要がある。

フリーキャッシュフローを大きくするもう1つの方法は，事業維持に必要な資金を抑えることである。例えば，既存の低収益の設備を売却し投資キャッシュを抑え込めばフリーキャッシュは増加する。しかし，このフリーキャッシュを高収益部門に投入できなければ，将来のフリーキャッシュを増やすことはできない。そこで潜在的に高収益であるにもかかわらず低い収益しかあげていない企業や事業を買収するM＆A戦略が展開される。この場合，買収企業を内部に取り込むか，あるいは子会社として傘下におくかは，株式市場で機関投資家がどう評価するかを見極めて決定される。したがって企業集団規模でのキャッシュフロー戦略を視野に入れて分析をする必要がある。

4 共通価値経営時代の企業集団評価の課題

(1) 企業集団評価の環境変化

企業集団は，少なくとも1990年頃までは，その評価において肯定的なものであった。それは，その規模の大きさや銀行，商社を内包していることから，業績悪化時においても，対応力が強く，例えば支払能力が低下しても銀行がバックアップに入り，支払能力の低下をカバーしてきたのである。また販売力が低下しても，商社の販売網がそれを代替することによって，地道な販売を継続することができたのである。

しかし1990年頃になると，企業集団の構成企業の多くが，単独で強固な資金力を持つようになってきて，銀行の支援を得なくても支払能力を低下させることはなくなってきた。銀行からの相対的自立である。また構成企業のメーカーは自前で販売網を確立し，商社に依存しなくても販売力を維持することができるようになってきたのである。

メーカーが資金力を強める中で，銀行は次第に融資形態を変化させてきた。60年代は銀行が直接融資する系列大企業融資であったが，70年代になると国債の購入や中小企業・個人への融資などが一般化した。80年代はこの構造が土地投機，株式投機のバブルを形成したが，1990年のバブル崩壊は，この構造を根底から変えるものとなった。

土地，株式への投資は多くが不良債権化したために，まずこれらの融資が見つめ直された。これまで絶対的な信頼関係にあった銀行融資は含み損を抱える不良資産となった。こうした不良債権の存在は，銀行とメーカー間の企業集団関係を希薄化させるものであり，メーカーの銀行からの相対的自立化を物語るものであった。

銀行の立場だけでなく，メーカーからも銀行との関係を見直すものとなってきた。安全性を強く保証していたメインバンクシステムや系列融資はこうして後景に退き，収益性の重視を基本にした安全性の分析が前面に躍り出てきたのである。

(2) 国際的企業連携と企業集団評価の見直し

近年になって、新たな企業連携、国際連携から企業集団を捉えなおす動きが出てきた。それはアンバンドリングを基本としたODMやEMSという企業連携の新たな動きである。

それでは、まずアンバンドリングとは何かを見ていこう。**アンバンドリング**とは、1980・90年代の株主価値経営の時代に考え出された手法で、事業解体と収益性事業への特化戦略として広く導入された。こうした事業解体の上に、解体した事業を切り離した後、その仕事はEMSやODMの手法で委託していくのである。

例えば、アップル社はこの戦略を巧みに活用している。相手方の企業、鴻海は台湾や中国を事業基盤としているので、労働コストが安く、低コストで生産受託ができる。したがってアップル社は生産コストを低減できる。また経営資源を研究開発に集中・特化できるのである。

この場合、特に重要なことは、アップル社と鴻海の企業間関係が支配・従属関係ではなく、対等であるということである。従来の多国籍企業や日本企業が海外に進出する場合は支配・従属の関係であったが、両社はイコールパートナーなのである。したがって鴻海は自由に他の企業の生産を受託できるし、さらにこれを中国本土の工場に再委託することもできるのである。

アップル社はこうした生産委託によって生産コストを低減させて、ROEでなんと30％台という高水準の利益率を実現している。アメリカの企業ではEMSやODMが広く活用されており、いわゆる**ファブレス**（工場を持たない）会社が増えている。

なぜ日本の大企業は、アンバンドリングができないのであろうか。それは、企業間関係が縦の関係、垂直的関係になっているからである。例えば、トヨタ自動車グループの企業間関係を例にとれば、トヨタ自動車の本体は組立事業を頂点として行っており、その部品の生産は傘下の1次下請け、2次下請けが行っている。この関係は縦の系列であり、支配・従属の関係である。もちろん独立の協力会社もあるが、中心的な構造は縦の企業間関係である。したがってアンバンドリングおよび生産委託のような事業行程の解体および横の事業委託EMS.ODMは実現が難しいのである。

これに対して、例えばGMは、組立、部品の製造など自動車生産の事業行程が自社内部で行われている。したがって関係は、縦でもなければ系列でもない。事業行程はすべて内部化されており、自社の内部構造そのものである。トップがアンバンドリングを決断することは容易であり、結果として外部への生産委託はスムーズに展開される。

以上から明らかなように、日本では企業グループの構造的特質から、アンバンドリングや生産委託は難しいが、アメリカ企業ではアンバンドリングや生産委託は比較的容易に展開されたのである。もう少し言及すれば、コスト削減は日本では下請けに転嫁されて行われたが、アメリカでは生産委託によって行われたのである。

次に、ODMとは、EMSとは何か見ていこう。

EMSとは Electronics Manufacturing Service の略であり、電子機器の受託生産を行うサービスのことである。

自分では生産設備を保有せず（ファブレス）、製品の設計・開発や宣伝・販売といった自らの得意分野に経営資源を集中するビジネスモデルであり、近年広がりを見せている。この生産工程などを主体的に請け負う会社がEMSを行う企業である。1990年代から発達した業態であり、製造のアウトソーシングと関連している。EMSを行う企業には、EMS専業の他に、EMSとして受託生産を行いながら同様の技術を用いて自社の独自ブラン

ドによって広く外販する企業もあり，逆に，EMSを受託生産するより部品レベルでは発注することが多い大手電機メーカーなども，他社の生産を請け負うことが日常的に行われている。

EMSの大手は，比較的，東アジアや東南アジアに偏在している。日本の電子機器メーカーのケースでは，海外現地の中小も含めた製造業者や開発メーカーに製造を委託するケースが多い。

ODMとはOriginal Design Manufacturingの略であり，相手先ブランドで設計から製造までを手掛けるサービスのことである。自社ではフルライン戦略をとらず設計・生産委託という戦略をとる企業である。ここには従来の下請けというイメージではなく，発注先企業を増やして規模の経済の利点を活かして利益率を高めていこうという企業である。

この委託関係で重要なことは，支配・従属や下請けという関係ではなく対等の関係ということである。コストを転嫁するのではなく特化と規模の経済のメリットを追求した対等の連携である。企業集団における企業間関係は，所有と支配という資本・支配関係であり，上位企業が下位企業を支配する支配と従属という垂直関係である。それに対してODMとEMSは，資本関係ではなく生産や販売の委託関係であり，垂直関係ではなく共同・協力するという対等関係である。

こうして新たな生産連携，販売連携による企業間関係から企業集団評価の見直しが行われているのである。

(3) BIS規制の桎梏と企業集団評価の課題

最後に企業集団との関連でBIS規制の功罪を見ておこう。

BIS規制とは，国際業務を行う銀行の自己資本比率に関する国際統一基準で，国際間における金融システムの安定化や，銀行間競争の不平等を是正することなどを目的として，1988年にバーゼル銀行監督委員会により発表され，日本でも1993年から適用が開始された。

これは国際金融市場での取引の安全性，信用リスクに配慮したものだが，さらにバーゼル銀行監督委員会は1996年に相場変動リスク（市場リスク）規制を，さらに2006年にはリスクの計算方法にオペレーショナル・リスクを加味した新BIS規制を導入した。

BIS規制における**自己資本比率**の考え方は，当初は自己資本の金額の大きさでリスクを回避するものであったが，自己資本の増額はROEを悪化させるので，証券化などで資産を圧縮しながら自己資本比率を引き上げる自己資本圧縮型のリスク回避がとられた。しかし証券化商品が不良債権化すると，自己資本圧縮型では信用リスク，市場リスクを回避できないので，最近は又も自己資本増額型のリスク回避策を導入している。しかし自己資本の増額はROEの上昇にはマイナス効果になるので，その安全性と収益性の二つの追求のジレンマに陥っている。

企業集団による構造的な安全性と収益性の追求を一旦廃棄した以上，それに戻ることは出来ず，とは言え自己資本比率規制にも限界がある。したがって最近は信用・市場リスクの回避は銀行業務規制，国家レベルの信用・市場管理に移行しつつある。

したがってリーマンショックおよび欧州の国債・通貨危機以降の企業集団の評価と財務分析は，単に企業レベルあるいは市場レベルだけのものではなく，グローバルおよび機能的な二つの観点から，継続的・動態的に把握する必要がある。

［坂本恒夫］

第11章　政府と非営利組織の経営分析

　非営利組織体は，公会計の適用分野とされている。公会計とは政府・自治体会計および非営利法人会計を言う。政府・自治体会計は，公的部門の会計を指し，具体的には国，地方政府および公企業（特殊法人，政府企業，第三セクターなど）である。非営利法人会計は，企業会計基準が準用されることもあり，持分が政府でもないことから，政府・自治体会計とは異なる分野である。

　わが国では，公的部門の会計制度の改革によって，公的部門の非効率性を打破しようという気運が高まってきている。政府，自治体を見れば，債務の増大傾向は，次の世代へ及ぼす影響が無視できない。これには，世代間の不均衡をどのように考えるかという視点がある。これは，経済性，効率性の面から，考察しなければならないのである。

　まず政府の予算制度の特徴と近年における改革について述べ，次に民間の管理会計手法の導入について，海外の事例を中心に概観する。さらに，わが国における政府の管理会計の課題を扱う。政府監査についても改革が求められる。1880年に創設された**会計検査院**における会計検査制度に，その起源が求められる。会計検査院法第20条③の会計検査院の権限に関する規定の中で「会計検査院は，正確性，合規性，経済性，効率性，及び有効性の観点その他検査上必要な観点から検査を行うものとする」としており，業績監査における3Ｅ監査を規定している点は，他国と同様である。地方公共団体の監査については，1946年に創設された**監査委員制度**がある。創設当時は（地方自治体の）長の補助機関として位置づけられていたが，その後独立した機関となり，1963年には監査委員の設置が各地方自治体に義務付けられることになった。

　非営利組織の範囲は，非営利組織がどのような社会的な目的を有し，活動しているかによって把握することが重要となる。社会を構成する領域としてコミュニティ，国家，市場があげられ，それぞれの欠陥を補うものが非営利組織であるとして，第三セクターが社会の諸領域の良好な混合システムを構築することに貢献している。

　非営利組織は，歴史的に所轄庁が強く管理してきた。非営利組織の経営分析にあたっては，法人形態別に整理し，その特徴を把握することが必要である。数ある非営利法人のうち，社会福祉法人，公益法人，医療法人に焦点を当て，その経営分析を考える上での考察事項を扱う。

［黒川保美］

I 政府・自治体会計と経営分析

1 公会計の財務報告

(1) 政府会計と企業会計

公会計は、広く解釈すると政府・自治体会計および非営利法人会計の双方を指し、狭くは、政府・自治体会計を言う。すなわち政府・自治体会計は、公的部門の会計を指し、具体的には国、地方政府および公企業(特殊法人、政府企業、第三セクターなど)である。非営利法人会計は、企業会計基準が準用されることもあり、持分が政府でもないことから、政府・自治体会計とは異なる分野である。政府・自治体会計の目的は、受託責任を解除することが目的である会計責任(アカンタビリティ)を明確にし、政府保有の資源を適切に管理することにある。これは、企業会計の視点を入れて定義された考え方である。

図表11-1-1-1 政府会計と企業会計の比較

項　目	政 府 会 計	企 業 会 計
資源配分の決定	議会	市場
損益の意味	費用と収益は、対応せず	費用と収益は、対応し純損益は業績尺度
財源の調達	税・使用料	自発的な交換による収益および拠出
財政状態	将来のコミットメントが重要	資産と負債
資産の特性	将来のキャッシュ・アウトフローをもたらす	将来のキャッシュ・インフローをもたらす
予算の性格	政策実現の計画の貨幣的写像と政策実行の規範	内部の管理用具
財務諸表の役割	管理と国民への報告	内部管理と外部報告

(山本清(2001)『政府会計の改革』中央経済社、8頁、一部修正)

我が国の公的部門の財政収支は、1990年頃を境として悪化の一途を辿っている。元々財政法では均衡予算原則に基づき健全財政をめざしている。しかし、公債の発行を例外的に認める建設公債や財政赤字を補填するために認める特例公債の発行額が増大し、ますます我が国のプライマリー・バランスは、悪化の一途を辿っている。そこで、我が国では、公的部門の会計制度の改革によって、かかる局面を打破しようという気運が高まってきている。

政府、自治体の債務、とりわけ長期債務の増加傾向は、次の世代へ及ぼす影響を無視することができないほど大きく、世代間の不均衡をどのように考えるかという視点がある。これを解決するには、経済性、効率性の面から、考察しなければならないのである。これには、従来まで用いられていた会計システムを再検討することから始められよう。

元来、政府・自治体の会計制度は、予算を中心に組み立てられている。すなわち、議会で承認された予算の執行結果にかかわる帳簿を記録し、決算書の作成をもって、その制度が完了する。行政は、その帳簿と決算書上の現金の収支が確認され、証明されれば十分であり、行政の責任は、解除される。したがって会計は、予算執行プロセスの一翼を担うに過ぎないというのが伝統的な考え方である。

(2) 予算制度

予算とは、歳出計画を言い、議決された予算は行政活動を行うのに必要な資源の費消の権限の付与である。我が国は、予算を法律案と

いう形式をとらず，内閣が予算を編成し，国会で審議され，議決される。

国の予算には，次のような3つの原則がある。まず企業会計の総額主義に相当する『**総計予算主義の原則**』が上げられる。これは，予算全体を歳入・歳出の面から把握する必要性からである。次に総計予算主義の原則を会計処理上保証するために『**収支統一の原則**』がある。『**予算単年度の原則**』とは，予算の審議および議決を毎年行うことである。

予算の構成は，予算総則，歳入・歳出予算，継続費，繰越明許費，国庫債務負担行為からなる。これらのうち「**歳入・歳出予算**」は，中心的な予算であり，原則的予算である。収入の見積りとそれを各省庁へ割り当てる支出の限度額の計上がこれに相当する。『**継続費**』は複数年度における予算措置である。『**繰越明許費**』は，予算の繰越が認められたものである。『**国庫債務負担行為**』は，契約に基づく債務負担と当該事業のために支出がなされる年度が異なることがある。この債務負担を予算上，認めるものである。

なお国の予算の種類には，予算の議決が年度開始までに行われない場合の応急措置として『**暫定予算**』，予算執行過程の変動により変更する必要のある『**補正予算**』もある。

地方自治体の予算制度は，基本的には国とほぼ同一である。地方自治体は，国の財政に大きく依存することから内閣は，国の予算編成と同時期に地方自治体の歳入・歳出総額の見込額を国会に提出する。この議決に基づき，地方財政政策が決定され財源配分がなされる。

地方自治体にも，予算原則がある。『**総計予算主義の原則**』は，国の原則と同一内容である。また歳入・歳出の見積りは，一本化すべきという『**単一予算主義の原則**』がある。さらに『**予算の事前議決の原則**』は，国の予算が議決される前に地方自治体は，議決されることを言う。地方自治体は，地方自治体法に基づき住民に予算を報告する義務がある。

『予算統一』の原則も地方自治体法に基づき，予算を系統的に行うために，歳入・歳出を性質と目的に従って区分することが謳われている。『**会計年度独立の原則**』は，国における『予算単年度の原則』と同一内容である。

予算の構成は，歳入・歳出予算，継続費，繰越明許費，国庫債務負担行為，地方債，一時借入金，経費の流用からなる。このうち歳入・歳出予算，継続費，繰越明許費，国庫債務負担行為については，政府の予算の構成と同一内容である。『**地方債**』は，地方自治体における資金調達の手段であり，『**一時借入金**』は，歳計現金の不足を補うための年度内資金調達であり，『**経費の流用**』は，すでに決定している予算の費目を他の費目に充当することである。

(3) 決 算 制 度

内閣は，国の決算書を国会に提出する義務がある（憲法第90条第1項）。各省長は，各省の決算報告書と債務に関わる計算書を財務大臣に送付し，財務大臣は歳入・歳出の決算書を作成する（財政法第38条）。その作成された決算書を内閣は，会計検査院の検査を受け（財政法第39条），その検査結果と決算書を国会に提出する（財政法第40条）義務がある。国会に提出された決算書は，議決されない。この点，予算は議決されねばならないので予算と大きな違いである。

決算書の内容・様式は，一般会計についていかなる規定も存在しない。公開されている決算書は歳入金額，歳出金額，剰余金という3種類から構成され，それぞれ主官庁別，性質別・費用別に収支額が示される。債務に関わる計算書は，会計上の負債が示されるのではなく資産との関係も示されない。各省が所管の特別会計は，2007年4月1日「特別会計に関する法律」によって制度変更がなされた。具体的作成基準は，「省庁別財務書類の作成について」（2004年6月）における「**特**

別会計財務書類の作成基準」に準拠している。2007年4月1日「特別会計に関する法律」以前は，歳入・歳出を中心にしてこれに添付書類がつくという単純なものであった。これ以降，「省庁別財務書類の作成について」に基づき，貸借対照表，業務費用計算書，資産・負債差額増減計算書，区分別収支計算書，および附属明細書の作成が特別会計で要請されている。

国の決算書の作成は，財務大臣であるのに対し，**地方自治体の決算書**は，2007年以降，会計管理者である。これ以前は，出納帳（都道府県），収入役（市町村）であった。国の決算は，歳入・歳出（収入・支出）が対象であるのに対し，地方自治体のそれは，歳入・歳出に加えて予算である。地方自治体施行規則（第16条）は，決算書の様式すなわち，歳入歳出決算事項明細書，実質収支に関わる調書及び財産に関わる様式を定めている。ここでは，予算額，実際額およびそれらの差額から構成されている。このような決算書を会計管理者は作成し，地方自治体の長へ提出する義務がある（地方自治体法第233条第1項）。地方自治体法は，地方自治体の長に，決算書だけでなく毎年2回以上歳入・歳出予算の執行状況並びに地方債及び一時借入金の現在高その他財政に関わる事項を住民向けに公表する義務がある（第243条の3）。

(4) 公会計改革

公会計改革が唱えられて，時が経つ。改革の中心は，企業会計で用いられる会計方法を公的組織体に用いることによって，組織体の効率性を高めようとするものである。その会計方法は，いくつかあるものの，主たるものは，「発生主義」を上げることができる。発生主義は，すでに，1990年代からアングロ・アメリカン諸国で中央政府のみならず，地方政府で導入されている。このように，企業会計の手法を公的組織体に導入すること

で，行政部門の効率化を図ろうとするものが，「ニュー・パブリック・マネジメント（New Public Management：NPM）」である。

そこで，改革の内容を見ていくこととする。なお公会計制度の改革は1960年代から大蔵省，臨時行政調査会，地方自治協会，日本公認会計士協会，自治省，総務省，東京都等などの様々な機関から報告書が公開されてきた。これら報告書は，1．複式簿記の採用 2．複式簿記を採用せずに，決算統計から「バランス・シート」を作成する方法のいずれかを提案している。

(5) 公会計改革の提案
① 国際公会計連盟

国際公会計連盟（International Federation of Accountants：IFAC）は，1986年5月に国際公会計基準審議会(International Public Sector Accounting Standards Board：IPSASB)を設置した。ここでの役割は，主に公的部門の会計・監査基準の設定，具体的には，**国際公会計基準**（International Public Sector Accounting Standards：IPSAS）の設定である。その適用は，中央政府，地方政府，およびその出資法人を含む一般目的財務諸表に適用される。

財務諸表の目的は，「意思決定の有用性」「説明責任の解除」にあり，資産・負債アプローチにより以下の財務諸表が作成される。
(1) 財政状態変動表（貸借対照表に相当）
(2) 財務業績報告書（損益計算書に相当）
(3) 純資産／持分変動計算書
(4) キャッシュ・フロー計算書
(5) 会計方針および財務諸表に対する説明的注記

ここでの認識基準は2000年に発生主義を原則基準としているが，2003年には現金主義もパブリック・セクターに適用する包括的基準として認めている。「資産」「負債」「純資産／持分」「収益および費用」「キャッシュ・フ

ロー」に関わる基準は，国際会計基準審議会（IASB）の企業会計の基準を準用している。

② 日本公認会計士協会

日本公認会計士協会は，1997年に「**公会計原則（試案）**」を公表した。ここで，報告目的は公的部門のアカンタビリティの遂行状況を評価し，合理的意思決定に資することである。報告主体をガバメント・タイプとビジネス・タイプに分け，前者は財務資源，後者は経済資源に測定の重点を置き，発生主義の採用が提言される。財務報告書もガバメント・タイプとビジネス・タイプに分け，いずれも複式簿記を採用し，ガバメント・タイプは，1．貸借対照表　2．成果報告（正味報告書および正味財産増減計算書）　3．資金収支計算書がそしてビジネス・タイプは，1．貸借対照表　2．成果報告（成果報告書および損益計算書）　3．資金収支計算書が含められる。そして，財務諸表の総合化が求められる。すなわち，内部取引を消去する「連結」，消去しない「結合」表に並べるだけの「併記」が提案されている。

その後1997年，2003年に日本公認会計士協会は，「**公会計原則（試案）**」を改定し，2003年に「**公会計概念フレーム・ワーク**」を公表した。これは，公共部門における財務情報の作成・報告に関する目的および基礎概念を体系化しており，会計の認識，測定，表示，開示の基準の理論的拠り所である。ここでは，公会計の目的は，利用者ニーズに応じた情報提供にあり，複式簿記を採用し，資産・負債アプローチに立脚した公正価値を測定基準としている。財務諸表は，貸借対照表，行政コスト計算書，財源措置・納税者持分増減計算書，資金収支計算書からなる。これらは，それぞれ相互に関連する計算書であり，財源措置・納税者持分増減計算書があるということがここでの特色である。

③ 大　蔵　省

大蔵省は，研究会として作成した「国の貸借対照表作成の基本的考え方」に基づき，試案として1998年に「**国の貸借対照表作成**」を公開した。これは，2003年の財政制度等審議会の「省庁別財務書類の作成」という意見書が公開されるまで利用されていた。「**国の貸借対照表作成**」では，1．一般会計と特別会計の連結貸借対照表　2．資産・負債にかかわるストック情報　3．公共財産の貸借対照表形状　4．未収収益，前受収益，減価償却後の資産額，退職給与引当金等の期間損益計算の考え方の導入が提案された。2003年の省庁別財務書類は，貸借対照表，業務費用計算書，資産・負債差額増減計算書，区分別収支計算書，附属明細書を含む。ここでの特質は，歳入の大部分は，財務省であり個々の省庁は業務費用のみが計上され，省庁は当然のこととして赤字となる。これを避けるため，歳入は「配賦財源」という形で，財務省が集めた財源を各省庁が集めたかのような配分をする。そして「資産・負債差額増減計算書」では，各省庁の歳出決算額と財務省の歳出決算額との差額が計上される。なお，省庁別財務書類は複式簿記を前提としていない。

④ 東　京　都

東京都は1999年以来，「**機能するバランス・シート**」という報告書に基づき，企業会計的手法を用いた会計方式を実行している。その後度々改定され，2010年に新たな会計基準となった。ここでは，適用範囲は，一般会計および特別会計とし，複式簿記を用いた発生主義が用いられている。費用とその財源としての収入との対応が前提とされている。財務諸表は，貸借対照表，行政コスト計算書，キャッシュ・フロー計算書，正味財産変動計算書，附属明細書からなる。貸借対照表では，資産，負債，正味財産が明らかにされ，資産は取得原価を採用するが所有目的に応じた評価でも良いとされている。負債は，退職給付を期末要支給額計上方式であり，正味財産は，資産と負債との差額が明らかとなる。行

政コスト計算書は，行政収支の部と金融収支の部に分けられる。キャシュ・フロー計算書では，資金を行政サービス，社会資本整備等投資活動，財務活動に区分している。正味財産変動計算書では，貸借対照表上の正味財産の変動を明らかにする。

⑤ 総務省

2006年「新地方公会計制度研究会報告書」は，同年8月総務事務次官通知「地方公共団体における行政改革の更なる推進のための指針」によって，次のような団体等に財務書類の作成を要請した。公会計改革の進んでいる団体，都道府県，人口3万人以上の都市は，2009年までに，公会計改革の取り組みが進んでいない団体，町村，人口3万人以下の都市は2011年までに，同報告書に従い財務書類を作成する。報告書の特質は，複式簿記，発生主義，連結会計を用いて，貸借対照表，行政コスト計算書，キャシュ・フロー計算書，正味（純）財産変動計算書の整備することにあり，総務省方式の改定にも配慮する基準モデルの設定にある。なお，総務省方式の改定モデルは，複式簿記でも，決算統計から貸借対照表等の作成も認めている。基準モデルは，資産・負債アプローチを採用し，公正価値が測定基準に用いられる。正味（純）財産変動計算書は，税収を持分説すなわち主権者たる住民からの拠出という立場に立っており，外部取引から生じた純財産の増加とは把握しない。

〔参考文献〕

山本　清（2001）『政府会計の改革』中央経済社。
亀井孝文（2011）『公会計制度の改革（第2版）』中央経済社。
黒川保美，鷹野宏行，船越洋之，森本晴生共訳（2001）『NPO会計基準』中央経済社。
杉山　学，鈴木豊編著（2002）『非営利組織体の会計』中央経済社。

〔黒川保美〕

2　政府の管理会計

(1) 政府への管理会計導入の意義

1990年代以降，景気低迷に伴う税収の減少や，経済対策として繰り返された大規模な公共投資を背景に，わが国の財政状況は大幅に悪化した。2007年には夕張市が財政破綻に陥り，その後，行政サービスの削減と住民負担の急増という厳しい現実に直面している。政府の「無駄遣い」に対する市民の目は厳しさを増しているが，その一方で，価値観の多様化や震災・原発事故を背景に，財政支出拡大への圧力が高まっている[1]。そこで，財政の健全性を確保しながら，市民の多様な要求にどのように応えていくかが重要な課題となっている。民間企業では，経営管理に有用な情報を提供するためのさまざまな管理会計手法が開発されてきた。海外では，かなり以前から民間企業の管理会計手法を政府に導入する試みが行われ，一定の成果を上げている。わが国でもこうした管理会計手法が適用できるならば，その意義はきわめて大きい。

しかし，政府と民間企業とは多くの面で異なっており，マネジメントにおける予算の位置づけはとりわけ大きな相違点である。そのため，民間企業の管理会計手法の導入にはしばしば困難を伴うことが知られている。

以下では，まず政府の予算制度の特徴と近年における改革について述べ，次に民間の管理会計手法の導入について，海外の事例を中心に概観する。最後にわが国における政府の管理会計の課題を考察する。

(2) 政府の予算制度とマネジメント・サイクル

① 政府の予算制度とその問題点

予算制度は，政府におけるマネジメント・コントロールの中核をなしている。政府の予算は国会（議会）の審議・議決を受けなけれ

ばならない。その他にも，予算編成，審議，執行および決算・監査の各段階にわたり，厳格な手続きが定められている。

民間企業の予算では，通常，全社的目標や利益計画の設定（計画機能），部門間の活動の調整（調整機能），事前・期中もしくは事後における活動の統制（統制機能）などの機能が期待されている。ところが，政府の予算では，かねてからそうした機能を十分に発揮できていないと指摘されてきた。第1に，マネジメント・サイクルの問題がある。予算に比べて決算が軽視されていることもあり，「予算編成を行い，執行し，評価し，その評価をさらに次の予算編成プロセスにフィードバックさせるプロセスが，システムとして構築されていない」との指摘がなされていた（小林（2002），12頁）。第2に，予算の硬直性の問題がある。予算編成は長期にわたる作業である上，国会（議会）の議決を要するなどの手続きが定められている。このため，民間企業と異なり期中において弾力的に改訂するなどの対応が難しい。第3に，予算の計上方法の問題がある。事業費は，事業を執行するための人件費等まで含めたフルコストの経費を表していない。その結果，事業別の予算管理が困難になっている。その他，予算編成単位と評価単位のずれや，予算編成過程における政治家の介入などが問題点として指摘されていた。

② **政策評価・行政評価とマネジメント・サイクル**

近年では，政府のマネジメント・サイクルの確立に向けた動きが，急速に広がりを見せている。その中心となっているのが中央省庁の政策評価や地方自治体の行政評価である。**政策評価**とは，2001年の「行政機関が行う政策の評価に関する法律」（政策評価法）により導入された制度で，各府省が，その所掌に係る政策について，政策効果を把握し，必要性，効率性または有効性等の観点から自己評価を行う制度である（第3条）。また，政策評価の結果は，当該政策に適切に反映させなければならないとされている。このように同法は，計画，実施，評価および次の計画への反映という政策のマネジメント・サイクル（PDCAサイクル）を明確に意識した内容になっている。

政策評価の結果については，予算の作成についても適切に活用を図るように努めなければならないとされ（第4条），各府省は例年8月末の概算要求までに政策評価を行い，その結果が各府省の予算要求や機構・定員要求，および財務省の予算査定に活用されている。また，近年では政策・施策レベルの政策評価と事務事業レベルで行われる行政事業レビューとの連携や，評価施策と予算書の項・事項との対応など，さまざまな取組みがなされている。

地方自治体では行政評価が普及している。**行政評価**は，総務省の定義では「政策，施策，事務事業について，事前，事中，事後を問わず，一定の基準，指標を持って，妥当性，達成度や成果を判定するものをいう」とされる（総務省（2011），7頁）。具体的には，主として事務事業を対象として，アウトカム指標（例えば交通事故件数等）およびアウトプット指標（例えば施設の設置数等）に基づき，経済性，効率性および有効性の評価を図ろうとするものが多い。なお，行政評価は**ニュー・パブリック・マネジメント**（New Public Management；NPM）の考え方に影響を受けたものであるとされる。NPMとは，1980年代以降，イギリスやニュージーランド等で広まった行政改革の取組みである。その内容は多岐にわたるが，民間企業における経営手法等を積極的に導入することにより，行政運営の改革を目指すものであった。わが国地方自治体における行政評価は，特に法令等で強制されたものでないにもかかわらず，1996年に三重県で行われた事務事業評価を端

緒として，全国に広がった。総務省の調査によれば，近年ではほとんどの都道府県，政令指定都市，中核市等に導入されている。また，評価結果の活用方法として予算要求や査定をあげる自治体は，都道府県で95.7％，政令指定都市では100％に上り，予算編成へのフィードバックが重視されていることがうかがえる（総務省（2011），1－6頁）。

行政評価にはいくつかの課題も指摘されている。たとえば兵庫県伊丹市を対象とした調査では，行政評価を予算編成に関連付けることは可能であるが，事業費については裁量の余地が大きくないこと，行政評価の導入が事業の経済性，効率性および有効性の向上には必ずしもつながらなかったこと等が報告されている（松尾（2006），133－134頁）。

(3) 民間企業の管理会計手法の導入
① 活動基準原価計算

アメリカでは，予算制度改革の中で，民間企業の管理会計手法の導入が継続的に行われてきた。紙幅の関係から歴史的展開については他の文献に譲り，本稿では比較的最近の状況を述べる[2]。

1990年代以降，アメリカでは新たな管理会計手法を政府に導入する動きがみられた。**活動基準原価計算**（Activity Based Costing；**ABC**）は，資源の原価を活動ごとに識別した上で原価計算対象に割り当てる原価計算の手法である。ABCには，製造間接費の配賦がもたらす計算上の歪みを回避し，より正確な原価を計算できる特長がある。また，**活動基準管理**（Activity Based Management；**ABM**）では，ABCの提供する情報が業務プロセスの改善等に活用される。**活動基準予算**（Activity Based Budgeting；**ABB**）では，ABCの情報が予算管理に活用される。なぜABCの情報が政府組織の管理に有用なのかについては，ABCの計算プロセスにおいて，税金の回収などの活動ごとのコストが可視化されること，さらに原価計算対象では完済，分割払い，破産など，活動や目的にあわせてコストが明示されることから，原価低減や予算管理に役立つなどと説明される（櫻井（2007），11頁）。また，ABCは伝統的な原価計算と異なり，サービス業におけるコストマネジメント・システムとして，行政への適用可能性を持っているとも指摘される（松尾（2009），45頁）。

アメリカのインディアナポリス市は，ABCの導入により業務効率化を実現したことで知られる。同市では道路補修事業のコストをABCを用いて算出した。次に，その情報を活用した業務改善が行われ，大幅なコストの削減を実現した[3]。これについては，原価と活動・作業の関係が明示的かつ直接的になるというABCのメリットが生かされたとの指摘がある（山本（2001），150頁）。また，アメリカの中小企業庁，国立衛生研究所，海兵隊などの組織に対する調査では，ABCの導入目的や効果として，原価低減，計量化によるサービス活動の可視化，リエンジニアリングと業務活動の可視化などを挙げていることが報告されており（櫻井・大西（2003），101－102頁），原価管理や業務プロセスの改善に焦点が当てられていることがわかる。現在までにABCは，アメリカをはじめ，カナダ，オーストラリア等の政府機関や地方政府で導入されている。

しかし，現在までのところ，わが国政府機関・地方自治体におけるABCの導入事例はそれほど多くない。国税庁において2000年度からABCが試行されたことが報告されているほか（大西（2010），163－194頁）地方自治体では，四日市市や市川市などへの導入の事例がある。ただし，市川市では本来のABCは分析のコストが大きいとして，分析対象やアウトプット等を絞り込んだ独自の方式で実施している。

② バランスト・スコアカード

バランスト・スコアカード（Balanced Scorecard；BSC）は，当初，財務指標と非財務指標を組み合わせた業績評価のツールとして開発されたが，その後，戦略目的間の因果関係を図表化した戦略マップと関連づけられ，戦略マネジメント・システムとして発展を遂げた。通常，BSCには，財務の視点，顧客の視点，内部ビジネス・プロセスの視点および学習と成長の視点という4つの視点が設定されるが，この順序は営利企業が最終的に財務目標を達成するまでの因果関係を反映している。もとより政府は，利益の獲得を目的としない，顧客や投資家ではなく地域住民が存在する，きわめて多種多様な事業を展開している，などといった特徴があり，民間企業とは全く異なるミッションを持つ。そのため，BSCは民間企業と異なる形態をとることになる。たとえば，代表的な成功事例として知られるアメリカのシャーロット市では，現在，(a)顧客への奉仕（Serve the Customer），(b)事業の運営（Run the Business），(c)資源の管理（Manage Resources），(d)職員の能力開発（Develop Employees）という4つの視点を設定したBSCが用いられている。通常のBSCと異なり，最も上位に顧客（市民）への奉仕の視点を位置づけている点が大きな特徴である。BSCの各視点には組織目標が，各組織目標には施策が，さらに各施策には指標が設定されている。たとえばシャーロット市消防局のBSCでは，「事業の運営」の視点の下に「ビジネス・プロセスの最適化」という組織目標が配置され，さらにその下に「救急および基本的治安業務をサポートする最新システムの提供」という施策が配置されている（Charlotte Fire Department（2012），pp.16-18）。こうした各部局のBSCは，市全体のビジョンや重点領域（focus areas）に関連づけられ，業績評価や戦略マネジメントを支援するシステムとして機能している。

海外の成功事例の紹介を受けて，わが国でも相当数の自治体で導入の検討や研究が行われたことが報告されている[4]。しかし，一旦導入したのち休廃止に至るケースもあり，病院部門等を除けば現時点でBSCを導入している自治体は多くないようである。

(4) 政府への管理会計導入の課題

政府を取り巻く環境が厳しさを増す中で，事業の経済性，効率性および有効性を評価し，その結果を計画設定，予算編成および業務プロセスにフィードバックし，それらの改善を図ることはきわめて重要である。近年，政策評価や行政評価の導入とともに，マネジメント・サイクルの重要性が広く認識され，その確立に向けた取組みは着実に進展しつつあるといえよう。しかしながら，こうした取組みが期待された効果を発揮しているかどうかについては，引き続き検証を行う必要がある。

また，民間企業の管理会計手法は，政府のマネジメントにおいても有用な情報を提供しうる可能性がある。海外では，ABCやBSC等の導入が試みられ，先進的な政府機関や自治体の成功事例が紹介されるようになった。しかし，わが国ではこうした管理会計手法の導入は，必ずしも円滑に進んでいない。その要因としては，コストや手間がかかるといったことのほかにも，トップのリーダーシップや職員の教育・訓練の問題，政府の戦略や経営環境にあわせたデザインの問題など，さまざまな問題が考えられる。今後は，政府を対象とした管理会計手法の導入研究を蓄積し，促進要因や阻害要因を解明していくことが重要である。

（注）
1) ここでは，政府という用語を国と地方自治体の両方を含む意味で用いる。
2) 政府の管理会計の歴史的展開については，小林（2002）や藤野（2005）を参照のこと。
3) 道路補修にかかる単位原価は，約445ドル／

トン(市平均)であったが,業務見直し後は約286ドル／トン(北西部),約304ドル／トン(北東部)に削減されたという。
4) たとえば石原俊彦編著(2004)を参照のこと。

〔参考文献〕

石原俊彦編著,INPMバランス・スコアカード研究会著(2004)『自治体バランス・スコアカード』東洋経済新報社。

大西淳也(2010)『公的組織の管理会計 効果性重視の公共経営をめざして』同文舘出版。

小林麻理(2002)『政府管理会計－政府マネジメントへの挑戦－』敬文堂。

櫻井通晴(2007)「わが国の公的機関における効率性と有効性の必要性－管理会計による効率性と有効性追求の方法論－」『会計検査研究』第36号,9月,9－17頁。

櫻井通晴,大西淳也(2003)「外国の公的機関における管理会計手法の導入状況(2)－アメリカ・カナダ－ABC(Activity-Based Costing：活動基準原価計算)を中心に」『地方財務』第591号,9月,99－112頁。

総務省(2011)「地方公共団体における行政評価の取組状況(平成22年10月1日現在)」http://www.soumu.go.jp/main_content/000106463.pdf(2014年1月31日閲覧)

藤野雅史(2005)「アメリカ政府の予算制度改革と管理会計論の展開」『會計』第168巻第6号,12月,40－55頁。

松尾貴巳(2006)「地方公共団体における業績評価システムの導入研究－予算編成における行政評価システムの意義とその効果についての実証分析－」『会計検査研究』第33号,3月,121－135頁。

松尾貴巳(2009)『自治体の業績評価システム』中央経済社。

山本 清(2001)『政府会計の改革 国・自治体・独立法人会計のゆくえ』中央経済社。

Charlotte Fire Department, "FY 13 Final Strategic Operating Plan," July 2012. http://charmeck.org/city/charlotte/Budget/Documents/Charlotte%20Fire%20Department.pdf (accessed January 31, 2014).

[成岡浩一]

3 政府・自治体監査

(1) 国の会計検査院による検査制度

我が国における国の政府監査は,1880年に創設された**会計検査院**における会計検査制度により行われている。現在,日本国憲法第90条においても「国の収入支出は,すべて毎年会計検査院がこれを検査し,…」とあり,国会に提出される際に内閣が行うべき手続として規定されている。政府監査は,各国の法律に基づく監査制度であるため,それぞれの法律,行政および財政など様々な要素から成り立ち,類似はしているが,国際的な統一基準はない。

各国の監査に関する基準などは,継続的に改訂作業が行われている。たとえば監査の目的という点においても,当初の**財務監査(financial audit)**は拡大化し,さらに**業績監査(performance audit)**を求めるものとなっている。もともと政府組織における監査基準の設定の必要性が強調されるのは,**パブリックアカウンタビリティ(公共会計の説明責任)の履行**にある。これにより政府監査の品質管理を高め,国民・住民等に対する監査内容を明確化することがその延長線上にある。これらは,政府監査制度において先進するアメリカなどでは包括監査(comprehensive audit)として,監査目的の階層構造を形成している。具体的には,財務監査については,営利企業でいう適正な表示を目的とする財務諸表監査に加え,内部統制や法規的な合規性を含む準拠性監査(compliance or regularity audits)へと拡大している。さらに,その上位として業績監査が存在し,これに経済性(economy),効率性(efficiency),及び有効性(effectiveness)といった営利企業並みの政策(プログラム)監査を求める。

我が国においても会計検査院法第20条③の会計検査院の権限に関する規定の中で「会計

検査院は，正確性，合規性，経済性，効率性，及び有効性の観点その他検査上必要な観点から検査を行うものとする」としており，業績監査における3E監査を規定している点は，他国と同様である。また会計検査院による検査の現状は，会計検査院発行の『会計検査のあらまし』や『会計検査でわかったこと』などによって公表される。近年，そこには国内外の経済変化，社会保障費の増大などにより，予算の執行結果を次の予算に反映させることが喫緊の命題であることがうたわれており，業績監査の重要性を実際に裏付けるものとなっている[1]。

(2) 地方自治体の監査制度

我が国の地方公共団体の監査については，1946年に創設された**監査委員制度**がある。創設当時は（地方自治体の）長の補助機関として位置づけられていたが，その後独立した機関となり，1963年には監査委員の設置が各地方自治体に義務付けられることになった。

監査委員の行う監査は，地方自治法第199条に職務権限として規定されている。いわゆる「財務監査」の他にも，地方における公営企業や関連する収益事業の事業管理としての「経営監査」，事務の執行に関する「行政監査」，長の要求による監査，財政支援団体等に係る監査などがある。その他の条文からも，住民の直接請求による監査，議会の要求による監査，決算監査，毎月の出納検査，指定金融機関の公金出納又は支払事務の監査など多岐にわたる。

監査の結果は合議制により監査委員監査として報告書にまとめる。この報告書は地方自治体議会の議長および長，さらには関係のある委員会に提出され，かつ，公表しなければならない（地方自治法第199条9項および11項）。しかしたとえば，決算審査に関する意見書について，業績監査に相当する予算執行の適正や財政運営からの適否を報告してよいが，それらは法令準拠や係数の正確性とは異なりこの監査も誤謬修正など一部を除いては，法的強制力をもたない。また国のように会計検査院による専門部局の実態監査のような規模の監査は人的な面からも行われていないのが実態である。

また近年の動向として，住民の直接請求による監査，すなわち**住民監査請求監査**も地方自治体の事務の執行に対する監査として大きな役割を果たしている。住民監査請求は，当該自治体の長または職員が違法または不当な公金支出をするなど当該地方自治体に損害を与えた場合，または選挙権を有する住民総数の50分の1の署名によってみとめられるものである。それをうけて監査委員は監査を行い60日以内にその請求に対して理由の有無を地方自治体の長や請求人等に勧告，通知及び公表を行わなければならない。

さらに，1998年に施行された**外部監査制度**は，監査委員監査を補完するものである。監査委員の独立性や専門性の問題，また不適正な予算の執行を未然に防ぐなど機能性の問題についての改善を図るものである。つまりこの制度は，地方自治法第2条第14項および第15項で規定される「最小の経費で最大の効果を挙げ，組織及び運営の合理化を図り，規模の適正化を図ること」の目的を実現するものである。具体的な運用として，外部監査人として公認会計士，税理士，弁護士および監査等の行政事務経験者と外部監査契約を結ぶものであり，**包括外部監査契約**と**個別外部監査契約**とに分かれる。

包括外部監査契約は，都道府県，指定都市及び中核市が義務付けられるもので2008年（平成20年）度末において118団体がこの契約を結んでおり，予算執行，財政支援団体（公社など），公共施設などのテーマに取り組んでいる。その調査に関する費用は平均で1,465万円であり，その効果として多くの団体が補助金の削減，入札にかかるコスト削減

などの経費削減や使用料・土地賃貸料の見直しにより，収入の増加があったと報告されている2)。

個別外部監査契約は，長，議会および住民などが監査委員に代えて外部監査人に監査を求めるものである。その請求者および請求内容は様々である。請求者が要求の内容を決めることができることや住民監査請求監査が，地方自治体に損害を与える場合と限定しているのに対し，それを限定しないで請求できることなど，既存の監査を改善・補完する役割を果たしている。しかし，この制度も監査委員と外部監査人の独立性や外部監査人の約9割が公認会計士であり人材の偏りや不足がみられるといった問題点も指摘されている。

(3) 政府・自治体監査の課題

政府・自治体監査は，今後我が国において先進するアメリカやイギリスなどの制度に追いつく必要がある。しかし，その実現には容易ならざる問題点もある。いくつか列挙すれば，規範とすべき会計基準や監査基準の整備が進まないことや企業の会計監査と比較し，監査の目的・対象など多岐にわたるため，その手続を変えていくことは監査だけの問題ではなく，法律や行政に関わることであるため，相当の労力を要すること，さらには，費用対効果の原理が働き，とりわけ地方自治体では人的資金的不足に陥るなどである。

当面の課題として，政府・自治体監査は，いずれも業績監査の推進が求められていることは本節で掲げたとおりである。それは質的向上を意味するだけでなく，予算の作成自体に関わり，不適切な執行を予防することなど根本的な問題点に踏み込むことになるからである。このような今後の政府・自治体監査の発展は，国民・住民等などの付託にこたえるものとして必要であろう。

〔注〕
1) 亀井孝文（2011）『公会計制度の改革（第2版）』中央経済社，211-212頁。
2) 総務省（2010）「地方公共団体における外部監査制度に関する調査の結果」，2月18日。

〔参考文献〕
石川恵子（2011）『地方自治体の業績監査』中央経済社．
鈴木　豊（2004）『政府・自治体・パブリックセクターの公監査基準』中央経済社．
鈴木豊編著（2005）『政府監査基準の構造』同文舘出版．
鈴木　豊（2003）「会計検査院による政府監査の基本構造」『会計検査研究』第27号，175-189頁．
東　信男（2011）『会計検査院の検査制度』中央経済社．

〔松本　徹〕

Ⅱ 非営利組織体と経営分析

1 非営利組織体の基本目的と分類

近年，政府・地方公共団体の財政の緊縮化に伴う補助金の削減や，非営利組織のみが実施していた事業領域における市場原理の導入など，**非営利組織**をめぐる環境が著しく変化している。補助金の削減は，事業費や業務費等の削減や他の代替的な資金の獲得などの検討の必要性を非営利組織に喚起させる。市場原理の導入は，より良い戦略や計画の構築を非営利組織に要求する。

いずれの場合においても，非営利組織は自らの組織の実態を把握することが必要となる。さらに，非営利組織の外部者にとっても，非営利組織が将来，事業を適切に遂行できる能力を有するかどうかを慎重に分析し，意思決定することが必要となる。非営利組織においても，まさに「経営分析」が必要な時代が到

(1) 非営利組織とは何か

一概に非営利組織といっても、その範囲は研究者や実務家によって異なる。非営利組織を単純に「非・営利組織」ととらえたならば、営利組織以外のすべての組織が非営利組織と考えることができよう。この場合、政府・地方公共団体や、自治会、さらに、小規模の市民団体までもが含まれることになる。これは最広義の非営利組織の定義である。

しかし、わが国で非営利組織として一般に連想する範囲を考えたならば、その範囲は狭いものとなるであろう。たとえば、公益法人や特定非営利活動法人（以下、NPO法人と記す）などである。これらの組織は、「剰余金の分配を禁ずる非分配制約を有する民間組織」であるとして、米国で主に用いられる非営利組織の範囲との親和性が高い。このような定義にしたがえば、非営利組織は剰余金の分配を禁じているため、当期に用いた費用のうち、どの程度をサービスに投下したのか、という明確な経営分析のための指標を得ることができる。すなわち、米国において非営利組織を分析する際にしばしば用いられる尺度としての事業費比率である[1]。

その一方で、社会的な価値の創出を考える場合においては、**協同組合**やアソシエーションが担ってきた役割が強調される場合もある。これは欧州で中心的に捉えられている非営利組織の範囲であり、ここでは社会的経済の創出に焦点がおかれる。このような非営利組織の範囲では、非営利組織がどのような社会的な目的を有し、活動しているかが重要となる。とくに社会を構成する領域としてコミュニティ、国家、市場があげられ、それぞれの欠陥を補うものが非営利組織であるとして、この第三セクターが社会の諸領域の良好な混合システムを構築することに貢献していると理解されている[2]。

図表11－2－1－1　非営利組織の範囲

（出所）　筆者作成。

図表11－2－1－1は、以上の議論をまとめたものである。非営利組織は、「非・営利組織」である広義の範囲からとらえることができる。そして、米国で主な範囲として、**非分配制約を有する民間組織**」を用いることで、狭義にとらえることもできよう。さらに、欧州で主な範囲として、社会的経済や、**社会的価値**の創出という目的からとらえた場合、協同組合やアソシエーションが非営利組織の広義と狭義の中間になる。この3つの分類を踏まえたうえで、わが国の非営利組織をみていこう。

(2) 法人形態にもとづく非営利組織の分類

わが国では、歴史的に、所轄庁が非営利組織を強く管理してきた。わが国の非営利組織の経営分析にあたっては、法人形態別に整理し、それぞれの特徴を把握することが必要である。

図表11－2－1－2は、非営利組織を最広義にとらえた場合におけるわが国非営利組織の法人形態の範囲を示している。以下では、それぞれのセクターの詳細と、近年の動向を確認する。

図表11−2−1−2　日本の法人形態区分と非営利組織

	法人形態	根拠法	所轄庁	設立
公共セクター	国	財政法		
	地方公共団体	地方自治法	総務省	
	特殊法人	各特殊法人特別法	各省庁	特許主義
	独立行政法人	独立行政法人通則法		
非営利セクター	一般社団・財団法人	一般社団法人及び一般財団法人に関する法律	内閣府 都道府県	準則主義
	公益法人	公益財団及び社団法人の認定等に関する法律	公益認定等委員会	認可主義
	社会福祉法人	社会福祉法	厚生労働省 都道府県	認可主義
	医療法人	医療法	都道府県	
	学校法人	私立学校法	文部科学省, 都道府県	
	NPO法人	NPO法	内閣府 都道府県	認証主義
	宗教法人	宗教法人法	文部科学省 都道府県	認証主義
	職業訓練法人	職業能力開発促進法	都道府県	認可主義
	自治会	なし		
	任意団体	なし		
第三セクター	組合組織	各組合法	組合による	準則・認可等が混在
	商工会	商工会法	経済産業省	準則主義
	商工会議所	商工会議所法		
	その他	その他		

(出所)　黒木（2013a）153頁表1を一部修正し作成。

① 公共セクター

第1は，公共セクターと称されるグループである。国・地方公共団体・特殊法人・独立行政法人がこのセクターに含まれる。これらの組織は，財政法，地方自治法，各特殊法人特別法，独立行政法人通則法などを根拠法としており，わが国の公共政策の根幹をなしている。

公共セクターに含まれる組織は，収入総額のうち，税収による収入の占める割合が高く，選挙を通して収入額が配分される特徴を有している。ただし，「民間」を非営利組織の条件として加えた場合，これらの組織は除外される。

② 非営利セクター

第2は，非営利セクターと称されるグループである。このグループに含まれる法人形態は，一般社団・財団法人，公益法人，社会福祉法人，医療法人，学校法人，NPO法人，宗教法人などである。

これらの法人形態は，わが国において一般に非営利組織として広く認識されている。その範囲は，「非分配制約を有する民間組織」として，米国の非営利組織の範囲に含まれる

ものと同じである。
③ 第三セクター
　第3は，組合組織などのグループである。わが国の非営利組織は，公益法人やNPO法人，医療法人，社会福祉法人，学校法人だけでなく，協同組合や商工会，商工会議所などが果たしてきた社会的な役割は大きい。

　これらの組織は，会員に剰余金を分配することが実質的に可能であるために，米国における非営利組織の条件である「非分配制約」を有しないが，社会的な役割の大きさを考えれば，非営利組織といっても問題ないであろう。

　以上のように，わが国非営利組織においても，法人形態ごとにその範囲について3つに分類することができる。ただし，非営利組織として多く言及されるのは上記のなかで，「② 非営利セクター」に含まれる法人形態である。したがって，以下では非営利セクターに含まれる法人形態を中心にとりあげることとしたい。

(3) わが国非営利組織の制度改革の動向
　近年，非営利組織をめぐる制度を対象とした改革が実施されている。非営利組織の経営を分析する際には，これらの制度改革の動向を考慮することが必要である。図表11－2－1－3は，わが国の非営利組織をめぐる制度改革のなかで，その主要な動向を整理したものである。

図表11－2－1－3　非営利組織の制度改革の動向

	1990年代	2000年代	2010年代
公益法人		・公益法人制度改革　(2000－)	
学校法人		・私立学校法改正　(2004) ・学校教育法改正　(2007)	
社会福祉法人	・社会福祉基礎構造改革開始 　　(1997) ・介護保険法制定　(1997)	・社会福祉法に改正・改称 　　(2000)	
医療法人	・医療法第2次改正　(1992) ・医療法第3次改正　(1998)	・医療法第4次改正　(2000) ・医療法第5次改正　(2006)	
NPO法人	・NPO法制定　(1998)		・NPO法改正　(2011)

(出所)　黒木 (2013 a) 154頁表2を一部修正し筆者作成。

　非営利組織をめぐる制度改革としてまずあげることができるのは，阪神・淡路大震災を契機としたNPO法が1998年に制定されたことであろう。NPO法制定は，わが国において非営利組織，あるいはNPOという名称が国民に認知されたきっかけとなる制度改革であった[3]。

　2000年代に入ると，とりわけ医療と福祉の領域において，利用者による意思決定を重視した制度改革が実施された。福祉の領域においては，2000年に社会福祉事業法が社会福祉法に改正・改称され，利用者による施設の選択と，サービスの質の保証に対する経営者の責任が明示された。また，医療の領域においても，2006年の第5次医療法改正において，患者の選択に資することを目的とした医療機関情報の提供や，広告の規制緩和，社会医療法人の設立などが実施された。

　その他にも，学校法人では，少子化の影響を受け始め，経常収支赤字の法人が増大しており，この対応策として，2004年に管理運営体制の改善，財務情報の公開，私立学校審議会の見直しを意図する私立学校法の改正が実施された。

このように，2000年代において，わが国非営利組織をめぐる様々な制度改革が実施された。しかし，その最大の制度改革として注目されたのは，公益法人制度改革である。民法制定以降，わが国非営利組織は公益法人のみが民法を根拠法として設立され，それ以外の法人は特別法を根拠法とされた。公益法人制度改革関連三法の制定により，公益法人を含むすべての法人は特別法がその根拠法とされた。そして，公益法人は非営利性のみを特徴とする一般社団・財団法人と，公益性を公益認定等委員会により認められた公益社団・財団法人に区分された。

わが国非営利組織の法人形態の多くは依然として非営利性と公益性を同一に認可あるいは認証される仕組みになっている。非営利性と公益性認定を区分する新たな公益法人制度は，今後，その他の法人形態にも重大な影響を与える可能性があり，その動向を注視しなければならない。

(4) 非営利組織に適用される会計基準

所轄庁は非営利組織を管理するにあたって，毎年度事業終了後一定期間内に事業報告書の提出を非営利組織に求めている。そして，事業報告書には会計情報が含まれており，法人形態ごとに会計情報を作成するために準拠すべき会計基準が定められている。

図表11-2-1-4は，非営利組織に適用される会計基準として代表的な，公益法人会計基準，社会福祉法人会計基準，学校法人会計基準，病院会計準則，NPO法人会計基準の設定主体を示したものである。

図表11-2-1-4　わが国非営利組織会計基準

法人形態	会計基準	設定主体
公益法人	公益法人会計基準	公益認定等委員会
学校法人	学校法人会計基準	文部科学省
社会福祉法人	社会福祉法人会計基準	厚生労働省
医療法人	病院会計準則	厚生労働省
NPO法人	NPO法人会計基準	NPO法人会計基準協議会

(出所)　筆者作成。

図表11-2-1-4からわかるように，法人形態別に所轄庁が独自の会計基準が定められている点に特徴がある。非営利組織を経営分析する際には，会計基準ごとにその特徴を把握しておくことが必要である。

(注)
1) 米国非営利組織の経営分析における指標については，黒木（2013b）において詳細に記載している。
2) 欧州の第三セクターについては，Pestoff（1992）に詳しい。
3) NPO法は2011年に寄附文化を活性化することを目指した寄附税制を盛り込む法改正が実施されている。

〔参考文献〕
黒木　淳（2013a）「非営利組織会計の現状と課題：会計の基本目的を中心に」『経営研究』第63巻第4号，149-171頁。
黒木　淳（2013b）「非営利組織会計の実証研究の展開：先行研究サーベイを中心に」『経営研究』第64巻第2号，67-93頁。
Pestoff, V. (1992) "Third Sector and Co-Operative Services – An Alternative to Privatization.", *Journal of Consumer Policy*, vol. 15, pp. 21-45.

［黒木　淳］

2 社会福祉法人の経営分析

(1) 社会福祉法人の特徴

社会福祉法人は社会福祉法（2000年に社会福祉事業法から改正）を根拠法として，憲法第89条（慈善博愛の事業に対する公金支出禁止）により社会福祉事業を主として行う法人として設立が認可された法人である。**社会福祉事業**とは，国・地方公共団体や社会福祉法人が経営することを原則とする第一種社会福祉事業と，それ以外の組織も参入可能な第二種社会福祉事業の2つが存在する。前者は主に施設サービスであり，利用者に対する責任の大きさから規制が設けられている。

わが国における社会福祉法人の重要性は，厚生労働省「平成23年度社会福祉施設等調査」から理解できる。すなわち，社会福祉事業を実施する施設の経営主体のなかで，約45％が社会福祉法人によりサービスを提供されている状況である。老人福祉施設では約75.8％，保護施設や旧法による障がい者施設等では80％を超えている。社会福祉法人のあり方は多くの国民に影響を及ぼす可能性がある。

ところで，わが国社会福祉制度は，1951年の社会福祉事業法制定以降，国からの措置・委託等によって社会福祉事業を成立させ，福祉の必要とされる者を保護してきた。すなわち，社会福祉が必要な者は国の指定する社会福祉法人でサービスを受けていた。

しかし，1997年から始まった**社会福祉基礎構造改革**により，社会福祉法人のサービス提供は国からの措置制度から利用者と法人との契約にもとづくものに変化した。2000年以降，福祉サービス利用者およびそれに付随する者自らが意思決定を行う前提に立ち，社会福祉法人の経営者だけでなく，その利用者が当該法人の判断・決定をすることができるように整備され始めたのである[1]。

(2) 社会福祉法人会計基準の概要

社会福祉法人が準拠すべき会計基準は1953年に公表された「社会福祉法人会計要領」を始まりとし，その後，改正もしくは新基準が継続的に公表されてきた。1953年に公表された会計要領は，計算書類として収支計算書と貸借対照表の作成を求め，法人における財政状態および事業成績を明らかにすることを目的とした。また，その後に公表された「社会福祉法人経理規程準則」は，措置・委託制度による経営者の受託責任の明確化を目的とした。

しかし，前述した1997年からの社会福祉基礎構造改革の影響を受けて2000年に公表された「社会福祉法人会計基準」は，会計情報の透明性，明瞭性，公正性の担保を目指すことが明記された。すなわち，本会計基準は，組織の透明性の確保といった外部者の利用を意識した基準である。

さらに，「社会福祉法人会計基準」は2011年に改正されている。この改正の目的は，「授産施設会計基準」，「病院会計準則」，「就労支援会計処理基準」，「訪問看護会計・経理準則」，「介護老人保健施設会計・経理準則」などの社会福祉事業それぞれに混在した基準を「社会福祉法人会計基準」に統一し，国民・寄附者等に分かりやすい情報提供を行おうとするものである。複数の施設を有する法人は施設ごとに異なる会計基準を適用してきたが，会計基準を一元化することができれば，経営分析にあたっても有力な助けとなる。

(3) 社会福祉法人の経営分析指標

社会福祉法人の経営分析にあたり，ここでは①分析対象，②経営分析指標，の2つを示す。

① 分析対象

第1は，社会福祉法人は施設単位の経営が中心であることから，分析対象を特定することが必要であることである。実際に，社会福

祉法人の実施する事業は，介護保険事業，高齢者福祉事業，児童福祉事業，保育事業，障がい者福祉事業など多岐にわたる。分析対象を法人単位にすべきか，施設単位にすべきか，事業単位にすべきかについては，経営分析の目的に応じて決定する必要がある。

複数の事業を実施する社会福祉法人も多く存在していることから，2011年に改正された社会福祉法人会計基準では，経理単位を「拠点区分」として設け，新たに区分することを要求している。適切な分析単位での経営分析の重要性を，社会福祉法人の会計基準の改正は示唆しているといえる。

② 経営分析指標

第2は，該当する社会福祉施設の平均値との比較が可能である点である。図表11－2－2－1は，独立行政法人福祉医療機構（WAM）が公表する特別養護老人ホームの経営指標をまとめたものである[2]。これらの指標をうまく活用し，自組織との比較を行うことで，対象とする組織がどのような状況であるかつかむことができる。

図表11－2－2－1を参照すれば，社会福祉法人の経営分析指標は，(1)**機能性**の状況，と(2)収支の状況，の2つから構成されることがわかる。(1)機能性の状況とは，サービス利用者の総数や，介護の状況に関するものを用いた指標である。社会福祉法人では，施設の定員に対してどの程度利用者が当該施設を利用しているのか，入所利用率などの指標が経営分析に有用である。また，介護事業では，サービス利用者の介護度がどの程度であるか，平均要介護度なども，法人や施設の状況を知る上で，有用であろう。

一方，(2)収支の状況とは，財務諸表を用いた経営分析指標である。とりわけ，事業活動収入に占める人件費の割合（人件費比率）や，営利企業の売上高利益率に該当する事業活動収入対経常収支差額比率がしばしば用いられる。これらの指標を経営分析の目的に応じて使用することで，法人や施設の財務状況を的確につかむことができる。

図表11－2－2－1　特別養護老人ホームの経営分析指標

(1) 機能性の状況	(2) 収支の状況
平均入所定員数	事業活動収入
平均短期入所定員数	事業活動外収入
入所利用率	特別収入
短期入所利用率	介護保険関係収入
1日平均入所者数	利用者等利用料収入
平均要介護度	その他の事業収入
定員1人当たり事業活動収入	人件費
入所者1人1日当たり事業活動収入	経費
1施設当たり従業者数	減価償却費
入所者10人当たり従業者数	その他
	支払利息
	事業活動収入対経常収支差額比率
	従業員1人当たり事業活動収入
	労働生産性
	従業員1人当たり人件費
	労働分配率

（出所）　WAMの経営分析参考指標にもとづき，筆者作成。

〔注〕
1) 社会福祉法人の経営実態や財務状況については, 黒木 (2012) および向山・黒木 (2013a；2013b) を参照されたい。
2) WAMの「役立つ資料集」には, 特別養護老人ホーム以外にも, ケアハウスや保育所の経営指標のまとめが掲載されている。詳細は, 次のURLを参照されたい。(http://hp.wam.go.jp/useful/tabid/68/Default.aspx)

〔参考文献〕
黒木 淳 (2012)「社会福祉法人の情報開示制度の有効性：6法人へのインタビュー調査から」『社会関連会計研究』第24号, 25-39頁。
向山敦夫, 黒木 淳 (2013a)「社会福祉法人の経営実態の分析」『産業経理』第73巻第1号, 41-51頁。
向山敦夫, 黒木 淳 (2013b)「社会福祉法人の財務状況の分析」『會計』第184巻第5号, 86-100頁。

[向山敦夫・黒木 淳]

3 公益法人

(1) 公益法人とは

2008年12月1日から新公益法人制度がスタートした。それまでは, 社団法人及び財団法人は, 1898年に施行された旧民法での制度下にあった。新公益法人制度は, 実に110年ぶりの大改革によるものであり, これからの社団・財団法人のあり方を模索した様々な企図が盛り込まれている。

ここで社団法人及び財団法人といった場合には, **一般社団法人**と**一般財団法人**（一般法人）, **公益社団法人**と**公益財団法人**（公益法人）の4種類がある。共通点は, 剰余金の分配を目的としない非営利団体である。「社団」とは人の集合体であり, 「財団」とは一定の目的のもとに結合された財産の運用を目的としている点は共通している。しかしこれら4種の法人の目的, 機能, 規制, 税制等は異なっている。

「一般社団法人」は, 人の集合体である社団に, 法律の規定に基づき法人格を付与したものである。他方, 「一般財団法人」とは, 法律の規定に基づき, 300万円以上の財産の集合体に法人格を付与したものである。両者は次4つの共通点を有する。すなわち, ①幅広い活動範囲（事業内容に制限がなく自由で自立的な活動が可能である）, ②簡易な設立要件（一般社団法人は, 社員となろうとするものが2人以上集まることにより, 一般財団法人は, 設立者が300万円以上の財産を拠出することにより, 設立できる）, ③非営利性の確保が求められる（社員や設立者に剰余金や残余財産の分配を受ける権利が付与できない）。④行政庁が一般社団法人及び一般財団法人の業務運営全体について監督しない, である。つまり, 事業内容への制限はなく, 登記という簡易な方法によって法人格の取得が可能であり, また行政の一律の監督下にないため, 比較的自由な活動ができる法人である。しかしながら, その自由な活動の一方で, 税制的な優遇措置は低く, 法人税は, 非営利型法人は収益事業のみ課税であるが, それ以外は全所得課税であり, 寄附金に対する優遇制度はない。

(2) 公益認定とは

「公益社団法人」「公益財団法人」とは, 「公益」という名が示すとおり, 一般社団法人・一般財団法人のうち, 公益目的事業を行うことを主たる目的としている法人である。法人は, 内閣府あるいは都道府県に公益認定の申請をし, 国の公益認定等委員会あるいは都道府県の合議制機関によって**公益認定**を受ける必要がある。また, 内閣総理大臣または都道府県知事の監督を受け, 毎年, 事業報告, 予算書, 決算書の提出義務がある。このような厳しい「縛り」のいわば代償として, 公益法人は法人税法, 寄附金制度共に優遇措置を受けることができる仕組みとなっている。

公益法人が認定を受けるには，大きく次の2つの基準を満たす必要がある（内閣府公益認定等委員会事務局，2013年）。第一に，公益に資する活動をし得るという「公益性」の基準である。第二に，公益目的事業を行う能力・体制があるかという「ガバナンス」の基準である。

公益性には主として次の5つの基準がある。すなわち，①公益目的事業を行うことを主としていること，②特定の者に特別の利益を与える行為を行わない，③収支相償であると見込まれること，④一定以上に財産をためこんでいないこと（遊休財産規制），⑤その他（理事等の報酬等への規制，他の団体の支配への規制）である。このうち，①の公益目的事業とは，学術，技芸，慈善その他の公益に関する認定法別表各号11に掲げる種類の事業であって，不特定かつ多数の者の利益の増進に寄与するものをいう。そして，法人は公益目的事業を行うことを主たる目的とし，費用ベースで比較して公益目的事業比率が50％以上と見込まれることが必要となる。③の収支相償とは，公益目的事業に係る収入の額が，その事業に必要な適正な費用を償う額を超えてはならないという要件である。

第2の，ガバナンスについては，主として次の3つの観点から公益目的事業を行う能力・体制があるかがチェックされる。すなわち，①法人が経理的基礎・技術的能力を有しており，業務を別の法人に「丸投げ」するようなことがない。②公益目的事業財団の管理について定款に定めている，③その他（会計監査人設置，社員の資格の得喪に関する条件等），である。

(3) 公益法人の現状

（公財）公益法人協会によれば，2013年4月時点での，一般法人と公益法人の数については，以下のとおりである。一般法人の数は，32,505法人であり，その数は公益法人の数8,412法人の約4倍である。一般法人の中では，一般社団法人の割合が高く71％であり，一般財団法人は29％である。公益法人では，公益社団法人と公益財団法人の割合はそれぞれ44％，56％であり，それほど大きな開きはない。

4法人の中で最も数が多い一般社団法人はどのような特徴があるのであろうか。（公財）公益法人協会の2012年調査では，支援型団体が31.9％で最も多く，次いで業界団体（15.2％），職能団体（7.6％），研究学術団体（7.1％）などであった。

公益法人制度改革の影響については次のとおりである。旧公益法人の移行期間が2013年11月末をもって満了したが，2013年12月時点での速報値によれば，平成20年12月から5年間の移行期間中に，計20,736の旧公益法人が新制度への移行を申請し，その44％に当たる9,054法人が新公益法人への移行申請であった（内閣府に2,172法人，都道府県に6,882法人）。移行申請した法人のうち，寄附優遇税制の対象となる法人は，公益法人制度改革前の862法人（全公益法人の約3.5％）から，9,054法人（移行申請を行った法人の44％）へと10倍以上に増加する（公益法人information，2013年）。

(4) 公益法人会計基準

ここでは，最新の**公益法人会計基準**（平成20年4月公表，平成20年12月1日以降適用開始）の構成について概説する。

公益法人会計基準は，第1総則，第2貸借対照表，第3正味財産増減計算書，第4キャッシュ・フロー計算書，第5財務諸表の注記，第6付属明細書，第7財産目録から構成されている。また，公益法人会計基準には注解が付属する。

公益法人会計基準の第1総則には，いわゆる一般原則がある。これは企業会計原則における一般原則と同様で，公益法人の会計に携

わるものが広く一般的に遵守しなければならない原則である。一般原則には，真実性の原則，正規の簿記の原則，継続性の原則，重要性の原則の4つがあり，簡単に紹介する。

① 真実性の原則

まず，一つ目は真実性の原則であり，「財務諸表は，資産，負債，及び正味財産の状態並びに正味財産増減の状況に関する真実な内容を明りょうに表示するものでなければならない」と。企業会計原則にある真実性の原則と内容的には同様で，会計報告に関する法人側のスタンスを，うそを言わないで真実を伝えることに求める最も基本的な原則であるといえる。

② 正規の簿記の原則

次に，二つ目は正規の簿記の原則であり，「財務諸表は，正規の簿記の原則に従って正しく記帳された会計帳簿に基づいて作成しなければならない」と。

ここにいう正規の簿記とは，企業会計と同じく，秩序性，網羅性，検証可能性を兼ね備えた簿記，すなわち，一般的には「複式簿記」を念頭に入れている。ただし，単式簿記がまったく棄却されるとはいえない。秩序性，網羅性，検証可能性を備えていれば，単式簿記も正規の簿記の原則の考え方に則った簿記として位置づけられよう。

③ 継続性の原則

そして次に，三つ目は継続性の原則であり，「会計処理の原則及び手続並びに財務諸表の表示方法は，毎事業年度これを継続して適用し，みだりに変更してはならない」と。企業会計原則における継続性の原則と同様に，ある会計方法や手続をいったん採用したら，毎期ごとに継続して適用し，正当な理由がない限り変更してはならないということを要請する原則である。

④ 重要性の原則

最後に，四つ目は重要性の原則であり「重要性の乏しいものについては，会計処理の原則及び手続並びに財務諸表の表示方法の適用に際して，本来の厳密な方法によらず，他の簡便な方法によることができる」と。

企業会計原則では，重要性の原則は一般原則としては位置づけられていないが，公益法人会計基準では一般原則にはいっている。要請される原則は，本文に示されている通り，相対的に重要性が低い場合には，厳密な方法によらないで，他の簡便な方法を用いることができるということを示している。

公益法人会計基準では，貸借対照表について，「貸借対照表は，当該事業年度末現在におけるすべての資産，負債及び正味財産の状態を明りょうに表示するものでなければならない」としている。そして，貸借対照表を，資産の部，負債の部及び正味財産の部に分けた上で，更に「資産の部を流動資産及び固定資産に，負債の部を流動負債及び固定負債に，正味財産の部を指定正味財産及び一般正味財産に区分しなければならない」としている。これを簡潔な一覧表にすると以下のようになる。

<u>貸借対照表</u>
　　資産の部
　流動資産
　固定資産
　　基本財産
　　特定資産
　　その他の固定資産
　　負債の部
　流動負債
　固定負債
　　正味財産の部
　指定正味財産
　一般正味財産

公益法人会計基準では，正味財産増減計算書について，「正味財産増減計算書は，当該事業年度における正味財産のすべての増減内容を明りょうに表示するものでなければならない」としている。加えて，「正味財産増減計算書は，一般正味財産増減の部及び指定正

味財産増減の部に分かち，更に一般正味財産の部を経常増減の部及び経常外増減の部に区分するのもとする」としている。

さらに，「一般正味財産増減の部は，経常収益及び経常費用を記載して当期経常増減額を表示し，これに経常外増減に属する項目を加減して当期一般正味財産増減額を表示するとともに，更にこれに一般正味財産期首残高を加算して一般正味財産期末残高を表示しなければならない」としている。

また，「指定正味財産増減の部は，指定正味財産増減額を発生原因別に表示し，これに指定正味財産期首残高を加算して指定正味財産期末残高を表示しなければならない」としている。

これを簡潔に一覧表にしたものが以下の表である。

　　　　正味財産増減計算書
　Ⅰ　一般正味財産増減の部
　　　1　経常増減の部
　　　　（1）経常収益
　　　　（2）経常費用
　　　2　経常外増減の部
　　　　（1）経常外収益
　　　　（2）経常外費用
　　　　　　当期一般正味財産増減額
　　　　　　一般正味財産期首残高
　　　　　　一般正味財産期末残高
　Ⅱ　指定正味財産増減の部
　　　　　　当期指定正味財産増減額
　　　　　　指定正味財産期首残高
　　　　　　指定正味財産期末残高
　　　　　　正味財産期末残高

公益法人会計基準では，キャッシュ・フロー計算書について，「キャッシュ・フロー計算書は，当該事業年度におけるすべてのキャッシュ・フローの状況を明りょうに表示するものでなければならない」としている。そして，「キャッシュ・フロー計算書は，当該事業年度におけるすべてのキャッシュ・フローの状況について，事業活動によるキャッシュ・フロー，投資活動によるキャッシュ・フロー及び財務活動によるキャッシュ・フローに区分して記載するものとする」としている。さらに，「キャッシュ・フロー計算書には，当該事業年度における現金及び現金同等物に係る収入及び支出を記載しなければならない」としている。

なお，キャッシュ・フロー計算書は，大規模法人である会計監査人設置公益社団・財団法人のみに作成が求められる。ここに会計監査人設置公益社団・財団法人とは，①収益の合計額が1,000億円以上であるか，②費用及び損失の合計額が1,000億円以上であるか，③負債の合計額が50億円以上であるか，という3つの条件が1つでも当てはまる公益社団・財団法人をいう。

これを簡潔に一覧表にしたものが以下の表である。

　　　　キャッシュ・フロー計算書
　事業活動によるキャッシュ・フロー
　　事業活動収入
　　事業活動支出
　　　事業活動によるキャッシュ・フロー
　投資活動によるキャッシュ・フロー
　　投資活動収入
　　投資活動支出
　　　投資活動によるキャッシュ・フロー
　財務活動によるキャッシュ・フロー
　　財務活動収入
　　財務活動支出
　　　財務活動によるキャッシュ・フロー
　　現金及び現金同等物にかかる換算差額
　　現金及び現金同等物の増減額
　　現金及び現金同等物の期首残高
　　現金及び現金同等物の期末残高

〔参考文献〕
朝日税理士法人，朝日ビジネスソリューション編（2009）『図解　社団法人・財団法人のしくみ』中央経済社．
公益法人協会「統計情報」：http://www.nopodas.com/contents.asp?code=10001004&idx=100326
大塚宗春，黒川行治責任編集（2012）『政府と非営利組織の会計』中央経済社．

非営利法人会計研究会編（2013）『非営利組織体の会計・業績および税務』関東学院大学出版会。

[鷹野宏行]

4　医療法人

(1)　医療法人とは

医療法人とは，病院，医師若しくは歯科医師が常時勤務する診療所又は介護老人保健施設の開設を目的として設立される非営利の法人である。その設立目的は，医療提供体制の確保及び国民の健康保持に寄与することである。ただし，医業に付随する業務のうち一定のもの（附帯業務）については，定款又は寄附行為で定めるところにより「医療関係者の養成又は再教育」「医学又は歯学に関する研究所」など，医療法人の主たる業務に支障のない範囲で運営が認められている（実施可能な附帯業務は，医療法第42条を参照されたい）。

(2)　医療法人の分類

医療法人には，「**医療法人財団**」及び「**医療法人社団**」の二つの形態がある。「医療法人財団」は，人々が一定の目的のために財産をささげる寄附行為により設立された団体である医療法人をいう。また，「医療法人社団」は，一定の目的のもとに結合した人の団体である医療法人をいう（根本規則は定款で定められる）。

さらに，「医療法人財団」「医療法人社団」には，租税特別措置法を根拠とする「**特定医療法人**」，医療法を根拠とする「**社会医療法人**」という公益性の高い法人が含まれる。

医療法人は，「出資持分」の有無という観点から「出資持分のある医療法人」と「出資持分のない医療法人」に区分できる（「出資持分」とは，医療法人社団に出資した者が，当該医療法人の資産に対し，出資額に応じて有する財産権をいう）。「出資持分のある医療法人」とは，医療法人社団であって，その定款に出資持分に関する定め（通常は，①社員の退社に伴う出資持分の払戻し，及び，②医療法人の解散に伴う残余財産の分配に関する定め）を設けているものをいう。「出資持分のない医療法人」とは，医療法人社団であって，その定款に出資持分に関する定めを設けていないものをいう。出資者とは，医療法人社団の設立時もしくは設立後に出資を行った者である。ただし，社員と出資者は必ずしも一致しない（出資をしなくても社員になれる）。

平成18年6月に改正された医療法のもとでは，「持分の定めのある社団医療法人」は，設立できないこととなった。改正医療法では，社団の形態は選択できるが，社員に対しての持分を定めることはできなくなり，これをもって「**基金拠出型医療法人**」という。ただし，既に設立された持分を定めた社団医療法人については，改正医療法附則10条2項により，当分の間存置されることとなった。この当分の間については特段の規定が盛り込まれず，現在においてもその期限については不明確なままである。

(3)　医療法人の現状

すでに50年以上経過した医療法人制度（昭和25年8月施行）のもとで，日本全国では，2013年3月現在，48,820の医療法人があり，持分の定めのある社団医療法人がそのうちの約98％を占めている。残りの約2％が持分の定めのない社団医療法人（基金拠出型医療法人）と財団の形態をとる医療法人及び社会医療法人である。

なお，改正医療法では，社会医療法人という新しい法人制度が設置された。財団の形態をとるもの，社団の形態をとるもので持分定めのない医療法人で，医療法42条の2の規定により，一定の要件を満たすものであり，この法人形態の新設により，旧医療法が定めていた特別医療法人が廃止された。また，これらの医療法人は，やはり一定の要件のもとで，

租税特別措置法67条の２に規定される特定医療法人となることもできる。特定医療法人には法人税率の軽減措置が採用される。

(4) 医療法人の経営指標

医療法人に独自の会計基準は，2014年２月現在，存在していない。病院については，設置できる様々な非営利法人の独自の会計基準に従うものの，施設基準としての病院会計準則が存在している。**病院会計準則**は，平成16年の改正により，企業会計にほぼ準拠した体裁をとるようになり，それ自体の独自性はなくなったといってよい。

そこで，ここでは，厚生労働省が公表している**病院経営指標**について紹介することにする。

分析項目としては，Ⅰ損益状況の分析項目，Ⅱ損益状況・財政状態の分析項目とにわかち，Ⅰでは，①基礎，②機能性，③収益性，④生産性，Ⅱでは，①基礎，②機能性，③安定性，④収益性，という指標を提示している。

それでは，具体的な項目をその計算式とともに例示する。まずは，損益状態の項目からである。

- １日平均入院患者数(在院患者延数／施設数×366日(人))
- １日平均外来患者数(外来患者延数／施設数×300日(人))
- 病床利用率(在院患者延数／病床数×366日×100(％))
- 外来／入院比(１日平均外来患者数／１日平均在院患者数(倍))
- 平均在院日数(在院患者延数／(新入院患者数＋退院患者数)÷２(日))
- 患者規模100人当たり従事者数(従事者数／１日平均在院患者数＋１日平均外来患者数÷３)×100(人))
- 患者１人１日当たり入院収益(入院収益／在院患者延数(円))
- 患者１人当たり外来収益(外来収益／外来患者延数(円))
- 医業収益対医業利益率(医業利益／医業収益×100(％))
- 人件費率（給与費（役員賞与含む）／医業収益×100(％))
- 材料費率(材料費／医業収益×100(％))
- 経費率(経費／医業収益×100(％))
- 委託費率(委託費／医業収益×100(％))
- 減価償却費率(減価償却費／医業収益×100(％))
- 経常収益対支払利息率(支払利息／経常収益×100(％))
- 経常収益対経常利益率(経常利益／経常収益×100(％))
- 総収益対総利益率(税引前当期純利益／総収益×100(％))
- 常勤医師１人当たり年間給与費(給与費／(医師数＋歯科医師数)(円))
- 常勤看護師１人当たり年間給与費(給与費／(看護師数＋准看護士数＋助産師数)(円))
- 従事者１人当たり年間医業収益(医業収益／従事者数(円))
- 労働生産性(医業収益－(材料費＋経費＋委託費＋減価償却費＋その他の費用)／従事者数(円))
- 労働分配率(給与費／(材料費＋経費＋委託費＋減価償却費＋その他の費用)×100(％))

続いて，財政状態の項目である。

- １病床当たり総資産額(総資産／総病床数(円))
- １病床当たり利益剰余金額(利益剰余金／総病床数(円))
- １病床当たり固定資産額(固定資産額／総病床数(円))
- 自己資本比率(資本／(負債＋資本)×100(％))
- 固定長期適合率(固定資産／(資本＋固定負債)×100(％))

- 流動比率(流動資産／流動負債×100(％))
- 医業収益対(長期)借入金比率(長期借入金／医業収益×100(％))
- 総資本対経常利益率(経常利益／(負債＋資本)×100(％))
- 総資本回転率(医業収益×(負債＋資本)×100(％))

〔参考文献〕

朝日税理士法人，朝日ビジネスソリューション編（2013）『図解　医療法人の運営・会計・税務』中央経済社．

岩渕　豊（2013）『日本の医療政策－成り立ちと仕組みを学ぶ』中央法規出版．

厚生労働省（2013）「医療施設動態調査（平成25年11月末概数）」．

厚生労働省医政局（2011）「出資持分のない医療法人への円滑な移行マニュアル」．

厚生労働省（2007）「平成19年版　厚生労働白書　医療構造改革の目指すもの」．

塩谷　満（2012）『よくわかる医療法人制度Ｑ＆Ａ（第2版）－設立・運営・税務・事業継承－』同文舘出版．

大塚宗春，黒川行治責任編集（2012）『政府と非営利組織の会計』中央経済社．

［鷹野宏行］

第12章　経営分析の新領域

　第12章では，経営分析の外延を拡大する七つの試みを提示する。それは大きく二つに分けられる。第一のグループは，企業の活動を対象としている。製品戦略活動，研究開発活動，環境活動，リスク管理活動を対象としたときにどのような分析が可能であるかを述べたものである。これらに対して第二のグループは，ブランドや企業全体を評価しようとするものである。

　第一のグループでは，次のように述べられている。製品戦略にあたってはビッグデータの活用による顧客情報の解析，的確な需要予測が求められている。その結果はいずれ財務データに反映され，PDCAサイクルを回す手段となる。研究開発活動は将来業績，企業価値，技術知識ストックとの関係から分析することができる。研究開発に関する会計基準の効果についても研究されており，今後は研究費と開発費を区分した研究，研究開発費の資産化額の研究も考えられる。環境活動の経営分析については，本章では環境経営ステージという概念を導入し，環境保全活動と効果の関連を分析する。地球環境保全コストと公害防止コストについてのモデルを用い，その結果が示される。リスク管理活動については，リスクの定量評価，リスク管理を機能させる能力の評価が取り上げられる。経営に対するリスクの影響を把握し迅速な対応が可能な態勢を構築すること，そのための経営分析が不可欠とされる。

　第二グループは，評価である。ブランドは競争優位を高めるうえで重要であり，ブランド価値は企業価値を高める。日本で実践されるブランド価値評価モデルには，インカムアプローチにもとづく三つのモデルがある。しかし，他のモデルとも合わせ，モデルの選択は慎重に行われるべきである。企業が全体として評価される代表的な場がM&Aである。M&Aにともなって発生するのれんと買収プレミアムとの関係，M&Aのシナジー効果とのれんとの関係が明らかにされ，のれんの会計処理についてもふれる。レピュテーションは，たんに評判というよりもステークホルダーが有する暗黙的請求権であり，目標利益を達成するうえで，このレピュテーションが経営者の裁量行動に影響をあたえている。

[森　　久]

I 製品戦略と経営分析

1 消費者の価値観の変化と製品概念の拡張

(1) 価値に関する研究

製品開発の現場において，消費者の価値観の変化を捉えることが開発の契機となるとすれば，消費者の価値観の変化は，企業の製品戦略に影響を与えている。古典的経済学における消費者の認識する価値や価格に関する研究は，価値を商品の交換比率として捉え，消費需要を貨幣の関数として考えてきた。その後，古典的経済学において「与件」とされ，議論の中心から外されてきた主観的効用や欲望に焦点を当て，心理学的アプローチを試みた研究もなされてきた。

近年では，研究対象を合理的なホモ・エコノミカではなく，限定合理的な現実的な人間を研究の対象とする行動経済学が着目されるようになった。

行動経済学においては，大衆消費社会における消費需要は，購買意欲（動機，態度，期待，願望）という心理的媒介変数で示されたり，低水準の覚醒水準を高めるための刺激や T. Veblen の**顕示的消費**に代表される社会的序列の変数で示される。

また，消費者行動論では，財・サービスを欲する理由を問題の出発点とし，消費に関する意思決定は人間の社会・経済活動にとって重要であると捉え，関与（消費者のこだわり）というものが消費需要に影響を与えるとする。関与とは，価値と対象物との統合の程度であり，財，サービスの期待効用を指している。この期待効用の高さが，購買時における問題への取り組み方へ影響を与えるのである。

このように，消費者の需要関数は，個人の主観的効用が決定づけており，価格のみでは判断できないのである。

(2) 消費者の価値観の変化

内閣府が1958年から続ける「国民生活に関する世論調査」は，時系列で国民の生活意識をみることができる。1972年には，「心の豊かさ」を重視したい者は37.8％であり，「物の豊かさ」を重視したいと答えた者の割合は40％であった。しかし，1980年以降，この割合は逆転し，「心の豊かさ」を重視する割合が伸張して，近年では30％を超える顕著な差となっている。

人が物質的に豊かになり心の豊かさを求めるようになるには，Petty-Clark's law のように，基本的には所得の増加と消費の増加が必要になる。統計局の「家計調査」によると，生活の基本となる「衣食住」の消費支出に占める割合は，1963年以降減少しているが，「その他消費支出」の割合は継続的に増加し，77年に逆転する。また，所得に対する貯蓄の割合は62年から増加しはじめ，74年に貯蓄率は急激に伸びている。

戦後の日本人が豊かさの象徴として欲しかった『三種の神器』のうちの「電気洗濯機」「電気冷蔵庫」の製品普及率は74年に97.5％，96.5％と限りなく100％に近づき，『3C』と称された製品の1つ「カラーテレビ」の普及率は78年に100％に近づいた。これらのことから，74-75年以降の貯蓄率の上昇は，将来への備えというよりは，むしろ，「物の豊かさ」が飽和状態に達している証左といえる。

(3) 製品概念とは

製品概念は「**効用の束**」と捉えられ，無形な要素を含んだ「総体としての製品」と認識されている。その要素の中には，基本的機能だけではなく，製品を購入することによって得られる**精神的価値**をも含んでい

る。P. Kotler（1986）の製品概念図は，**中核製品，実態製品，拡大製品**の3要素から構成され，製品の機能，売買される形態，販売に付随するサービスという視点から分類されている。最も基本レベルは「**中核製品（Core Product）**」と呼ばれ，「消費者が製品に求めている本当の目的」に当たる。次のレベルは「**実体製品（Tangible Product）**」と呼ばれ，「機能特性，デザイン，スタイル，品質，ブランド，パッケージを付加し市場で取引できる状態にしたもの」である。最後のレベルは「**付随製品（Augmented Product）**」と呼ばれ，据付や配送，保証などのアフターサービスといった実体製品に付随するサービスや利点の提供を表している。

物質が飽和する現代では，製品には消費需要を喚起し，人々の関与を刺激する要素があるという。A. H. Maslow（1970）はいわゆる物質的豊かさを，より低次の欲求と呼んだ。人々が製品に対して強い思い入れを抱くとき，その対象物は，衣食住，安全というレベルを満たすのではなく，より高次の欲求を満たす価値を見出しているといえる。

製品概念を人々の関与の視点から捉え直すと，最初に「財・サービスの本来目的」が存在する。これはKotlerのいう中核製品に当たる。次のレベルは，「使用目的の強化」である。カラーバリエーション，パッケージデザイン，スタイルといった要素が含まれる。直接的使用とは異なる要素が含まれるが，物欲を満たすという意味では等しくMaslowのいう低次欲求レベルである。最後のレベルには，「非使用目的」を表し，使用目的には直接影響を与えない付加的な要素が存在する。それがなくても，モノの本質的・客観的価値には問題ないが，個々人の満足レベルには影響を与える要素である。

この製品概念図は，**関与**の高低とも関連する。関与はM. Sherif&Centril（1974）によって社会倫理学の分野に導入された用語で，情報源の信頼性とメッセージの主張が等しい場合には，ある対象物に対して自我関与の程度が高ければ高いほど，その立場に固執する結果となり，受容可能な立場の範囲を狭くし，反対に受容不能な立場の範囲を広くするといわれている。つまり関与とは，対象物に対する人々のこだわりや固執と言える。

使用目的のみの製品であれば，代替品は数多く，受容可能な範囲が広いために関与レベルは低くなる。一方，非使用目的の要素を重要視すれば，代替品は減少し，当該製品に対する関与レベルは高くなる。

このように，消費者が物質的に満たされるようになると，消費需要を喚起する新しい価値，人々の関与を刺激するような要素の拡大が製品概念に起こると考えられる。

(4) 製品差別化戦略

人々の欲求レベルの上昇に対応して，企業の製品も欲求レベルに合わせていく必要がある。主観的な欲求に応じるため，画一的な製品需要は低い。これが製品差別化戦略の登場する背景である。

製品差別化戦略は，マーケティングの観点に立った目標シェア・売上・利益を達成するための方策を意味する。Kotlerは製品差別化戦略を1製品ラインの多品目化として捉えている。第一段階として，製品の供給者は一種類の製品を大量に生産，流通，販売促進するマス・マーケティングの形をとる。次の段階は，供給者が異なった特徴，スタイル，品質，サイズ等々の製品を複数生産する製品差別化マーケティングである。次いで供給者は市場細分化を行い，その中から1つあるいは複数の市場を選定し，その市場に合った製品を生産するようになる。

製品差別化が必要になるのは，マス・マーケティングの形をとっても競合との同質化・画一化により，製品が需要されないためである。製品の普及によって，単純な便益・サー

ビスだけでは消費が増えない。そのため，消費者個々人の関与レベルを刺激する多品種・少量生産が必要となる。

日本では，1970年代になると高度経済成長が終焉し，モノ余りが目立つようになる。市場飽和状態の中で，製造業は品質と価格の競争から，より消費者の心理に訴えかける高次欲求を満足させる製品開発に着手していった。

現代では，「持続可能性」の概念が世界的な行動原則となっており，真の豊かさや発展は持続可能な社会の上に成り立つと考えられている。豊かさの価値も多様化し始め，企業は社会から新しい存在価値を求められるようになった。つまり，社会そのものが持続可能であるように，企業は社会に「配慮」しながら利益を出していくことが重視されるようになった。社会は**CSR**（企業の社会的責任）の概念を求めるようになり，それを取り入れた製品・サービスの開発が企業として戦略的に取組む課題となる。

環境問題に特化した**エコロジカル・マーケティング**や，社会的課題を取扱う**コーズ・リレイテッド・マーケティング**は，その役割の一端を担えると考えられ，日本においてもそうしたマーケティング手法を実践する企業が現れ始めている。今日の代表的企業や団体は，社会的な課題や環境問題などを最初からビジネス戦略に組み入れ，技術革新を実現して競争優位を獲得している。企業には，社会的責任と経営責任を満たす戦略対応が期待されており，そうした消費者の価値観の変化に対応できる企業こそが競争優位を得ているのである。エコロジカル・マーケティングや，コーズ・リレイテッド・マーケティングは，その役割を担う有効な手段として考えられている。

以上のように，製品を普及させ，飽和状態に達すると，次第に色やデザイン，スタイルを重視する需要に変化してきた。低次欲求である物欲が満たされるようになると，高次欲求を求めるようになる。つまり，ブランド品

の所有で得られるステイタスの獲得というような衒示的欲求が顕在化することとなる。近年では，環境にやさしい，貧しい世界の子供たちに寄付ができるといった，製品の使用目的とは関係のない情緒的価値を求める傾向も読み取れる。

(5) 財務データから見られる変化

財務省「法人企業統計調査」によると，日本の製造業における売上高に占める販売費および一般管理費の比率は1974年から緩やかに伸びていく。すなわち，73年以降，従来の製造業のあり方は変わり，企業は生産部門ではなく企画・開発部門に力を入れ始めたことを表している。

日本へマーケティングが導入された時代とその変化は，製品市場が飽和状態になることで，企業，特に製造業のあり方を変化させることとなった。一概に製造業といっても，製品のコア部分の機能的価値を重視する製造業と情緒的価値を重視する製造業に分けられる。

ここでは，機能的製品が多い家電業界と，情緒的要素の多い食品（製菓）業界に分類して財務諸表データを分析してみる。製菓メーカーでは，売上高に占める原価は低いが，一方で販売費および一般管理費は高い数値を示している。製菓メーカーは，製造活動よりも，製品の企画やデザイン，広告などの諸活動に重きを置く傾向にある。使用目的そのものではなく，人々の関与が高まるような要素が競争に勝つための条件となっている。一方，家電メーカーは，製造過程にかけるコストが高く，販売費および一般管理費は相対的に少ない。これは製品戦略の差異を財務データから推察した結果である。

消費者が物質的に豊かになると製品戦略に占める価格やコストの重要性は相対的に低下する。売上は，他社製品との差別化となり，差別化したマーケットへの浸透が必要になる。売上は価格と製品機能のみならず，デザイン

や広告の内容と方法，販売方法に重点を移しており，消費者の心理的な要素や社会的価値観の変化を読み解くことが重要になる。消費者の持つ主観的効用を集計し，売上の予想に反映させる必要がある。

売上を決める要素として，これまで所与としてきた諸変数が重要視されることで，その変数を探し出し，データにより解析することが経営そのものを分析する時代になってきた。ビッグデータが活用されることで，この傾向はますます顕著になる。企業を取り巻く環境分析のツールは，これまでと比較にならないほどのデータと処理能力を持つことになった。企業環境の分析は，事業の将来性を分析するために欠かせない。

経営分析は，過去の財務諸表分析のみでは十分ではなく，ビッグデータを活用し，顧客の情報を解析し，的確な需要予測に基づく生産計画が求められる時代になる。事業や製品レベルの戦略は，**SWOT分析**や**5 Forces分析**で評価し，その評価を行う必要がある。

(6) 内外環境の分析

企業の競争戦略に関する論文は多数ある。なかでもM.E.Porter（1979）の5 Forcesはよく知られている。5 Forcesは，業界の収益性を決める要因であり，当該事業が置かれている産業の「既存企業同士のポジション争い」や「顧客の交渉力」，「サプライヤーの交渉力」といった業界内の要因のみならず，「新規参入の脅威」や「代替製品や代替サービスの脅威」といった業界外部の分析が必要になる。

業界の収益性を決める要因分析は，自らの事業や製品の相対的な位置を確認し，業界内外の要因が自社の事業や製品に与える影響を分析することになる。

① サプライヤーの交渉力

「サプライヤーの交渉力」は"サプライヤーの数"，"供給される製品の独自性やスイッチングコスト"，"他社製品の有無"，"納品先の産業を吸収統合できるか否か"，"納品先の重要性"によって左右される。

製品を開発し，生産するには，材料や部品の供給状況を分析しなければならない。材料が希少で，サプライヤーが強い交渉力を持つ場合には，自社の製品価格や数量を自社でコントロールできない。それゆえ，サプライヤーの交渉力によって，自社製品の戦略的な位置づけが変化する。

② 顧客の交渉力

「顧客の交渉力」は"顧客の数"，"差別化の度合い"，"顧客のコストへの影響"，"価格による品質の差の大きさ"，"コスト削減に影響を与える度合い"，"サプライヤーの製品を内製できるか否か"という6つに影響される。

顧客が強い立場にある製品は，自社の製品が代替可能であるためである。不特定多数の顧客をターゲットとする場合でも，顧客の側が代替可能性を持つ製品やサービスは価格競争を強いられる。製品は，価格を基準に評価されるため，コスト競争力を有することが戦略を実施する際のキーとなる。

他方，差別化しているため，製品の代替可能性がない場合には，代替製品の出現の可能性や時期が分析されることになる。

昨今では，小売店が"流通チャネルへのアクセス"や"顧客への交渉力"を活かして，サプライヤーであるメーカーに対して，プライベートブランド（PB）の製造を委託するケースが増えてきている。本来は，メーカーにとって参入障壁とすべき差別化のためのブランドが，小売店による製品ブランドになる。

メーカーにとっては，顧客企業でありながら，自社のブランドを劣化させる異業種からの参入である。企業の売上に占めるPBの割合は年々高くなっている。メーカーは自らのブランドの収益性を低めるPBを製造せざるを得なくなっている。

③ 新規参入の脅威

「新規参入の脅威」の程度は，現在の参入障壁がどのくらい高いのか，既存のライバルがどれくらい反撃するかによって変わる。新規参入を防ぐ要素は，"規模の経済"，"ブランドによる差別化"，"資金ニーズ"，"規模に関係のないコスト面の不利"，"流通チャネルへのアクセス"，"政府の政策"の6つがある。海外企業が，ライバル企業へブランドを貸し，当該産業の流通チャネルを使って新規参入するケースなどもみられる。

製品戦略は，新規参入の脅威の程度によって実施の可否が判断される。良い製品が開発されても，参入障壁が低い場合には生産のための投資が控えられる。製品戦略は，参入の脅威の分析により相対的に評価されることになる。

④ 代替品や代替サービスの脅威

代替品や代替サービスが現れると価格競争が起こり産業の収益性が圧迫される。コストパフォーマンスで上回るか，営業力などによる優位性を確保しなければ，淘汰される可能性がある。製品戦略では，自社製品の差別化の程度を分析し，コスト競争力や営業力（販売チャネルやブランド）との関係の中で，実施するか否か，その規模などを評価分析しなければならない。

⑤ 業界内のポジション争い

既存企業同士の競争は，製品そのもの，価格，チャネル，プロモーションといった，所謂4Pによって競われる。競争は，ライバル企業の数，産業の成長率，製品の独自性，価格引き下げのインセンティブの生じやすさ，生産の能力の増強，撤退障壁の高さによって変わってくる。業界内の事業や製品に関する分析は，すべてが相対的なものであるが，その結果は業界内の序列化となる。

以上みてきた5Forces分析は，業界の収益構造を見出すが，自社の事業や製品のライフサイクルや寿命を知る上でも重要である。サプライヤーや顧客は，国内のみならず海外の企業や顧客を視野に入れねばならない。為替レートや新興国の成長などの影響が事業や製品の収益性を左右する。

新興国の台頭で，これまでサプライヤーでなかった企業がサプライヤーの主役に躍り出ることもある。新たな製品やサービスが誕生することで，顧客の序列も変化する。アップルやサムスンのスマートフォンが部品メーカーの供給先を変化させるのは一例である。部品メーカーは，スマートフォンの売上により自社製品の売上が左右されることになる。

新規参入や代替品の登場としては，金型事業への3Dプリンターの影響やデジタルカメラの誕生によるフィルムメーカーへの影響，ガソリンエンジンから電気自動車や燃料電池車などに変化した場合の産業構造の激変を予測しなければならない。

イノベーションは，すべての業界に大きな影響をあたえ，各事業は製品の収益構造を変化させることになる。企業経営は，自社がコントロールできる要因と自社ではコントロールできない外部の要因によって評価されるのである。

産業内を5Forces分析することは同時にSWOT分析で自社の方向性を確認することを可能にさせる。SWOT分析とは，競合に対する当該企業や商品の強み（Strengths）・弱み（Weaknesses）を把握し，取り巻く環境が与える影響を機会（Opportunities）・脅威（Threats）として捉え，どのような戦略を取るかを検討するための手法である。

日本の自動車メーカーを全体的に捉えると，強みとしては，技術力やこれまで培ってきたMade in Japanのブランド力などが挙げられる。各社ともに燃費を競い，燃費効率の高い自動車を生産しているが，大手自動車会社は，ハイブリット車や電気自動車，燃料電池車の開発にしのぎを削り，中規模の会社は軽自動車に力を入れており，それぞれに強みを持つ。

これは国内メーカー各社にとっての強みであるが，大衆車メーカーが中心であり，特定車種に特化したメーカーは少ない。そのため，個性的な自動車づくりという点が弱い。極めて限られた所得階層の高級車であるロールスロイスやフェラーリのようなスポーツカーを生産するメーカーはない。

　日本の家電メーカーにも類似の特徴があり，大衆的なマス・マーケットに対して，掃除機，洗濯機，炊飯器，冷蔵庫，テレビ，パソコンなど，あらゆる家電製品を供給するが，ダイソンの掃除機やシェーバーで有名なブラウンなどは，特定の製品事業に特化した強みを発揮する。

　自動車メーカーの機会については，シェールガス革命によるガソリン価格の低下やICTの発展による自動運転や衝突回避などの安全性，その他の新たな機能付加が考えられる。新興国の所得の上昇と道路の整備による自動車の普及も機会に挙げられる。

　他方，自動車メーカーにとっての脅威は，交通渋滞や大気汚染などによる交通規制，燃料価格の上昇，自動車に関連する税の増税などである。さらには，新興国の技術力の向上や円高による価格競争力の低下などが挙げられよう。

　しかし，強みや弱み，機会や脅威はいずれか一方に分類されるものではない。燃料費の上昇などは一般的には脅威であるが，燃費効率の高い自動車を生産するメーカーには機会となる。70年代の石油ショックで，日本車が米国への自動車輸出を急増させたのは典型であるし，近年ではハイブリット車や軽自動車の売上が増加しており，メーカー間で差が生じている。

　SWOT分析は，自社の製品戦略を評価し，分析するために必要なツールであるが，長期と短期と言った時間軸の取り方や他社との相対的関係により異なる解釈がなされる。

　最終的な判断と意思決定は経営者に委ねることになる。製品戦略として策定され，実施されると，その結果は財務諸表上の数字となり，戦略の評価を財務分析で確認することになる。財務諸表のデータから製品戦略を策定することはできないが，財務データの結果は計画の修正や改善，すなわち**PDCAサイクル**を回すための手段となる。

〔参考文献〕

Philip Kotler, Nancy Lee.（2005）*CORPORATE SOCIAL RESPONSIBILITY：Doing the Most Good for Your Company and Your Cause*（恩蔵直人監訳者『社会的責任のマーケティング』東洋経済新報社.）

Scitovsky,T.（1976）*The Joyless Economy：An inquiry into human satisfaction and consumer dissatisfaction,* Oxford：Oxford University Press（斎藤精一郎訳（1979）『人間の喜びと経済的価値：経済学と心理学の接点を求めて』日本経済新聞社.）

　　　　　　　　　　　［亀川雅人・寺内理恵］

Ⅱ　研究開発と経営分析

1　研究開発費に関する会計基準

　日本では，1998年まで**研究開発**への支出を**試験研究費**と**開発費**に区分し，それらを繰延資産とする処理が容認されていた。片野（1968）によれば，試験研究費が最初に貸借対照表に計上されたケースは，1881年に開業したセメント製造企業の第8回事業年度ではないかとのことである。したがって，会計実務上では，試験研究費の繰延処理は19世紀末に遡って確認できると推測される。しかし，試験研究費と開発費の範囲が必ずしも明確ではなく，また，資産への計上が任意となることから，内外企業間の比較可能性が阻害されていることも企業会計審議会に指摘されてい

た。この状況を改善するため，1998年に「研究開発費等に係る会計基準」が公表された。

「研究開発費等に係る会計基準」の公表に伴って，日本では研究開発費の定義，会計処理及び開示に関する会計基準を明確にするべく抜本的な整備が行われた。したがって，日本における研究開発費会計は，1998年が転換期となったといえるであろう。

当該基準ははじめて研究と開発を定義した。**研究**とは，「新しい知識の発見を目的とした計画的な調査及び探究」をいい，**開発**とは，「新しい製品・サービス・生産方法についての計画若しくは設計又は既存の製品等を著しく改良するための計画若しくは設計として，研究の成果その他の知識を具体化すること」をいう（研究開発費等に係る会計基準三1）。

そして，研究費の会計処理については，米国財務会計基準書第2号（Statement of Financial Accounting Standards No.2：SFAS2)「研究開発費の会計処理」及び国際会計基準第38号（International Accounting Standards 38：IAS38)「**無形資産**」と同様に日本でも，社内で発生した**研究費**に限り，いずれも発生時に費用として処理することが規定された。

しかし，開発費の会計処理については，日米と国際会計基準との間に差異が存在する。日米では社内の開発費について，研究費と同様に発生時に費用として処理することが求められている。一方でIAS38は，一定の要件を満たす場合に，開発費は無形資産として認識しなければならないとしている。

次に，**企業結合**により受け入れた研究開発の途中段階の成果，いわゆる，**仕掛研究開発**（In-process Research and Development：IPR&D）についてであるが，従来の日本の会計基準では，社内の研究開発と同様に費用処理することになっていた（企業結合に係る会計基準三2(3)）。他方米国では，SFAS141（R）「企業結合」及国際財務報告基準第3号（International Financial Reporting Standards 3：IFRS 3)「企業結合」によって，一定条件を満たす限り，その企業結合日における公正価値に基づいて**IPR&D**の資産計上が求められていた。

会計基準の国際的なコンバージェンスを図るため，日本では，企業会計基準第21号「企業結合に関する会計基準」の改正に伴い，2008年に企業会計基準第23号『『研究開発費等に係る会計基準』の一部改正」が公表された。この結果「研究開発費等に係る会計基準」の適用範囲から企業結合により受け入れた資産は除かれた。つまりIPR&Dは，発生時に費用処理をすることなく資産計上が可能となったのである。

2　研究開発と将来業績の分析

研究開発費の発生時費用処理を求める論拠として，日本では，主として「企業間の比較可能性」と，「将来の収益獲得の不確実性」の2つの問題点があげられる（研究開発費等に係る会計基準三2）。一方米国では，SFAS 2で提示された5つの根拠のうち「研究開発費と収益の因果関係の欠如」（SFAS 2第39項-59項）を主な論拠として，費用計上が採用されることになったとLev and Sougiannis（1996）は説明する。

研究開発費と**企業業績**との関係を調査する代表的な研究は，米国ではSougiannis（1994），Lev and Sougiannis（1996）があり，日本では，Goto and Suzuki（1989），榊原・奥三野・鄭・古澄（2006）がある。Sougiannis（1994）は，米国企業を対象にした調査で研究開発費の将来利益への効果は約7年続くと推計した。さらにその期間中における累計1ドルの研究開発費が，稼得利益を累計で2ドル増加させるという分析結果を得ている。Lev and Sougiannis（1996）は，米国企

業において，研究開発費は平均してその後の6年間の利益と結びついていると報告している。Goto and Suzuki（1989）は，産業別に日本企業の研究開発収益率を推計し，医薬品産業で0.42，発送配電用・産業用電気機械で0.22，自動車産業で0.33と高い収益率の結果を得て，1970年代の研究開発投資が，**生産性**の向上に大きく寄与していたとした。そして，榊原・與三野・鄭・古澄（2006）は，日本企業の利益が概ね4～5年の期間にわたって**研究開発投資**に影響されることを確認した。以上により，日本企業における研究開発の効果の発現期間は，Sougiannis（1994）とLev and Sougiannis（1996）の米国における平均発現期間に比べるとやや短いことが榊原・與三野・鄭・古澄（2006）によって確認された。

3　研究開発と企業価値の分析

利益という企業業績を示す変数を用いる際には，タイムラグの問題を考慮しなければならない。しかしPakes（1981）が指摘するように，企業価値は**技術革新**によってもたらされる期待収益の現在価値に基づいて決定されるもので，研究開発の実施や開発された技術が市場に投入されてから，それが株価に反映されるまでの長いタイムラグ期間を考慮する必要はない。つまり，研究開発への投資がなされた段階で，市場は即座に将来の期待収益を織り込んで，その効果を株価に反映させるのである。

Souginannis（1994）は，米国の投資家が研究開発投資に対して高く評価しており，平均して1ドルの研究開発費の増加に対して，企業価値が5ドル増加すると指摘した。Lev and Sougiannis（1996）は，現行の会計基準に基づく報告利益と純資産を，研究開発費の資産化によって修正し，修正後の利益と純資産が株価や株式リターンと有意な相関関係を有することを立証した。市川・中野（2005）は日本の化学企業を対象に，研究開発費と**企業価値**の間に正の相関関係が存在することを証明した。榊原・與三野・鄭・古澄（2006）は，研究開発集約度で日本の製造業に属する企業を高・中・低の3つのグループに区分し，**研究開発集約度**の高業種と中業種において，研究開発費と企業価値の関連性を立証した。

企業価値は，現有資産の価値と**成長機会**の価値から構成されるため，研究開発と企業価値の間に存在する正の相関関係は成長機会の価値が高い企業にしか存在しないとSzewczyk, Tsetsekos and Zantout（1996）は指摘する。彼らは，Tobin's Qの高低によって，米国製造業に属する企業をハイテクノロジー企業群（Tobin's Qが高い）とローテクノロジー企業群（Tobin's Qが低い）の二種類に区分した上で，**イベントスタディ**の手法を用いて自らの主張の正当性について検証した。この検証の結果，ハイテクノロジー企業群において企業価値は，研究開発費の増加発表に対して有意な正の反応を示していることが明らかになった。それに対してローテクノロジー企業群では，企業価値は研究開発費の増加発表に対して有意な負の反応を示していることが明らかになった。

Ottoo（2000）は米国製造業を対象として，現金配当を実施していない企業を新興企業とし，その他の企業を成熟企業と分類した。そして，企業の研究開発費と研究開発の成果である特許関連変数を含む複数の説明変数を用いて，成長機会の価値形成要因を分析した。実証の結果，新興企業の場合は，研究開発費と成長機会の価値との間に有意な正の相関関係があるのに対して，成熟企業の場合は，これらの間に有意な負の相関関係があることを証明した。以上のことから新興企業の場合，研究開発は成長機会の価値形成に貢献しているのに対して，成熟企業の場合，研究開発は成長機会の価値を減じる要因となっていると解釈できる。

Tan（2014）は，東京証券取引所（以下，東証）またはジャスダックに上場する日本企業を対象に，Tobin's Qの高低によってサンプルを4つのサブサンプルに分割し，成長機会の価値形成と研究開発費の関連性を検証した。実証の結果，東証1部・2部の全上場企業，及び相対的にTobin's Qが高い東証マザーズ・ジャスダック上場企業グループにおいて，研究開発費は成長機会の価値形成にとって重要な要素であることを立証した。そしてこのような企業では研究開発の効率性が高いことによってもたらされる将来の期待キャッシュ・フローも高く，その結果として成長機会の価値も高くなるものと推論した。しかし，それ以外の企業においては，研究開発による価値創造の効果が十分に表れていなかった。このような企業では研究開発の効率性が低く，それによってもたらされる将来の期待キャッシュ・フローも低いと考えられる。以上より，研究開発の効率性改善が日本企業にとって重要な課題であると指摘した。

4 研究開発と技術知識ストック

2項と3項より，研究開発と企業業績，及び企業価値との関連性は明らかになった。しかし，研究開発は単に量的側面だけでなく，質的側面からも捕捉する必要がある。すなわち，その投資額だけではなく，その企業における科学技術的取り組みによって得られる成果の特性，質および予想される便益を評価するために，別の指標が必要であるとLev（2001）は指摘する。さらにRoussel, Saad and Erickson（1991）は，企業業績や企業価値は研究開発の最終成果ではあるが，直接な成果ではないと指摘する。むしろ研究開発の直接な成果は**技術知識ストック**であるという。

研究開発は断片的な活動ではなく，連続的な活動である。そして，一連の研究開発によって生じる知識や経験が，企業内部に蓄積される。蓄積されたこの知識や経験は技術知識ストックとも呼ばれている。特許はその代表例である。この「技術知識ストック」は企業内部の成長機会を作り出す存在として認識できる。つまり企業は，企業内部に「技術知識ストック」を蓄積し，それが将来のキャッシュ・フローを生み出すことを期待して，積極的に研究開発を続けているのである。

特許と企業価値の関係性の解明をテーマとして比較的早期に行われた代表的な研究としてGriliches and Mairesse（1981）が挙げられる。彼らは米国企業を対象に研究開発費と特許出願件数のいずれも企業価値に対して，統計的に有意かつ正の影響を与えることを確認した。Deng, Lev and Narin（1999）の研究では，米国企業において株価純資産倍率及び株式リターンは，研究開発集約度と特許関連指標（特許数，引用インパクト，サイエンス・リンケージ）との間に正かつ有意な相関関係があることが判明した。

譚（2014ａ）は，研究開発の価値連鎖モデルを構築し，「研究開発→**特許**→企業価値」というリンケージを解明しようと試みた。研究開発によって，企業内部に技術知識ストックが蓄積される。その一方で，技術知識ストックから事業目的に適した技術知識が選択的に取り込まれ，他の事業活動資源とともに事業活動に投入され，製品が開発され，最終成果である売上や利益などの企業業績が生み出されていくことになる。このプロセスを表すのが研究開発の価値連鎖モデルである。日本の医薬品産業を対象にした分析の結果は，研究開発の生産性，事業活動の生産性，及び技術知識ストックの生産性のいずれも，それぞれ企業価値との間に統計的に有意かつ正の相関関係を有していることを立証するものであった。また研究開発の規模と公開特許数もそれぞれ企業価値形成に統計的に有意な正の影響を与えていることを確認できた。日本の医薬品産業においては，研究開発，特に特許

は企業収益の源泉であり，日本の株式市場の投資家はそうした企業実態をきちんと見抜き，高く評価していると指摘した。

5 会計基準有用性の分析

既述のように，1998年に「研究開発費等に係る会計基準」が公表され，研究開発費は発生時に費用として処理することが規定された。その後2008年に企業会計基準第23号が公表され，IPR＆Dは資産計上が可能となったのである。

これらの会計基準の改正，あるいは，新会計基準導入の前後で体制が異なることを利用して，新旧会計基準下で実際に報告された会計情報と現実に観察された株価の相関を比較することで，会計情報ひいては会計基準の有用性を検証することができると福井（2008）は指摘する。このような分析手法がイベントスタディである。株式市場の反応は，規制の変化への期待に対する株式市場の評価の表れであり，一般に公正妥当と認められた会計原則の適用の合理性または会計情報の開示が潜在的に十分かどうかについて評価するものである。

ここで，イベントスタディの分析手法を用いて，研究開発費に関する会計基準の改正と株式市場での短期株式リターンの関係について実証的に分析した代表的な米国の研究は，Clem, Cowan and Jeffrey（2004）があり，日本の研究は，音川・乙政（2006），譚（2014ｂ）がある。

IPR＆Dについては，かつては米国でも日本と同様に，社内の研究開発費と同じく費用処理するとされていた。1998年に米国証券取引委員会（U.S. Securities and Exchange Commission：SEC）は，財務報告の質を高めるため，IPR＆Dの処理に対する規制強化の声明を出した。その後1999年には財務会計基準審議会（Financial Accounting Standards Board：FASB）が当時検討中のIPR＆Dの資産計上に関連する公開草案の公表を延期するとの声明を出した。Clem, Cowan and Jeffrey（2004）は，1998年のSECのアナウンスメントに対しては，企業の株価は平均的にネガティブな反応を示していると報告した。ところが，1999年のFASBのアナウンスメントに対しては，企業の株価は平均的にポジティブな反応を示していると報告した。これらの結果に対して，市場は会計上の見積りの信頼性よりIPR＆Dの規制強化に関心を持つと彼らは解釈した。

音川・乙政（2006）は「研究開発費等に係る会計基準（公開草案）」公表日前後において企業の株価が有意に下落していることを確認した。彼らは当該会計基準の設定が企業の研究開発に悪影響を及ぼすという株式市場参加者の見方が原因であるとした。

譚（2014ｂ）は東証１部・２部に継続上場している日本企業を対象に，「『研究開発費等に係る会計基準』の一部改正」の公表によって，その前後の期間において企業の株式の異常リターンがどの程度変化したかについて統計的に検証を行った。分析結果から，この会計基準の公表が企業の株価を引き上げる効果があったことを確認できた。ゆえに，日本市場の投資家はこの会計基準の改正という行動をポジティブに評価していることがわかる。

譚（2014ｂ）の研究結果は，研究開発費に関する**価値関連性研究**の結果と整合的であり，日本市場の投資家は研究開発費の資産計上を支持する結果を明らかにしたのである。同様に，米国の株式市場でも投資家は研究開発費を無形資産として認識していると Linsmeier, et al.（1998）は指摘する。

しかし，研究開発費の発生時費用処理または資産計上について，どちらの処理による会計情報の方がより価値関連性が高いのであろうか？譚（2011）は，日本の製造業において研究開発への支出が比較的上位の企業を対象

に，この問題について検討した。まず研究開発費の資産計上額に基づいて，報告純資産や報告当期純利益などの財務データを修正した上で，①発生時費用処理又は資産計上のうち，どちらの会計処理による会計情報の方がより価値関連性が高いのかについての検証を行った。また，②研究開発費の発生時費用処理を前提とした報告純資産や報告当期純利益を所与として，追加的に研究開発費を資産計上する場合の会計情報は有用な情報内容であるのかということについて検証した。

実証結果は，①について研究開発費の発生時費用処理より研究開発費を資産計上する場合の会計情報のほうが，相対的に情報内容が有意に大きいことを示していた。すなわち，この結果は，研究開発費の資産計上による修正後純資産と修正後当期純利益のほうが優れた会計情報であるということを支持している。次に，修正後研究開発資産は，投資家にとって価値の高い情報であることを示していた。最後に，②の報告純資産と報告当期純利益を所与として，さらに研究開発費を資産計上した場合の会計情報は，追加的に有用な情報を投資家に提供することが確認された。

Barth, Beaver and Landsman (2001) によれば，価値関連性研究は会計情報の目的適合性および信頼性に対する総合的検証である。価値関連性が高い会計情報は，情報の目的適合性および信頼性も高いといえる。さらに，目的適合性及び信頼性は会計基準設定にとって最も重要な2つの判断基準であるので，価値関連性が高い会計情報は投資家だけでなく，会計基準設定機関にも重要視されるべきであろう。したがって，上記の実証結果は，研究開発費の会計基準再検討の必要性を示唆するものと思われる。

6　今後の展望

現在企業会計基準委員会は，国際会計基準とのコンバージェンスの一環として，無形資産に関する会計基準について検討している。その中でも研究開発費の会計処理問題は無形資産に関する会計基準の重要な検討課題として含まれている。既述のように，IAS 38では研究開発費は研究費と開発費に区分され，開発費の一部は資産化するものとしている。ヨーロッパの企業を対象にしたIAS 38に基づく実証研究は，Ordoshch (2012) がある。ただし，日本では，同様の研究がまだ実施されていない。したがって，今後，正確に研究費と開発費を区分した実証研究が望まれるところである。

さらに，後藤・本城・鈴木・滝野 (1986) が指摘したように，研究開発に失敗した場合でもネガティブ・データという形で知識や経験が得られる。言い換えれば，技術知識ストックの観点からは失敗も資産となりうると考えることは可能である。これらも含めて，研究開発費の資産化額をどのように決定するのかについても，今後検討する必要があるであろう。

〔参考文献〕

市川朋治，中野誠 (2005)「研究開発費と企業価値の関連性―日本の化学産業における実証分析」『経営財務研究』第24巻第2号，133-147頁。

音川和久，乙政正太 (2006)「新会計基準の公表と株価変動」須田一幸編著『会計制度改革の実証分析』同文舘出版，42-50頁。

後藤晃，本城晃，鈴木和志，滝野沢守 (1986)「研究開発と技術進歩の経済分析」『経済分析』第103号，1-67頁。

片野一郎 (1968)『日本財務諸表制度の展開』同文舘出版。

榊原茂樹・與三野禎倫・鄭義哲・古澄英男 (2006)「企業の研究開発費と株価形成」『証券アナリストジャーナル』第44巻第7号，49-58頁。

福井義高 (2008)『会計測定の再評価』中央経済社。

譚鵬 (2011)「研究開発費の会計処理と価値関連性研究」『経営分析研究』第27号，40-50頁。

Tan, Peng (2014) "Relationship between R&D Expenditures and Value Creation of Growth

Opportunities", The Committee for the Internationalization of Research Business Analysis Association, ed. *An Analysis of Japanese Management Styles, Business and Accounting for Business Researchers*, Maruzen Planet, pp. 165-182.

譚　鵬（2014a）「研究開発の生産性と企業価値形成－日本の医薬品産業における実証分析」『関西学院大学産研論集』第41号，23－33頁。

譚　鵬（2014b）「研究開発費会計基準の改正が株価に与える影響」『経営分析研究』第30号，34－41頁。

Barth, M. E., W. H. Beaver and W. R. Landsman (2001)" The Relevance of Value Relevance Literature for Financial Accounting Standards Setting : Another Review", *Journal of Accounting and Economics*, Vol. 31, pp. 77-104.

Clem, A., A. R. Cowan and C. Jeffrey (2004) "Market Reaction to Proposed Changes in Accounting for Purchased Research and Development in R&D-Intensive Industries", *Journal of Accounting, Auditing & Finance*, Vol. 19, No. 4, pp. 405-428.

Deng, Z., B. Lev and F. Narin (1999) "Science and Technology as Predictors of Stock Performance", *Financial Analysts Journal*, Vol. 55, No. 3, pp. 20-32.

Goto, A. and K. Suzuki (1989) "R&D Capital, Rate of Return on R&D Investment and Spillover of R&D in Japanese Manufacturing Industries", *Review of Economics & Statistics*, Vol. 71, pp. 555-564.

Griliches, Z. and J. Mairesse (1981) "Productivity and R&D at the Firm Level", *NBER Working paper*, No. 826.

Lev, B. and T. Sougiannis (1996) "The Capitalization, Amortization, and Value-Relevance of R&D", *Journal of Accounting and Economics*, Vol. 21, pp. 107-138.

Lev, B. (2001) *Intangibles, Management, Measurement, and Reporting*, the Brookings Institution. (広瀬義州，桜井久勝監訳（2002）『ブランドの経営と会計』東洋経済新報社。)

Linsmeier,T. J., J. R. Boatsman, R. H. Herz, R. G. Jenning, G. J. Jonas, M. H. Lang, K. R. Petroni, D. Shores and J. M. Whalen (1998) "Response to IASC Exposure Draft 60: Intangible Assets", *Accounting Horizons*, Vol. 12, No. 3, pp. 312-316.

Ordosch, M. (2012) *Accounting for R&D Investments Accounting to IAS 38*, Peter Lang.

Ottoo, R. E. (2000) *Valuation of Corporate Growth Opportunities: A Real Options Approach*. Garland Publishing, Inc.

Pakes, A (1981) "Patents, R&D and the Stock Market Rate of Return", National Bureau of Economic Research, Working paper, Vol. 786.

Roussel, P. A., K. N. Saad and T. J. Erickson (1991) *Third Generation R&D*, Harvard Business School.（田中靖夫訳（1992）『第三世代のR＆D』ダイヤモンド社。）

Sougiannis, T (1994) "The Accounting Based Valuation of Corporate R&D", *The Accounting Review*, Vol. 69, No. 1, pp. 44-68.

Szewczyk, S. H., G. P. Tsetsekos and Z. Zantout (1996) "The Valuation of Corporate R&D Expenditures: Evidence from Investment Opportunities and Free Cash Flow", *Financial Management*, Vol. 25, No. 1, pp. 105-110.

［譚　鵬］

Ⅲ　環境活動と経営分析

　企業活動において，環境に関連する活動は無視できない存在となっている。それは，仮に企業の目的は利益を獲得し継続することであり，環境問題等の社会問題は企業とは一切無関係であるとしても，環境被害に対する補償の顕在化や環境税，排出量取引の導入など，環境的側面が経済パフォーマンスに影響を与え始めているためである。経営分析として企業の**環境経営**の優劣を評価しようとすると，企業ごとに事業は異なり必然的に扱う物質も異なることから，経済的成果と環境負荷との比のような**環境生産性**で一様に比較すること

は適切でない。環境負荷物質の削減をどのように効率よく行っているのかを見なければならないだろう。

従来社会が負担してきたコストの内部化が進む昨今では,各企業は,環境保全コストをかけることで環境負荷物質を削減し,潜在的な経済パフォーマンスへの影響をマネジメントしており,そのコストと効果を測定し,環境経営が如何に行われているかを分析する重要性は増す一方である。ここでは,環境活動の経営分析に,環境経営ステージという概念を導入し,それに基づく分析モデルの提案と適用について述べる。

1 環境保全活動の経営分析

(1) 環境保全活動を対象にする問題特性

財務諸表分析を中核とする一般の経営分析と異なり**環境保全活動**の経営分析特有の克服すべき問題点として挙げられるのが,データの収集,統合化も含めた各物量数値の比較のための方法,そしてそれらの分析手法である。

データの収集可能性については,2000年以降,日本では環境省が主導してガイドラインを作成し,それに準拠する形で各企業は環境情報開示を発展させてきた。その中で,環境保全活動を定量的に測定し開示する仕組みとして「**環境会計**」が開発され,日本では,環境活動の定量的情報開示のほぼデファクトスタンダードとなっている[1]。「**環境会計**」は環境保全活動にかけたコストとその効果を開示するシステムであり,**環境経営分析**の対象となるべき情報を提示する。しかしながら,あくまでもボランタリーな開示情報であるがゆえ,とくに効果の情報開示には企業の独自色が強く,比較可能性に欠ける。したがって,開示された環境会計のみを用いて,財務分析のように複数企業を対象とした統計的な分析を詳細に行うには困難を伴う。日本では法規制等の対象となる環境負荷物質に対し,自治体や所属団体などへの届け出を義務付けられ,多くが公開されているため,効果についてはこれらの情報を分析に取り込む必要がある。

一方,毒性も影響のありようも異なるさまざまな環境負荷物質の排出量に対して重みづけを行い,統合評価する手法は前世紀末からヨーロッパを中心に開発されてきた。日本では環境省が2007年の**環境報告ガイドライン**で,初めて統合評価の問題を取り上げ,日本で開発された統合指標LIME(Life-cycle Impact assessment Method based on Endpoint modeling),**JEPIX**(Japan Environmental Policy Index)を例示している。とくにLIME及び後継のLIME 2は被害算定型環境影響評価手法で,コンジョイント分析による貨幣評価額を含むことに特徴があり,排出量取引市場価格以外で得られる数少ない環境負荷物質排出の貨幣評価値の1つである。統合手法はそれぞれ手法の根源にある目的も思想も異なり,統合結果も異なる。したがってどの手法を用いるかは,インパクトの強い貨幣評価を行う場合にはとくに慎重にならなくてはならない。このようなデータ収集可能性,効果の比較方法の確立状況の中で,ここでは,企業の環境保全活動とその効果の関連性の分析を時系列で行い,企業による環境保全活動を分析する。

(2) 環境保全コストとその効果

壷井他(2008)は,経営分析の使用に耐え得る情報であるか否かの確認も含め,環境会計における**環境保全コスト**に対する,環境負荷物質の削減量を統合評価することでその効果を分析した。事業活動により直接排出される環境負荷物質の削減量に対する貨幣単位の統合評価値を目的変数とし,事業活動量をコントロール変数として,環境会計の事業エリア内コストのさまざまな組み合わせにより重回帰分析を行ったところ,貨幣評価方法に依らず,コストの中でもとくに当該期の費用情

報が環境負荷物質の削減に対する説明力が高いことが解明された。つまり，環境保全コストの費用を当期に多くかけている企業は，当期の環境負荷物質の排出量を貨幣評価した金額を有意に減らすことができていることがわかった。この結果から投資は環境負荷削減には役に立っていないと考えるのは早計である。この費用の中には当期の減価償却費が含まれている。すなわち，過去の投資効果を否定できない。そこで，壷井他（2009）は，環境保全コストとその効果について，環境投資と減価償却費を含まない費用を用いて，削減量への寄与を分析した。分析の結果，費用よりも投資の寄与が大きいが，費用が影響していないとは言えないという結果となっている。

ここまでの研究では，環境排出削減量に対し，費用や投資のコストについて重回帰分析を行っている。これは，分析対象企業の全社が，一つの母集団に属するサンプルであり，等質性を持つことを前提としている。しかし，環境保全コストの効果は，その企業がこれまでどれだけ環境分野での活動を行ってきたかによって異なるのではないだろうか。各企業のこれまでの環境保全活動の累積を考慮し，分析指標に反映する方法を検討する。

2 環境経営ステージを考慮した環境保全コストと効果の表現

(1) 基本概念

一般的に環境保全目的で合理的な投資活動を行っている場合，（資金制約の範囲で）環境保全コストに対する効果の高い案件から順に資金投下すると考えるのが妥当であろう。すなわち，一つの企業を時系列的に見れば，環境経営が進み，環境保全コストをかけて環境負荷物質排出レベルが低くなるほど，コスト対効果は下がる。そのために，各社の過去の排出レベルの推移を考慮した各社ごとのモデルを作成することで，各社の現在の環境保全に向けた活動の進捗状況を表す，「環境経営ステージ」を考慮した分析が可能となることを目指す。

(2) モデル化

各社の「**環境経営ステージ**」を表す基準として，環境負荷物質の排出量を基本コンセプトとする。ただし，当然活動量の大きさによって排出量は影響されるであろうから，各社の単位活動当たりの排出量を使用する。環境経営ステージの違いによって，コストに対する単位活動当たり排出量の変化が現在の単位活動当たり排出量に依存しているとすると，この関係を単純な形で表現すれば(1)式となる。

$$\frac{\Delta Y}{x} = a Y \cdots\cdots(1)$$

Y＝単位活動当たり環境負荷物質排出量
x＝環境保全コスト
a：係数

(1)式は，環境保全コストに対する効果が，現在の単位活動当たり排出量の定数 a 倍になるということを表した関係式である。これは，環境負荷物質排出レベルが低くなるほどコスト対効果は下がるということを示す一つの表現になっている。

この関係式から，環境保全コストの累積をXとして書き直すと(2)式の形で表現できる。

図表12－3－1 環境経営分析モデル一覧

環境経営分析モデル		式（βは係数）	変数		
			環境負荷物質排出量Y	環境保全コストX_1	同X_2
①	投資モデル	$Y = \beta_0 e^{\beta_1 X_1}$	環境排出貨幣評価額	投資額累積	
②	投下資金モデル	$Y = \beta_0 e^{\beta_{1c} X_{1c}}$		|投資額＋費用額| 累積	
③	費用調整投資モデル	$Y = \beta_0 e^{\beta_1 X_1} + \beta_{2e} X_{2e}$		投資額累積	費用額

$$\frac{\Delta Y}{\Delta X} = aY \cdots\cdots\cdots\cdots\cdots\cdots\cdots(2)$$

(2)式を微分方程式の形に直すと，それを満たすYは，指数関数であり，一般的な係数 k を用いてYを(3)式で表現することができる。

$$Y = ke^{ax} \cdots\cdots\cdots\cdots\cdots\cdots\cdots(3)$$

(3)式の表現が，実際に，環境保全コストとその効果を説明するモデルとなっているかを実データに適用して検証する。つまり，実データにもとづいて，各社ごとに k と a を算出し，そのモデル式の適用可能性について確認していく。

この際，環境保全コストの投資と費用について扱いを異にする3つのタイプのモデルを作成した（図表12－3－1）。

　① **投資モデル**

環境負荷物質削減量を決めるのは，環境保全投資であり，その効果は環境経営ステージにより異なる―と考える。

　② **投下資金モデル**

環境負荷物質削減量を決めるのは，環境保全投資と環境保全費用の投下資金の合計であり，その効果は環境経営ステージにより異なる―と考える。

　③ **費用調整投資モデル**

環境負荷物質削減量を決めるのは，環境保全投資と環境保全費用だが，投資効果は環境経営ステージにより異なり，費用の効果はその調整的な役割を担っている―と考える。モデル③式では環境保全費用 X_2 を線形関係で影響を与える項として加えている。

3　分析モデルの適用と検証方法

(1)　対象企業とモデルの適用範囲

環境負荷物質の排出量をLIME 2を用いて統合，貨幣評価することとし，2009年度まで6期以上に亘って各事業エリア内コストの地球環境保全コスト，公害防止コストに関する投資額及び（減価償却を除く）費用額を開示している企業を対象にモデルの適用可能性を検証する。

具体的に図表12－3－1の各モデルについて，モデルの適用可能性を検証する。単位活動当たり環境負荷物質排出量Yには，LIME 2を用いて算出された各社の環境排出貨幣評価額を**事業エリア内活動コスト**（＝営業費用－環境会計の費用（環境損傷コストを除く）－広告宣伝費－減価償却費＋期末棚卸資産－期首棚卸資産）という活動量で割った比の指標を用いる。一方，環境保全コストは，単位活動当たり排出量に対する投資効果を後に企業間で比較するために，投資額（および費用額）についても企業の規模を表す，｜固定資産と運転資本の期間平均有高｜で除す。YとXの実データに対し，数値計算を適用して β_0，β_1，および β_2 を算出する。これら係数の符号条件については，β_0 の値は正，β_1 の値は負になると想定される。さらに，β_2 は，費用をかけるほど単位活動当たり環境排出貨幣評価額は小さくなることが想定されるため，符号はマイナスになると予想される。本来 β_0 は環境保全コストが全くかけられていない時点における排出量レベルとなるが，以上の方法による実データの推定においては，分析開始以前の環境保全活動を反映したものになっている。

(2)　**地球環境保全コストにおける適用結果**

地球環境保全コストに投資モデルの式を適用した結果，モデルの適合度が高い企業が存在する。図表12－3－2は輸送用機器メーカの例である。自由度調整済決定係数と2009年度における投資効率を散布図にすると，当社を含む輸送用機器トップメーカが，投資効率は相対的に低いがモデルの適合度が高い場所に位置し，これは，環境経営の進んだ状況を表していると考えられる。

一方，投下資金モデルについて特段の結果は得られなかったが，費用調整投資モデルの

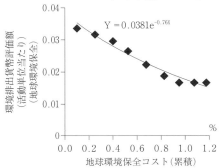

図表12-3-2 投資モデル適用例
（地球環境保全コスト）

ついてはとくに一時的あるいは突発的な短期の排出量増加に対して費用の増加で対応する状況が示唆され，実際にも中和剤やフィルターの増加などで対処する場面が報告されていることと対応している。

4 統合化方法の変更による分析モデル適用への影響

(1) 対象企業とモデルの適用範囲

企業が規制や法律に対応するための環境負荷物質削減目標であるならば，統合方法の考え方の違いから，LIME 2 よりもJEPIXを用いた統合結果に対するモデル適合度が高くなると考えられる。そこで，LIME 2 だけでなくJEPIXを用いた統合結果を用いて，公害防止コストに対するモデルの適用可能性をさらに検証する。ここでは，図表12-3-1の投資モデルのみを用いて検証する。投資モデルでは，環境会計の費用額を用いないため，投資額のみを開示していれば，減価償却費を除く費用額を開示していない企業もモデルの適用対象とすることができる。

(2) 業種や企業規模によるモデル適合性

LIME 2 を用いた統合結果，JEPIXを用いた統合結果を公害防止コストについて適用してみると，LIME 2 よりJEPIXの統合結果を用いた方が適合度の高い特定の業種傾向は見られず，輸送用機器業界と電機業界は，どちらの統合結果を用いても適合度が高いという結果となった。一方，統計的に有意とはならなかったものの，時価総額に基づく企業規模分類を行うと，小規模な企業ではLIME 2 よりもJEPIXを用いた統合結果の方が適合性の高い企業が多いという結果になった。環境保全活動において，小規模な企業では予算制約により規制や法律に対応するための環境負荷削減目標となっている可能性が示唆される。

式を適用した結果，費用調整投資モデルが適合する企業で，β_2の符号はプラスとなった。費用をかけるほど単位活動当たり環境排出貨幣評価額は大きくなるとは考えにくい。企業が環境負荷物質の排出削減のために投資を行う場合には，ある程度長期的視点での削減計画に従って行っていると考えられる。逆に，短期的な排出量の増加が見込まれる場合には，その対応のためには，費用の増額しか行えず，このような企業行動が現れていると解釈することができる。

(3) 公害防止コストにおける検証結果

公害防止コストについて適用してみると，モデルの適合度が高い企業が存在し，このような企業は被害補償額を意識した効率的投資を行ってきたと考えられる。しかし全体としては地球環境保全コストの場合と比較してモデル適合度が低い。原因として，統合評価方法と企業の方向とが一致していない，対象物質の中にハードルの高いものが含まれ，コスト・ミニマム対応が存在する一などが考えられる。ただし，地球環境保全コストより公害防止コストのケースの方が，投資モデルと比較したとき費用調整投資モデルによる適合度の向上が見られることから，有害化学物質に

5　まとめと今後の経営分析への可能性

　環境保全活動の経営分析を行う上で，全社一律でなく，個々の企業の過去の環境分野への投資と排出レベルの推移を考慮したモデルを適用すると，それらの企業においては単位活動当たり投資効率を見ることで，現在の環境経営ステージが把握可能となり，投資効率の低さは環境経営ステージが進んだ故と解釈できる。さらに，投資モデルから発展させた費用調整投資モデルを用いることで，より現実に即した分析を行える企業がある。

　地球環境保全に比して公害防止についてのモデルの適合は劣っており，そこから環境負荷の統合評価の問題が浮かび上がる。今回はLIME 2とJEPIXという2つの統合評価方法を用いているが，選択した統合評価方法により適合度に差が出る場合もあり，この2つの統合評価方法以外も含め，どのような方法で統合化すべきか，熟考する必要があるだろう。

　考察したモデルは，効率的に投資を行う企業への適用を前提とし，環境会計の開示が行われた以降の投資についてその累積額と環境負荷物質排出量及び削減量の関係をモデル化している。ここでは，環境保全活動の経営分析をするためのモデルの提示を中心に行い，その活用については，基本的な適用結果のみに触れている。モデル化が可能な企業に対しては，さまざまな活用方法が期待され，分析を行うことが可能となるだろう。ある業界における環境保全投資が全く行われていない状態での単位活動当たり環境負荷物質排出量を仮定すると，環境会計情報が開示された以降の情報により構築したモデル式から，環境会計情報開示前の投資累積額を推測することが可能となる。単位活動当たり環境負荷物質排出量を比較することで，取組みの進捗状況を比較分析することも可能であろう。図表12－3－3は，自動車および自動車部品業界での分析結果例である。最も右下はトヨタ自動車となった。

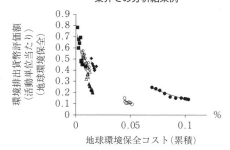

図表12－3－3　自動車および自動車部品業界での分析結果例

　これらについて，多くの事例研究を通じて更なる環境活動の経営分析の進展が期待される。

〔注〕

1）　ここで取り扱う環境会計は，環境省が2005年2月に公表した環境会計ガイドラインに基づくもの。環境保全コストは，7項目で投資額と費用額の2項目が開示され，うち事業エリア内コストはさらに，地球環境保全コストと公害防止コストを含む。

〔参考文献〕

壷井　彬，高橋正子（2008）「企業の環境パフォーマンスの貨幣評価による経済パフォーマンスへの影響と環境会計－LIME・JEPIX の利用可能性－」『経営分析研究』No.24，88－102頁。

壷井　彬，高橋正子（2009）「企業の環境保全活動における投資効率と効果期間」『日本経営工学会秋季研究大会予稿集』Vol.2009，34－35頁。

壷井　彬，高橋正子（2012）「環境経営ステージを考慮した環境コストと効果の分析モデル－環境会計情報の時系列分析－」『経営分析研究』No.28，70－82頁。

壷井　彬，高橋正子（2012）「環境経営分析モデルにおける環境会計情報の有用性」『経営情報学会誌』Vol.21，No.3，167－181頁。

Takahashi, M. and Tsuboi, A.（2013）"An analysis of the relationship between environmental investments and effects", Proceedings of 22nd International Conference on Production Research.

[壺井　彬]

Ⅳ　リスクと経営分析

2004年3月期以降に決算期を迎えた企業から有価証券報告書にリスク情報を開示することが義務付けられ，2009年11月にはリスクマネジメント（以下，固有の表現等を除いて本項では「リスク管理」とする）の原則及び指針を示したISO 31000（Risk management – Principles and guidelines）が国際標準化機構（ISO）から発行された。大規模地震，製品事故，法令違反など，たった1つのリスクが顕在化した結果，事業中断や上場廃止，倒産に繋がるケースが増えてきたことが背景にある。

このような動きとともに注目されているのがERM（Enterprise Risk Management）である。全社的リスクマネジメントともいい，リスクの観点から経営分析を行い，リスクが顕在化しないようにする，あるいはリスクが顕在化した時に適時・適切に対応できるようにするための枠組みとプロセスである。

リスクの観点からの経営分析にはリスクの定量評価が必要となる。リスクに見合った資本を準備するとともに，費用対効果を勘案した対策コストを見積もることが目的である。一方で，リスク管理の枠組みとプロセスが有効に機能するためには，組織がリスク管理を機能させる能力を有することが前提となる。

1　リスクの定量評価

リスクの定量評価は，一般的には発生確率×影響度×対策度で計算することになる。これによって損失の期待値が算出できるため，リスクに見合った資本の準備や，事業収益と比較することで費用対効果を勘案した対策コストの見積りが可能となる。

組織にとって重要なリスクを抽出することのみを目的にするならば，発生確率や影響度をポイント化して計算してもよい。

(1) 発生確率

当該リスクが1年以内に顕在化する確率を発生確率（％）といい，当該リスクが顕在化する間隔（年）を発生頻度という。後者の表現もよく用いられる。

発生確率100％は1年に1回顕在化するリスクと定義される。100を発生確率で除したものが発生頻度であり，発生確率20％は5年（100÷20％）に1回顕在化するリスクとなり，発生確率10％は10年（100÷10％）に1回顕在化するリスクと計算することができる。

発生確率の計算にはデータが必要となる。自社のデータに基づいて計算するのが理想的ではあるが，統計的にデータが不足している場合も多い。公表済みの政府統計等で補ってもよい。

(2) 影響度

売上減少，設備の棄損，損害賠償のほか，ブランドイメージの棄損，株価下落，人材の流出など金額で評価しづらいものもあるが，可能な限り金額で評価すべきである。

影響度を評価する場合には，どこまでの範囲を管理対象とするかを見極める必要がある。例えば震度4と震度6強の地震を比較した場合，同じ地震リスクでも，その影響度は全く異なるものとなる。このため管理対象とすべきリスクを設定する必要が生じてくる。その1つの目安が標準偏差である。

全データの95％の範囲内に分布することを2標準偏差といい，99％の範囲内に分布することを3標準偏差という。2標準偏差を超え

る場合は稀なケースであり，3標準偏差を超える場合は極めて稀なケースと見なすことができる。2標準偏差を超える場合の発生確率5％は20年に1回顕在化することを示し，3標準偏差を超える場合の発生確率1％は100年に1回顕在化することを示す。

すなわち2〜3標準偏差である20〜100年に1回顕在化するリスクを管理対象の基準に設定することが統計的には妥当な水準となる。この水準より発生頻度が低いリスクが管理対象のリスクとなり，高いリスクが管理対象外のリスクとなる。

(3) 対 策 度

対策度とは発生確率や影響度を調整するためのものであり，リスク管理の状況をより実態に近い状況で評価するためのものである。

対策度を評価するにあたり，まずはリスクの特性を理解しなければならない。リスクには，地震等の自然災害に代表される外部要因型リスクと，情報漏えいや社員の不祥事などの内部要因型リスクに大別することができる。前者のリスクは発生の抑制はできないが，顕在化時の影響度を減じることは可能である。一方，後者のリスクは発生の抑制も，リスク顕在化時の影響度の最小化も可能である。

以上を踏まえたうえで，ハード面やソフト面での対策が発生確率や影響度にどの程度の緩和効果を与えるかを評価したものが対策度となる。

2 リスク管理を機能させる能力の評価

ISO 31000によると，リスク管理の枠組みとは，「リスクを管理するための枠組み設計」「リスクマネジメントの実施」「枠組みの監視及びレビュー」「リスクマネジメントの枠組みの継続的改善」のPDCAサイクルである。一方でリスク管理のプロセスとは，「リスクマネジメントの実施」手順であり，具体的には「組織の状況把握」「リスクの特定」「リスク分析」「リスク評価」「リスク対応」となる。これらが有効に機能するためには，組織がリスク管理を機能させる能力を有していなければならない。

参考になるのが，2005年に経済産業省が公表した「コーポレートガバナンス及びリスク管理・内部統制に関する開示・評価の枠組について」である。企業不祥事の発生要因を，以下の7項目の要素で整理している。

① コーポレートガバナンスについて，取締役会の監督機能や監査役の監視機能がなければ，経営者の暴走を許すことになる。
② 内部環境に関する問題について，高い目標への達成圧力や職務権限が曖昧であれば，社員・組織の暴走を許すことになる。
③ リスクの認識・評価について，正しいリスクの評価が出来なければ，対応の遅れに繋がることになる。
④ リスクへの対応について，組織として利益が優先されるのであれば，安全が軽視されることになる。
⑤ 情報と伝達について，組織にリスク情報が伝達される仕組みがなければ，リスク顕在時の迅速な対応には繋がらない。
⑥ 統制活動について，マニュアルが形骸化していたり，管理者による担当者への統制に不備があれば，リスク顕在化時に正しい対応をとることができない。
⑦ 監視活動について，内部監査の対象外である組織や業務が存在している場合，リスクの早期発見には繋がらない。

以上の要素に問題がないかどうか，組織を評価して，必要があれば是正する。

3　管理対象外リスクと管理対象リスク

全てのリスクにおいて，管理できない領域が存在する。発生頻度はきわめて低いが，顕在化したときの影響度は甚大となる領域であり，管理対象外リスクという。残余リスクまたはキャットロス〈Catastrophic Loss〉，想定外リスクともいう。この領域のリスクが顕在化した場合には事業中断が選択肢に入る。その見極めについては1(2)影響度で述べたとおりである。

一方，管理可能な領域のリスクについては，①期待損失と，②非期待損失の2つの領域に分類することができる。
① 期待損失とは，頻繁に発生し，影響度が極めて小さいリスクである。通常業務（経費）の範囲内で対応する領域であり，リスク管理の対象とはならない。
② 非期待損失とは，発生頻度は中程度であり，影響度が中規模から大規模になるリスクである。リスクが顕在化した場合には特別な資金の手当てが必要となり，リスク管理の対象とすべき領域である。

4　変化するリスクへの対応

外部環境や事業構造は常に変化している。これに伴いリスクも常に変化する。冒頭でも述べているとおり，1つのリスクが重大な結果に至ることもある。

リスクの経営への影響を捉え，迅速な対応ができる態勢を構築すること，そのための経営分析を怠らないことが，経営にとって不可欠である。

〔参考文献〕
柴健次，太田三郎，本間基照編著（2013）『大震災後に考えるリスク管理とディスクロージャー』同文舘出版。
柴健次，本間基照（2007）「企業リスクの測定とRIMの構想」関西大学WorkingPaper。
企業行動の開示・評価に関する研究会（2005）「コーポレートガバナンス及びリスク管理・内部統制に関する開示・評価の枠組について－構築及び開示のための指針－」経済産業省。
株式会社インターリスク総研編著（2005）『実践リスクマネジメント－事例に学ぶ企業リスクのすべて』経済法令研究会。

[本間基照]

V　ブランドと経営分析

1　企業戦略としてのブランド価値評価

近年，企業価値評価への関心が高まっているが，**企業価値**に関する定義はさまざまである。伊藤（2007）は，企業そのものの値段の意味では「企業が経済活動を営むことにより，どれくらい社会に対して役立っているかを貨幣額に換算した数値」を，企業が生み出す利益を経済活動の対価とした場合は「その企業が将来にわたって生み出す利益の合計額（あるいは現在価値）」を，そこで出された価値（**本源的価値**）が株式市場で適切に評価されていれば「株式時価総額」を，それぞれ企業価値と定義する。経済産業省（2004）では，企業価値を「本業（事業と投融資）が将来生み出すキャッシュフローを現在価値に割り引いた総額」と定義し，企業価値を貸借対照表上の資産簿価ではなく，将来生み出すリターンとしてのキャッシュフローで決定することを強調している。

これらの定義から，企業の経済活動が将来生み出すキャッシュフローに評価の重点を移しているとすれば，将来のキャッシュフローへの影響を測定する際に，その決定要因につ

いても考える必要がある。なぜなら，21世紀においては，企業の経済活動への評価対象がより多様化しているからである。なかでも，注目すべきなのは無形資産である。

20世紀には製造業中心の，有形資産や金融資産が企業価値を決める重要な要因（**バリュー・ドライバー**）だったとすると，21世紀には無形資産がその役割を果たすと期待される。こうしたバリュー・ドライバーとして期待される無形資産は，知的資産や**ブランド**，研究開発など，物的実体をもたないが収益の獲得に大きく貢献するものであり，これらの資産に対する投資がもたらす経済発展が注目されているのである。

無形資産を重視する経済では，既存のカネとモノの時代を超えて，ヒトの能力を生かし，ヒトの注意を獲得すること，具体的には顧客の，従業員の，株主の注意を獲得することが重要とされる。こうしたヒトによる影響が注目される分野がブランドで，**差別化**をとおして企業の競争優位を高めるうえで不可欠の役割を果たす。なぜなら，企業が存続するには，まず顧客に認知され，顧客から継続的な信頼を得ることが前提で，そのうえ激しい競争のなかで他社との差別化を図ることが求められるからである。このように企業には顧客の信頼を確保するためにブランド力を発揮，強化していくための戦略を構築し，実行管理していく仕組みが欠かせない。企業は常に計画的にブランドをどう構築していくのか，またブランドをさらにどう強化し，発展させていくのかを計画的に考慮しなければならない。

では，こうしたブランドとはそもそもどのようなものなのか。Barth et al.（1998）によると，「顧客がその製品などに対して高い関心を示し，平均以上の価格を支払う，あるいはより頻繁に購買する意志を持つような名称」とし，経済産業省（2002）では，「企業が自社の製品などを競争相手の製品などと識別化または差別化するためのネーム，ロゴ，マークなどの標章」と定義する。これらの定義では，共通して企業の製品がもつ**価格上の優位性**（競争優位）と顧客の**ロイヤルティ**（信頼度）がブランドを構築する主要な要素となっている。

こうしたブランド価値を戦略的に活用するためには，その中心に顧客価値，従業員価値，株主価値という3つの**ステイクホルダー価値**を置きそれぞれをつなげることで，シナジー効果，またはそれぞれの価値の対立関係緩和を期待することができる。それを可能にするためには，まず高いブランド価値が顧客価値を高めることで，長期的に安定したキャッシュフローを生み出すことが求められる。そうすることで，長期的に安定したキャッシュフローは，従業員にも安定的な報酬の支払いを可能にするとともに，事業リスクを低減させ企業価値を高めるのに寄与する。このようにブランド価値とステイクホルダー価値の間にはwin-win関係が成立すると考えられる。その意味で，ブランド価値は企業価値を創り上げる重要なドライバーであり，ヒト，モノ，カネ，情報のような経営資源となりうる。

しかしブランド情報の場合，企業活動の実態をいかに情報として発信するかを考える側面では投資者の意思決定に役立つ情報であるが，一方でそれを拡大すると会計情報としての信頼性が損なわれるおそれがある。なぜなら，こうしたブランドを含む無形資産は有形資産とは違い，数量化や測定が難しく，投入されたインプットの費消の程度を評価することが困難だからである。たとえば，企業が知名度の高さや技術の特殊性などで他社より高い収益を得ている場合には**自己創設のれん**が生じるが，その価値を客観的に測定することができないため，買収・合併などの実際の動きがない限り顕在化しない。また，研究開発費は将来に収益をもたらす可能性に著しい不確実性があるため，限定的に資産化されることはあるものの，一般的に費用として処理さ

れる。

 ブランド価値情報が企業価値評価のインプットとして有用性をもつかについては，これまでの研究によってその価値が利害関係者に提供してもよい適切な情報として信頼性を高め，またその情報が速やかに株価とリターンに反映されていることが確認されている。しかし，貸借対照表においてはブランド価値が認識されないために，こうしたブランド価値を測るさまざまな方法が用いられる。以下で詳述するが，**ブランド価値評価モデル**と呼ばれるもので，一般的にさまざまなアプローチを駆使して価値が推定される。他方で，こうした評価モデルを用いた計数評価の補完的手法として**バランス・スコアカード**の導入も試みられている。

 バランス・スコアカードは，既存の財務指標に加えて，顧客や業務プロセス，および組織の学習と成長を評価する指標が視点として含まれる。こうした4つの視点を取り入れ，それぞれに目標，業績評価指標，ターゲットといった具体的なプログラムを設定することで，財務上の成果を追うとともに，将来の成長に必要な能力や顧客との関係の構築状況をモニターすることが可能となる。いずれにせよ，企業価値を増大させるためには，ブランドをはじめとする無形資産の価値を適切に評価し，管理する必要があると言える。

2 ブランド価値評価モデルの分類

 このような戦略目的にそくしたブランド価値の評価手法は，大きくわけて4つの視点から展開されている。すなわち，①マーケティング活動の成果測定，②株価水準の説明，③ブランドの企業間取引，および④租税水準の管理の4点である。まず，ブランド価値の増減が金額ベースで把握されるなら，広告宣伝などの投資水準を合理化する根拠が与えられる。同時に，かかる投資から形成される無形ののれん価値に，ブランド価値がどれだけ寄与するかも明らかになるであろう。それは，ブランドそのものを資産として取引する際にも，有用な資料を提供するはずである。また，グループ企業間でのロイヤリティの決定が基礎づけられることで，租税水準の適正化にも役立つと考えてよい。

 もちろん，どの視点を念頭に置くかによって，用いられる手法も異なりうる。ブランドを活用する対象が複数存在する状況では，対象ごとに異なる価値が導かれても不思議はないからである。しかし，学界と産業界のコンセンサスとして，現存する多様なブランド価値の評価モデルは，アプローチの違いからつぎの3種類に大別される。①**コスト・アプローチ**では，ブランド構築に要する費用をブランドの価値とみなす。他方，②**マーケット・アプローチ**では，それまでに同様のブランドが取引された事例をもとに自社ブランドの時価を外延的に推定する。それに対して，③**インカム・アプローチ**では，ブランドに起因する将来のキャッシュフローを予測して割り引く方法を採用する。

 上記3つのアプローチに属するブランド価値の評価モデルを整理したのが，つぎの図表12-5-1である。コスト・アプローチは検証可能性が高い原価情報に大きく依存する半面，広告宣伝費の増加がブランド価値を単調に高めるといった矛盾を生じる。同様に，マーケット・アプローチも実際の取引価格に焦点をあわせるため評価の客観性は担保されるが，そうした取引事例をただちに入手することは難しいであろう。それに対して，インカム・アプローチの場合は，将来予測の技巧によって結果が大きく変わってくるものの，ブランドの資産性に照らしてもっとも評価になじむ方法である。実際，欧米でも日本でも，ブランド価値評価の実務に際して，この方法が中心的な役割を担っている。

図表12-5-1　アプローチによるブランド価値評価モデルの分類

分類	モデル	概要
コスト・アプローチ	歴史的原価法	ブランド構築に要した費用をもとに評価。
	取替原価(再調達原価)法	ブランドの再構築に要する費用を推定して評価。
マーケット・アプローチ	取引実勢価格参照法	類似ブランドの最新の取引事例を参照して評価。
インカム・アプローチ	プレミアム価格法	ノンブランド商品との単位価格差に売上数量を乗じて評価。
	需要要因・ブランド強度分析法	購買意欲に影響するブランド属性を分析して評価。
	売上総利益比較法	比較可能な他社との売上総利益の単位差に売上数量を乗じて評価。
	営業利益比較法	比較可能な他社との営業利益の単位差に売上数量を乗じて評価。
	免除ロイヤリティ法	当該ブランドをもたない場合に支払うであろう将来のロイヤリティを割り引いて評価。
	超過キャッシュフロー法	ブランドに起因するフリー・キャッシュフローを推定して評価。
	超過マージン法	ノンブランドを上回る売上総利益のうちブランドが寄与する部分を見積もって評価。
	限界キャッシュフロー法	ブランドを所有することで逓増する限界的なキャッシュフローを予測して評価。
	競争均衡分析法	企業イメージから生じるマーケットシェアからの将来利益（ブランド利益）を割り引いて評価。
	コアブランド価値法	コアブランドと製品ブランドとを分けたうえでそれぞれの価値を足し合わせて評価。
	生涯価値概念による評価法	ブランドによってもたらされる顧客の生涯価値（CLV）の増分を集計して評価。
	株価売上高倍率比較法	ノンブランドを上回る株価売上高倍率をもとに評価。

(Salinas and Ambler (2009) より作成。)

3　日本で実践されるブランド価値評価の展望

　ブランドの価値の計数評価が重要であるという認識は，日本の企業経営にも深く浸透している。ここでは，刈屋（2005）などの資料をもとに，そこで注目を集める評価モデルをいくつか紹介しよう。とりわけ，インカム・アプローチに基礎をおく①インターブランド社のBrand Valuation，②経済産業省モデルおよび③日本経済新聞社・伊藤邦雄一橋大学教授のCBバリュエーターの3つに焦点をあわせる。基本的に，①はブランドが需要要因に与える影響を，②は価格プレミアムをブランド価値に結びつける代表的なインカム・アプローチの方法である。他方で，③は多様な財務指標を日経によるイメージ調査の結果と

組み合わせてブランド価値を導く，発展的なアプローチとして位置づけられる。

(1) Brand Valuation

まず，世界的な知名度をもつインターブランド社のBrand Valuationから話をはじめよう。そこでは，独立したブランドの役割が識別される事業単位や製品ごとにセグメントを区切ったうえで，NOPAT（税引後営業利益）から使用資本に対する適正なチャージを差し引いた**経済的利益**（economic profit）を将来5期分計算する。そこに顧客への需要要因調査からあらかじめ析出されたブランド**役割指数**（RBI）を乗じることで，ブランドが生み出した付加価値の大きさが算出される。ロイヤルティ創出能力を意味する**ブランド力スコア**（BSS）に反比例する割引率を設定したうえで，予想される付加価値を現在価値に引き直して集計することで，ブランド価値が評価される。

この関係を記号によってあらわせば，

$$BV_{it} = \sum_{\tau=1}^{5} \frac{NOPAT_{i,t+\tau} - r_i \cdot INV_{i,t+\tau-1}}{(1+\theta_i)^{\tau}} + \frac{TV_{i,t+5}}{(1+\theta_i)^5}$$

となる。セグメントiのt時点のブランド価値BVは，将来5期の$NOPAT$から投下資本INVに資本コストrを乗じたチャージをそれぞれ控除した経済的利益EPと終価TVを，ブランド割引率θによって現在価値に修正する。TVは，$EP_{i,t+5} \cdot (1+g_i)/(\theta_i - g_i)$である（$g$は永久成長率の期待値）。このとき，割引率$\theta$はBSSから導かれるため，$EP$を計算する際の資本コスト$r$とは食い違うことに注意が必要である。なお，このモデルの考え方は，電通によって開発されたブランドバリューキューブなどにも踏襲されている。

(2) 経済産業省モデル

もとより，消費者の嗜好をブランド価値に反映させる手法は一通りに決まらない。ノンブランド製品に比べて特定企業の製品にどれだけ高い価格が提示されるかを分析するのも，そうした方法の候補となろう。経済産業省が発表したモデル（経産省モデル）は，この価格プレミアムに焦点をあわせている。そこでは，マーケティングデータの主観性を排除するために，利用可能な会計情報のみに依存する3つのドライバーが導入されている。すなわち，①価格プレミアムを意味する**プレステージ・ドライバー**（PD），②売上原価の安定性を顧客信用度とみなす**ロイヤルティ・ドライバー**（LD），および③将来の事業拡張能力を考慮した**エクスパンション・ドライバー**（ED）の3つがブランド価値に組み込まれる。

ここでも，記号を用いて表現すれば，t時点の企業ブランドの価値BVは，

$$BV_t = \frac{PD_t}{r} \times LD_t \times ED_t,$$

$$PD_t = \frac{1}{5} \sum_{\tau=-4}^{0} \left(\frac{S_{t+\tau}}{C_{t+\tau}} - \frac{S^*_{t+\tau}}{C^*_{t+\tau}} \right) \times \frac{ADV_{t+\tau}}{OE_{t+\tau}} \times C_t,$$

$$LD_t = \frac{\mu_c - \sigma_c}{\mu_c},$$

$$ED_t = \frac{1}{2} \left[\frac{1}{2} \sum_{\tau=-1}^{0} \left(\frac{SO_{t+\tau} - SO_{t+\tau-1}}{SO_{t+\tau-1}} + 1 \right) + \frac{1}{2} \sum_{\tau=-1}^{0} \left(\frac{SX_{t+\tau} - SX_{t+\tau-1}}{SX_{t+\tau-1}} + 1 \right) \right]$$

となる。このとき，Sは売上高，Cは売上原価，ADVは広告宣伝費，OEは販売費および一般管理費，rは無リスク利子率，μ_cは売上原価の5期平均値，σ_cは売上原価の5期標準偏差，SOは海外売上高，SXは非本業セグメントの売上高である。なお，*は，同一業種の最低値を指し示す。たしかに，公表データのみから構成されるこのモデルの実用可能性は高いが，それが消費者の価格反応を正確に描写しているかどうかは疑問が残る。その一方，博報堂が開発したモデルなどは，市場調査の結果を価格プレミアムに反映させている。

(3) CBバリュエーター

 それに対して，ブランド価値を多様なステイクホルダーの視点から評価した潜在性，キャッシュフロー創出能力および事業機会から複合的に評価したのが，CBバリュエーターである。とりわけ重要なのは，顧客，従業員，株主の三者の立場から競争優位を示すと想定される財務指標にもとづいて作成されたプレミアム指標に，イメージ調査の結果から導かれた認知度と忠誠度を掛けあわせた**CBスコア**である。たとえば，顧客の場合，プレミアム指標は売上高営業利益率，認知度は好感度，忠誠度は財務分析とイメージ項目との関連性分析から合成された指標をそれぞれ活用する。特定企業のCBスコアは，三者のスコアを集計して求められる。

 このとき，無形資産の利益貢献度を代理するROA（事業資産営業利益率）とCBスコアとの時系列相関は，ブランドをキャッシュフローに結びつける**CB活用力**として位置づけられる。同様に，CB活用力をコントロールしたうえで，産業ごとに時価総額と純資産簿価との差異をCBスコアで回帰した係数を，ここでは**CB活用機会**と定義している。以上の3つの要素を総合することで，ブランド価値が算出される。一見複雑な方法であるが，価値を構成するドライバーが多くのデータに依拠しているので，ブランド価値の向上に必要な所見を多面的に分析することができる。なお，NOPATとCBスコアの関係からブランド価値に迫るフロー分析をあわせて実施することで，数値の頑健性も担保されている。

4　経営分析とブランド価値の尺度

 図表12－5－1で確認したように，ブランド価値評価モデルの妥当性をめぐっては，専門事業者の増加にともない百家争鳴の状態である。言うまでもなく，どのモデルにも一長一短があり，一律に優劣を論じることは避けるべきであろう。それでも，実務では用途に応じて一定の選好が観察されている。たとえば，ブランドの売却ないし証券化を試みる際には，免除ロイヤリティ法が多用される傾向にある。それに対して，マーケティング投資の成果を測定する場合には，需要要因分析をもとに価値が見積もられることが多い。しかし，企業が直面するブランドの活用領域が拡大しつづけていることを考慮すれば，誤ったモデルの選択は経営上重大な瑕疵につながるおそれがあることを認識する必要があろう。

〔参考文献〕

Barth, M., M. Clement, G. Foster and R. Kasznik, (1998) "Brand Value and Capital Market Valuation", *Review of Accounting Studies* 3 - 1, 2, pp. 41-68.

伊藤邦雄（2000）『コーポレートブランド経営－個性が生み出す競争優位』日本経済新聞社。

伊藤邦雄（2007）『企業価値評価』日本経済新聞出版社。

監査法人トーマツ（2003）『攻めと守りのブランド経営戦略』税務経理協会。

刈屋武明編（2005）『ブランド評価と価値創造―モデルの比較と経営戦略への応用』日本経済新聞社。

経済産業省（2002）「ブランド価値研究会報告書」経済産業省・企業法制研究会。

経済産業省（2004）『企業価値評価』。

（http://www.meti.go.jp/report/downloadfiles/ji04_07_03.pdf）。

Salinas, G. and T. Ambler (2009) "A Taxonomy of Brand Valuation Practice: Methodologies and Purposes", *Brand Management* 17-1, pp. 39-61.

〔朴　恩芝・中條良美〕

Ⅵ　のれんと経営分析

M＆A（Mergers & Acquisitions：合併と買収）は，アメリカだけではなく，日本においても企業戦略における一般的な手段として定着している。人口減少とグローバル化が同時に進む我が国において，国内企業同士の合併事例や海外企業の買収事例は増加している。M＆Aは大規模な経済取引のため，企業の財務諸表に様々な影響を与える。M＆Aの案件には取引金額の大小がある。中には，非常に額が小さく，財務諸表にほとんど影響を与えないケースもありうる。一方で，大型の買収案件においては，財務諸表の構造そのものが大きく変わってしまうこともありうる。

本節では，M＆Aにより生じる企業の財務諸表に関する変化の中でも「のれん」（Goodwill）に焦点を当てる。「のれん」は，M＆Aを通じて発生する無形資産である。大型のM＆Aで，かつ高額の買収プレミアムを支払ったケースにおいては，多額の「のれん」が資産計上される傾向にある。経営分析において，M＆A後に関する定まった評価方法は存在しない。しかしながら，M＆Aの結果により生じる「のれん」は，M＆A後に関する何らかの情報が含まれている。そこで，本節では，経営分析における「のれん」の評価を論じる。具体的には，M＆Aと「のれん」の事例をまず取り上げた後に，「のれん」と買収プレミアムの関係，シナジー効果との関係を明らかにし，経営分析における「のれん」の評価について論じる。

1　M＆Aとのれん

合併（Mergers）は複数の企業が法的に1つの企業に合同することであり，買収（Acquisitions）は他の企業を丸ごと買い取ることである。これらを合せてM＆Aという。合併の場合であっても，ほとんどのケースにおいて法的にはどちらかが存続会社になり，もう一方の企業が消滅会社になる。そうした意味では，M＆Aは厳密には全て買収であるということも出来よう。

大型のM＆Aの案件では，巨額の「のれん」が資産計上されることが多い。2001年のタイム・ワーナーとAOLの合併に伴い誕生したAOLタイム・ワーナーの貸借対照表上には，1,274億ドルもの巨額な「のれん」が資産計上された。AOLタイム・ワーナーの当時の総資産額が2,085億円であるので，総資産に占める7割以上が「のれん」として計上されたことになる。

メディア業界大手のタイム・ワーナーと通信大手のAOLの合併は，2000年に新旧メディアの融合として大きく取り上げられた。このM＆Aでは，タイム・ワーナーがAOLを買収する形で行われ，買収価額に1,640億ドルを要する当時最大規模のM＆Aとなった。買収価額および巨額の「のれん」代から，如何にこの合併で期待された効果が大きかったのかが窺える。しかしながら，その期待された効果は収益に反映されることなく，合併の翌年の2002年には，AOLタイム・ワーナーは，「のれん」の減損損失額446億ドルを計上し，その後，AOL部門の事業低迷に伴い2009年12月にタイム・ワーナーがAOLを再び分離（スピン・オフ）する形で合併は解消された。

「のれん」の減損後，合併を解消したのはこの事例だけではない。米電子決済大手のイーベイは，2005年に買収したルクセンブルクのIP電話会社スカイプに対する「のれん」の減損損失13億9,000万ドル（「のれん」の60％が減損）を計上し，シナジー効果が得られなかったことを理由に2011年後半にスカイプをスピンオフしている（その後，マイクロソフト社がスカイプを買収している）。

もちろん、企業の中には、M＆Aに伴い発生した「のれん」の額が大きくとも、収益を伸ばし続けている企業もある。例えば、JT（日本たばこ産業）は、貸借対照表（財政状態計算書）に占める「のれん」額は、2013年3月時点で1兆3,164億円（総資産の34％）にまで達している。2007年英国ギャラハー社などの大型のM＆Aを積極的に行った結果、多額の「のれん」代を計上している。JTは、これまでの所、多額の「のれん」の減損は発生させておらず、売上収益に対する税引前当期純利益は、2011年3月期12％、2012年3月期21％、2013年3月期24％と、M＆Aの成果を反映したためか急激に収益力を高めている。M＆Aに伴い発生する「のれん」に見合うだけの効果が得られるかどうかは、個々のM＆Aの事例によって相当程度異なっている。

2　買収プレミアムとのれんの関係

(1)　買収プレミアムとシナジー効果

M＆Aの主な目的は、一から独自に事業を作り上げる時間を節約し、かつM＆A対象企業とのシナジー（相乗）効果を発揮させることで自社の優位性を強化することにある。つまり、企業は、「1＋1＝2」ではなく、「1＋1＝3」になるような効果を期待してM＆Aを行う。

企業は時に多額の**買収プレミアム**を支払ってでも他の企業を買収しようとする。買収プレミアムは、企業財務では「買収価格－M＆A公表前の株式時価総額（1株当たりの時価×発行済株式総数）」によって計算される。買収プレミアムをどの程度支払うかは、個別の事例によっても異なる。米国のケースでは、20～30％のプレミアムを付け、市場価額を上回る額で買収するのが一般的である。M＆A公表時には、買収プレミアムを期待して買収対象企業の株価は上昇する。一方で、買収企業の株価は、買収プレミアムの支払負担に伴う富の流出への懸念から株価は下落することが多い。

買収プレミアムが高ければ高いほど、M＆A後のリスクは上昇する。なぜならば、買収プレミアムは、M＆Aによって期待されるシナジー効果の最低値であり、企業は買収後、少なくとも買収プレミアムを上回るだけの将来キャッシュ・フローを生み出さなければ、正味現在価値（Net Present Value：以下、NPVという）はプラスにならず、企業は支払った対価を回収することはできないからである。買収プレミアムは、M＆Aにおける期待値でもあり、リスクを表わしていると言えよう。Sirower（2006）によれば、買収対象企業に期待される成果を達成できる場合、M＆A戦略によるNPVは以下の公式で示される。

　NPV＝シナジー－買収プレミアム

さらに、シナジーは以下の式で表わされる。

　シナジー＝NPV＋買収プレミアム

M＆Aは企業の新たな成長戦略の一環であり、買収プレミアムはその期待値である。企業はM＆Aによって得られるシナジー効果による、多額の経済的便益を得ることを期待している。

(2)　のれんの算定方法

財務諸表上では、M＆Aにより期待される効果が「のれん」という項目で資産として計上される。資産を「将来の収益またはキャッシュ・フローを得られるための資源」と定義するならば、「のれん」はM＆Aによる将来のキャッシュ・フローの見込額と言えよう。しかしながら、企業会計上で計上される「のれん」は、企業自身が見込んだM＆Aの効果を直接計上したものではない点に注意が必要である。「のれん」は以下の算定式により計上される。

　のれん＝買収対象企業の買収価額
　　　　－買収対象企業の純資産の公正価値
　　　　－識別可能な無形資産

図表12－6－1　買収企業の純資産の公正価値，のれん，シナジー効果の関係

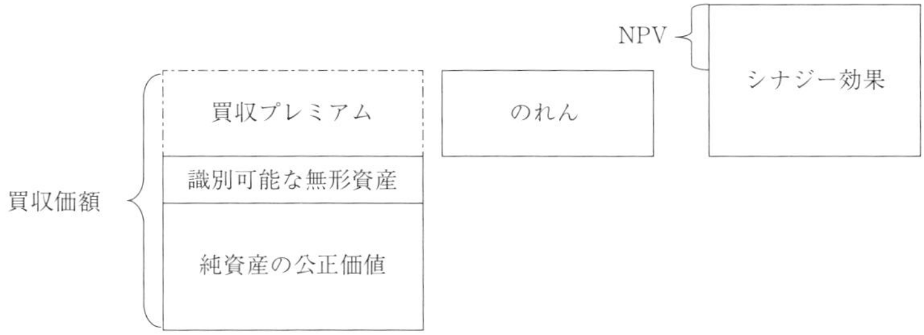

```
                    ┌─ 買収プレミアム ─┐    ┌────────┐   NPV ┌─ ┌──────────┐
         ┌─ │ 識別可能な無形資産 │    │  のれん  │       │  │ シナジー効果 │
買収価額 ─┤                           │        │       │  │          │
         └─ │  純資産の公正価値  │    └────────┘       └─ └──────────┘
```

（出所）　筆者作成

企業会計では，企業自身が見積もったM＆Aによるシナジー効果を，直接，資産計上すること（自己創設の「のれん」の計上）は禁じられている。そのため必ずしも「高いシナジー効果＝高額ののれん」とはならない。

買収時には，買収対象企業の全資産・全負債が買収企業へと移転することになる。その際には，買収対象企業の全資産・全負債を公正価値（市場価格）で再評価しなければならない。直接，売却価格のデータが入手できない場合は，他のデータや評価技法を用いて，仮想的に見積ることになる。買収対象企業の全資産・全負債を公正価値で測定することで，M＆A時に存在する資産・負債の含み損益が一旦消去されることになる。

「のれん」の計上時には，「識別可能な無形資産」も差し引く必要がある。識別可能な無形資産は，企業とは独立して売買可能なものであり，合理的に見積もりが可能なものである。M＆Aはシナジー効果だけでなく，しばしば企業が保有する特許権などの知的財産を取得する目的でも行われる。例えば，武田薬品工業が2011年5月にスイスに本社を置くナイコメッドを買収した際に，年間約300億円のシナジー効果の他に，重症慢性閉塞性肺疾患（COPD）治療薬 Daxas による売上高の増加を見込んでいた。事業統合による効果だけでなく，こうした無形資産の獲得目的でもM＆Aは行われることがある。

3　買収プレミアムとのれんの関係

仮に株式市場が効率的で，買収対象企業の将来キャッシュ・フローを適正に評価しているとすれば，「純資産の公正価値≒M＆A公表前の時価総額」となり，「のれん」と買収プレミアム額は一致する。こうした前提に基づけば，「のれん」はシナジー効果を表わしているとも言える。しかしながら，シナジー効果の全額ではなく，その一部が計上されているに過ぎない。図表12－6－1は，買収企業の純資産の公正価値，のれん，シナジーの関係を表わしている。図表12－6－1で示しているようにシナジー効果は，「のれん」の額を上回る額が買収時には想定されている。つまり，「のれん」はシナジー効果の一部を構成しているに過ぎず，シナジー効果の全額は計上されていない。

M＆Aによって得られるNPVは，「シナジー効果－買収プレミアム」となる。企業財務の視点で見れば，M＆Aによる投資は最終的にNPVが必ずプラスにならなければならず，M＆Aを計画した段階で，その事を予想（期待）して行っているはずである。しかしながら，M＆Aへの投資では，プレミアムは先払いで支払うのに対して，シナジー効果が具現化し，キャッシュを獲得（回収）できるまでに一定の時間を要する。仮に想定してい

たシナジー効果が得られず，買収プレミアム分の投資額を回収できなければ，企業財務の視点からはM＆Aは失敗ということになる。M＆Aでは，当初予想していたシナジー効果が表れないケースもしばしば見受けられる。その例としては，繰り返しになるがAOLとタイム・ワーナー，イーベイとスカイプなどの例が挙げられよう。各社は一旦M＆Aにより統合したものの，シナジー効果が得られないことを理由に，再び分離している。M＆Aは企業の行う経済取引の中でも取引額が大きいが，頻繁に行われるものではなく，個別性も強い。そのため，予想したシナジー効果が発現出来ないことも多い。当初見込まれたシナジー効果が失われた（減少した）場合，企業に経済的損失を与えることになる。企業会計上では，この経済的損失を減損損失という形で費用計上され，当期の利益が減少することになる。

4　会計処理方法の考え方の違い
　　　～非償却資産か，償却資産か～

　無形資産については，有形固定資産のような劣化が生じないため，経済的価値の減少を把握するのが困難なケースもある。そのため，無形資産を償却資産とするか，非償却資産とするかについては，捉え方によって異なる。U.S.GAAP・IFRSと日本GAAPにおいては，「のれん」に関する会計処理で表に示すような違いが生じる。日本企業においてはIFRSの任意適用も認められている。また企業によってはU. S. GAAPを適用している企業もある。そのためどういった基準を適用しているかについても分析上で注意しなければならない。

　「のれん」については，日本GAAPでは償却資産として20年以内で毎期，償却処理することを求められる。一方で，IFRSやU.S.GAAPでは非償却資産として捉え，償却処理を行わ

ない。減損処理は，**非償却資産，償却資産**の有無を問わずに適用される（図表12－6－2を参照されたい）。

図表12－6－2　日本GAAPとU.S.GAAP・IFRSとの「のれん」に関する会計処理の違い

	日本GAAP	U.S.GAAP・IFRS
資産としての捉え方	償却資産	非償却資産
会計処理	20年以内で定額法により償却・減損処理	減損処理

（出所）　各基準の資料に基づき，筆者作成。

　日本GAAPとU. S. GAAP・IFRSの「のれん」に関する会計処理の相違は，その後の企業業績に違いをもたらす。日本GAAPでは償却資産である「のれん」は毎期の費用処理で，他の固定資産と同様に帳簿価額が減少していく。一方で，U.S. GAAPとIFRSでは「のれん」の減損が発生しない限り，費用処理を行う必要はない。そのため減損が発生しない限り，U. S. GAAPとIFRSでは，日本GAAPと比べて費用償却をしない分，収益が押し上げられる。ただし，費用償却を行わないため，減損発生時には多額の損失を計上する可能性も高い。

5　のれんの評価

　「のれん」は，企業結合のシナジー効果を表わしているものの，買収価額に依拠しているため，その一部が計上されているに過ぎない。高いシナジー効果があるからといって，高額なのれん代が発生するとは限らない。M＆Aにおいては，競争相手が存在する場合，買収プレミアムは高くなる傾向にある。競売相手がいればその分だけ買収価格は上昇する。逆に競争相手が少なければ，買収プレミアムは低くなり，「のれん」の計上額は小さくなる。

「のれん」の評価は，個別性が強いため，全体の傾向を掴むのは難しい。しかしながら，AOL，タイム・ワーナーなどの事例が示すように，「のれん」の減損はその後の企業価値の減少に繋がっているケースは少なくない。こうした実態を反映してか，まだ実証的な研究結果の蓄積は少ないものの，いくつかの論文においてのれんの減損が企業評価の減少につながっていることが示されている。例えば，Xu et al. (2008) は，2003年から2006年のアメリカの上場企業を対象とした実証分析では，「のれん」の減損が企業価値の減少を表していることを示している。つまり，「のれん」の減損は，M＆Aによるシナジー効果が失われたと解釈され，証券市場においてネガティブな評価として捉えられている可能性がある。

しかしながら，「のれんの減損が行われていない＝シナジー効果が失われていない」と言い切ることは出来ない。欧州証券市場監督局（European Securities and Markets Authority：ESMA）が発行した2013年の報告書は，EU圏内の上場企業は2011年の決算において欧州債務危機などによって企業価値が低下しているにも関わらず，2011年当初ののれん額€7,900億ユーロのうち，約5％の400億ユーロしか減損が行われておらず，減損が不十分であるとの指摘を行っている。「のれん」の減損は企業業績に大きな影響を与えるため，企業は意図的に楽観的な見積りを行い，利益操作を行う可能性がある。

資産に占める「のれん」の計上額が大きい企業に対しては，個々の事業の状況を見ながら，慎重に判断しなければならない。「のれん」に関する情報は，各事業への配分額や減損の状況を含めて注記に開示されている。しかしながら，多くのケースでは買収された企業は上場廃止になるため，注記の情報を除きその後の企業に関する情報を知ることは難しい。限定された情報を上手く読み取っていくことが，「のれん」における経営分析上での

カギになるであろう。

〔参考文献〕

Sirower, M.L. (2007) *The Synergy Trap: How Companies Lose the Acquisition Game*, Free Press.

Xu, W., A. (2011) Anandarajan and A. Curatola, "The Value Relevance of Goodwill Impairment", *Research in Accounting Regulation*, Vol. 23, pp. 145-148.

ESMA (2013) *European Enforcer's Review of Impairment of Goodwill and Other Intangible Assets in the IFRS Financial Statements*.

〔上野雄史〕

Ⅷ　レピュテーションと経営分析

1　はじめに

経営者が裁量権を行使し，会計数値を意図的に操作することを裁量的会計行動（以下，裁量行動とする）という。裁量行動には大きく機会主義的行動と効率的契約という2つの本質的動機が存在する。機会主義的行動とは，経営者が自己の効用のみを最大化させる行動である。また効率的契約とは，エージェンシーコストや契約コストの低減を図ることで企業価値を最大化させる行動である。先行研究では，これらの動機から経営者が利益増加型もしくは利益減少型の裁量行動を選択すると説明されてきた（須田（2000），358-359頁）。

しかしながら，これらの動機は相互に排他的ではなく，厳密に両者を区別することが困難であるとされる。たとえば，長期請負工事において経営者が利益増加型の裁量行動とされる工事進行基準を採用したとする。その場合，役員報酬の増額や経営者交代の回避と

いった機会主義的行動から工事進行基準が採用されたとする場合と、高い負債比率を低下させ、経営者と債権者の契約コストを低減するという効率的契約の視点から工事進行基準が採用されたとする場合がある（岩淵・須田（1993），42頁）。そのため、研究の進展には問題解決に向けた新たなアプローチが期待される。

本節では、**レピュテーション**という新たな動機の可能性について提示する。また、レピュテーションと裁量行動の関係について経験的に検証した研究を概観するとともに、経営分析におけるレピュテーションの意義について考察する。レピュテーション（reputation）とは、評判、風評、名声のことであり、企業に対して寄せられる期待の総称である。近年の情報通信インフラの拡張により、各人が主観的なレピュテーションを発信したり、他者のレピュテーションを収集したりすることが可能となった。またそれによって、企業が超過リターンを獲得するだけでなく、逆にリスク要因にもなりうることが認識されてきた。それゆえ、経営者はおのずとレピュテーションを意識した行動を選択せざるを得なくなる。その影響が裁量行動にもあらわれるのではないかというのがここでの問題意識である。

まず第2項では、レピュテーションの理論的基礎について説明する。つづく第3項ではレピュテーションに関する従来の研究を概観するとともに、第4項では平屋（2011）の研究を紹介する。そして第5項において、会計研究や経営分析におけるレピュテーションの意義について指摘する。

2　レピュテーションの理論的基礎

契約・エージェンシー理論においてレピュテーションは、「**暗黙的契約**」の締結と履行を促すメカニズムと位置づけられる（Milgrom and Roberts（1992），pp. 259-260）。「暗黙的契約」とは、報酬契約や債務契約といった「明示的契約」と対をなす概念であり、長期・継続的な取引関係を背景に契約当事者間にあたかも有利な契約が存在するかのように期待される行動を選択することである。

たとえば、企業が契約を誠実に履行していると評価されれば、仕入・調達先から有利な価格で購入することができるかもしれない。また債権者から低金利での資金調達が可能になるかもしれない。これは、取引する双方が将来にわたって長期・継続的な取引関係を維持していきたいというインセンティブから生じるものである。とりわけ、企業間取引においては多くの企業が長期・継続的な取引関係を前提として行動している。なぜならば、こうした関係を構築することによって、新たに取引先を探索するコストや取引相手を監視するコスト、契約書類の作成に係るコストを節約できるからである。そのため、契約当事者は価格や支払期間、取引規模などの取引条件を交渉するさいに互いに有利な条件の提示を行うと考えられる。

「暗黙的契約」は、長期・継続的な取引関係を維持することによってもたらされる利益が不履行によって被る損失を上回る限りにおいて機能する。すなわち、企業が誠実に契約を履行することよって企業の信用やブランド価値が蓄積され、その結果もたらされる利益（たとえば安定的な資金調達や材料調達、コストの削減など）が、不誠実な対応によって信用を失い、それによって被る損失（たとえば販売不振や取引停止など）を上回る限りにおいてそれを遵守するインセンティブが機能する。そのため、「暗黙的契約」の機能に不可欠な要素こそがレピュテーションなのである。

Bowen, et al.（1995）によれば、レピュテーションはステークホルダーが企業に対し

て有する**暗黙的請求権**（implicit claims）としての性格をもつと指摘している（Bowen, et al.（1995），pp. 258-260）。請求権とは，相手に対して一定の行為を請求する権利である。たとえば，株式に付与された利益配当請求権や残余財産分配請求権は，株主が企業に対して利益配当や残余財産を請求するという意味をもつ。

　一方，暗黙的請求権は法的拘束力を持たない「暗黙的契約」をベースとした概念であるため，利益配当請求権や残余財産分配請求権などの明示的請求権とは性格が異なる。つまり，暗黙的請求権とはステークホルダーが企業に対して抱く期待（expectation）であり，経営者はステークホルダーの期待（暗黙的請求権）に対して適切に対応し，実績や信用を積み重ねることで「暗黙的契約」からもたらされる便益を享受しようとするのである。

　レピュテーションというと，「第三者からの評判」や「企業の持つ評判」というように安易に表層的な概念部分に注目しがちであるが，肯定的なものだけではなく否定的なものやアノマリーも含まれる。また，様々なステークホルダーの期待を受けて企業がどのように対処するかによって，今後の企業経営や取引環境に大きく影響するリスクやプレッシャーも兼ね備えている。それゆえ，経営者は企業の信用やブランド価値を維持・向上させるために，ステークホルダーからのレピュテーション（暗黙的請求権）にできる限り応える努力をしなければならないというのがこの概念の深層である。

　そこで本節では，レピュテーションを「企業を取り巻く様々なステークホルダーが当該企業の過去の実績や将来の予測にもとづいて当該企業に対して有する暗黙的請求権」と定義する。レピュテーションは企業の過去の実績や評価に依拠して形成される。企業の過去の実績や評価は会計情報によって明らかにされる。ゆえに，会計情報にもとづいて形成されたレピュテーションは，ステークホルダーから企業に対して向けられる暗黙的請求権という性格を有しながら「暗黙的契約」の締結と履行を促すメカニズムとして機能する。そして，経営者が暗黙的請求権に応えた結果は会計情報というかたちで翌期の財務諸表に反映され，将来のレピュテーションの源泉になるのである。

　以上の点から，経営者はレピュテーションの経済的含意を十分に考慮したうえで，それが経営者自身や企業にとって有利な結果になるよう，あるいは不利な結果を回避するよう，ステークホルダーが暗黙裡に意識する会計情報を意図的に操作する動機をもつと予想する。

　同様のことは会計制度そのものにおいても指摘されており，経営者は会計情報の作成者（発信者）であるにも関わらず会計情報を操作するインセンティブを持つことをフィードバック効果と呼んでいる。これは，会計情報の送り手である経営者が自己の利益を最大化させるために，会計情報の潜在的影響を考慮しながら情報発信を行っているというものである。

　そうであるのならば，レピュテーションにおいても同様の影響が確認できるのではないかと期待する。本節ではこれをレピュテーション動機と表現し，検証すべき裁量行動のインセンティブと位置づける。

3　従来の研究

　さて，ここではレピュテーションに関するこれまでの研究を概観する。はじめに，経営者が目標利益を達成するメリットについて調査したGraham, et al.（2005），須田・花枝（2008）の日米のサーベイ調査を取り上げる。彼らは，財務・経理部門の責任者を対象に質問票によるサーベイ調査を行った。サンプル数は米国企業を対象としたGraham, et al.（2005）の研究が394社，日本企業を対象

とした須田・花枝（2008）の研究が619社であった。

双方の調査の結果，経営者が裁量行動によって目標利益を達成するメリットのうち，賛成の回答率が高い項目は資本市場に関するものであった。他方，賛成の回答率が低い項目は報酬契約や債務契約に関するものであった。そして面白いことに，企業外部者から良い評判を得るために目標利益を達成するという回答はその中間に位置しており，米国企業では77.4％，日本企業では51.9％の賛成回答率を示している。これらのサーベイ調査の結果は，本節の問題意識と一致しており，経営者は報酬契約や債務契約といった明示的契約よりも暗黙的契約のメリットを享受するために裁量行動を選択するということが示唆されている。

次に，レピュテーション動機を経験的に検証した研究を取り上げ，これまでの発見事項について明らかにする。レピュテーション動機の先駆的研究として位置づけられるのがBowen, et al.（1995）の研究である。彼らは，暗黙的契約を重視する経営者が，企業の財務イメージを向上させるために利益増加型の裁量行動を選択すると推測した。そして顧客に対して研究開発費，供給業者に対して売上原価，従業員に対して研究開発費，労働集約性（1－償却性固定資産／総資産額），年金，短期債権者に対して短期支払手形をあてることで暗黙的請求権の操作化を行い，多変量解析を用いて検証した。分析の結果，特定のステークホルダーが有する暗黙的請求権が利益増加型の裁量行動に有意にプラスの影響を与えることが確認にされた。このことは，特定のステークホルダーへの依存度が大きいほど，企業は利益増加型の裁量行動を選択するということを示している。

また，アナリスト予測値を達成する裁量行動の要因について分析したMatsumoto（2002），Cheng and Warfield（2005）の研究では，Bowen, et al.（1995）のアプローチに依拠した分析がなされている。Matsumoto（2002），Cheng and Warfield（2005）の分析結果においても，暗黙的請求権がアナリスト予測値の達成に有意にプラスの影響を与えることが明らかにされた。すなわち，経営者はアナリスト予測値を達成するためにレピュテーションを意識していることが証明されたのである。

さらに，わが国においても同様の研究は行われている。首藤（2010）はMatsumoto（2002）のアプローチを踏襲しながら，損失回避，減益回避，経営者予測利益という3つの利益ベンチマークを達成する要因について分析を行った。しかしながら，首藤（2010）の研究では暗黙的請求権が利益ベンチマークの達成に有意な影響を及ぼすという証拠を確認することができなかった。

4　平屋（2011）の研究

前項では，レピュテーションに関する従来の研究を概観した。これらの先行研究を踏まえ，平屋（2011）もレピュテーションが経営者の裁量行動に影響を与えるという命題についての経験的検証を行っている。ただし当然のことながら，先行研究の問題点を踏まえてそれらに対処した分析がなされなければならない。平屋（2011）が特に手当てしたポイントは以下の3点である。

まず，先行研究では顧客，供給業者，従業員，債権者を取り上げている。しかしながら，会計研究において主要なステークホルダーと位置づけられる株主・投資家が取り上げられておらず，その理由についても明らかにされていない。契約・エージェンシー理論では，明示的契約と暗黙的契約は両立して締結できると解釈されることから，明示的契約を締結できる主要なステークホルダーを中心に取り上げ，株主・投資家も含む包括的なモデル構

築を試みた。

次に，レピュテーション変数の操作化の問題が挙げられる。先行研究ではBowen, et al. (1995) やMatsumoto (2002) の研究アプローチに依拠した方法が採用されているが，操作化については理論的な説明がなされているとは言い難い。そこで，①法的拘束力を有する明示的請求権に該当しない変数，②先行研究において裁量行動の関係が個別に議論されている変数，③レピュテーションと裁量行動の因果関係を明確にするために利益項目が含まれている変数という基準を設け，それらに合致したものを代替変数として提示した。

最後に，裁量行動の測定方法についても違いが見られた。Bowen, et al. (1995) はポートフォリオによる合成変数を用いたモデル分析を行っているが，その他の研究では利益ベンチマークに焦点をあてたヒストグラム分析を用いている。そこで，裁量的会計発生高を用いた検証を行った。裁量的会計発生高を用いることで，先行研究よりも正確に裁量行動を把握することが可能となる。

以上の対処を踏まえ，株主・投資家には配当性向，債権者には固定長期適合率，得意先・顧客には売上総利益率，仕入・調達先には買入債務回転日数，労働組合・一般従業員には労働分配率をあてることで各ステークホルダーのレピュテーション変数の操作化を行い，多変量解析を用いて検証した。

分析の結果，特定のステークホルダーが有する暗黙的請求権が利益増加型の裁量行動に有意にプラスの影響を与えることが確認され，レピュテーションが裁量行動に影響を与えることが明らかにされた。Bowen, et al. (1995) が指摘するように，特定のステークホルダーへの依存度が大きいほど企業は利益増加型の裁量行動を選択し，財務イメージを向上させていることを示している。

また，裁量行動の他の動機を統制してもなおレピュテーションの影響を確認することができた。このことは，レピュテーションという新たな動機の可能性を示唆している。

契約・エージェンシー理論では，ステークホルダーの利害対立を前提としている。この前提のもと経営者が合理的な利害調整を行っているとすれば，ある年度では株主・投資家，またある年度においては債権者というように，経営者が年度ごとに異なるステークホルダーを重視するという結果は理論的に整合する。しかしながら，分析対象期間も短く，景気変動や業種なども統制していないことから，その全容を解明するまでには至っていない。

5 むすび

平屋（2011）の研究では，レピュテーションが経営者の裁量行動に影響を与えることが示された。より一般化したレピュテーションの影響を明らかにするには今後の研究の進展が期待されるが，先行研究の知見や平屋（2011）の検証は会計研究や経営分析に対していくつかのインプリケーションを提示する。ここではそれらを取り上げレピュテーション研究の意義を指摘したい。

経済環境の変化や多様性にともない企業を取り巻く価値観の変動は複雑になっている。また企業の社会的責任（corporate social responsibility）が重視されるなかで，ステークホルダーの期待や関心を理解しどう回答していくかということが経営者の関心事となりつつある。なぜならば，ステークホルダーの期待価値の創造は広い意味での企業価値の創造に結びつくといっても過言ではないためである。

こうした状況のもと，経営者が裁量行動によって何らかの効用を享受しようとしているとすればその因果構造や経済的帰結を詳細に分析する必要がある。裁量行動におけるレピュテーションの因果構造の一端を確認できたことは，経営分析に新たな分析の視点を提示できたといえる。今後さらなる研究の進展

に期待したい。

次に、伝統的な経営分析体系からの新たな展開が模索されつつあるなかで、財務比率の新たな役割を確認できた点にある。平屋（2011）の研究では主要な財務比率を用いてレピュテーションの操作化を行った。操作化の妥当性や測定の精度についていまだ課題が残されてはいるものの、財務比率やそのコンビネーション（合成変数）が新たな概念の測定尺度として再認識されるかもしれない。ただし、これら財務比率は業種による特徴差も大きいことから、何らかの統制や対処が必要となるであろう。

最後に、財務会計領域ではオンバランスの無形資産に関するマネジメント（資産性や評価）、管理会計領域ではインタンジブルズのマネジメントに関する研究が進められている。本節でも、レピュテーションという無形の概念を取り上げているが、その存在を直接的に評価する、あるいは測定するという試みではない。あくまで、人や組織の意思決定行動に対する影響の程度を確認することで間接的にその存在や影響を明らかにしようとする試みである。ここで得られた知見やアプローチが、財務会計や管理会計の領域で行われている研究の一助となることを期待する。

さて、これまで述べてきたように、レピュテーションは「人」だけにとどまらず、「企業」にとっても看過できないデリケートな問題である。そのため、その影響やリスクを適切に把握し、企業の持続的発展や企業価値の向上につなげられるかが今後の企業の新たな課題となるであろう。こうした研究を通じて、我々がレピュテーションの重要性を正しく理解することにこそ大きな意義がある。

〔参考文献〕

Bowen, R. M., L. DuCharme, and D. Shores（December 1995）"Stakeholders' implicit claims and accounting method choice", *Journal of Accounting and Economics*, Vol. 20, No. 3, pp. 255-295.

Cheng, Q., and T. D. Warfield（April 2005）"Equity Incentives and Earnings Management", *The Accounting Review*, Vol. 80, No. 2, pp. 441-476.

Graham, J.R.,C.R.Harvey, and S.Rajgopal（April 2005）"The economic implications of corporate financial reporting", *Journal of Accounting and Economics*, Vol. 40, No. 1-3, pp. 3-73.

Matsumoto, D. A.（July 2002）"Management's Incentives to Avoid Negative Earnings Surprises", *The Accounting Review*, Vol. 77, No. 3, pp. 483-514.

Milgrom,P.,and J.Roberts（1992）*Economics, Organization and Management*, London: PrenticeHall International.（奥野正寛，伊藤秀史，今井晴雄，八木甫著（1997）『組織の経済学』NTT出版。）

岩淵吉秀，須田一幸（1993）「実証研究(2)-建設業による工事収益の認識」，会計フロンティア研究会編『財務会計のフロンティア』中央経済社，152-176頁。

首藤昭信（2010）『日本企業の利益調整　理論と実証』中央経済社。

須田一幸（2000）『財務会計の機能　理論と実証』白桃書房。

須田一幸，花枝英樹（2008）「日本企業の財務報告-サーベイ調査による分析-」『証券アナリストジャーナル』第46巻第5号，5月，51-69頁。

平屋伸洋（2011）「利害関係者の暗黙の請求権が経営者の裁量的会計行動にあたえる影響-裁量的会計発生高を用いた実証分析-」『経営分析研究』第27号，70-81頁。

［平屋伸洋］

第13章 企業の総合評価とその実務

　企業のステークホルダーとしては，株主，債権者，従業員，経営者，サプライヤー，顧客，国，地方自治体などがある。本章では，様々なステークホルダーの視点からの企業の総合評価について，理論と実務の双方から検討する。Ⅰでは，企業評価モデルの理論が実務にどのように適用されているかを論じる。資本コストを利用した実務の評価モデル，および日本経済新聞社の優良企業ランキングであるCASMAとPRISMの評価方法を検討した後，会計ベースの評価指標の有効性を検討する。Ⅱでは，企業の定量的総合評価の実務として，日本経済新聞社のCASMA，PRISM，およびNICES，東洋経済新報社のCSRランキングと新・企業力ランキング，帝国データバンクの評点システム，東京商工リサーチの評点システムを概説する。さらに，これらの定量的総合評価システムの分類を行い，その評価方法の変遷と今後を論じる。Ⅲでは，企業の定性的総合評価の実務として，日本経済新聞社のコーポレート・ガバナンス評価システム（NEEDS-Cges），東京証券取引所の企業行動表彰，東洋経済新報社の『CSR調査』，日本経済新聞社の「環境経営度調査」，経済産業省・東京証券取引所のなでしこ銘柄を概説する。また，日本証券アナリスト協会の「証券アナリストによるディスクロージャー優良企業選定」，日本IR協議会のIR優良企業賞，日本経済新聞社の日経アニュアルリポートアウォードについても概説する。さらに，企業の定性的総合評価のSRI（Socially Responsible Investment：社会的責任投資）実務での利用などを論じる。

〔薄井　彰〕

Ⅰ　企業評価モデルの理論と実際

1　はじめに

　どのような会計情報が企業価値に関連するかという問題は，1990年代以降の会計研究の最もチャレンジングなテーマの一つである。Ohlson (1995) とFeltham and Ohlson (1995) の企業評価アプローチは，Miller and Modigliani (1961) が想定する完全市場の均衡枠組みで，会計測定や保守的会計，発生主義会計，キャッシュフロー会計などの基本理論を議論することを可能とした。

　Ohlson (1995) のモデルでは，会計利益を**恒常利益**（permanent earnings）と**異常利益**（abnormal earnings）に区分する[1]。恒常利益は期首の投下株主資本に**株主資本コスト**を乗じた利益である。いわば，市場均衡において期待される利益である。後者の異常利益は，市場の期待を上回る（下回る）利益である。Ohlson (1995) は，利益の確率プロセスを特定することで，株価（水準）と利益，株主資本の明示的な関係を導出した。

　企業評価アプローチは会計研究の様々な領域に適用されている。たとえば，Francis and Schipper (1999), Collins, Maydew, and Weiss (1997) やLev and Zarowin (1999),

薄井（1999，2003）は，会計情報と株価あるいは株式リターンとの関連性を長期的に調査することによって，会計規制の方向性を議論している。会計測定に関しては，Feltham and Ohlson（1995），Beaver and Ryan（2000），Ahmed, Billings, Morton, and Stanford-Harris（2002），薄井（2004）が保守主義の有効性を検討している。企業管理の領域では，Rogerson（1997），Anctil, Jordan, and Mukherji（1998）が，企業評価アプローチとABC原価と統合した枠組みを提示している。

以下では，まず，会計ベースの企業評価モデルを概観する。つぎに，実務での業績評価尺度を議論する。最後に，会計ベースの評価指標の有効性を検討する。

2　企業評価モデル

会計システムの1つの役割は，キャッシュフローから，一定のルールに基づいて，利益を測定し，株主への配当可能な額を確定することである。一般に認められた会計原則のもとでは，利益から配当を控除した額が株主資本に留保される。これは，**クリーンサープラス関係**（clean surplus relation）と呼ばれる。財務諸表上では，株主資本の増加は，当期利益から配当を控除した額に等しい。

$$D_{t+k} = BV_{t+k-1} - BV_{t+k} + X_{t+k}$$
$$(13-1-1)$$

BV_{t+k}は$t+k$時点の株主資本簿価，X_{t+k}は$[t+k-1, t+k]$期間の報告利益である。この利益は，**包括利益**（comprehensive income）に相当する。国際会計基準審議会（International Accounting Standard Board）と米国の財務会計審議会（Financial Accounting Standard Board）は，従来の当期利益を補う新たな利益概念として包括利益を提唱している。日本でも2011年3月31日以後終了する連結会計年度の年度末に係る連結財務諸表から，包括利益が開示されている。

割引配当モデルよって株価が表現できるとしよう。投資家が配当に関連する情報に基づき株価の期待を形成するならば，株価Vは次のように表現できる。

$$V_t = \sum_{k=1}^{\infty} E_t(D_{t+k})/(1+\rho)^k$$
$$(13-1-2)$$

ただし，$E_t(\cdot)$はt期の情報にもとづく条件付期待値を表すオペレータ，ρは割引率である。単純化のために割引率を一定とする。クリーンサープラス関係が将来にわたって成立するなら，配当は利益と株主資本にリンクされる。

実際に，会計数値から株価を推計する場合，利益や株主資本簿価の確率プロセスを特定することが必要である。典型的なケースでは，利益が次のようなランダムウォークに従う。

$$X_t = X_{t-1} + u_t \qquad (13-1-3)$$

u_tはホワイトノイズである。利益をすべて配当として株主に支払うならば，株価は利益モデル，すなわち，当期の利益を割引率で除したモデルで記述できる。

$$V_t = E_t(X_{t+k})/\rho = X_t/\rho \qquad (13-1-4)$$

株価を利益や期待利益で除した比率，**PER**（Price to Earnings Ratio）は，実務のファンダメンタル分析でよく利用される。（13-1-4）式から，PERは割引率の逆数に一致する。

1990年代以降，会計利益に関する研究の潮流は，異常利益（**残余利益**（residual earnings）ともいう）にもとづくアプローチである。異常利益は，当期利益から恒常利益（期首の株主資本に割引率ρを乗じた利益）を差し引いた利益である。

$$X_t^a \equiv X_t - \rho BV_{t-1} \qquad (13-1-5)$$

（13-1-1），（13-1-2），（13-1-5）のもとで，株価は株主資本の簿価と将来の異常利益の現在価値で記述できる。

$$V_t = BV_t + \sum_{k=1}^{\infty} E_t(X^a_{t+k})/(1+\rho)^k \qquad (13-1-6)$$

株主資本利益率は$ROE_t = X_t/BV_{t-1}$であるから，(13-1-6) 式は

$$V_t = BV_t + \sum_{k=1}^{\infty} \frac{E_t[(ROE_{t+k}-\rho)BV_{t+k-1}]}{(1+\rho)^k} \qquad (13-1-6')$$

と表現することもできる。(13-1-6) 式の右辺の第2項は，暖簾に相当する部分である。イノベーションによって企業が割引率を超える収益率（ROE）をどの程度まで見込めるかを表す。この評価モデルは，Edwards and Bell (1961) や Ohlson (1995) によって展開されたので，**Edwards＝Bell＝Ohlson (EBO) モデル**とも呼ばれる。

Ohlson (1995) は，(13-1-6) から，会計数値にもとづく株式評価モデルを導出している。そのモデルでは，異常利益が次のような**線形情報ダイナミックス**に従うと仮定している。

$$X^a_{t+1} = \phi X^a_t + v_t + e_{1t+1}, \qquad (13-1-7\text{a})$$
$$v_{t+1} = \lambda v_t + e_{2t+1} \qquad (13-1-7\text{b})$$

v_t は会計情報以外の情報，e_{1t+1} と e_{2t+1} はイノベーションをあらわす。v_t は t 期の株価には影響するが，t 期の財務諸表には反映しない情報である。ただし，この情報は翌期の財務諸表には反映する。

Ohlson (1995) では，利益が1次の自己回帰モデルで記述されている。(13-1-5) を (13-1-7a) に代入して整理すれば，利益は次のようになる。

$$(X_{t+1} - \rho BV_t) = \phi(X_t - \rho BV_{t-1}) + v_t + e_{1t+1} \qquad (13-1-8)$$

利益が株主資本簿価（トレンド）のまわりを変動するケースを想定している。このケースでは，株価は次のような加法モデルで表現できる。

$$V_t = BV_t + b_1 X^a_t + b_2 v_t \qquad (13-1-9)$$
$$b_1 = \phi/(1+\rho-\phi),$$
$$b_2 = (1+\rho)/(1+\rho-\phi)(1+\rho-\lambda)$$

t 期の株価は，異常利益，株主資本簿価，当期の会計情報以外の情報によって説明される。

株主資本は，過去のイノベーションによって獲得した異常利益を蓄積したものである。一方，残余利益は現在のイノベーションによって将来にわたって獲得できると期待される利益である。

3 実務での企業評価モデル

実務でも，会計数値にもとづく業績評価尺度が数多く提案されている。Stern Stewart社の**EVA**（Economic Value Added，経済付加価値），Holt社のCFROI（Cash Flow Return on Investment）が代表的である[2]。これらの指標は，独自の調整を行うことによって，会計利益よりも株価に関連すると主張されている。実際，こうした指標は，経営者や事業部の業績評価あるいは投資評価に利用されている。

会計利益にもとづく評価指標は，業績評価や投資尺度の一つとして利用されている。日本でも，花王，旭硝子，キリンホールディングス，日立グループ，双日，東京急行電鉄，ソニー，パナソニック，TDK，アドバンテストなどが資本コストで調整した利益指標を導入した。

EVAでは，資本コストとして，株主資本コストではなく，負債と株主資本を加重した平均資本コスト（Weighted Average Cost of Capital；**WACC**）を利用する。利益としては，当期利益ではなく独自の調整をおこなった利益（Net Operating Profit after Taxes：NOPAT）が利用されている（Stewart(1991)）。また，投下資本（Capital）についても，研究開発費の資本化などの調整がほどこされている。

EVAは

$$EVA_t = \left(\frac{NOPAT_t}{Capital_{t-1}} - WACC_t \right) \times Capital_{t-1} \quad (13-1-10)$$

と定義される。

企業価値 V は Edwards = Bell = Ohlson モデルの枠組みでは，次のように表現できる。

$$V_t = Capital_t + \sum_{j=1}^{\infty} \frac{E_t(EVA_{t+j})}{(1+WACC)^j} \quad (13-1-11)$$

企業価値は，投下資本に，将来のEVAの現在価値を加えた値に等しい。

WACCを上回る利益をうみだすドライバーは，投下資本とROA（投下資本1単位当たりのNOPAT）である。経営者が企業価値の増大を目的とするならば，少なくとも，WACCを下回らないプロジェクトに資本を割り当てるべきである。つまり，WACCがハードルレートになる。これは企業の資本予算に関連する。注意しなければならないのは，ここでの資本が投資家の現時点での投資額であることである。その意味では，**資本は公正価値**で評価されるべき性質のものである。

もう1つのドライバーはROAである。均衡においては，ROAはWACCに等しいと期待される。経営者が最適な行動をおこなわなければ，ROAはWACCに達しないであろう。もし，企業がイノベーションによって，WACCを上回るROAをもたらすプロジェクトを実施できれば，市場が期待する以上に，企業価値を増大できる。

4　会計ベースの評価指標の有効性

企業分析の主要なテーマとして，企業をどのような観点からどの程度のウエイトで評価するかということが，アカデミックな世界や実務で，しばしば議論されてきた。

企業全体の評価軸として，実務で共通する特性は，「収益成長力」，「ステークホルダーとの社会性」，「財務的健全性」，「組織の活力」などである。たとえば，日本経済新聞社は，1979年から2008年まで以降，多変量解析法による企業評価「日経優良企業ランキング」（**CASMA**）を行っていた。このモデルでは，「規模」，「収益性」，「財務的健全性」，「成長性」などの因子に会計データを集約して，企業を評価している。また，日本経済新聞社は，1994年から2009年まで，CASMAの収益性評価に定性的要因を加えた多角的な企業評価（**PRISM**）を実施した。1993年から1996年の調査手法は，「日経優良企業ランキング」とほぼ同じである。1997年以降の調査では，**共分散構造分析**（covariance structure analysis）にもとづいて，「優れた会社」が評価された。企業とステークホルダーの「社会性」，環境保全と研究開発力が結びついた「研究・開発」，財務的な「収益・成長力」，組織の「若さ」などで企業を評価している（薄井（1996））。2010年からは，日本経済新聞社は企業の様々なステークホルダーの観点を踏まえた総合評価NICESを公表している。

伝統的に，会計は収益成長力や財務的健全性の評価に重要な情報を提供している。さらに，会計利益や資本は，企業価値に直接的に関連する。たとえば，Edwards = Bell = Ohlsonモデルの枠組みでは，企業価値は当期の投下資本と将来異常利益の現在価値の合計として表現できる。企業の社会性や組織特性といった点は，中長期的には，企業業績にも関連する。

会計ベースの評価指標の有効性は，株価，あるいは，株式リターンとの関連性の強さによって，根拠づけられることが多い。しかしながら，実証の結果は整合的ではない。たとえば，Stewart（1991）は，1株あたり利益や利益成長率などよりも，EVAが良い業績評価尺度であると主張している。その論拠の一つは，EVAが株価と相関が高いということである。

一方, Biddle, Bowen, and Wallace (1997) によれば, 株式リターンと最も関連性の高い指標は, 事業停止等の異常損益控除前当期利益である。次に異常利益, EVA, 営業活動によるキャッシュフローの順に株式と関連性が高い。結論として, EVAの指標としての優位性は認められなかった。

株価との関連性が業績評価指標の有効性の根拠であるならば, Jensen and Murphy (1990) が主張するように, 直接, 株価自身を尺度とすべきであろう。しかし, Gjesdal (1981) によれば, 情報が資産の価格評価に関して最適であっても, 必ずしも, インセンティブプランに関しては最適でない。株価は経営者がコントロールできない要因(マクロ経済要因など)も反映しているので, 株価だけでは, 経営者の努力水準を評価できないからである。Paul (1992) と Garvey and Milbourn (2000) は, 株式リターンの貢献度によって業績指標をウエイトづけるべきだと主張している。

5 おわりに

市場均衡のもとでは, 企業が最適に行動しても, 市場の期待以上の利益を長期的に獲得することはできない。もちろん, イノベーションや期待以上の経営努力があれば, 市場の予期しない利益が短期的には獲得される。マネジメントの観点からは, 資本コストを上回る利益を持続させることが重要となる。

事業部や関連会社の管理では, まず, 事業部や関連会社がWACC以上の収益をうみだすプロジェクトを経営者に提案させなければならない。異常利益にもとづく業績評価は, 事業部長などにそうしたプロジェクトを実施するインセンティブをもたらす。ただし, 異常利益は中長期的には0に平均回帰する。薄井 (2001) が指摘するように, 異常利益(残余利益)にもとづく業績評価は, 新規投資よりも, むしろ, 投資の撤退や不採択の意思決定に有効に機能すると考えられる。

(注)

1) permanent earnings は normal earnings, abnormal earnings は, excess earnings あるいは residual earnings とも呼ばれている。
2) EVAは Stern Stewart 社の登録商標である。

〔参考文献〕

薄井　彰 (1996)「国際競争力を評価」『日本経済新聞』1996年2月26日。

薄井　彰 (1999)「クリーンサープラス会計と企業の市場評価モデル」『會計』第155巻第3号, 394-409頁。

薄井　彰 (2001)「企業評価とファンダメンタル分析」『経営分析研究』第17号, 2-9頁。

薄井　彰 (2003)「会計利益と株主資本の株価関連性：実証的証拠」『経済志林』第70巻第4号, 231-241頁。

薄井　彰 (2004)「株式評価における保守的な会計測定の経済的な機能について」『金融研究』第23巻1号, 127-159頁。

Ahmed, A.S., B. Billings, R.M. Morton, and M. Stanford-Harris (2002) "The Role of Accounting Conservatism in Mitigating Bondholder-Shareholder Conflicts over Dividend Policy and in Reducing Debt Costs", *The Accounting Review*, Vol. 77, No. 4, pp. 867-890.

Anctil, R. M., J. S. Jordan, and A. Mukherji (1998) "Activity-based Costing for Economic Value added", *Review of Accounting Studies*, Vol. 2, No. 3, pp. 231-264.

Beaver, W.H., and S. G. Ryan (2000) "Biases and Lags in Book Value and Their Effects on the Ability of the Book-to-Market Ratio to Predict Book Return on Equity", *Journal of Accounting Research*, Vol. 38, No. 1, pp. 127-148.

Biddle, G.C., R.M. Bowen, and J.S. Wallace (1997) "Does EVA® beat earnings? Evidence on Associations with Stock Returns and Firm Values", *Journal of Accounting and Economics*, Vol. 24, No. 3, pp. 301-336.

Collins, D., E. Maydew, and I. Weiss. (1997)

"Changes in the Value-relevance of Earnings and Book Values over the Past forty Years", *Journal of Accounting and Economics*, Vol. 24, No. 1, pp. 39-68.

Feltham, G. D., and J. A. Ohlson (1995) "Valuation and Clean Surplus Accounting for Operating and Financial Activities", *Contemporary Accounting Research*, Vol. 11, No. 2, pp. 689-731.

Francis, J., and K. Schipper (1999) "Have Financial Statements Lost their Relevance?", *Journal of Accounting Research*, Vol. 37, No. 2, pp. 319-352.

Jensen, M. C., and K. J. Murphy (1990) "Performance Pay and Top-Management Incentives", *Journal of Political Economy*, Vol. 98, No. 2, pp. 225-264.

Garvey, G. T., and T. T. Milbourn (2000) "EVA versus Earnings : Does It Matter Which Is More Highly Correlated with Stock Returns?", *Journal of Accounting Research* Vol. 38, Supplement, pp. 209-245.

Lev, B. and P. Zarowin (1999) "The Boundaries of Financial Reporting and How to Extend Them", *Journal of Accounting Research*, Vol. 37, No. 2, pp. 353-385.

Miller, M., and F. Modigliani (1961) "Dividend Policy, Growth and the Valuation of Shares", *Journal of Business*, Vol. 34, No. 4, pp. 411-433.

Ohlson, J. A. (1995) "Earnings, Book Values, and Dividends in Equity Valuation", *Contemporary Accounting Research*, Vol. 11, No. 2, pp. 661-687.

Paul, J. (1992) "On the Efficiency of Stock-based Compensation", *Review of Financial Studies*, Vol. 5, No. 3, pp. 471-502.

Stewart, G. B. (1991) *The Quest for Value* (Harper-Collins, New York). (日興リサーチセンター訳 (1998)『EVA創造の経営』東洋経済新報社。)

［薄井　彰］

Ⅱ　企業の定量的総合評価の実務

1　代表的なランキング, スコアリング情報

　定量データによって企業評価を行っている例としては, 一般的に目に触れるものとして新聞や雑誌などに取り上げられているランキングがある。このようなもののうち日本経済新聞に掲載されるNICES, 週刊東洋経済に掲載されるCSRランキング, 新企業力ランキングなどがその代表的な例であろう。このほか定量データによって企業評価を行っている例として企業に対してスコアリングを行う評価システムがある。このようなものの代表的な例としては, 帝国データバンクの評点システムや東京商工リサーチの評点システムが挙げられる。

　本節では, まずこれらの代表的例について概要をみる。そこでは, それらがどのような目的を持って企業の評価を行っているのか, それらが定量データをどのように利用してランキングやスコアリングを作成しているのか, に注目してみていく。つぎに, 評価軸, 評価方法, 用いるデータという観点から取り上げたランキングやスコアリングシステムを分類して整理する。そして最後に定量データを用いた企業評価の現状について示すとともに, 今後それらが進むであろう方向性を論じてみたい。

2　公表されている企業の定量的総合評価関連情報の概要

　新聞, 雑誌, Webサイトなどで公開されている企業の定量的総合評価の事例を取り上げ, それらの概要と特徴を見る。具体的には

企業ランキング，企業評価モデル（企業に対する評点や評価システムを含む）について取り上げる。さらに，比較のためにNICESの前身であるCASMAとPRISMにも触れておくことにする。

(1) NICES（日本経済新聞）

総合企業ランキング「NICES（ナイセス）」は，企業の様々なステークホルダーにとっての「優れた企業」像を探ることを目的として作成されている。NICESはそれ以前に存在していたCASMA，PRISMという2つのランキングを発展的に統合したものとされている。

企業にとってのステークホルダーとして投資家，消費者・取引先，従業員，社会の4つを想定している。投資家，消費者・取引先，従業員，社会に潜在力を加えた5つの評価軸から評価を行っている。指標ごとにウエイト付けした5側面の得点をそれぞれ最高200点，最低20点になるように変換し，5側面の得点の合計（満点は1,000点）によりランキングを作成している。

それぞれの評価軸の評点は企業へのアンケート調査や財務データ（日本経済新聞デジタルメディア社の総合データバンクNEEDSに収録された財務データ）などを用いて作成した測定指標を別途決めたウエイトに基づいて合計したものである。ウエイトは日本経済新聞社の編集委員やインターネット調査によって決められている。

ランキングの対象は，全国上場企業から抽出した主要企業である。2013年11月29日に日本経済新聞に掲載されたランキングでは，2013年7月時点の全国上場企業のうち企業規模などの条件により主要1,017社を抽出しランキングを作成している。NICESは，2010年4月14日に第1回が公表されており，2013年11月29日のランキングは第5回になる。

図表13-2-1 NICESの評価軸の例

評価軸	具体的な指標など
投資家	時価総額，配当，内部留保，使用総資本利益率，資本構成，財務情報公開，増資の7指標
消費者・取引先	売上高，認知度，広告宣伝・広報，粗利，特定層への認知の5指標
従業員	ワークライフバランス，育児・介護休業，女性活用，定着率，多様な人材活用の5指標
社　会	雇用，納税，社会貢献，公的団体への人材供給，環境への配慮の5指標
潜在力	設備投資，人材育成，研究開発など将来に向けた企業活動のデータ，日本経済新聞社の記者による評価を加えて総合評価

（出所）　日本経済新聞（2013）2013年11月29日付朝刊17頁ほか

(2) CSRランキング（東洋経済新報社）

東洋経済新報社が毎年行っている東洋経済「CSR調査」データと，東洋経済新報社が保有する上場企業財務データを使って作成しているランキングである。CSRランキングは，CSR（企業の社会的責任）に対する取り組みの充実度と財務内容から「信頼される会社」を見つけることを目的としている。

評価項目は，CSR 114項目，財務データ15項目で，これを用いてランキングを作成している。財務データは3年平均を利用している。評価軸は，「人材活用」，「環境」，「企業統治＋社会性」の3つに「財務」を加えた4軸である。総合得点は，人材活用，環境，企業統治＋社会性をそれぞれ100点満点で評価したものに，財務項目3項目（収益性，安全性，規模）をそれぞれ100点満点で評価したものを加えた600点満点で評価している。

ランキングの対象は，『CSR企業総覧』2013年版掲載の1,128社（上場会社1,073社，非上場会社55社）。ただし，銀行，証券，保

図表13－2－2　CSRランキングの評価軸

評 価 軸		具体的な指標など
人材活用		女性社員比率，離職者状況，残業時間，外国人管理職人数，女性管理職費比率，女性役員の有無，ダイバーシティ推進の基本理念，ダイバーシティ尊重の経営方針，障害者雇用比率，有給休暇取得率，産休期間，男性の育児休業取得者，勤務形態の柔軟化，インセンティブを高めるための諸制度，人権尊重の取り組み，従業員満足度調査など35項目
環　　　境		環境担当部署の有無，環境担当役員の有無，環境方針文書の有無，環境会計の有無，同会計・費用との効果把握状況，環境監査，ISO 14001取得率，グリーン購入体制，環境関連法令違反，CO_2排出量等削減への中期計画の有無，環境目標の設定・実績（11年度），気候変動への取り組み，環境ビジネスへの取り組み，生物多様性保全への取り組み・支出額など26項目
企業統治		CSR活動のマテリアリティ設定，ステークホルダー・エンゲージメント，CSR担当部署の有無，CSR担当役員の有無，法令順守関連部署，CSR関連基準等の対応，内部監査部門の有無，内部告発窓口設置，内部告発者の権利保護に関する規定制定，汚職・贈収賄防止の方針，政治献金等の開示，リスクマネジメント等の状況など28項目
社 会 性		消費者対応部署の有無，社会貢献担当部署の有無，商品・サービスの安全に関する部署の有無，社会貢献活動支出額，NPO・NGO等との連携，ESG（環境・社会・ガバナンス）情報の開示，投資家・ESG機関との対話，SRIインデックス等への組み入れ・エコファンド等の採用状況，ISO 9000シリーズの取得状況，CSR調達への取り組み状況，BOPビジネスの取り組み，海外でのCSR活動，プロボノ支援など25項目
財　　　務		
	収益性	ROE（当期利益÷自己資本），ROA（営業利益÷総資産），売上高営業利益率（営業利益÷売上高），売上高経常利益率（経常利益÷売上高），営業キャッシュフローの5項目
	安全性	流動比率（流動資産÷流動負債），D／Eレシオ（有利子負債÷自己資本），固定比率（固定資産÷自己資本），総資産利益剰余金比率（利益剰余金÷総資産），利益剰余金の5項目
	規　模	売上高，EBITDA（税引き前利益＋支払利息（キャッシュフロー計算書掲載）＋減価償却費（同掲載）），当期利益，総資産，有利子負債の5項目

（出所）　東洋経済新報社(2013)および東洋経済オンラインhttp://toyokeizai.net/articles/-/13383?page=6

険，その他金融，未上場企業（上場企業の主要子会社，調査時点以降の上場廃止会社は除く）などは総合ランキングの対象からははずされている。2006年に第1回が公表され，2013年3月30日のランキングは第7回になる。

(3) 新・企業力ランキング（東洋経済新報社）

　東洋経済新報社が，おもに東洋経済オンラインに掲載しているランキングである。目的は企業の財務データを基に企業の真の企業の力を探ろうとするものとされている。

　評価軸は，成長性，収益性，安全性，規模の4つで，これらを総合的に評価したランキングである。それぞれの評価軸には5つずつの財務指標が選択されている。4つのカテゴリーで合計20の財務指標を3年平均し，多変量解析の「主成分分析」で相対評価を行い，それぞれ500点から1,000点の間で得点化し，それらを合計して総合ランキングを作成している（総合得点の最高は4,000点）。

　ランキング対象企業は，上場している一般事業会社（銀行，証券，保険，その他金融は除く）のうち，主成分分析用の財務データが

取得可能だった企業（2014年1月20日のランキングでは2013年9月1日時点の上場会社のうち財務データが取得可能な3,330社）である。2006年に第1回が公表されており，2014年のランキングは第8回になる。

図表13－2－3　新・企業力ランキングの評価軸

評価軸	具体的な指標
成長性	売上高増減率，営業利益増減率，営業キャッシュフロー増減率，総資産増減率，利益剰余金増減率
収益性	ROE（当期利益÷自己資本），ROA（営業利益÷総資産），売上高営業利益率（営業利益÷売上高），売上高当期利益率（当期利益÷売上高），営業キャッシュフロー
安全性	流動比率（流動資産÷流動負債），D／Eレシオ（有利子負債÷自己資本），固定比率（固定資産÷自己資本），総資産利益剰余金比率（利益剰余金÷総資産），利益剰余金
規　模	売上高，EBITDA（税引き前利益＋支払利息＋減価償却費），当期利益，総資産，有利子負債

（出所）　東洋経済オンラインhttp://toyokeizai.net/articles/-/28539?page=6

(4) 評点システム（帝国データバンク）

評点とは，帝国データバンクが企業を評価して100点を満点とする点数をつけるものである。「企業が健全な経営活動を行っているか，支払能力があるか，安全な取引ができるかを第三者機関として評価したもの」としている。

評価の方法としては，業績・業歴等の「定量評価」と経営者等の「定性評価」といった7項目に加点・減点を反映し，全9項目を総合的に評価している。評点要素は，帝国データバンクが持つ100万社以上の企業情報を分析し，業種ごとに評価基準を設定し，適正化

図表13－2－4　帝国データバンクの評点の評価軸

評価軸	具体的な指標など
業　歴	企業運営の継続性を評価。業歴が長いほど高得点
資本構成	企業財務の安定性を評価
規　模	年売上高，従業員数など経営規模を評価
損　益	会社の損益を決算報告書などから客観的に評価
資金現況	調査時点での業況・収益・回収状況・支払状況・資金調達余力を評価
経営者	経営者を，個人の資産背景や経営経験，人物像などの要素から評価
企業活力	TDB調査員が，企業活力を人材・取引先・生産販売力・将来性の要素で評価
加点／減点	上記項目だけでは十分に反映されていない要素がある場合，当項目で反映

（出所）　帝国データバンク（2014）

を図っているとされている。

(5) 評点システム（東京商工リサーチ）

東京商工リサーチが，独自に対象企業を『経営者能力・成長性・安定性・公開性及び総合世評』の4つの視点で総合的に評価しているものである。評点は100点満点の実数表示で表され，評点の見方に示されている基準は，警戒不要：80～100点，無難：65～79点，多少注意：50～64点，一応警戒：30～49点，警戒：29点以下とされている。

図表13－2－5　東京商工リサーチの評点の評価軸

評価軸	具体的な指標など
経営者能力[20点]	資産担保余力，経営姿勢，事業経験
成長性[25点]	売上高伸長性，利益伸長性，商品市場性
安定性[45点]	業歴・自己資本，決済状況・金融取引，担保余力・取引関係
公開性・総合世評[10点]	資料公開状況，総合世評

（出所）　東京商工リサーチWebサイトhttp://www.tsr-net.c.jp/guide/knowledge/glossary/ha_05.html

(6)　CASMA

CASMAの正式名称は，NEEDS-CASMA（Corporate Appraisal System by Multivariate statistical Analysis）で，日本経済新聞デジタルメディア社のデータベースの財務データを利用した多角的な解析に日本経済新聞社の記者の優良，非優良企業イメージを加味したランキングとされている。

規模，収益性，安全性，成長力の4つの評価軸から見た総合評価ランキングである。それぞれの評価軸は，対象会社の複数の財務指標（2008年度の場合は15指標）を因子分析により4つの因子に集約したものである。

図13－2－6　CASMAの評価軸

規模	売上高，総資産，従業員数，営業キャッシュフロー
収益性	売上高経常利益率，自己資本比率，使用総資本経常利益率，従業員1人当たり利払後事業利益率
安全性	借入金依存度，有利子負債利子負担率，売上高純金利負担率，自己資本比率
成長性	総資産伸び率，従業員数伸び率，自己資本伸び率

（出所）　日本経済新聞社（2008）

ランキングの対象は，全上場会社から金融3業種（銀行，証券，保険）と新興市場への上場企業を除く会社群である。第1回のランキングの公表は1979年度，最終の第30回は2008年度に公表されている。2008年度のランキングを最後にNICESに統合された。

(7)　PRISM

PRISMの正式名称は，PRISM（PRIvate Sector Multi-angular evaluation system）で，定量的な財務データと定性的側面（企業の社会性など）から多角的に評価するランキングだと言われている。また，定性的な観点を潜在変数として扱う共分散構造分析を用いているのが特徴の1つとされている。

柔軟性・社会性，収益・成長力，開発・研究，若さの4つの観点から企業を評価したランキングである。それぞれの評価軸は，おもに財務指標を用いた収益・成長力，開発・研究と別途収集した定性情報を用いた柔軟性・社会性，若さの4つである。

ランキングの対象は，東証上場企業と非上場有力企業という企業群である。第1回のランキングの公表は1993年度，最後の公表が2007年度で，計15回のランキングが公表された。2007年度のランキングを最後にNICESに統合された。

図表13－2－7　PRISMの評価軸

柔軟性・社会性	社会貢献，環境経営，リスク管理，顧客対応，法令順守，子育て支援など22指標
収益・成長力	売上高経常利益率，自己資本利益率，利益剰余金，売上高平均増加率など5指標
開発・研究	売上高研究開発費比率，研究開発従業員比率，特許出願状況，知財管理など8指標
若さ	部長最少就任年齢，非正規社員向け制度，中途採用者比率など4指標

（出所）　日本経済新聞社（2011）

3 定量的総合評価システムの分類

以上見てきた代表的な定量データによる評価例を分類してみる。定量的な評価を行っているものを目的，評価対象，評価方法などの視点から分類整理する。

(1) 定量的総合評価の目的

まず，目的により分類を行うと，よい企業を見つけるための評価と逆に悪い企業を見つけるための評価の2つに分類できる。すなわち，NICES，CSRランキング，新・企業力ランキングなどはよい企業を見つけるための評価が行われている。むろん，CASMAとPRISMもこの分類に属することになる。一方，帝国データバンクの評点システム，東京商工リサーチの評点システムはどちらかと言えば悪い企業を見つけるための評価である。

企業の相対的な位置を定量データを用いた評価によって示すという点では共通性を持っていると言えるが，一覧性のあるランキングと比べるとスコアリングはやや性格の異なるものと言わざるを得ない。

(2) ランキングの対象

つぎにランキングや評点の対象についてみてみる。NICESとPRISMは全業種を対象にしている。東京商工リサーチの評点は銀行業以外の業種を対象としている。CSRランキング，新・企業力ランキングおよび帝国データバンクの評点は，銀行業，証券業，保険業といった金融業を対象から外している。

(3) 評価に用いているデータ

3番目に評価に用いたデータについて見てみる。新・企業力ランキングとCASMAは，財務データのみを用いてランキングを作成している。NICES，CSRランキング，PRISMなどは財務データとアンケートなどの定性データ合わせ用いてランキングを作成している。

4 定量評価の今後

以上みてきたように定量データによる評価は，いくつかの種類に分類することができる。CASMA，PRISM，NICESと比較的長い期間にわたって支持されている日本経済新聞のランキングを時系列に見ていくと，これらは定量データによる評価の変化として捉えることができる。

一番大きな変化は，評価項目や評価軸の多様化であろう。財務データのみを用いて評価するタイプから定性データを評価項目に盛り込んだタイプへと流れが移りつつある。このことが，いくつかの変化を引き起こしている。

定性データを盛り込むことで引き起こされた変化の一つは，評価方法の変化である。すなわち，財務データのみを用いた評価の場合は，多変量解析の手法が適用し易かったこともあり，多変量解析を用いた評価が多くみられた。現在でも新・企業力ランキングは財務データを使い，多変量解析を用いたランキングの作成を行っているが，主流は財務データに定性データを加味したデータを用いるタイプに変わってきている。

定性データを用いる場合は，まず数量化するところから始まり，その後に適用可能な多変量解析の手法を選択するというステップを踏む必要がある。適用可能な多変量解析の手法は財務データのみを使う場合に比べて制限を受けることになる。それゆえ，多変量解析を用いないNICESのようなランキングが出てきている。

2つ目は，対象とする業種の変化である。財務データのみを用いる場合は，銀行業，証券業，保険業といったいわゆる金融業を対象から外している場合が多かったが，最近のランキングではこれらを含むタイプが出てきて

いる。PRISMやNICESがこれに当たる。

　扱うデータとして定性データのウエイトが高まると、金融業などのように財務諸表の項目が異なる業種までも対象として取り込むことが可能になる。しかし一方で、以前から用いられてきた財務比率、財務指標を用いることに関しては制限が出てくる。そこで用いられる財務データは、すべての業種に共通する財務データであって、用いられる財務比率の種類は減少してきている。この点では、帝国データバンクや東京商工リサーチの評点は、ある意味で今の時代に適した評価と言えるかもしれない。しかし、これらの評点データは企業の一覧性がないためランキングとはやや異なる用途で用いられている。

　最後にこういった定量データによる評価の変化が今後どうなっていくのかについて検討する。定量データによる評価に定性データが加わったことで用いるデータ、評価軸が多様化し、それに伴って評価方法が変化してきている。すなわち、適用可能な多変量解析の手法が制限され、脱多変量解析の傾向が見られる。しかしながら、できるだけ恣意性を排除した客観的なランキングの作成や評価にとっては多変量解析の手法は極めて有効な手法であり、ある意味では不可欠の要素と言うことができよう。現在は、データの多様化に伴う変化が進行しつつある過渡的状況下にあると言える。この意味では、今後、多変量解析や数量化の手法の進歩によって再度、多変量解析を用いた評価が主流になると考えられる。

〔参考文献〕
帝国データバンク（2014）帝国データバンクWebサイトhttp://www.tdb.co.jp
東京商工リサーチ（2014）東京商工リサーチWebサイトhttp://www.tsr-net.co.jp
東洋経済新報社（2013）『週刊東洋経済』2013年3月30日号，130−135頁。
東洋経済新報社（2014）東洋経済オンラインhttp://toyokeizai.net
日本経済新聞社（2008）『日本経済新聞』朝刊2008年10月18日，13頁。
日本経済新聞社（2011）『日本経済新聞』朝刊2011年11月30日，14頁など。
日本経済新聞社（2013）『日本経済新聞』朝刊2013年11月29日，1頁，16頁，17頁ほか。

〔古山　徹〕

Ⅲ　企業の定性的総合評価の実務

1　企業の定性的総合評価とステークホルダー

　企業を定性的に評価することは、様々な**ステークホルダー**の視点から企業を総合的に評価する上で、有益である。なぜなら、伝統的な財務データのみを用いた企業評価では、本質的に株主（投資家）の視点からの評価に偏っているのに対して、様々な定性データを加味して企業を評価すれば、株主（投資家）以外のステークホルダーの視点からも、企業を評価することが可能となるからである。

　以下では、企業の**定性的総合評価**の実務として、まず、コーポレート・ガバナンス評価に関して、日本経済新聞社のコーポレート・ガバナンス評価システム（NEEDS−Cges）と東京証券取引所の企業行動表彰を概説する。また、CSR評価に関して、東洋経済新報社の『CSR調査』、日本経済新聞社の「環境経営度調査」、経済産業省・東京証券取引所のなでしこ銘柄を概説する。さらに、ディスクロージャー評価に関して、日本証券アナリスト協会の「証券アナリストによるディスクロージャー優良企業選定」、日本IR協議会のIR優良企業賞、日本経済新聞社の日経アニュアルリポートアウォードを概説する。最後に、企業の定性的総合評価の実務への応用として、企業の定性的総合評価のSRI（Socially

Responsible Investment：社会的責任投資）での利用などを論じる。

2 コーポレート・ガバナンス

(1) 日経コーポレート・ガバナンス評価システム（NEEDS-Cges）

NEEDS-Cgesは，日本経済新聞デジタルメディアが作成しており，コーポレート・ガバナンス関連データ（約130指標）をもとに，企業のガバナンスの特徴を多角的に評価するためのデータベースと，これらの指標を分析し視覚的に把握するためのアプリケーションからなる。NEEDS-Cgesでは，これらのすべての指標を資本効率，株式市場評価，安定性，株主・資本構成，取締役会・組織，取締役会・行動，株主還元，情報開示の8つのカテゴリーに分類した上で，これらのカテゴリー別の評点ならびに総合評価の評点が算出できるようになっている。

(2) 東証　企業行動表彰

東京証券取引所が市場開設者としての立場から望ましいと考える上場会社としての企業行動の普及・促進を図るために設けているのが，企業行動表彰である。この表彰の特徴としては，表彰テーマが毎年異なり，かつ事前に公表されていることである。これにより上場会社の各テーマに対する積極的な取組みの促進が図られている。企業行動表彰は，2009年度から開始されており，2013年度で第5回目の表彰が行われている。各年度の表彰テーマは図表13-3-1の通りである。

図表13-3-1

年　度	表彰テーマ
2009年度	株主総会議案の議決結果の公表
2010年度	独立性の高い社外役員の選任
2011年度	株主総会招集通知の早期発送
2012年度	社外取締役の独立役員への指定
2013年度	IFRS適用に向けた積極的な取組み

3　CSR

(1) 東洋経済新報社『CSR調査』

『CSR調査』は，東洋経済新報社が毎年1回行っている調査であり，2013年調査で第9回目の調査である。この調査では，雇用・人材活用，CSR全般・社会貢献・内部統制等，環境といった視点から，各企業に対してアンケート調査が行われている[1]。また，このアンケート調査に対する各社の回答に基づいて「人材活用」，「環境」，「企業統治」，「社会性」の4分野について5段階で評価するCSR評価や，東洋経済新報社が保有する財務データをもとに「成長性」，「収益性」，「安全性」，「規模」の4分野について5段階で評価する財務評価が行われている。さらに，それらを統合した「CSRランキング」も東洋経済新報社から公表されている。

(2) 日経　環境経営度調査

「環境経営度調査」は，日本経済新聞社が1997年から毎年1回行っている調査である。この調査は，各企業に対して行ったアンケート調査の結果をもとに「環境経営度スコア」を作成し，企業の環境経営を総合的に分析することを目的としている。具体的には，「環境経営の推進体制」，「温暖化対策」，「製品対策」，「汚染対策・生物多様性対応」，「資源循環」という5つの評価項目（建設業を除く非製造業については「製品対策」以外の4つの評価項目）に対する回答から総合スコアを算出している。

(3) 経済産業省・東京証券取引所　なでしこ銘柄

なでしこ銘柄とは，経済産業省と東京証券取引所が共同で，女性活躍推進に優れた企業を選定・公表する事業であり，2012年度より

開始されている。2013年度においては、「女性のキャリア促進」と「仕事と家庭の両立サポート」の2つの視点から、方針、取組み、実績の3つの側面が評価対象となることがあらかじめ公表されていた。そして、これらの3つの側面に関する各企業の公開情報をもとに企業をスコアリングして業種ごとに取組みが優れている企業を選別し、その上で財務指標も加味し、重大な法令違反がないことなどが確認できた企業がなでしこ銘柄に選定され、2014年3月に公表されている。

4　ディスクロージャー

(1) 日本証券アナリスト協会　証券アナリストによるディスクロージャー優良企業選定

公益社団法人日本証券アナリスト協会のディスクロージャー研究会は、企業情報開示の向上を目的とした「証券アナリストによるディスクロージャー優良企業選定」制度を1995年度から開始しており、2014年10月には第20回の選定結果が公表されている。

選定に際しては、この研究会が業種ごとに対象企業を選定し、これらの企業を対象としたスコアシートによる評価を証券アナリストが実施している。そして、その評点をもとにディスクロージャー優良企業が選定されている。これに加えて、最近では、個人投資家向け情報提供におけるディスクロージャー優良企業選定も行われており、プロとしての証券アナリストの立場からの評価とプロではない個人投資家の立場からの評価という2つの立場からの評価を行っていることに特徴があるといえよう。

(2) 日本IR協議会　IR優良企業賞

IR活動の普及と質の向上を目指して活動している一般社団法人日本IR協議会は、毎年1回、優れたIR活動を実施している企業を会員企業の中から選定して発表しており、2014年度で第19回を数えている。企業の選定を行う審査委員会は、アナリスト、投資家、報道機関などで構成されており、応募企業が申告する「調査票」の結果を踏まえて「IR優良企業」が決定されている。さらに、最近では、長期間にわたって優れたIRを継続している企業や顕著なIRを実施した企業には「特別賞」、優良企業賞の受賞が3回目となる企業には「大賞」として表彰している。

(3) 日経アニュアルリポートアウォード

日本経済新聞社では1998年から毎年、日本企業の発行するアニュアルリポートのさらなる充実と普及を目的に、日経アニュアルリポートアウォードを実施している。企業を選定する審査員が現役の機関投資家というのがこのアウォードの特徴である。

最近では、従来からのアニュアルリポート（Traditional Annual Report）のみならず、財務や事業の説明を簡略化した冊子（Summary Annual Report）を対象とした要約版分野、CSR報告書や環境報告書などとの合本やこれらの報告書と連動している冊子を対象とした統合版分野、公式サイト上のウェブの機能特性を活かした内容を対象とするオンライン版分野の3分野についても審査が行われており、情報開示のより様々な側面が評価されることとなっている。

5　実務への応用

企業の定性的総合評価が積極的に用いられている実務としては、SRIがあろう。SRIは、CSRを考慮した投資を行うことで、市場メカニズムを通して経営陣にCSRを考慮した経営を促そうとするものである。ただし、CSRには多様な観点があり得るので、CSRをトータルに捉えて応用するケースと特定のCSRまたはステークホルダーに注目して応用するケー

スの双方があり得る。例えば、先述の東洋経済新報社『CSR調査』は、モーニングスターのSRIインデックスであるMS-SRIの構成銘柄の選定に際して利用されているが、これはCSRをトータルに捉えて応用しているケースの具体例といえよう。

ただし、SRIファンドにおいては、このようにCSRをトータルに捉えて銘柄選定を行っているものばかりではない。2014年10月末現在、モーニングスターのMS-SRIのウェブサイトにおいて日本のSRIファンドとして一覧に示されているものは39ファンドあるが、これのうちエコや環境、グリーンなどと銘打った環境関連の銘柄が13ファンドを占める。このことは、CSRの中でも環境問題が日本において特に注目を集めていることの証左といえよう。その一方で、例えば、三菱UFJ SRIファンド（愛称『ファミリー・フレンドリー』）のようにワークライフバランスに焦点を絞ったファンドや、大和マイクロファイナンス・ファンドといったように国際的な貢献を考慮に入れたファンドなど、CSRの一側面に焦点を絞り込んだものもあり、一言にSRIと言っても、資本市場において多様な観点からの投資が行われていることが分かる。

また、ディスクロージャーの優れた企業の選定やこうした企業に対する表彰を、証券アナリストや機関投資家といった投資にかかわる主体が行っているものがあることから分かるように、投資意思決定においてはディスクロージャーに対する企業姿勢も重要視されているとみることができよう。情報の非対称性が企業と投資家の間にある場合、株主資本コストが増加する傾向にあるといわれている。逆に、ディスクロージャーにより両者の間の情報の非対称性の程度を軽減させることができれば、株主資本コストが減少するとの証拠がすでにいくつか提示されており[2]、これは企業にとってもメリットとなる。

ただし、ディスクロージャーに関して注意すべき点は、開示されている情報がいかに優れていようとも、開示されていない情報に重要な情報が含まれていた場合は、投資家にとってはそれを知る術がないということである。たとえば、過去には、公益社団法人日本証券アナリスト協会の証券アナリストによるディスクロージャー優良企業選定において、ディスクロージャー優良企業にいったんは選定されておきながら、不祥事の発覚を受けて企業自ら受賞を辞退したケースもあった。このように、一見優れたディスクロージャーを行っていても、その実は重要な情報が隠されている企業が散見されるので、その点には注意が必要であろう。

（注）
1) このアンケート調査の結果は、東洋経済新報社刊行の『CSR企業総覧』に掲載されており、2014年版（第9回CSR調査）では1,210社からの回答がすべて掲載されている。
2) このような証拠を提示しているものとしては、音川（2000）や、須田・首藤・太田（2004）のほか、内野（2005）などがある。

〔参考文献〕
内野里美（2005）「自発的な情報開示が自己資本コストに与える影響」『現代ディスクロージャー研究』第6号、15-25頁。
音川和久（2000）「IR活動の資本コスト低減効果」『會計』第158巻第4号、543-555頁。
須田一幸、首藤昭信、太田浩司（2004）「ディスクロージャーが株主資本コストに及ぼす影響」須田一幸編著『ディスクロージャーの戦略と効果』森山書店、9-43頁。

〔奥田真也・記虎優子〕

編集者あとがき
－経営分析の定義・意義と本事典の目標・意図－

1　事典発刊の由来

　学会の使命は，研究報告の機会の提供と学会誌の発行を通じて当学会の専門分野の知見をよりいっそう深くかつ広いものにすること，討議を通じて次代を担う研究者を育てること，そして当学会に蓄積されている専門分野に関する知識を整理し，それらを社会に伝え普及させることである。このような学会の使命に則して，日本経営分析学会は設立30周年記念事業の一環として，『新版　経営分析事典』をここに発刊する。

　2012年にこの事業を委託された編集委員会は，当初，20周年記念事業で出版されていた経営分析事典『経営分析－その伝統と革新』（宮本順二朗編集委員長，2005年，以下『20周年事典』と呼ぶ）の改訂増補版の発刊を企図した。『20周年事典』が題名どおりの充実した内容であったことから，最近10年間の研究の進展を追加するに留めようと考えたのである。しかしながら，編集委員会を開催していくうちに，各委員・幹事からアイデアが次々と出され，章の構成および内容を抜本的に見直すことになり，出来上がった「事典構成案」は13章58節になっていた。ちなみに，『20周年事典』は9章37節である。

2　経営分析の定義・意義

　事典の構成・内容を考えるためには，当学会の名称であり，事典の題名でもある「経営分析」という用語をどのように理解するのかが前提となる。経営分析の定義は，本書の第1章，第2章等で言及されている。企業評価，経営診断，財務分析，財務諸表分析などの類似の用語も普及しており，言及する筆者それぞれの経営分析という用語に対する理解も若干異なっている。したがって，残念ではあるが，編集委員会として学会員共通の定義を付けることはできなかった。しかし，経営分析の用語の意義を理解しておかないと構成案は作成できないので，私の理解するところを若干述べることにしよう。

　「経営」と「企業」という用語は，前者が経営という人間の活動（行為）とその結果を示すのに対し，後者は組織構造と構成員に焦点を当てた用語である。例えば，「企業の経営」という文を作ってみると，企業という組織あるいはその構成員の

活動（行為）という意味になることから，上記のような理解もできるであろう。次に，「評価」と「分析」という用語の関係である。「分析して評価する」という文を念頭におくと，「評価」はその行為の前提においてすでに優劣の判断基準が確立しているように思える。一方，「分析」は中立的な操作・手段であって，価値前提は必要ないように思える。したがって，「分析」は「評価（善し悪しの判断）」を行うための手段（操作）を意味する用語となる。試みに，「評価」と「分析」の順序を替えて，「評価して分析する」という文を作ってみよう。違和感がないではないが，もし，この文に意味を持たせようとすると，「評価」という用語は「分析」の前提としての「属性（側面）」，すなわち，何について（どのような側面を）分析するのかの「何について」を示していると解釈せざるを得ない。

「財務分析」という用語は，「財務内容」という側面（人間の活動（行為）の結果）に着目して分析することを意味するが，一方，「財務諸表分析」という用語になると，分析に用いるデータを財務諸表にするというように，分析データを特定（限定）している。換言すると，「分析」という用語単独では，分析対象も使用するデータも特定していない。したがって，「財務分析」に用いるデータは，財務諸表に限定されないばかりか，非財務データを併用した財務内容の分析をも想定できうる。

このような推量から，「企業評価」という用語は，「企業という組織（構成員）の活動（行為）とその結果の多々ある属性（側面）について，予め善し悪しの判断基準をもって優劣を付ける行為」である。一方「経営分析」という用語は，「経営という人間の活動（行為）とその結果について評価をするための手段・方法・具体的操作」であって，経営分析学（論）は，その手段・方法を研究する専門分野となる。経営という活動（行為）は「社会企業論」を持ち出すまでもなく多岐にわたっており，それらの結果である分析する側面（属性）は多様である。また，研究の対象である企業は営利を目的とする企業には限定されず，分析に使用するデータは定量的なものもあるし定性的なものもある。

3　事典の概要

このように「経営分析」の意義をあれやこれやと思い浮かべた上で，「事典の目次」を眺めていただくことにしよう。「第1章　伝統的経営分析体系の展開傾向」，「第2章　財務分析から経営分析へ」，「第3章　利益の質と経営分析」は，分析手法の具体的内容をその発展段階にそって記述したものである。なお，第3章は，「第4章　粉飾と監査」とともに，分析に用いられる財務データの作成過程に潜

む経営者の裁量行動と決算操作に焦点を当てている。「第5章　IFRSと経営分析」は，財務データ自体の特徴を近年の会計基準の指向の面から記述している。「第6章　社会と経営分析」は，企業の活動を財務業績だけでなく社会の多くのステークホルダーに貢献する企業という観点から把握して，分析する側面（属性）が多様であることを明らかにしている。「第7章　情報技術の進展と経営分析」は，分析理論の進展と情報の形態・伝達技術の進歩によって，分析方法自体が画期的に革新しつつあることを記述している。「第8章　ファイナンス理論と経営分析」は，ファイナンス理論で蓄積されている多くの知見が経営の諸側面を「評価」をするための魅力的な仮説を数多く生み出していることを記述している。「第9章　与信管理と倒産予測」，「第10章　M＆Aと経営分析」は，企業の存続そのものと関係する重要な活動とその結果である倒産とM＆Aを分析対象（属性）としたものである。「第11章　政府と非営利組織の経営分析」は，政府と非営利組織の特質，会計制度の現状，それらを対象とする経営分析の方法を記述している。「第12章　経営分析の新領域」は，企業の経営戦略の具体的内容（製品戦略，研究開発，環境保全，リスク管理，ブランド・のれん戦略，レピュテーション向上）ごとに分析属性の特徴を明示し，分析および評価方法を述べている。そして，「第13章　企業の総合評価とその実務」では，本事典の最終章として企業の総合的分析手法の理論と実務例について記述したものである。

4　事典編集の目標・意図

　このような事典の構成を概観してわかることは，「分析」は中立的な操作・手段であるが，分析の前提である属性（側面）を特定するために「評価」（善し悪しを判断するための仮説の構築）が必要であるし，分析をした後にも分析結果の結論を示すために「評価」することになる。前述した「企業」と「経営」との関係を思い起こすと，「企業」，「経営」，「分析」，「評価」という用語は，これらが一緒になって行われる一連の行為の構成要素を示している。また，ここでいう企業の中には，営利目的に限らず非営利ならびに公共活動に存在意義を見いだす企業もある。企業の活動（行為）も「社会企業論」が論じるように多様であるし，分析で用いるデータも定性，定量，財務，非財務と多岐にわたる。これらすべてについて念頭におきつつ，「経営分析学（論）」という専門分野において現在蓄積されている知見の概要を網羅することが編集委員会の目標・意図であった。

　なお，唐突であるが，現代会計学研究の主流の1つとなった「実証会計学」と

「経営分析学(論)」との関係を，経営分析を専門とする学会の立場から言及することが必要と思う。なぜならば，本学会における研究報告および投稿論文も実証会計学の範疇と思われてきたテーマ，研究方法，結論をもつものが増加しているし，本事典の第3章，第10章に限らず，その他の章においても，実証会計学の分野で得られた知見を記述する節が多いからである。私の理解では，「実証会計学」で用いられる理論仮説とその検証結果は，多岐にわたる「経営分析」の一連の分析・評価過程における分析属性(側面)の参照仮説であり，また，分析結果の評価指標(判断基準)を提供していると考えるものである。例えば，第3章のアーニングス・マネジメント(earnings management)に関連する多くの知見は，経営分析論の立場からみれば，会計(利益)情報の作成過程における裁量行動・偏向結果に対して，どのように会計分析をしていったらよいかを工夫させる仮説を提供するものである。アクルーアル・アノマリー(accrual anomaly)は，ファンダメンタル分析過程での発生主義会計データに関連する財務指標の使用方法と結果の解釈について多くの示唆を与えるであろう。さらに，実証会計学の研究成果は，経営分析学の将来に対する展望ともなる。経営分析学は分析方法の研究学であると解釈してきたのであるが，市場がどのように反応しているのかという視点を分析過程に取り込むことを示唆しているからである。

　また，「ファイナンス理論」と「経営分析学」との関係も同様であり，実証会計学が普及するかなり以前から，ファイナンス理論で展開された理論仮説とその検証結果は，経営分析手法と評価基準を開発する前提・参照事項となっていた。第8章で現代ファイナンス理論の概要を紹介しているのも，そのような関係があるためである。

5　上梓の喜びとご尽力いただいた方への感謝

　前述したように，本書は当初，『20周年事典』の改訂・増補を企図したことから，『20周年事典』の原稿で，内容が陳腐化しておらず書き直すには勿体ない節については章だてが変わってもその節を残すことにし，編集委員会は，『20周年事典』の9章37節すべてについて再録の有無を丁寧に検討した。その結果，本事典の13章58節のなかで，『20周年事典』とほぼ同一の記述内容の原稿を再録したものが13節ある。一方，類似の題目でありながら大幅に加筆・修正したものが7節，新規書き下ろしが38節である。その意味で，本事典は，日本経営分析学会設立30周年を記念して，現会員の総力を挙げての協力によって上梓されたものであり，『新版　経営分

析事典』の書名に相応しい内容のものである。

　私は，私の恩師の高橋吉之助博士が当学会の副会長であったご縁から当学会の活動に参加させていただき，すでに四半世紀が経過しようとしている。学者としての人生の過半が当学会とともにあったといっても過言ではない。そして，40歳代で学会誌である「年報『経営分析研究』」編集委員長などを依頼され，その活動を通じて森脇彬元会長には大変多くのご示教を受けた。その高橋先生，森脇先生がともに鬼籍に入られて久しい。今回，30周年記念事業の一環である経営分析事典の編集委員長にご指名いただけたことは，私にとって最高の光栄・名誉なことであり，先ずもって両先生に報告いたしたいと思った。

　本事典が刊行できた要因はいくつかある。編集委員会を構成する委員・幹事の諸先生間に親密な関係が築かれており，編集委員会やメール等で真摯かつ丁寧な討議を重ねることができたこと。各章の責任者の先生から編集委員会がお願いした難題に対して多大なご支援をいただき，さらに編集作業の分担もしていただけたこと。編集委員会が設定したテーマに対して，新規の書き下ろし原稿を提供していただいた現会員の協力があったこと。そして，多くの執筆者からなる書籍を出版する場合に通常存在する面倒な編集作業を直接担当した税務経理協会の宮田英晶様のご尽力と忍耐があったからである。

　日本経営分析学会の総力を挙げての成果である『新版　経営分析事典』の刊行は，「まことにおめでたい」の一言で尽きる慶事である。

　2014年12月吉日

　　　　　　　　　　　　　　　　　　　　　　　編集委員会を代表して
　　　　　　　　　　　　　　　　　　　　　　　委員長　**黒川行治**

索　引

〔あ〕

anchoring ……………………………………252
availability heuristics ……………………252
aversion to ambiguity ……………………253
earnings quality …………………………… 60
IFRS ……………………………………………158
IIRC ……………………………………………168
IPR&D …………………………………………378
IR（Investor Relations：投資家向け広報）
　………………………………………………186
ISO 14051 ……………………………………173
ISO 26000 ……………………………………166
ROA（Return On Asset：利子支払前
　総資本経常利益率）……………………… 15
ROE（Return On Equity：株主資本利益
　利益率）……………………………………… 5
ROIC（Return On Invested Capital：
　投下資本利益率）………………………… 15
アーニングス・マネジメント（earnings
　management）…………………………… 75
あいまいさへの忌避 ………………………253
赤字回避 ……………………………………… 79
アクティブ戦略 ……………………………228
アクルーアル・アノマリー ……………… 88
アドプション ………………………………138
アナリスト予想改訂アノマリー ………… 90
アナリスト予測利益 ………………………238
アノマリー …………………………………… 89
アピール ……………………………………266
アフター・マージャー ……………………316
新たな経済社会（new economy）……… 50
粗付加価値 …………………………………… 9
アルトマンの倒産予測モデル ……………281
アレンジャー ………………………………264
安全証券 ……………………………………216
安全性 ………………………………………… 6
安全性分析 …………………………… 286, 340
安全利子率 …………………………………219
アンソニー …………………………………142
アンバンドリング …………………………344
暗黙的契約 …………………………………402
暗黙的請求権 ………………………………403

〔い〕

EBITDA（Earnings Before Interest,
　Taxes, Depreciation, and Amortiza-
　tion）………………………………… 15, 321
EBITDA倍率 ………………………………322
EBITDAマージン ………………………… 15
EDINET ……………………………………203
EMS …………………………………………344
EPS（Earnings Per Share：1株当たり
　当期利益）…………………………………322
EVA（Economic Value Added：経済的
　付加価値）… 16, 29, 45, 143, 326, 342, 409
InlineXBRL …………………………………204
Issuers Pay Model（発行体支払いモデル）
　………………………………………………262
石山賢吉 ……………………………………… 21
異常OCF（abnormal operating cash
　flows）……………………………………… 78
異常裁量的支出（abnormal discretionary
　expenses）………………………………… 78
異常製造費用（abnormal production
　costs）……………………………………… 78
異常点把握 …………………………………… 94
異常利益 ……………………………………407
1計算書方式 ………………………… 155, 160
一元的企業価値評価 ……………………… 13
一体的財務報告 ……………………………139
一般財団法人 ………………………………364
一般社団法人 ………………………………364
一般に認められた会計基準（GAAP）…… 60

430　　索　引

移動平均（MA）の次数 …………245
移動平均モデル（MA(1)） …………248
イベント・スタディ …………318, 379
医療法人 …………368
医療法人財団 …………368
医療法人社団 …………368
因果関係（causation） ………… 55
インカム・アプローチ …………393
インテリジェンス（intelligence：知恵・知見） …………188

〔う〕

weight属性 …………201
ウォールの指数法 …………281
受け皿ファンド …………116
売上原価率 …………5
売上債権回転期間 ………… 104, 122
売上成長率 …………9
売上操作 ………… 85
売上総利益率 …………106
売上高営業利益率 …………5
売上高経常利益率 …………5
売上高純利益率 …………5
売上高総利益率 …………5
売上高利益率 ………… 5, 287
売掛債権回転期間 …………288
運転資金負担回転期間 …………289
運転資金負担に見る粉飾の見分け方 …289

〔え〕

ABB（Activity Based Budgeting：活動基準予算） …………353
ABC（Activity Based Costing：活動基準原価計算） …………44, 353
ABM（Activity Based Management：活動基準管理） …………44, 353
A.H.Maslow …………373
APV法 …………326
Edwards=Bell=Ohlson（EBOモデル）…409
LBO …………328

LIME 2 …………384
M&A ………… 312, 327, 397
MBO …………329
MD&A（Management's Discussion & Analysis of Financial Condition and Results of Operations） ………54, 293
M.E.Porter …………375
MMの定理 …………210
M.Sherif&Centril …………373
MS比率（Margin of Safety） ………… 10
MVA（Market Value Added：市場付加価値） ………… 16
NICES ………… 16, 413
NOPAT（Net Operating Profit After Tax：税引後営業利益） ……… 29, 46, 323
SAF値 …………294
SOX法 …………133
SRI …………420
SWOT分析 ………… 96, 375
S型価値関数 …………252
XBRL ………… 197, 296
XBRL FR …………199
XBRL GL …………198
XBRL仕様 …………197
永久還元法 …………324
営業活動によるキャッシュフロー（CFO） ………… 146, 160
営業キャッシュ・フロー ………… 64, 152
影響度 …………389
営業能力 …………145
営業レバレッジ …………67
営利性 …………4
エージェンシー理論 …………313
エクイティフリーキャッシュフロー …325
エコロジカル・マーケティング …………374

〔お〕

OCI …………154
ODM …………345
Operational Control …………196

order属性 …………………………………… 201
overconfidence …………………………… 252
オールソンモデル ………………………… 45, 235
オンライン・ディスクロージャー ……… 224

〔か〕

category-boundary effect ………………… 251
買掛（仕入）債務回転期間 ……………… 289
会計環境 …………………………………… 61
会計検査院 ………………………………… 346, 355
会計主体論 ………………………………… 141
会計情報の供給プロセスと影響要素 …… 60
会計情報の有用性 ………………………… 224
会計戦略 …………………………………… 61
会計的裁量行動（accruals management） ……………………………………… 76
会計的情報 ………………………………… 56
会計年度独立の原則 ……………………… 348
会計の大転換 ……………………………… 138
会計発生高 ………………………………… 73, 88
会計ビッグバン …………………………… 138
会計分析 …………………………………… 68
会計目標 …………………………………… 61
会社観察 …………………………………… 282
「会社ぐるみ」の粉飾 …………………… 110
会社更生 …………………………………… 277
会社更生法 ………………………………… 297
会社分割 …………………………………… 316
買付価格 …………………………………… 335
回転期間 …………………………………… 103
回転期間分析 ……………………………… 286
回転性 ……………………………………… 6
概念フレームワーク ……………………… 138
開発 ………………………………………… 378
開発費 ……………………………………… 377
外部環境会計 ……………………………… 175
外部監査制度 ……………………………… 356
外部経済の内部化 ………………………… 341
外部調査委員会 …………………………… 119
快楽的編集 ………………………………… 253

価格上の優位性 …………………………… 392
係り受け構造 ……………………………… 295
各種営業費率 ……………………………… 5
各種資産回転期間 ………………………… 6
各種資産回転率 …………………………… 6
拡大製品 …………………………………… 373
拡大戦略 …………………………………… 314
格付 ………………………………………… 257
格付委員会 ………………………………… 263
格付会社 …………………………………… 257
格付会社に対する公的規制 ……………… 257
格付会社の経営状態 ……………………… 272
格付調査 …………………………………… 264
格付投資情報センター …………………… 259
格付のビジネスモデル …………………… 261
格付方針等 ………………………………… 260
貸倒引当金繰入過少計上 ………………… 122
加重平均資本コスト率（Weighted Average Cost of Capital：WACC）………… 46, 323
過剰生産 …………………………………… 85
過信 ………………………………………… 252
価値関連性 ………………………………… 49, 156
価値関連性研究 …………………………… 381
価値創造要因（value driver）…………… 191
活動基準管理 ……………………………… 353
活動基準原価計算 ………………………… 353
活動基準予算 ……………………………… 353
合併取引 …………………………………… 313
カテゴリー・バウンダリー効果 ………… 251
ガバナンス（Governance）……………… 81, 132
株価収益率（Price Earnings Ratio：PER）……………………………………… 5
株式移転 …………………………………… 316
株式交換 …………………………………… 320
株式の交換比率 …………………………… 317
株主資本 …………………………………… 140
株主資本コスト …………………………… 323, 407
株主資本主義 ……………………………… 141
貨幣錯覚 …………………………………… 254

貨幣の時間価値（time value of money）
　　　　　　　　　　　　　　　　　208
借入依存度 ･･････････････････････････288
借入金依存度 ･･･････････････････････106
借入金回転期間 ･････････････････････106
借入金支払利子率 ･･･････････････････106
借入金に見る粉飾の見分け方 ･････････290
環境会計 ･･････････････････････169, 384
環境会計ガイドライン ･･･････････････175
環境活動 ･･･････････････････････････383
環境管理会計 ･･･････････････････････172
環境経営 ･･･････････････････････････383
環境経営ステージ ･･･････････････････385
環境経営分析 ･･･････････････････････384
環境コスト ･････････････････････････170
環境生産性 ･････････････････････････383
環境排出貨幣評価額 ･････････････････385
環境配慮型業績評価 ･････････････････172
環境配慮型原価企画 ･････････････････172
環境パフォーマンス ･････････････････169
環境報告 ･･･････････････････････････176
環境報告ガイドライン ･･･････････････384
環境報告書 ･･････････････････････････55
環境保全活動 ･･･････････････････････384
環境保全コスト ･････････････････････384
監査委員制度 ･･････････････････346, 356
監査の質 ････････････････････････････84
監査分析 ････････････････････････････93
監査要点 ････････････････････････････98
慣習的簿記 ･････････････････････････142
間接機能分析 ･･･････････････････････283
完全子会社化 ･･････････････････315, 332
監督委員会 ･････････････････････････274
監督権限 ･･･････････････････････････273
関与 ･･･････････････････････････････373
管理対象外リスクと管理対象リスク ･･･391

〔き〕

gambler's fallacy ･･･････････････････252
機会主義的意図 ･････････････････････ 82

機会主義的会計手続き ････････････････82
機会費用（opportunity cost）･････････ 29
機関投資家 ･････････････････････････340
期間比較 ････････････････････････････ 2
危機管理 ････････････････････････････14
企業格付け ･････････････････････････294
企業価値 ･････････････････196, 379, 391
企業価値評価 ････････････････････････68
企業環境分析 ････････････････････････34
企業業績 ･･･････････････････････････378
企業結合 ･･･････････････････････････378
企業行動 ･･･････････････････････････296
企業集団 ･･･････････････････････････340
企業主体説 ････････････････････140, 141
企業主体論（エンティティー説）･････139
企業統治（コーポレートガバナンス）･･･187
企業の社会的責任（Corporate Social
　Responsibility：CSR）･････････35, 166
企業評価 ････････････････････････････68
企業評価のための有用性（Value Relevance）
　　　　　　　　　　　　　　　　　･･49
企業分配率 ･･････････････････････････ 9
基金拠出型医療法人 ･････････････････368
危険証券 ･･･････････････････････････216
技術革新 ･･･････････････････････････379
技術進歩率 ･･････････････････････････37
技術知識ストック ･･･････････････････380
基準値 ･････････････････････････････107
基礎資金依存度 ･････････････････････107
基礎資金回転期間 ･･･････････････････107
期待収益率 ･････････････････････････216
機能固定化 ･･････････････････････････89
機能するバランス・シート ･･･････････350
機能性 ･････････････････････････････363
規模の経済 ･････････････････････････313
基本財務諸表 ･･･････････････････････145
逆選択 ･････････････････････････････223
逆粉飾 ･････････････････････････････102
キャッシュ・コンバージョンサイクル･･･281
キャッシュフローROI（Cash Flow Return

on Investment：キャッシュフロー投下
  資本利益率）·················· 18
キャッシュフロー計算書······ 139, 145, 149
キャッシュフロー・サイクル············ 146
キャッシュフロー情報 ················ 140
キャッシュフローの現在価値 ············ 321
キャッシュフローの類型 ··············· 146
キャッシュフロー比率 ·············· 7, 147
キャッシュ・フロー分析 ················ 265
ギャンブラーの錯誤 ··················· 252
旧概念フレームワーク ················· 138
吸収合併 ···························· 315
急速買付規制 ························ 333
共益境界線 ·························· 142
共益資本 ···························· 142
共益資本主義 ························ 141
共益資本主義の会計モデル ············· 144
業界分析 ····························· 52
狭義の粉飾 ·························· 291
共出現 ····························· 293
行政評価 ···························· 352
業績監査（performance audit）········ 355
協同組合 ···························· 358
共同持株会社化 ······················ 315
強度の効率性 ························ 224
業府令 ······························ 257
共分散 ····························· 216
共分散構造分析 ················ 184, 410
業務改善命令 ························ 270
「局地型」の粉飾 ····················· 110
局地型粉飾 ·························· 119
銀行家比率（Banker's Ratio）········ 28, 281
銀行取引停止処分 ···················· 297
近視眼的損失回避（myopic loss aversion）
  ································· 254
禁止行為 ···························· 260
金商法 ······························ 257
金融商品取引業者 ···················· 259
金融商品取引法 ················ 257, 333
金融審議会 ·························· 257

〔く〕

quality of earnings ················· 60
国の決算書 ·························· 349
国の貸借対照表作成 ·················· 350
組替調整 ···························· 154
クラスター分析 ······················ 194
クリーン・サープラス会計 ············· 236
クリーンサープラス関係 ··············· 408
繰越明許費 ·························· 348
繰延税金資産 ························ 161
繰延税金負債 ························ 161
クロスセクショナル回帰式 ·············· 53

〔け〕

KPI ··························· 168, 180
経営環境・戦略分析 ···················· 52
経営資本 ····························· 4
経営資本営業利益率 ···················· 5
経営資本回転率 ······················· 6
経営資本生産性 ······················· 8
経営者の規律づけ ···················· 314
経営情報開示（disclosure）············ 186
経営統合 ···························· 316
経営分析 ························· 1, 50
経営分析における重要成功要因（Critical
  Success Factor）···················· 187
経験則 ····························· 250
経済価値創出・分配情報の分析 ········· 178
経済産業省モデル ···················· 395
経済性規準 ·························· 144
経済的資源 ·························· 140
経済的資本 ··························· 46
経済的利益 ··························· 45
計算リンク ·························· 201
形式基準（持株基準）················· 108
経常収支尻 ·························· 290
経常収支比率 ························· 7
経常収支分析 ························ 286
経常収支分析に見る粉飾の見分け方 ····· 290

経常損益と経常収支 …………………… 97
形態素解析 …………………………… 293
経費率 ………………………………… 106
係留 …………………………………… 252
決算制度 ……………………………… 348
減益回避 ……………………………… 79
減益回避目的 ………………………… 83
減価償却費の計算方法 ……………… 162
原価モデル …………………………… 161
研究 …………………………………… 378
研究開発 ……………………………… 377
研究開発集約度 ……………………… 379
研究開発投資 ………………………… 379
研究開発費 …………………………… 377
研究費 ………………………………… 378
現金及び現金同等物 ………………… 160
現金創出能力 ………………………… 144
現金創出力 ……………………… 139, 150
現金比率 …………………………… 7, 287
現在価値（present value）………… 208
顕示的消費 …………………………… 372
検証可能利益（verifiable earnings）…… 63
健全度 ………………………………… 307
減損処理 ……………………………… 128
減損損失の戻入れ …………………… 162
現代ポートフォリオ理論（Modern portfolio Theory：MPT）…………………… 215

〔こ〕

公益財団法人 ………………………… 364
公益社団法人 ………………………… 364
公益認定 ……………………………… 364
公益法人会計基準 …………………… 365
後悔（regret）………………………… 254
公開会社会計監視委員会（PCAOB）…… 83
公開買付 ……………………………… 317
公会計概念フレーム・ワーク ……… 350
公会計原則（試案）………………… 350
広義の粉飾 …………………………… 291
公共分配率 …………………………… 9

攻撃的の会計 ………………………… 76
攻撃的裁量行動 ……………………… 77
恒常利益 ……………………………… 407
公正価値 ………………………… 145, 410
公正価値モデル ……………………… 161
構造化された問題（structured）…… 193
構文解析 ……………………………… 293
構文パターン ………………………… 295
効用の束 ……………………………… 372
合理化による資産削減効果 ………… 106
効率的市場仮説 ……………………… 89
効率的ポートフォリオ ……………… 217
コーズ・リレイテッド・マーケティング
  ……………………………………… 374
コーポレート・ガバナンス ………… 419
顧客の生涯価値（Life Time Value）…… 188
顧客満足に関する指標 ……………… 50
国際会計基準（国際財務報告基準）…… 60
国際公会計基準 ……………………… 349
国際公会計連盟 ……………………… 349
国際財務報告基準（IFRS）………… 144
コスト・アプローチ ………………… 393
コスト・ドライバー（Cost Driver：
  原価作用因）分析 ………………… 44
国庫債務負担行為 …………………… 348
固定資産回転期間 …………………… 105
固定性配列法 ………………………… 159
固定長期適合比率 …………………… 7
固定長期適合率 ……………………… 288
固定的資本 …………………………… 10
固定費 ………………………………… 9
固定比率 …………………………… 7, 288
5％基準規制 ………………………… 333
個別外部監査契約 …………………… 356
固有リスク …………………………… 95
コンテキスト情報 …………………… 202

〔さ〕

Subscribers Pay Model（購読者支払い
  モデル）…………………………… 262

サーベイランスプロセス	266
再計算利益	152
「再建型」の処理	298
債権者分配率	9
再生企業	297
再生分岐点	298
再生未完了型企業	299
再生予測モデル	297
裁定取引	90
裁定評価理論（Arbitrage Pricing Theory：APT）	221
財テク資産	116
再投資比率	147
歳入・歳出予算	348
財務安定性	7
財務活動によるキャッシュフロー（CFF）	146
財務監査（financial audit）	355
財務業績	141, 246
財務三表	149
財務資料	1
財務弾力性	147
債務超過	126
債務超過の意味	292
財務的情報	56
財務比率	106
財務分析	68
財務報告の目的	144
裁量的支出	85
裁量的発生高（discretionary accruals）	77
サプライチェーン（supply chain）	189
サプライチェーン・マネジメント（Supply Chain Management：SCM）	195
差別化	391
三元複式簿記	149
三種の神器	372
参照リンク	200
酸性試験比率（acid test ratio）	6, 28
残存価値	324
暫定予算	348
3分の1基準規制（3分の1ルール）	333
残余利益	45, 143, 409
残余利益法	326

〔し〕

CASMA	27, 410, 416
CAPM（Capital Assets Pricing Model：資本資産評価モデル）	46, 219
CBバリュエーター	396
CCR（Cash Flow Capital Cost Ratio：キャッシュフロー資本コストレシオ）	19
CDP	176
COSO	132
CRM（Customer Relationship Management：顧客関係管理）	192
CSP（Corporate Social Performance：社会パフォーマンス）	184
CSR	166, 177, 374, 419
CSR会計情報分析	177
CSR報告書	166
CSRランキング	413
GRI	176
JEPIX	384
Jonesモデル	77
J-SOX法	82
仕入債務回転期間	105
仕掛研究開発	378
時価主義会計	64
事業エリア内活動コスト	386
事業環境	61
事業再生ADR	278
事業集中	314
事業戦略	61
資金会計論	138
資金概念	150
資金観	149
資金調達比率	147
資金法	150
シグナリング目的	75
時系列特性	247

時系列分析（time-series analysis）……244
試験研究費 …………………………………377
自己回帰（AR）の次数 …………………245
自己回帰移動平均（ARMA）モデル……245
自己回帰和分移動平均（autoregressive integrated moving average：ARIMA (p, d, q)） …………………………………245
自己資本 …………………………………………5
自己資本（純資産）当期純利益率 ……5
自己資本（純資産）比率 ……………………7
自己資本コスト率 ……………………………46
自己資本比率 ………………………119, 288, 345
自己相関関数（ACF） …………………245
自己創設のれん …………………………392
資産の水増し ……………………………102
資産負債観 …………………………………139
資産負債中心観（資産負債アプローチ）……3
資産利益率（Return On Asset：ROA） ……4
事実情報（primary source） ……………187
自社株 ……………………………………333
市場型ガバナンス …………………………340
市場原理主義 ……………………………141
市場参加者の心理的バイアス ……………90
市場のアノマリー（anomaly：変則性）…225
市場のストレステスト ……………………265
市場の平均を上回る投資収益率（abnormal return：異常投資収益率）………………225
市場ポートフォリオ ……………………219
自信過剰仮説 ……………………………313
システマティック・リスク ………………217
自然言語処理 ……………………………293
自然リスク …………………………………14
持続型再生完了企業 ……………………298
持続可能性報告 …………………………166
実質基準（支配力基準） …………………108
実数分析 …………………………………………2
実体製品（Tangible Product） …………373
実体的裁量行動（real management）……76
指定国際会計基準 ………………………158
私的整理 ……………………………278, 297

私的整理に関するガイドライン …………297
私的選択 ………………………………………61
シナジー …………………………………313
シナジー効果 ……………………………321
シナリオプランニング ……………………191
四半期情報 ………………………………248
シフトウエア（sift ware：篩にかける）…191
資本 ………………………………………………4
資本・業務提携 …………………………130
資本回収点 …………………………………10
資本回収点分析 ……………………………10
資本回転率 ………………………………………6
資本コスト ………………………143, 213, 222, 342
資本資産評価モデル（Capital Asset Pricing Model：CAPM） ………………………218
資本市場 …………………………………257
資本市場線（capital market line：CML） ……………………………………………218
資本収益性 ………………………………………4
資本主説 ……………………………140, 141
資本生産性 ………………………………………8
資本成長率 ………………………………………9
資本利益率 ………………………………………4
社会医療法人 ……………………………368
社会環境 ………………………………………61
社会責任投資（Social Responsibility Investment：SRI） ……………………35, 178
社会的価値 …………………………165, 358
社会的コスト ……………………………170
社会的責任投資 …………………………419
社会的選択 ……………………………………60
社会的利益 ………………………………167
社会パフォーマンス ……………………169
社会福祉基礎構造改革 …………………362
社会福祉事業 ……………………………362
社会福祉法人 ……………………………362
弱度の効率性 ……………………………224
収益・費用の対応 …………………………62
収益還元方式 ……………………………317
収益性 …………………………………4, 145

収益性分析 …………………… 4, 286, 340
収益と費用の対応原則 ……………… 63
収益認識 …………………………… 162
収益の水増し ……………………… 102
収益費用観 ………………………… 139
収益費用中心観（収益費用アプローチ）…3
重回帰分析 ………………………… 194
従業員1人当たり売上高 …………… 8
従業員満足に関する指標（ダミー変数）…50
終結企業 …………………………… 299
収支統一の原則 …………………… 348
修正貸借対照表 …………………… 292
住民監査請求監査 ………………… 356
重要業績評価指標 ………………… 180
重要な欠陥を開示した企業（MW企業）…82
縮小戦略 …………………………… 307
縮小の悪循環 ……………………… 126
主成分分析 ………………………… 194
主体持分 …………………………… 142
出荷基準 …………………………… 162
出現頻度 …………………………… 293
主要企業経営分析 …………………… 26
主要財務諸表 ……………………… 139
循環取引 …………………… 109, 126
純資産方式 ………………………… 317
純粋持株会社化 …………………… 315
純利益 ……………………………… 153
償却資産 …………………………… 400
消極的粉飾 ………………… 102, 291
証券化商品（ストラクチャー金融商品）
　…………………………………… 257
証券市場線（security market line：SML）
　…………………………………… 219
証券市場の効率性 ………………… 224
証券取引等監視委員会 …… 123, 268
勝者株 ……………………………… 252
上場廃止 …………………………… 332
消費CAPM ………………………… 220
消費ベータ ………………………… 220
商法上の会社整理 ………………… 297
商法上の特別清算 ………………… 297
情報伝達意図 ……………………… 82
情報伝達的会計手続き ……………… 82
情報の非対称性 …………………… 223
情報の濾過装置 …………………… 188
情報リテラシー …………………… 192
情報を活用する能力（information literacy）
　…………………………………… 187
正味現在価値（net present value）…… 209
消滅会社 …………………………… 316
将来フリーキャッシュフローの現在価値
　…………………………………… 322
仕訳タクソノミ …………………… 198
新・企業力ランキング …………… 414
新概念フレームワーク ……… 138, 144
新企業主体説 ……………………… 142
新COSO …………………………… 137
新主体モデル ……………………… 142
新設合併 …………………………… 315
新地方公会計制度研究会報告書 …… 351
信用格付 …………………………… 257
信用力評価 ………………………… 68
信頼可能性（reliability） …………… 55

〔す〕

Strategic Plannning ………………… 195
推定値の精度 ……………………… 98
数量化理論Ⅰ類 …………………… 194
数量化理論Ⅲ類・Ⅳ類 …………… 194
スキャターグラフ法（散布図表法）…… 10
スタンダード＆プアーズ・レーティング・
　ジャパン ………………………… 259
ステイクホルダー価値 …………… 392
ステークホルダー ……… 144, 178, 342, 418
住友銀行 …………………………… 24
3ファクターモデル ………… 221, 230

〔せ〕

請求権 ……………………………… 140
政策評価 …………………………… 352

「清算型」の処理 …………………………298
生産性 ……………………………… 8, 379
生産高収益 …………………………… 38
生産要素費用 ………………………… 38
正順法 ………………………………150
精神的価値 …………………………372
成長機会 ……………………………379
成長性 ………………………………… 9
税引後負債コスト …………………323
製品概念 ……………………………372
製品差別化戦略 ……………………373
製品ライフサイクル ………………146
政府会計と企業会計 ………………347
積極的粉飾 …………………… 102, 291
積極的粉飾の原則 …………………292
絶対的健全度 ………………………307
説明書類 ……………………………267
線形情報ダイナミックス …………409
線形情報ダイナミックスの仮定 …239
先行指標 ……………………………… 42
全体利益一致の原則 ………………… 65
全要素生産性（total factor productivity：TFP）………………………… 37
戦略マップ ………………………… 42

〔そ〕

総括的吟味 …………………………100
総計予算主義の原則 ………………348
相互関係（association）…………… 55
相互比較 ……………………………… 2
総資産回転期間 ……………… 105, 118
総資本回転率 ………………… 6, 287
総資本経常利益率 …………………… 5
総資本純利益率 ……………………… 5
総資本利子控除前純利益率 ………… 5
双対尺度法 …………………………194
相対的健全度 ………………………307
相対的情報内容 ……………………156
増分情報内容 ………………………156
"増分的"情報提供効果 ……………… 55

総要素生産性 ………………………… 37
ソーシャルメディア ………………294
測定可能性 …………………………144
測定の硬度 …………………………150
組織文化 ……………………………316
その他の包括利益 …………………153
損益および包括利益計算書 ………153
損益計算書 …………………… 145, 153
損益分岐点 …………………………… 9
損益分岐点売上高 …………………… 9
損益分岐点分析 ……………………… 9
損失回避 ……………………………253
存続会社 ……………………………316

〔た〕

WACC ………………………………409
WACCの計算 ……………………… 47
ターンアラウンド …………………307
ターンアラウンド戦略 ……………307
第1命題 ……………………………211
大気汚染についての測度 ………… 50
対策度 ………………………………390
第三者委員会 ………………………123
第3命題 ……………………………213
貸借対照表 …………………………145
第2命題 ……………………………212
代表制 ………………………………252
高瀬荘太郎 ………………………… 23
タクソノミ …………………………198
タクソノミ・スキーマ ……………200
多元的企業価値評価 ………………… 13
他者の公開買付期間中の買付規制 …333
立会外取引規制 ……………………333
脱税 …………………………………126
棚卸資産回転期間 …………… 104, 289
多変量時系列回帰モデル（MULT）……247
多変量倒産予測モデル ……………281
多変量モデル ………………………280
ダミー会社 …………………………127
多様な情報 ………………………… 52

単一変量（比率）モデル ………………280
単一予算主義の原則 ……………………348
単語列 ……………………………………295

〔ち〕

知的財産 …………………………………55
知的財産権 ………………………………55
知的資産 …………………………………55
知的資産経営報告書（知的財産報告書）‥55
地方自治体の決算書 ……………………349
着荷基準 …………………………………162
中核製品（Core Product） ……………373
中立的会計 ………………………………76
中立的裁量行動 …………………………76
超過収益率 ………………………………318
長期支払能力 ……………………………7
超国家組織 ………………………………139
調整表 ……………………………………162
調和化 ……………………………………138
直接機能分析 ……………………………283

〔つ〕

追跡調査（サーベランス） ……………262
通常の粉飾 ………………………………102

〔て〕

DCF法 ……………………………317, 322
decision weight …………………………251
disaster myopia …………………………255
TBR（Total Business Return：
　企業投資利益率） ……………………19
TOB ………………………………………332
TSR（Total Shareholders Return：
　株主投資利益率） ……………………18
T.Veblen …………………………………372
定義リンク ………………………………201
帝国データバンク ………………………27
定常性（stationarity） …………………245
ディスカウントTOB ……………………337
ディスクロージャー ……………………420

定性情報 …………………………………296
定性的総合評価 …………………………418
定性的要因 ………………………………1, 16
定性分析 …………………………………285
定性要因の分析 …………………………109
低迷型再生完了企業 ……………………298
定量的な分析 ……………………………296
定量分析 …………………………………286
データマイニング ………………………191
テキストマイニング ……………………293
敵対的買収 ………………………………314
デシジョン・ウェイト …………………251
デフレート ………………………………247
手元流動比率 ……………………………7
デリバティブ ……………………………130
伝統的会計観 ……………………………149
伝統的経営分析（財務諸表分析）………3

〔と〕

投下資本 …………………………………46
投機リスク ………………………………14
統合報告 …………………………168, 181
当座比率 …………………………………6, 287
倒産 ………………………………………276
倒産隔離 …………………………………265
倒産企業の仮説 …………………………237
倒産件数 …………………………………279
倒産兆候 …………………………………293
倒産分析 …………………………………293
倒産予測 …………………………………276
倒産予知 …………………………………293
倒産リスクの回避 ………………………342
投資活動によるキャッシュフロー（CFI）
　……………………………………………146
投資機会集合（opportunity set） ………217
投資事業ファンド ………………………127
投資有価証券の評価損 …………………125
統制リスク ………………………………95
同族企業 …………………………………84
特定医療法人 ……………………………368

特定会社 ……………………………… *158*
特別会計財務書類の作成基準 ………… *348*
特別会計に関する法律 ………………… *349*
特別清算 ……………………………… *277*
特許 …………………………………… *380*
特許（パテント）に関する指標 ……… *50*
特恵 …………………………………… *38*
飛ばし ………………………………… *116*
トランシェ …………………………… *265*
取締役会 ……………………………… *332*
トリプルボトムライン ……………… *168*
トレード・オフ ……………………… *78*

〔な〕

内閣府令 ……………………………… *257*
内部環境会計 ………………………… *170*
内部統制 ………………………… *121*, *132*
内部統制監査 ………………………… *135*
内部統制制度 ………………………… *110*
内部統制のフレームワーク ………… *135*
内部統制報告制度 ……………… *86*, *135*
内部留保 ……………………………… *130*
名前空間 ……………………………… *202*
ナレッジ（knowledge：知識） ……… *188*

〔に〕

２計算書方式 …………………… *155*, *160*
二次情報（secondary source） ……… *187*
西野嘉一郎 …………………………… *23*
日本興業銀行 ………………………… *21*
２パラメータ・アプローチ ………… *216*
日本格付研究所 ……………………… *259*
日本経営分析学会 …………………… *27*
日本スタンダード＆プアーズ ……… *259*
ニュー・パブリック・マネジメント
 ……………………………… *349*, *352*
認識規準 ……………………………… *144*

〔の〕

のれん ………………………………… *397*

のれん償却費 ………………………… *128*
のれんの減損損失 …………………… *125*
のれんの償却 ………………………… *161*

〔は〕

バイアウト …………………………… *327*
バイアウト・ファンド ……………… *327*
廃止企業 ……………………………… *299*
買収 …………………………………… *332*
買収取引 ……………………………… *313*
買収プレミアム ……………………… *398*
買収防衛策 …………………………… *314*
配当政策 ……………………………… *210*
配当命題 ……………………………… *210*
破産 …………………………………… *277*
破産法 ………………………………… *297*
パターンマッチング ………………… *295*
発見リスク …………………………… *95*
パッシブ戦略 ………………………… *227*
発生会計 ……………………………… *140*
発生確率 ……………………………… *389*
発生主義会計利益情報 ……………… *246*
発生主義調整項目 …………………… *150*
パフォーマンス・ドライバー ……… *42*
パブリックアカウンタビリティ
 （公共会計の説明責任） …………… *355*
パブリック・ドメイン（public domain）
 ……………………………………… *187*
バランスト・スコアカード ……… *17*, *354*
バリュー・デトラクター …………… *56*
バリュー・ドライバー ……………… *56*
範囲の経済 …………………………… *313*
半強度の効率性 ……………………… *224*
判読可能性（readability） …………… *55*
判別分析 ……………………………… *194*

〔ひ〕

BIS規制 ……………………………… *345*
BSC …………………………………… *354*
heuristics …………………………… *250*

PBR（Price Book Ratio：株価純資産倍率）
　··· *322*
PDCAサイクル ······························· *377*
PER（Price Earnings Ratio：株価収益率）
　··· *5, 322, 408*
P.Kotler ·· *373*
POS（Point of Sales：販売時点管理）··· *191*
PRISM ······························ *27, 410, 416*
ビーバー型調査 ······························· *226*
非営利セクター ······························· *359*
非営利組織 ······································ *357*
非会計情報の有用性 ························· *49*
比較可能性（comparability） ············ *55*
比較分析 ·· *2*
非構造的な問題（unstructured） ······ *193*
非効率的市場 ··································· *250*
非財務情報 ······································ *186*
非財務資料 ·· *1*
非財務データ ··································· *293*
非裁量的発生高(nondiscretionary accruals)
　··· *77*
非システマティック・リスク ·········· *217*
ビジネスプロセス ··························· *189*
比準方式 ·· *317*
非市場型支配 ··································· *340*
非償却資産 ······································ *400*
ヒックス流の利益（Hicksian income）··· *63*
ビッグデータ処理 ··························· *293*
1株当たり利益（Earnings Per Share：
　EPS）··· *5*
一組の財務諸表 ······························· *149*
非分配制約 ······································ *358*
ヒューリスティックス ···················· *250*
病院会計準則 ··································· *369*
病院経営指標 ··································· *369*
評価有用性（または単に"評価"）テスト ··· *53*
費用機能法 ······································ *160*
標準偏差 ·· *216*
表示リンク ······································ *201*
費用性質法 ······································ *160*

評点システム（帝国データバンク）······· *415*
評点システム（東京商工リサーチ）······· *415*
費用の隠蔽 ······································ *102*
比率分析 ·· *2*

〔ふ〕

Brand Valuation ······························ *395*
prospects ··· *251*
VBM（Value Based Management：
　価値創造経営）······························ *190*
ファーブレス ··································· *341*
5 Forces分析 ····································· *375*
ファクタリング ······························· *121*
ファブレス ······································ *344*
ファマの第2次革命 ························· *230*
ファンダメンタル分析 ···················· *230*
フィッチ・レーティングス・ジャパン ··· *259*
4 P ·· *376*
付加価値 ····································· *8, 167*
付加価値生産性 ·································· *8*
付加価値成長率 ·································· *9*
付加価値率 ·· *8*
不況型倒産 ······································ *279*
含み損 ··· *116*
負債隠蔽の粉飾 ······························· *122*
負債回転期間 ··································· *122*
負債契約 ·· *314*
負債構成比率 ····································· *7*
負債資本比率（D／Eレシオ）············ *212*
負債の隠蔽 ································ *102, 115*
負債倍率 ·· *288*
負債比率 ·· *7*
付随製品（Augmented Product）········ *373*
復帰戦略 ·· *308*
不適切会計処理 ······························· *110*
負の自己回帰性（negative serial correlation）
　··· *75*
不偏会計 ·· *240*
ブランド ·· *391*
ブランド価値評価モデル ················· *393*

フリーキャッシュフロー ……………313, 343
フレーム ……………………………………250
フレーム依存症 ……………………………250
フレーム独立性 ……………………………250
プレミアム …………………………………335
プロスペクト ………………………………251
プロスペクト・セオリー …………………250
プロフォーマ利益（proforma income）… 54
分散 …………………………………………216
分散投資 ……………………………………216
分散リスク ……………………………………63
文章集合 ……………………………………294
粉飾発見 ……………………………………103
粉飾分析 ………………………………………69
文書集合 ……………………………………296
分析的手続 ……………………………………93
分配率 …………………………………………9
文脈 …………………………………………295

〔ヘ〕

β ……………………………………………47
β（レバード・ベータ）…………………324
hedonic editing ……………………………253
Petty-Clark's law …………………………372
米国SEC ……………………………………274
米国サーベンス・オクスリー法（Sarbanes-Oxley Act of 2002，SOX法）……………81
平準化（smoothness）尺度 ………………81
並列的意思決定 ……………………………253
ベータ・リスク ……………………………220
ベータ値 ……………………………………219
変化するリスクへの対応 …………………391
偏自己相関関数（PACF）…………………245
変動的資本率 …………………………………10
変動費率 ………………………………………9

〔ホ〕

包括外部監査契約 …………………………356
包括利益（comprehensive income）
　………………………………63, 153, 408

法的整理 ……………………………277, 297
放漫経営 ……………………………………278
ポートフォリオ（portfolio）………………216
ボール・ブラウン型調査 …………………226
保守主義 ………………………………………62
保守主義会計 ………………………………240
保守的会計 ……………………………………76
保守的裁量行動 ………………………………76
保証残高 ……………………………………109
補正予算 ……………………………………348
ボックス＝ジェンキンス（BOX＝Jenkins
　Methodology：BJ法）…………………245
ボラティリティ（volatility）………………75
ホワイトノイズ（WN）……………………247
本源的価値 …………………………321, 391
本邦事業成績分析調査 ………………………25

〔ま〕

Management Control ……………………196
money illusion ……………………………254
マーケット・アプローチ …………………393
マーケット・ストラクチャー ………………90
マーケットプレミアム ……………………324
マーケット・モデル ………………………318
マクロ環境会計 ……………………………170
マテリアルフローコスト会計 ……………173
マルチプル法 ………………………………321

〔み〕

見えざる資産（Intangibles）………………189
ミクロ環境会計 ……………………………170
見せかけの利益 ……………………………142
ミッション・ステートメント ……………189
民事再生 ……………………………………277
民事再生法 …………………………277, 297
民事再生法手続き終結 ……………………299
民事再生法手続き廃止 ……………………299

〔む〕

ムーディーズ・ジャパン …………………259

ムーディーズSFジャパン ……………259
無形資産 ……………………55, 378
無形資産に関する情報 ………………54
無登録格付会社 ……………………259
群れの心理 …………………………253

〔め〕

名称リンク …………………………200

〔も〕

目的適合性 ……………………………64
持分利子 ……………………………142
モニタリング ………………………263
モラルハザード ……………………313

〔ゆ〕

有用性の喪失 …………………………49
有利子負債依存度 ……………………7
有利子負債比率 ………………………7

〔よ〕

ヨーロッパ会計士連盟（Fédération des Experts-comptables Européens）………34
予算制度 ……………………………347
予算単年度の原則 …………………348
予算の機能 ……………………………40
予算の事前議決の原則 ……………348
予想利益（Profit forecast）…………54
予測可能性 …………………………157
予測力テスト …………………………53
預貸率 ………………………………287

〔ら〕

ライフサイクルコスティング …………173
ライフサイクルコスト ……………170
ランダム・ウォーク（random walk, RW）モデル ………………………245

〔り〕

representativeness …………………252
risk aversion ………………………252
risk seeking or risk loving ………252
利益公表後ドリフト …………………90
利益成長率 ……………………………9
利益操作 ………………………71, 151
利益相反 ……………………………263
利益調整 ……………………………157
利益の裁量行動 ………………………75
利益の質 ……………60, 68, 75, 150
利益平準化 ……………………………62
リサイクリング ……………………154
利質分析 ………………………68, 150
リスク ……………………144, 216
リスク愛好型 ………………………252
リスク・アプローチ …………………95
リスク回避型 ………………………252
リスク管理を機能させる能力の評価 ……390
リスク調整の不備 ……………………90
リスクと経営分析 …………………389
リスクに関する情報 …………………54
リスクの定量評価 …………………389
リスクフリーレート ………………324
リスクプレミアム ……………63, 219
リスクマネジメント …………………14
リターン ……………………………216
流動性 ………………………………145
流動性配列法 ………………………159
流動性リスクの回避 ………………342
流動比率 ………………………6, 287
流動負債比率 …………………………7
利用可能性ヒューリスティックス ……252

〔る〕

類似企業比較法 ……………………322
累積超過収益率 ……………………318
累積平均デフォルト率 ……………266

〔れ〕

レバレッジ効果 ………………………5
レピュテーション …………………401

レリバンス・ロスト（relevance lost） …… 49
連結財務諸表の粉飾 …………………… 108
連結外し ………………………………… 108

〔ろ〕

loss aversion …………………………… 253
ロイヤルティ …………………………… 392
労働生産性 ………………………………… 8
労働装備率 ………………………………… 9
労働分配率 ………………………………… 9

〔わ〕

割引EVA法 ……………………………… 326
割引キャッシュフロー法（discounted
　cash flow method：DCF法） ………… 209
割引配当モデル（discounted dividend
　model：DDM） ………………………… 210
割引率（discount rate） ………………… 209
割安株・成長株アノマリー ……………… 90

編著者との契約により検印省略

平成27年3月20日　初版第1刷発行

新版　経営分析事典

編　著　者	日 本 経 営 分 析 学 会
発　行　者	大　坪　嘉　春
印　刷　所	税 経 印 刷 株 式 会 社
製　本　所	牧 製 本 印 刷 株 式 会 社

発 行 所　〒161-0033　東京都新宿区　　　株式　税務経理協会
　　　　　下落合2丁目5番13号　　　　　会社

　　　振　替　00190-2-187408　　　電話　(03)3953-3301（編集部）
　　　Ｆ Ａ Ｘ　(03)3565-3391　　　　　 　(03)3953-3325（営業部）
　　　　　　　URL　http://www.zeikei.co.jp/
　　　　　　　乱丁・落丁の場合は，お取替えいたします。

Ⓒ　日本経営分析学会　2015　　　　　　　　　　　　Printed in Japan

本書の無断複写は著作権法上での例外を除き禁じられています。複写される
場合は，そのつど事前に，（社）出版者著作権管理機構（電話 03-3513-6969,
FAX 03-3513-6979, e-mail：info@jcopy.or.jp）の許諾を得てください。

JCOPY　＜（社）出版者著作権管理機構　委託出版物＞

ISBN978-4-419-06157-9　C3034